Hanes Cymry

Hanes Cymry

Lleiafrifoedd Ethnig yn y Gwareiddiad Cymraeg

Simon Brooks

Gwasg Prifysgol Cymru
2021

*Cyflwynedig i
ail genhedlaeth Gymreig Llundain,
ac i griw'r wythdegau yn enwedig*

Ond beth yw'r Bruttaniaid mwy nag eraill?
Morgan Llwyd

Hawlfraint © Simon Brooks, 2021

Cedwir pob hawl. Ni cheir atgynhyrchu unrhyw ran o'r cyhoeddiad hwn na'i gadw mewn cyfundrefn adferadwy na'i drosglwyddo mewn unrhyw ddull na thrwy unrhyw gyfrwng electronig, mecanyddol, ffotogopïo, recordio, nac fel arall, heb ganiatâd ymlaen llaw gan Wasg Prifysgol Cymru, Cofrestrfa'r Brifysgol, Rhodfa'r Brenin Edward VII, Caerdydd CF10 3NS.

www.gwasgprifysgolcymru.org

Mae cofnod catalogio'r gyfrol hon ar gael gan y Llyfrgell Brydeinig.
ISBN   978-1-78683-642-7
e-ISBN 978-1-78683-643-4

Datganwyd gan Simon Brooks ei hawl foesol i'w gydnabod yn awdur ar y gwaith hwn yn unol ag adrannau 77 a 78 Deddf Hawlfraint, Dyluniadau a Phatentau 1988.

Cydnabyddir cymorth ariannol Prifysgol Abertawe ar gyfer y cyhoeddiad hwn.

Cysodwyd gan Eira Fenn Gaunt, Pentyrch, Caerdydd, Cymru
Argraffwyd gan CPI Antony Rowe, Melksham, Y Deyrnas Gyfunol

Cynnwys

Rhestr luniau ix
Rhagair xi
Diolchiadau xv

Cyflwyniad 1

1 Beth sy'n bod ar amlddiwylliannedd Eingl-Americanaidd unigolyddol? 19

2 Hanes Cymry – hanes lleiafrifoedd ethnig yn y Gymru Gymraeg 41

3 Disgrifio amlddiwylliannedd Cymraeg 117

4 Hybridedd lleiafrifol 133

5 Pwy yw'r Cymry? 145
   i. Pa mor amlethnig yw'r Fro Gymraeg wledig? Gweler Llŷn ac Eifionydd
   ii. Ystyr y gair 'Cymry': llenorion Cymraeg o gefndir ethnig lleiafrifol
   iii. Y Cymry fel lleiafrif ethnig yn Lloegr: lleiafrif heb ei gydnabod

6 Mae 'na Wyddel ac Iddew yn y dre – dinasyddiaeth Gymraeg a thair ideoleg: rhyddfrydiaeth, sosialaeth a chenedlaetholdeb 191

Cynnwys

7 Ydy'r Cymry'n ddu? – trefedigaethwyr a'r 231
    trefedigaethedig
    i. Caethwasiaeth, trefedigaethedd a'r
       genhadaeth Gymreig
    ii. Mathau o orthrwm

8 Y Sipsiwn Cymreig – un o ddwy bobl frodorol 291
    y Fro Gymraeg

Diweddglo – brodorion amlethnig Ynys Prydain 331

Nodiadau 337

Llyfryddiaeth Ddethol 443
Mynegai 487

Rhestr Luniau

Lluniau gan Geoff Charles, trwy ganiatâd Llyfrgell Genedlaethol Cymru.

1 Sioni Winwns ym Mhorthmadog (1958).

2 Vivienne Hughes a Doris Chung, Caernarfon (1969).

3 Gwyddelod yn dathlu gŵyl San Padrig ym Mlaenau Ffestiniog (1960).

4 Freddie Grant, seren ffilm *Yr Etifeddiaeth*, yn oedolyn yn Lerpwl (1961).

5 Hywel Wood yn paratoi cyn clocsio (1958).

Rhagair

Yn y llyfr hwn, dwi'n mynd yn ôl i ddyddiau maboed. Wedi fy ngeni yn Isleworth ger Hounslow yn Llundain, a'm magu yno ac yn Walton yn ymyl Kingston, rwy'n Gymro yn yr ystyr a arddelid yn y bedwaredd ganrif ar bymtheg, ond nid ysywaeth yn yr unfed ganrif ar hugain. Rwy'n Gymraeg, ond nid wyf o Gymru. Aelod o grŵp iaith ydw i, ond am fod hwnnw y tu allan i Gymru, daeth yn lleiafrif ethnig hefyd, ac ymwybyddiaeth, a phrofiad, o hynny sydd wedi llywio cwrs fy mywyd.

Mae'n anodd datgysylltu gwaith, gan gynnwys gwaith academaidd, oddi wrth ei awdur. Rydym oll yn meddu ar oddrycholdeb, 'subjectivity', y nodweddion arnom sydd i raddau helaeth yn llunio amodau ein golwg ar y byd. Yn fy achos i, magwraeth mewn teulu Cymreig ar aelwyd ddwyieithog yn Lloegr, a bywyd maestrefi Middlesex, gogledd eithaf Surrey a de-orllewin Llundain sy'n ffurfiannol. Ynghlwm wrth hynny, y cysylltiadau llac rhwng unigolion, teuluoedd a sefydliadau Cymreig Llundain a'r ardal o'i chwmpas, a'm sylweddoliad yn y chweched dosbarth nad oeddwn yn 'Welsh' o gwbl, fel yr oeddwn wedi tybio ar hyd fy oes, ond yn perthyn yn hytrach i endid lawer mwy anniffiniedig, sef strata ethnig grŵp Cymreig lleiafrifol ac anghydnabyddedig Llundain a de-ddwyrain Lloegr.

Wrth nesáu at yr hanner cant, rwy'n 'gweld yn lled glir' fel Gwenallt fod profiadau plentyndod yn bwysig. Fy rhieni a'm chwiorydd a dwy iaith y teulu. Fy nghefndryd Cymreig yn Berkshire, fy wncwl a modryb Cymraeg yn swydd Gaint, teuluoedd Eingl-Gymreig Middlesex, Cymry dosbarth gweithiol wedi mynd yn ddosbarth canol. Ac ar ôl dod yn ddigon hen i grwydro Llundain: gweithgarwch Cymdeithas yr Iaith, diwylliant ieuenctid Cymraeg Llundain, festrïoedd capeli a chymdeithasau llenyddol, Canolfan Cymry Llundain. Fy ffrindiau, llawer ohonynt o Gymru a rhai o'r ail genhedlaeth. Roeddwn yn adnabod yr ail genhedlaeth fel arweinwyr ac aelodau Cymdeithas yr Iaith. Radicaliaid oeddent hwy o faestrefi pellennig cyrion Llundain. Ond roedd Dafydd, fy ffrind gorau o'r ail genhedlaeth, yn Gymro o Lerpwl.

Dim ond yn lled ddiweddar y bu i mi sylweddoli fod dylanwad hyn ar fy ngwaith academaidd mor drwm. Daw cyfleoedd eraill, gobeithio, i mi ysgrifennu am gymdeithas Gymraeg Llundain y 1980au. Yma, rwyf am gyfyngu fy sylwadau i'r cylch deallusol, a sut mae magwraeth wedi siapio fy ymateb i'r pwnc sy'n ganolog i'r llyfr hwn. Mae pwysigrwydd ethnigrwydd fel cysyniad yn fy ngwaith yn deillio o'r ffaith imi gael fy magu'n aelod o grŵp lleiafrifol yr oedd ei ethnigrwydd yn cael ei ddiystyru. Hynny yw, cefais fy magu y tu allan i Gymru yn aelod o gymuned na sylwai neb arni, ac o ganlyniad nid oedd cefnogaeth y wladwriaeth ar gael. Nid wyf am wneud cymhariaeth uniongyrchol â'r grwpiau yng Nghymru a drafodir yn y llyfr hwn – mae pob lleiafrif yn wahanol – ond roedd rhwydwaith ac ymwybyddiaeth lleiafrifoedd ethnig yn greiddiol i'm hieuenctid.

Mae fy amheuaeth ddofn o'r math o wleidyddiaeth sifig sy'n gwadu ethnigrwydd yn deillio o hyn. Nid oedd ganddi ddim diddordeb ynom ni a oedd yn lleiafrif Cymreig yn Lloegr. Pan symudais i Gymru, sylweddolais nad oedd ganddi fawr o ddiddordeb mewn cymunedau Cymraeg ychwaith. Problem y genedl sifig yn ei pherthynas â lleiafrifoedd yw, nid cymaint â'i bod yn camwahaniaethu yn eu herbyn, ond ei bod mewn gwladwriaethau rhyddfrydol yn haeru nad ydynt hwy yno. Cefais wersi chwerw ar hynny yn Llundain.

Yn fy arddegau hwyr, roeddwn yn ymgyrchydd lleiafrifoedd ethnig. Roedd cysylltiadau'r gymuned Gymreig â'r gymuned Wyddelig yn neilltuol agos, yn enwedig ym maes addysg. Byddwn yn mynychu cyfarfodydd o'r *London Association for Celtic Education* (LACE) a oedd yn cael ei arwain gan ail genhedlaeth Wyddelig y ddinas. Roedd y Cymry'n debyg i'r Gwyddelod am ein bod yn ddau leiafrif 'gwyn' o 'ynysoedd Prydain' ac yn wynebu rhai o'r un problemau. Y pennaf ohonynt oedd amheuaeth a oeddem yn lleiafrifoedd ethnig o gwbl. O ganlyniad, roeddwn yn bleidiol yn gyntaf i *gydnabyddiaeth* i'r lleiafrif Cymreig; ochr-yn-ochr â lleiafrifoedd eraill wrth gwrs. Nid oedd sefydliad amlddiwylliannol Llundain yn awyddus iawn fod hyn yn digwydd. Rwy'n cofio cael cerydd gan Saesneg adain chwith mewn cyfarfod a drefnwyd i gefnogi lleiafrifoedd ethnig. Nid oeddwn, meddai hi, yn ddim ond Sais gwyn.

Ar y pryd, bu i agweddau fel hyn, a oedd yn gyffredin iawn ac yn cael eu hadrodd yn aml (gweler nofel Ifor ap Glyn am Gymry Llundain, *Tra Bo Dau*, sy'n hynod gywir yn ei disgrifiad o'r pwysau seicolegol ar yr ail genhedlaeth Gymraeg), beri loes aruthrol i mi. Pe na bawn yn Gymro, sut gallwn i barhau'n aelod o'r gymuned Gymreig? Os nad oedd y gymuned Gymreig yn lleiafrif ethnig dilys, sut gallai hi gael y gefnogaeth angenrheidiol i gynnal ein diwylliant? Nid oedd yn hawdd i hogyn yn ei arddegau ddelio gyda theimladau fel hyn. Yn araf deg, dechreuais ddeall fy mod i'n perthyn i grŵp nad oedd y byd Saesneg am ei gydnabod. Mi ddatrysais y pos drwy symud i Gymru ond mae'r diffyg cydnabyddiaeth wedi fy mhoeni ar hyd fy oes.

Yng Nghymru, mae fy mywyd yn wahanol iawn i'r hyn ydoedd pan oeddwn yn blentyn yng nghyffiniau Llundain, a gwn fod llawer yn methu deall pam fy mod yn teimlo mor eithriadol o gryf fy mod yn aelod o leiafrif, a finnau'n Gymro gwyn yng Nghymru. Rwy'n byw mewn cymuned Gymraeg, ac yn rhan integreiddiedig ohoni, yn gwasanaethu ar ei chyngor tref ac yn rhan o'i bywyd sifig. Go brin fy mod yn aelod o leiafrif *ethnig*, meddan nhw, ac maen nhw'n iawn: yng *Nghymru*, dydw i ddim. Dyn gwyn, heterorywiol, Cymreig, canol oed a dosbarth canol ydw i, ac yn ymgorfforiad gan hynny o safbwyntiau mwyaf normadol a phwerus y gymdeithas.

Ond yn fy mywyd mewnol, preifat, ac yn fy ymateb seicolegol, emosiynol a syniadol i'r drafodaeth gyfoes am wleidyddiaeth, hunaniaeth ac ethnigrwydd, ni fedraf ddianc rhag profiadau ffurfiannol. Rwy'n aelod bore oes y diaspora, yn hanu o leiafrif, yn meddu ar ymdeimlad o wahanrwydd ethnig oherwydd hynny, yn fab ymfudwyr, yn perthyn i ail genhedlaeth, yn medru iaith na dderbyniais i addysg ynddi.

Rhagair

Mae'n bwysig wrth gwrs i mi nodi nad oeddwn yn perthyn i leiafrif o ran hil yn Llundain. Rwy'n ddyn gwyn. Nid yr un oedd profiadau trigolion Cymreig gwyn y ddinas a phrofiadau'r boblogaeth ddu. Ni wynebais i hiliaeth ar sail lliw croen erioed. Nid fy lle i fel Cymro gwyn o Loegr yw llefaru ar ran Cymry du, nac ar ran unrhyw leiafrif ethnig nad wyf yn aelod ohono.

Er hynny, fy mhrofiadau yn Llundain a'r cylch sy'n ffurfiannol. Maent yn eglurhau i raddau helaeth fy mrwdfrydedd dros y Gymraeg, a hefyd dros gymunedau Cymraeg fel llefydd diogel. Maent yn esbonio fy niddordeb yn hanes lleiafrifoedd ethnig, a strwythur a hanes rhagfarnau gwrth-Gymraeg, a chyswllt y gymuned Gymraeg â'r Arall, a'r Arall gyda hi.

Nid oedd fy mhrofiadau yn Llundain yn rhai dymunol iawn. Teimlwn waradwydd, dicter a chywilydd yn ystod fy mhlentyndod oherwydd fy nghefndir ethnig. 'We could not face ridicule from fools, for we were fools ourselves had we but known it,' meddai J. Glyn Davies, Lerpwl, am yr ail genhedlaeth Gymreig, ac yn hynny o beth mae'n dweud calon y gwir.

Nid oes modd newid y pethau hyn rŵan, ond rhaid ceisio ymateb yn gadarnhaol, ac ymdrech i wneud hynny, yn rhannol, yw'r gyfrol hon. Mae llawer o'r themâu sy'n codi ynddi wedi bod yn fy mhoeni ers pymtheng mlynedd ar hugain a mwy. Nid wyf yn hawlio cyffelybiaeth ag unrhyw leiafrif arall, ond pe bai'r llyfr hwn o ryw gymorth i rywun o gefndir ail genhedlaeth, neu o leiafrif ethnig, neu unrhyw un sy'n meddwl am ethnigrwydd lleiafrifol, byddwn yn falch iawn. Gobeithio hefyd ei fod yn gyfraniad i ysgolheictod, ac yn dyfnhau dealltwriaeth o natur amlweddog y gymdeithas Gymraeg.

Fe'i cenhedlwyd mewn canrif arall ac mewn gwlad arall, ond rwyf wedi ei ysgrifennu ar gyfer Cymru heddiw.

Simon Brooks *Eifionydd*

Diolchiadau

Er i mi ei ysgrifennu ym Mhorthmadog, gwnaed tipyn o'r gwaith ymchwil ar gyfer y llyfr hwn yn ystod y blynyddoedd 2007–10 pan oeddwn yn ddarlithydd yn Ysgol y Gymraeg ym Mhrifysgol Caerdydd. Yn amlwg felly, bu i mi elwa ar sawl sgwrs â'r staff a'r myfyrwyr yno, ac er bod y cof yn pallu erbyn hyn, mae'n ddigon gwydn o hyd i mi fedru dweud gyda sicrwydd i mi drafod Iddewiaeth a'r traddodiad Cymraeg gydag E. Wyn James, Sipsiwn a T. Gwynn Jones gyda Llŷr Lewis, almanaciau gyda Diana Luft, ac Elie Kedourie gydag Elidir Jones. Mae gen i le i ddiolch i Katie Gramich, John Gwynfor Jones, Mair Rees a Llion Pryderi Roberts hefyd.

Tua diwedd fy nghyfnod yng Nghaerdydd, dechreuais gyfarwyddo gwaith doethurol dwy fyfyrwraig neilltuol ddisglair, sef Lisa Sheppard a Gwennan Higham. Erbyn hyn, mae Lisa Sheppard wedi cyhoeddi fersiwn o'i doethuriaeth fel *Y Gymru 'Ddu' a'r Ddalen 'Wen'*, a Gwennan Higham wedi cyhoeddi *Creu Dinasyddiaeth i Gymru: Mewnfudo Rhyngwladol a'r Gymraeg*. Hoffwn ddiolch i'r ddwy ohonynt am sawl trafodaeth hynod fuddiol.

I Dylan Foster Evans, Pennaeth Ysgol y Gymraeg Caerdydd bellach, y mae fy niolch pennaf. Cafwyd sawl sgwrs ddifyr a difyrrus am bopeth o Sipsiwn i feirdd yr Oesoedd Canol, o amhriodoldeb dwyieithrwydd i Gymraeg Caerdydd. Carwn ddiolch yn ddiffuant iddo am ei gymwynasgarwch, ei gefnogaeth a'i gyfeillgarwch.

O ran ffrindiau eraill, mewn prifysgolion eraill, bu Daniel Williams yn enwedig yn gefnogaeth gyson. Mae ei ddull o drafod ethnigrwydd yng nghyswllt cymuned leiafrifol fel yr un Gymreig yn arloesol. Diolch o galon iddo am ymateb i ddrafft o'r testun mewn modd

Diolchiadau

cynhwysfawr. Yng Ngwynedd, roedd Richard Glyn Roberts ar gael i gynnig beirniadaeth gyfeillgar. Darllenodd y deipysgrif ar ei hyd ac rwy'n hynod ddiolchgar iddo am awgrymiadau deifiol. Elwais ar ei fyfyrdodau am epistemoleg a'r *subaltern* yn enwedig. Cyfieithodd o'r Ffrangeg i mi gan ei bod yn egwyddor na ddyfynnir ohoni mewn testun Cymraeg mewn Saesneg. Cywirodd hefyd, yn ôl y galw, fy Nghymraeg Llundeinig. Yn wir, bu ei gefnogaeth yn amhrisiadwy ym mhob ffordd bosib.

Diolch hefyd i'r canlynol am gymwynasau: Stephen May (a roes gartref i mi ym Mhrifysgol Auckland, Seland Newydd am fis yn 2010), Robin Gwyndaf, Geraint Jones, Angharad Price, Hywel M. Jones, Grahame Davies, Christine James, Laolu Alatise, Meic Birtwistle, Huw Jones a'r teulu, Heini a Robat Gruffudd, Lowri Cunnington Wynn, Osian Rhys, John Dilwyn Williams, Martin Johnes, Martin Wright, Rhys Kaminski-Jones a Daryl Leeworthy. At hyn hefyd, darllenodd Ceri Williams a Robert Rhys dros y cwbl, a gwneud sylwadau angenrheidiol. Rwy'n eithriadol o ddiolchgar am ymateb beirniadol Lisa Lewis, D. Ben Rees, Paul O'Leary, E. Wyn James, Huw Williams a Cai Parry-Jones i benodau neu rannau o benodau. Wrth reswm, fi biau'r bai am unrhyw gamddehongli. Hyfryd oedd trafod ambell fater ar Stryd Fawr Porthmadog gyda Neil Evans, gynt o Goleg Harlech. Carwn ddiolch hefyd i Yasmin Begum am sawl sgwrs fuddiol. Aeth Dafydd Glyn Jones drwy'r deipysgrif ar ei gwedd derfynol â chrib fân.

Diolch i bawb a drafododd y pwnc â mi yn y gymuned Gymraeg yn Llundain a'r cyffiniau yn y 1980au. Carwn ddiolch i Dafydd Hopkins yn benodol am y sgyrsiau difyr wrth gerdded adre ar hyd Gray's Inn Road. Rwy'n diolch hefyd i Saeson rhyddfrydol deddwyrain Lloegr am sawl trafodaeth am ethnigrwydd a threftadaeth, ac i Roy Collins yn enwedig. Yn Isleworth, Hounslow, Walton a Woking, rwy'n diolch i lawer. Go brin y dônt i wybod am y gyfrol hon, ond mae'r diolch yn ddiffuant yr un fath.

Yn 2014, dyfarnwyd Ysgoloriaeth Awdur i mi gan Lenyddiaeth Cymru er mwyn datblygu'r llyfr hwn, ac rwy'n diolch iddynt hwythau. Cafodd y llyfr ei ailwampio'n sylweddol a darnau helaeth eu llunio am y tro cyntaf yn Academi Morgan, Prifysgol Abertawe a charwn ddiolch i'r diweddar Mike Sullivan, cyn-gyfarwyddwr yr Academi, am ei gefnogaeth.

Cyflwyniad

'Mae dod â'r peth allan i drafodaeth agored yn debyg braidd i drafod manylion y weithred rywiol yn gyhoeddus – mae'n creu embaras, a theimlad annifyr bod dyn yn treisio holl egwyddorion moesgarwch, a hyd yn oed foesoldeb.'[1] Yn y frawddeg ryfeddol hon, mae Cynog Dafis yn disgrifio'r pwysau sydd ar Gymry i beidio â thrafod effaith materion sy'n ymwneud ag ethnigrwydd, hil a mewnfudo ar y Gymraeg. Ychydig flynyddoedd ynghynt yr oedd wedi galw yn un o gyhoeddiadau Cymdeithas yr Iaith am ymdrech i gyfyngu ar fewnlifiad Saesneg i gefn gwlad Cymru; ac wrth gyfeirio at y mewnfudwyr hyn fel 'Saeson' yr oedd wedi pechu'n ddirfawr a'i gyhuddo o goleddu 'racialist filth'.[2] Diben ei bamffledyn pellach, *Mewnlifiad, Iaith a Chymdeithas* (1979), sy'n cynnwys y frawddeg uchod, oedd cywiro'r camargraff gan nad oes 'dim rhaid i ddyn fod yn hiliwr i bryderu ynghylch y ffaith fod ei holl ddiwylliant a'i ffordd o fyw yn cael ei ddileu trwy ei fod ef a'i bobl ei hunan yn ymddangos fel pe'n mynd yn lleiafrif yn eu gwlad eu hunain – fel y cytunai Margaret Thatcher mae'n siŵr.'[3]

I ddarllenydd diog, gallai dadl o'r fath ymddangos fel pe bai'n debyg i rai o safbwyntiau *alt-right* gwrthun yr oes hon. Ond mae'r mater yn llawer mwy cymhleth na hynny gan mai trafod mewnlifiad i diriogaeth diwylliant lleiafrifol, cymharol ddi-rym, a wneir yn y cyd-destun Cymraeg. Mae'r profiad Cymraeg yn wahanol i'r un Saesneg, gan fod y diwylliant Cymraeg yn ddiwylliant lleiafrifol *ei hun* sydd angen, rywle yn y byd, ei droedle.

Yn natganiad Cynog Dafis a'r ymateb iddo, ceir dicotomi sydd wrth wraidd y drafodaeth am y Gymraeg a hil ac ethnigrwydd. I Gymdeithas yr Iaith, grwpiau iaith yw'r 'bobl' a'r 'Saeson' y cyfeirir atynt, ond i eraill roeddynt yn dynodi grwpiau ethnig, neu grwpiau o ran hil hyd yn oed. Mae fel petai yr un gwrthrychau yn cael eu disgrifio mewn dwy neu dair ffordd wahanol, ac mae hyn yn adlewyrchu tueddiad ehangach, sef tuedd gyffredinol y diwylliant Cymraeg i seilio ei ddehongliad o'r byd ar iaith a'r byd Saesneg i droi yn hytrach at hil.

Roedd ymgyrchwyr iaith mewn lle anodd felly. Roedd newid demograffig yn arwain at erydiad cymunedau Cymraeg, gan fod mewnfudwyr Saesneg yn fwy grymus at ei gilydd na'r brodorion Cymraeg. Ond roedd protestio yn erbyn hyn yn arwain at gyhuddiadau fod y diwylliant lleiafrifol yn hanfodaidd ac yn hiliol, a'i oroesiad ar ffurf gymunedol yn anghydnaws â gwerthoedd y byd cyfoes.

Hawdd gweld erbyn hyn mai Cynog Dafis oedd yn gywir. O safbwynt unrhyw ddehongliad sy'n cydnabod fod grym yn bodoli yn y byd, grŵp lleiafrifedig yw siaradwyr Cymraeg yng nghyddestun mewnfudo Angloffon. Yn nhyb Will Kymlicka, y theorïwr rhyddfrydol o Ganada sydd wedi diffinio'r drafodaeth am ieithoedd lleiafrifol ac amlddiwylliannedd yn fwy na neb, nid yw cyfyngu ar fewnlifiad anghyfiaith i diriogaeth grŵp iaith lleiafrifol o raid yn safiad adweithiol. Mae gan bob gwladwriaeth reolau mewnfudo, sydd at ei gilydd yn gwarchod buddiannau'r mwyafrif, a deil Kymlicka fod hawl lleiafrifoedd fel y Cymry i reoli mewnfudo i'w tiriogaethau hwythau yn 'consistent with liberal principles of equality'.[4] Os yw'n dderbyniol i grwpiau mwyafrifol reoli mewnfudo, ar ba sail y gellid gwarafun i leiafrifoedd yr un peth?

Mae gwarchod cynefin ieithyddol mewn byd o symudoledd yn codi ystyriaethau pwysig yr un fath. Gall ymdrechion lleiafrif i amddiffyn troedle tiriogaethol ymddangos yn groes i rinweddau rhyddfrydol, megis rhyddid i symud. Ond oni bai ei fod yn ffurfio rhan sylweddol o'r boblogaeth, gall lleiafrif ieithyddol, o dan bwysau niferoedd a grym mwyafrif sy'n llawer mwy nerthol nag ef, gael ei gymathu'n llwyr. Ac ym marn Kymlicka, mae'n rhaid i syniadaeth ryddfrydol warchod lleiafrifoedd: 'what distinguishes a *liberal* theory of minority rights is precisely that it accepts some external protections for ethnic groups and national minorities'.[5] Ymhlith y rhain gellid disgwyl i'r lleiafrif 'exercise some control over the *volume* of immigration, to ensure that the numbers of immigrants are not so

Cyflwyniad

great as to overwhelm the ability of the society to integrate them' yn ogystal â sicrhau rheolaeth hefyd ar 'the *terms of integration*.'[6] Mae'r italeiddio'n bwysig.

Ond nid llyfr ynghylch rheoli mewnlifiad yw hwn. Wrth iddo drafod amlddiwylliannedd a lleiafrifoedd cenedlaethol, mae Kymlicka hefyd yn pwysleisio fod yn rhaid i bob lleiafrif fod yn agored i'r 'Arall'. Ar gwt ei ddatganiad fod gwarantu 'external protection' ar gyfer lleiafrifoedd yn angenrheidiol, mynn na ddylai unrhyw ddiwylliant lleiafrifol orfodi 'cyfyngiadau mewnol' ar ei aelodau. Dylai unigolion fod yn rhydd i adael y grŵp lleiafrifol ac eraill *i ymuno ag ef*. Gan hynny, dylid coleddu egwyddor y gymdeithas amlethnig.

Felly, o safbwynt athronyddol, mae'n rhaid i unrhyw drafodaeth am ddyfodol y gymdeithas Gymraeg fod yn unol â dyletswydd i groesawu newydd-ddyfodiaid. Cyfiawn yw ceisio parhad y grŵp iaith, ond anghyfiawn fyddai cyfyngu ar aelodaeth y grŵp iaith o safbwynt ethnigrwydd neu o ran hil. Mae'n rhaid i'r grŵp iaith lleiafrifol fod yn amlethnig. Yn wir, o'r braidd fod dim pwysicach.

A dyma ddod at bwnc y llyfr. Trafodaeth ydyw ar y Gymru Gymraeg amlethnig, neu'r 'gwareiddiad Cymraeg' fel y'i gelwir yma er mwyn awgrymu rhywbeth lletach na diwylliant; *civilisation*, efallai, sef modd o fyw Cymraeg. Bydd yn dangos, yn derfynol gobeithio, i'r gwareiddiad Cymraeg fod yn amlethnig erioed. Wrth wneud hynny, gofynnir sut y daeth yn amlethnig, sut y bu iddo drin lleiafrifoedd ethnig o'i fewn, ac yn wir sut y bu iddo ddiffinio gwahanol fathau o ethnigrwydd yn gysyniadol, yn enwedig efallai yn y cyfnod modern. Dangosir barn y Cymry ynghylch trefedigaethedd a'u hagwedd tuag at bobloedd ddarostyngedig eraill, eu hynt pan ddaethant yn lleiafrif ethnig eu hunain, a sut y bu i hyn oll gael ei gysoni â'r gwirionedd mai sylfaen grŵp iaith yw iaith ac nad oes modd cyfyngu ar hwnnw o safbwynt hil neu ethnigrwydd. Dehonglir hefyd sut y bu i'r Cymry synio amdanynt hwy eu hunain. Yna, ar ddiwedd y gyfrol, wedi dwyn popeth ynghyd, cynigir diffiniad newydd o bwy neu beth oedd y Cymry, a phwy neu beth ydynt heddiw.

Am hyn oll, yn y byd Angloffon o leiaf, ychydig fu'r trafod difrif. Diau fod tybiaeth reddfol nad oedd, ac nad yw, y gymdeithas Gymraeg yn amlethnig, ond yr hyn a ddynodir gan y distawrwydd mewn gwirionedd yw diffyg diddordeb mewn grŵp *subaltern* a ystyrid yn ddistadl ac yn amhwysig. Yn y traddodiad syniadol Cymraeg ei hun, fodd bynnag, roedd pwnc amlethnigrwydd yn ganolog. Wedi'r cwbl, ni ellid trin y cysyniad o 'droedle' heb ymofyn, 'troedle ar gyfer beth?', fel y gwelir yn fwyaf nodedig efallai yng ngwaith J. R. Jones, athronydd penna'r diwylliant Cymraeg.

Tra gofalus yw J. R. i nodi nad troedle i 'hil' benodol yw troedle'r iaith.[7] Gan mai dolen 'ddeuglwm' rhwng cymdeithas a'i *hiaith* sy'n llunio deunydd crai 'Pobl' (y 'Bobl Gymraeg' yn achos y Cymry), nid oes i hil swyddogaeth, ac mae'n rhybuddio'r darllenydd i 'ddiogelu'r syniad o "Bobl" *rhag y gwyriad ffasgaidd*.' Mae'r gwyriad hwnnw yn 'dyrchafu'r "ffurfiant deuglwm" fel gwir graidd y Genedl, a'i droi, yr un pryd, yn dramgwydd hiliol dieflig drwy osod daear Pobl mewn cydymdreiddiad deuglwm, nid â'u hiaith, ond â'u gwaed.'[8]

Ymhlyg felly yn y ddelfryd o genedlaetholdeb iaith mae gwrthwynebiad i genedlaetholdeb hil. Mae'r cysyniad hwn yn gwbl greiddiol i'r meddwl Cymraeg, ac eto nid yw'r thema wedi ei harchwilio'n llawn. Deilliodd rhywfaint o waith da o weld ei bwysigrwydd ym maes cynllunio iaith, fel yn nhrafodaethau medrus Cynog Dafis ar integreiddio'r di-Gymraeg yn *Mewnlifiad, Iaith a Chymdeithas* a llyfrynnau eraill yn y 1970au a'r 1980au.[9] Mae llyfryn yr ymgyrchydd iaith Tim Webb, *Mewnfudo, Ie Gwladychu, Na! Gwladychiaeth a Gwrth-wladychiaeth yn y Bröydd Cymraeg* (2003), sy'n trafod y gwahaniaeth theoretig rhwng mewnfudo a choloneiddio, hefyd yn yr un traddodiad solet o wahaniaethu rhwng iaith a hil.

Yn y gyfrol hon trafodir yr her syniadol hon, gan ystyried ymysg materion eraill natur dinasyddiaeth Gymraeg. Yn *Multicultural Citizenship* (1996), dywed Kymlicka nad yw mudiadau cenedlaethol sy'n seiliedig ar burdeb hiliol, neu grefyddol, yn gyfiawn gan na fedrant integreiddio dieithriaid yn hawdd. Ond nid yw cenedlaetholdeb sy'n sylfaenu ei *raison d'être* ar iaith yn wynebu'r un her foesegol.

> Nationalist movements based on language, however, need not be grounded in injustice, and would persist even in an ideally just world. From a liberal point of view, language-based nationalism is maximally consistent with freedom and equality, since (unlike religious-based nationalism) it does not presuppose any shared conception of the good; and (unlike racially based nationalism) is not inherently exclusionary or discriminatory.[10]

Cyflwyniad

I raddau helaeth, dengys hanes y mudiad cenedlaethol Cymraeg fod hyn yn wir. Hyrwyddid cynwysoldeb ethnig gan y pwyslais ar iaith. Roedd diffiniadau ieithyddol o Gymreictod yn cynnig cyfle i'r sawl nad oeddynt yn Gymry 'ddod' yn Gymry wrth feistroli'r Gymraeg. Pan godid eithriadau (yr Iddewon yn bennaf, a'r Gwyddelod a Sipsiwn Catholigaidd i raddau llai), roedd hyn am fod hil neu grefydd wedi disodli iaith.

Er hynny, prin yw'r gwaith sydd wedi ei wneud yng Nghymru i ymestyn ar ddadl Kymlicka ynglŷn â natur amlethnig fewnol cymunedau ieithyddol, mewn hanesyddiaeth o leiaf. Mae hyn yn od am fod ysgolheictod Angloffon wedi ymateb i'r her o ddangos fod Cymru'n amlethnig. 'There can surely be few branches of modern Welsh history in which more spectacular progress has been made during the last fifteen years than that of migration', meddai un hanesydd yn 2004, ac ni fu pall ar y cyhoeddi ers hynny.[11] Mae cannoedd o erthyglau ar gael bellach sy'n trafod lleiafrifoedd ethnig yng Nghymru. Mae'r gwaith yn rhan o batrwm rhyngwladol ehangach sy'n archwilio priodoleddau megis hil, ethnigrwydd, rhywedd, rhywioldeb ac anabledd, ac sy'n troi at hanesyddiaeth er mwyn darparu archif ar gyfer trafodaeth. Mae'r rheswm am ganolbwyntio ar ethnigrwydd yng Nghymru'n dra amlwg. Y deng mlynedd ar hugain diwethaf yw'r cyfnod pryd y bu ymdrech ddifrif i sefydlu ac yna sefydlogi egin-wladwriaeth Gymreig. Roedd angen i'r wladwriaeth honno, a'r gymdeithas sifil a'i cefnogai, ddangos ei bod yn amlethnig er mwyn bod yn gynhwysol, ac felly'n haeddiannol.

Gan nad oedd y wladwriaeth hon am greu endid sifig *Gymraeg*, nid oedd angen sefydlu, o safbwynt cenedlaetholdeb sifig, fod y byd Cymraeg ei hun yn amlethnig. Felly ni wnaed hynny, ac oddieithr mewn un llawlyfr ysgol,[12] ni cheir cydnabyddiaeth o le canolog y Gymraeg mewn ymdriniaeth gyffredinol â hanes lleiafrifoedd ethnig yng Nghymru. Nid oes ond un llyfr sy'n ymdrin â grŵp ethnig lleiafrifol yn y Gymru Gymraeg, sef *Y Sipsiwn Cymreig* (1979) A. O. H. ac Eldra Jarman, ac i raddau helaeth mae hwnnw'n perthyn i ddisgwrs hanesyddol cynt, sef Rhamantiaeth.[13] Mae'n llyfr da er hynny, ac mae ganddo'r fantais ddigamsyniol iddo ddangos yn glir nad y Cymry yw'r unig genedl sydd wedi arddel y Gymraeg.

Ceir wrth reswm lyfrau lawer, neu ddarnau o lyfrau, sy'n trafod crefyddau heblaw Cristnogaeth yn Gymraeg, ac mae hynny'n rhan o stori 'amrywiaeth' yng Nghymru hefyd. Ceir yn eu plith *Pantheologia: neu hanes holl grefyddau'r byd* (1762–79) Pantycelyn sy'n perthyn i gyfnod yr Oleuedigaeth Ewropeaidd mewn gwirionedd, pytiau yn y *Geiriadur Duwinyddol* (1837) ac mewn cyfnodolion, a'r ddwy gyfrol, *Cristnogaeth a Chrefyddau Eraill* (1923) D. Miall Edwards a *Crefyddau'r Dwyrain* (1968) Cyril G. Williams.[14] Mewn llyfrau taith yn ogystal, mae'r gyfeiriadaeth at Islam yn fynych os yn ysbeidiol, ac mae rhan o'r Corân wedi'i chyfieithu i'r Gymraeg. Afraid dweud y ceir toreth o gyhoeddiadau yn y Gymraeg am Iddewiaeth hefyd. Fodd bynnag, nid oes a wnelo'r llyfrau Cymraeg hyn â Mwslemiaid, Iddewon, Hindwiaid, Siciaid, Bwdiaid a lleiafrifoedd crefyddol eraill yng Nghymru.

Ceir hefyd sylw teg i unigolion Cymraeg o gefndir ethnig lleiafrifol mewn cyfrolau fel *Cymru Ddu* (2005) Alan Llwyd, ac ambell i gyfrol Saesneg megis llyfr Paul O'Leary, *Immigration and Integration: The Irish in Wales 1798–1922* (2000) a *The Jews of Wales: A History* (2017) Cai Parry-Jones. Ac mae awduron clodwiw fel Daniel G. Williams, Jasmine Donahaye a Grahame Davies wedi gosod y Gymraeg ynghanol eu hastudiaethau hwythau hefyd, gan drafod cyswllt y Cymry ag Affro-Americaniaid, Iddewon a Mwslemiaid.[15] Ond model theoretig llyfrau ac erthyglau o'r fath yw Cymru ddwyieithog. Oherwydd eu cwmpawd cysyniadol, mae'n anodd iddynt ymholi i ba raddau y mae amlethnigrwydd ac amlddiwylliannedd yn wahanol yng Nghymru yn y byd Cymraeg o'i gymharu â'r byd Saesneg.

Defnyddiol yn y cyd-destun hwnnw yw cyfrol ddiweddar Lisa Sheppard, *Y Gymru 'Ddu' a'r Ddalen 'Wen'* (2018), sy'n codi dadl y gall dull darllen rhyngieithol gefnogi gwir amlddiwylliannedd yng Nghymru. Mae gwaith Gwennan Higham, *Creu Dinasyddiaeth i Gymru: Mewnfudo Rhyngwladol a'r Gymraeg* (2020), yn trafod y cyswllt rhwng y Gymraeg a dinasyddiaeth Gymreig a Phrydeinig; cwestiwn hanfodol mewn polisi cyhoeddus ar gyfer yr oes wedi datganoli. Mae'n rhan o drafodaeth ryngwladol sy'n holi a ddaw mewnfudwyr mewn gwledydd diwladwriaeth yn ddinasyddion y wlad neu'r wladwriaeth dan sylw, ynteu'r ddwy, ac ai trwy ddiwylliant y wlad neu'r wladwriaeth y dylid eu hintegreiddio.[16] Mae'r ddau lyfr yn mynd i'r afael â neilltuoldeb amlethnigrwydd Cymraeg.

Ni cheir yn unman, fodd bynnag, drafodaeth estynedig ar berthynas y gwareiddiad Cymraeg â grwpiau o dras ethnig leiafrifol o safbwynt

Cyflwyniad

hanesyddol, cymdeithasegol neu lenyddol, nac ymdrech yn sgil hynny i awgrymu theori addas ar gyfer trafod amrywiaeth ethnig mewn perthynas â'r gymuned Gymraeg. Ymgais i wneud hynny yw'r gyfrol hon.

Rhan o'r rheswm nad yw hyn wedi digwydd, yn arwynebol o leiaf, yw diffyg gafael mwyafrif yr haneswyr a'r damcaniaethwyr sy'n gweithio ym maes amlddiwylliannedd ar y Gymraeg. Ceir digon o gamsyniadau am y diwylliant Cymraeg o ganlyniad i ddiffyg gwybodaeth. Mae llyfr sâl Angela Drakakis-Smith, *Home Game: The English Experience of living in North West Wales* (2010), sy'n anwybyddu ffynonellau Cymraeg ac yn cyffelybu syniadaeth mudiadau iaith â pholisïau Mugabe yn Simbabwe, yn enghraifft o anwybodaeth am y gymdeithas a astudir.[17] Ond mewn astudiaethau eraill hefyd, mwy safonol, rhoddir yr argraff mai profiad Saesneg yw'r profiad amlethnig yng Nghymru. Felly yn *Lime, Lemon and Sarsaparilla* (1991) Colin Hughes, sy'n trafod y gymuned Eidalaidd yn y de, neu *The Jews of South Wales: Historical Studies* (1993) o dan olygyddiaeth Ursula R. Q. Henriques, dwy gyfrol sy'n rhagorol fel arall, ni cheir unrhyw gyfeiriadaeth at ffynonellau Cymraeg er i aelodau o'r lleiafrifoedd hyn drigo mewn cymunedau Cymraeg a chyfrannu at wead y cymdeithasau hynny.

Mae astudiaethau sy'n ddibynnol ar ffynonellau yn yr iaith ddominyddol yn unig, neu sy'n canolbwyntio ar gadarnleoedd dychmygedig y diwylliant dominyddol, neu sy'n cydnabod pob math o 'anfantais' mewn cymdeithasau gorllewinol ac eithrio anfantais grŵp iaith, neu sy'n nithio deunydd (a hynny yn enw gwrth-hiliaeth!) er mwyn 'fframio' dadl yn groes i dystiolaeth grŵp iaith darostyngedig; mae'r rhain oll yn orthrwm ar leiafrifoedd fel y Cymry Cymraeg. O anwybyddu tystiolaeth yn yr iaith frodorol, neu dybio nad yw yno, cyfnerthir grymoedd trefedigaethol a dilëir o'r cofnod leisiau lleiafrifol, fel pe bai hanes yn 'autopsy' ar y corff Saesneg.[18]

Ac nid yw camddehongli cysyniad Cymraeg yn anghyffredin. Rhan o batrwm ydyw o drafod syniadaeth Gymraeg yn nhermau'r traddodiad deallusol Angloffon yn hytrach nag yn nhermau ei thraddodiad deallusol ei hun. Er enghraifft, y gair a ddefnyddir amlaf gan rai cymdeithasegwyr Cymreig i awgrymu'r syniad o grŵp Cymreig sy'n gaeëdig o safbwynt amrywiaeth ddiwylliannol yw 'gwerin'.[19] 'It reflects', meddai'r cymdeithasegydd, Charlotte

Williams, sydd wedi gwneud cyfraniad aruthrol i astudiaethau o'r gymdeithas amlhiliol yng Nghymru, 'a type of ethnic absolutism that cannot be sustained; that is, a notion of *Welshness* that is rigid.'[20] Meddai ymhellach, 'The *gwerin* construct, central to the Welsh rural idyll, communicates a bedrock assumption that to be Welsh is to be Welsh speaking and by and large this has conventionally been equated with being white.'[21] Ond nid yw gwerin odid byth yn cael ei defnyddio mewn Cymraeg heddiw i awgrymu *Volk* na dim tebyg. Ni synnir am y gymdeithas Gymraeg yn y traddodiad brodorol fel cymdeithas 'wen' ychwaith, ond yn hytrach fel cymdeithas wedi'i gwreiddio mewn iaith. Ac mae'r 'Welsh rural idyll' a gollfernir wedi darparu lle diogel ar gyfer lleiafrif ieithyddol yn wyneb cam-wahaniaethu strwythurol. Ni waeth am hynny, gair yw 'gwerin' a ddefnyddir mewn trafodion Saesneg i gyfleu anoddefgarwch diwylliannol, gyda'r awgrym amlwg fod y broblem hon yn wreiddiedig yn y gymuned Gymraeg.

Yn y Brydain a'r Gymru amlethnig, mae cywair o'r fath yn rhwym o gyflwyno'r gymdeithas fwyafrifol Angloffon fel un sy'n cynnwys amrywiaeth o'i mewn, a'r gymdeithas Gymraeg leiafrifol fel un geidwadol. Mae llawer o'r drafodaeth theoretig am berthynas siaradwyr Cymraeg â lleiafrifoedd ethnig yn trin cymunedau Cymraeg fel pe baent yn hanfodaidd, gydag ensyniadau hyd yn oed y byddai eu diflaniad yn arwain at leihau tensiynau ethnig.[22] Yng ngwaith Charlotte Williams eto, awgrymir y gallai cryfhau polisi iaith arwain at ymylu pobl dduon,[23] dadl sy'n anwybyddu braidd fodolaeth pobl ddu sy'n siarad Cymraeg.

Ond go brin fod anwybodaeth o'r dystiolaeth Gymraeg yn esbonio pob agwedd ar ddifaterwch ynghylch bywyd Cymraeg amlethnig. Pan gyhoeddwyd deunydd amlddiwylliannol am y Gymru Gymraeg mewn Saesneg, megis hunangofiant Tom Macdonald *The White Lanes of Summer* (1975), a ymddangosodd bedair blynedd ynghynt fel *Y Tincer Tlawd* (1971), neu *The Welsh Gypsies: Children of Abram Wood* (1991), addasiad o *Y Sipsiwn Cymreig*, fe'u hanwybyddwyd hwythau hefyd i raddau helaeth. Ni chânt eu crybwyll yn yr astudiaethau mwyaf adnabyddus o amlethnigrwydd ac ôl-drefedigaethedd Cymreig, *A Tolerant Nation?* (2003) a *Postcolonial Wales* (2005), neu'r fersiwn ddiwygiedig o'r cyntaf sef *A Tolerant Nation? Revisiting Ethnic Diversity in a Devolved Wales* (2015).

Cyflwyniad

Nid yw'r testunau hyn yn 'gweddu' rywsut ym myd amlddiwylliannedd 'swyddogol' Cymru a Phrydain. Oherwydd pan eir i'r afael â'r dystiolaeth Gymraeg, gwneir hyn yn aml mewn trafodaeth y penderfynwyd ar ei pharamedrau eisoes. Ychydig o le sydd ar gyfer trin a thrafod dulliau Cymraeg o feddwl am amlethnigrwydd.

Yn y Gymru gyfoes, mae hyn yn wir yn enwedig am 'wleidyddiaeth hunaniaeth' Eingl-Americanaidd sy'n gloff iawn ei hymateb theoretig i fodolaeth y Cymry fel grŵp iaith brodorol (y mae'r rhan fwyaf o'i aelodau'n wyn), gan nad oes grŵp tebyg yn Lloegr neu America sy'n siarad iaith gynhenid. Yno y duedd yw i grwpiau 'gwynion' fod yn rhan o ddiwylliant hegemonaidd cryf. Ceir yng Nghymru fodd bynnag bobl fodern, orllewinol, a gwynnach na'r boblogaeth ym Mhrydain yn gyffredinol (ond yn amlhiliol hefyd, er ar raddfa lai na'r gymdeithas Saesneg), sy'n wynebu anfantais strwythurol. Cyfarfod rhwng dau wahanol fath o leiafrif yw'r un rhwng lleiafrif ieithyddol brodorol a lleiafrif ethnig, ac mae'n cynnig cyd-destun gwahanol ar gyfer trafodaeth i'r un a geir yn Lloegr neu America lle ceir 'mwyafrif' a 'lleiafrif' mewn termau mwy syml. Mae gan y profiad Cymraeg fewnwelediadau theoretig a fedrai gyfrannu at drafodaeth ryngwladol am hil, ethnigrwydd a chydraddoldeb, ond ni adlewyrchir hyn gan y drafodaeth yng Nghymru a seilir yn rhy aml ar fewnforio ieithwedd a safbwyntiau o'r byd Saesneg yn anfeirniadol.

Pe bai'r gymdeithas Gymraeg yn llunio theori ar sail ei disgwrs ei hun, byddai gwaith canoloesegwyr fel yr ysgolhaig R. R. Davies, y mwyaf o haneswyr Cymreig yr Oesoedd Canol, wrth wraidd astudiaethau theoretig o amlethnigrwydd yng Nghymru. O'i erthygl arloesol, 'Race Relations in Post-Conquest Wales: Confrontation and Compromise' (1974), gyda'i brawddeg gyntaf wefreiddiol, 'Race is a dangerous word',[24] hyd at ei *The Revolt of Owain Glyn Dŵr* (1995), awgrym R. R. Davies yw mai perthynas rym rhwng y trefedigaethwr Seisnig a'r trefedigaethedig Cymreig sy'n cyfleu realiti Concwest. Byddai hanesydd fel Michel Foucault yn dadlau mae'n siŵr nad yw uno Cymru a Lloegr yn newid fawr ddim ar hynny, gan fod Concwest wedi sefydlu *a priori* y cydbwysedd grym rhyngddynt, hyd yn oed mewn trefn ddemocrataidd.[25] Ond nid yw'r canfyddiad fod perthynas rym yn bod rhwng y trefedigaethwr a'r trefedigaethedig, ac i Gymry brodorol gael eu trefedigaethu gan newydd-ddyfodiaid, yn un hawdd ei gynnwys oddi mewn i fetanaratif Angloffon, sy'n tybio'n awtomatig mai brodorion sy'n gorthrymu mewnfudwyr.

Bu hanesyddiaeth Gymreig yn ei phwyslais ar hanes lleiafrifoedd ethnig yn y Gymru Saesneg yn rhan o brosiect sifig ehangach i greu politi Cymreig y gall pawb gyfrannu tuag ato. Gwaith hanfodol yw hynny, ond cyfnerthai hefyd ddisgwrs a fodolai eisoes fod y Saesneg yn perthyn i gylch y Sifig yng Nghymru, yn fwy felly na'r Gymraeg. Mae absenoldeb mewn maes academaidd yn dweud llawer, ac yn hanesyddiaeth Cymru mae lleiafrifoedd ethnig sy'n siarad Cymraeg yn absennol at ei gilydd. 'Just as in certain forms of Puritanism morality is reduced to sexual morality,' meddai'r hanesydd, Robin Okey, 'so in Wales notions of historical objectivity often seem to be identified with the avoidance of nationalist standpoints',[26] ac i lawer nid yw dadleuon sy'n tarddu o'r gymuned Gymraeg am iaith ac ethnigrwydd ond yn wedd ar genedlaetholdeb.

Ceisir gwneud iawn am yr absenoldeb trwy gynnig yn y gyfrol hon bennod hir yn olrhain yn empeiraidd hanes lleiafrifoedd ethnig yn y Gymru Gymraeg. Adlais bwriadol yw'r bennod o'r ffordd yr âi ffeminyddion ati i wneud iawn am absenoldeb benywod mewn hanes patriarchaidd. Mae hefyd yn tystio i'r pwysigrwydd a roddir yn y gyfrol hon i'r cysyniad o 'archif Gymraeg'. Wrth synio am archif Gymraeg, sef y dystiolaeth hanesyddol a adawyd gan y gymuned Gymraeg yn ei disgwrs ei hun, gwelir fod gwahanrwydd epistemegol yn aml rhwng myfyrion y Cymry a dysgeidiaeth y byd Angloffon. Ceir mewn perthynas â synfyfyrion y Cymry amdanynt hwy eu hunain, ac am eraill, y fath beth â 'gwybodaeth Gymraeg' sy'n beth gwahanol i gyfieithiad Cymraeg o 'wybodaeth Angloffon'. Gan ddilyn Foucault, ac yn ystyried hefyd drafodaethau diweddar am 'anghyfiawnder epistemaidd', nid yw'r gyfrol hon yn derbyn fod 'gwybodaeth' yn niwtral.[27] Yn hytrach, mae gwybodaeth yn cael ei chreu, ac ys dywed Boaventura de Sousa Santos yn ei lyfr ôl-drefedigaethol, *Epistemologies of the South: Justice against Epistemicide* (2014), 'unequal exchanges among cultures have always implied the death of the knowledge of the subordinated culture, hence the death of the social groups that possessed it.'[28]

Rhan o genadwri graidd y gyfrol hon yw adfer 'gwybodaeth Gymraeg', mater o bwys gan fod datblygiad aruthrol cyfathrebu byd-eang yr unfed ganrif ar hugain wedi cyflymu'r broses o ddisodli

Cyflwyniad

gwybodaeth y gymdeithas Gymraeg gan wybodaeth Angloffon. Trasiedi ddeallusol yw hon (a thrychineb i'r sawl sydd am sicrhau cyfiawnder cymdeithasol yng Nghymru) gan fod gwybodaeth Gymraeg yn taflu goleuni newydd ar gysyniadau creiddiol i drafodaethau gwleidyddol ac ysgolheigaidd cyfoes megis trefedigaethedd, dinasyddiaeth, pobloedd frodorol, hybridedd, braint ac ati gan hwyluso dadansoddiad mwy cynnil, a chywir hefyd, o fydolwg y Cymry na'r hyn a geir mewn hanesyddiaeth Angloffon. Yn hyn oll, mae'r archif Gymraeg yn cynnwys tystiolaeth o sut y daeth rhai o'r agweddau hyn i fod. Er bod i'r archif gryn amrywiaeth fewnol, mae iddi hefyd batrymau a rhinweddau neilltuol.

Dyma'r cyd-destun priodol hefyd ar gyfer trafod *hiliaeth Gymraeg*, sef hiliaeth a ymffurfiodd oddi mewn i'r gwareiddiad Cymraeg, ac a anelid at rai grwpiau yng Nghymru megis Roma, pobl ddu, Gwyddelod, Iddewon, Asiaid a Tsieineaid yn benodol, ond at rai grwpiau eraill hefyd. Yn y gyfrol hon, archwilir yr hiliaeth hon yn ddi-dostur heb guddio dim. Mae pob cymdeithas ddynol, yn y Gorllewin o leiaf, wedi defnyddio hiliaeth yn arf yn erbyn grwpiau ethnig eraill ar adegau, ac ni fu'r Cymry yn wahanol. Ond nid oes modd *adnabod* hiliaeth Gymraeg wrth ei disgrifio yn nhermau, ac yn ôl canllawiau, hiliaeth Angloffon. Mae patrwm hiliaeth yn y gymdeithas Gymraeg yn wahanol i'r hyn a geir yn y byd Angloffon am fod natur 'gwybodaeth' yn y ddwy gymdeithas yn wahanol. Mae'n dilyn felly fod yn rhaid dychwelyd at yr archif Gymraeg er mwyn disgrifio hiliaeth Gymraeg yn gywir. Wrth drafod hanes, disgwrs a nodweddion hiliaeth Gymraeg, mae'r llyfr hwn yn gweithredu fel llyfr gwrth-hiliol.

Ceir pwyslais ar hyn yn y llyfr ar ei hyd, ond yn enwedig efallai mewn tair pennod benodol. Mae un yn trafod effaith disodli diffiniad ieithyddol o genedligrwydd gan un crefyddol ar hiliaeth wrth-Wyddelig a gwrth-semitaidd. Mae un arall yn bwrw golwg ar ddull Cymry gwyn o synio am bobl ddu, ac yn dangos i hyn fod yn wrth-ddywediadol oherwydd safle ymylol yn Ewrop, ond breintiedig yn y byd, y Cymry yn gyffredinol. Mae'r olaf yn olrhain hanes hiliaeth Gymraeg yn erbyn y Roma, a disodliad graddol honno gan ddisgwrs Rhamantaidd a oedd, gan ei fod yn eithriadol o nawddogol, yn debyg i Geltigrwydd; yn fath o Orientaliaeth a fedrai, er hynny, gynnig peth urddas i siaradwyr iaith ddarostyngedig.

Gyda'i gilydd, dangosant bwysigrwydd troi at yr archif Gymraeg er mwyn dadansoddi strwythur hiliaeth yng Nghymru. Ond nid peth newydd yw'r disodli ar wybodaeth Gymraeg. Yng nghysgod ymerodraethau y llunnid honno erioed, ac yn y cyfnod modern o leiaf, gellid olrhain yr ymdriniaeth annheg â hi yn ôl i'r Oleuedigaeth a ragfarnai yn erbyn grwpiau iaith lleiafrifol fel y gwnâi yn erbyn grwpiau y tybiai eu bod yn israddol o ran ethnigrwydd a hil. Yn awyrgylch fileinig y ddeunawfed ganrif a'r bedwaredd ganrif ar bymtheg yr ymffurfiodd disgyblaethau academaidd. O ganlyniad, gwelir yn y gwyddorau dynol a'r dyniaethau hyd heddiw drafodaethau sy'n wedd ar agwedd ddilornus gwybodaeth Angloffon at wybodaeth Gymraeg.

Mae hyn hefyd yn rhan o broblem greiddiol y gwareiddiad Cymraeg, sef ei ddehongli yn ôl ffon fesur traddodiad syniadol arall, a hwnnw'n draddodiad syniadol sy'n ei ddisodli.

Un ddisgyblaeth felly, sy'n neilltuol niweidiol o ran dadsefydlogi diwylliant Cymraeg fel gwareiddiad ffurfiannol Cymru, yw archaeoleg. Nid 'gwirionedd' darganfyddiadau archaeolegol yw'r maen tramgwydd ond y dull o'u cyflwyno. Wrth durio i oes cyn cadw cofnodion ysgrifenedig, ensynia'r defnydd a wneir o archaeoleg nad y 'Cymry' (fel grŵp iaith) yw poblogaeth frodorol y wlad, ac yn sgil astudiaethau o eneteg hefyd (fel pe bai geneteg o unrhyw bwys i grŵp y seilir ei hunaniaeth ar iaith!), awgrymir fod pawb yn 'fewnfudwyr' o rywle.[29] Diau fod hyn yn wir, gan ein bod i gyd yn cyrraedd y byd yn Heideggeraidd heb fod yma o'r blaen, ond gwedir yr un fath y neilltuedd neu'r fytholeg neu'r 'gwreiddiau' mae'r grŵp iaith brodorol yn ddibynnol arnynt, sef mai hwy yw cynfrodorion Ynys Prydain, hyd yn oed yn ei hybridedd. Trwy ganrifoedd maith gormes gwladwriaeth Eingl-ganolog, daliai'r hen Gymry fod hyn yn wir.

Disgyblaeth arall lle ceir rhagdybiaethau helaeth am y Gymraeg yw cymdeithaseg, ac yn benodol ei thueddiad gynyddol i synio am ethnigrwydd fel pe bai'n cyfateb i'r hyn a elwir yn 'hil', ac o ganlyniad i ganolbwyntio ar ddiffiniadau, astudiaethau a pholisïau sy'n seiliedig ar y berthynas rhwng 'gwynder' a 'düwch' yn unig. Mae'n bwysig nodi fod goruchafiaeth y gwyn yn fath eithriadol o ffiaidd a niweidiol o hiliaeth, heddiw ac yn hanesyddol hefyd. Mae ei gyswllt â threfedigaethedd Ewropeaidd a chaethwasiaeth yn amlwg, ac roedd Cymru a Chymry ynghlwm wrth y ddau beth hynny. Mae hiliaeth ar sail lliw yn bodoli oddi mewn i'r gymuned Gymraeg a gall hefyd fodoli rhwng y gymuned Gymraeg ac aelodau du o gymunedau eraill. Yn hynny o beth, nid yw'r gymdeithas Gymraeg yn wahanol i unrhyw gymdeithas arall yng ngorllewin Ewrop.

Ond wrth weld 'gwynder' a 'düwch' fel categorïau cyfannol neu gaeëdig, ymdrinnir â hil fel pe bai'n endid sefydlog, ddigyfnewid er ei bod mewn gwirionedd yn ganlyniad grymusterau a disgyrsiau cymdeithasol. Nid yw 'hil' yn gategori biolegol dilys ond gellir creu 'hil' trwy 'hileiddio' (*racialization*), proses sydd wedi effeithio ar bobl ddu yn gyson, ond a fedr effeithio ar grwpiau eraill, gan gynnwys rhai gwyn, yn ddibynnol ar gyd-destun. Bu hileiddio yng Nghymru ar Iddewon a Gwyddelod gwyn, er enghraifft.

Gall 'hil' newid hefyd dros amser. Olrheinir yn un o gampweithiau astudiaethau hil, *How the Irish Became White* (1995), sut y dychmygid y Gwyddelod yn Iwerddon fel 'hil' israddol, ac felly hefyd am dro yn America fel 'white negroes', ond yn y man, dyma hwy'n closio at wynder, gan ddod yn rhan ohono er mwyn gwrthsefyll her dybiedig Affro-Americaniaid i'w buddiannau. Ac yn y cyd-destun Cymraeg hefyd, mae cysyniadau fel ethnigrwydd, hil a hiliaeth yn ddibynnol ar gyd-destun, a gwelir hyn o graffu ar hanes geiriau Cymraeg fel 'hil' a 'hiliaeth'.[30] Cysyniad yw hil sy'n cael ei greu, a theg fyddai olrhain sut y bu i Gymry 'gwyn' gael eu creu, eu dadgreu a'u hadgreu fel 'hil' ym Mhrydain, ond ysywaeth astudiaeth arall fyddai honno.

Sut bynnag y diffinnir 'hil', categori gwahanol ydyw i ethnigrwydd (a sylwer mai lleiafrifoedd 'ethnig' a drafodir yn y llyfr hwn) sy'n derm a ddefnyddir i ddisgrifio ymwybod grŵp o safbwynt priodoledd neu briodoleddau sy'n gysylltiedig fel arfer â'i dreftadaeth, pan rennir y nodweddion hyn gan lawer yn y grŵp, os nad pob un. Yn aml, bydd aelodau'r grŵp yn tarddu o'r un cefndir cenhedlig neu gyff, ond eto ni fydd hyn yn wir am bob aelod. Nid mater o liw croen yw ethnigrwydd er y gall rhai grwpiau darostyngedig gyfeirio atynt hwy eu hunain fel grŵp ethnig ar sail lliw croen. Gall grŵp ethnig fod yn amlhiliol (mae'r lleiafrif Eidalaidd yng Nghymru, er enghraifft, yn cynnwys unigolion gwyn a du), ac nid yr un peth mo ethnigrwydd a hil o gwbl.

Wrth drafod ethnigrwydd fel 'hil' yn nhermau hollt absoliwt rhwng 'gwynder' a 'düwch', gorfodir lleiafrifoedd 'gwyn' gan gymdeithaseg Eingl-Americanaidd i ddod yn rhan o wynder hegemonaidd sy'n gwadu eu gwahanrwydd: 'the universalisation of the centre through shared whiteness marks only certain oppressed groups as different.'[31] Ac fel y gwelwyd, ceir tuedd weithiau i gysylltu'r 'gwynder' hwn â'r iaith Gymraeg. Cymdeithas amlethnig ac amlhiliol yw'r gymdeithas Gymraeg, ond bydd dysg Angloffon yn aml yn synio amdani fel endid fonoethnig, 'Gymreig' a 'gwyn'. Mewn byd a rennir rhwng 'gwynder' a 'düwch' mae'r camddisgrifio hwn yn anghyfiawn.

Ymhellach, nid yw'r byd Angloffon yn llawn-amgyffred tuedd hanesyddol cymunedau ieithyddol bregus i wreiddio gwahanrwydd mewn iaith yn hytrach na hil. Y diffyg hwn yw gwraidd llawer iawn o gamdybiaethau am y byd Cymraeg, a'r methiant i ddeall y gall ei archif syniadol (ei ffordd o 'feddwl am y byd') fod yn wahanol, yn epistemegol ac yn ontolegol, i un y byd Angloffon. Mae pwysigrwydd iaith yn guddiedig i'r Angloffon oherwydd grym hegemonaidd y Saesneg. Mae gan yr Angloffon fraint ('braint yr Angloffon') nad yw'n ymwybodol ohono. O ganlyniad, bydd yn synio am y wladwriaeth Angloffon fel endid niwtral er iddi ymgorffori goruchafiaeth yr iaith Saesneg (fel 'Sifig Saesneg' neu 'Sifig Angloffon' y cyfeiriaf at y Sifig an-niwtral hon).

Ymblethiad yr iaith Saesneg â'r Sifig, a sylfaenir yn hanesyddol ar Goncwest a'i chadarnhau wedyn gan Oleuedigaeth, yw sail grym anweledig y Saesneg yng Nghymru. Mae'n hawlio ar ei chyfer ei hun statws cyfanfydol (*universal*), ac yn ymestyn ei gafael trwy'r gyfraith a thrais symbolaidd, gan gymell cymathiad unigolion a chymunedau, a hynny mewn cyfundrefn ryddfrydol. Cyfeiriaf at y grym digrybwyll hwn ym mywyd Cymru fel 'goruchafiaeth yr Angloffon'.

Un o'i sgileffeithiau yw anallu Cymry i drafod eu sefyllfa eu hunain mewn ieithwedd briodol. Gan fod theori feirniadol Angloffon yn synio am y byd Angloffon fel bydysawd cyfanfydol a niwtral, ni fydd yn ymorol am anghenion y grwpiau hynny y seilir eu gwahanrwydd ar iaith, ac ni ddamcaniaethir yn eu cylch. O ganlyniad, nid yw'r categorïau cymdeithasegol a bennir gan wleidyddiaeth hunaniaeth a theori feirniadol Angloffon yn disgrifio'r byd Cymraeg yn deg. Gwelir hyn yn nhrafferthion Cymry i ddisgrifio eu profiad o orthrwm ar sail iaith: nid 'hiliaeth' mohono yn ôl tybiaeth y byd Angloffon, ac eto gan ei bod yn ffurf strwythurol ar gamwahaniaethu, mae'n fwy na 'rhagfarn' yn unig. Tarddiad y cymhlethdod yw'r ffaith nad oes terminoleg sy'n caniatáu i siaradwyr Cymraeg drafod eu gorthrwm yn gywir.

Dyma bwnc sydd wedi cael peth sylw yn ddiweddar gan Huw Williams, ac yng nghyd-destun cymunedau Cymraeg gan Richard Glyn Roberts.[32] Yn sgil lledaeniad syniadau Americanaidd Angloffon dros y we fyd-eang, gwelir yng Nghymru 'the loss of critical nouns'.[33] Yn hytrach na bod enwau (hynny yw, syniadau) y traddodiad Cymraeg yn cael eu harddel, cymhellir Cymry i dderbyn geirfa o'r tradoddiad deallusol hegemonaidd Saesneg. Swyddogaeth ansoddeiriol (hynny yw, eilaidd) sydd gan y traddodiad brodorol wedyn, sef ceisio Cymreigio cysyniadau a feithrinwyd gan y diwylliant Angloffon dominyddol. Weithiau, bydd hyn yn ddefnyddiol. Un o gysyniadau craidd y llyfr hwn, er enghraifft, yw 'hybridedd lleiafrifol'. Rhai eraill yw 'amlddiwylliannedd Cymraeg' a 'chroestoriadaeth werdd'. Ond ni ddylai cysyniadau Angloffon ddisodli'r traddodiad syniadol Cymraeg. Os digwydd hynny, nid gwleidyddiaeth y wladwriaeth yn unig a ddiffinnir gan hegemoni America, ond y gwrthsafiad hefyd.[34] Bydd yn anodd mynd i'r afael â'r mathau penodol o anghyfiawnder sy'n effeithio ar y boblogaeth Gymraeg. Mae Huw Williams yn llygad ei le i haeru fod 'rhaid ... cysyniadoli ac *enwi* ein cyflwr.'[35]

Ac eithrio 'iaith', yr enw syniadaethol pwysicaf yn yr archif Gymraeg yw 'brodor'. Nid yw'r cysyniad wedi derbyn fawr ddim sylw mewn Saesneg wrth drafod y Cymry, ond yn y traddodiad Cymraeg mae'n greiddiol. Gall meddylwyr Angloffon, sy'n synio am amrywiaeth yn nhermau 'hil', dybio mai cysyniad hiliol neu ethnoganolog yw 'brodor'. Ond mae hynny'n arddangos eu camddealltwriaeth o'r meddwl Cymraeg. Yn y traddodiad Cymraeg, iaith sy'n diffinio'r brodorol. Ac iaith yw gwrthwyneb hil. Nid oes unrhyw gyswllt rhwng hil, ethnigrwydd neu fan genedigaeth a bod yn frodorol. Y grŵp sy'n frodorol nid ei aelodau. Ac mae'n frodorol oherwydd yr iaith, neu, yn achos y di-Gymraeg, oherwydd yr iaith yn symbolaidd. Yn y traddodiad Cymraeg, grwpiau amlhiliol ac amlethnig yw grwpiau brodorol.

Wrth gwrs, y rheswm waelodol nad yw theori Angloffon yn trafod delfryd y genedl frodorol yw na fynn wneud hynny. Byddai dehongliad o'r fath yn gwyrdroi holl hanes Prydain, a datgelid yn syth 'oruchafiaeth yr Angloffon'. Yn y meddwl Cymraeg, mae honno'n tarddu, yn hanesyddol o leiaf, o feddiant y grŵp Angloffon ar y diriogaeth y dietifeddwyd y Cymry ohoni, a'r grym a ddeilliodd o hynny.

Yn ogystal â'r cam a wneir â'r gwareiddiad Cymraeg mewn hanesyddiaeth, cymdeithaseg a theori feirniadol, ceir cam hefyd o safbwynt daearyddol, wrth i amrywiaeth ethnig rhai ardaloedd o Gymru gael ei diystyru. Meddylir am y wlad gan amlaf mewn modd pegynnol iawn, gyda rhanbarthau mwy 'Cymraeg' y gogledd, y canolbarth a'r gorllewin yn cael eu trafod fel pe baent yn llai 'amrywiol' na rhanbarth mwy 'Saesneg' y de-ddwyrain. 'The history of north Wales Jewry', meddai Cai Parry-Jones yn ddiweddar, 'has been doubly invisible – it has been overlooked by scholars exploring the Anglo-Jewish experience, as well as by those examining Welsh Jewry',[36] ac mae'r enghraifft yn nodweddiadol. Ceir hollt tebyg rhwng gwlad a thref, ac mewn astudiaeth o'r gymuned Fwslemaidd yn Nyfed, tynnwyd sylw at y dyb gyfeiliornus ond cyffredin 'mai ffenomen drefol yw amlddiwylliannedd.'[37]

O ganlyniad, yn ddiarwybod, efallai, anwybyddir cymunedau Cymraeg, a'r posibiliad o lunio yno Sifig amlethnig. Ceir rhagfarn mewn astudiaethau ethnig yng Nghymru o blaid modernrwydd ar draul y cyn-fodern, yr wrban ar draul y gwledig, a'r Saesneg ar draul y Gymraeg. Yn anorfod, bydd hyn yn cysylltu'r Gymraeg yn y meddwl poblogaidd â'r cyn-fodern, y gwledig a'r hanfodaidd.

Ond mae rhagor i'r profiad rhyngddiwylliannol yng Nghymru na 'the salience of minority ethnic identities in the development of urban south Wales'.[38] Ni olyga hyn na cheid amlethnigrwydd Cymraeg yn y maes glo nac yn y dinasoedd, a chynigir yn y llyfr hwn dystiolaeth o amlethnigrwydd Cymraeg yng nghymoedd y de, Abertawe a Chaerdydd. Ond gall llefydd annisgwyl fod yn amlethnig hefyd megis cymunedau Cymraeg 'diarffordd' fel Betws Gwerful Goch a Chapel Celyn. Er mwyn dangos natur amlethnigrwydd mewn bro Gymraeg wledig, ceir yn y gyfrol astudiaeth achos o amlethnigrwydd mewn ardal wledig, sef Llŷn ac Eifionydd. Mae modd cael mathau o amrywiaeth ethnig sy'n deillio o brofiadau Cymraeg sy'n unigryw i gefn gwlad, megis y cysylltiadau ffermwrol rhwng Cymru a Seland Newydd, gyda'i phoblogaeth Maori. Yn wir, mae Cymry o dras Faori yn byw yng Ngwynedd, ac yn ddwyieithog mewn Cymraeg a Maori. Bu amlethnigrwydd yn nodwedd ar bob math o leoedd yn y berfeddwlad Gymraeg: y gwersyll milwrol,

Cyflwyniad

y llong, y porthladd, y mwynglawdd, y mynydd, y farchnad, y ffair, y capel, y brifysgol, yr ysbyty, yr atyniad twristaidd, y fferm.

Gydol y llyfr, dymunir disgrifio'r hyn a alwn yn 'amlddiwylliannedd Cymraeg' o safbwynt hanesyddol a theoretig. Math o amlddiwylliannedd lleiafrifol yw hwn. Mae'n wahanol i amlddiwylliannedd Angloffon, sydd o safbwynt y diwylliant Cymraeg yn hyrwyddo gwerthoedd mwyafrifol. Nod amlddiwylliannedd Cymraeg yw cyfnerthu diwylliant Cymraeg a fydd yn amlethnig ac yn amlddiwylliannol yn ei hawl ei hun.

Mae'r cyfan yn rhan o ymgais ehangach gennyf i ysgrifennu hanes a hanes syniadol y gwareiddiad Cymraeg. Y gyfrol hon yw'r olaf o dri llyfr y cyfeirir atynt yn rhagair *Pam na fu Cymru* fel triawd ar ffurf cyfres. Y gyfrol gyntaf oedd *Pa beth yr aethoch allan i'w achub?*, a olygwyd gyda Richard Glyn Roberts. Ymdriniaeth yw ag iaith a'r grŵp iaith. *Pam na fu Cymru* fu'r ail, ymdriniaeth â gwleidyddiaeth a chenedl. Hon yw'r drydedd a'i phwnc yw 'Pwy yw'r Cymry?'

1

Beth sy'n bod ar amlddiwylliannedd Eingl-Americanaidd unigolyddol?

Mewn erthygl olygyddol onest yn *Y Llenor* yn ystod dyddiau argyfyngus yr Ail Ryfel Byd, ymroes W. J. Gruffydd i fyfyrio ar ddyfodol y broydd Cymraeg. Gan fod cynifer o noddedigion o ddinasoedd Lloegr yn cyrraedd cefn gwlad, barnai Gruffydd nad oedd y Gymraeg bellach yn ddiogel yn ei chadarnleoedd. Apeliodd yn daer ar y Cymry i warchod eu hunaniaeth, a mynnu eu hawl i oroesi fel priod grŵp yr ardaloedd Cymraeg:

> Os colli Cymru, nid oes i mi, beth bynnag, ddim pellach i'w ddweud wrth fywyd. Cymru oedd fy *raison d'être* i; nid oes un ystyr i'r bywyd y bûm yn ei fyw hyd yn hyn, nac i'r un llinell a ysgrifennais erioed, oni bydd plant *Cymreig* yn byw yn Llanddeiniolen a Phont-rhydfendigaid a Llanbrynmair wedi i mi dewi â chwyno.[1]

Ceir gan Gruffydd, fel yng ngwaith llawer o ysgrifenwyr Cymraeg hanner cyntaf yr ugeinfed ganrif, gryn gymysgu ar y termau 'Cymreig' a 'Chymraeg'. Cymysgir hefyd y wlad, 'Cymru', a'r grŵp ethnig neu ethnoieithyddol neu ieithyddol, 'Cymry', sy'n gysylltiedig â hi. Go brin mai plant '*Cymreig*' mewn ystyr fiolegol sydd ganddo mewn golwg wrth ddal y dylai trigolion y broydd Cymraeg fod yn *Gymry*. Cymry Cymraeg a feddylia: hynny yw, plant sy'n medru'r Gymraeg. Cydsynio â Gruffydd fyddai ymateb greddfol llawer o Gymry, ni waeth beth yw eu cefndir ethnig, hyd heddiw. Dymunir i blant *Cymraeg* fyw yn Llanddeiniolen, Pontrhydfendigaid a Llanbrynmair. Ond nid plentyn Cymreig ei gefndir yw pob plentyn Cymraeg ei iaith yn yr ardaloedd Cymraeg, na heddiw na ddoe. Ac eto, maent yn Gymry. Un o wendidau dadl Gruffydd felly, er mor gywir ydyw wrth ymorol am barhad y diwylliant Cymraeg gwledig, yw na synia am y Gymraeg fel iaith â dichonolrwydd amlethnigrwydd yn perthyn iddi.

Y duedd hon i gyfystyru ethnigrwydd ag iaith sydd y tu ôl i honiadau y gall amddiffyn iaith fod yn wedd ar hiliaeth. Dywed Elie Kedourie yn ei lyfr pwysig, *Nationalism* (1960):

> there is no definite clear-cut distinction between linguistic and racial nationalism. Originally, the doctrine emphasized language as the test of nationality, because language was an outward sign of a group's peculiar identity and a significant means of ensuring its continuity. But a nation's language was peculiar to that nation only because such a nation constituted a racial stock distinct from that of other nations.[2]

Dyma sylfaen y cyhuddiad croch fod y mudiad iaith o raid yn fudiad ethnig. Ac eto nid dyna'r unig farn, nac ychwaith o angenrheidrwydd y farn gywir. Mynn traddodiad ysgolheigaidd arall mai iaith ac nid hil fu wrth wraidd cenedlaetholdeb. 'From the start the nation was conceived in language, not in blood', meddai Benedict Anderson.[3] Ac fel y dywed yr athronydd Étienne Balibar, gall cymuned ieithyddol gynnwys newydd-ddyfodiaid o'i mewn am fod modd dysgu iaith. Mae iddi ryw 'blastigrwydd rhyfedd' sy'n caniatáu i unigolyn nad yw'n perthyn iddi o'i eni fynd yn aelod cyflawn ohoni.[4]

Yn wir, gellid haeru fod y gofid am 'racial stock' yn fwy tebyg o flino cymdeithas lle mae iaith yn anweledig nag un lle mae ymwybod â gwahanrwydd ieithyddol yn hollbresennol. Mewn gwledydd swyddogol uniaith fel Ffrainc a'r Almaen, ac yn Lloegr a rhannau o'r Gymru ddi-Gymraeg hefyd, nid yw gwleidyddiaeth iaith yn ganolog, a dynodir yr Arall gan hil, neu gan grefydd a gysylltir yn y meddwl gorllewinol â hil. Ond yng Nghymru Gymraeg, yr iaith a ddynoda'r Arall yn bennaf, ac ni cheid i'r un graddau densiynau'r Lloegr uniaith ynghylch hil.

Wrth reswm ceir hiliaeth yn y gymdeithas Gymraeg, ond ar ffurf wahanol i'r hyn a geir mewn cymdeithasau y diffinnir eu gwahanrwydd mewnol gan hil yn bennaf oll. 'The absence of "language" as a variable in the debate may have contributed to the dominance of racially based identifications and the pervasiveness of identity politics', meddai'r ysgolhaig Werner Sollors wrth drafod amlddiwylliannedd yn yr Unol Daleithiau.[5] Yn naturiol, mae hyn yn codi cwestiynau am swyddogaeth amlddiwylliannedd Eingl-Americanaidd mewn traddodiad deallusol fel yr un Cymraeg a seilir ar iaith.

Felly, er mwyn trafod y berthynas rhwng iaith ac ethnigrwydd yn y Gymru gyfoes, mae'n rhaid troi'n gyntaf at y cysyniad hwn, amlddiwylliannedd Eingl-Americanaidd, a'i berthynas â hil ac iaith. Wrth wneud hyn, ni ddadleuir yn erbyn amrywiaeth ddiwylliannol, nac ychwaith yn erbyn amlethnigrwydd. Derbynnir yn llwyr sylfeini amlethnig y gymdeithas Gymreig a Chymraeg gyfoes. Ond teg gofyn beth yw effaith amlddiwylliannedd Eingl-Americanaidd fel *disgwrs* ar Gymru a'r Gymraeg.

Amlddiwylliannedd, 'hunaniaeth' a hanes syniadol y gymuned Gymraeg

Iaith amlethnig yw'r Gymraeg. Ni fu unrhyw adeg yn ei hanes pryd y'i siaredid gan y sawl o dras Gymreig yn unig. Os felly, onid yw'n gwneud synnwyr i'r diwylliant Cymraeg gofleidio chwaer amlethnigrwydd, sef amlddiwylliannedd? Mae'r ateb i'r cwestiwn hwn yn ddibynnol yn gyfangwbl ar yr hyn a olygir wrth y term 'amlddiwylliannedd'.

'Ar un olwg, dyma gysyniad hynod werthfawr', meddai'r hanesydd Paul O'Leary. 'Fe'i seilir ar y gred fod gan bob diwylliant ei werth, beth bynnag fo'r nifer o bobl sy'n ei arddel. Yn lle proses o ymdoddi, gellir sôn am frithwaith o ddiwylliannau sydd, i'r hanesydd o leiaf, gyfwerth â'i gilydd.'[6] Amlddiwylliannedd ar yr olwg gyntaf felly yw'r parodrwydd i groesawu amrywiaeth ddiwylliannol, a honno'n gysylltiedig gan amlaf â phobl ddŵad neu eu disgynyddion. Yn grefyddol, gellid meddwl am Gymru fel gwlad Fwslemaidd, Iddewig, Sicaidd a Hindi yn ogystal ag yn wlad Gristnogol. Cydnabyddir y siaredir ieithoedd heblaw y Gymraeg, bob un ohonynt yn Gymreig am fod pob un ar lafar ar dir Cymru. Derbynnir pwysigrwydd cyfraniad grwpiau ethnig heblaw y Cymry i fywyd Cymru.

Does dim dwywaith felly fod i amlddiwylliannedd nifer o rinweddau. Ei nodwedd fwyaf atyniadol yw pwyslais ar oddefgarwch yn wyneb hiliaeth. Serch hynny, mae yna wendidau sylfaenol yn y math o amlddiwylliannedd a arddelir ym Mhrydain, ac felly yng Nghymru. Ei ddibyniaeth ar unigolyddiaeth yw'r gwendid pennaf. Mewnforid llawer o dybiaethau amlddiwylliannedd o Loegr ac America i Gymru yn lled ddi-gwestiwn, heb ystyried y goblygiadau i'r gymdeithas Gymraeg a'i sefyllfa unigryw, gyda'i hiaith leiafrifol a'i phwyslais hanesyddol ar hunaniaeth gymunedol rhagor nag unigolyddol yn unig.

Nid ffeithiau gwrthrychol sy'n bodoli uwchlaw prosesau dynol mo syniadau haniaethol. Mae ffurfiant unrhyw gysyniad cymdeithasegol cymhleth yn rhwym o amrywio o wlad i wlad, ac o gymdeithas i gymdeithas. Mae cryn wahaniaeth, er enghraifft, rhwng ymdriniaeth y Wladwriaeth Ffrengig ag amrywiaeth ethnig, sy'n mynnu fod pob dinesydd yn gyfartal ond iddo ddiosg mewn bywyd cyhoeddus ei hunaniaethau crefyddol, ethnig a diwylliannol (a mabwysiadu rhai 'Ffrengig' yn eu lle), ac amlddiwylliannedd Almaenig sy'n fwy goddefgar o amrywiaeth hunaniaeth, ond a fu'n amharod ar brydiau i gydnabod hawliau dinesig mewnfudwyr, megis gweithwyr gwadd o wledydd fel Twrci.

Yn y Gymru Gymraeg, felly, nid amhriodol fyddai dadlau o blaid 'amlddiwylliannedd Cymraeg', sef ffurf ar amlddiwylliannedd a fyddai'n adlewyrchu teithi'r gymdeithas Gymraeg. Diau y byddai'n feirniadaeth theoretig yn ei dro ar yr hyn a elwir yn y llyfr hwn yn 'amlddiwylliannedd Eingl-Americanaidd unigolyddol'. Ymestyniad yw'r amlddiwylliannedd Angloffon hwnnw ar ddisgwrs rhyddfrydol sy'n gwthio hunaniaeth hegemonaidd y Wladwriaeth Brydeinig ar bawb sy'n byw o'i mewn, gan gynnwys lleiafrifoedd brodorol. Mae gan bolisi diwyliannol Prydain ei wreiddiau mewn syniadaeth resymolaidd ryddfrydol, sy'n haeru fod cymathu'r lleiafrif – er enghraifft, trwy lyncu'r lleiafrif yn ieithyddol, ac felly ymestyn iddo freiniau bod yn rhan o fwyafrif – yn ffordd ddilys o gyrchu cydraddoldeb trwy leihau gwahanrwydd. Tyfodd amlddiwylliannedd yn adwaith i hyn, ond roedd hefyd yn rhan o'r duedd i gymathu lleiafrifoedd am fod amlddiwylliannedd yn digwydd oddi mewn i wladwriaeth Angloffon, lle mae'n rhaid i leiafrifoedd gydnabod goruchafiaeth gwerthoedd Saesneg. Fersiwn adain chwith ddiweddarach o'r rhyddfrydiaeth hon yw'r sôn mewn cymdeithasau mwyafrifol gorllewinol am 'hunaniaeth' sydd yn amlygiad ar 'amrywiaeth'. Nid yw amrywiaeth yn mwynhau dilysrwydd ond fel rhan o'r Sifig

Saesneg y mae'n rhaid i bob 'hunaniaeth' gydnabyddedig fodoli oddi mewn iddi.

Mewn theori wleidyddol ryddfrydol glasurol, synnir am yr endid wleidyddol ddelfrydol fel cae chwarae lle mae unigolion yn gyfartal eu cyfleoedd, a'u rhyddfreiniad yn caniatáu iddynt gyflawni eu potensial, bod yn rhydd oddi wrth ormes, cystadlu'n deg am 'nwyddau' cymdeithas a llwyddo, fel *unigolion*, yn y byd. Er mwyn i'r rhyddfrydiaeth hon fod yn ystyrlon, fodd bynnag, mae'n rhaid cael gwared ar unrhyw rwystrau 'mympwyol' iddi. Dibynnir ar y genedlwladwriaeth i sefydlu gofod 'dinesig' lle mae iaith a diwylliant yn gweithredu fel moddion egalitaraidd. Gall unigolion ddiosg eu hen hunaniaethau ethnig, ieithyddol neu grefyddol wedyn er mwyn ymgyfranogi'n deg o ddinasyddiaeth newydd heb wynebu na cham na rhagfarn. Crynhoir y safbwynt rhyddfrydol clasurol hwn gan John Stuart Mill yn ei ymosodiad ar grwpiau iaith lleiafrifedig yn *Considerations on Representative Government* (1861) fel rhai sydd angen eu dwyn 'into the current of the ideas and feelings of a highly civilized and cultivated people'.[7] Oddi mewn i'r cyfyngiadau rhyddfrydol hyn (ragor na rhai totalitaraidd) y datblygodd y disgwrs am y gymuned Gymraeg a'i siaradwyr.

Hawliau *unigol* yw'r hawliau a dderbynnir gan y theori ryddfrydol hon (a'i phlentyn siawns, gwleidyddiaeth hunaniaeth y Chwith). Yn y bedwaredd ganrif ar bymtheg, diffinnid y cysyniad o hawliau ieithyddol fel hawl dinasyddion i ddysgu ac felly arfer iaith gyffredin y wladwriaeth. Iaith y grŵp ethnig mwyafrifol, neu lywodraethol, fyddai'r iaith 'gyffredin' hon, a chyfiawnheid o'r herwydd gymathu lleiafrifoedd ieithyddol. Nid ymestynnid iawnderau priodol i grwpiau fel *grwpiau* gan y tybid mai unigolion yn unig sy'n meddu ar hawliau, a bod modd i unrhyw unigolyn – o ddysgu iaith, a mabwysiadu arferion, y mwyafrif – sicrhau mynediad at nwyddau cymdeithasol y wladwriaeth.

Ers sefydlu'r farn honno ganol y bedwaredd ganrif ar bymtheg, o'r braidd y bu unrhyw esblygiad ystyrlon o safbwynt y berthynas rhwng diwylliannau lleiafrifol a'r wladwriaeth mewn gwledydd rhyddfrydol, democrataidd fel y Deyrnas Gyfunol tan yn gymharol hwyr yn yr ugeinfed ganrif. Cyfiawnhâi rhyddfrydiaeth agwedd y Wladwriaeth Brydeinig at y Gymraeg, sef ei chyndynrwydd i gydnabod hawliau iaith Cymraeg, a'i gwrthodiad hefyd i gymryd camau a fyddai'n bleidiol i'w pharhad yn iaith gymunedol. Yn y cyd-destun syniadol hwn, roedd cyrhaeddiad amlddiwylliannedd yn y 1970au a'r 1980au fel pe bai'n gam ymlaen. Mewn rhai ffyrdd cyfyngedig, dechreuwyd parchu nodweddion diwylliannol grwpiau lleiafrifol. Er i ddatblygiad amlddiwylliannedd gael ei gymell ym Mhrydain gan bresenoldeb lleiafrifoedd newydd mewn ardaloedd metropolitan a diwydiannol, byddai siaradwyr Cymraeg yn elwa ar y goddefgarwch hefyd. Mae'n arwyddocaol fod llawer o hawliau iaith wedi eu hennill ers y 1960au, pryd y daeth cymdeithas Prydain yn fwy amlhiliol, ac y tanseiliwyd y syniad mai un diwylliant yn unig y dylai'r wladwriaeth ei gydnabod.

Fodd bynnag, buddugoliaeth byrrhig fyddai hon i raddau, oherwydd er i hawliau a hunaniaethau unigolion o gefndiroedd lleifrifol gael eu cydnabod mewn gwahanol ffyrdd, nid oedd modd herio undod y Sifig Saesneg. Dim ond o'i mewn roedd yr hawliau a hunaniaethau 'lleol' hyn (er enghraifft yr hawl i wasanaeth Cymraeg) yn ystyrlon. Mewn modd dilechdidol bron, âi'r dwyfoli ar 'hawliau' iaith law-yn-llaw ag anwybyddu 'cymunedau' iaith. Cyfaddawd sefydliadol unigolyddol oedd yr hawliau hyn o'r cychwyn. Llwyddai neo-ryddfrydiaeth i gymathu 'amrywiaeth' ac 'hunaniaeth' yn rhan o'i hagenda ei hun. Ond roedd cymunedau cryfion yn fygythiad amlwg i werthoedd neo-ryddfrydol.

Pan ddaeth adwaith i neo-ryddfrydiaeth, cododd yn bennaf mewn cymunedau lle nad oedd yr unigolyn yn medru manteisio ar hunaniaeth yn ôl y model neo-ryddfrydol o lwyddo yn y byd. Roedd llwyddiant *unigolion* o gefndiroedd lleiafrifol, a mwyafrifol hefyd wrth gwrs, yn ddigon derbyniol gan neo-ryddfrydiaeth. Gwelid hyn gyda'r siaradwr Cymraeg dosbarth canol yn cadeirio cwango, merch yn torri trwy'r nenfwd wydr, Aelod Seneddol du yn cael ei ethol am y tro cyntaf, ac enghreifftiau eraill o gyflawniad gan *unigolion* o grwpiau â llai o rym.

Roedd cyflawniadau o'r fath yn gwbl ddilys, ac eto gallent borthi tybiaethau camarweiniol, er enghraifft fod llwyddiant y Gymraeg mewn cyd-destun dinesig fel pe bai'n ernes nad oedd Cymry mewn cymunedau Cymraeg cryfion yn wynebu anfantais mwyach; ac o safbwynt ideoleg rhyddfrydiaeth, dyna, efallai, oedd y pwynt.[8] Yn hyn oll, bu diystyru cynyddol ar ddosbarth economaidd fel y math mwyaf canolog o 'anfantais' mewn cymdeithas gyfalafol. Mewn cymunedau difreintiedig mwyafrifol, mynegid awydd am egalitariaeth, a gwnaed hyn yn aml ar ffurf symbolaidd, sef wrth ddeisyf dychwelyd at unffurfiaeth ddiwylliannol. Digwyddodd hyn yng Nghymru fel yn Lloegr. Daeth gwleidyddiaeth hunaniaeth i blith y dosbarth gweithiol anfetropolitan, ond ar ffurf adwaith, sef wrth gefnogi achosion fel Brexit.

Roedd perthynas hyn â'r lleiafrif Cymraeg yn baradocsaidd. Mewn cymunedau Cymraeg yn y gogledd, y canolbarth a'r gorllewin – a oedd yn ddifreintiedig neu'n rhan o'r economi cyflog isel, ymhell o Gaerdydd, ac fel arfer yn mynd trwy shifft iaith o'r Gymraeg i'r Saesneg – gallai'r fersiwn Gymraeg o wleidyddiaeth hunaniaeth gyda'i phwyslais ar 'hawliau' iaith unigolyddol (hawl unigolyn i gyrchu ffurflen Gymraeg, er enghraifft) ymddangos yn llai perthnasol. Er bod cynyddu statws y Gymraeg yn fater o falchder ymhob rhan o Gymru, yr oedd y pwyslais ar hawliau unigolyddol a symudoledd personol yn fwyaf ystyrlon i'r dosbarth canol dinesig. Nid oedd a wnelo 'hawliau' â chryfhau'r gymuned fel y cyfryw, a chyflwyno'r gwelliannau sosio-economaidd a oedd eu hangen er mwyn sicrhau dyfodol y broydd Cymraeg, a chyfiawnder cymdeithasol ar gyfer eu trigolion.

Ar yr un pryd edrychid ar y gymdeithas Gymraeg ymhob rhan o Gymru gan yr adain dde Brydeinig newydd-hyderus fel math arall o 'amrywiaeth' nad oedd wiw ei goddef. Yr ateb amlwg i'r bygythiad fuasai gwrthsafiad cymunedol, ond ers y bedwaredd ganrif ar bymtheg, bu'r gwareiddiad Cymraeg ar drywydd hawliau unigolyddol, ac o dan ddylanwad y cyfryngau cymdeithasol, atynnid llawer at wleidyddiaeth hunaniaeth a oedd yn gydnaws â'r pwyslais hwnnw. Anodd tanbrisio'r niwed a wna gwleidyddiaeth hunaniaeth Angloffon pan ddehongla gymdeithas yn nhermau unigolyddiaeth, ac anwybyddu gorthrwm ar y grŵp, yn enwedig ar grŵp brodorol, neu grŵp iaith lleiafrifedig, sy'n dibynnu ar y cysyniad o grŵp am gynheiliant a pharhad. At hynny, yn y wleidyddiaeth Americanaidd ar-lein hon, hil yn hytrach nag iaith a gydnabyddid fel yr arwydd mwyaf dilys o hunaniaeth, a rhan o effaith hyn oedd ailddiffinio'r gymuned Gymraeg ar sail hil fel rhan o fwyafrif gwyn, cam anffortunus i bobl a fu'n synio amdanynt hwy eu hunain cyn hynny fel grŵp iaith lleiafrifol.

Hanes Cymry

Problem 'amlddiwylliannedd Eingl-Americanaidd unigolyddol' yng Nghymru

Roedd amlddiwylliannedd wedi tynnu sylw at yr iaith Gymraeg fel gwedd gwerthfawr ar amrywiaeth amlochrog ac amryfath diwylliant Prydain, ond o ieuo hyn wrth y math o Ryddfrydiaeth Glasurol sy'n greiddiol i Brydeindod, ceid tuedd i glodfori'r unigolyddol ar draul y cymunedol, tuedd sy'n wir am fathau eraill o wleidyddiaeth hunaniaeth yn y Gorllewin hefyd. Ar y gwastad cymdeithasol, parhâi'r diwylliant mwyafrifol i fod yn llywodraethol oherwydd ei feddiant ar y Sifig, a dim ond wrth dderbyn ei goruchafiaeth y goddefid amrywiaeth yn y lle cyntaf.

Ar un olwg, nid oedd hyn yn annheg. Mewnfudiad wedi'r Ail Ryfel Byd, yn bennaf o'r hen Ymerodraeth Brydeinig, a ysgogodd dwf amlddiwylliannedd ym Mhrydain. Go brin y buasai disgwyl i'r iaith Saesneg ildio'i lle yn sgil mewnlifiad o'r fath. Ni fyddai'n gyfiawn i Wrdw, er enghraifft, ddisodli'r Saesneg fel iaith bob dydd Lloegr. Ond mae sefyllfa lleiafrifoedd sy'n frodorol i Ynys Prydain – ac a fu yma, rai ohonynt, cyn y Saeson – yn wahanol. Ni ddylai'r rhain orfod cydnabod goruchafiaeth y diwylliant Seisnig, neu Seisnig-Brydeinig, ym Mhrydain. Felly, er bod peth tebygrwydd rhwng grwpiau newydd sydd wedi mudo i Brydain yn lled ddiweddar a lleiafrifoedd brodorol fel y Cymry a'r Gael y mae uchelgeisiau'r ddau fath hyn o leiafrif yn dra gwahanol.[9] Nid hawliau unigolyddol yn unig sy'n berthnasol i siaradwyr Cymraeg ond hawliau cymunedol hefyd.

At ei gilydd, amcan aelodau grwpiau newydd yw cydraddoldeb ar sail mynediad i fywyd sifig. Er y dymunant gadw rhai o'u nodweddion diwylliannol – megis o bosib eu crefydd, arferion cymdeithasol ac, o dro i dro, eu hiaith – ni cheisiant ymsefydlu'n gymdeithas ar wahân i'r mwyafrif.[10] Am fod aelodau'r grŵp wedi symud i Brydain o'u gwirfodd, a hynny fel *unigolion*, bodlona mewnfudwyr fel arfer ar gyfyngiad ar rai hawliau diwylliannol i gylch bywyd preifat yn bennaf oll. O droi at iaith, er enghraifft, er y goddefir ym Mhrydain ddefnydd o iaith 'ethnig' megis y Fengaleg ar yr aelwyd ac mewn rhai agweddau anffurfiol ar fywyd cymunedol lleol, mae ei defnydd gan y wladwriaeth ei hun – yn gyfrwng addysg, dyweder – yn gyfyngedig iawn.

Pennod 1

Nid yw goddefgarwch o'r fath, sydd yn ei haelioni yn gwybod y bydd y Sifig yn parhau'n Saesneg ei hiaith, yn ddigonol ar gyfer lleiafrifoedd brodorol. Yn wahanol i grwpiau diweddar o fewnfudwyr, mae'r lleiafrif brodorol yn bodoli gan mwyaf fel 'cenedl', neu o leiaf fel 'cymdeithas' neu 'grŵp', oddi mewn i'r wladwriaeth ers tro byd. Yn achos y Cymry, mae bodolaeth y grŵp yn rhagflaenu dyfodiad y wladwriaeth a'i traflyncodd. Nid o'u gwirfodd y'u corfforid yng ngwladwriaeth Seisnig y drydedd ganrif ar ddeg, ac fel grŵp ethnig (yn '*ethnie*') yn hytrach nag fel unigolion y'u gorfodwyd i fod yn ddarostyngedig iddi.[11] (Eu darostyngiad fel *ethnie* sy'n peri hefyd y gallai fod mwy o gyfiawnhad i wrthsafiad ar sail 'ethnig' nag y tybiai llawer i genedlaetholwr sifig.) Mae gan y Cymry hawliau gwahanol i rai unigolyddol 'amlddiwylliannol', a theg yw i'w diwylliant ddod yn rhan o'r Sifig yng Nghymru.

Mae'r mewnfudwr ar y llaw arall wedi gadael ei gynefin, ac wedi ildio'r hawliau cymunedol hyn, ond nid yw'r Cymro neu'r Gymraes wedi gwneud hynny. Wrth nacáu swyddogaeth sifig a chymunedol y Gymraeg, neu wadu mai hi yw priod iaith Cymru, cyfyngir yn ddifrifol ar iawnderau'r Cymry. Ni fydd theori amlddiwylliannol sy'n gomedd i leiafrif brodorol gydnabyddiaeth o'i werthoedd cymunedol, a defnydd llawn o'i iaith mewn bywyd cyhoeddus a dinesig, o fawr ddefnydd iddo. Yng ngeiriau Ned Thomas:

> What is often meant within English-language discourse in Britain [by multiculturalism] is tolerance and even encouragement of a number of background cultures and languages within a society which has English as the foreground language – or to be plain, the dominant language. Many speakers of immigrant languages are happy to accept such a place for themselves, always providing that sufficient resources are made available to support their background culture and that it is respected. Welsh speakers on the other hand, like other European territorial minorities, claim a historic space in which their culture too can be a foreground culture, allowing people of different backgrounds to participate.[12]

I Slavoj Žižek, un o ddamcaniaethwyr pwysica'r ugain mlynedd diwethaf, rhetreg sy'n cryfhau gafael y diwylliant mwyafrifol ar y lleiafrif yw amlddiwylliannedd. Er bod amlddiwylliannedd yn cydnabod amrywiaeth ethnig, mae'n ffordd gyfrwys o sefydlu bydolwg y mwyafrif fel yr un cyffredinol a goruchafol: 'the privileged *empty point of universality* from which one is able to appreciate (and depreciate) properly other particular cultures – the multiculturalist respect for the Other's specificity is the very form of asserting one's own superiority.'[13]

Mynega'r mwyafrif werthfawrogiad o 'neilltuoldeb' diwylliant lleiafrifol trwy fod yn 'oddefgar', ond mae gan y syniad o oddefgarwch wendid sylfaenol. Fel y dywed Paul O'Leary yn gwbl gywir, 'the idea of toleration presupposes a defined power relationship, specifying the place of minorities as subordinate to an assumed national consensus' ac yn cynnwys y posibiliad 'that toleration can be revoked'.[14] Dengys hanes Prydain o 2001 ymlaen, yn bennaf ar ffurf Islamoffobia fel ymateb amrwd i 9/11, ac yna ar wedd gwrth-Ewropeaeth yng nghyd-destun refferendwm Ewrop 2016 a Brexit, fod hyn yn wir. Dethlir cyfraniad diwylliannau lleiafrifol i'r Brydain gyfoes drwy'r pethau hynny y mae modd i'r lleiafrif eu rhannu â'r boblogaeth yn gyffredinol, megis prydau bwyd 'Indiaidd' a 'Tsieineaidd', neu gerddoriaeth, ond ceir amheuaeth o nodweddion 'caeëdig' fel crefydd ac iaith. Nid yw amlddiwylliannedd odid byth yn oddefgar o wahanrwydd *go-iawn*: 'any "real" Other is instantly denounced for its "fundamentalism"', medd Žižek, 'the "real Other" is by definition "patriarchial", "violent", never the Other of ethereal wisdom and charming customs.'[15]

Gan adlewyrchu'r rhesymeg hon, tuedd amlddiwylliannedd Eingl-Americanaidd yw gwgu ar hunaniaethau Cymraeg sy'n annibynnol ar y byd Angloffon. Goddefir y Gymraeg fel atodiad diwylliannol i'r Saesneg – ar ffurf dwyieithrwydd, er enghraifft – ond nid fel endid ar ei phen ei hun. Mynegir gwrthwynebiad chwyrn i unieithrwydd Cymraeg, gan mai unieithrwydd Cymraeg yw amlygiad symbolaidd amlyca'r 'real Other' yng Nghymru.[16] Dyna gefndir yr amryw alwadau o blaid dwyieithogi sefydliadau fel S4C a'r Eisteddfod Genedlaethol yn enw 'cynwysoldeb' a bod yn 'agored',[17] ac sy'n normaleiddio dwyieithrwydd mewn broydd Cymraeg.

Yn y ffynonellau mwyaf annisgwyl, cwyd y ddadl nad yw unieithrwydd Cymraeg yn gydnaws ag amlddiwylliannedd. Dywed Dafydd Iwan ar gychwyn un o'i hunangofiannau:

Roedd y penderfyniad i gyflwyno'r lluniau yn y ddwy iaith yn hollol fwriadol. ... Mewn gwlad sydd, wedi'r cyfan, yn aml-ddiwylliannol, rhaid cloddio llai o ffosydd, codi llai o furiau, ac adeiladu mwy o bontydd.[18]

Ond ni fydd y Saesneg yn ychwanegu'r Gymraeg ati'i hun er mwyn bod yn amlddiwylliannol. Yn wir, dadleuir yn Lloegr y gall unieithrwydd Saesneg hwyluso cynhwysiad cymdeithasol, gan fod hyn yn ffordd o annog mewnfudwyr i ddysgu iaith eu cymdeithas newydd. Nid y cysyniad o unieithrwydd a gollfernir gan amlddiwylliannedd, ond unieithrwydd mewn iaith leiafrifol a darostyngedig fel y Gymraeg.

Mewn astudiaethau llenyddol hefyd, tueddfryd amlddiwylliannedd yw hybu amrywiaeth oddi mewn i'r iaith hegemonaidd, sef y Saesneg gan mwyaf, a thrwy hynny ddyrchafu'r iaith 'gyffredinol' gan israddoli o'r herwydd ieithoedd llai. Yn America, ceid mwy o drafod ar destunau Americanaidd a gyhoeddwyd mewn ieithoedd heblaw Saesneg yn y cyfnod cyn y Rhyfel Byd Cyntaf nag a geir mewn efrydiau amlddiwylliannol cyfoes: 'scholarly discussion of exclusively anglophone "Asian-American" and "African-American" literature', meddai un sylwebydd, 'serves mainly to displace, rather than introduce, the study of American literature written in Chinese, say, or in Arabic or French.'[19] Noda ysgolhaig arall i amlddiwylliannedd weithredu fel 'an "English-only" movement' yn bennaf.[20]

Mae amlddiwylliannedd yn debyg i nifer o gysyniadau craidd eraill y Gymru ddatganoledig megis amrywiaeth a dwyieithrwydd. Yn arwynebol, mae'n hyrwyddo buddiannau lleiafrifoedd, yn rhethregol o leiaf. Ond gwna hyn wrth eu darostwng i ganolbwynt grym a fydd fel arfer yn Angloffon neu'n wyn. Caiff lleiafrifoedd goleddu eu hamrywiaethau unigolyddol, ond fel grwpiau fe'u halltudir o gaer y Sifig, a rhaid iddynt drigo yn yr anialwch y tu hwnt i'r muriau.

Amlddiwylliannedd Eingl-Americanaidd unigolyddol a threfedigaethedd ieithyddol

Gwendid arall sydd gan amlddiwylliannedd Eingl-Americanaidd unigolyddol yng Nghymru yw ei fod mewn rhai amgylchiadau yn gweithredu'n groes i'w nod honedig, sef cynyddu amrywiaeth ddiwylliannol. Nid yw'n cydnabod y bwlch o ran grym cymdeithasol rhwng siaradwyr Cymraeg fel grŵp a siaradwyr Saesneg. Yn ôl rhethreg amlddiwylliannedd, mae symudoledd poblogaeth yn esgor ar amrywiaeth ddiwylliannol. Nid yw dod i gasgliad o'r fath yn Lloegr yn afresymol gan fod y diwylliant Angloffon yn ddigon cryf i gael ei gyfoethogi gan fewnfudiad torfol heb gael ei ddisodli ganddo. Fodd bynnag, yng Nghymru ac yn benodol yn yr ardaloedd Cymraeg, y prif grŵp mewnfudol yw'r un Saesneg o Loegr, grŵp mwyaf niferus a nerthol gwledydd Prydain, y mae ei iaith yn tra-arglwyddiaethu o ran ei grym cymdeithasol ar y Gymraeg. Nid yw Seisnigo broydd Cymraeg yn arwain o raid at amrywiaeth ddiwylliannol yn yr hirdymor.

Yn wir, gan mor drwyadl y newidiadau diwylliannol mewn ardaloedd Cymraeg yn sgil mewnfudo anghyfiaith, cwyd y cwestiwn a yw mewn gwirionedd yn foesegol? Mae'n anodd portreadu'r berthynas rhwng mwyafrif a lleiafrif fel gwedd cwbl gadarnhaol ar amlethnigrwydd os y dietifeddir grŵp iaith brodorol o'i amgylchfyd diwylliannol a'i afael ar adnoddau economaidd gan fwyafrif sy'n ymwthio i'w diriogaeth hanesyddol. O'r braidd fod amlddiwylliannedd Eingl-Americanaidd unigolyddol wedi cyffwrdd â'r broblem hon o gwbl. Ond mae'r cyfnewidiad poblogaeth sydd wedi digwydd yn yr ardaloedd Cymraeg yn ystod yr hanner canrif ddiwethaf, ac a oddefid gan y Wladwriaeth Brydeinig, yn un digon dwys i'w ystyried yn fath ar ddisodliad, yn yr ystyr fod diwylliant darostyngedig yn cael ei wthio o'r neilltu gan ddiwylliant hegemonaidd y wladwriaeth: chwedl yr athronydd J. R. Jones, 'nid â thanciau yn unig y mae goresgyn gwlad'.[21] Gormes economaidd a yrrai'r broses hon yn ei blaen mewn broydd Cymraeg, yn benodol oherwydd polisïau neo-ryddfrydol ym maes cyflogaeth a thai; y methiant i wneud dim i'w atal a'i gwnâi'n 'draha hiliol' yn ôl D. Tecwyn Lloyd, ac yn amlygiad o'r dyb fod y Cymry'n israddol.[22] Mae'n anorfod i'r drafodaeth Gymraeg am amrywiaeth ddiwylliannol gael ei llunio i raddau helaeth yng nghysgod effaith gyffredinol niweidiol y mewnfudo hwn ar y diwylliant Cymraeg. Mae hyn wedi porthi amheuon ymysg rhai ynglŷn â rhinweddau amlddiwylliannedd fel cysyniad yng Nghymru.

I genedlaetholwyr fel Geraint Jones, yn y 1960au yr aelod cyntaf o Gymdeithas yr Iaith i'w garcharu, hyrwydda amlddiwylliannedd

Eingl-Americanaidd oruchafiaeth y diwylliant Saesneg yng Nghymru. Yng nghysgod grym y Wladwriaeth Brydeinig, mae'n anochel mai Saesneg a sefydlir gan mwyaf fel iaith gyffredin cyfathrebu rhyng-ethnig. Fel y'n hatgoffir gan J. R. Jones, mae'n rhaid i ddeialog rhwng cymunedau ieithyddol 'fod *mewn* iaith' ac os nad yw'r cyfathrebu hwnnw 'er cloffrwym ac anfantais i'r Gymraeg o'r cychwyn cyntaf' mae'n rhaid iddo fod 'yn uniad *drwy'r Gymraeg*'.[23] Fel arall, mae perygl y daw amlddiwylliannedd yn geffyl pren Caerdroea ar gyfer Seisnigo. Wrth daflu dŵr oer ar ben amlddiwyll-iannedd am yr union reswm hwnnw, honna Geraint Jones mai:

> Yr unig 'amlddiwylliant' y gŵyr y mwyafrif llethol o Gymru ddaear-yddol amdano, ac eithrio ambell i Eidalwr clên yn gwerthu sglodion tatws neu hufen iâ, neu'r Joni Nionod ar ei drafals, neu Gartref y Pwyliaid ym Mhenyberth, ydi horwth o oresgyniad gan wladychwyr haerllug un genedl estron, ddwyreiniol, arbennig, goresgyniad sy'n elyn anghymodlon, anghydnaws a marwol i'n gwareiddiad a'n diwyll-iant cynhenid. ... Pan feddyliwn am gymdeithas amlddiwylliannol nid oes modd osgoi'r peryglon enbyd sydd ynghlwm â hi, yn enwedig yng Nghymru. Y cyswllt ieithyddol rhwng Cymro Cymraeg â, dyweder, gweinyddes mewn bwyty Chineaidd, bron yn ddieithriad, ydi Saesneg, nid Cymraeg. Mae amlddiwylliant yn hybu'r Saesneg, y lingua franca felltith, yn y bröydd Cymraeg a'n prifddinas fel ei gilydd.[24]

Yn hytrach na hyrwyddo'r Gymraeg fel iaith amlethnig, tueda amlddiwylliannedd Eingl-Americanaidd yw trin y Gymraeg fel iaith fonoethnig, sy'n perthyn i'r grŵp ethnig 'Cymreig' yn unig, ac nad yw i'w harddel *rhwng* grwpiau ethnig. Cydbletha trefedigaethedd ieithyddol ac amlddiwylliannedd Angloffon i sefydlu'r Saesneg yn iaith ddiofyn, a chyfiawnheir hyn gan syniadau rhyddfrydol *laissez-faire*.

Un o nodweddion amlycaf amlddiwylliannedd ym Mhrydain tan yn gymharol ddiweddar oedd ei honiad nad oedd unrhyw orfodaeth ar fewnfudwyr i Loegr ddysgu Saesneg. Fodd bynnag, roedd y manteision a ddeillia o siarad Saesneg mor sylweddol nad oedd modd peidio â'i dysgu heb i'r mewnfudwr gael ei ymylu'n econom-aidd. O ganlyniad, dysgid Saesneg gan y rhan fwyaf o fewnfudwyr o'u gwirfodd.

Gyda'r Gymraeg ar y llaw arall, gan fod pob siaradwr Cymraeg yn medru'r Saesneg, nid oes rheidrwydd ar fewnfudwyr ei dysgu. Daeth yn norm cymdeithasol i fewnfudwyr di-Saesneg yng Nghymru ddysgu'r Saesneg, ond nid i fewnfudwyr di-Gymraeg ddysgu'r Gymraeg. Pan bwysai ymgyrchwyr iaith ar ddechrau'r unfed ganrif ar hugain dros gael mewnfudwyr i ddysgu Cymraeg, haerwyd fod hyn yn hiliol ac yn groes i gyfle cyfartal.[25] Er enghraifft, yn 2001, ymosododd Prif Weinidog Prydain, Tony Blair, ar 'the intolerance within Plaid Cymru with their attacks on English as a foreign language'.[26] Ac eto, o fewn ychydig flynyddoedd, gan fod yr agwedd yn Lloegr tuag at fewnfudwyr Mwslemaidd yn newid, ac am fod rhai o'r mewnfudwyr hyn yn ddi-Saesneg, byddai Llywodraeth y Deyrnas Gyfunol yn gwneud bwch dihangol o gymunedau ieithyddol lleiafrifol. Daeth dysgu Saesneg yn amod dinasyddiaeth Brydeinig.[27] Yn 2006, haerodd Blair wrth drafod mewnfudo i Brydain, 'we should share a common language. Equal opportunity for all groups require that they should be conversant in that common language. It is a matter of both cohesion and justice that we should set the use of English as a condition of citizenship.'[28] Erbyn hyn, roedd gorfodi iaith yn weithred altriwistaidd er lles mewnfudwyr, gan y byddai'n eu breinio â manteision yn y farchnad ieithyddol Brydeinig.

Yma felly, defnyddir ideoleg amlddiwylliannedd Eingl-Americanaidd er mwyn normaleiddio'r syniad mai Saesneg yw 'iaith gyffredin' Cymru, gan gynnwys mewn cymunedau Cymraeg. O sefydlu Saesneg yn iaith integreiddiad sifig ar gyfer mewnfudwyr, dynodir y Saesneg yn iaith sifig ar gyfer y gymuned gyfan. Heddiw, ceir dosbarthiadau ESOL [*English for Speakers of Other Languages*] yn rhad ac am ddim ar hyd a lled Cymru, ond nid oes darpariaeth gyffelyb ar gyfer mewnfudwyr sydd am ddysgu Cymraeg.[29] Yn y ddau ddyfyniad gan Blair, gweithreda amlddiwylliannedd yn groes i fuddiannau'r diwylliant lleiafrifol (mewnfudol neu frodorol), a ffefrir buddiannau'r mwyafrif ieithyddol, y gymuned Saesneg. Yn nyfyniadau Blair, arf yw amlddiwylliannedd Eingl-Americanaidd unigolyddol sy'n cyfiawnhau safle israddol siaradwyr Cymraeg mewn perthynas â byd Angloffon y Wladwriaeth Brydeinig. Yn wir, trwy fod y Saesneg yn iaith sifig, amlethnig, perthyna i'r sawl sy'n peidio â dysgu Cymraeg y tir uchel moesol: maent yn siarad iaith amrywiaeth ethnig.

Mae disodliad y Gymraeg gan y Saesneg dros rannau helaeth o'i thiriogaeth hanesyddol yn dangos nad gwir bob tro yr ychwanega mewnfudo at amrywiaeth ddiwylliannol. Ond yr honiad hwnnw yw un o fotiffau pennaf amlddiwylliannedd Eingl-Americanaidd. Nid eithriad yw'r profiad Cymraeg mewn cyd-destun byd-eang, er ei fod yn anarferol bid siŵr yng ngorllewin Ewrop. Dywed yr hanesydd Neil Evans: 'It is hard to think of a parallel situation in which the language of an incoming group became the dominant one of a regional society.'[30] Mewn gwirionedd, mae'n weddol hawdd gwneud hynny: digwyddai mewn trefedigaethau Ewropeaidd. Ond byddai cydnabod hyn yn codi'r posibiliad fod Cymru, yn ddiwylliannol o leiaf, yn 'drefedigaeth' oddi mewn i'r Wladwriaeth Brydeinig.

Mae i hyn oll ei berthnasedd o safbwynt theori amlddiwylliannedd. Os na chredir fod perthynas neo-drefedigaethol rhwng y broydd Cymraeg a'r Wladwriaeth Brydeinig, ni fedr trafodaeth ynghylch mewnfudo Angloffon i froydd Cymraeg fod yn wleidyddol ddilys. Ni fyddai ond yn fath arall ar senoffobia,[31] ac yn debyg i'r ymgyrchoedd adain dde eithafol a geir mewn rhannau eraill o Ewrop. Ond pe derbynnid fod ardaloedd Cymraeg wedi wynebu trefedigaethu ieithyddol, gallai fod sail i ymgyrchoedd dros y broydd Cymraeg yn enw 'dadgoloneiddio'. Byddai'n rhaid i'r cyfryw drafodaeth fod yn foesegol, gan osod amodau clir a thryloyw ar gyfer derbyn mewnfudwyr yn ddinasyddion a chan ymochel rhag porthi casineb yn eu herbyn ar sail ethnigrwydd. Serch hynny, byddai modd ei chyfiawnhau.

Amlddiwylliannedd a'r Sifig Gymreig ddatganoledig

Gellid bod wedi disgwyl, efallai, y byddai anaddasrwydd theoretig amlddiwylliannedd Eingl-Americanaidd wedi peri iddo golli ei rym yn sgil datganoli yn 1999. Wedi'r cwbl, gyda'r Cymry bellach yn feistri yn 'eu tŷ eu hunain', roedd modd dehongli amlddiwylliannedd yn ôl patrwm Cymreig. Ond fel arall y bu, gan i'r Sifig Gymreig newydd, yn hytrach na chorffori'r Gymraeg yn rhan gydradd ohoni'i hun, ei thrin braidd fel iaith 'ethnig'. Condemnid yn neilltuol gymunedau Cymraeg gan fod y modd y synnid amdanynt fel mannau cymunedolaidd, lle nad yw hunaniaeth yn ddewisol ond yn hytrach yn dorfol, fel petai'n groes i'r weledigaeth 'sifig' hon.

Mewn theori wleidyddol, gwahaniaethir yn aml rhwng cenedlaetholdeb sifig, sy'n pwysleisio datblygiad sefydliadau a thwf hunaniaeth ddinesig, a chenedlaetholdeb ethnig sy'n trafod buddiannau grwpiau ethnig. Yn y Gymru ddatganoledig, gyda'i phwyslais ar lunio hunaniaeth sifig, roedd unrhyw fethiant i fod yn gynhwysol o hunaniaethau anghymreig yn rhwym o dramgwyddo. Gan y tybid fod y Cymreig (ethnig) ynghlwm wrth y Gymraeg (iaith), awgrymid fod hunaniaeth Gymreig yn rhy ddibynnol ar ymlyniad wrth y Gymraeg, ac nad oedd y cyfryw hunaniaeth yn cynnwys trigolion Cymru i gyd.

Geiriau mwyaf allweddol y disgwrs datganoledig yw 'sifig' a 'chynhwysol', ac o'r ddau, y cyntaf sydd bwysicaf. Nid term niwtral yw 'sifig', fel y câr datganolwyr Cymreig synio amdano. Mae gan y Sifig ei ffiniau; ymgorfforiad ydyw o werthoedd normadol sydd yn eu tro'n adlewyrchu buddiannau ethnig, ieithyddol a diwylliannol grwpiau hegemonaidd.[32] Mae'r grŵp llywodraethol yn llunio hunaniaeth sifig ar ei lun ei hunan, sy'n dod yn ganllaw diwylliant gwleidyddol y wladwriaeth, ac yng Nghymru mae'r mwyafrif yn ddi-Gymraeg.

Hunaniaeth Angloffon sy'n llunio ymddygiad normadol 'sifig' y gymdeithas Brydeinig, hyd yn oed yn y Gymru ddatganoledig, yn wir yn arbennig yn y Gymru ddatganoledig; gan hynny, mae ei seiliau Saesneg yn anweledig. Synnir am yr iaith leiafrifol, sef y Gymraeg, fel iaith ethnig yn aml, er meddwl am y Saesneg fel iaith sifig sy'n 'gynhwysol' ac felly'n amlddiwylliannol. A dyma esbonio 'cynhwysol'; term ydyw ar gyfer ymestyn hegemoni'r sifig (sef y 'cyffredinol' [*universal*] Saesneg),[33] a chynnwys pawb o'i fewn, a chondemnio'r sawl nad ydynt am gael eu cynnwys.

Yn y cyfnod wedi datganoli, cymysgid 'hil' ac 'iaith' er anfantais i siaradwyr Cymraeg gan ddibynnu'n helaeth ar yr allweddeiriau 'sifig' a 'chynhwysol'. Honnai academwyr nad oedd hunaniaeth Gymreig yn ddigon cynhwysol gan ei bod 'basically a white identity, or indeed specifically a white Welsh-speaking identity', a'r moddion ar gyfer hyn fyddai 'a new inclusive civic Welshness which would overcome this.'[34] Yn gynyddol, meddai'r academydd, Jacquie Turnbull, ceir yr awgrym mai 'the main boundary marker of Welsh identity is the Welsh language, and that it is associated with exclusive and authentic claims to Welsh identity'.[35] Swyddogaeth addysg fyddai meithrin yn lle hynny, 'an inclusive practice of citizenship appropriate and relevant for a multicultural society in the twenty-first century.'[36] Barn dau gymdeithasegydd arall oedd fod i'r ymdrechion i lunio hunaniaeth Gymreig ar sail iaith, '"racial" implications, when minority ethnic Welsh people are less likely to be Welsh speakers. Hierarchies of Welshness according to language ability are problematic in relation to any attempts to develop an inclusive Welsh citizenship.'[37]

Yn natganiadau'r cymdeithasegwyr hyn, trafodir yr hollt rhwng y sifig a'r ethnig mewn modd sy'n cysylltu'r Gymraeg â hil ('white Welsh-speaking identity', 'boundary marker', '"racial" implications') a'r hyn nad yw'n Gymraeg â'r sifig ('new inclusive civic Welshness', 'inclusive practice of citizenship appropriate and relevant for a multicultural society'). Ni enwir y Saesneg yn benodol fel iaith y Sifig ond pa iaith arall fyddai'n gostrel y bywyd sifig hwn wedi gwthio'r Gymraeg i'r cyrion? Nid at Wrdw neu Bwyleg y cyfeirir. 'The monolingual form of multiculturalism informing much cultural debate in Britain today', meddai'r beirniad diwylliannol Cymreig, Daniel G. Williams, 'is rooted in the belief that the English language is the only legitimate bearer of all civic-democratic nationality, and that those lying beyond its generously catholic embrace are little better than atavistic racists.'[38]

Wrth gymysgu hil (gwynder) ac iaith (Cymraeg) fel hyn, gyrrir y grŵp Cymraeg lleiafrifedig i'r cyrion theoretig. Fe'i gosodir y tu hwnt i'r Sifig wâr, fel y gwneid ers yr Oleuedigaeth, ond yn lle priodoli i'r grŵp Cymraeg gyntefigrwydd y'i cyhuddid ohono yn y ddeunawfed ganrif a'r bedwaredd ganrif ar bymtheg, fe'i gwelid yn afresymol mewn modd nodweddiadol o'r unfed ganrif ar hugain, sef fel llawforwyn hiliaeth. Cyhuddid y Gymraeg o 'wynder' gor-modol lle byddai meddylwyr gwrth-Gymraeg o gyfnod cynt wedi ei gyhuddo o ddiffyg 'gwynder' digonol. Yr un yw'r *trope* er bod y metaffor wedi'i droi tu chwith allan.

Ni olyga hyn y dymunir i'r Gymraeg ddiflannu. Oddi mewn i'r bydysawd 'sifig' Saesneg, caniateir i wahanol hunaniaethau lleiafrifol fodoli, ond fel endidau monoddiwylliannol yn unig (h.y. nid ydynt yn amgáu'r profiad amlddiwylliannol eu hunain). Brics unigol ydynt, sydd fesul bricsen yn adeiladu'r gymdeithas amlethnig, ond ni fedr unrhyw fricsen unigol ffurfio'r Sifig ei hun; gan hynny perthynant i'r gwastad 'ethnig'. Mae'r holl hunaniaethau lleiafrifol hyn yn gaeth mewn byd sifig, Saesneg: bodolant, ond ni allant ffurfio bydoedd amlddiwylliannol ac amlethnig yn eu hawl eu hunain.

Dangosir y lle a neilltuir i'r Gymraeg gan amlddiwylliannedd Eingl-Americanaidd unigolyddol yn y diagramau isod.

Amlddiwylliannedd Eingl-Americanaidd unigolyddol: dychmygu'r Gymraeg fel iaith ethnig mewn bydysawd amlethnig Saesneg

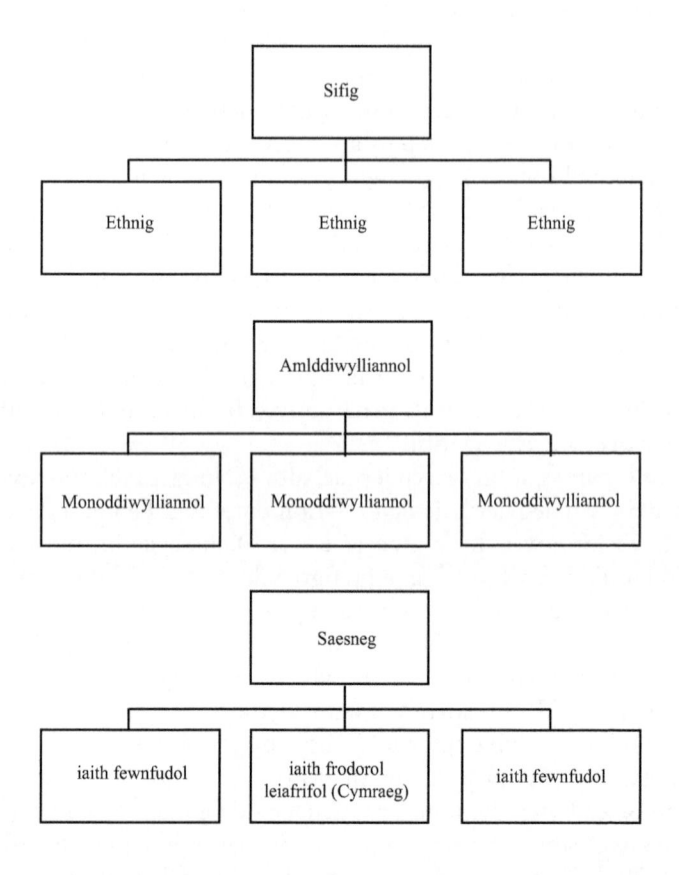

```
                    ┌─────────┐
                    │  Sifig  │
                    └────┬────┘
          ┌──────────────┼──────────────┐
      ┌───┴───┐      ┌───┴───┐      ┌───┴───┐
      │Ethnig │      │Ethnig │      │Ethnig │
      └───────┘      └───────┘      └───────┘
```

```
                 ┌──────────────────┐
                 │ Amlddiwylliannol │
                 └────────┬─────────┘
       ┌──────────────────┼──────────────────┐
┌──────┴───────┐  ┌───────┴──────┐  ┌────────┴──────┐
│Monoddiwyll-  │  │Monoddiwyll-  │  │Monoddiwyll-   │
│iannol        │  │iannol        │  │iannol         │
└──────────────┘  └──────────────┘  └───────────────┘
```

```
                    ┌─────────┐
                    │ Saesneg │
                    └────┬────┘
          ┌──────────────┼──────────────┐
      ┌───┴───┐    ┌─────┴──────┐   ┌───┴────┐
      │ iaith │    │   iaith    │   │ iaith  │
      │fewnfudol│  │  frodorol  │   │fewnfudol│
      │       │    │leiafrifol  │   │        │
      │       │    │(Cymraeg)   │   │        │
      └───────┘    └────────────┘   └────────┘
```

Yn y model hwn, ystyrir y Cymry Cymraeg, yng ngeiriau Ned Thomas, 'not as a core but as a floating ethnic minority of the kind fashionable among the English urban left'.[39] Yn hyn o beth, mae amlddiwylliannedd Eingl-Americanaidd unigolyddol yng Nghymru'n ymdebygu i'r math o amlddiwylliannedd a geir mewn gwladwriaethau Angloffon eraill gyda lleiafrifoedd ieithyddol pwysig, fel Canada a Seland Newydd. Mae mewnfudiad yn greiddiol i hanes Canada a ffordd bwysig o'i gydnabod, yn y gymuned Angloffon o leiaf, yw amlddiwylliannedd. Ond ofnid yn Québec y câi Saesneg ei dynodi gan hyn yn iaith sifig Canada gyfan, gan arwain at ddiraddio Ffrengeg wrth ei labelu fel iaith ethnig y cyrion Ffrengig. Ofnid hefyd fod amlddiwylliannedd Angloffon yn fodd cyfrwys o danseilio statws siaradwyr Ffrangeg fel un o ddwy bobl ffurfiannol gwladwriaeth Canada wrth droi'r Ffrangeg yn *un* iaith leiafrifol ymhlith nifer diderfyn o ieithoedd lleiafrifol, gan rymuso o ganlyniad Saesneg fel iaith gyhoeddus gyffredin.[40] Mabwysiadodd cymdeithas sifil Québec yn hytrach y cysyniad 'rhyngddiwylliannedd' (*interculturalisme*) sy'n mynnu mai'r Ffrangeg yw iaith gyhoeddus y dalaith, a'r iaith gyntaf y dylai mewnfudwyr rhyngwladol i Québec ei dysgu.[41]

Mynegid yr un amheuaeth ynghylch amlddiwylliannedd yn y gymuned Faori yn Seland Newydd. Roedd pryder fod rhethreg am amrywiaeth amlddiwylliannol Seland Newydd yn ffordd o ddiraddio lle arbennig y Maori fel brodorion y wlad, ac o wadu iddynt eu hawliau neilltuol. Nid oedd y Maori am gael eu trin fel petaent yn fewnfudwyr diweddar.[42] Yn ôl un sylwebydd yn y 1980au, roedd yna gryn sinigiaeth yn perthyn i'r defnydd o ddadleuon amlddiwylliannol gan unigolion gwyn,

> who in the past had rarely thought of New Zealand as anything other than a white Western nation now faced with Maori demands for its recognition as a bi-racial and bicultural nation, insist on arguing with a certain vehemence that New Zealand, in view of the existence of many ethnic minorities, can properly be viewed only as a multi-cultural and multi-racial society. ... They argue that if the separate culture, language and identity of the Maori were to be given a special recognition, the same privilege could not be denied the others. ... this argument provides a convenient means by which many Pakeha [Ewropeaid] can deny the Maori what they want.[43]

Defnyddir dadleuon gau am amlddiwylliannedd er mwyn difreinio grwpiau iaith brodorol mewn gwledydd eraill hefyd. Yn sgil mewnlifiad trwm o wlad Pwyl i Ogledd Iwerddon, cyfeirid yn aml at faintioli'r gymuned Bwyleg er mwyn dadlau yn erbyn cyflwyno Deddf Iaith Wyddeleg yn y dalaith, a dyna wnaeth Arlene Foster, arweinydd y *Democratic Unionist Party*, yn 2017.[44]

Ceir y *trope* yng Nghymru hefyd. Er mwyn gwrthwynebu Safonau Iaith, honnodd aelod o Gabinet Ceidwadol Cyngor Wrecsam fod pobl leol yn fwy tebygol o siarad Portiwgaleg a Phwyleg na Chymraeg.[45] Arddelwyd yr un math o resymeg gan un o Weinidogion Llywodraeth Cymru, Edwina Hart, pan oedd yn ymgeisydd ar gyfer arweinyddiaeth y Blaid Lafur Gymreig yn 2009. Dadleuodd nad oedd angen iddi siarad Cymraeg am fod Cymru'n wlad amlddiwylliannol:

> I don't think so [that I need to speak Welsh] – I'm no less Welsh than anybody that speaks Welsh. I don't agree with that point of view at all. I'd also find it very useful if I could speak some other languages like Bengali or Chinese when I'm in the Swansea community. But at the end of the day, we also have to recognise that we are a multicultural society with a lot of diverse cultures, so I don't think that this is an issue.[46]

Nid yw'n ymarferol ymestyn cydnabyddiaeth lawn i bob iaith fewnfudol, ac o fynnu cyfartaledd rhwng ieithoedd lleiafrifol cynhenid ac ieithoedd lleiafrifol mewnfudol, gellid cadw *status quo* grym Angloffon. Ffenomen ryngwladol, meddai Stephen May, ysgolhaig o Seland Newydd, yw defnyddio'r 'rhetoric of cultural and linguistic *diversity*' fel 'spoiling device against the articulation of cultural and linguistic *difference*', disgrifiad gystal â'r un o wendid amlddiwylliannedd Eingl-Americanaidd o safbwynt y gymdeithas Gymraeg.[47]

Nid yw hyn oll yn golygu y dylai'r Cymry Cymraeg gefnu ar amrywiaeth ddiwylliannol, na dadlau yn erbyn amlethnigrwydd. Nid cefnu ar amrywiaeth ethnig yw ymwrthod ag amlddiwylliannedd Eingl-Americanaidd unigolyddol. Gellid ystyried beirniadaeth arno gan amlddiwylliannedd Cymreig fel sylw, yn rhannol, 'about the unit', chwedl Kymlicka, 'within which cosmopolitan multiculturalism should operate.'[48] Hynny yw, gellid arfer polisi amlddiwylliannol yr un mor effeithiol o dan lywodraeth Gymreig ag o dan lywodraeth

Brydeinig. Fodd bynnag, oni bai mai *Cymraeg* yw un o ieithoedd y Sifig Gymreig, a hynny ar fwy na lefel symbolaidd yn unig, bydd yr un hen ddadleuon o'r byd Angloffon yn codi eto yn y Gymru ddatganoledig, ac mewn gwladwriaeth annibynnol Gymreig.

Gan hynny, rhaid i'r gwareiddiad Cymraeg feithrin ei Sifig ei hun a hwnnw'n ymgorffori hunaniaethau ethnig lleiafrifol. Am i'r Sifig Saesneg fod yn feistres ar y Cymry, camddefnyddid dadleuon o blaid eangfrydedd, cosmopolitaniaeth, goddefgarwch a rhyddfrydiaeth i gymathu'r diwylliant lleiafrifol Cymraeg i ddiwylliant y wladwriaeth.[49] Ond pe caniateid i'r Gymraeg wisgo'r fantell sifig ei hun, byddai modd meithrin eangfrydedd, cosmopolitaniaeth, goddefgarwch a rhyddfrydiaeth Gymraeg.

Ond mae hyn yn codi cymhlethdod theoretig pellach. Pe ceid Sifig Gymraeg ac amlethnig, oni fyddai'n atgynhyrchu *mewn Cymraeg* y math o amlddiwylliannedd mwyafrifol hegemonaidd y mae'r holl draddodiad athronyddol Cymraeg yn brotest yn ei erbyn? Gwarchod neilltuolrwydd diwylliannau lleiafrifol sydd wrth wraidd y meddwl Cymraeg. Sut byddai amlddiwylliannedd Cymraeg yn wahanol i amlddiwylliannedd Eingl-Americanaidd unigolyddol? Mae'n gwestiwn pwysig. Wedi'r cwbl, os dadleuir mai iaith 'gyffredin' yw'r Gymraeg yn y broydd Cymraeg ac y dylai lleiafrifoedd integreiddio i'r bywyd Cymraeg, sut mae'r ddadl honno'n wahanol i'r un am gymathu mewnfudwyr yn Lloegr?

Ceir gwahaniaethau rhwng amlddiwylliannedd Eingl-Americanaidd a Chymraeg serch hynny: er enghraifft, y duedd yn Lloegr yw llunio cymdeithas uniaith Saesneg ar sail diystyru ieithoedd lleiafrifoedd ethnig, ond nid felly yng Nghymru lle ceir peth cefnogaeth theoretig iddynt oherwydd ymwybod Cymraeg â dwyieithrwydd. At hynny, ceir y cysyniad o grŵp iaith ac felly bwysigrwydd y grŵp, ymwybod â gorthrwm ethnig, hybridedd rhwng grwpiau lleiafrifol, a chanfyddiad y Cymry mai hwy yw brodorion Ynys Prydain, a syniadau amgen am drefedigaethedd ac ôl-drefedigaethedd yn sgil hynny. Un o ddibenion y gyfrol hon yw archwilio posibiliadau rhyddfreiniol rhai o'r nodweddion hyn ar y meddwl Cymraeg. A oes yna'r fath beth ag 'amlddiwylliannedd Cymraeg' ac os felly, beth yw ei nodweddion?

Ond yn gyntaf, bydd yn rhaid cynnig braslun o hanes lleiafrifoedd ethnig yn y Gymru Gymraeg.

Sioni Winwns ym Mhorthmadog (1958)

2

Hanes Cymry – hanes lleiafrifoedd ethnig yn y Gymru Gymraeg

Ar wastadeddau Gwent ger adfeilion tref Rufeinig Caer-went, os adfeilion hefyd gan mor odidog ei muriau, mae hanes Cymry'n cychwyn. Heddiw, dyma sir Fynwy y Blaid Geidwadol a'r Eglwys Anglicanaidd, Saesneg a Seisnigaidd ers canrifoedd, ac eto yma ffynnai teyrnas a fu yn ei thro'n Frythoneg, Brythonaidd-Rufeinig a Chymraeg. Cyhoeddir ei hawdurdod, 'respublica civitatis Silurum' (gweriniaeth y Silwriaid), ar garreg o'r drydedd ganrif a gedwir bellach ym mhorth eglwys y plwyf. Dynoda deyrnas a fodolai cyn y goresgyniad Rhufeinig a oedd, erbyn i Went Gymraeg gwympo o dan bwysau ymwthio Normanaidd yr unfed ganrif ar ddeg, wedi parhau 'mewn rhyw ffurf neu'i gilydd' am yn agos i fileniwm a hanner.[1] Fel gweddill canolfannau gweinyddol a milwrol Prydain Rufeinig, buasai tiriogaeth y Silwriaid, a thref garsiwn Caerllion yn enwedig, yn amlethnig. Yn gartref i'r Ail Leng (Augusta) hanai llawer o filwyr Caerllion o'r tu allan i Brydain, a cheir awgrymiadau fod rhai o'u disgynyddion wedi aros.[2] Hwyrach y bu pobl ddu yno oherwydd mae cryn dystiolaeth ar gyfer poblogaeth Affricanaidd fechan yn *Britannia*, er enghraifft yn Efrog ac ar hyd Mur Hadrian.[3] Atgyweiriwyd Caerllion yn ystod cyfnod yr Ymerawdwr Septimius Severus, a oedd ei hun o ogledd Affrica ac a ddaeth i Brydain yn 208 gydag unedau milwrol o'r cyfandir hwnnw, a cheir dylanwad Affricanaidd ar bensaernïaeth to baddonau Caerllion.[4]

Does fawr o sôn am y Gymru Frythonaidd-Rufeinig ddwyieithog, amlethnig hon yn hanesyddiaeth amrywiaeth yng Nghymru. Ac eto, mae amrywiaeth o'r fath yn ganolog i fytholeg cenedl y Cymry, ac i'r cof Cymraeg am y cyfnod Rhufeinig hyd heddiw. Arwrgerdd bwysicaf cenedlaetholdeb Cymreig yw anthem Dafydd Iwan, 'Yma o Hyd', sy'n canu clodydd Macsen Wledig fel sylfaenydd y genedl. Pwy sydd ddim wedi ei chanu mewn neuadd dywyll rywdro a'r canwr ei hun ar y llwyfan?

> Dwyt ti'm yn cofio Macsen
> Does neb yn ei nabod o;
> Mae mil a chwe chant o flynyddoedd
> Yn amser rhy hir i'r co'
> Pan aeth Magnus Maximus o Gymru
> Yn y flwyddyn tri chant wyth tri
> A'n gadael yn genedl gyfan
> A heddiw – wele ni![5]

Daw'r gân i ben gyda'i diweddglo ysgytwol, 'Byddwn yma hyd ddiwedd amser / A bydd yr iaith Gymraeg yn fyw!', sy'n mynnu achubiaeth i'r genedl gan ddathlu cyfraniad 'estron' i'r gwaith o'i chreu yn y lle cyntaf. Yma, mae cenedlaetholdeb Cymreig yn adnabod heterogenedd ei hanes ei hun a'i ddechrau (a'i ddiwedd posib) mewn amser. Pobl yw'r Cymry sy'n dwyn ynghyd yn eu mytholeg ddwy elfen graidd gyferbyniol, y Brythonig a'r Lladin. Nid 'llwyth Celtaidd' monoethnig mohonynt erioed.[6] Ac er bod myth arall, sef fod hynafiaid y Cymry yn tarddu o Gaerdroea, yn brawf o bwysigrwydd ach iddynt, ac felly o 'hil', afraid dweud nad 'Celt' oedd Brutus, deiliad cyntaf Coron Prydain Frythoneg, ond dyn chwedlonol o'r dwyrain canol.

O Iberia y daeth Macsen Wledig, yr Ymerawdwr Magnus Maximus a wnaeth y fath argraff ym Mhrydain. Yn hanesyddiaeth Gymraeg yr Oesoedd Canol, plentyn amddifad Rhufain yw'r 'Ynys Prydein' a reibiwyd gan oresgynwyr barbaraidd o'r dwyrain, hynafiaid y Saeson. Gan hynny, pwysleisiai'r Cymry eu gwreiddiau Rhufeinig, a honnai'r tywysogion iddynt ddisgyn o Facsen, a lluniwyd hanesion chwedlonol fel *Breudwyt Maxen Wledic* (12 g.?) yn dyrchafu ei rôl ffurfiannol.[7] Gwelir ôl y meddylfryd hwn ar genedlaetholdeb Cymreig y cyfnod modern hefyd, megis yn Ewropeaeth Ladinaidd Saunders Lewis; *ergo*, chwedl yntau, 'Y Cymry yw'r unig genedl ym Mhrydain a fu'n rhan o Ymerodraeth Rufain, a sugnodd laeth y Gorllewin yn faban, a chanddi waed y gorllewin yn ei gwythiennau'.[8] O'i chychwyn, bu'r Gymru Gymraeg yn ffenomen hybrid, drawsethnig yn cyfuno'r gwaddol 'Celtaidd' (term a gyflwynir i drafodaethau Cymreig gan Edward Lhuyd yn 1707) â rhywbeth *arall*, a bu'r hybridedd hwn yn ffordd i'r Cymry eu gosod eu hunain ar wahân i ddiwylliant Seisnig.[9]

Yn ystod 'mil a chwe chant o flynyddoedd' Dafydd Iwan, ni fu adeg pan na fu Cymru'n amlddiwylliannol, amlieithog ac amlethnig.[10] Wedi dadfeiliad yr Ymerodraeth Rufeinig, a'r *Völkerwanderung* (crwydriadau'r bobloedd) a'i dilynodd, bu newidiadau difesur yng ngwead ethnig Ewrop, ym Mhrydain fel yng ngweddill y cyfandir. Nid y lleiaf o'r cyfnewidiadau hyn oedd dyfodiad pobloedd 'Eingl-Sacsonaidd' i ynys y Brythoniaid, y digwyddiad mwyaf pellgyrhaeddol o bell ffordd yn hanesyddiaeth cymuned ieithyddol a oedd ar fin cael ei dadfeddiannu o'r rhan fwyaf o'i thiriogaeth. Byddai'r disodliad yn creu myth gyda'r pwysicaf yn hanes y Cymry, sef mai hwy yw brodorion Ynys Prydain ac yn lleiafrif gorthrymedig o'r herwydd.

Chwe chan mlynedd yn ddiweddarach, wedi goresgyniad milwrol arall, daeth gwladychwyr newydd. Byddai'r ymdreiddio Normanaidd ac Eingl-Normanaidd i Gymru a barhaodd hyd at y bedwaredd ganrif ar ddeg yn peri newidiadau dirfawr yng nghyfansoddiad ethnig y wlad. O'i gymharu, bu'r cyfnod rhwng gwrthryfel Glyndŵr a'r ddeunawfed ganrif yn fwy sefydlog am fod Cymru wedi'i choncro *eisoes*, arwydd anghynnes mai gorthrwm yn hytrach na goddefgarwch sy'n creu'r amodau ar gyfer cyflwyno amrywiaeth ethnig yn aml iawn.

Y Chwyldro Diwydiannol a wnaeth fewnfudiad yn fater o bwys yn y cyfnod modern. Yn ystod y bedwaredd ganrif ar bymtheg, yn wir hyd at y Rhyfel Byd Cyntaf, bu yn ardaloedd diwydiannol a threfol y de, y gogledd-ddwyrain ac ar hyd y glannau fewnfudo sylweddol iawn gan Saeson, yn ogystal â chan Wyddelod a grwpiau llai o gefndiroedd ethnig eraill. Ar ôl y rhyfel, ceid llai o fewnfudo am fod twf y maes glo ar ben, ac yn wir yn ystod y 1930au bu dirwasgiad ac allfudiad. Ond gwelai Cymru wedi'r Ail Ryfel Byd fudwyr trawsgyfandirol o'r hen Ymerodraeth Brydeinig yn cyrraedd. Fodd bynnag, y prif fewnfudiad i Gymru yn ystod ail hanner yr ugeinfed ganrif a'r unfed ar hugain oedd dyfodiad cannoedd o filoedd o Saeson, mewnlif a oedd ar ei rymusaf yng nghefn gwlad ac ar hyd yr arfordir. Chwalodd mewnfudo Angloffon, a adnabyddid ar lafar gwlad fel 'y mewnlifiad', seiliau cymunedol yr iaith Gymraeg dros rannau o'r wlad a fuasai cyn hynny yn froydd Cymraeg cadarn.

Erbyn cyfrifiad 2011, nid oedd ond 73% o boblogaeth Cymru wedi'u geni yng Nghymru, ac mewn siroedd gwledig Cymraeg, roedd y ffigwr yn is: 67% yng Ngwynedd, 66% ym Môn a 55% yng Ngheredigion.[11] Daeth Cymru'n wlad fwy 'amlethnig' na Lloegr (os yn wir dyna'r ansoddair priodol ar gyfer y deuethnigrwydd Cymreig-Seisnig a deyrnasai), ac yr oedd ar ei mwyaf 'amlethnig' yn rhai o'r ardaloedd Cymraeg. Mewn cymhariaeth, gwlad gymharol unffurf yw Lloegr o ran man genedigaeth a chymaint â phump o bob chwech, 83% o'i phoblogaeth, wedi'u geni yno.[12] Bodola'r Gymru Gymraeg amlethnig hon heb ei chydnabod, am fod ei hamrywiaeth ynghlwm wrth symudiad poblogaeth oddi mewn i Brydain.

Ceir felly ymron i ugain canrif o wareiddiad Brytanaidd neu Gymraeg amlethnig. Sut i fynd ati i ysgrifennu'r hanes? Gwneir hynny trwy dyrchu i grombil yr archif Gymraeg. Mae'n wir nad oes weithiau ond gwybodaeth dameidiog am leiafrifoedd ethnig a'u hymwneud â'r gymdeithas Gymraeg, a bod ffynonellau ar ddisberod. Ac eto, onid pytiog yn eu hanfod yw'r adroddiadau am grwpiau ymylol? Cêl yw eu hanes, ond ni olyga hyn na fuont yn bod, na bod y casgliadau y deuir iddynt ar sail ychydig dystiolaeth ddogfennol yn llai dilys. Medr pob lleiafrif adrodd stori wahanol i hanesyddiaeth orthrymus grwpiau goruchafol amdanynt, y naratifau 'empeiraidd' nad ydynt ond yn ffordd gyfleus o gyfiawnhau braint. Gwrthsafiad yn erbyn naratif Saesneg-ganolog yw hanesyddiaeth orau'r Gymraeg, a'r gair y defnyddia'r hanesydd ac athronydd Michel Foucault am y math hwnnw o hanes yw 'gwrth-gof'.[13] Gwrth-gof yw cof sy'n herio cof y grŵp goruchafol, ac ymdrech i lunio cof o'r fath a geir yn y bennod hon oherwydd mae haeriadau'r byd Angloffon nad yw amrywiaeth fewnol yn nodwedd ar y Cymry yn ymgais i wadu bod y Cymry'n genedl, gan fod amrywiaeth yn nodwedd ar bob cenedl.

Yr Oesoedd Canol – brodorion amlethnig

Ni ddylid dibrisio pwysigrwydd yr Oesoedd Canol o safbwynt y drafodaeth am amlddiwylliannedd yn y Gymru Gymraeg heddiw. Anodd cynnal y rhagdyb Brydeinig fod Prydain yn fwy eangfrydig na Chymru heb synio (yn anghywir) am gymdeithas Gymraeg y

Gymru gyn-fodern fel endid ethnig unffurf. Ymhlyg yn y dybiaeth fod y diwylliant Cymreig yn gyfyng ei orwelion, a'i fod rywsut yn y gorffennol pell yn bur ac felly'n orthrymus, ceir y syniad gwrthwynebol fod y diwylliant Seisnig-Brydeinig yn amrywiol a chyfoes. Dyna pam y dadleuodd Trevor Phillips, Cadeirydd y Comisiwn Cydraddoldeb Hiliol, yn 2003 na ellid caniatáu i gymunedau Cymraeg ddod yn 'some kind of closed relic of the eighth century', fel pe bai culni honedig cymdeithas Gymraeg yr unfed ganrif ar hugain yn ddrych o gulni cyffelyb yn yr Oesoedd Canol Cynnar.[14] Go brin serch hynny fod Cymry neu Frythoniaid yr Oesoedd Canol Cynnar yn ffurfio cymuned gaeëdig o gwbl, a hwythau'n trigo mewn gwahanol diriogaethau yng ngorllewin, gogledd a chanolbarth Prydain a oedd yn aml yn gymysg o ran ethnigrwydd ac iaith ar adeg o drawsnewidiad mawr wedi dyfodiad y 'Saeson'.[15]

Nid pobloedd Germanaidd yn unig a wynebai'r Brythoniaid er hynny. Tystia cerrig ogam, a Bucheddau'r Saint, i'r gyfathrach ddwys a geid rhwng Brython a Gwyddyl.[16] Roedd cymunedau Brythonig yn Iwerddon, a rhai Gwyddeleg yng Nghymru. O blith y Gwyddyl a wladychai rannau o dde-orllewin Cymru y tarddai llinach frenhinol Dyfed, a disodlid Gwyddelod Gwynedd tua'r chweched neu'r seithfed ganrif gan Frythoniaid, hwythau hefyd yn newydd-ddyfodiaid; os oes coel ar y chwedl am Gunedda o'r Hen Ogledd.[17] Ac os nad oes coel, mae'r gwir yn debyg o fod hyd yn oed yn fwy trawiadol, sef i Wynedd Gymraeg fod ynghlwm rywsut wrth diriogaeth Wyddeleg ar dir Cymru, neu'n asiad o diriogaethau Gwyddeleg a Chymraeg a aeth yn Gymraeg.[18] Roedd hunaniaethau Cymraeg-Wyddeleg y cyfnod yn amlweddog: gwŷr o gyff Brythonig a Gwyddelig oedd brenhinoedd Brycheiniog, a hanes deuddiwylliannol a thairieithog (Gwyddeleg, Lladin, Cymraeg) sydd i lawer o'r parthau hynny yn y gorllewin sydd bellach yn gadarnleoedd y diwylliant Cymraeg.[19] 'Anodd credu', meddai D. Simon Evans am nawddsant y Cymry, Dewi Sant, 'nad oedd yn medru Gwyddeleg.'[20]

Ni wyddom pryd y dechreuai siaradwyr Cymraeg gyplysu eu lleferydd â'u hethnigrwydd, yn enwedig yn y cyfnod hwn ymhell cyn ffurfiad y genedl fodern. Cais ysgolheigion Celtaidd fel John T. Koch ddadlau nad yw'r llenyddiaeth hynaf yn y Gymraeg, y Gododdin, yn darlunio o raid wrthdaro ethnig rhwng Brythoniaid ac

Eingl-Sacsoniaid, ond efallai rhwng Brython a Brython, ac ni ellir bod yn sicr bod ymwybyddiaeth 'genedligol' Frythonig neu Gymreig yn bodoli ar y pryd.[21] Er y gallai'r amwysedd danseilio un o fythau hanesyddol cynhaliol y genedl Gymreig, sef hynafiaeth ac undod y Cymry, mae ganddi'r fantais o awgrymu na fu'r 'genedl' yn uned fonoethnig o'i chychwyn, er mai Cymraeg oedd ei hiaith. Yn wir, mae'r ffaith fod o leiaf un o grudau mytholegol y genedl Gymreig yn bodoli y tu allan i Gymru, yn yr Hen Ogledd, 'rather as the Anglo-Saxon poets were fascinated by the continental Germanic homeland',[22] yn gwanhau'r dyb fod tiriogaeth, iaith a hil yn cyfateb i'w gilydd.

Ni ellir anwybyddu grwpiau ethnig megis Brythoniaid yr Hen Ogledd ar y sail nad ydynt yn bod mwyach, na mabwysiadu darlleniad Chwigaidd o hanes sy'n haeru mai dim ond 'Cymry' o benrhyn gorllewinol o'r enw 'Cymru' sy'n berthnasol i'r stori hon. Plethwaith amlethnig a chyfnewidiol oedd yr Ynys gyfan, fel y dengys erfyniad *Armes Prydein* (c.930) ar 'Kymry a gwyr Dulyn./ Gwydyl Iwerdon Mon a Phrydyn. Cornyw a Chludwys' i gynghreirio yn erbyn y Saeson.[23] Roedd rhai o egin-genhedloedd yr *Armes* yn amlethnig hefyd o'u mewn; nid teyrnas Gludwyseg yn unig oedd yr Ystrad Glud eiconaidd, tiriogaeth Frythoneg ola'r Hen Ogledd, ond 'a polyethnic and multilingual community' a gynhwysai erbyn y ddegfed ganrif yn ogystal â siaradwyr Cludwyseg boblogaethau Saesneg, Gaeleg a Nors.[24]

Nid oedd yr hollt rhwng Cymro a Sais yn ne Prydain yn un absoliwt ychwaith. Mewn testun Lladin o'r wythfed ganrif, ceir fod un Eingl-Sacson o leiaf wedi dysgu Brythoneg, a hyd yn oed mewn hanes ffug fel *Historia regum Brittaniae* (c.1138) Sieffre o Fynwy ceir argoel o fotiff dadlennol, sef Eingl-Sacsoniaid dwyieithog.[25] Yn y byd real, ceid cydweithio anorfod ar draws ffiniau ethnig. Oni bai am hynny, ni fuasai Ealdgyth, merch Ælfgar, Iarll Mercia yn wraig Gruffudd ap Llywelyn, brenin ar Gymru gyfan o 1055 hyd 1063.[26] A bu cyswllt â grwpiau ethnig ar draws môr, y gellid gweld rhai o'u gwledydd o fynydd-dir a bryniau'r gogledd. O Ynys Manaw, fe dybir, y tarddodd y frenhinllin a ymsefydlodd yng Ngwynedd yn 825 o dan Merfyn Frych, a goroesi tan 1282.[27] A brodor o drefedigaeth Lychlynnaidd Dulyn oedd Gruffudd ap Cynan yntau, brenin awdurdodol Gwynedd ddiwedd yr unfed ganrif ar ddeg a dechrau'r ddeuddegfed. Disgynnai o frenhinoedd Sgandinafaidd a Gwyddelig ar ochr ei fam, er o linach Aberffraw ar ochr ei dad, a galarai 'Kymry a Gwyddyl a gwyr Denmark' amdano wedi ei farwolaeth yn 1137.[28]

Yn y cyfnod hwn cyn cwymp terfynol y politi Cymreig yn 1282, nid oedd Cymru'n wlad fewnblyg. Deillia'r rhan fwyaf o amrywiaeth ethnig y cyfnod o Goncwest, ac mae hynny'n chwithig, efallai, o safbwynt unrhyw ddarlleniad cadarnhaol o hanes ethnigrwydd yng Nghymru. Setlwyd de Penfro, Gŵyr, gwastadeddau Morgannwg a Gwent ynghyd â'r gororau dwyreiniol yn bur helaeth gan wladychwyr Normanaidd, Saeson, Fflemiaid, Gwyddelod, Llychlynwyr a Llydawyr.[29] Waeth inni heb â chyboli; yn aml, ystyr gwladychu oedd gwthio Cymry allan. Go brin serch hynny fod yr un o'r ardaloedd hyn yn ethnig unffurf: 'the whole district', meddai'r hanesydd A. H. Dodd am ddwyrain sir Ddinbych, 'is a standing reminder of the truth so often forgotten by the nationalisms of today – that Nature's frontiers are zones, not lines.'[30]

Ceid yn yr ardaloedd newydd eu concro duedd gan rai Cymry i ymrwbio yn y teuluoedd Normanaidd, ac ni cheir gwell enghraifft o hyn na bod Gerald de Windsor, barwn Normanaidd cyntaf Penfro, yn briod â Nest, merch Rhys ap Tewdwr, tywysog Deheubarth. Hi oedd nain Gerald de Barry (Gerallt Gymro) (c.1146–1223), gŵr rhugl ei Ffrangeg a chlapiog ei Gymraeg yr oedd ganddo hunaniaeth gymysgryw gyda'r fwyaf diddorol ac arwyddocaol yn hanes Cymru.[31] Meddai ei gyfieithydd Cymraeg, Thomas Jones, 'byddai'n ymogoneddu yn ei waed cymysg.'[32] Yn hynny, nid oedd yn anarferol: roedd priodi trawsethnig yn gyffredin ymhlith haenen uwch y gymdeithas a thystia enwau hybrid yr epil Cambro-Normanaidd, megis John ap Gwilym Gunter a William Fychan ap Gwilym Sourdevall, i'r cymysgu a oedd yn mynd rhagddo.[33] Ym marn yr hanesydd R. R. Davies, ffurfia pobl o'r fath '"a middle nation" – a group caught between, and sitting astride, the normal categorizations of race'.[34] Mae yma felly rai o wreiddiau'r Gymru amlethnig, a da cofio am ymadrodd cofiadwy Gerallt amdano'i hun fel un sydd 'o genedl y Cymry [ond] nad o'i thras' (*nacione Kambrensis non cognacione*').[35]

Ceid amrywiaeth ethnig yn *Pura Wallia* hefyd. O ystyried lleoliad y poblogaethau Cymraeg ar gwr ymerodraethau trawswladol cynnar y Llychlynwr, yr Eingl-Sacson a'r Norman, roedd yn anochel y ceid estroniaid yn eu mysg. Dadleua Dylan Foster Evans fod 'the medieval Welsh speech community may be seen as a multiethnic entity in its own right'.[36] Er i haneswyr ddehongli '"*Cymro famtad*" ("wedi ei eni o rieni yr oedd y ddau ohonynt yn Gymry") yn y llyfrau cyfraith yn dystiolaeth fod *Cymro* yn gysyniad wedi ei wreiddio mewn achyddiaeth', dywed Richard Glyn Roberts fod 'yn ymhlyg yn y cyfuniad hwn, sy'n cyfeirio at fath neilltuol o *Gymro* . . . awgrym fod mathau eraill o *Gymro* yn bod.'[37] A meddai Dafydd Jenkins, wrth drafod haeriad Cyfraith Hywel mai wedi'r bedwaredd genhedlaeth y derbynnid cymathiad llwyr disgynyddion alltudion, 'y byddai tylwyth o alltudion wedi ymdoddi i'r gymdeithas gyffredinol cyn y bedwaredd genhedlaeth, ac na fyddai modd dangos mai alltud oedd dyn arbennig o'r ail neu'r drydedd genhedlaeth'.[38]

Roedd yng nghyfreitheg Gymreig y drydedd ganrif ar ddeg reoliadau ynglŷn â dyletswyddau'r 'alltud', neu fewnfudwr, a gesyd *Llyfr Iorwerth*, a luniwyd yng Ngwynedd, amodau ar fewnfudwyr o rannau eraill o Brydain yn ogystal ag o'r tu hwnt, ac mae cryn dystiolaeth y rhoddwyd y rhain ar waith.[39] Daeth Saeson i Gymru gan wybod bod rhaid iddynt gydnabod awdurdod Cymreig; gan hynny, daethant fel mewnfudwyr ac nid fel concwerwyr. Roedd yn Nefyn cyn y Goncwest, er enghraifft, fwrdeisiaid ag enwau Seisnig neu Ffrengig; yn wir, dyma'r bwrdeisiaid cyntaf yn Nefyn y gwyddom amdanynt.[40]

Go brin fod amrywiaeth ethnig *Pura Wallia* yn llawer helaethach na hynny, ac yn wir o gyfeirio at brif amrywiaeth ethnogrefyddol Ewrop yr Oesoedd Canol, nid oes cymaint o dystiolaeth am Iddewon ag a geir mewn tiriogaethau Ewropeaidd eraill. Ond mae'n bosib fod ambell Iddew yn Aberteifi Normanaidd y ddeuddegfed ganrif, ac nid yw'n gyfangwbl amhosibl iddynt aros wedi i'r dref gael ei chipio gan yr Arglwydd Rhys yn 1165.[41] Roedd Iddewon wedi setlo mewn llefydd eraill yng Nghymru hefyd, yn bennaf oll yn y Mers: trigai unigolion ym mhorthladdoedd bychain Gwent, fel Caerllion a Chas-gwent, ac yn y Fenni.[42] Ceid Iddewon yng Nghaerfyrddin yn 1251, a thystiolaeth i Iddew fod yn bresennol ym Maenor Deilo, Dinefwr yn 1386–7 er gwaethaf gorchymyn Edward I yn 1290 i'w diarddel.[43] Mae'r diarddeliad yn gyfamserol â chwymp y Wynedd Gymraeg, ac yn gosod glanhau ethnig gwrth-semitaidd a threfedigaethedd gwrth-Gymreig yn rhan o'r un gyfundrefn wleidyddol Seisnig, ffaith awgrymog arall na dderbyniodd gymaint â hynny o sylw yn hanesyddiaeth amlethnigrwydd yng Nghymru.

Nid yw hynny'n golygu nad oedd y gwareiddiad Cymraeg yn wrth-semitaidd ei hun. Roedd y gwledydd Cristnogol yn wrth-semitaidd drwyddynt draw, a cheir deunydd gwrth-semitaidd mewn Cymraeg Canol, megis yn y gerdd 'Ymddiddan Taliesin ac Ugnach' sydd yn Llyfr Du Caerfyrddin, ac sy'n dyddio o'r ddeuddegfed ganrif neu'r drydedd ar ddeg. Sonnir yno am 'imlet ac itewon' ('ymladd ag Iddewon' yw'r ystyr fwyaf tebygol), cyferiad o bosibl at y crwsâd, neu at wrthdaro ag Iddewon ym Mhrydain, ond hwyrach y gellid deall 'itewon' yma i olygu 'gelynion' yn gyffredinol.[44] Cyfeirir at 'Iddewon, lladron rhy dwyllodrus' yn 'Awdl i Iesu Grist' a briodolir i Dafydd ap Gwilym (*fl.* 1340au),[45] ac fel y dengys *Geiriadur Prifysgol Cymru* cafwyd sarhad gwrth-semitaidd mewn sawl lle arall. Ceid ymwybyddiaeth o bobloedd eraill hefyd, ac mae cyfeiriadau at Fwslemiaid ac Islam fel Arall ethnig yn ogystal, er nad bob tro o dan yr enwau hynny, megis yn *Brut y Tywysogyon* wrth gyfeirio at y crwsadau, ac yng ngherdd Iolo Goch (*c.*1320–*c.*1398), 'Dychan i Fadog ap Hywel', sy'n sôn am 'calon Mahumed', a chan feirdd eraill.[46]

Nid oes amlygiad rhagorach o amrywiaeth y gymdeithas Gymraeg frodorol na llinach frenhinol Gwynedd a oedd erbyn y drydedd ganrif ar ddeg yn drwyadl amlethnig. Onid priod Dafydd ab Owain Gwynedd, tywysog am gyfnod ar ddiwedd y ddeuddegfed ganrif, oedd Emma o Anjou, hanner chwaer Harri II? Dyna osod patrwm ar gyfer y tywysogion a'i dilynai. Priododd Llywelyn ab Iorwerth (Llywelyn Fawr) â Joan (Siwan), merch y Brenin John. Gwraig eu mab, Dafydd ap Llywelyn, oedd Isabella de Braose, merch William de Braose. A phriododd eu hŵyr, y Llyw Olaf, Llywelyn ap Gruffudd, ag Eleanor de Montfort, merch Simon de Montfort, wyres y Brenin John a nith Harri III. Anodd osgoi'r casgliad fod gan Wynedd bolisi bwriadol o drefnu priodasau ag elît y gymdeithas Ffrangeg, o ddewis neu o raid, a bod y politi brodorol yn cynnwys o'i fewn haenau trwchus o hunaniaethau Normanaidd.[47]

Disodlwyd hyn oll gan drychineb 1282, ac wedi buddugoliaeth derfynol Edward I, daeth gwladychiaeth i Wynedd hithau: yng nghefn gwlad Dyffryn Clwyd a'r cyffiniau, ac yn y trefi hefyd megis Caernarfon, Biwmares, Cricieth, Harlech, Rhuthun, Dinbych a

Chonwy.[48] Roedd Caernarfon yn dref gwbl anghymreig am gyfnod wedi gwrthryfel aflwyddiannus 1294–5. Ac eithrio ambell i Eingl-Wyddel a Ffrancwr, Saeson oedd y boblogaeth i gyd.[49] Nid amlethnigrwydd a nodweddai'r gymdeithas hon (oni bai fod amlethnigrwydd yn dderbyniol fel motiff sy'n cyfiawnhau darostyngiad poblogaeth frodorol) ond hiliaeth; cyfundrefn 'apartheid-like' a weithredai er lles y 'settler caste'.[50] Darfu am y polyethnigrwydd Cymreigaidd, tywysogaidd a fodolai cyn 1282; aeth yn begynu deuethnig rhwng Cymry a Saeson: bodolai cyfreitheg wahanol ar eu cyfer, ac nid oedd y drefn newydd yn bleidiol i Gymry.[51]

Ond nid oedd yr ymdrech i godi gwahanfur rhwng Saeson a Chymry yn gwbl lwyddiannus. Roedd Cymry yn ffurfio peth o boblogaeth rhai o'r bwrdeistrefi newydd fel Rhuthun (cafodd bwrdeistref Dinbych ei glanhau'n ethnig) er bod integreiddio yno ar delerau Seisnig.[52] Dywed R. R. Davies ei bod yn anghyffredin 'but by no means unknown, to come across English settlers living in Welshries', rhai hyd yn oed yn mynnu hawl i ddefnyddio cyfraith Gymreig,[53] a thrwy raid byddent yn medru Cymraeg gan mai Cymraeg fuasai'r *lingua franca* yno. Hyd yn oed yn hon, ymhlith y fwyaf hiliol o gymdeithasau, ffurfid yn unol â theori ôl-drefedigaethol hunaniaethau hybrid a oedd yn ansefydlog a brith. Dengys y beirniad llenyddol, Angharad Naylor, berthnasedd syniadau'r theorïwr, Homi K. Bhabha, ynghylch 'y Trydydd Gofod', 'hybridedd' a 'hollti', sy'n consurio hunaniaethau rhwng pegynnau diwylliannol ac ethnig, i waith Dafydd ap Gwilym.[54] Cefndir ystrydebau ethnig 'Trafferth mewn Tafarn', gyda'i 'Drisais mewn gwely drewsawr' ac ofn Seisnig o'r Cymro fel lleidr, yw hybridedd llefarydd o Gymro sy'n medru teithio i un o drefi Cymru ('dinas dethol'), a fyddai'n Saesneg mewn enw ond yn fwy cymysg mewn gwirionedd, a meddai Naylor am y Saeson: 'maent yno, fel petai, ond eto heb eu gwreiddio.'[55]

Gellid cael amrywiaeth ethnig oddi mewn i'r gymdeithas Gymraeg hefyd wrth gwrs. Ym Mrycheiniog yn y bymthegfed ganrif canmolwyd Cymry o dras Normanaidd ('bob llwyth gida ffrwyth gwaed ffraingk', chwedl y bardd, Hywel Dafi (*fl. c.*1440–85)).[56] Er iddynt ennill eu tiroedd ar draul Cymry cynhenid, roedd y teuluoedd hyn yn medru ymfalchïo yn eu hynafiaid Ffrengig yn y Gymraeg. Anodd dychmygu beirdd yn canu ynghylch 'gwaed Saeson' mewn modd tebyg. Mae awgrym mewn cerdd felly fod hunaniaethau Ffrangeg a Normanaidd ynghlwm wrth Gymreigrwydd amlethnig a gyferbynnir â Seisnigrwydd, motiff a bwysleisir mewn barddoniaeth genedlaetholgar o'r ugeinfed ganrif sy'n dehongli'r cyfnod hefyd.[57]

Nid anodd i genedlaetholdeb yr ugeinfed ganrif edrych yn ôl a gweld brwydro rhwng Cymro a Sais. Rhoddwyd i ddifenwad ar Saeson statws metanaratif gan genedlaetholwyr, er enghraifft yn erthygl Saunders Lewis am Dafydd ab Edmwnd (*fl.* 1450–90) sy'n ei ganmol am ganu 'Cywydd i Rys Wyn ap Llywelyn ap Tudur o Fon rhag priodi Saesnes'. Barn Saunders am y cywydd yw mai ef yw'r 'datganiad politicaidd Cymreig mwyaf cynhyrfus a wnaed mewn nac awdl na chywydd yn ystod y rhyfeloedd am orsedd Loegr' ac yn '[nh]raddodiad politicaidd Cymru, traddodiad amddiffyn y genedl.'[58] Fodd bynnag, fel y noda Saunders mewn brawddeg gwta ar gychwyn ei lith, roedd Guto'r Glyn wedi cymell y dyweddïad yn y lle cyntaf. Erys dwsinau o gerddi gwrth-Seisnig yn dystiolaeth sicr o oresgyniad ymerodraeth estron ar bobl frodorol,[59] ond gellid cynnig deongliadau ôl-drefedigaethol o rai ohonynt hefyd, er enghraifft yng nghanu maswedd yr Oesoedd Canol sy'n cellwair weithiau ynghylch y ddwy genedl, megis gan Dudur Penllyn (*c.*1420–*c.*1485–90) yn ei gerdd facaronig, 'Ymddiddan rhwng Cymro a Saesnes'. Mae awgrymiadau rhywiol y Cymro yn bwerus am fod y drefn yn un batriarchaidd, ond gall y Saesnes ei hamddiffyn ei hun trwy gyfeiriad at oruchafiaeth ei 'hil'. 'I am not Wels, thow Welshmon . . . lete me alone', medd y Saesnes. 'Na fydd ddig, Seisnig Saesnes', medd y Cymro, '. . . Gad ym fyned i'th gedor'.[60]

Ni fyddai disgynyddion Saeson yn dal eu gafael ar hunaniaeth Seisnig dros genedlaethau lawer. Fe'u cymhethid o ran iaith, ac felly o ran cenedl. Nid dyna'r sefyllfa yn Iwerddon lle'r oedd siaradwyr Gwyddeleg o dras Seisnig yn eu hystyried eu hunain yn genedl ar wahân i siaradwyr Gwyddeleg o gefndir Gwyddelig, a'r hunaniaeth arwahanol hon yn parhau hyd y Cyfnod Modern Cynnar.[61] Ac eithrio ar gyrion y wlad, megis yng ngwaelodion Penfro, nid oes continwwm rhwng siaradwyr Saesneg Cymru'r Oesoedd Canol a'r gymuned Angloffon heddiw, ffaith gyda'r bwysicaf yn hanes Cymru. Termau ieithyddol yw 'Cymry' a 'Saeson' yn y diwylliant Cymraeg, o leiaf hyd at ail hanner y bedwaredd ganrif ar bymtheg, ac o'u cymathu'n ieithyddol, âi Saeson yn Gymry.[62] Ni cheir yng Nghymru gymuned hirsefydlog yn hunanddiffinio fel 'Saeson' o ddyddiau'r gwladychu Normanaidd ymlaen, fel yr adnabyddid gwladychwyr Almaeneg yn nwyrain Ewrop fel Almaenwyr am ganrifoedd lawer. Pe digwyddasai hynny, buasai Cymru wedi'i hollti'n ddwy wlad ar hyd llinellau ethnig, a go brin y byddai'r 'genedl' diriogaethol wedi goroesi.

Yr un mor arwyddocaol o safbwynt amlddiwylliannedd Cymraeg yw bod cenedlaetholwyr yr ugeinfed ganrif am ddathlu fod y gwladychwyr hyn wedi dod yn Gymry, ac yn rhoi pwys neilltuol a chadarnhaol ar eu cefndir anghymreig. Yn ei hunangofiant, *Yn Chwech ar Hugain Oed* (1959), brolia D. J. Williams sut y 'daeth y Normyn hyn drachefn yn Gymry gwâr' a sonia'r cenedlaetholwr nodweddiadol-o'i-genhedlaeth, W. C. Elvet Thomas, sut y troes disgynyddion dynion a fuasai 'yng ngosgordd Gwilym Orchfygwr . . . yn Gymry uniaith'.[63] Wrth i genedlaetholwyr synio am yr Oesoedd Canol yn y dull amlethnig ond Cymraeg hwn, a dotio at y cymathiad llwyddiannus ar Sais a Norman, roedd ymgais gynnil i awgrymu fod cymuned Gymraeg yr ugeinfed ganrif yn ei phwyslais ar iaith yn gynhwysol o ran amrywiaeth ethnig hefyd. I genedlaetholwyr, iaith yn hytrach na hil oedd crud y genedl Gymreig.

Y Cyfnod Modern Cynnar

Cyfnod o ferddwr cymharol o safbwynt symudoledd poblogaeth yng Nghymru oedd y canrifoedd rhwng y bedwaredd ganrif ar ddeg a chanol y ddeunawfed.[64] Nid na cheid ymwybyddiaeth o amrywiaeth ethnig ymysg y Cymry. Gyda'r Tuduriaid yn cipio'r Goron yn 1485 fel y daroganasai'r Brutiau, tynnwyd Cymry i mewn i hybridedd o fath newydd, a'r Cymry'n ymdeimlo â hunaniaethau Cymreig, Seisnig, Prydeinig a Brytanaidd a oedd yn aml yn wrthddywediadol.[65]

Dyma ddyddiau cynnar yr Ymerodraeth Seisnig, ac roedd Lloegr, a gorfforai Gymru, yn ymorol fel ei chystadleuwyr Ewropeaidd am gyfoeth mewn Byd Newydd a oedd yn llawn hynodion. Prifddinas yr ymerodraeth honno oedd Llundain, deinamo economaidd a ddenai bobloedd o gefndiroedd amrywiol i ymgartrefu ynddi, gan gynnwys y Cymry, a cheir disgrifiadau Cymraeg o'i chymdeithas amlethnig ac amlffydd, megis yn y portread hynod fodern ei olwg a geir ohoni yn *Almanac* 1684:

Pennod 2

> Mae yma'n drigolion, bôb math ar gristnogion,
> Yn ddie ag euddewon ddewr ddynion ar ddŵr:
> A groegwŷr, hebrewaid, a thyrciaid, barbariaid
> Ethiopiaid, paganiaid, pa gynwr.[66]

Roedd amrywiaeth ethnig yng Nghymru hefyd, er ar raddfa lai o lawer. Yn ystod yr unfed ganrif ar bymtheg y daeth y Roma, neu'r Sipsiwn, i Gymru am y tro cyntaf. Yn 1579 y ceir y cyfeiriad cyntaf atynt yn y wlad, ac englyn gan Morris Kyffin (c.1555–98) yw'r sôn cyntaf amdanynt yn y Gymraeg.[67] Ar sail englyn am Sipsi yn Llanelwy a briodolir i Siôn Tudur (c.1522–1602) y dyfala A. O. H. Jarman y gallai rhai ohonynt fod yn medru Cymraeg.[68] Tawedog yw'r hanes am Sipsiwn yng Nghymru am ganrif neu ddwy wedyn, a diau mai awgrym o anwybyddu arnynt yn hytrach na dim arall yw hynny, ond ceir cyfeiriadau at Sipsiwn yn *Gweledigaetheu y Bardd Cwsc* (1703) Ellis Wynne ac anterliwt *Pleser a Gofid* (1787) Twm o'r Nant.[69] Erbyn canol y ddeunawfed ganrif mae 'teulu Abram Wd', tylwyth mwyaf adnabyddus y 'Sipsiwn Cymreig', wedi ymsefydlu yn y wlad.[70]

A'u hynafiaid yn hanu o'r India, lleiafrif ethnig gweladwy oedd y Roma, ac eto nid hwy oedd yr unig bobl yng Nghymru'r Cyfnod Modern Cynnar nad oeddynt yn wyn eu croen. Ceir o leiaf 448 o gyfeiriadau unigol mewn archifau yn Lloegr a'r Alban at bobl dduon yn y cyfnod 1500–1677.[71] Amcangyfrifir y gallasai'r boblogaeth ddu yn ei chyfanrwydd fod ddengwaith yn fwy.[72] Nid oes gwybodaeth ystadegol am bobl ddu yng Nghymru, ond clawdd pridd a safai rhwng Cymru a Lloegr, nid mur caer, ac mae'n amhosibl na fuasai pobl dduon yn y wlad, ar dro o leiaf, a'r Cymry wedi'u hintegreiddio mor ddwfn yn y Lloegr Duduraidd.

Yn 1687 y ceir y cofnod pendant cyntaf am drigolyn du yng Nghymru, bachgen o'r enw Joseph Potiphar a fedyddiwyd yng Nghaerdydd, y cyntaf o nifer o bobl dduon a fedyddiwyd yng Nghymru.[73] 'Rhoddion' i fonheddwyr oedd llawer o'r rhain, a chan nad oes diben cael addurn heb ei arddangos roeddynt yn amlwg iawn yn eu broydd. A hwythau'n rhan o fasnach mewn pobl, go brin y dylid brolio eu dyfodiad i Gymru'n ddifeddwl er bod eu presenoldeb yn dangos achyddiaeth amlethnig y wlad.

Nid oes dim dwywaith nad Saeson oedd y grŵp ethnig 'lleiafrifol' mwyaf ei faint yng Nghymru'r Cyfnod Modern Cynnar, fel mewn gwirionedd ymhob cyfnod ers yr Oesoedd Canol. Roedd Saeson, neu Gymry Seisnigedig, neu Saeson wedi'u Cymreigio, neu Gymry o dras Seisnig, sef 'Saeson' ym mha ffordd bynnag y dymunir eu diffinio, yn amlwg iawn yn sgil ymbriodi bonedd ar draws ffiniau ethnig, ac ymsefydlu teuluoedd 'estron' yng Nghymru rai canrifoedd ynghynt.[74] Ni wyddys faint o'r Saeson a symudodd i Gymru a ddôi i fedru Cymraeg, ond byddai dysgu'r iaith yn rhatach, ac yn fwy hwylus, na chyflogi cyfieithydd.[75] I'r bonedd, mater o warchod buddiannau oedd trefnu priodasau'r plant, a chan weision a morynion uniaith Gymraeg y câi Saesnesau a ddôi'n wragedd i berchnogion ystadau Cymreig dendans. Gobaith Syr John Wynn o Wedir (1553–1627), penteulu tylwyth mwyaf grymus y gogledd ac awdur *The History of the Gwydir Family*, oedd y byddai ei ferch-yng-nghyfraith, Margaret Cave, yn dysgu Cymraeg ymysg gwerin Llanfrothen.[76] Roedd Saesnesau eraill wedi cyflawni'r gamp o godi iaith newydd fel y prawf cymeradwyaeth y bardd Lewis Morgannwg (*fl.* 1520–65) o ryw Barbara Brint (neu Bret) o Wlad yr Haf a briododd â Syr Siors Mathau o Radur, ger Caerdydd:

> Dilediaith, di-ŵyl ydyw,
> Ym mrig iaith Gymräeg yw.[77]

Ac eto, er mwyn i hyn fod yn sefyllfa ddigon anarferol i Lewis wneud sylw yn ei chylch, mae'n rhaid nad oedd y cymathu yn digwydd bob tro.

O blith y teuluoedd estron a fuasai yng Nghymru ers canrifoedd, mae'n wir mai dim ond lleiafrif a gefnogai'r diwylliant Cymraeg yn frwd, ond roedd hyn yn wir hefyd am foneddigion Cymru yn gyffredinol. Er hynny, roedd rhai o'r teuluoedd estron yn noddwyr pwysig. Tylwyth felly oedd y Stradlingiaid o Sain Dunwyd ym Mro Morgannwg a ddaeth i Brydain yn y drydedd ganrif ar ddeg o ardal Strättligen ger Thun yn y Swistir.[78] Cyfrannodd yr enwocaf o'r llinell, Syr Edward Stradling, yn hael iawn at gostau gramadeg Cymraeg Siôn Dafydd Rhys, *Cambro-brytannicae Cymraecaeve Linguae Institutiones et Rudimenta* (1592), a chaiff ei gyfarch mewn Lladin yng nghyflwyniad y gyfrol fel 'Cymro, Marchog Euraid'.[79] Mae canmoliaeth Lewis Morgannwg 'i'r *hoedlwaed*, Ystradling' (fy mhwyslais i),[80] yn dangos fod y syniad o 'fonedd gwaed' yn ddigon

Pennod 2

cynhwysol i gynnwys ach un nad oedd o anianawd Cymreig diledryw.

Nid fel noddwyr yn unig y cyfrannai'r sawl o dras Seisnig i'r diwylliant Cymraeg. Caed cyfieithiad anhraethol bwysig William Salesbury o'r Testament Newydd yn 1567, ynghyd â phethau llai adnabyddus yn y traddodiad llenyddol megis llythyr Cymraeg gan Syr Peter Mutton yn 1604, un o'r llythyrau cyntaf yn y Gymraeg i'w gadw.[81] Dic Aberdaron ei oes oedd yr ieithgi o Sais Cymraeg, William Wotton (1666–1727), awdur y golygiad argraffedig cyntaf o gyfreithiau Hywel Dda ynghyd â chyfieithiad Lladin ohonynt.[82] Yn feddwyn a merchetwr, ffoes i Gaerfyrddin rhag dyledwyr yn Milton Keynes. Dywedir amdano yn y *Cofrestr o'r Holl Lyfrau Printjedig* (1717) mai 'Sais cynhwynol' ydoedd gyda'r awgrym clir iddo fynd yn rhywbeth mwy na Sais yn y man.[83]

Roedd newydd-ddyfodiaid eraill yn y gymdeithas. Ceir cofnod am Almaenwyr yng Nghymru, mwynwyr copr yn Nyserth, yn 1302.[84] Byddai mwy o fuddsoddwyr, crefftwyr a mwyngloddwyr Almaenig yn dod i Gymru yn y Cyfnod Modern Cynnar ac yn ystod y Chwyldro Diwydiannol am fod masnach a chyfalafiaeth yn datblygu ac yn ymgryfhau.[85] Âi plant Almaenwyr a setlodd yng Nghymru yn Gymry; Cymro 'o waed Ellmynig' oedd Francis Hiley, gweinidog y Bedyddwyr yn Llanwenarth ger y Fenni ac awdur *Golwg Ysgrythurol ar Iawn Crist* (1823), ac felly hefyd y cerddor Henry Hayden o Lanelwy (1805–60), awdur a chyhoeddwr mân-lyfrau a chasgliadau cerddorol yn y Gymraeg a'r Saesneg.[86] Nid hawdd olrhain hanes Almaenwyr yng Nghymru gan fod pob astudiaeth ohonynt yng ngwledydd Prydain yn anwybyddu Cymru fwy neu lai. Yn yr hanes safonol, *Geschichte der Deutschen in England von den Ersten Germanischen Ansiedlungen in Britannien bis zum Ende des 18. Jahrhunderts* (Hanes yr Almaenwyr yn Lloegr o'r gwladychfeydd Germanaidd cyntaf ym Mhrydain hyd at ddiwedd y ddeunawfed ganrif) (1885) gan Karl Schaible, campwaith a ddefnyddir hyd heddiw, crybwyllir y gair 'Wales' gan amlaf er mwyn cyfeirio at brins tywysogaeth. Arferiad cyffredin yw anwybyddu Cymru mewn efrydiau o leiafrifoedd ethnig ym Mhrydain.

Y brif eithriad i'r duedd i ddefnyddio'r enw 'Cymry' ar bawb a siaradai Gymraeg yn ddi-wahân fyddai'r Roma a'r Iddewon, yr olaf oherwydd yr agweddau gwrth-semitaidd sy'n gyffredin i bob diwylliant yn y Gorllewin. Ni wyddom pwy oedd yr Iddewon cyntaf yng Nghymru wedi i Oliver Cromwell roi'r hawl iddynt ailsefydlu ym Mhrydain yn 1656. Ceir cyfeiriad awgrymog yn *Hanes Plwyf Llandyssul* (1896) fod 'boneddiges o Iuddewes gyfoethog' yn wraig briod Edward Jones (16??–1744), ficer y plwyf am ryw hyd ar ôl 1716.[87] Ond nid tan yn ddiweddarach yn y ddeunawfed ganrif, yn Abertawe, yr ymsefydlodd y gymuned Iddewig gyntaf yng Nghymru, un o'r rhai cyntaf yng ngwledydd Prydain y tu allan i Lundain, ac eisoes erbyn 1768 yr oedd angen mynwent fechan arni.[88] Anodd credu na fyddai rhai o Iddewon Abertawe yn rhugl yn y Gymraeg o feddwl am natur ieithyddol y dref ar y pryd.

Y peth mwyaf annisgwyl, efallai, yw bod rhai o gefndir Iddewig yn ffigyrau o bwys yn hanes Methodistiaeth Gymraeg.[89] Priododd yr emynydd David Charles, Caerfyrddin (1762–1834), un o luniwyr *Cyffes Ffydd* y Methodistiaid, â gwraig o gyff Iddewig, Sarah, ac o ran eu disgynyddion (sy'n cynnwys y llenor T. I. Ellis ac Owen Edwards, Prif Weithredwr cyntaf S4C), dyma deulu 'Iddewig' Cymraeg pwysig odiaeth.[90] Disgynnydd i'r 'Iuddewes' yn Llandysul oedd yr offeiriad Methodistaidd, David Jones, Llan-gan (1736–1810) ac ŵyr 'i Iddew o Jeweller' oedd Thomas Levi, Ystradgynlais (1825–1916), gweinidog gyda'r Methodistiaid Calfinaidd a golygydd *Trysorfa y Plant*.[91] Mae'n drawiadol serch hynny mai disgynyddion Iddewon a droes yn Gristnogion, ac nid Iddewon yn arddel Iddewiaeth, yw'r Cymry adnabyddus hyn. Ceir awgrym na fu cymathiad ieithyddol yn ddigon ar ei ben ei hun i gael mynediad i bantheon mawrion y Gymru Gymraeg, yn enwedig mewn cyfnod pan ddiffinnid y Cymry fel 'pobl Anghydffurfiol', a bod yn rhaid wrth dröedigaeth grefyddol *hefyd*.

Nid Iddewon oedd yr unig grŵp ethnogrefyddol i ddod i Brydain yn yr ail ganrif ar bymtheg a'r ddeunawfed. Ffoaduriaid Protestannaidd rhag erledigaeth Ffrainc Gatholig oedd yr Huguenotiaid. Setlent yn y Gymru Gymraeg wledig, fel y byddent yng ngweddill yr Ewrop Brotestannaidd, a daw eu henwau i'r amlwg bob hyn a hyn, yn enwedig ymhlith y mân-fonedd. Yng Ngheredigion, prynodd Cornelius le Brun o Köln diroedd yn Nhregaron gan ddod yn Uchel Siryf yn 1704.[92] Cymathwyd llawer o'r Huguenotiaid hyn yn bur drylwyr, a cheir marwnad Gymraeg yn 1828 i un o'u tras, William Du Buisson o Landybïe.[93]

Pennod 2

Yn y Cyfnod Modern Cynnar, gallai ymfudwyr newid iaith cymdogaeth pe deuent mewn niferoedd mawr: priodolir peth o'r shifft iaith ym Mwcle ar oror dwyreiniol sir y Fflint i ddyfodiad crefftwyr o swydd Stafford yn yr ail ganrif ar bymtheg.[94] Ond pe dôi mudwyr mewn niferoedd llai, neu os oeddynt yn wasgaredig dros ardal eang, byddai'n amhosibl i neb ond y mwyaf breintiedig osgoi codi peth o leiaf o'r iaith leol. Rhyw hanner Cymraeg a fyddai gan lawer. Yng nghofnodion Llys y Sesiwn Fawr yn 1683 nodir y medrai William Copeland, pedlerwr o'r Alban a fu yn Llanfyllin, sir Drefaldwyn, ryw lun ar 'broaken Welsh'.[95] Tarddiad yr ymadrodd 'Cymraeg cerrig calch', sy'n golygu Cymraeg *pidgin*, yw'r Gymraeg a lefarai Saeson Dyfnaint a Gwlad yr Haf wrth weithio calch ar hyd arfordir y de.[96] Dyma sefyllfa sy'n nodweddiadol o ymddygiad ieithyddol llawer o fewnfudwyr, neu weithwyr dros dro, sy'n symud i blith siaradwyr uniaith: dysgent yr iaith, ond yn anghyflawn.

Roedd felly yng Nghymru cyn y chwyldro diwydiannol gymdeithas Gymraeg a oedd yn cynnwys elfennau estron o'i mewn, ac ar brydiau yn ymfalchïo yn hynny. Sonia Kate Roberts fod ganddi gyndeidiau a neiniau o dras Seisnig, tylwyth o Robinsiaid a fuasai yno 'er adeg y Tuduriaid',[97] a bod y teulu yn cydnabod ei wreiddiau. Nid 'broaken Welsh' ychwaith fyddai cymynrodd y Gymraes hon o dras Seisnig i'r genedl Gymreig.

I'r Gymru Gymraeg Fodern amlethnig

Mae natur amlethnig Cymru'r Chwyldro Diwydiannol yn gyfarwydd i'r rhan fwyaf; yn wir, mae cyfansoddiad amlethnig cymoedd y de yn un o fythau cynhaliol Cymru heddiw. Ond oherwydd y pwyslais ar y cyfnod ers y 1880au yn enwedig (dwthwn 'American Wales' fel y'i gelwid), diystyrir mewn modd cynnil mai cymdeithas drwyadl Gymraeg oedd hon am lawer o'i hanes. Deillia'r duedd i gyplysu amlethnigrwydd â lledaeniad y Saesneg o ddylanwad hanesyddiaeth cymoedd y de, yn enwedig wrth drafod oes aur y mudiad llafur yno, ac ni thelir sylw digonol i'r cyfoeth o destunau Cymraeg sy'n tystio i amrywiaeth ethnig cymunedau diwydiannol pan oeddynt yn Gymraeg.

Y Saeson oedd y lleiafrif pennaf ac ymysg gwerin a bonedd, ceid 'Saeson' a aeth yn Gymry. Yn wir, roedd gan Saeson le yr un mor ganolog â Chymry yn y gwladgarwch hynafiaethol a diwylliannol a flodeuai yn y de-ddwyrain cyn cyhoeddi'r Llyfrau Gleision yn 1847. Y pwysicaf o ddigon o'r 'Saeson' hyn oedd teulu Eingl-Almaenig cefnog a brynasai stad yn Llanofer, ychydig i'r de o'r Fenni, gan roi cychwyn i'r cylch diwylliannol sy'n dwyn ei henw. Arweinydd y cylch, Augusta Hall, Arglwyddes Llanofer, yw cenedlaetholwr Cymreig pwysicaf hanner cyntaf y bedwaredd ganrif ar bymtheg. Daeth yn lladmerydd syniadau Rhamantaidd am iaith a gwerin, a chylch Llanofer yn fwy na neb a hyrwyddai iawnderau'r Gymraeg ar y pryd.

Cylch tra amlethnig oedd un Llanofer. Priododd un o ferched y tylwyth â'r llysgennad Prwsiaidd pwysig, Christian Bunsen: bu am gyfnod yn dysgu'r Gymraeg.[98] Priododd un arall â'r hanesydd celf Llydewig, François Rio, ac yn wir iddo ef a mintai o Lydawyr a ymwelodd ag Eisteddfod y Fenni yn 1838 gall y Cymry ddiolch, os mai dyna'r gair cywir hefyd, am ehangu ymwybod brodorol â Cheltigrwydd, cysyniad a lwyddai i fod yn drefedigaethol ac yn wrthdrefedigaethol ar yr un pryd.[99] Ar gyrion y cylch roedd cyfieithydd cynta'r Mabinogi, y Saesnes Gymraeg, Charlotte Guest, gwraig meistr gweithfeydd haearn Dowlais. Ymwelai llawer i dramorwr â Llanofer: o'r Almaen, Denmarc, Pwyl a'r India. Wrth wahodd Dwarkanath Tagore, 'Indian Prince' o'r Bengal, datganodd yr hanesydd Thomas Price (Carnhuanawc) ei farn yn 1842 fod yr ieithoedd Indo-Ewropeaidd yn tystio i darddiad cyffredin yr 'Hindoo and Celtic Races'.[100] Roedd undod metaffisegol teulu ieithyddol yn drech na rhagfarn hil.

Roedd gwladgarwyr Llanofer yn rhan o rwydwaith ryngwladol o ysgolheigion ac awduron a ymhyfrydai mewn diwylliannau llai. Yn byw yn ymyl y Cymry cynhenid, gwnaent y gwaith caib a rhaw, fel y synient amdano, o godi cenedl ar eu rhan. Yn ei wraidd, roedd y cenedlaetholdeb hwn yn wneuthuredig, ac os ymddangosodd i hanesydd o'r ugeinfed ganrif fel Eric Hobsbawm fel pe bai'r elfen ddychmygol yn annilysu'r syniad o genedl,[101] ymddengys heddiw ei waddol gwrth-hanfodaidd yn gryfder.

Gwnâi 'Saeson' eraill sawl cymwynas â Chymru Gymraeg hefyd. Cymro o gefndir Seisnig oedd yr Anglicanwr pwysig, William

Knight, a oedd yn bennaf gyfrifol am fersiwn 1841 o'r *Llyfr Gweddi Gyffredin*. Fe'i ganed yn Nyfnaint mewn teulu Eingl-Albanaidd ond symudodd i Fro Morgannwg yn ifanc, astudiodd Gymraeg, ac iddo ef, meddai John Morris-Jones, 'the chief credit is due of saving the Welsh Bible from the vandalism of [William Owen] Pughe's followers'.[102] Ni ellir diystyru ychwaith gyfraniad y teulu Albanaidd a elwai fwy na neb ar gyfoeth maes glo'r de, Ardalyddion Biwt. Dysgodd y trydydd Ardalydd, John Crichton-Stuart (1847–1900), y Gymraeg yn dda, a chefnogi amryw o achosion gwladgarol ac ieithgarol.[103] Tystir i'r un ymagweddu Cymraeg gwlatgar ymysg disgynyddion 'estroniaid' mewn cylchoedd mwy lleol hefyd. Yn Harlech, Cymreigiwr da oedd James Anwyl, mab Cymraes leol a Gwyddel crwydrol a aned yn 1795. Ef oedd ceidwad castell y dref, ac yn ogystal â hynny roedd yn aelod brwd o'r gymdeithas leol, Gwir Iforiaid Caer Collwyn, ac yn ymserchu mewn barddoniaeth Gymraeg.[104]

Mae hanesyddiaeth Gymreig yn talu llai o sylw i'r Saeson a'r 'estroniaid' hyn nag sy'n weddus, efallai am mai cyfalafwyr, Eglwyswyr a cheidwadwyr oedd y rhan fwyaf ohonynt. Yn sicr, pe cawsid dosbarth o Saeson Cymraeg a oedd yn sosialwyr pybyr, byddai cryn ddathlu arnynt. Serch hynny, y ceidwadwyr hyn yw un o'r pethau mwyaf Ewropeaidd am fywyd Cymraeg y cyfnod. Mae'r duedd ymhlith unigolion o grŵp ethnig mwyafrifol i ymserchu yn iaith, hanes a threftadaeth grŵp lleiafrifol yn bur nodweddiadol o ddatblygiad cenedligrwydd yn y cyfnod modern: digwyddai peth tebyg gydag Almaenwyr yng ngwledydd diwladwriaeth canolbarth a dwyrain Ewrop. Mae arwyddocâd cylch Llanofer a Saeson ceidwadol eraill yn y Gymru gyfoes yn amlwg: dengys sut y medr cenedlaetholdeb iaith groesi ffiniau ethnig; yn wir, sut mae'n wreiddiedig yn yr union weithred o wneud hynny.

Mae Cymreictod amlethnig y Gymru ddiwydiannol ar ei fwyaf arwyddocaol fodd bynnag pan fo'n fwy torfol, ac yn nodwedd ar gymdeithas werinol. Y bedwaredd ganrif ar bymtheg oedd canrif fawr amlethnigrwydd Cymraeg, gan y ceid, hyd at ei degawdau clo, gymunedau o Gymry uniaith a phoblogaethau ystyrlon, os bychan, o darddiad estron yn trigo yn eu mysg, yn y gogledd fel yn y de. Mewn cymdeithas o'r fath, nid mater o ddewis oedd dysgu llafar y Cymry, fel y byddai am y rhan fwyaf o'r ugeinfed ganrif, ond gweithred o raid.

Tra bodolai'r cymunedau hyn, buasai'r cymathu ar estroniaid yn lled gadarn. Yn y Llyfrau Gleision, nid y mwyaf cydymdeimladol o ffynonellau, dywedir am fwynwyr Dyserth ger Llanelwy fod 'a good many of these miners bear English sirnames, thus showing their origin, but yet speak Welsh, and seem to differ in no respect from their neighbours the Joneses, the Hugheses, and the Williamses.'[105] Yng nghymoedd y de, hyd yn oed yn y parthau dwyreiniol, ceid tuedd gref hyd at ganol y bedwaredd ganrif ar bymtheg i fewnfudwyr godi'r Gymraeg. Roedd 'cannoedd o'r Lloegrwys, ac yn neilltuol eu plant' yn meistroli'r iaith yno, ac roedd Saeson ac Albanwyr ymhlith hoelion wyth capeli Cymraeg yn sir Fynwy, megis ym Mhont-y-pŵl, Cendl ger Glyn Ebwy, a Rhymni.[106] Ceir olion o'u Cymraeg afrywiog mewn llefydd annisgwyl. Dyna farddoniaeth y bardd cocosaidd, John Treasure, Sais o Rymni, a '[g]ymerodd yn ei ben ei fod yn fardd'. Canai bethau megis

> Eliphant mawr llawer mwy na tarw
> Yn cario plant bach ar ei cefen garw,
> Taflu nhw lawr, a torri coesau nhw.[107]

Mae ei brydyddiaeth, i chwaeth heddiw, yn fwy darllenadwy na llawer i beth bombastaidd a gafwyd gan Gymry cynhenid. Ond ei gwir werth yw dangos i Sais cyffredin mewn cymuned ddiwydiannol Gymraeg ymdoddi iddi i'r fath raddau fel bo modd iddo fagu uchelgais fel bardd.

Tystiolaeth bellach o ymgymreigio yw nad unigolion yn unig a godai'r Gymraeg. Cafwyd *grwpiau* ethnig lleiafrifol y medrai'r rhan fwyaf o'u haelodau mewn rhannau o Gymru y Gymraeg yn rhugl, ac yn wir a ystyrid gan y lliaws yn siaradwyr Cymraeg pybyr: y Roma yw'r enghraifft amlycaf. Nid oedd dim oll yn ffansïol am ethnigrwydd Cymraeg anghymreig Sipsiwn; yr oedd yn ffaith gymdeithasol fel y mae hunaniaethau Saesneg an-Seisnig yn nodwedd ddilys yng Nghymru heddiw.

Trueni ein bod yn gwybod cyn lleied, mewn difrif, am y bobl anllythrennog hyn na adawent fawr o gofnodion ysgrifenedig ar eu holau, ac y mae straeon Rhamantaidd amdanynt gan awduron fel George Borrow yn annibynadwy. Ganol y bedwaredd ganrif ar bymtheg cyn dyfodiad cenedlaetholdeb Rhamantaidd, ac ymddangosiad

Pennod 2

Celtigrwydd a Sipsïaeth fel cyweiriau academaidd a fyddai'n maethu ei gilydd ac yn codi llais o blaid pobl yr ymylon, difrïol iawn oedd agwedd y Cymry at y Roma. Peth prin yw golwg ar eu byd nad yw'n dod atom trwy ddyfarniad llys barn, neu mewn rhyw gywair hiliol arall. Ac eto ceir perlau yn y llaid, hanesion â blas geirwiredd arnynt megis y disgrifiad isod a ymddangosodd yn *Yr Amserau* yn 1849 o rialtwch wedi priodas:

> Fel mater o raid bu yr amgylchiad yn achlysur o loddest mawr. Aeth yr holl haid o honynt i dafarn, ac ni wnai llai na galwyn o gwrw ar y tro foddloni eu gwanc, a hwnw wedi ei dwymno a'i felysu, a rhoddi peint o *rum* ynddo. Galwyd am y dogniad yma mor fynych, fel mai y canlyniad fu ffräe boeth. Ond fodd bynnag, cyfryngodd y Brenin, ac adferwyd heddwch. Dechreuwyd ail yfed, a chan fod y Frenhines wedi gwario cymaint oll o arian oedd ganddi wedi eu darparu at *spree*, gorfu iddi fyned i ryw hên ysgreppan oedd ganddi ar ei chefn, a thynu oddiyno fath o lestr, cymaint a chrochan lled gyffredin yn llawn o aur ac arian. Cymerodd ddyrnaid oddiyno, a rhoddodd hwynt yn ei chôd. Yr oedd yno un arall yn ymyl ymbriodi, a rhoddwyd iddo waddol o dri chant a phump a thriugain o bunnoedd – un am bob dydd yn y flwyddyn.[108]

A gafodd waddol mor swmpus? Mae'n swm anhygoel, ond fel portread o neithior, mae'r darn yn ddiguro.

Hyd yn oed yn achos lleiafrifoedd anodd eu cymathu, fel y Gwyddelod Catholigaidd a dueddai i fyw ar wahân i'r Cymry, nid oedd dewis gan lawer, y dynion yn enwedig, ond codi rhywfaint o Gymraeg am mai hi oedd iaith y gweithle.[109] Mae'n anodd gwybod faint o'r 8,000 o unigolion a aned yn Iwerddon ac a oedd yn byw yng Nghymru erbyn 1841 a fedrai'r Gymraeg. Ond o ystyried fod poblogaeth Wyddelig sylweddol ynghanol y berfeddwlad Gymraeg mewn lleoedd fel Merthyr Tudful a Rhymni, mae'n debyg y gellid rhifo'u niferoedd yn y cannoedd lawer ac efallai yn y miloedd. Ffaith ddiymwad yw fod peth cymathu ieithyddol ar fewnfudwyr yn mynd ymlaen ym Merthyr yn y bedwaredd ganrif ar bymtheg.[110] Nid ym Merthyr yn unig y bu hynny, a haerodd Gwyddel ar lw yn Rhymni yn 1848 na fedrai wahaniaethu'n rhwydd rhwng Cymry a Gwyddelod, 'for many Irishmen can speak Welsh as well as Welshmen'.[111]

Yn wir, cyn canol y ganrif, roedd y Gymraeg mor gryf fel y cymhellid rhai Gwyddelod uniaith i ddysgu'r Gymraeg cyn codi'r Saesneg, a diau bod rhai wedi aros yn ddi-Saesneg ar hyd eu hoes. Peth sobr yw sylweddoli i fachgen ifanc roi tystiolaeth i lys barn am derfysg gwrth-Wyddelig yn Llantrisant, ac eironig yn wir yw mai mewn Cymraeg a Gwyddeleg yn unig y medrai wneud hynny.[112]

Yn achos grwpiau ethnig eraill hefyd, nid oedd dwyieithrwydd di-Saesneg mewn iaith fewnfudol a Chymraeg yn gwbl anghyffredin, hyd yn oed yn yr ugeinfed ganrif. Mewn achos llys yn Llanelli yn 1930 gofynnodd Llydäwr am gyfieithydd Cymraeg am na fedrai Saesneg.[113] Mae'r hanesydd Iddewig, Geoffrey Alderman, yn haeru mai mewn Cymraeg ac Yideg (*Yiddish*) yr oedd perchennog siop lieiniau yn Rhydaman yn ddwyieithog.[114] Eithriadau oedd y rhain, efallai, ac mae perygl y medr tystiolaeth bur simsan fynd yn fotiff. Gallai'r llif ieithyddol fynd â mewnfudwyr i'r cyfeiriad arall, ac mae arwyddion eu bod yn aml yn fwy brwd na'r Cymry uniaith i godi Saesneg, yn dymuno cyfathrebu â Chymry uniaith mewn Saesneg weithiau, ac yn ffafrio Saesneg ar yr aelwyd pan na throsglwyddid mwyach eu hiaith eu hunain yn y teulu. Eto, a ellir gweld bai arnynt gan fod pwysau iwtilitariaeth 'flaengar' yr oes i gyd o blaid meistroli Saesneg, a llawer o'r Cymry eu hunain yn ewyllysio ei buddugoliaeth?

Mewn rhai achosion, rhwystrwyd mewnfudwyr rhag ymdoddi i'r Gymru Gymraeg gan hiliaeth, a dioddefwyr pennaf hyn oedd pobl dduon. Nid yr un peth oedd agwedd y werin Gymraeg at ddioddefaint pobl ddu mewn rhannau pellennig o'r byd (ymfalchïai Kate Roberts fod copi o 'wrth gwrs, *Caban F'ewyrth Twm*' ar aelwyd ei rhieni yn Rhosgadfan) a'r teimladau mwy cymysg a achlesid am bobl ddu yng Nghymru.[115] Roedd rhai ohonynt â gwreiddiau dyfnion mewn cymunedau Cymraeg; nid pobl yn galw heibio ar eu hynt mohonynt. Anafwyd 'dyn du o'r enw Edward Jones' mewn 'damwain ofidus' yn un o weithiau haearn Merthyr Tudful yn 1870.[116] Llafuriai Solomon Webb, brodor o India'r Gorllewin, ym mhyllau glo Cwm Cynon. Bu farw yn 1870 wedi ymosodiad hiliol arno yng Nghwmdâr: awgryma adroddiadau papur newydd iddo siarad Cymraeg yn fratiog.[117]

Fel yn y de, felly hefyd yn y gogledd. Roedd dau ddyn du yn byw ym Mhwllheli'r 1870au, William Pratt o Sierra Leone a Thomas Miles o Boston yn yr Unol Daleithiau, ac wedi priodi'n lleol.[118]

Ceir cofnod i ddyn du fod yn weithgar yn y mudiad dirwest yn y Waun-fawr ger Caernarfon yn 1877, 'yr hwn, mae'n debyg, yw'r Temlwr Da o liw du cyntaf yn Nghymru.'[119] Dyn du arall yn ardal y chwareli oedd 'Wil Blac', drymiwr Cymraeg tra medrus Seindorf y Llyfnwy, Llanllyfni yn Nyffryn Nantlle.[120] Un ar gyrion bywyd parchus ydoedd a enwyd mewn achos enllib yn 1887 am ganu'r acordion mewn 'tŷ afreolus'. Wynebai hiliaeth hefyd: difrïd y 'tabyrddwr du' droeon am fod plant eisiau ei weld yn gwylltio. Un tro mewn amryfusedd, waldiodd rywun yn y dorf ar Stryd y Llyn, Caernarfon â morthwyl ei ddrwm a chwffas a thorri pont ei drwyn fu ei hanes y diwrnod hwnnw. Ai rhagfarn Cymry eraill a yrrai Wil Blac i'r fath drybini? Mae ymddangosiadau mynych pobl dduon a Sipsiwn yn y llys yn dweud mwy am yr hiliaeth yn eu herbyn nag am unrhyw anweddustra ar eu rhan.

Ffaith drist yw i bobl ddu gael eu trin yn aml fel rhai rhyfedd, a rhyfeddach fyth pe medrent Gymraeg. Yn *Liverpool and Slavery* (1884), cyfrol sy'n collfarnu caethwasiaeth, cenir clodydd J. Alexander, 'Negro Tenor Singer' o Saint Vincent yn y Caribî. Perfformiwr a grwydrai strydoedd Lerpwl ydoedd a fedrai yn ôl ei addefiad ei hun ganu a siarad Cymraeg gystal â Saesneg, ac yntau wedi croesi'r Iwerydd fel dyn rhydd gyda Chymry.[121] 'A Living Curiosity' oedd i'r awdur Fictorianaidd blaengar yr un fath, a gall fod, yn ôl un awgrym diweddar, mai Cymro oedd hwnnw.[122]

Nid oedd pob cyfarfyddiad rhwng Cymry gwyn a dynion du yn dreisgar nac yn fychanus: edrydd y wasg Gymraeg yn 1872 am awyrgylch dra gwahanol yn Nhredegar lle'r 'unwyd dau negro mewn glân briodas â dwy Gymraes, yn ngŵydd torf fawr o edrychwyr.'[123] Ond hiliaeth yw'r argraff gyffredinol a geir. Honnodd *Baner ac Amserau Cymru* yn 1900 fod rhyw bymtheg o lowyr du yn byw yn y Pentre, Cwm Rhondda, a hyd at drigain yn y cwm i gyd: 'o'u cymmharu â'r Eidaliaid, ac eraill o breswylwyr gwledydd Ewrop sydd ynddynt, bychan o nifer yw "y crwyn duon" . . . Ond y maent hwythau i'w cael yno.'[124] Ond yn hytrach na bod rhyw frwdfrydedd Paul Robesonaidd o gytgord traws-hiliol yn cydio yn y colier, roedd y 'glöwr cyffredin' yn amheus o'r dyn du: 'O'i fodd ni weithia gydag ef. Os bydd dau neu dri neu fwy o negroaid yn yr un gwaith, rhaid iddynt weithio gyda'i gilydd, ac nid yn gymysg â glowyr gwynion, er na bydd ddichonadwy i ddewin wybod y gwahaniaeth rhyngddynt pan ddeuant allan o enau y pwll yn mrig yr hwyr.'[125]

Ceir triban (un ymysg nifer o dribanau a rhigymau ethnig yng nghymoedd y de) am y gymuned fechan o bobl ddu a setlai ym Mhentreclwydau ger Resolfen yng Nghwm Nedd:

> Peth od ym Mhentreclwyda –
> Mae'r tai yn wyn fel eira,
> Ac ar bob drws mor ddu a'r glo
> Mae hewcyn o Jamaica.[126]

Odl yn hytrach na chywirdeb sy'n gyfrifol am yr honiad fod y dynion hyn i gyd o Jamaica. Nid un o'r Caribî oedd William Tuckett, glöwr du a oedd yn byw yn y pentref gyda'i wraig wen a'u plant, ond brodor o New Brunswick yng Nghanada. Fel llawer un arall, daw ei enw i'r olwg yn sgil achos llys sy'n datgelu llawer am hilgasineb. Fe'i hanfonwyd i'r carchar am fis yn 1910 am daro dynes a'i galwodd yn 'black sod'.[127]

Tua diwedd y bedwaredd ganrif ar bymtheg a dechrau'r ugeinfed y ceir rhai o'r cyfeiriadau cyntaf at Asiaid Cymraeg. Dysgai un 'doctor du' o Sri Lanka y Gymraeg 'o drigo am dymor yn Neheudir Cymru, ond ei fod yn mynnu galw dyn tal yn ddyn hir.'[128] Gwasanaethai yn Llanrhaeadr-ym-Mochnant yn ystod y Rhyfel Byd Cyntaf. 'Yr oedd yr atgasedd mwyaf tuag ato ar y dechrau,' meddai E. Tegla Davies yn ei hunangofiant, *Gyda'r Blynyddoedd* (1951):

> ond ymhell cyn iddo ymadael, amdano ef y gofynnai pob claf. Gŵr ieuanc o Ceylon ydoedd, o'r enw Don Juan Jayasangha, cyn ddued â'r fran, llanc tal, ystwyth, un o'r gwŷr harddaf a welais erioed, a thoriad ei dalcen, ei drwyn, ei enau a'i ên, yn berffaith.[129]

Nid ef oedd yr unig feddyg o'r is-gyfandir yng Nghymru ar y pryd. Edrydd *The Rhondda Leader* yn 1904 'fod yma ddau foneddwr yn y swydd uchel hon, yn dal delw Duw mewn "ebony", dynion duon ydynt, Dr. Datta, Ferndale, a Dr. Makuna, Treherbert'.[130] O'r ddau, Krishnalal Datta, o Mumbai, sydd fwyaf diddorol. Yn aelod o'r Blaid Lafur Annibynnol, teithiai ar hyd y maes glo'n hyrwyddo ymreolaeth i'r India.[131] Plesiwyd *Y Gwyliedydd* yn arw gan ei addewid mewn cyfarfod croeso iddo yn Ferndale fis Ionawr 1900 'y byddai yn alluog i siarad y Gymraeg yn mhen blwyddyn.'[132] Mae'n amlwg fod ganddo gyswllt â'r bywyd Cymraeg wedyn am ei fod yn darlithio yn y Bala yn 1907, a 'dyma'r tro cyntaf, mae'n ddiau', meddai *Y Goleuad*, wythnosolyn y Methodistiaid Calfinaidd, 'i ddyn du fod yn ein hannerch. Hyderwn ar ol clywed Dr. Datta, mai nid hwn fydd y tro olaf.'[133]

I Gristnogion, y gymuned fwyaf gwahanol yn eu hymyl, ac eto od o gyfarwydd, oedd yr un Iddewig. Chwyddwyd nifer yr Iddewon yng Nghymru gan fudo helaeth i wledydd Prydain yn ystod ail hanner y bedwaredd ganrif ar bymtheg rhag pogromau gwrthsemitaidd a thlodi enbyd dwyrain Ewrop.[134] Mae'n rhaid fod tipyn o'r mudwyr wedi dysgu Cymraeg: gwasgaredig oedd y gymuned Iddewig yng nghymoedd y de a'r gogledd ac yn lled fychan,[135] ac roedd llawer i Iddew yn ennill bywoliaeth mewn gwaith a ofynnai am gyswllt helaeth â'r gymuned leol, megis wrth deithio i werthu nwyddau, neu wrth gadw siopau gwystlo a siopau eraill. Galwedigaethau yw'r rhain a gynyddai'r tebygolrwydd fod aelod o grŵp di-Gymraeg yn codi'r iaith.[136] Trefi Cymraeg oedd Merthyr Tudful, Castell Nedd, Aberdâr a Llanelli pan agorwyd synagogau yno yn 1848, 1868, 1887 a 1909.[137] Sefydlwyd hefyd gymunedau Iddewig bychain yn y Porth (*c*.1890), Tonypandy (*c*.1894) a Threorci (*c*.1897) yng Nghwm Rhondda, ac ym Mhenrhiwceibr (1904) yng Nghwm Cynon.[138] Os nad oedd y pentrefi hyn yn llethol Gymraeg, roeddynt yn sicr yn ddwyieithog, a buasai digon o fynd ar yr iaith yno i'r garwriaeth rhwng Cymraes o gapelwraig ac Iddew o Gymro a bortreadir yn y ffilm *Solomon a Gaenor* (1999) fel darlun o bentref amlethnig Cymraeg fod yn bosibl, er nad efallai yn debygol.

Ceir haeriadau weithiau fod y diwylliant Cymraeg yn ffilosemitaidd (yn bleidiol i Iddewon), a bod hyn yn deillio o ymdeimlad y Cymry eu bod yn genedl etholedig, ac yn ymdebygu gan hynny i'r Iddewon eu hunain.[139] Mae i'r dybiaeth hon wreiddiau dyfnion a atgyferthnid gan y syniad ffals fod perthynas ethnig rhwng y Cymry a'r Iddewon, ac yn ieithyddol rhwng y Gymraeg a'r Hebraeg: ceir mynegiant o hyn mewn testunau mor bwysig ag *Antiquae Linguae Britannicae . . . Rudimenta* (1621) John Davies o Fallwyd, *Y Ffydd Ddi-ffuant* (argraffiad 1677) Charles Edwards a *Drych y Prif Oesoedd* (1716 a 1740) Theophilus Evans.[140] Ond nid oedd uniaethu haniaethol ag Iddewon Beiblaidd yn arwain o raid at goleddu teimladau teilwng am Iddewon byw. Os yw'r Cymry yn fath o Iddewon symbolaidd (ceir motiff tebyg yn y dybiaeth mai pobl dduon symbolaidd yw'r Cymry gwyn), ychydig o le sydd ar gael wedyn ar gyfer Iddewon go-iawn.[141]

Dadlennid tyndra o'r fath mewn achos llys enwog yn 1868 yn deillio o helynt Esther Lyons, merch Iddewig ddeunaw oed y cyhuddwyd gweinidog y Bedyddwyr Cymraeg yng Nghaerdydd gan ei thad o'i throsglwyddo i ddwylo cenhadon proffesiynol yn groes i ewyllys ei rhieni. Roedd troi Iddewon at Gristnogaeth yn rhan greiddiol o genhadaeth Gymreig. Felly y bu ers canrifoedd, '... tro attad yr Iddewon', ymbilia'r Piwritan Morgan Llwyd, a hyn er mwyn cymell yr Ail Ddyfodiad yn ystod dyddiau llym y Rhyfel Cartref a Chymanwlad Cromwell.[142] Ond mewn oes fwy syber hefyd, er enghraifft gan yr emynydd John Hughes, Pontrobert (1775–1854), ceir yr un gennad.[143] Go brin fod hyn wedi rhwyddhau cysylltiadau rhwng Cymry ac Iddewon.

Dibynnodd peth o dystiolaeth bwysica'r achos ar honiad Iddew 'tramor' yn byw ym Mhontypridd ei fod yn deall Cymraeg.[144] Nid oedd dim yn anghyffredin am hynny, ond haerodd y gweinidog na fyddai modd i 'foreign Jew' ddeall pregeth Gymraeg. Dywed chwerwder yr anghydfod lawer am ofidiau ethnoieithyddol cynulleidfa Anghydffurfiol a oedd dan bwysau diwylliannol mawr ei hun, yn ogystal ag am *tropes* gwrth-semitaidd. I'r Bedyddwyr, roedd y Gymraeg yn nodwedd a gipiasid gan estron er mwyn clustfeinio ar y grŵp ethnig yr iawn-berthynai iddo. Fel iaith 'ethnig' i'w chyferbynnu ag iaith 'gyffredinol' y Saesneg y syniai llawer o Gymry rhyddfrydol Oes Fictoria am y Gymraeg, ac roedd eu Prydeindod parchus ynghlwm wrth y gwahaniad hwn. Dymunid cadw'r Gymraeg yn arwydd o gadernid ethnig disyfl, ac roedd hunaniaethau mwy ansefydlog yn fygythiad i hynny, ond yng Nghymru'r bedwaredd ganrif ar bymtheg, nid oedd modd cadw gwahanfur o amgylch y Gymraeg gan ei bod gyn gryfed.

Faint o siarad oedd ar y Gymraeg ymysg Iddewon? Nid yn aml y dôi'r Gymraeg yn iaith aelwyd yn eu plith, hyd yn oed mewn broydd Cymraeg, a gan amlaf siaredid Saesneg gyda'r plant wrth i Yideg ildio tir.[145] Dyna batrwm a geir mewn grwpiau eraill o golli'u mamiaith, megis ymysg llawer o Sipsiwn wrth golli gafael ar Romani.

Er hynny, gallai'r ail genhedlaeth fod yn syfrdanol o amlieithog. Roedd Montague Black o Abertawe yn medru Saesneg, Yideg a Hebraeg, a phan gafodd ei brentisio i werthu dillad i Gymry un-iaith Brynaman a Gwaun-cae-gurwen yn y 1930au, meistrolodd y Gymraeg.[146] Yr un oedd y sefyllfa ymysg masnachwyr teithiol eraill.[147] Dysgodd y dilledydd teithiol, Jacob Sugarman, yn enedigol o Rwsia, Gymraeg ymysg ffermwyr y gogledd.[148]

Ffigwr pwysig yn y dychymyg Cymraeg oedd yr 'Iddew crwydrol' a oedd yn dwyn ofnau cêl i'r wyneb, ac yn ymrithio o flaen y Cymry fel Arall ethnig ac *eto* fel 'dyn'. Canodd y bardd-weinidog poblogaidd Crwys (William Williams) (1875–1968) amdano:

> Heb neb yn ei arddel, yn llwyr wrtho'i hun,
> Nid Cymro, nid Sais, ond er hynny – dyn;
> Ei wallt yn disgleirio o ddu fel y frân,
> A hwnnw'n rhyw fil o fodrwyau mân,
> Gyda llygad lliw'r gwaed, a gwefusau trwm,
> A modrwyau o aur, ac o arian, a phlwm[149]

Roedd ymateb Richard Williams, Gwydderig (1842–1917), bardd-löwr o Frynaman, yn llawer mwy milain. Disgwyliedig bron mewn gwlad Gristnogol, ac eto cwbl frawychus yr un fath, yw englyn fel 'Jew', un o ddau 'englyn digrif' gwrth-semitaidd sydd ganddo:

> Du dwyllodrus dad lladron – dyn â'i fryd
> Yn fradwr o galon,
> A'r gwaelaf o'r gwehilion
> Yw *Jew* a'i bac a'i *jaw bone*.[150]

Cyhuddai Cristnogion yr Iddewon o fod yn gyfrifol am farwolaeth yr Iesu, athrod gwrth-semitaidd a adroddid mewn emynyddiaeth Gymraeg yn ogystal ag yn y canu plygain, a dyna sydd yn yr englyn hwn ('Yn fradwr o galon').[151]

Roedd ymosodiadau gwrth-semitaidd achlysurol mewn ardaloedd Cymraeg hefyd, megis ym Mangor yn 1896, lle galwasai'r ymosodwyr 'Dyma ddau Jew eto. Gadewch i ni fyn'd amdanynt.'[152] Gadawyd un o'r Iddewon yn anymwybodol, a chafodd dau o'r ymosodwyr eu carcharu.

Yn 1911, cafwyd yn Nhredegar, tref â thraddodiad o derfysgoedd hil, y terfysg gwrth-Iddewig cyntaf yng ngwledydd Prydain ers yr ailsefydliad yn nyddiau Cromwell. Buasai peth gwrthdaro yn y maes glo cyn hynny, megis yn Nowlais lle setlasai ychydig gannoedd o fewnfudwyr Iddewig am gyfnod yn 1903.[153] Ond mater mwy difrifol o lawer oedd 1911, a phrofiad sobr yw darllen yr hanes yn *Y Faner*, cerrig yn cael eu lluchio trwy ffenestri Mr Barnett, Mr Shibko, Mr Rubenstein a Mr Levine, ac 'amryw o'r Hebreaid' yn gorfod ffoi rhag pogrom bychan.[154] Mae'n od mai yn y maes glo yn hytrach nag mewn mangre fwy Iddewig fel dwyrain Llundain y cafwyd anghydfod o'r fath. Damcaniaethwyd felly ynglŷn â gwreiddiau Cymreig posibl y terfysg, gan nodi cryfder y Bedyddwyr Cymraeg yn y cylch (onid oedd y cof am achos Esther Lyons eto'n fyw?), a honnwyd ar sail tystiolaeth ddigon simsan i emynau Cymraeg gael eu canu yn ystod yr helynt.[155]

Nid yw'n gwbl amhosib fod i derfysg Tredegar ei ddylanwad Cymraeg. Roedd hanes hir o warchod buddiannau gweithwyr Cymreig yn erbyn 'estroniaid' mewn broydd Cymraeg, a buasai Gwent Gymraeg yn grochan terfysgoedd o'r fath. Cafwyd helyntion gwrth-Wyddelig yn y sir wyth gwaith o leiaf yn ystod y bedwaredd ganrif ar bymtheg.[156] Mae i wrthdaro ethnig yn aml hefyd ei weddau seicolegol a symbolaidd, ac ofnai'r Cymry y traflyncid eu diwylliant. Nid bai lleiafrifoedd ethnig bychain oedd hynny ond roedd y Cymry yn byw yng nghysgod grŵp mwy nerthol na hwy, sef y Saeson. Roedd hiliaeth yn erbyn lleiafrifoedd ethnig yn ffordd i'r Cymry luchio eu rhwystredigaethau ynghylch mewnfudo Saesneg goresgynnol ar fwch dihangol.[157] Roedd gwrth-Seisnigrwydd yn bod hefyd, ond nid oedd mor weladwy â'r terfysgoedd yn erbyn Gwyddelod ac Iddewon, ac odid nad yw hynny'n arwyddocaol.

Go brin, fodd bynnag, mai pryder am dynged y gymdeithas Gymraeg oedd cymhelliad terfysg Tredegar gan fod y dref erbyn 1911 eisoes wedi'i Seisnigo.[158] Tybiodd *Seren Cymru*, cyfnodolyn y Bedyddwyr Cymraeg, mai canlyniad dylanwad Seisnig oedd rhyfel dosbarth a gwrth-semitiaeth y cyfnod, a chywilydd o beth oedd beio Cymry am gamweddau Saeson:

> Mae y dylifiad o wledydd eraill i'n gwlad a'r dylanwadau estronol a'i dilyna yn fawr ac yn llygrol yn enwedig a'r ieuengctyd anghyfrifol

Pennod 2

ac anystyriol. Rhai fel hyn mor bell ag y gallwn gasglu oedd yn gyfrifol am streic fawr Canol y Rhondda . . . Yr un peth ellir ddweyd am y terfysg ym Margoed a Thredegar, y cymerwyd achlysur oddi-wrtho i ddweyd fod y genedl Gymreig yn erlid a gorthrymu yr Iuddewon. Bechgyn gwylltion di-lywodraeth wedi eu Seisnigeiddio a'u mwydo mewn arferion isel a darostyngol hollol estronol i'w gwlad, sydd yn gyfrifol am derfysgoedd a ffolinebau fel hyn . . . Mae gwarthnodi cenedl oherwydd ymddygiadau ynfyd rhai o'i phobl ieuaingc, sydd yn dilyn lluaws estronol i wneuthur drwg, yn rhy ddrwg.[159]

O wlad y menig gwynion y daw haeriad esgusodol o'r fath, ond mae elfen o wir yn y dybiaeth y gallai grŵp lleiafrifol fel y Cymry Cymraeg gael ei feio ar gam. Daeth terfysg Tredegar ar gynffon deuddeng mis o anghydfod diwydiannol ym Mhrydain a gyrhaeddai ei benllanw yr wythnos honno; ar fore'r terfysg ei hun, 19 Awst, saethasai milwyr ddau weithiwr yn Llanelli yn farw. Roedd siopau Iddewon yn symbolau cyfalafol i sawl sosialydd, a'r targed oedd 'Iuddewon cyfoethog'.[160] Gellid ystyried y terfysg yn fynegiant poblyddol o hiliaeth a fynnai warchod gweithwyr Prydeinig yn erbyn 'estroniaid'. Eto, gallasai'r cof cymunedol am derfysgoedd Cymraeg oes gynt fod wedi bod yn ysbrydoliaeth ddiarwybod yr un fath. Ni waeth am y cymhelliad ideolegol, cenir yn nherfysg Tredegar gnul traddodiad 'physical force' Cymru Gymraeg y bedwaredd ganrif ar bymtheg.

Nid terfysgoedd hil yw hyd a lled ymwneud grwpiau ethnig â'i gilydd, fodd bynnag. Bu cytgord hefyd ac roedd rhai grwpiau mewn lle mwy ffodus o safbwynt hiliaeth. Oherwydd patrwm gwasgaredig eu siopau a busnesau bychain arbenigol, ni fyddai Eidalwyr yng Nghymru yn cronni'n grŵp cymdeithasol ar wahân. Roedd natur eu masnach, yn cadw caffi neu'n gwerthu tships neu hufen iâ, yn dod â'r Cymry i gysylltiad agos â hwy, ond roedd hynny'n wir am fusnesau'r Iddewon hefyd, a'r gymhariaeth yn datgelu gwirionedd am wrth-semitiaeth sef bod grwpiau eraill, hynod debyg i'r Iddewon o ran eu dosbarthiad daearyddol ar hyd cymoedd y de, wedi derbyn croeso llawer mwy cynnes.

Gan Saunders Lewis yn 1950 y ceir y disgrifiad mwyaf cofiadwy yn y Gymraeg o Eidalwyr yng Nghymru:

I ni yng Nghymru, pobl estron sy'n cadw caffe neu dafarn datws yn y cymoedd diwydiannol neu'r trefi glannau môr, yw'r Eidalwyr. Y maent yma yn ein plith, ond ychydig a wyddom amdanynt. ...
Fe'u gwelwch hwynt yn gynnar bob bore ar stryd y dre. Ble y buont? Yn yr offeren fore. Byddant yn y caffe neu'r dafarn bysgod ffrïo hyd at un ar ddeg y nos. Ond wedi cau'r caffe neu'r siop, cyn noswylio, bydd y teulu'n gryno ar eu gliniau o flaen darlun o'r grog, yn adrodd llaswyr Mair gyda'i gilydd a'r penteulu'n arwain. Y mae hen arferion a hen draddodiadau'r ffermdy yn Sisilia neu Venetia neu Umbria yn parhau uwchben y siop dybaco neu'r caffe neu'r dafarn saim yng Nghwm Rhondda neu Aberafon neu Lanelli neu Aberystwyth.[161]

Er mai ardaloedd diwydiannol y deheubarth sy'n mynnu sylw Saunders, ac yn destun hefyd yr astudiaeth academaidd safonol ohonynt,[162] setlai Eidalwyr ymhob rhan o'r wlad. Bodolai cymuned, neu o leiaf rwydwaith, o Eidalwyr yng Ngwynedd. Yn 1905, ceir fod Eidalwr o'r enw Lupi Geoseph (y tadogodd *Yr Herald Cymraeg* deitl rhwysgfawr arno, 'masnachwr tatws rhostiedig') yn cadw siop tships ym Mlaenau Ffestiniog.[163] Pan erlynwyd Guiseppe Valla o Langefni yn 1917 am beidio â thalu cyfraniadau Yswiriant Cenedlaethol fel cyflogwr, ei amddiffyniad oedd 'nad oedd Eidalwyr eraill . . . ym Mon ac Arfon, yn talu.'[164] Hwyrach felly fod cefndir hanesyddol cadarn i ddisgrifiad Kate Roberts yn *Deian a Loli* (1927) o 'Eidalwr yn gwerthu eis-crîm' ar faes Caernarfon:

> Cyn y gallech gyfri dau yr oedd Deian wedi hitio'r Eidalwr bach yn ei wyneb efo chneuen. Deian o bawb! . . . Cododd y bachgen ei lais mewn iaith na ddeallai'r un o'r plant mohoni. Ond pan ddangosodd ei ddyrnau deallodd y plant yn burion, a rhedasant – Deian ar y blaen – at borth y castell i ymguddio.[165]

Weithiau mewn astudiaethau ethnig, cymerir yn ganiataol fod lleiafrifoedd yn ffurfio *cymunedau* yn eu preswylfeydd newydd. Mae'n llawer haws hel deunydd am gymunedau a sefydliadau ethnig nag am unigolion disberod. O ganlyniad ceir tuedd i ysgrifennu hanes rhai lleiafrifoedd fel hanes y sefydliadau a sefydlwyd ganddynt. Ond onid dilys hefyd profiadau unigolion na ellir dweud iddynt berthyn i gymuned ethnig fel y cyfryw gan na fu digon o'u 'cydwladwyr' yn y cylch i gyfiawnhau arddel term o'r fath? Rhai megis crwydriaid, y Sais cyntaf mewn pentref, pobl yn cyrraedd porthladd: dylanwadai ethnigrwydd Cymraeg anghymreig ar rawd eu bywydau yr un fath. Difyr yw rhai o'r anecdotau amdanynt: glanio ym mhorthladd Porthmadog a wnaeth y Ffrancwr, Albert La Roche, symud i Lŷn, dysgu'r Gymraeg a chystadlu yn Eisteddfod Genedlaethol Caergybi yn 1927 ar y delyneg, er nad enillodd.[166]

A ellir dweud fod P. Ralli, 'Groegwr masnachol cyfoethog',[167] perchennog stad yn Nhremeirchion, Dyffryn Clwyd yn perthyn i gymuned ethnig? Nid oedd yn ddidylanwad yn y rhwydwaith estynedig o Roegwyr a drigai yng ngogledd-ddwyrain Cymru a gogledd-orllewin Lloegr, ac yn wir yr oedd yn adnabyddus yn y gymuned Roeg trwy Brydain.[168] Yn lled anfynych, fodd bynnag, y cyfarfyddai â Groegiaid eraill yn Nyffryn Clwyd. Ni fedrai Gymraeg, ond gyda Chymry yr ymdroesai; roedd ganddo 'lawer o sêl dros Gymru' ac roedd ei 'blant oll yn medru siarad Cymraeg bur'.[169] Roedd hefyd yn hael ac er ei fod yn Eglwyswr ei hun, cliriodd yn 1888 gostau codi capel Cymraeg newydd y Methodistiaid Calfinaidd yn Nhremeirchion i'r swm o £135, 'newydd a dderbyniwyd gyda brwdfrydedd anarferol' yn ôl *Baner ac Amserau Cymru*, a thair blynedd wedyn, rhoes £110 arall. Mis ar ôl hynny, addawodd yng ngŵydd Thomas Gee y cyfrannai £300 at laethdy.[170] Pa syndod ei fod yn boblogaidd! Dôi aelodau eraill o'r teulu i gefnogi achosion gwladgarol Cymreig hefyd; cyfrannodd Michael Ralli bum gini i Gymrodorion Prestatyn yn 1910.[171]

Cyflogid Albanwyr yng nghefn gwlad am *nad* ymdoddent i'r gymuned leol: ymron y gellid dweud fod bod yn ddi-Gymraeg yn amod cyflogaeth iddynt, ac aethant yn giperiaid ar stadau byddigions er mwyn gwarchod tir y gormeswr rhag y werin Gymraeg.[172] Neu felly y cawsant eu gweld mewn llenyddiaeth Gymraeg, ac mae i'r cipar o Sgotyn swyddogaeth dra ystrydebol mewn nofelau a dramâu fel *Helyntion Bywyd Hen Deiliwr* (1877) Gwilym Hiraethog a *Gwaed yr Uchelwyr* (1922) Saunders Lewis. Yn wir, negyddol yw'r portread ohono yn y diwylliant Cymraeg drwyddo draw, megis yng nghymeriad stoc 'Alexander McLagan, Cipar' *Beddau'r Proffwydi* (1913) W. J. Gruffydd, ac yn nisgrifiadau lliwgar D. J. Williams yn *Yn Chwech ar Hugain Oed* (1959) o gymeriadau sir Gâr cyn y Rhyfel Mawr.[173]

I lawer o'r Cymry, nid cefndryd Celtaidd oedd y Sgotmyn ond rhyw lun o Saeson o'r Hen Ogledd.

Gallai ambell i ethnigrwydd yng nghefn gwlad Cymru fod yn bur anarferol; neu o leiaf, anarferol ydynt o safbwynt Llundain, Melbourne ac Ottawa. Yn Llŷn, pysgotid wystrys gan gychod o Jersey yn hwylio o Bwllheli.[174] Daeth Pwllheli'n ganolfan bwysig i Fanawiaid a'u cychod rhwng 1860 ac 1885 hefyd: dywedir i oddeutu 400 ohonynt letya yn y dref yn 1880.[175] Ac am flynyddoedd lawer yn ystod ail hanner y bedwaredd ganrif ar bymtheg, bu pysgotwyr o Guernsey yn halltu penwaig ac yn ffermio llymeirch ym Moelfre, Ynys Môn.[176] Fel y Gymraeg ymysg amaethwyr heddiw, roedd ieithoedd yr ynysoedd hyn yn neilltuol gryf ymysg pysgotwyr, a buasai'n rhyfeddol pe na chlywid Manaweg ac ieithoedd Normaneg y Môr Udd, *Jèrriais* a *Guernésiais*, ar hyd glannau Cymru.

Siaredid ieithoedd lleiafrifol eraill yn y Gymru Gymraeg. Setlodd gweithwyr aliwminiwm o Ceann Loch Lìobhann (Kinlochleven), pentref ynghanol bro Aeleg Ucheldiroedd yr Alban, y *Gàidhealtachd*, ym mhentref newydd Dolgarrog yn Nyffryn Conwy yn nechrau'r ugeinfed ganrif.[177] Brolir mewn hanes lleol gymdeithas ddwyieithog, amlethnig lle ceid 'Welsh-speaking Welshmen and Welshwomen with surnames like MacMillan and MacDonald',[178] ond disgyn yn ôl ar fotiff deuddiwylliannedd a wna cyfatebiaeth o'r fath. Ar rai aelwydydd, a rhwng ffrindiau, mae'n rhaid fod tair iaith, sef Cymraeg, Saesneg a Gaeleg yr Alban, yn cael eu defnyddio.

Ceid hefyd yng Nghymru leiafrifoedd diwladwriaeth nad oes fawr o sôn amdanynt mewn hanesyddiaeth Brydeinig a adnabyddid yn aml wrth enw gwladwriaeth eu tarddiad, yn hytrach nag wrth enw eu cenedl eu hunain, yn yr un ffordd ag yr adnabyddir y Cymry mewn gwledydd tramor fel Saeson. O ardal Bilbo (Bilbao) y daeth y rhan fwyaf a aeth i weithio i Ddowlais ger Merthyr Tudful tua 1900, er mai fel 'Sbaenwyr' yn ddieithriad y cyfeirid atynt yn y wasg.[179]

Un o'r lleiafrifoedd sy'n goleuo mwyaf ar agwedd Cymry Cymraeg at ethnigrwydd yw'r Llydawyr. Fel yn achos y Sipsiwn, ymateb y Cymry i'w presenoldeb sy'n ddadlennol, yn ogystal â'r presenoldeb ei hun. Masnachwyr tymhorol yn gwerthu cynnyrch amaethyddol oedd y mwyaf adnabyddus o'r Llydawyr hyn. Daeth y 'Sioni Winwns' cyntaf i Brydain yn 1828, a buont yn rhan o anthropoleg cefn gwlad hyd at ddiwedd yr ugeinfed ganrif yn mentro o ddrws i ddrws yn

Pennod 2

gwerthu nionod.[180] Eu dehonglydd yng Nghymru yw'r estheteg Ramantaidd, wladgarol Gymreig.

Ond bu Llydawyr eraill yng Nghymru hefyd. 'Cymru heb ei Diwygiad ydyw Llydaw', meddai O. M. Edwards yn 1888, a'r bobl yno yn ei dyb ef yn Frythoniaid, a thrwy hynny'n Gymry.[181] Ac am mai Cymru heb ei Diwygiad ydyw Llydaw, anfonid cenhadon Ymneilltuol yno, a thalai Catholigion Llydaw y gymwynas yn ôl wrth anfon offeiriaid Llydewig Cymraeg eu hiaith i Gymru.[182] Nid oedd y rhain heb eu cyfraniad i ddiwylliant y wlad a chyhoeddid rhwng 1907 a 1910 o dan olygyddiaeth offeiriad Llydewig a fedrai Gymraeg, G. M. Trébaol, gyfnodolyn byrhoedlog, symbolaidd ddwyieithog (cynhwysai lawer mwy o Saesneg na Chymraeg) o'r enw *Cennad Llydewig Llanrwst*. Ac nid yn Llanrwst yn unig y bu gweithgarwch. Sefydlwyd cenhadaeth ym Mhwllheli gan Y Tad Mérour yn 1903 ar ôl methiant i ymsefydlu ym Mlaenau Ffestiniog, a defnyddid Cymraeg yno hefyd.[183]

Brythoniaid oedd pobl Llydaw i Gwenallt hefyd, a chanodd am y Llydawyr a ffoes i Gymru wedi'r Ail Ryfel Byd rhag dialedd Ffrainc (fe'u cyhuddwyd o ochri gyda'r Almaenwyr, ac roedd un wedi aros dan ei gronglwyd) fel carennydd:

> Daeth gwaed at waed, a Brython i aros gyda Brython
> Er i bedair canrif ar ddeg gerdded dros y dŵr.[184]

Ac yn *Llydaw* (1929) mae gan Ambrose Bebb neges gyffelyb:

> Canys am Lydaw y cyfeiriwn. Yr oedd hud imi yn yr enw, ac yn y bobl. Onid Cymry oeddynt? Onid pobl o'r un gwaed a ni, wedi eu gorfodi i ymfudo o Gymru ac o Gernyw? Onid o'r un bru a'r Cymry sydd ar wasgar ym Mhatagonia, yng Nghanada, yn Awstralia, ac yn na wn i ddim ple wedyn?[185]

Roedd y Cernywiaid hefyd yn rhan o'r cwlwm Brythonaidd hwn, a datgan yr ysgolhaig Beiblaidd nodedig, Samuel Tregelles, a fagwyd yng Nghernyw, mewn llythyr Cymraeg at Eben Fardd yn 1857 ei fod 'o hiliogaeth yr hen Gymry o Gernyw'.[186] Yn hynny o beth, roedd yn adleisio barn boblogaidd. Roedd y cylchgrawn *Lleuad yr Oes* wedi sôn genhedlaeth ynghynt yn 1827 am 'Gymraeg Cerniw' a 'bod y Gymraeg', nid y Gernyweg, sylwer, 'wedi darfod a bod yn iaith fyw mwyach yn Ngherniw.'[187] Mae'n amlwg fod deallusion Cymraeg yn gweld y Cernywiaid fel pobl o'r un cyff, a dôi bydolwg o'r fath â chyfrifoldebau yn ei sgil. Un o'r rheini oedd dyletswydd i baratoi *apologia* ar ran iaith a diwylliant y Cymry coll hyn. Felly y ceir deunydd Cernyweg hollbwysig 'Geirlyer Kyrnwèig' ac *Archaeologia Britannica* (1707) Edward Lhuyd, ac o ddwylo'r rheithor Robert Williams, Rhydycroesau, y daeth y geiriadur hanesyddol Cernyweg, *Lexicon Cornu-Britannicum* (1861–5).

Ond fel yn achos lleiafrifoedd ethnig eraill yng Nghymru, nid yn y dychymyg yn unig yr oedd Cernywiaid yn bod. Trigent ar lawr gwlad fel dynion a merched o gig a gwaed, ac nid cynnes bob tro oedd y croeso iddynt. Grŵp ethnig ydynt nas cydnabyddir yn rhwydd mewn astudiaethau yn Lloegr ond at ei gilydd, mewn ffynonellau Cymraeg, gwahaniaethir rhyngddynt a'r Saeson. 'Saeson' oeddynt er hynny o ran iaith yn bennaf er gwaetha'r gwreiddiau Brythoneg.

Fel yr Almaenwyr, crybwyllir Cernywiaid yng Nghymru byth a hefyd yng nghyswllt mwyngloddio, un o'r ffurfiau pennaf ar ddiwydiant yn y Cyfnod Modern Cynnar a'r Cyfnod Modern, ac yn enwedig mewn perthynas â gweithfeydd copr a phlwm.[188] Fel sawl lleiafrif arall hefyd, buont yn bresenoldeb yng Nghymru ers sawl canrif, ond maent yn hysbys i ni yn y bedwaredd ganrif ar bymtheg am fod y ganrif honno wedi esgor ar archif Gymraeg eang, a'r wladwriaeth wrthi'n ddiwyd yn hel ystadegau.

Diolch i astudiaeth fanwl eithriadol o gyfrifiadau 1841–71 ym Melindwr, Ceredigion, mae modd cael golwg ar Gernywiaid mewn bro Gymraeg. Yn 1851, roedd 112 ohonynt yn y plwyf, y rhan fwyaf yn gysylltiedig â'r mwyngloddiau, llawer yn trigiannu'n agos at ei gilydd, a chyflogid athrawes o Gernyw i ddysgu'r plant, o bosibl am resymau ieithyddol.[189] Roeddynt yn byw mewn tlodi amlwg: awgrymir fod rhai wedi gadael Cernyw yn y 1830au i ddianc rhag y colera, roedd y mwyngloddiau'n llefydd afiach i weithio, a llawer yn marw yn ifanc o afiechydon yr ysgyfaint.[190] Dyma fyd pell iawn oddi wrth un yr ysgolhaig a'r hynafiaethydd.

Ymddengys i Gymreigio ar Gernywiaid fynd yn ei flaen yn gymharol ddidrafferth. Dywedir am dad y bardd Cymraeg o Rosllannerchrugog, I. D. Hooson (1880–1948), mai 'Cymro oedd' er bod y teulu yn disgyn o fwynwyr a symudodd o Gernyw i sir y Fflint.[191] Yn y berfeddwlad, buasai'r cymathu ieithyddol hyd yn oed yn sicrach: symudai Cernywiaid i Eryri i weithio mwyngloddiau mewn llefydd amrywiol yn Nyffryn Ogwen, Aberglaslyn, Drws y Coed, Tregarth, ac o gwmpas Llanberis ac ar lethrau'r Wyddfa, a buont hefyd ym Mwlchtocyn yn Llŷn lle ceir 'Cornish Row' ac yn y Rhiw, a phrin yw'r dystiolaeth iddynt Seisnigo dim ond dros dro.[192] Yn wir, mewn trafodaethau yn yr ugeinfed ganrif am Nant Peris, gwelir *trope* cyfarwydd o nodi'r enwau 'estron' sydd ar Gymry lleol megis Plemming a Vivian, disgynyddion mwynwyr o Gernyw,[193] motiff a geir mewn disgwrs Cymraeg er mwyn dangos mai iaith ragor na hil yw sail y gymdeithas Gymraeg.

Yn achos Llydawiaid a Chernywiaid felly, ceir meddylfryd pan-Geltaidd sy'n wedd neilltuol ar amlethnigrwydd Cymreig, ac sydd yn ei ffurfiau brodorol (yn hytrach na threfedigaethol Saesneg) yn tynnu sylw at gysylltiadau Brython a Brython, er yn anwybyddu braidd y cyswllt Goedelaidd. Gorau oll os medr y Brython Gymraeg hefyd. Gwneid tipyn o sioe o Samuel Tregelles, a phwysleisir mewn adroddiadau am Sioni Winwns fod llawer ohonynt yn siarad Cymraeg, ac er nad oes lle i amau honiad *Baner ac Amserau Cymru* mai 'Ychydig ydyw eu Saesneg. Medr rhai o honynt siarad Cymraeg yn lled lew weithiau', y peth dadlennol yw'r pwyslais.[194] Odid nad 'ylwch, dyma Shonis Cymraeg' yw prif neges Gwyn Griffiths yn ei ddwy gyfrol am Lydawyr, *Y Shonis Olaf* (1981) a *Sioni Winwns* (2002), sy'n gyfraniad nodedig i ddealltwriaeth o amlethnigrwydd Cymraeg.

Mae cyswllt rhwng hyn oll a'r meddylfryd yng nghefn gwlad sy'n gweld crwydriaid yn debyg i'w gilydd, ac sy'n cynnwys yn ogystal y Sipsiwn. Bron fod ysgolheigion Cymraeg yn meddwl am y Sipsiwn fel Celtiaid er anrhydedd, yn meddu ar eu hiaith eu hunain, Romani Cymreig, ac yn rhan o fyd y brodorion. Crwydriaid Cymraeg, yn debyg i'r Cymry ac eto'n ecsotig o wahanol iddynt; cywair yw hwn a geir yn y Gymraeg am grwydriaid o bob math. 'Petha Tebyg i Sipsiwn' ydynt, chwedl Wil Sam, ac i'r categori hwn y perthyn 'Sioni Winwns'.[195]

Felly, rhan o apêl y Llydäwr yng Nghymru yw ei fod yn grwydryn, ac eto'n Gelt. Medr fod yn anghyfarwydd ac yn gyfarwydd ar yr un gwynt, a'i anghynefindra yw ei gynefindra i Gymry sy'n ysu am ei weld. Yn rhyddiaith lawen Ambrose Bebb yn *Pererindodau* (1941) y ceir y rhamant ar ei chliriaf:

> Y 'Sioni Winwns'! Ni all fy ngwendid ymatal rhag afradu peth o'm rhethreg arnoch chwi! Yng Nghymru y gwelais chwi gyntaf, yng nghanol gwlad Sir Aberteifi. Er yn blentyn bach, y mae gennyf gof melys amdanoch yn cerdded ein ffyrdd ni, ac yn galw yn y naill dŷ fferm ar ôl y llall. Cofiaf fel ddoe y dydd cyntaf y gwelais chwi . . . Yr oedd hi'n un o forëau hyfryd Haf Bach Mihangel, a'm tad a'm mam wedi eu gosod eu hunain yn y cerbyd a dynnid gan globen o 'boles fywiog. Ac yr oeddwn innau yn cael mynd gyda hwy, yn freiniol o ŵr bach pum mlwydd oed. Ar y ffordd fawr tua'r 'Bont' dyna ni'n gweled bob yn hyn-a-hyn gydnerth o wŷr llydain, mewn llodrau gleision, ac esgidiau pren – clocs. Yn llaw pob un yr oedd clamp o bren wedi ei dorri o'r berth, ac ar ei ysgwydd resi gloywon o wynwyn Llydaw.[196]

Mae'r Sioni delfrydol yn Gymreigiwr da, a dywed Bebb y gallai'r Sioni y bu iddo gwrdd ag ef yn Llydaw flynyddoedd wedyn siarad 'iaith Llanelli, ei grymuster a'i gwallau', ac un arall yn gwbl rugl yn iaith Cymru am ei bod 'yn talu inni wybod Cymra'g.'[197]

Ond ceir hefyd gan Ambrose Bebb sôn cywirach a gonestach am sut brofiad oedd byw ar y lôn, a dywed y Sioni yn Llydaw wrtho,

> Dim cartre, welwch chi, dim cysuron. Cerdded drwy'r glaw a'r gwynt ar bob tywydd. Gwlychu, ac aros mewn dillad gwlybion o fore tan nos. Bwyta 'winwns' oer yn ein dwrn, ac ambell giltyn caled o fara. . . . ma' llawer o bobl yng Nghymru yn meddwl taw tramps ŷm ni, am mai yn ein dillad gwaith ma' nhw'n ein gweld ni bob dydd.[198]

Gwelir yn syth fwlch yn ymagor rhwng rhamant a realiti, sef rhwng Sioni Winwns y dychymyg a Sioni Winwns y byd go-iawn.

Amodau Seisnigo ac amlethnigrwydd fel motiff

Roedd felly yn y bedwaredd ganrif ar bymtheg trwy'r Gymru Gymraeg benbaladr, ac mewn broydd mwy Cymraeg i mewn i'r ugeinfed ganrif hefyd, fyrdd o hunaniaethau Cymraeg amlethnig a rhai o'r Cymry newydd hyn wedi'u gwreiddio yn y gymuned. Mater o leoliad daearyddol yn bennaf oll oedd pryd daeth cymathu ieithyddol effeithiol i ben, ond yn yr ardaloedd trefol poblog, pwysleisir fel arfer iddo fynd rhagddo tan rywbryd yn ystod ail hanner y bedwaredd ganrif ar bymtheg. Nodweddiadol yw barn D. J. Williams i'r 'Saeson a Gwyddyl' a ddaeth i'r de, cyn i'r Ddeddf Addysg yn 1870 orfodi Saesneg ar blant Cymru, 'ddod yn rhan o'r gymdeithas Gymraeg'.[199] Ond buan wedyn y bu tro ar fyd. 'Cymraeg oedd yno er's 45ain o flynyddoedd yn ol, a rhai Saeson yn siarad Cymraeg', meddai *Baner ac Amserau Cymru* yn 1915 wrth drafod y Beddau, ger Pontypridd, gan fwrw golwg yn ôl ar 1870, 'ond heddyw mae Cymry yn siarad Saesneg.'[200]

Anghywir fyddai tybio serch hynny mai'r unig beth a ddigwyddai yn ystod degawdau clo Oes Fictoria oedd fod Cymry yn meistroli Saesneg, a neb o blith y Saeson yn codi Cymraeg. Pan weithiai Sais mewn gweithle Cymraeg iawn, byddai'n dod i ddeall Cymraeg yn aml, hyd yn oed os na fedrai ei siarad.[201] Dyna gategori ieithyddol na cheir mohono ar ffurflenni'r cyfrifiad. Ystod yw gallu ieithyddol mewn cymdeithasau amlethnig, dwyieithog (ceir arlliw o hyn yng nghymunedau Cymreiciaf Cymru hyd heddiw), a chamsyniad yw meddwl am Gymry a Saeson fel dau gategori absoliwt, gwrthgyferbyniol, pegynnol. Datblygai hunaniaethau hybrid y ceir pob math o dystiolaeth ystadegol ac anecdotaidd amdanynt. 'Sais ydoedd Billy Ford o genedl, ei rieni wedi dod i Ferndale rywle o gyffiniau Dyfnaint a Chernyw ar ddechrau eu bywyd priodasol', meddai D. J. Williams am ei bartner cyntaf mewn pwll glo yng Nghwm Rhondda, 'ei acen mor Gymroaidd â neb, ond y treigladau, weithiau, heb fod mor sicr.'[202]

Ond nid arweiniai hir breswyliad mewn bro Gymraeg at gymathiad ieithyddol yn ddiffael. Gan na fedrent yr iaith leol, tueddai Saeson i ymgilio i gilfachau lled Seisnigaidd (strydoedd unigol ar brydiau) mewn ardaloedd a oedd fel arall yn Gymraeg iawn. Wrth glosio at ei gilydd fel hyn, cedwid arferion, iaith a hunaniaethau a oedd, yng nghyd-destun y gymdogaeth, yn rhai lleiafrifol. Astudiwyd y ffenomen hon yn achos Saeson Cwm Ogwr, ac mae'n amlwg ei bod yn gyffredin ar hyd a lled y maes glo ar gychwyn y broses o Seisnigo ieithyddol.[203] Mae cryn dystiolaeth hefyd y byddai Saeson o Loegr a phobl ddi-Gymraeg a aned yng Nghymru (hwythau hefyd yn 'Saeson' weithiau yn ôl idiom siaradwyr Cymraeg) yn barotach i letya yn ymyl ei gilydd nag yn ochr Cymry Cymraeg mewn rhai cymunedau glofaol, a bod tuedd (nid un absoliwt) i'r ddau grŵp iaith breswylio ar wahân.[204] Fodd bynnag, yng Nghaerdydd nid oedd y duedd hon mor amlwg, arwydd efallai fod y Saesneg wedi ymsefydlu'n iaith gyffredin yno.[205]

Wrth fynd yn fwy dwyieithog, âi cymunedau'n llai abl i gymathu newydd-ddyfodiaid. Yn nosbarth cofrestru Tregaron, lle'r oedd 88% o'r boblogaeth yn Gymry uniaith yn ôl cyfrifiad 1891, ac nad oedd ond ychydig ddwsinau wedi'u geni y tu allan i Gymru, roedd dros hanner yr ychydig rai a aned yn Lloegr yn medru'r Gymraeg, a dwyieithrwydd o fantais i wŷr fel Bridget Driscol, pedler o Cork.[206] Nid oedd digon o fewnfudwyr yn y cylch ar gyfer cronni ethnig, a chymhethid y newydd-ddyfodiaid o ran iaith. Canran y Cymry uniaith, yn hytrach na chanran y Cymry Cymraeg yn gyffredinol, yw'r nodwedd hollbwysig a benderfynai a ddysgai mewnfudwyr ym Morgannwg cyn y 1870au, neu Wynedd cyn y Rhyfel Byd Cyntaf, y Gymraeg.[207] Yn hanesyddol, mae cyswllt cadarnhaol rhwng unieithrwydd Cymraeg ac amrywiaeth ethnig oddi mewn i'r gymuned Gymraeg, paradocs ymddangosiadol mae'n werth cnoi cil arno.

Unwaith yr oedd dwyieithrwydd wedi ymledu i blith y Cymry eu hunain, gallai ychydig iawn o Saeson uniaith lyncu poblogaeth Gymraeg lawer mwy. Yn Ferndale yn 1891, roedd 77% o'r pentrefwyr yn medru'r Gymraeg ond roedd hanner y rheini'n ddwyieithog, ac ni fedrai ond 8% o'r boblogaeth a aned yn Lloegr y Gymraeg. Dim ond ar 7% o aelwydydd rhieni di-Gymraeg yr oedd unrhyw blentyn yn ddwyieithog.[208] Tueddiadau ieithyddol fel hyn a osodai sail ar gyfer Seisnigo'r cymoedd.

Pam na chymhethid mwyafrif mewnfudwyr y de? Yng Nghaerdydd, nid oes dim dwywaith nad maint y mewnlifiad Seisnig oedd yn gyfrifol. Yn 1871, roedd 54% o oedolion y dref wedi'u geni y tu allan i Gymru: ni allai unrhyw iaith leiafrifol wrthsefyll newid demograffig o'r fath.[209] Yn y maes glo ar y llaw arall, nid oedd yn anochel y byddai'r mewnfudo, er ei drymed, yn achosi shifft iaith derfynol. Yn 1911, pan oedd y mewnfudo ar ei anterth, dim ond 21% o boblogaeth Morgannwg a hanai o'r tu allan i Gymru.[210] Hyd yn oed o ychwanegu'r di-Gymraeg brodorol at y cyfanswm hwn, roedd y Cymry Cymraeg yn y mwyafrif. Nid ethnigrwydd yn unig, neu'n wir yn bennaf, fu'n gyfrifol am y newid i Saesneg: ychwanegai statws israddol y Gymraeg, seicoleg, addysg Saesneg, ideoleg wladwriaethol, ac ymlyniad y Cymry at Ryddfrydiaeth Brydeinig, i gyd at y pwysau.

Ni ellir esbonio'r Seisnigo trwy ddweud mai cymdeithas amlethnig oedd hon, ac na allai'r Gymraeg oroesi mewn ardal lle cyfarfu sawl grŵp ethnig â'i gilydd. Yn yr holl sôn am gymoedd y de fel crochan tawdd, onid y cwestiwn hanfodol yw pam mai crochan tawdd Saesneg yn hytrach na thawddlestr Cymraeg oedd hwn? Ac eithrio'r Saeson nid oedd unrhyw grŵp mewnfudol yn ddigon niferus i lywio dyfodol ieithyddol cymunedau Cymraeg. Ni ffurfiodd y sawl a aned y tu allan i'r Deyrnas Gyfunol ond 3% o boblogaeth Morgannwg yn 1911.[211] Gallai cronni ddigwydd er hynny, ac yn Nosbarth Gwledig Ystradgynlais yn sir Frycheiniog, daeth llu o Sbaenwyr a Basgwyr i weithio ym mhyllau glo Abercraf lle yr oedd traddodiad o gyflogi gweithwyr rhyngwladol (Ffrancwyr yn bennaf).[212] Yn wir, roedd yn y fro erbyn cyfrifiad 1911 ganran uwch o siaradwyr ieithoedd heblaw Cymraeg a Saesneg nag mewn unrhyw ardal gyfrif arall yng Nghymru. Roedd yn deirgwaith y ffigwr cyfatebol ym Morgannwg.[213] Ond mae hoedl cymdeithas Gymraeg yr ardal yn lled debyg i'r hyn y byddid yn ei disgwyl pe na buasai Sbaenwyr yno. Yn wir, datblygai maes o law weithgareddau a elwai ar ddwyieithrwydd Cymraeg-Sbaeneg wrth i'r mewnfudwyr ymdoddi i'r gymuned.[214] Myth wrban mewn lle gwledig, fodd bynnag, yw'r adroddiadau am lowyr Cymraeg pen uchaf Cwm Tawe yn cyfarch eu ceffylau mewn Sbaeneg.[215]

Mae'n drawiadol serch hynny mai i amlethnigrwydd yn hytrach na mewnfudo Seisnig y priodolir prifiant y gymdeithas newydd, fwyafrifol ddi-Gymraeg yng nghymoedd y de.[216] I'r hanesyddiaeth hon, mae'r erydu ar y gymdeithas Gymraeg i'w oddef am y daeth cymdeithas amlethnig ac amlddiwylliannol yn ei lle. Ond er bod grwpiau ethnig lleiafrifol yn fwy tueddol o siarad Saesneg na Chymraeg, y peth hanfodol bwysig oedd ymwneud Cymry a Saeson. Naratif sy'n ateb dau angen seicolegol yw'r motiff fod y gymuned Angloffon yn un amlethnig: dymuniad Cymry i symud y bai am Seisnigo ar rywun neu rywbeth heblaw arnynt hwy eu hunain, ac awydd haneswyr sosialaidd i frolio 'gwreiddiau' amlethnig ac felly 'ryng-wladol' cymunedau dosbarth gweithiol di-Gymraeg.

Rhyfedd mor gyson y dywedir na ellid bod wedi gwneud dim i rwystro'r Seisnigo hwn. 'Saesneg oedd iaith y stryd ac iaith yr ardal', meddai'r llenor Glyn Jones wrth drafod Merthyr Tudful yn y 1910au, 'iaith y Gwyddelod a ddaeth i fyw yn y dre, iaith yr Iddewon, yr Albanwyr, y Sbaenwyr, a'r Saeson. Ac yn raddol, yng nghanol y gymysgfa ethnig ryfedd hon, aeth Saesneg yn llafar gwlad, yn iaith mwyafrif Cymry Cymraeg y dref, hyd yn oed.'[217]

Tebyg oedd barn Crwys, na thybiodd y gallasai'r Gymraeg fod wedi goroesi mewn tref ddiwydiannol 'gymysg' fel Bryn-mawr yn nwyrain yr hen sir Frycheiniog:

> Y rhyfeddod yw i Frynmawr gadw ei hunaniaeth gyhyd, â'r boblogaeth mor Gatholig ac amrywiol. Yr oedd yno Iddewon, Ysgotiaid, Gwydd-elod, Saeson a Chymry. Safle canolog y dref ym mlaen y cymoedd a gyfrifai am ei phoblogaeth gymysg a'i manteision masnachol. Rhyfedd fel yr ymdoddai'r cenhedloedd hyn i'w gilydd gan gynhyrchu bywyd dinesig na byddai'n hawdd ei guro am hwyl a hiwmor, a diwylliant. Yr oedd pob cenedl yn eiddigeddus dros ei henw da, a chan fod pawb ar ei orau nid oedd bywyd y dref mor ddiraen â golwg allanol y lle. Heb law eglwys Esgobol, yr oedd yno Synagog yr Iddewon ac eglwys Babyddol, ac wrth gwrs, bob enwad adnabyddus yn Lloegr ac yng Nghymru. ... Daliodd yr hen fywyd Cymreig ei dir gystal ag y gellid disgwyl yn y Babel hwn, ac ar y bywyd eglwysig Cymreig yr oedd y graen a'r arddeliad pennaf hyd yn oed yn ei ddirywiad.[218]

Sylwer mai Saeson a Chymry sydd ar gynffon rhestr Crwys o grwpiau ethnig fel pe bai 'Iddewon, Ysgotiaid, Gwyddelod' yn bennaf gyfrifol am gymell y newid iaith i Saesneg. Pair i ledaeniad yr iaith Saesneg ymddangos yn llesol, trwy fod budd lleiafrifoedd yn greiddiol iddo.

Ceir yr un motiff ar waith mewn trafodaethau am ranbarth arall a Seisnigiwyd yn arw yn y cyfnod dan sylw, sef glannau'r gogledd. 'Gwehyddion cotwm o Rochdale, glowyr o Sheffield, gwneuthurwyr moto-beics o Birmingham a gweithwyr ffatrïoedd Warrington', meddai R. Tudur Jones, brodor o'r Rhyl, oedd y fisitors i gyd.[219] Er bod yno rai o gefndir lleiafrifol, fel arweinydd cerddorfa Pier Llandudno, Jules Rivière, a benodwyd i'w swydd yn 1887,[220] ac er y ceid hefyd is-ddiwylliant Cymraeg bywiog, Saeson oedd mwyafrif llethol y newydd-ddyfodiaid parhaol.[221] Ond fel y dengys cyfrol fel *Adgofion am Llandudno* (1892), roedd tuedd i ddarlunio cymdeithas a oedd yn bennaf oll yn ymseisnigo fel un amlethnig. Roedd yn haws i'r Cymry dybio mai rhyngwladoldeb, yn hytrach na Seisnigrwydd, a oedd yn gyfrifol am y dad-Gymreigio mawr.

> Gwelir dieithriaid o bob gwlad, llwyth, iaith, a phobl, yn dylifo yma i anadlu ein hawyr iach a pheraidd, ac i ymdrochi yn ein dyfroedd gloew a dilygredd, yn ogystal ac i fwynhau y golygfeydd rhamantus a phrydferth; a heblaw y Cymro, y Sais, yr Ysgotyn a'r Gwyddel, cyfarfyddir ar ein heolydd a'r *Frenchman*, y *German*, yr *Italian*, a'r *Austrian*, a'r *Russian*, a'r *Norwegian*, a'r *Swedenborgian*, a'r *African*, a'r *American*.[222]

Oddi mewn i'r gymdeithas Gymraeg ei hun, ceid awydd cyffelyb i ganu clodydd amlethnigrwydd, er mwyn dangos nad oedd y gymuned yn un gul, nag ychwaith wedi cau ei drws yn glep yn wyneb newydd-ddyfodiaid, a hefyd er mwyn cyflwyno elfen o hybridedd a ddrysai Seisnigrwydd trefedigaethol. Pwysleisir droeon yn niwedd y bedwaredd ganrif ar bymtheg mai pobl amlhiliol yw'r Cymry, ac iaith amlethnig yw'r Gymraeg. I Gymry gwlatgar, megis yr ysgolhaig Celtaidd, Syr John Rhŷs, yr hanesydd, J. E. Lloyd, ac arwr Cymru Fydd, y gwleidydd Tom Ellis, ni fodolai purdeb hil yng ngwledydd Prydain, nid oedd gwahaniaeth 'hiliol' rhwng 'Tiwtoniaid' a 'Cheltiaid', ac o ganlyniad nid oedd modd cyfiawnhau goruchafiaeth Saeson ar Gymry ar sail hil.[223]

Arddelid y farn honno gan genedlaetholwyr mwy digyfaddawd hefyd. Dywed yr hanesydd Llafuraidd, Emlyn Sherrington, nad oedd hyd yn oed y cenedlaetholwyr mwyaf adain dde yn credu mewn hiliaeth fel syniadaeth.[224] Darfuasai am yr 'hen wladgarwch, hiliol yn ei hanfod', chwedl Dafydd Glyn Jones, yn sgil sylweddoliad bod y Cymry, yng ngeiriau Emrys ap Iwan, 'yn *ddynion*, o'r un gwaed a'r Saeson a'r Bwyriaid a'r Caffiriaid a'r Sineaid,' ac yr oedd cic slei, eironig yn ei neges hefyd, 'am hynny, byddwch barod i roddi iddynt hwy bob braint a fynnech ei chael i chwi eich hun.'[225] Yn wir, sylfaen cenedlaetholdeb diwylliannol oedd cydnabyddiaeth na cheid undod hil yng Nghymru: 'Dichon y dywedir y mynwn i Gymru i'r Cymry', haerodd T. Gwynn Jones yn 1896, 'Na fynwn, eithr mi a fynwn Gymru i'r Gymraeg a thra gelwir hi'n wlad y Cymry, ac y bo'r genedl Gymreig yn fyw ynddi'.[226]

Roedd modd i boblogaeth amlhiliol ymdoddi i'r gymdeithas Gymraeg, ac enwa T. Gwynn Jones Eingl-Sacsoniaid, Norsmyn, Normaniaid, Fflemiaid, Huguenotiaid, Sipsiwn, Almaenwyr, Eidalwyr, Cernywiaid, Iddewon, Gwyddelod ac Albanwyr fel enghreifftiau o bobloedd a ddaeth yn Gymru.[227] Roedd hyn yn thema bwysig yn y meddwl cenedlaetholgar yn gyffredinol,[228] ac yn sefydlu fod iaith yn drech na geneteg. Trwy iaith a diwylliant y cyfennid gwledydd, a nododd T. Gwynn Jones fod cenedlaetholwyr eu hunain yn aml 'o waed cymysg'.[229] Ymhyfrydai T. Gwynn Jones yn y newydd fod 'gwaed' Ffrengig gan Emrys ap Iwan (tybiai fod hen nain hwnnw'n Ffrances), a haerodd ei fod o dras Wyddelig ei hun.[230] Diddorol yw nodi i'r ddau gael eu geni ym Metws-yn-Rhos ac Abergele, o fewn ychydig filltiroedd i'r arfordir rhwng Llandudno a'r Rhyl a oedd yn Seisnigo mor gyflym.

Yn wir, roedd y ddadl bod y Gymraeg yn iaith a groesai ffiniau ethnig yn rhan o bropaganda ieithgarol y cyfnod, a thystiolaeth o barodrwydd honedig mewnfudwyr i'w dysgu yn rheswm dros ymestyn hawliau'r gymdeithas Gymraeg yn gyffredinol. Roedd pwysleisio gafael plant mewnfudwyr ar y Gymraeg yn ffordd o ddangos mai hi oedd iaith gyffredin y bobl ac y dylid ei chefnogi yn y system addysg; yn wir, dyna ran go fawr o dystiolaeth Dan Isaac Davies yn eirioli ar ran addysg Gymraeg o flaen y Comisiwn Brenhinol ar Addysg, 1886–7.[231] Nid ef yn unig a ddadleuai fel hyn. Cyplysid y Gymru amlethnig â'r angen am addysg ddwyieithog gan y Sais Cymraeg, John Southall, dehonglwr craff ac arloesol ar gyfrifiadau iaith 1891 a 1901, a amcangyfrifodd yn *The Welsh Language Census of 1891* (1895) fod 20,000 o 'Welsh-speaking English persons' yng Nghymru.[232]

Edrydd y *South Wales Echo* yn 1885 i Dan Isaac Davies dynnu sylw mewn darlith gerbron Cymrodorion Caerdydd at:

> the number of English, Irish, and Scotch names, such as Kerslake, Macarthy, Campbell, &c., belonging to Welsh-speaking people. His paper contained a list of over a hundred such names, and there is

hardly a congregation, school, or club in Wales from which additions might not be made to the list. He had found a Roman Catholic schoolmistress, whose father and mother were both Irish, talking Welsh. The Irish at Rhymney, Dowlais, Merthyr, Aberdare, Aberkenfig, Maesteg &c., speak Welsh. Even in the English neighbourhood of Cowbridge there are many such. In an Anglicised town like Wrexham, Scotchmen may be found teaching the children of Welshmen to sound Welsh properly.[233]

Gan i gyfrifiad 1891 wrthddweud yn llwyr y rhan fwyaf o'r dystiolaeth hon (yn y flwyddyn honno, roedd 99% o Wyddelod Dowlais yn ddi-Gymraeg),[234] rhaid dehongli'r honiadau fel ymgais i ymorol ar ran y Gymraeg o safbwynt moesol. Yr argraff a geir o graffu ar ddatganiadau'r gwladgarwyr hyn yw mai *motiff* yw'r bywyd amlethnig Cymraeg. Nid yw hynny'n golygu nad oedd yn bod – oni bai ei fod yn bod ar ryw wedd, ni fuasai'n bosib cynnal y motiff – ond yn hytrach fod pwyslais *symbolaidd* yn perthyn i ddehongliad cymdeithasegol.

Yn un o ardaloedd Cymreiciaf Cymru, cynigiai porthladd bychan, yr un mor bwysig i farchnad gyfalafol ryngwladol ag unrhyw borthladd arall, enghraifft glasurol o'r motiff ar waith.[235] Dibynnai ffyniant Porthmadog ar allforio llechi, i'r Almaen yn enwedig, a datblygai'i chysylltiad â'r wlad honno'n fotiff a gynrychiolai hybridedd: yn wir, dywedir i un masnachwr yn 'Hambro' (gair Porthmadog am Hamburg) ddysgu Cymraeg er mwyn meithrin perthynas â llongwyr y dref.[236] Gweithiai ambell longwr Almaenig ar sgwneri Porthmadog, a hwyliai llongau Cymreig ag enwau Almaeneg arnynt fel *Marie Kaestner*, yr *Olka Elkan* a'r *Frau Minna Petersen* o geg afon Glaslyn i'r môr yn hapus braf.[237] Yn ôl un hunangofiant lleol, doedd yna ddim yn fwy ffasiynol i hogiau ifanc yn nhafarndai a strydoedd 'y Port' na dillad a sgidiau o'r Almaen:

Disgrifiai nhad yn ddigri sut y byddai ef ei hun, gydag eraill, yn sgwario wrth gerdded ar hyd y Stryd Fawr yn y Port wedi dod yn ôl o mynd *foreign*.

Cyfeirid at bobman o enau'r Afon Elbe i lawr y sianel hyd Brest fel yr *home trade* ond pan aech i'r Baltig tu hwnt i'r Elbe yna byddech yn mynd *foreign*. Uchelgais pob llongwr ifanc ydoedd cael gwisgo 'sgidia Hambro' a chôt *monkey-reefer* a siglo o ochr i ochr wrth gerdded (*sailboat's roll*) yn y trowsus efo godre llydan. Hynny, a mynd *foreign*![238]

A cheir mewn hunangofiant arall gyswllt rhwng y rhyngwladoldeb hwn ac amlethnigrwydd bywyd Cymraeg:

> Fel llawer porthladd arall, mae gwaed cenhedloedd tramor yng ngwythiennau llawer o'r trigolion heddiw, gan i amryw o ferched y Port briodi â morwyr o wledydd eraill a'r rheini wedyn yn ymsefydlu ar y lan ac yn dysgu Cymraeg. Pan oeddwn i yn yr ysgol yr oedd plant yno gyda chyfenwau megis Neilsen, Antonsen, Borklund, Mensburg, Hansten a Bernstein, ac amryw eraill.[239]

Nodir hefyd fod Cymraes leol, yr hannai ei gŵr o Ddenmarc a'i chwaer wedi priodi â llongwr o Norwy, yn ffyddlon i un o achosion Cymraeg y Methodistaidd Calfinaidd yn y dref, y 'Saw Mill'.[240] Y neges gynnil yw nad yw hybridedd yn bygwth Cymreictod Anghydffurfiol.

Gwirioneddau yw'r honiadau i gyd, ond motiff yw'r driniaeth ohonynt. O blith y 3,363 o drigolion a gyfrifiwyd yn y dref yn 1891, dim ond 4% a aned y tu allan i Gymru, ac nid oedd yno ond dau o wlad Almaeneg, a dim ond un o'r rhain, gŵr o 'Bafaria', a fedrai Gymraeg.[241] Nid dociau Caerdydd mo Porthmadog, ac mae *Hanes Porthmadog: Ei Chrefydd a'i Henwogion* (1913) yn ofalus wrth nodi mai 'Cymry oedd y boblogaeth o anianawd, iaith, a chalon.'[242] Yn wir, mae peth tystiolaeth yn y cyfrifiad fod 'tramorwyr' yn llai tebygol o ddysgu Cymraeg na Saeson dŵad.[243] Nid oedd Porthmadog mewn gwirionedd mor rhyngwladol â'r hanesion amdani, ac nid oedd ei rhyngwladoldeb mor Gymraeg.

Tarddle motiff amlethnigrwydd Cymraeg yw ymwybod deallusion y Gymru Gymraeg fod y Cymry yn lleiafrif, a bod amrywiaeth fel *cysyniad* yn llesol iddynt. Mae'r thema yn codi ei phen ymysg Cymry ymhob cwr o'r wlad, ond hefyd, yn ddiddorol iawn, ymhlith lleiafrifoedd ethnig sy'n siarad Cymraeg *eu hunain*, ac ymysg Saeson Cymraeg yn neilltuol. Lleiafrif bychan o Saeson Cymru a feddyliai fel hyn, ond nid oeddynt yn ddibwys; yn wir, roeddynt yn ddigon niferus fel mai priodol yn wir yw sôn am fudiad Seisnig Cymraeg. Ceir yn eu plith gwŷr fel John Southall; Thomas Darlington, arolygydd ysgolion a chefnogwr brwd hawliau iaith; Alfred Palmer, hanesydd Wrescam, awdur *The History of the Town of Wrexham* (1893) a myrdd o astudiaethau eraill; John Crowther ('Glanceri'), brodor o swydd Efrog, prifathro yn Rhydlewis a Bethesda, yntau'n fardd gwlad y cyhoeddwyd yn *Ar Lannau Ceri* (1930) ddetholiad o'i waith; A. H. Trow, awdur *The Flora of Glamorgan* (1911) a phennaeth Coleg Prifysgol De Cymru a Sir Fynwy; a J. Hobson Matthews ('Mab Cernyw'), Sais o dras Gernywaidd, hanesydd Catholig, golygydd *Emynau Catholig* (1910) a chyfieithydd *Ffordd y Groes* Alphonsus Sant (1893) i'r Gymraeg.[244] 'Sais Cymreig' yw'r term a arferid gan y wasg am Darlington, Southall a Palmer a'u tebyg,[245] a mynegir peth syndod weithiau y gall Sais fod yn ddwyieithog neu'n wlatgar Gymreig er bod yr elfen amlethnig ar y mudiad iaith yn dra amlwg (fel yr oedd yn achos cylch Llanofer).

Mae'r motiff ar ei amlycaf yn y 1890au a blynyddoedd cynta'r ugeinfed ganrif gan ei fod yn ei hanfod yn wedd ar genedlaetholdeb Cymreig. Roedd cenedlaetholdeb diwylliannol ar dwf yn ystod y cyfnod hwnnw, fel y dengys hanes Cymru Fydd yn y 1890au a'r adeiladau o bwys cenedlaethol a godwyd yn y cyfnod Edwardaidd, fel Neuadd y Ddinas, Caerdydd a'r Llyfrgell Genedlaethol yn Aberystwyth. Yng Nghaerdydd coleddid delfryd fod metropolis amlddiwylliannol ac amlethnig yn yr arfaeth a fedr hefyd fod yn ddinas Gymraeg. Roedd llawer o'r Sais-Gymry ymhlith ei phleidwyr: gwŷr fel Darlington, Matthews a Trow.[246] Ceid ymdrech ddygn i droi Cymraeg yn iaith a berthynai i bob grŵp ethnig, a dadleuwyd yn 1906 fod ei dysgu yn yr ysgolion yn fater o gydraddoldeb hil, gan ei fod yn rhoi cyfle i bawb yn ddiwahân, 'Wrth ddysgu Cymraeg yn yr ysgolion gosodir Saeson ac Ysgotiaid bychain Caerdydd ar yr un safle a'r Cymry, a cha pawb yr un chwareuteg. Gweriniaeth yw dysg, a phawb yn gyfartal ynddi.'[247]

Yn ogystal, ceid tuedd mewn cenedlaetholdeb Cymreig *fin de siècle* i frolio'r berthynas rhwng gwladgarwyr Cymraeg a lleiafrifoedd ethnig. Edrydd *The South Wales Jewish Review* i Cochfarf (Edward Thomas), gwladgarwr adnabyddus a fu'n aelod blaenllaw o Gymdeithas Cymrodorion Caerdydd ac yn Faer Caerdydd wedyn, annerch cyfarfod Seionaidd yn y ddinas tua 1905.[248] Cyhoeddwyd erthyglau yn y cylchgrawn ganddo ef a D. Lleufer Thomas yn canmol y bobl Iddewig, a brithir y rhain â chyfeiriadau clodforus at y Gymraeg.[249]

Yn ei 'Editorial Preface' i'r *Cardiff Records* yn 1903, tynnir sylw gan J. Hobson Matthews at amlethnigrwydd Caerdydd:

> At Cardiff may be found the issue of marriages between persons of widely-distant nationalities, such as Italian-Welsh, Greek-Irish (I once met a Greek-Irishman who could speak Welsh), Maltese English, Scottish-Welsh – one might ring the changes indefinitely. ... The services of the Orthodox Greeks in this town, a few years ago, were conducted by a priest who was an Englishman, and a clerk who was a Welsh-speaking Welshman from Russia![250]

'Italian-Welsh, Greek-Irish, Maltese English, Scottish-Welsh' yw lleiafrifoedd Caerdydd yn yr ymdriniaeth hon yn hytrach na 'Italian-British' a 'Maltese-British', a phwysleisir fod rhai yn medru Cymraeg. Nid ffansi mo hyn oll, gan y ceir prawf o wirionedd rhai o'i honiadau. Dywed Matthews iddo sgwrsio mewn Cymraeg ym Mhenarth yn 1898 â phlentyn Groegwr a Chymraes, Dimitri Cambete.[251] Dengys Dylan Foster Evans i hwnnw arddel y Gymraeg yn oedolyn a magu ei blant yn Gymry Cymraeg.[252]

Gan fod cenedlaetholwyr am i'r gymdeithas Gymreig fod yn gyflawn yn ei hawl ei hun, roedd yn dilyn y byddai'n llesol pe bai'n amrywiol ei chyfansoddiad. Cyffelyb fu'r ymdrech i greu Cymru Gymreig amlethnig i ymgais llawer o Gymry yn y Gymru ddatganoledig gyfoes i ddangos fod Cymru'r unfed ganrif ar hugain yn amlweddog. Yn y ddau gyfnod, mae'r canmol ar y Gaerdydd Gymraeg amlethnig yn deillio, rywsut, o'i hawydd i fod yn brifddinas; mae'r Gymraeg yn ei chysylltu ag 'enaid' y genedl, a'r amlethnigrwydd yn amlygiad o'i natur cynhwysol tybiedig. Yn y bydolwg Prydeinig, elfen ddarostyngedig oddi mewn i boblogaeth Brydeinig gyfansawdd oedd y Cymry, a'u hunaniaeth yn ddigyfnewid a statig. Nid felly yr oeddynt ym marn gwladgarwyr a gais brofi fod y Gymraeg a'i gwareiddiad yn esblygol, a'r iaith yn cael ei siarad gan aelodau o bob cenedl dan haul. Yn anorfod felly daeth arddel amlethnigrwydd yn nodwedd ar genedlaetholdeb Cymreig.

Nid oedd hil yn rhan o'r un disgwrs â chenedlaetholdeb iaith. Y duedd yn hytrach oedd troi at hil pan *nad* oedd iaith ar gael. Roedd 'hil' yn foddion i gyfrif *rhai* pobl ddi-Gymraeg yr oedd eu hynafiaid yn Gymry yn 'Gymry' (nid ystyrid plant Gwyddelod a aned yng Nghymru yn 'Gymry'). Ceir cyswllt od, dadlennol felly rhwng hil fel gwyddor drefedigaethol yng Nghymru a thwf yr iaith Saesneg. Yn groes i'r dybiaeth fod cenedlaetholdeb 'iaith' yn senoffobaidd, a chenedlaetholdeb 'sifig' anieithyddol yn llwyr fendithiol, roedd yng Nghymru fel yn y rhan fwyaf o wledydd Ewrop dueddiad i'r 'Sifig' fod yn fodd o rymuso grŵp pwerus, a heb fod iaith ar gael i wneud hyn, ar sail hil y'i gwnaed.

Ffordd oedd hil o roi breiniau i bendefigaeth a gollasai ei hiaith, ac yn ei thro i werin a gollai ei hiaith hefyd. Mae gwleidyddiaeth hil (ac iaith hefyd ar dro) yn aml yn ffurf ar wleidyddiaeth dosbarth, yn enwedig mewn cyd-destun trefedigaethol (gan esbonio, felly, pam mai *Gwaed yr Uchelwyr* (1922) gyda'i phwyslais ar bendefigaeth yw gwaith mwyaf 'hiliol' Saunders Lewis, a pham hefyd fod gwerinoldeb proletaraidd yn gwyro tuag at hiliaeth mor aml.) Trwy hil gellid cau allan 'estroniaid' a chreu undod, boed trwy apêl uchelwrol bonedd at wreng i wrthsefyll estron, neu drwy undod y dosbarth gweithiol brodorol ar seiliau sosialaidd. Ceisiai'r di-Gymraeg wneud iawn am eu diffyg Cymraeg trwy apêl at wyddoniaeth honedig eu gwreiddiau o ran hil, ac ymgorfforid eu hawydd maes o law yn y Sifig Gymreig a geisiodd greu gwlad gyfartal trwy ddiystyru iaith.

Fel traethawd arobryn Saesneg yn un o eisteddfodau hynod Brydeinig y 1860au y gwelodd un o gerrig milltir ysgolheictod Prydeinig hil-ganolog, *The Races of Britain: A Contribution to the Anthropology of Western Europe* (1885) John Beddoe, olau dydd am y tro cyntaf. Yno ceir ei '*Index of Nigrescence*' drwgenwog sy'n mynnu fod y Gwyddelod, ac i raddau llai y Cymry, yn dduach na'r Saeson, ac er mai at liw gwallt y cyfeiria, crëir hierarchiaeth hiliol mewn perthynas â'r bobloedd Geltaidd.[253] Llawn mor bwysig, fodd bynnag, yw i'r 'eneteg' hon ddiffinio'r Cymry fel grŵp nad oes angen y Gymraeg arno. Ni fuasai'r fath ymddiffinio biolegol mor ganolog pe ceid cenedlaetholdeb iaith mwy rhywiog yng Nghymru, ac nid yw'n gyd-ddigwyddiad fod syniadaeth waelodol *The Races of Britain* yn dod i'r olwg yn rhan o symudiad gwrth-Gymraeg y 1860au.

Ceisid dangos ym maes anthropoleg ddynol trwy fesuriadau o'r pen a'r corff, ac wrth nodi lliw llygaid ac ati, ac yn nes ymlaen trwy waed a geneteg, wreiddiau hiliol y 'Cymry'. Er i'r rhain dystio i'r amrywiaeth o ran 'hil' a fodolai yn eu plith, ac felly'n gwrth-ddweud y chwedl buryddol bod y Cymry oll yn disgyn o Frutus, gwyddor ydoedd a ddibynnai ar ffisioleg rhagor nag iaith.[254] Yn hynny o beth, roedd ynghlwm wrth dueddiad ysgolheigaidd ehangach yn y gwledydd mawrion a oedd yn rhan annatod o imperialaeth. Roedd llawer o astudiaethau academaidd Seisnig am y Cymry, fel yr awgryma teitl *Geographical Distribution of Anthropological Types in Wales* (1916), yn bwrw trem y trefedigaethwr ar y brodor.[255] Roedd hyn yn ddylanwad ar dro ar ysgolheigion proffesiynol Cymraeg,[256] ond ni ddioddefai ysgolheictod cynhenid 'amatur' Cymraeg o'r nychtod syniadol hwn i'r un graddau. Roedd hwnnw'n cynhyrchu truthiau diwinyddol, cofiannau i weinidogion, hanesion broydd, ysgolheictod Beiblaidd a llyfrau am wledydd y Beibl, ac ymdriniaethau â dysg yn gyffredinol a oedd ar wastad gwahanol i drafodaeth Angloffon am gychwyniad hiliol y Cymry.[257]

Ond gellir anwybyddu 'gwybodaeth frodorol' yn rhwydd, a syndod yw gweld pa mor hirhoedlog fu'r pwyslais mewn rhai mannau ar hil. Er enghraifft, yn 1965 mewn erthygl o'r enw 'The Welsh Element in the South Wales Coalfield' (un ymysg llu o erthyglau cyffelyb), mae 'physical anthropology' yn arwain at haeriad mai 'short, dark, long-headed persons' sy'n gweithio dan ddaear a bod 'tall, fair Nordics and other types ... are usually employed as firemen, overmen, surface workers, or job men.'[258] Gellid adnabod y cyferbyniad yn hawdd fel awgrym 'ffisiolegol' fod disgynyddion Celtiaid yn llafurio dan ddaear a Thiwtoniaid mewn swyddi gwell, a bod gwahaniaeth dosbarth yn wahaniaeth o ran hil. Iaith sy'n absennol yn y disgwrs hwn. Rhan o fodernrwydd yng Nghymru yw fod hil ac iaith yn gwrthwynebu ei gilydd fel nodau cenedligrwydd, ac nid yn cyfnerthu ei gilydd fel y camsynia llawer.

Yr ugeinfed ganrif a'r unfed ganrif ar hugain – y Cymry Cymraeg yn lleiafrif amlethnig

Hanes enciliad yw hanes y gymdeithas Gymraeg yn yr ugeinfed ganrif. Yn 1901, roedd hanner pobl Cymru yn medru Cymraeg, erbyn 1991 dim ond am un ymhob pump roedd hyn yn wir. Roedd y Cymry Cymraeg bellach yn lleiafrif yn eu gwlad eu hunain.

Pennod 2

Mae'r newid yn hollbwysig oherwydd pe meddylid am siaradwyr Cymraeg fel 'Cymry' ('Cymry' oedd enw llafar siaradwyr Cymraeg arnynt eu hunain), mae'r grŵp iaith o fynd yn lleiafrif yn mynd yn lleiafrif cenhedlig hefyd, a siawns nad yw hyn yn ganolog i seicoleg y cyfnod a'r ymdeimlad fod y genedl dan warchae. O gychwyn yr ugeinfed ganrif ymlaen, nid yw'r berthynas rhwng siaradwyr Cymraeg a lleiafrifoedd ethnig mewnfudol yn un ddigymhleth rhwng mwyafrif brodorol a newydd-ddyfodiaid di-rym, os yn wir y bu erioed.

A'r Gymraeg yn iaith lleiafrif, nid oedd yn rhaid mwyach i fewnfudwyr ei dysgu. Dwyieithrwydd anghyfartal oedd llawforwyn y newid iaith i Saesneg. Roedd anghydbwysedd rhwng Cymry dwyieithog a Saeson uniaith yn gweithredu o blaid yr iaith fain. Sylweddoli fod dwyieithrwydd o'r fath yn bygwth yr iaith lai oedd y rheswm pam yr anelai llawer o genedlaetholwyr gwledydd bychain ar gyfandir Ewrop at unieithrwydd cymunedol yn yr iaith gysefin, er defnyddio iaith 'gyffredinol' ar gyfer cyfathrebu mewn prifddinasoedd ymerodrol fel Fienna. Ond nid oedd gwladgarwyr rhyddfrydol Cymraeg yn dirnad fod dwyieithrwydd yn broblem. Ac ymysg sosialwyr yn y de, dwyseid y pwysau ieithyddol gan yr angen am iaith gyffredin i hwyluso undod dosbarth.

Eto, gallai cymhellion personol annog rhai yn yr ardaloedd dwyieithedig i droi'n 'Gymry', a phenderfyniad rhai unigolion o gefndir anghymreig oedd dysgu Cymraeg o'u gwirfodd. Symudodd y llenor o Sais, B. L. Coombes, i Resolfen, Cwm Nedd yn llanc 17 oed ac wrth ganlyn merch leol y cododd ei Gymraeg yntau.[259] Ond mae synfyfyrion Coombes am yr iaith y llafuriodd mor galed i'w dysgu'n dangos yn glir drywydd ideolegol yr oes. Yn ei glasur, *These Poor Hands: The Autobiography of a Miner Working in South Wales* (1939), edrydd Coombes yn ddigon plaen mai 'the mixture of languages that is called English' oedd iaith ddigymell cyfarfodydd y gweithwyr, fel pe bai i Saesneg swyddogaeth freiniol, gyfanfydol a gynhwysai o'i mewn hunaniaethau ac 'ieithoedd' eraill.[260]

Mae'n wir y daliai'r Gymraeg ei thir mewn rhannau o'r maes glo, hyd yn oed yn nwyrain Morgannwg, tan yn weddol hwyr yn y ganrif a cheid cymathu o hyd pe bai'r cyd-destun cymdeithasol yn caniatáu. Wedi'r Ail Ryfel Byd roedd digon o fynd ar yr iaith ym mhen uchaf Cwm Cynon i wŷr o ddwyrain Ewrop godi peth ohoni yn y lofa, a chyfarfyddai ambell un, fel Felix Aubel o Slofenia (tad y gwleidydd o'r un enw), â merched lleol a magu eu plant yn Gymry rhugl.[261] Ond anodd yw meithrin amlethnigrwydd Cymraeg mewn cymdogaeth lle mae'r Gymraeg ar fin darfod amdani, a byddai'n rhaid aros tan sefydlu ysgolion Cymraeg nes ymlaen yn y ganrif cyn cael hunaniaethau amlethnig Cymraeg drachefn mewn llawer o'r ardaloedd hyn.

I froydd Cymraeg y gogledd, y canolbarth a'r gorllewin mae'n rhaid troi, gan hynny, os am weld y math o amlethnigrwydd Cymraeg a fuasai'n lled gyffredin yn ardaloedd diwydiannol y de yn goroesi fel ffenomen gymunedol yn yr ugeinfed ganrif. Yno ceid mewnfudiad i ardaloedd a barhâi'n Gymraeg iawn. O'r blaen, cyfyngid mewnfudo torfol yn y parthau hyn i fwyngloddiau a datblygiadau diwydiannol eraill, ond gyda'r ddau ryfel byd, daeth cryn amrywiaeth ethnig i gefn gwlad. Gyda phwyslais Cymreig ar y budd a dardda o amrywiaeth ethnig, naratif ddyrchafol sydd i'r straeon am bobl a symudwyd yno oherwydd rhyfel. Ceir fod grŵp ethnig yn cyrraedd, ac yn mwynhau perthynas dda â'r Cymry lleol, er eu bod yn profi troeon trwstan hefyd. Rhan hanfodol o'r stori yw fod rhai yn dysgu Cymraeg, ac eraill yn aros wedi'r rhyfel ac yn priodi â Chymry. Cofia'r plant am eu rhieni'n rhadlon a chyda diolch. Ond pa mor wir yw'r braslun optimistaidd hwn o ran realiti ar lawr gwlad?

Y garfan fwyaf o newydd-ddyfodiaid yng Nghymru'r Rhyfel Byd Cyntaf oedd y Belgiaid, o Fflandrys yn bennaf, a ddaeth i Gymru wedi i'r Almaen oresgyn eu gwlad.[262] Mae ôl eu llafur ar rai llefydd o hyd: Belgiaid a adeiladodd bromenâd Porthaethwy, er enghraifft.[263] Ni chawsant groeso ymhob man: ymateb llugoer fu i'w cais i weithio dan ddaear gan y *South Wales Miners' Federation* (SWMF), ymateb nad yw'n annodweddiadol o agweddau undebau llafur at estroniaid.[264] Roedd y naratif cyhoeddus gryn dipyn yn fwy cadarnhaol. Rhoddid cryn sylw i'r ffaith fod cnewyllyn sylweddol o artistiaid a cherflunwyr yn eu plith.[265] Hael oedd cyfraniad y rhain i'r celfyddydau gweledol yng Nghymru: Cadair Ddu enwog Eugeen Vanfleteren a gipiwyd gan Hedd Wyn, penddelw David Lloyd George y cerfiwr coed Emile de Vynck yn Neuadd Goffa Cricieth, darluniau Valerius de Saedeleer o gefn gwlad Ceredigion.

Aeth ffoaduriaid o wlad Belg i bob cwr o'r berfeddwlad Gymraeg,[266] a dysgodd rhai o'r plant Gymraeg: tyfodd merch de Vynck ym

Mhentrefelin yn Eifionydd yn 'Gymraes gyda phlant y pentre'.[267] Roedd bod plant o estroniaid yn dysgu Cymraeg yn ddigon o syndod i lawer, ac yn fodd i geryddu rhieni o Gymry na throsglwyddent yr iaith i'w plant hwythau.[268] Ceir hefyd yn unol â delwedd y 'mewnfudwr da' hanesion yn y wasg am Felgiaid yn defnyddio Cymraeg yn gyhoeddus, ac mae motiff o ganu Cymraeg mewn cyngherddau yn dra amlwg.[269] Mae defnydd symbolaidd o'r Gymraeg, na ofynnai am feistrolaeth lwyr ohoni ychwaith, yn arwyddo ewyllys da rhwng cymunedau ieithyddol, ac mae'n codi'n aml yn hanes lleiafrifoedd ethnig yng Nghymru.[270] Roedd yr ymateb i Felgiaid y Rhyfel Mawr yn dilyn patrwm cyfarwydd felly, ac yn y wasg Gymraeg o leiaf, ymatebid iddynt yn gynnes, ac ar eu hymadawiad, ceid anerchiadau a gwobrwyo.[271] Hwyrach mai seicoleg y genedl fechan yn dangos i'r byd ei moesoldeb sydd ar waith (fel y byddai Cymry'r bedwaredd ganrif ar bymtheg ymysg y selocaf o'r ymgyrchwyr yn erbyn caethwasiaeth). Delwedd y wlad oddefgar a hael sydd yma, eto siawns nad oedd tinc imperialaidd iddi hefyd, ac mae'n amlwg fod neges Lloyd George i Brydain fynd i ryfel i achub cenedl fechan wedi taro tant.

Caniatâi motiff y croeso Cymraeg i wladgarwyr frolio rhagoriaeth Cymreictod. Gwahanol oedd y realiti, ar brydiau o leiaf, a daw weithiau hanesion geirwir i darfu ar y gwynfyd hwn, gan y ceid ar dro gryn dyndra rhwng estroniaid a brodorion. Pan roddwyd ugeiniau o 'Ffiniaid' o lynges Rwsia (siaradwyr Swedeg o Ynysoedd Åland mewn gwirionedd) ar waith fel coedwigwyr yn ardal Tregarth, Dyffryn Ogwen, roeddynt yn ddengar i ferched y fro a bu cwffas o ganlyniad.[272] Er gwaetha'r tyndra, honnwyd fod y llongwyr yn medru 'siarad Cymraeg yn rhugl erbyn diwedd y rhyfel',[273] ac yn wir fod y Cymry wedi codi peth ar eu hiaith hwythau. Ond ai motiff ynteu wirionedd yw'r holl sôn am estroniaid yn ymdoddi i'r gymdeithas Gymraeg? Ceir achlust o bosibiliad arall, a dywed un Cymro lleol fod y Ffiniaid a arhosodd wedi'r rhyfel yn 'hen hogia iawn . . . er mai Saeson ydyn nhw', a siawns bod hynny'n awgrymog.[274]

Yn ogystal â milwyr a morwyr cynghreiriaid Prydain, daeth carcharorion rhyfel i Gymru, a brithwyd cefn gwlad gan wersylloedd diarffordd lle y'u cedwid. Mae'r enwocaf yn y Fron-goch ger y Bala a lenwyd â gweriniaethwyr Gwyddelig wedi Gwrthryfel y Pasg, ac a ddaeth yn 'brifysgol' i'r IRA, ond cyn ac ar ôl hynny bu'n wersyll-garchar ar gyfer milwyr o'r Almaen.[275] Cedwid carcharorion rhyfel ymhob twll a chongl bron o'r Gymru Gymraeg wledig, neu felly fe ymddangosai, a detholiad bychan o'r trefi a phentrefi lle y buont yw Llangaffo, Llanbedr Dyffryn Clwyd a Machynlleth.[276] Cedwid cannoedd o garcharorion yn Llansannan.

Nid oes ond hyn a hyn o dystiolaeth am eu profiadau gan y carcharorion eu hunain, a gallasai atgofion carcharor rhyfel o Almaenwr, Heinrich Eckmann, am ei gyfnod fel gwas fferm fod wedi bod yn gofnod hanesyddol pwysig. Fe'u ceir mewn dwy gyfrol fechan am Gymru a'r Rhyfel Byd Cyntaf, *Eira und der Gefangene* (Eira a'r Carcharor) (1935) a *Gefangene in England* [sic]*: Geschichten von Soldaten und Bauern* (Carcharor yn Lloegr [sic]: Hanesion Milwyr a Ffermwyr) (1936). Mae'r Gymraeg yn ganolog i'w argraffiadau. 'Ddaru nhw fy ateb yn eu mamiaith, nad oeddwn yn ei deall y pryd hwnnw', meddai Eckmann yn cydnabod ei phwysigrwydd wrth grybwyll ei ddyddiau cyntaf ar fferm.[277]

Sonia *Yr Efrydydd* yn 1940 am yr hanes:

> er i bawb dueddu i osgoi ac amau Almaenwr ar y dechrau, ymgartrefodd yn Nyffryn Dyfi ac enillodd amryw gyfeillion ymysg y ffermwyr y llafuriai gyda hwynt. Ar ffermydd unig y bryniau uwchben y dyffryn, dysgodd am Gymru, ei harferion a'i dulliau o fyw, ei chrefydd a'i hanes. Ymgodymodd hyd yn oed â'r iaith.[278]

Ffantasi seico-rywiol am forwyn Gymraeg yw *Eira und der Gefangene*, a'r awdur yn rhyw fath o Gymro anrhydeddus yn ei olwg ei hun. Noda'r *Efrydydd* i'r Cymry gael eu canmol yn y nofel am eu 'gwrthod pendant i gyfaddodi â'r estron',[279] a thybia mai da oedd hynny. Enillodd Eckmann Wobr Lenyddol talaith Schleswig-Holstein am *Eira und der Gefangene* yn 1937, ac roedd rheswm anffodus am hyn: eisoes cyn 1933, ymunasai â'r NSDAP, y Blaid Natsïaidd.[280] Llenor Natsïaidd arobryn ydoedd ac mae ei nofelau'n llawn rhethreg annymunol am burdeb cenedl. Hwyrach na wyddai *Yr Efrydydd* am ymlyniad gwleidyddol yr awdur, ond hynod anffodus mewn gwirionedd yw'r cymysgu yn llyfrau Eckmann rhwng cenedlaetholdeb Rhamantaidd y Cymry a chenedlaetholdeb hil yr Almaen. Dengys sut y gellid ystumio ar Ramantiaeth Gymraeg gan rai ag agenda dra gwahanol i'r Cymry eu hunain.

Effeithia'r rhyfel ar Almaenwyr fel lleiafrif ethnig yng Nghymru. Mewn cymhariaeth â grwpiau eraill, ni fuasai fawr o ragfarn yn erbyn Almaenwyr cyn hynny. Poblogaeth ar wasgar oedd y boblogaeth Almaenig, a'r rhan fwyaf yn Brotestaniaid. Hefyd, roedd bri mawr ar ddiwylliant Almaenig ymysg deallusion brodorol, a phriodol hynny gan mai'r Almaen yw crud Astudiaethau Celtaidd. Dôi ysgolheigion Ellmynig i Gymru i ddysgu Cymraeg ac yn wir, milwyr Almaenig Cymraeg eu hiaith yw un o fotiffs achlysurol y rhyfel.[281] Ceir darlun diddorol o rai o'r ymwelwyr hyn gan T. Hudson-Williams yn *Atgofion am Gaernarfon* (1950), sy'n portreadu gwŷr fel yr ieithydd Hugo Schuchardt (1842–1927), a'r Athro Celtaidd, Heinrich Zimmer (1851–1910), ar dro yng Nghymru; arhosai'r ola' fel llawer ysgolhaig arall ar aelwyd tad T. H. Parry-Williams yn y Rhyd-ddu.[282] Roedd Schuchardt, a dderbyniwyd yn aelod o'r Orsedd, â digon o afael ar y Gymraeg i fedru englyna. Ceid tuedd ar hyd yr ugeinfed ganrif i Efrydiau Celtaidd ddenu ysgolheigion tramor gan wneud y byd academaidd yn un o beuoedd mwyaf amlethnig y Gymraeg.[283]

Eu statws cymdeithasol uchel a gyfrifai am brinder hiliaeth yn erbyn Almaenwyr ond gallent ddioddef ymosodiadau yr un fath â grwpiau eraill pe tybid fod bygythiad i gyflogaeth Cymry lleol. Ymosodwyd ar Almaenwr yng Nglandŵr, Abertawe yn 1889 pan gyflogid Almaenwyr i hyfforddi Cymry ynglŷn â'r technegau diweddaraf yn y diwydiant dur, ond nid oedd digwyddiadau fel hyn yn gyffredin.[284] Yn hynny o beth, roedd yr Almaenwyr yn debyg i grwpiau gwyn, Protestannaidd eraill yn yr ardaloedd diwydiannol. Nid oedd llawer o elyniaeth tuag atynt, ond gellid cael anghydfod annifyr ynghylch unrhyw grŵp ethnig ped eid yn groes i undod dosbarth gweithiol Cymraeg. Yn y de, ystyrid yr Albanwyr yn grŵp cymathedig ond yng Nghwm Gwendraeth yn 1893 roedd terfysg yn eu herbyn a Saeson o ogledd Lloegr am iddynt dorri streic: dywed *Y Werin* eu bod o 'dan amddiffyniad 40 o filwyr a 60 o heddgeidwaid' yng Nglofa Mynydd Mawr ger y Tymbl.[285]

Mae hiliaeth bob tro ynghlwm wrth amodau hanesyddol, ac ni fyddai goddefgarwch blaenorol yn arbed Almaenwyr rhag llid Cymry yn ystod y Rhyfel Mawr. Y *cause célèbre* yw'r erledigaeth ar yr ieithydd Almaenig, Hermann Ethé, Athro yng Ngholeg y Brifysgol yn Aberystwyth. (Siawns nad erthygl wironeddol ddisglair

Tegwyn Jones yn crynhoi hyn, 'Erlid yn Aberystwyth 1914–1917: Achos Hermann Ethé', yw'r enghraifft orau o *reportage* academaidd yn y Gymraeg.)[286] Ond roedd llawer o achosion llai adnabyddus ar hyd a lled y wlad: anfonid Almaenwyr cyffredin i'r carchar, lawer ohonynt am beidio â chofrestru fel 'estroniaid', a bu sawl protest wrth-Almaenig, megis pan ymgasglodd torf yn Llanrwst a gorymdeithio i Drefriw gerllaw er mwyn mynnu fod rheolwr gwesty o Almaenwr yn ymadael.[287] Nod y gwrthdystiad, fel yr hysbyswyd y goruchwyliwr, Emyl Gipprich, yn gwrtais ddigon gan gynghorydd lleol o Gymro, oedd glanhau ethnig, sef 'clirio'r holl ddyffryn o bob Germanwr ac Awstriad, a gofynnent iddynt fyned ymaith, yn dawel a di-oed'.[288]

Mae'r cam-drin ar Almaenwyr a oedd wedi hen ymdoddi i'r gymdeithas Gymreig ymysg y digwyddiadau mwyaf gwarthus yn hanes ymwneud y Cymry â lleiafrifoedd. Trinnid Cymraesau a briododd ag Almaenwyr fel math ar fradwyr, edliwiwyd i'r plant gynhaliaeth y plwyf pe gyrrid eu tad i'r carchar, a chosbwyd yn y llysoedd yn fisogynistaidd y pechod rhywiol mwyaf galaethus, sef cysgu gyda'r gelyn.[289] Targedid Cymry Cymraeg o dras Almaenig. Wynebai George Reynhardt o Abergwaun hiliaeth am fod ei dad yn frodor o Memel, Prwsia er mai 'Cymraeg graenus Dyfed oedd ei iaith gyntaf ef.'[290] Ac er mai o'r Iseldiroedd y daeth ei dad yntau, gwaeddwyd 'German diawl' ar Leandert Vander Velden o Borth-y-Gest ger Porthmadog, 'gŵr diwylliedig a Chymro rhagorol' yn ôl Iorwerth Peate, ac ysgolfeistr yn Abergynolwyn a ganmolasid gan neb llai nag O. M. Edwards.[291]

Nodweddid yr holl gyfnod gan hysteria, a bu tyrchu ar bob tu a chwilio am y gelyn. Edliwiwyd i John Roberts, Almaenwr, iddo fabwysiadu enw Cymreig gan i hyn ddrysu'r llys ym Mhenrhyndeudraeth a oedd i benderfynu a ddylid ei fwrw oddi ar y gofrestr bleidleisio, fel y mynnai deddf gwlad.[292] A daeth trybini i ran 'Henry Markman (Germanwr)' o'r un cylch: nid oedd ei genedligrwydd yn sicr am iddo gael ei eni ar y môr i dad o 'Ellmyn', ond penderfynodd 'y cymerwn y canlyniadau' am hynny, a chafodd ei garcharu am dri mis gan na wadodd mai Almaenwr ydoedd.[293] Dengys y Rhyfel Mawr yn eglur yn ei adwaith gwahanol i 'Germans' a Belgiaid mai'r ystyriaeth bwysicaf wrth ymateb i amlethnigrwydd yw cyd-destun.

Pennod 2

Roedd pobl ddu, Asiaid, Tsieineaid a Mwslemiaid hefyd yn dod yn fwy niferus yn y Gymru fodern hon. Yn nociau'r de, sylwid fod cymdeithas amlhiliol ar ddatblygu a oedd yn dra gwahanol i un y Gymru gapelgar Anghydffurfiol. Ceid ymysg morwyr Caerdydd y 'casgliad rhyfeddaf o feibion dynion – yn wŷn, a du, a choch, a melyn, yn faw, sâ'm, a saw'r, o'r *Cymro* i'r *Chinëad*, ac o'r *Gwyddel* i'r *Hindŵ*', chwedl D. Rhagfyr Jones, gweinidog o Dreorci, yn ei deithlyfr, *I'r Aifft ac yn ol* (1904).[294] Oherwydd lle Caerdydd yn y diwydiant glo rhyngwladol (roedd gweithio fel morwr cyffredin ar long glo yn waith budr, caled), roedd yn y ddinas erbyn degawdau clo'r bedwaredd ganrif ar bymtheg Arabiaid, Iemeniaid, Somaliaid a phobloedd eraill y bernid eu bod yn gymwys i wneud y gwaith hwn. Ceir yng Nghaerdydd un o gymunedau Mwslemaidd hynaf gwledydd Prydain.

Roedd yr iaith Gymraeg yn rhan o'r bydysawd amlethnig hwn, gan fod cysylltiadau'r dociau â phorthladdoedd bychain y gogledd a'r gorllewin mor glòs.[295] Er na rydd hanesyddiaeth Saesneg fawr o sylw i hynny, ar droad y ganrif roedd mwy o siarad Cymraeg yn Sgwâr Loudoun, Tre-biwt, a ddôi maes o law yn ganolbwynt symbolaidd cymuned amlethnig Tiger Bay, nag yn unman arall yn nhref Caerdydd bron. Dim ond 11% o boblogaeth y fwrdeistref a fedrai Gymraeg, ond roedd y ganran yn Nhre-biwt yn 15%, ac roedd 28% o'r boblogaeth yn Sgwâr Loudoun yn 1891 yn siaradwyr Cymraeg.[296] Mewn enghraifft glasurol o gronni ethnig mewn ardal ddinesig, cofrestrwyd yng nghyfrifiad 1891 mewn tai cyfagos ar Sgwâr Loudoun a Loudoun Place bum tylwyth lle roedd pawb yn uniaith Gymraeg. Mewnfudwyr â chysylltiadau â siroedd Aberteifi a Chaernarfon oeddynt oll.[297] Mewn anheddle arall ar Loudoun Place, cedwid tŷ lodjins Cymraeg.[298] Roedd Tre-biwt yn frith o dai lodjins Cymry uniaith o'r gogledd a'r gorllewin.

Mae hyn oll yn arwyddocaol o safbwynt unrhyw dybiaeth y bu amlddiwylliannedd ac iaith leiafrifol frodorol fel y Gymraeg rywsut yn anghymharus. Yn Nhre-biwt roedd y Cymry Cymraeg yn gymysg â Saeson, Cymry di-Gymraeg, Gwyddelod a thramorwyr o Ewrop ynghyd â chymuned ddu a Mwslemaidd a oedd yn ymsefydlu yn y cylch. Ceir felly baradocs ymddangosiadol: ar ddiwedd y bedwaredd ganrif ar bymtheg roedd y Gymraeg ar ei chryfaf yn ardal fwyaf amlethnig ac amlddiwylliannol bwrdeistref Caerdydd. Siaradai

Cymry Tre-biwt iaith leiafrifol ac yn eu harferion cymdeithasol – megis yn eu dymuniad i letya mewn tai ag aelodau o'r un grŵp â hwy eu hunain – roeddynt yn ymddwyn fel lleiafrif ethnig. Roedd y dociau a Thre-biwt felly yn llai Cymreig, ond hefyd yn fwy *Cymraeg*, na'r rhan fwyaf o Gaerdydd.

Yn araf deg, datblygai cymuned ddu yn Nhre-biwt, a dechreuid arddel yr enw Tiger Bay ar lafar er mwyn dynodi ei chymeriad unigryw. Erbyn 1914, roedd cannoedd o forwyr du yng Nghaerdydd, yn bennaf yn ardal y dociau, ac erbyn diwedd y rhyfel roedd y boblogaeth ddu wedi chwyddo'n ychydig filoedd.[299] Ym mis Mehefin 1919, cafwyd terfysgoedd hil difrifol yng Nghaerdydd, gyda dynion gwyn yn ymosod ar bobl ddu.[300] Byddai'n ddiddorol eu hastudio ochr-yn-ochr â'r terfysgoedd hil yr un flwyddyn yn Lerpwl, dinas a oedd os rhywbeth yn Gymreiciach na Chaerdydd, a lle yr oedd hefyd boblogaeth ddu a Chymraeg yn ardal y dociau. Yn sgil y terfysg yng Nghaerdydd, gwthiwyd y gymuned ddu, a oedd wedi dechrau ymledu i rannau o'r ddinas y tu allan i'r dociau, yn ôl i Tiger Bay, a cheid yng Nghaerdydd am rai degawdau sefyllfa o *apartheid* answyddogol, ac ystyrid Tiger Bay gan rai yn geto.[301] Daeth Sgwâr Loudoun a'i gyffiniau, a fuasai gynt yn gadarnle'r iaith a'r diwylliant Cymraeg, yn strydoedd lle cafwyd 'the largest population of Africans to be found anywhere in Wales'.[302] 'So plentiful are dark skins in comparison with light in Loudoun Square and its satellite streets', meddai K. L. Little yn y gyfrol academaidd gyntaf am gymdeithas ddu Tre-biwt, 'that a stranger entering the district for the first time might well imagine himself in some oriental town.'[303] Ceir cydnabyddiaeth gynnil o'r tro ar fyd yn *Dinas Caerdydd a'i Methodistiaeth Galfinaidd* (1927): 'Cyfnewidiodd yr ardal yn ddirfawr flynyddoedd yn ôl . . . Y mae preswylwyr Loudoun Square yn wahanol iawn i'r hyn oeddynt gynt'.[304]

Ni fuasai'r fath amrywiaeth ethnig yn bosib heb y diwydiant morwrol. Da y dywedodd un meddyliwr du am longau eu bod yn 'modern machines that were themselves micro-systems of linguistic and political hybridity.'[305] Gadawai eu hamrywiaeth ethnig ei hôl ar ddiwylliant poblogaidd, a cheir portread o long Gymraeg amlethnig ac amlieithog yn *Chwalfa* (1946) T. Rowland Hughes, llenor a fyddai bob tro'n apelio at y poblogaidd a'r hawdd-ei-ddeall.[306] Mwy argyhoeddiadol efallai yw'r gerdd, 'Rownd yr Horn', a gipiodd

Goron Eisteddfod Genedlaethol Wrecsam 1933 gan ganmol criw amlethnig: 'Fritz o'r Almaen', 'Mac o Aberdeen' a 'Pat' o 'Erin' sydd 'ar frawdoliaeth gref y môr'.[307] Roedd y bardd buddugol, Simon B. Jones, un o deulu'r Cilie, yn forwr ei hun.

Mewn fflyd o gofiannau hefyd, tystiwyd i ymwneud llanciau Cymraeg â llongwyr o wledydd tramor. Roedd bywyd y môr yn amlethnig a'r straeon yn rhyfeddol: fel llu o hogiau Môn yn ystod dirwasgiad y 1930au, bu John Matthews Owen o Foelfre yn hela morfilod yn yr Antarctig efo criw uniaith Norwyeg, fel petai ar y *Pequod* yn hela Moby Dick.[308] Hwyliai W. E. Williams o Gricieth, awdur *Llyncu'r Angor* (1977), ac Evan Jones o Langybi gerllaw, awdur *Yn Hogyn ar Longau Hwyliau* (1976), ochr-yn-ochr â morwyr du, a hynny ar longau o dan berchnogaeth Cymry yn aml iawn.[309] Dywed Frank Chagnon o Aberporth (a hwyliai o Dre-biwt ar longau'r brodyr Jenkins o Geredigion) fod gan rai o'r morwyr du grap ar y Gymraeg.[310] Ceir llun o Chagnon ynghanol criw amlhiliol ar fwrdd y *Glamorgan* yn 1913,[311] ac mae lluniau tebyg yn y gyfrol *Llongau a Llongwyr Gwynedd* (1976).[312] Ar un daith o Gaerdydd yn 1914, Cymry o Wynedd a Cheredigion oedd y meistr a'r swyddogion i gyd, a chwech o'r gweithwyr cyffredin yn frodorion o'r Caribî a ymgartrefasai yng Nghaerdydd.[313] Ar y *Singleton Abbey* yn 1932–3, Cymro Cymraeg oedd y meistr a gwasanaethai Iemeniaid o Tiger Bay odano.[314] Arwydd o fyd Cymraeg amlethnig yn sicr, ond dengys hefyd berthynas rym rhwng Cymry gwyn a'r tramorwyr du, a bod swyddi'r môr yn rhan o hierarchiaeth o ran hil.

Honnid ar y tir mawr, fel ar y môr, fod pobl ddu wedi dysgu'r iaith. Er mwyn cywilyddio Cymry am fagu eu plant yn Saeson, adroddwyd yn 1896 fod un Arabiad, 'yr Ishmael hwn', wedi dysgu Cymraeg.[315] Cafwyd ambell i briodas rhwng morwyr du a merched Cymraeg o'r cymoedd glofaol. Cymraes Gymraeg oedd Blodwen Glasgow-Ibrahim o Sgwâr Loudoun; priodasai â morwr du o Liberia, ac roedd gan ei merch, Nora Glasgow Richer, grap ar y Gymraeg er nad oedd yn rhugl ynddi.[316] Ceir coffa da hefyd am Gymry Cymraeg fel Olive Salaman a briododd â morwr Iemeni, troi at Islam, a magu deg o blant mewn tŷ llety a oedd hefyd yn gaffi adnabyddus, y Cairo Cafe.[317]

Fodd bynnag, parhâi, yn gefndir i hyn oll, yr hierarchiaeth hiliol a osodai Ewropeaeth a Christnogaeth uwchben gwareiddiadau eraill ac Islam yn benodol. Er bod *Y Ford Gron* wedi mynnu yn 1934 am bobl ddu 'Tiger Bay' mai '*Cymry ydynt yr un peth â ni!*', a bod rhyng-briodi wedi peri fod 'llawer o *Gymry Duon* ar hyd a lled y ddinas',[318] roedd gan ddisgwrs trefedigaethedd y llaw uchaf, hyd yn oed wrth drafod Cymry du Caerdydd. Galwodd *Trysorfa'r Plant* yn 1948 ar blant Cymru i weddïo dros 'y bechgyn a'r merched Mahometanaidd sy'n byw yn rhanbarth y dociau yng Nghaerdydd', gan gymharu gwaith Cristnogol yno â'r genhadaeth yn yr India.[319] Tinc cenhadol sydd i'r pamffledyn, *Creu Heddwch yn Bute Street* (1946).[320] Trowyd y capel Cymraeg ar Sgwâr Loudoun ynghanol Tre-biwt yn ganolfan genhadu.

O blith holl leiafrifoedd gweladwy Cymru, siawns nad yn erbyn Tsieineaid y cafwyd y rhagfarn fwyaf hegar. 'China' oedd yr enw a roddwyd ar ardal fwyaf peryglus a didrefn Merthyr Tudful ynghanol y bedwaredd ganrif ar bymtheg.[321] Enw trosiadol oedd hwnnw yn dwyn i gof ryfeloedd opiwm: nid oedd neb yno o Tsieina, ac mae ei ddefnydd yn bradychu agwedd drefedigaethol sy'n llawn paranoia. Hyd yn oed yn yr ugeinfed ganrif, roedd y boblogaeth Tsieineaidd yng Nghymru'n fychan; yn 1910 nid oedd yng Nghaerdydd gyfan ond 180 o Tsieineaid, dynion i gyd, gweithwyr mewn golchdai a llongwyr ymron yn ddieithriad.[322] Roedd rhai golchdai yng nghymoedd y de ac yn ardal Wrecsam mewn perchnogaeth Tsieineaidd hefyd.[323] Er gwaetha'r niferoedd bychain, lledai panig a senoffobia mewn rhai cymunedau, megis yng Nghaergybi yn 1914, lle'r ofnid y gallai Tsieineaid setlo. Adroddwyd yn *Y Dinesydd Cymreig*, wythnosolyn y Blaid Lafur yn y gogledd:

> Mewn cyfarfod o Gyngor Llafur Caergybi, yr wythnos ddiweddaf, cafwyd trafodaeth yn protestio yn erbyn cyflogi Chineaid a morwyr Indiaidd ar longau Prydeinig.
>
> Dywedodd Mr J. White (is-gadeirydd) iddo glywed fod 'laundry' Chineaidd i gael ei hagor yn y dref, os oedd hynny'n wir byddai poblogaeth fechan o Chineaid yn y lle cyn hir. A chyn gynted ag y deuent i'r dref, aethant i'r cychod. Os oedd yn wir, dylai pobl Caergybi godi yn eu herbyn, gan y byddai'r dynion hynny yn falch o gael cymeryd bara ac ymenyn o enau eu dynion eu hunain (clywch, clywch). ...
>
> Pasiwyd yn unfrydol benderfyniad yn erbyn cyflogi Chineaid a morwyr Indiaidd ar longau Prydeinig.[324]

Esbonnir y gwrthwynebiad gan *protectionism* i ryw raddau, ond mae'r ieithwedd a arddelid am olchdai Tsieineaidd yng Nghymru, yn edliw i'r entrepreneuriaid eu bod yn 'half-civilised foreigners', yn sawru o hiliaeth noeth.[325] Er hynny, fel yn achos pob lleiafrif ethnig, cafwyd yn y boblogaeth Tsieineaidd siaradwyr Cymraeg. Magwyd Nan Chung, merch perchennog golchdy Tsieineaidd, yn Rhos-llanerchrugog rhwng y ddau ryfel byd a'i disgrifio gan awdur lleol fel '*Chinese* a llond ei cheg o Gymraeg hyfryd ganddi'.[326]

Efallai mai'r rheswm am yr hiliaeth (ac i honno barhau mor hir) yw fod y Tsieiniaid yn bobl 'wareiddiedig' a grymus yn nhyb Prydeinwyr er eu dieithred. Yn y nofel, *Blas y Cynfyd* (1958), ofna *oracle* gwerinol Islwyn Ffowc Elis 'heidiau Tsheina a Rwsia Asiatig'; mae Saunders Lewis yn argyhoeddedig y pair distryw yr Ail Ryfel Byd i'r 'dyn gwyn' ildio ei le i Asia; ac mae Gwenallt yn rhybuddio mewn cyfres o epigramau Nietzscheaidd eu golwg yn *Gwreiddiau* (1959) rhag 'Dydd y dial dychrynllyd, melyn'.[327] Ceir yma wedd Gymraeg ar yr ofn hiliol o 'Yellow Peril' a amlygid mewn diwylliant poblogaidd Saesneg megis mewn nofelau am Fu Manchu. Ni thrafodid Affro-Americaniaid gan genedlaetholwyr Cymraeg yn yr un modd. Dim ond yng ngwaith beirdd mwyaf gwrth-hiliol yr ugeinfed ganrif, a Waldo Williams yn benodol, y ceir adwaith i'r wrth-Asiaeth hon. Ar sawl cyfrif, Waldo yw ffigwr mwyaf gwrth-hiliol y diwylliant Cymraeg.[328]

Ac eithrio yn Hong Kong (lleoliad drama Gymraeg ddiddorol yn trafod hiliaeth ac amlethnigrwydd mewn coloni Prydeinig),[329] ni threfedigaethwyd Tsieina. Roedd y Tsieiniaid yn bobl a oedd yn cyfrif: 'Ofer mynd at y cyfryw gyda neges yr Efenygl fel pe byddent i'w rhifo gyda "blacs" Tomos Bartley', mentrodd yr hanesydd enwog, J. E. Lloyd, yn 1935.[330] Meddylid am y Tsieiniaid fel cenedl rymus yn meddu ar wladwriaeth fygythiol, wrth-orllewinol a allai fod yn orthrymus. Go brin mai cyd-ddigwyddiad ydyw y gwnaed sylwadau gwrth-Tsieiniaidd Islwyn Ffowc Elis yn y 1950au pan oedd Tsieina Gomiwnyddol Mao Zedong yn ei bri.

Yr un fath â'r Rhyfel Mawr, daeth yr Ail Ryfel Byd â newydd-ddyfodiaid i gefn gwlad ac felly i'r diwylliant Cymraeg. Bu argoel o'r hyn oedd ar ddigwydd yn ystod Rhyfel Cartref Sbaen pan ddaeth plant o Wlad y Basg yn ffoaduriaid yn 1937. Fe'u setlwyd mewn nifer o gymunedau gan gynnwys ym Mrechfa yn sir Gaerfyrddin, lle cafwyd peth gwrthdaro rhwng y Basgiaid a Chymry lleol.[331] Rhan o'r cymhelliad dros roi lloches iddynt oedd sosialaeth ryngwladol, ond roedd gwladgarwyr fel y Cymro Cymraeg, Cyril Cule, ymgyrchydd dros gytgord rhwng grwpau ethnig ar hyd ei oes, yn ymwybodol hefyd fod Gwlad y Basg yn genedl ddiwladwriaeth, debyg i Gymru.[332] Diddorol hefyd yw cyfeiriad ambell un yn y cyfnod at fotiff amlethnigrwydd Cymreig. Cartrefid plant yng Nghaerllion, safle'r gwersyll Rhufeinig gynt, a chyfeiriodd Gomer M. Roberts, yr hanesydd Methodistaidd mawr, at gefndir amlethnig y dref er mwyn rhoi cyd-destun i hyn, 'a phe baem ni yn gallu rhodio strydoedd yr hen ddinas Rufeinig [honno] fe welem yno filwyr a dinasyddion o gyfandir Ewrop – ambell lanc o lannau y Rhein neu'r Daniwb, a bechgyn llygatddu yr Eidal a 'Sbaen.'[333]

Pan ddaeth ffasgaeth yn fygythiad i Ewrop gyfan ychydig flynyddoedd wedyn, daeth carcharorion, ffoaduriaid a milwyr i'r Gymru Gymraeg fel o'r blaen: Eidalwyr ac Almaenwyr fel carcharorion rhyfel, Saeson fel ffoedigion o'r dinasoedd, Affro-Americaniaid i wersylloedd milwrol, Iseldirwyr i Gaergybi, Pwyliaid i Benyberth yn Llŷn.[334] Mae motiff y gwas fferm tramor sy'n dra chyfarwydd mewn llenyddiaeth Gymraeg yn dweud tipyn am bwysigrwydd y gwenoliaid hyn, ac mewn nofelau fel *Cysgod y Cryman* (1953) Islwyn Ffowc Elis ac *O! tyn y gorchudd* (2002) Angharad Price, syrthia merched mewn cariad â milwyr ifainc estron.[335] Ar y pryd, ceid pryder cudd ynghylch hynny, a gallai panig fynd ar led ar brydiau. 'Their presence', meddai un tyst lleol am filwyr Affro-Americanaidd mewn catrawd ger Rhosygwaliau yn ymyl y Bala, 'terrified the headmistress of the girls' school who ordered all her girls to be indoors by six o'clock in the evening!'[336] Nid yw rhywioldeb a hil byth ymhell o'r drafodaeth pan drafodir dynion ifainc o dramorwyr yng nghefn gwlad.

Ond roedd gan bobl ddu le arall yn y dychymyg Cymraeg yn ystod y rhyfel, a cheid obsesiwn yn enwedig â motiff yr ifaciwî o Sais du. Saeson yn ceisio lloches rhag cyrchoedd bomio ar ddinasoedd Lloegr oedd yr ifaciwîs, a byddai llawer ohonynt yn dysgu Cymraeg.[337] Mae'r croeso a gâi'r Saeson bach hyn ymysg mythau gwytna'r Gymru Gymraeg, ond nid oedd croeso pan ddatganwyd y bwriad i'w cartrefu am y tro cyntaf. Wedi i Saunders Lewis rybuddio yn 1938 y gallai hynny brofi'n ddifaol i'r Gymraeg, ymosodid ar Blaid

Genedlaethol Cymru fel ffasgwyr gwrth-Seisnig.[338] Nid oedd 'diwylliant na thraddodiad sy'n cau ei ddrws rhag ffoaduriaid yn deilwng i ymladd drosto' meddai'r *Cymro*: dylid gwneud popeth 'i helpu ac amddiffyn plant dychrynedig – yn Saeson, Iddewon, neu yn blant croenddu.'[339] Trawodd ymosodiadau o'r fath nerf, a daeth yr ifaciwîs yn bwnc ymrafael rhwng cenedlaetholwyr a'u beirniaid, ac yn ganolog i hynny yr oedd motiff yr ifaciwî du. Tybiai rhyddfrydwyr i'w presenoldeb ddangos fod cefn gwlad yn ddigon goddefgar i groesawu Saeson du, er bod yn hynny awgrym na ellid cymryd croeso o'r fath yn ganiataol. Ond, o droi'r ddadl ar ei phen, wrth i genedlaetholwyr liniaru peth ar eu beirniadaeth flaenorol, daeth yr ifaciwî du a oedd wedi dysgu Cymraeg yn gyfle iddynt haeru y gallai'r Gymraeg goleddu amrywiaeth ethnig.

Cymysgid y ddau gywair blith draphlith ar lawr gwlad. Yn 'Yr "Evacuee"', cân Bois y Frenni, parti poblogaidd o ardal Crymych, mae bod yn 'ffrind i'r *evacuee*' yn ddyletswydd Brydeinig.[340] Ond mae i'r ifaciwî ei gyfrifoldeb yntau, sef dysgu Cymraeg, a chenid 'Yr "Evacuee"' ar yr alaw, 'Gwnewch bopeth yn Gymraeg'. Yn wir mae un ifaciwî, 'un fach groenddu', yn meistroli'r iaith, er cadw'r llediaith sy'n dangos mai Saesnes ydyw:

> Lled feddal yw ei hacen,
>   Wrth siarad yn Gymraeg;
> 'Wel, shwt yc ci,' 'rwy'n glywed
>   Ar aelwyd Tanygraig[341]

Diau nad oedd ond ychydig o ffoedigion du yng nghefn gwlad er clodfori'r archdeip, fel y gwnaed yn ffilm John Roberts Williams, Geoff Charles a Cynan, *Yr Etifeddiaeth* (1949), am ifaciwî du yn Eifionydd.[342] Ond roedd y ddelwedd yn un bwerus ac yn dynodi perthynas Cymru Gymraeg â byd allanol. Yn stori fer R. Gerallt Jones, 'Y Faciwîs', o gasgliad lled hunangofiannol am fagwraeth yn Llŷn, *Gwared y Gwirion* (1966), mae 'Joni' yn tybio mai'r gwahaniaeth rhwng Cymry Llŷn a Saeson Lerpwl yw lliw croen. Meddid wrtho gan gymydog mai 'tre fawr hefo llonga'n mynd i mewn ag allan a phobol dduon a sgyrsion trên yn mynd yno bob 'Dolig' yw Lerpwl, sy'n ei gymell i feddwl tybed a 'Oedd faciwîs hefyd yn bobol dduon?', ynteu a oeddynt yn 'dwad i ben Llŷn am nad oeddan nhw ddim yn licio pobol dduon?'[343] Pan ddidolir ifaciwîs glannau Mersi ar sgwâr Sarn Mellteyrn, gwêl Joni mai Saeson gwyn ydynt hwy i gyd.[344]

Yn adladd yr Ail Ryfel Byd y ceir gwreiddiau llawer i gymuned ethnig yng Nghymru, gan gynnwys yr un Bwylaidd. Wedi i Stalin oresgyn gwlad Pwyl, codwyd cartref i Bwyliaid ar safle'r Ysgol Fomio ym Mhenyberth, rhan hanfodol bwysig cyn ei gau yn 2020 o dreftadaeth amlethnig Gwynedd. Ond nid ym Mhenyberth yn unig y setlai hen filwyr: y Gymraeg oedd pedwaredd iaith Kazek Miarczynski, gofalwr gwersyll Glanllyn am gyfnod, a fagodd ei blant yn Gymry yn Llanuwchllyn.[345] Ceid dathlu ar y cyfraniad Pwylaidd Cymraeg hwn ymhell cyn i amlddiwylliannedd ennill ei blwyf yn Lloegr; cyflwynir teithlyfr, *Teithio Pwyl* (1965) Elisabeth M. Mrowiec (née Watkin Jones), 'i blant Pwyliaid yng Nghymru sy'n dysgu Cymraeg ac yn parchu ein traddodiadau.'[346] O dan ei henw bedydd, mae Elisabeth Watkin Jones yn adnabyddus fel Ysgrifennydd Pwyllgor Amddiffyn Capel Celyn, a cheir dolen gyswllt felly rhwng amrywiaeth ethnig a brwydr fwyaf eiconaidd y Gymru Gymraeg.

Daeth Eidalwyr i Gymru oherwydd y rhyfel, ac ar ôl y rhyfel hefyd. Yn Nyffryn Teifi, cododd carcharorion rhyfel gapel Catholig nodedig.[347] Gyda'i do gwyngalchog ac arluniau o'r Baban Iesu a'r disgyblion uwchben allor yn llawn canhwylbrennau, mae'n gofeb deilwng i hiraeth alltudion, ac yn ymgais i ailgreu darn o'r Eidal yn Henllan.[348] Arhosai rhai yn y cylch wedyn, a dysgodd ambell i hen filwr siarad 'Cymraeg gloyw graenus', fel Luigi Ferrarinni o Felinwynt ger Aberporth.[349] Fel yn achos y Pwyliaid, magwyd plant yn Gymry.[350] Ond er eu hintegreiddio, cadwai llawer eu hunaniaeth ethnig, a gallai hyn fod yn wir am eu plant hefyd, fel y dengys llyfr Dafydd Apolloni o Lanrwst, *Roma – Hen Wlad fy Nhad* (2004).

Ond ni thrafferthodd pob carcharor ddysgu Cymraeg, er aros yng Nghymru. Ni wnaeth Heinz Malethan, gynt o ddwyrain Prwsia, mo hynny er treulio 22 o flynyddoedd yn ffermio yng Ngwytherin, Hiraethog, a chymryd 'rhan llawn ym mywyd y pentref'.[351] Ac yng nghyd-destun y trai cyffredinol ar y Gymraeg, onid y ffaith iddo *fedru* peidio â gwneud sy'n gwahanu'r ugeinfed ganrif oddi wrth y bedwaredd ganrif ar bymtheg?

Dichwaeth yw haeru fod rhinwedd moesol neilltuol yn perthyn i Gymru am ei bod wedi llochesu Iddewon rhag yr Holocost, gan fod y ddyletswydd i wneud hynny mor amlwg. Käthe Bosse (Kate Bosse-Griffiths wedyn) (1910–98) o Wittenberg yw'r ffoadur enwocaf i'r Gymru Gymraeg. Ysywaeth, nid oes cyfeiriad ati yn y llyfrau safonol am ffoaduriaid i Brydain o'r Almaen Natsïaidd, megis *Exile in Great Britain* (1984) a *Continental Britons: German-Jewish Refugees from Nazi Germany* (2007); arwydd sicr o'i Chymreictod.[352] Ymgollodd yn arallrwydd cymdeithas leiafrifol newydd ac roedd hyn yn ffordd iddi ailfathu hunaniaeth wedi'r Holocost.[353] Roedd ei chyfraniad i'r diwylliant Cymraeg yn aruthrol. Yn ogystal â bod yn Eifftolegydd o fri, sylwebydd craff ar ddwyrain Ewrop a meddylwraig wleidyddol, cyhoeddodd yn y 1950au rai o nofelau ffeminyddol pwysica'r iaith.[354] Mae ei gwaith hefyd yn cynnwys trafodaeth ar arferion Islam, a geir yn *Tywysennau o'r Aifft* (1970).[355]

Un ymysg nifer o ffoaduriaid ydoedd; dysgodd ei ffrind, Rosemarie Wolff, hithau'n Almaenes o dras Iddewig, y Gymraeg hefyd gan gyfrannu i weithgarwch cylch llenyddol Cadwgan yng Nghwm Rhondda.[356] Treuliai ffoaduriaid Iddewig eraill, fel yr artistiaid Josef Herman o Ystradgynlais, gynt o Warsaw; Heinz Koppel o Drefeurig a Dowlais, gynt o Berlin; a Karel Lek o Fôn, gynt o Antwerp, flynyddoedd lawer mewn ardaloedd Cymraeg.[357] Ymgartrefu yn sir Benfro a wnaeth y ffoadur gwleidyddol o'r Almaen, Friedrich Könekamp, arlunydd a gwrth-Natsi y canodd Gwenallt gerdd iddo.[358] Mawr oedd dylanwad yr artistiaid hyn ar fywyd celfyddydol Cymru. Er gwaethaf ei wrth-semitiaeth wleidyddol, fe'u canmolwyd fel 'peintwyr alltud, ffoaduriaid o ganolbarth Ewrop' gan neb llai na Saunders Lewis.[359] Adnabu Saunders sawl ffoadur yn bersonol, megis y 'nofelydd Ellmynig ifanc, Heinz Liepmann, alltud o'i wlad ac Iddew' y ffarweliodd ag ef yn Llundain cyn iddo allfudo i'r Unol Daleithiau yn 1937.[360] Roedd wedi cwrdd ag ef gyntaf yn Wormwood Scrubs.[361]

Dyfodiad Saeson yw'r digwyddiad canolog yn hanes mudo i'r broydd Cymraeg ar ôl yr Ail Ryfel Byd. Nid dyma'r tro cyntaf i Saeson setlo yn y berfeddwlad. Buasai Saeson yng nghefn gwlad erioed, ond unigolion oeddynt, ac os oedd iddynt briodoleddau grŵp cymdeithasol, yna grŵp wedi'i seilio ar ddosbarth, iaith a chrefydd ydoedd (bonedd Seisnigedig, offeiriaid Anglicanaidd, ymwelwyr ar dro, gwŷr busnes yn darparu cyfalaf ar gyfer diwydiant), ac ni ymffurfient yn gymuned ddaearyddol gronedig. Cyfleu dosbarth estron a wnâi 'Sais', ac yn *O Law i Law* (1943) T. Rowland Hughes cerydda Cymro uniaith ei frawd sy'n darllen Saesneg, 'Nid Huw, fy mrawd, wyt ti wedyn, ond rhyw ddyn diarth mewn ffroc côt a het silc a *spats*.'[362]

Gan mai term ieithyddol yn ei wraidd oedd 'Sais', ceid ymysg y sawl a elwid yn 'Saeson' frodorion o Gymru a rhai o dras Gymreig, yn ogystal â mewnfudwyr plaen. Ond nid oedd i Saeson barhad 'fel Saeson' dros genedlaethau. Nid wyrion a gor-wyrion Saeson y bedwaredd ganrif ar bymtheg yw Saeson broydd Cymraeg yr unfed ganrif ar hugain, ond pobl o Loegr.

Gwelir y broses ar waith yn Llanbedrog, Llŷn. Yn y bedwaredd ganrif ar bymtheg, nid oedd gan reolwyr y chwareli ithfaen bychain yno fawr o ddewis ond dysgu rhyw lun ar Gymraeg gan mai Cymry uniaith oedd y gweithlu. Mae'n wir y gwneid hwyl am ben eu hiaith glytiog ar brydiau. 'Chdi mynd i Lerpwl a Manchester, chdi gweld cantys a milys o plant bach heb traed ar i sgidia ...', anerchodd un ohonynt mewn cyngerdd ym Mynytho i gyfeiliant bloeddio a chwerthin mawr.[363] Ond bu rhyw dinc o falchder wedyn fod disgynyddion Saeson wedi aros yn y cylch, ac y 'ceid Cymry yn ardal Llanbedrog gydag enwau fel: Russell, Harris, Heighway, Longer, etc.'[364] Dyma'r arfer cyfarwydd o restru cyfenwau Cymry er mwyn brolio tras estron yn y boblogaeth Gymraeg a'r defnydd o'r amhersonol ('ceid') yn awgrymu fod y Seisnigo mwy diweddar ar Lanbedrog wedi gwthio rhai o'r teuluoedd Cymraeg o gefndir Seisnig o'r pentref, fel y disodlid y Cymry lleol yn fwy cyffredinol.

Roedd y mewnlifiad Saesneg mawr i gefn gwlad wedi'r Ail Ryfel Byd yn sioc i lawer o Gymry, ac nid mater o *hil* oedd hyn. Mater ydoedd o rym cymdeithasol a grŵp iaith yn colli ei droedle. Roedd megis rhyferthwy anorchfygadwy i lawer o wladwyr, ac yn gyfnewidiad poblogaeth nad oedd modd ei atal am ei bod yn strwythurol i'r wladwriaeth, yn adlewyrchu maintioli gwahanol Cymru a Lloegr, a'r berthynas anghyfartal rhyngddynt.

Dim ond wrth edrych yn ôl y sylweddolai'r Cymry gwledig beth oedd ar ddigwydd ac mewn atgofion o hanner cynta'r ugeinfed ganrif, ymddangosai'r cyntaf o'r Saeson hyn fel pelicanod unig y byddid yn syllu'n chwilfrydig arnynt. 'Yr oedd yn y Felin y pryd hwnnw, hen ŵr o Sais. "Yr hen Sais" y galwai pawb ef. Mae hynny'n deud wrthym ni peth mor anghyffredin oedd gŵr o Sais yng nghefn gwlad y dyddiau hynny', meddai Dan Ellis am ardal Mynytho, Llŷn yn y 1910au.[365] Mae yn ei nodyn argoel y deuai mwy i'r fro, ac eto nid yw'r newid sydd yn yr arfaeth yn amlwg.

Gellir dyddio'r pryder fod Saeson yn fygythiad i'r iaith yng nghefn gwlad i'r 1940au.[366] Er mai o'u hanfodd y dywedai hoelion wyth y gymdeithas yn gas amdanynt, canfu gwŷr pwyllog, anragfarnllyd fel Alun Llywelyn-Williams yn y mewnfudiad hwn berygl i ddiwylliant lleiafrifol. Dengys ei ymateb syfrdan yn *Crwydro Arfon* (1959) fod cynifer o ddyddynnod Arfon wedi mynd i ddwylo Saeson, ac yntau ar herw yn chwilio am gartref y bardd a'r hynafiaethydd, Glasynys, y tro ar fyd a fu, a cheir sylweddoliad y gallai'r hyn a ddigwyddasai ar hyd y glannau ac yn y dinasoedd ac mewn darnau go lew o'r maes glo ddigwydd yn y berfeddwlad hefyd.

> Ac yn wir, mewn siop allasai'n hawdd fod yr union un a ddisgrifir gan Kate Roberts yn 'Y Taliad Olaf,' derbyniais gyfarwyddyd manwl iawn gan y siopwr caredig a oedd hefyd yn bost-feistr y pentref. Cefais dipyn o sioc hefyd. 'Tyn-y-ffrwd,' meddai, 'Wel, ia, mae'n ddigon hawdd mynd yno, ac mi 'rydach chi'n siŵr o groeso yno. Cymry sy'n byw yno.' 'Cymry?' meddwn innau mewn syndod 'Ydi hynny'n beth mor anghyffredin yn yr ardal yma felly?' 'Wel, mae 'na lawer iawn o Saeson wedi dod yma i fyw oddi ar y rhyfel. Fe gewch chi weld tri neu bedwar o dai eraill o gwmpas Tyn-y-ffrwd, a Saeson sy'n byw ynddyn-nhw i gyd 'rŵan, ond yn Nhyn-y-ffrwd ei hunan.'[367]

Mae Alun Llywelyn-Williams yn mynd yn ei flaen wedyn i gyrion Dyffryn Nantlle ac yn achwyn fod Nebo a Nasareth yn gwegian yn wyneb 'dilyw' o Saeson, 'y tyddynnod yn wag, a daw estroniaid i'w meddiannu . . . Pobl ddi-fai ydynt, ond ni cheisiant ymdoddi i'r hen gymdeithas, am na fedrant.'[368] A dyna ddweud cynnil gan Kate Roberts mewn stori fer am frodor yn dychymygu ei bod yn dychwelyd i dŷ cymdoges yn yr hen gynefin, 'Erbyn iddi fynd yno, rhywun arall oedd yn byw yno, Saesnes, ni wyddai beth oedd burum gwlyb.'[369]

Ceir hynt y Saeson hyn mewn toreth o astudiaethau cymdeithasegol (o leiaf ddeg ohonynt i gyd) am gefn gwlad yn y 1940au a'r 1950au.[370] Mae tyndra rhwng Saeson mewnfudol a'r gymdeithas frodorol yn thema gyffredin yn y rhan fwyaf. Daeth iaith yn symbol y gwrthdaro, ond yr oedd hefyd yn achos. Nid gwrth-Seisnigrwydd cibddall oedd yn gyrru'r anesmwythyd. Yn rhannol, roedd yn ymdrech i lunio gwrthsafiad ar ran diwylliant lleiafrifol, ac ni ellir ei gyplysu â senoffobia mewn modd anghymhleth.

Dilynai llanw a thrai'r mewnlifiad hwn ymchwyddiadau a chwalfeydd y farchnad dai yn Lloegr. Pan fyddai newidiadau cymdeithasol dirfawr yng ngwledydd Prydain, fel yn y 1960au, neu dwf sydyn yn y farchnad dai fel yn y 1980au hwyr, ceid cynnydd sylweddol mewn mewnfudo i gefn gwlad Cymru. Peidiodd darnau helaeth o'r 'Fro Gymraeg', yn y de-orllewin yn enwedig, â bod yn Fro Gymraeg. Roedd 'a million on the move', chwedl y newyddiadurwr John Osmond am y 1980au.[371] Caniateid i Saeson gan y cyfalaf a ryddheid o werthu anheddau yn Lloegr ffeirio tŷ tra chyffredin yn Llundain neu Fanceinion am ffermdy bras, bwthyn arfordirol braf neu dŷ tref trillawr nobl yng Nghymru, a hynny ar draul y brodorion yn aml iawn.

Erbyn diwedd yr ugeinfed ganrif, daethai'r boblogaeth a aned y tu allan i Gymru yn rhan sylweddol o boblogaeth y broydd Cymraeg; roedd ei thraean yng Ngwynedd, er enghraifft, wedi'i geni y tu allan i'r wlad.[372] Trwy fod y boblogaeth gynhenid yn drwyadl ddwyieithog, dwysaodd yr arfer na fyddai newydd-ddyfodiaid yn dysgu Cymraeg. I rai, roedd ethnigrwydd ac iaith wedi'u cyplysu: yr oedd y 'Saeson' yn bobl Saesneg a Seisnig, a'r 'Cymry' yn bobl Gymraeg a Chymreig. Os felly gwyddai pawb eu lle mewn byd trefedigaethol. Bu methiant y tu allan i Wynedd i sefydlu'r Gymraeg yn iaith sifig y broydd Cymraeg, yn 'iaith gyhoeddus gyffredin' yr oedd disgwyl i fewnfudwyr ei gwybod, a phrysurid o ganlyniad shifft iaith i'r Saesneg. Seisnigwyd y Gymru Gymraeg wledig, bob cwmwd yn ôl echel amser wahanol, rhwng y 1960au a'r 2010au. Erbyn 2021, y tu allan i Wynedd a chanol Môn, prin oedd y broydd Cymraeg a oedd wedi gwrthsefyll y newid iaith, a hyd yn oed yng Ngwynedd cafwyd cwynion fod plant cymuned Gymreiciaf Cymru yn siarad Saesneg ar y stryd.[373] Ond, fel yng nghymoedd y de yn y bedwaredd ganrif ar bymtheg, esgorai'r cyfnod trawsnewidiol hwn ar lawer iawn o hybridedd diwylliannol. Ac er nad oedd ond canran fechan o'r boblogaeth a aned yn Lloegr wedi dysgu Cymraeg mae canran fechan mewn cyfanrif o dros hanner miliwn o bobl yn ugeiniau o filoedd.[374]

Pennod 2

Oherwydd mewnlifiad mae Cymry cyfoes o gefndir Seisnig yn niferus yng Nghymru heddiw. Ceir paradocs ynghylch y Saeson. Y Saeson yw'r grŵp ethnig sy'n bennaf gysylltiedig â'r shifft iaith yng Nghymru o'r Gymraeg i'r Saesneg. Ond y Saeson hefyd yw'r grŵp ethnig, oddieithr y Cymry, sydd wedi cyfrannu mwyaf at y diwylliant Cymraeg. Hwy, heblaw y Cymry ('Cymry' o ran man genedigaeth), yw'r grŵp mwyaf o ran ei niferoedd a'i arwyddocâd yn y boblogaeth Gymraeg. Yn wir, bu cyfraniad Saeson a ddysgodd Gymraeg yn aruthrol. Ar lawer gwedd, lleiafrif ethnig ydynt oddi mewn i'r gymuned Gymraeg.

Hawdd enwi Saeson Cymraeg a ymroes i'w diwylliant mabwysiedig ac am bob cyfraniad cenedlaethol, ceid dwsinau o gyfraniadau lleol. Saesnes, Zonia Bowen o'r Parc ger y Bala, a sefydlodd Ferched y Wawr.[375] Saesnes, Lois Blake o Langwm, a adferodd ddawnsio gwerin Cymreig. Aeth Saeson fel Ffransis Payne, awdur *Yr Aradr Gymreig* (1954) a dwy gyfrol odidog *Crwydro Sir Faesyfed* (1966 a 1968), yn lluniwyr rhyddiaith gain. Penodwyd Sais a aeth yn Gymro, Dafydd Johnston, yn Gyfarwyddwr y Ganolfan Uwchefrydiau Cymreig a Cheltaidd yn 2008. O Loegr yr hanai Andrew Green, Llyfrgellydd y Llyfrgell Genedlaethol rhwng 1998 a 2013, a Sais o Gymro yw Robin Chapman yntau, un o gofianwyr a beirniaid llenyddol pwysica'r wlad. Saesnes Gymraeg, Liz Saville Roberts, yw Aelod Seneddol benywaidd cyntaf Plaid Cymru ac yn genedlaetholwraig hefyd. Hi oedd lladmerydd y blaid yn ystod argyfwng Brexit. Saeson yw'r rhain, ac eto'n Gymry yr un fath.

Yn wir, cafwyd Cymry o bob cefndir yn rhan o frodwaith amlethnig y bywyd Cymraeg: llu o ysgolheigion Cymraeg o'r Amerig fel Jerry Hunter, John Koch a Diana Luft, ac eraill o gyfandir Ewrop fel Marion Löffler. Iddewon a symudodd i Gymru o Loegr, Jasmine Donahaye a Nathan Abrams, yw dau o brif haneswyr y bywyd Iddewig yng Nghymru, ac mae'r ddau wedi dysgu Cymraeg. Ceir Gwyddelod Cymraeg fel Diarmait Mac Giolla Chríost, Athro yn Ysgol y Gymraeg, Prifysgol Caerdydd, arbenigwr mewn cynllunio ieithyddol, ac Eidalwyr Cymraeg fel Carlo Rizzi, cyn-Gyfarwyddwr Cerddorol Opera Cenedlaethol Cymru, un o Gymry Milan. Ac yn ogystal â hwythau, disgynyddion mewnfudwyr: mab i Wyddel yw Dennis O'Neill, y tenor o Bontarddulais. Gwyddel o dras oedd Paul Flynn, Aelod Seneddol Gorllewin Casnewydd rhwng 1987 a 2019, a ddysgodd ei Gymraeg wrth draed Saunders Lewis yng ngholeg Caerdydd: ceir hunangofiannau Cymraeg gan y ddau.[376] Bu Toni Schiavone, mab Eidalwr yn Nyffryn Teifi, yn Gadeirydd Cymdeithas yr Iaith Gymraeg. Mae meibion Kate Bosse-Griffiths ymysg yr hoelion wyth: sefydlodd Robat Gruffudd wasg y Lolfa a'r cylchgrawn dychanol *Lol*; mae Heini ei frawd yn llywiawdwr mudiadau iaith, ac yn ymgyrchydd brwd dros addysg Gymraeg. Ganddo ef y cafwyd hanes y teulu cyn ac yn ystod yr Holocost, *Yr Erlid: Hanes Kate Bosse-Griffiths a'i theulu yn yr Almaen a Chymru adeg yr Ail Ryfel Byd* (2012), sy'n llyfr anhepgor.

Yn ogystal â mewnfudwyr gwyn, daeth lleiafrifoedd i Gymru o'r hen Ymerodraeth Brydeinig; yn eu mysg, Affro-Caribïaid, Mwslemiaid, Hindwiaid, Siciaid, a Tsieineaid Hong Kong. Agorodd y mewnfudo bennod newydd yn hanes Lloegr, ond roedd ei effaith seicolegol yn wahanol yng Nghymru, gan na welwyd y lleiafrifoedd hyn fel poblogaeth gwbl newydd, nac yn fan cychwyn cymdeithas amlethnig gyfoes. Yn un peth, roedd y mewnfudo rhyngwladol yn llai yn y broydd Cymraeg nag yn ninasoedd Lloegr: ni ddaeth Chwilog yn gymdogaeth Affro-Caribïaidd fel Brixton. Hefyd Saeson oedd mewnfudwyr amlycaf y broydd hynny, ac ni cheid felly begynu rhwng Cymry gwyn a mewnfudwyr du fel y ceid yn Wolverhampton neu Birmingham, dyweder. Ac o safbwynt y boblogaeth mewn dinas fel Caerdydd, buasai cymuned ddu a Mwslemaidd yno ers y 1880au, ac ymddangosai mewnfudo o'r Gymanwlad fel parhad yn hytrach na datblygiad diweddar.

'Un peth pwysig yng nghyfansoddiad dinas fel Caerdydd yw ei natur *cosmopolitan*', meddid ym mhapur myfyrwyr Caerdydd yn 1947, flwyddyn cyn glaniad y *Windrush*, y llong gyntaf o'r Caribî a gludai fewnfudwyr i Brydain wedi'r rhyfel. 'Nid oes dim byd anghyffredin mewn gweld dynion duon yn cerdded yn y strydoedd nac mewn clywed llawer iaith estron fel Groeg ac Arabeg, ac weithiau ieithoedd y Dwyrain Pell; a fe'i derbynir yn beth digon naturiol bod Arglwydd Faer Caerdydd (ac yntau'n aelod selog o Fyddin yr Iechydwriaeth) yn bresennol pan agorwyd mosque newydd y Mahometaniaid yn ddiweddar.'[377]

Ac eto nid oedd y mudo o 1948 ymlaen yn ddi-arwyddocâd ychwaith. Disgynyddion y mudwyr yw mwyafrif aelodau'r lleiafrifoedd ethnig gweladwy sy'n byw yng Nghymru heddiw, ac mewn rhannau helaeth o'r wlad y tu allan i'r dinasoedd yr oedd yr Indiad a gadwai siop bapurau newydd, neu'r perchennog tŷ bwyta yr hanai ei dylwyth o Fangladesh, yn bresenoldeb newydd.[378] Nid i ddinasoedd fel Caerdydd ac Abertawe yn unig y dôi mewnfudwyr Asiaidd, Tsieinaidd a du er mai yno roedd y poblogaethau mwyaf o bell ffordd. Cafwyd y crynhoad cyntaf o boblogaeth Asiaidd yn y Gymru wledig mewn trefi coleg fel Aberystwyth a Bangor, ac mae hanes y gymuned yn mynd yn ôl i'r 1930au o leiaf.[379] Odid na cheid yng nghefn gwlad nifer o Gaerdyddau bychain, ac amhosibl ysgrifennu cronicl amlddiwylliannedd Cymraeg hebddynt. Y deyrnged orau iddynt yw anthem enigmatig Sobin a'r Smaeliaid, 'Mardi-gras ym Mangor Ucha'.[380]

Ceir tuedd mewn astudiaethau cymdeithasegol diweddar i awgrymu fod hollt rhwng rhai hunaniaethau ethnig lleiafrifol a'r hyn a elwir yn 'Gymreictod'. Mae'r feirniadaeth yn ddrych ar un olwg o drafodaeth ehangach yn y Gymru ddatganoledig am hunaniaeth gynhwysol, ac yn y disgwrs hwn cysylltid iaith â 'gwynder'. O ganlyniad, meddid, gallai'r Gymraeg gyfyngu ar allu rhai grwpiau fel Mwslemiaid i uniaethu â Chymreictod. 'Perhaps the problem ... is a narrow notion of "Welsh" as implying certain cultural values and interests which do not encompass non-Welsh-speaking Muslims', chwedl un astudiaeth yng Nghaerdydd,[381] a chasglwyd yn Abertawe dystiolaeth debyg.[382] Ond y prif beth a ddatgelir gan ddatganiadau o'r fath yw mai i'r diwylliant goruchafol y cymhethir lleiafrifoedd gan amlaf, a Saesneg sy'n llywodraethol mewn llefydd fel Caerdydd ac Abertawe. Fodd bynnag, nid dyna'r sefyllfa ymhob man, er enghraifft yng Ngwynedd.

Mae'n wir y buasai rhannau o gefn gwlad Cymraeg heb bresenoldeb Mwslemaidd o gwbl; yn 2011, nid oedd yr un Mwslem yn byw ym Mhen Llŷn i'r gorllewin o Sarn Mellteyrn, ond rhaid cofio nad oes ond hyn a hyn o boblogaeth rhwng Sarn a'r môr. Ond roedd dros un ymhob wyth mewn rhannau o Fangor a'r Felinheli yn Fwslemiaid, ac un lle felly oedd lletty Ysbyty Gwynedd.[383] Cyflëir y gwahaniaeth rhwng Gwynedd a'r de gan Angharad Price yn ei nofel *Caersaint* (2010), sy'n portreadu Caernarfon fel tref amlethnig am yr union reswm ei bod yn Gymraeg, a chaniateir i'r holl brofiad amlddiwylliannol fodoli yn 'Dre'.[384] Hogyn tras gymysg o gefndir Pacistanaidd yw'r prif gymeriad, Jaman, ac mae gan Trefor, ei *alter-ego*, 'genes' a fyddai'n gadael iddo 'chwara i bob tîm yn y Commonwealth Games'.[385] Pan gaiff Gwynedd ei dilorni gan newyddiadurwyr gwrth-Gymraeg fel 'Gogistan', adnabyddir hynny fel adwaith hiliol i fyd Cymraeg sy'n amrywiol ac amlweddog gan fod yng Nghaernarfon 'ddiwylliant Cymraeg cosmopolitan, ac wedi bod felly erioed.'[386]

Nid talp o realaeth mo *Caersaint* yn fwy nag unrhyw nofel arall, ond mae ynddi ryw lun o wirionedd. Yn hytrach na bod yn grochan o ragfarnau ethnig, ceid yng Ngwynedd y cyfnod ar ôl datganoli yr unig ymdrech ddifrif ymysg cynghorau Cymru i wneud y Gymraeg yn iaith sifig, yn perthyn i bawb. Roedd gan Gyngor Gwynedd ganolfannau trochi pwrpasol ar gyfer dysgu Cymraeg i newydd-ddyfodiaid, a thrwy hyn galluogid plant o gefndir mewnfudol i ddysgu Cymraeg. Dengys astudiaeth gymharol fod tuedd i blant o gefndir Seisnig yng Ngwynedd uniaethu mwy â'r gymuned leol nag a wnânt yng Ngheredigion, yn rhannol am fod Gwynedd yn mynnu, ac eithrio mewn un ysgol uwchradd, fod pob disgybl, ni waeth o ba gefndir ethnig, yn rhugl yn y Gymraeg.[387] Golyga hefyd wrth reswm fod plant o gefndir Asiaidd a du yn Gymry Cymraeg, datblygiad sy'n ateb rhai o'r pryderon a fynegir gan gymdeithasegwyr sy'n astudio Caerdydd.

Eto, pan ofynnwyd yn 1995 i Ali Yassine, actor o dde Caerdydd o dras Eifftaidd a Somali, ei farn am yr holl sylw yr oedd yn ei gael ar y cyfryngau fel Mwslem Cymraeg, atebodd yn ddigon gonest iddo deimlo ei fod 'wedi creu grŵp i mi fy hun – fi yw'r "Cymro sy'n Fwslim"!'[388] Y gwir amdani yw nad oedd hynny'n wir, a chyn hir dôi'n amlwg i bawb na fedrai fod yn wir. Byddai addysg Gymraeg yn y de hefyd yn sicrhau fod llawer iawn rhagor o blant a phobl ifanc o gefndir ethnig lleiafrifol yn siarad Cymraeg, ac roedd nifer sylweddol yn siarad Cymraeg fel mamiaith. Ac o ran agweddau plant di-Gymraeg o gefndir Asiaidd a du at yr iaith, ni welid fod hyn yn wahanol mewn gwirionedd i'r ystod o farn a fodolai ymysg eu cyfoedion gwyn.[389]

Fel ymysg brodorion, ceid agweddau anghynnes tuag at y Gymraeg ymhlith *rhai* mewnfudwyr yng Nghymru: yn eu plith, y dybiaeth fod siarad Cymraeg yng ngŵydd y di-Gymraeg yn anghwrtais, a bod ardaloedd Cymraeg yn anghroesawgar.[390] Ond nid yw barn aelodau o unrhyw grŵp am unrhyw bwnc yn fonolithig, a cheid agweddau hynod gadarnhaol hefyd. Croyw iawn oedd arweinydd y mudiad gwrth-apartheid yng Nghymru, Hanif Bhamjee, ar ddiwedd yr ugeinfed ganrif wrth gondemnio cyhuddiadau ffug fod hawliau iaith y Cymry yn ffurf ar hiliaeth.[391] Ac roedd rhai mewnfudwyr yn dra ymwybodol o sefyllfa leiafrifol y Gymraeg, ac yn gweld y ddadl foesol drosti. Wrth beilota cwrs Cymraeg i fewnfudwyr yng Nghaerdydd, nododd yr ysgolhaig, Gwennan Higham, fod rhai yn gweld tebygrwydd rhwng safle'r Gymraeg a'u hieithoedd eu hunain, fel Berber yn Algeria.[392]

Yn siaradwyr iaith gyntaf ac ail iaith, roedd yng Nghymru erbyn y 2010au Gymry Cymraeg adnabyddus 'o liw', cyfieithiad o'r term Saesneg 'of colour', sy'n dynodi pobl nad ydynt yn wyn a'u profiadau cyffredin.[393] Daeth Jason Mohammad, Mwslem o Drelái a ddysgodd y Gymraeg fel ail iaith yn yr ysgol, a gwneud gradd ynddi wedyn, yn un o sêr y BBC. Etholwyd Ashok Ahir, Sîc Cymraeg, o Wolverhampton yn wreiddiol, yn Llywydd Llys yr Eisteddfod Genedlaethol.[394] Serennai Cymry Cymraeg du ar y cae rygbi fel y ddau frawd o ardal Brynaman, Nathan ac Aled Brew, a chwaraeodd dros Gymru. Bu eraill yn y stiwdio recordio fel Kizzy Crawford o Ferthyr Tudful, cantores o gefndir Bajan-Gymreig. Roedd newyddiadurwyr Cymraeg du fel Seren Jones, a Chymry o gefndir Tsieineaidd fel y newyddiadurwr Iolo Cheung a'r datblygwr gwe, Carl Morris, aelod pwysig o Gymdeithas yr Iaith, a sylfaenydd cyfrif twitter @CymryTseiniaidd, 'Cymry Tseiniaidd Dros Annibyniaeth i Gymru'.

Roedd pobl ddu yn llai amlwg ym mywyd gwleidyddol y Gymru Gymraeg, ond etholwyd yn 2008 ym Mlaenau Ffestiniog gynghorydd du cyntaf Cyngor Gwynedd, y Cymro Cymraeg Dafydd Hughes. Sefydlwyd grŵp 'BAME' (*Black, Asian and minority ethnic*) gan Blaid Cymru am y tro cyntaf yn 2019. Fe'i llywiwyd ymysg eraill gan y Gymraes Gymraeg, Nia Edwards-Behi, cynghorydd tref y Blaid dros ogledd Aberystwyth. Yn 2020, roedd dau aelod o Senedd Cymdeithas yr Iaith yn bobl o liw: Joseff Oscar Gnagbo a Leena Sarah Farhat.

Er hynny, mae'r rhan fwyaf o'r Cymry Cymraeg yn wyn. Tystiodd nifer helaeth o Gymry Cymraeg yn ystod protestiadau *Black Lives Matter* yn 2020 i'r hiliaeth yr oeddynt wedi ei phrofi gan Gymry eraill. Soniodd Yasmin (ni nodwyd ei henw llawn) iddi gael ei dilorni am ei chefndir Pacistanaidd yn blentyn yn Amlwch, a bod athrawes wedi ei sarhau yn yr ysgol am gael hena ar ei dwylo.[395] Meddai'r actores Mali Ann Rees fod cael ei magu'n Gymraes ddu yng Nghaerdydd yn 'brofiad eitha positif' ond iddi gael ei 'galw y N-word mwy na unwaith, yn y Steddfod hefyd' a bod pobl yn synnu ei chlywed yn siarad Cymraeg. 'O'n nw jyst heb weld unrhyw un croenddu sy'n gallu siarad Cymrâg o'r blaen,' meddai, 'But we exist!'[396] Roedd Toda Ogunbanwo, y paentiwyd swastica ar dŷ'r teulu ym Mhen-y-groes, Arfon yn ystod cyfnod y protestiadau, wedi wynebu hiliaeth yn yr ysgol: 'Nes i gael bach o fwlio a dwn i'm faint o weithia dwi 'di clywed yr "N" word a phetha fel 'na a dwi 'di cael pobl yn poeri yn dŵr fi . . .'.[397]

Ceir yng Nghymru, fel ymhob rhan o'r Deyrnas Gyfunol a'r Gorllewin gwyn, hiliaeth tuag at bobl ddu sy'n 'strwythurol'; hynny yw, mae'n rhan o wead ehangach y gymdeithas. Gwelir ei heffaith ar brofiadau pobl dduon mewn meysydd fel iechyd, gofal cymdeithasol, tai, addysg a chyflogaeth. Yn y Gymru Gymraeg, ceir tangynrychiolaeth mewn gweithgarwch diwylliannol hefyd. Cyn y cyhoeddwyd y dramâu clywadwy *Bratiaith* gan Mali Ann Rees a *Crafangau* gan Nia Morais yn 2020 gan Theatr y Sherman, nid oedd yn y Gymraeg (ac eithrio o bosib un faled yn 1832–4) lenyddiaeth gan awduron du. Ond buasai llenorion o leiafrifoedd ethnig gwyn yn llenydda yn y Gymraeg ers degawdau, ac yn wir ganrifoedd. Yn rhannol, gallai hyn adlewyrchu'r ffaith fod y boblogaeth ddu ar ei mwyaf niferus mewn cymunedau ymhell o'r broydd Cymraeg traddodiadol. Ond tybed hefyd a allai fod yn sgileffaith 'braint y gwyn' (*white privilege*)? Un o nodweddion y 2010au oedd i syniadau, yn gynhwynol o'r Unol Daleithiau, ynghylch 'braint y gwyn', 'bregusrwydd y gwyn' (*white fragility*) a 'chroestoriadaeth' (*intersectionality*) ledu i Loegr, ac yna i brifysgolion yng Nghymru ac oddi yno i Gymru gyfan. Awgrymid hefyd fod angen 'dadgoloneiddio' y diwylliant Cymreig, sef ei wneud yn ymwybodol o'i ran yn y prosiect trefedigaethol a gwneud iawn am ei hanfod hiliol anymwybodol.[398]

Ar ôl ehangu'r Undeb Ewropeaidd yn 2004, enillodd dinasyddion dwyrain Ewrop yr hawl i chwilio am waith yng ngorllewin y cyfandir, a buasai mewnlifiad sylweddol o bobl ifanc, yn enwedig o wlad Pwyl, i wledydd Prydain. Yn wahanol i batrwm arferol mudo rhyngwladol, nid i'r dinasoedd yn bennaf oll yr âi'r mewnfudwyr hyn ond i'r wlad hefyd, ac erbyn 2014 roedd hanner y boblogaeth a ddaethai i Gymru mewn siroedd 'gwledig'.[399] Datblygodd cymuned Bwylaidd o bwys yn Llanelli, ac ar Ynys Môn o gwmpas lladd-dai Llangefni a Gaerwen. Yn lladd-dy Llanybydder, sir Gaerfyrddin, roedd dwy ran o dair o'r gweithlu o 600 yn weithwyr tramor. Ond hyd yn oed yn Llanybydder, nid oedd Pwyliaid yn ffurfio ond 6% o'r boblogaeth.[400]

Efallai am fod y drafodaeth ynghylch mudo wedi'i meddiannu gan y Dde Brydeinig, a hwyrach hefyd am fod y mewnlifiad Seisnig gymaint yn drymach na mewnfudo Pwylaidd, hyd yn oed mewn lle fel Llanybydder, prin fu'r drafodaeth ar fewnfudo o ddwyrain Ewrop o safbwynt yr iaith. Trefnai gwirfoddolwyr ychydig weithgareddau i godi ymwybyddiaeth o'r Gymraeg ymhlith y newyddddyfodiaid, megis yn Llanfihangel-ar-arth ger Llandysul.[401] Ond roedd pwyslais y Wladwriaeth Brydeinig, a'r Cynulliad Cymreig yng Nghaerdydd, ar integreiddio mewnfudwyr trwy gyfrwng y Saesneg.[402] Heb dderbyn cefnogaeth gan y wladwriaeth, ni ddysgai mewnfudwyr o ddwyrain Ewrop mo'r Gymraeg. O blith sampl o 47 o weithwyr o ganol a dwyrain Ewrop mewn gwahanol rannau o'r broydd Cymraeg, nid oedd neb yn rhugl neu'n lled-rugl yn yr iaith, er bod gan rai Gymraeg elfennol.[403] Amlygir gan hyn un gwirionedd: mae'r gymdeithas fwyafrifol yn amlethnig o ganlyniad i rym cymdeithasol yn cael ei arfer o'i phlaid; mae'r lleiafrif brodorol yn fwy monoethnig am fod ei siaradwyr yn ddi-rym.

Daeth y mewnfudo o ddwyrain Ewrop yn bwnc politicaidd, ac ar ganol y 2010au ychwanegid ato bryder a borthid gan wasg dabloid senoffobaidd am ffoaduriaid Mwslemaidd yn ffoi rhag rhyfel cartref gwaedlyd Syria. Ym machlud yr ugeinfed ganrif, a gwawr yr un newydd, roedd Cymru wedi croesawu ffoaduriaid rhag rhyfeloedd ym mhedwar ban byd, er enghraifft o Somalia, Fiet-nam ac Eritrea ynghyd ag o'r gwledydd hynny lle bu gwrthdaro ac anghydfod: Iran, Irac, Pacistan, Palesteina, Simbabwe, Tsieina, Swdan, Affganistan a'r hen Iwgoslafia.[404] Ond nid oedd dim yn debyg i impact diwylliannol argyfwng ffoaduriaid Syria 2015 a 2016. Yn y diwylliant Cymraeg, roedd y farn gyhoeddus yn gryf o blaid ffoaduriaid ac yn wahanol i honno mewn rhannau o Loegr. Cafwyd ymdrechion cymunedol cadarn i hel nwyddau ar eu cyfer, ac un nodwedd ddadlennol ar y grwpiau a gydlynai hyn oedd iddynt gael eu harwain gan ferched yn bennaf. Cynigiodd y diwylliant Cymraeg trwy fod ganddo ei 'sffêr cyhoeddus' ei hun ryw wedd ar amddiffyniad rhag anoddefgarwch y Dde Galed Brydeinig.

Yn yr unfed ganrif ar hugain, yn wyneb symudoledd a globaleiddio, honnid gan rai nad oedd seiliau cymunedol iaith mor greiddiol â hynny mwyach. Ceid pwyslais yn hytrach ar 'siaradwyr Cymraeg' unigol. Eilbeth oedd a barhâi cymdeithas Gymraeg. Adlewyrchwyd yr ideoleg hon yn slogan Llywodraeth Cymru o blaid cael 'miliwn o siaradwyr', ac yn y pwyslais mewn cylchoedd academaidd ar 'siaradwyr newydd'.[405]

Mae strategaeth iaith a seilir ar ddysgwyr yn rhwym o wneud cymuned ieithyddol yn fwy amlethnig, ac mae peth tystiolaeth fod hyn yn digwydd eisoes mewn cymunedau ieithyddol bychain fel yr un Sorbeg, ac ymysg siaradwyr Gaeleg yr Alban.[406] Daw'n fwy rhyngwladol hefyd. Yn y byd digidol, nid oes fawr o ots a yw siaradwr Cymraeg ail iaith yn trigo yn ne Cymru neu Dde Cymru Newydd; yr iaith biau'r awyr, os nad, efallai, y ddaear. Gan fod iaith yn hyblyg, a bod modd ei dysgu, gall fod yn gostrel ar gyfer arddeliadau dewisol o hunaniaeth mewn modd ôl-fodern, ac mewn rhai amgylchiadau mae coleddu iaith leiafrifol yn *fwy* cyffredin ymysg mewnfudwyr na'r brodorion. Yng Nghaerdydd, er enghraifft, câi plant Saeson dosbarth canol eu hanfon i ysgolion Cymraeg am fod eu rhieni yn dymuno rhoi gwreiddiau iddynt yng Nghymru. Nid oedd gan boblogaeth ddi-Gymraeg, gynhenid y ddinas yr un angen seicolegol i arddangos ei gwreiddiau. 'In interesting ways then,' meddai adroddiad am hyn, 'a new linguistically related "Welshness" is being formed around, and through, English incomers to Wales', gan dystio 'to the construction and indeed invention of a Welshness which is actually based on immigration'.[407]

Ni olyga'r math hwn o ddatgysylltiad rhwng iaith ac ethnigrwydd nad oes angen cymunedau Cymraeg fodd bynnag. Mae'r rheini ymysg cymunedau lleiafrifol mwyaf bregus gorllewin Ewrop, ac mae eu bodolaeth yn gyfraniad anhepgor i amlddiwylliannedd Cymru a Phrydain. Ac oherwydd ei statws fel iaith ddiofyn y gymuned, mae'n anochel bron mai'r sir lle ceir mwyaf o siarad ar y Gymraeg gan leiafrifoedd ethnig yw Gwynedd, er i'r ffaith fod yn anghydnabyddedig i raddau.

Pennod 2

Yn y cyfnod cyfnewidiol hwn ar ddechrau'r 2020au, mae'r prosesau hyn i gyd yn mynd rhagddynt. Heddiw, daw mwyafrif helaeth siaradwyr Cymraeg o gefndir 'Cymreig', sut bynnag y diffinnir hwnnw. Er hynny, honnwyd ar ffurflenni cyfrifiad 2011 fod 66,433 o unigolion a aned tu allan i Gymru yn siarad Cymraeg, sef 12% o'r boblogaeth Gymraeg.[408] Roedd 23,181 o siaradwyr Cymraeg â hunaniaeth 'Seisnig' neu 'Seisnig a Phrydeinig', ac mae'n debyg fod llawer iawn o Saeson ymhlith y 50,943 o siaradwyr Cymraeg a ddywedodd eu bod yn 'Brydeinwyr' ac nid oedd ganddynt hunaniaeth 'Gymreig'.[409] Mae'n amlwg fod Saeson Cymraeg yn boblogaeth led sylweddol yng Nghymru.

Mae'r niferoedd sy'n medru Cymraeg o gefndiroedd ethnig eraill yn llai. Er mwyn gwarchod cyfrinachedd, amcangyfrifon yw canlyniadau'r cyfrifiad, ond ceir syniad yr un fath o'r sefyllfa ar lawr gwlad. Honnwyd fod 852 o siaradwyr Cymraeg yn coleddu rhyw wedd ar hunaniaeth Wyddelig. Mwy arwyddocaol, efallai, yw bod ymron i 5,000 yn arddel o leiaf *un* hunaniaeth yn tarddu o'r tu allan i Brydain ac Iwerddon. O'r rhain roedd 3,122 heb unrhyw fath o hunaniaeth Gymreig, Brydeinig na Gwyddelig o gwbl.[410]

O ran y cyswllt rhwng ethnigrwydd, fel y'i diffinnir yng nghyfrifiadau'r Wladwriaeth Brydeinig, a'r gallu i siarad Cymraeg, datgenir fod o leiaf 10,000 yng Nghymru (rhwng 10,179 a 10,969 o bobl; mae'r cyfrifiad yn amwys) o grwpiau 'BAME' yn medru Cymraeg.[411] Amheuir yn gryf fod y nifer hwn yn codi bob blwyddyn: mae'r boblogaeth yn ifanc ac yn cynyddu. Gallai'r nifer heddiw, ddeng mlynedd wedi cyfrifiad 2011, fod yn sylweddol uwch.

Yn 2011, roedd 6% o'r gymuned ddu, 6% o'r gymuned Asiaidd a 18% o'r boblogaeth sydd o gefndir ethnig 'cymysg' neu 'luosog' yn medru Cymraeg, ac nid oedd y ffigwr olaf ond ychydig yn is na'r ganran o siaradwyr Cymraeg trwy'r boblogaeth i gyd. Er bod y ffigyrau hyn yn siŵr o gynnwys nifer helaeth o blant ail iaith mewn addysg Saesneg na fyddent yn defnyddio'r Gymraeg y tu allan i'r ysgol,[412] honnodd oddeutu 2,500 o oedolion 20 oed a hŷn o gefndiroedd 'BAME' eu bod yn medru Cymraeg.[413] Awgrym y ceir defnydd gweithredol yn hytrach na gwybodaeth oddefol yw fod mwy na 800 o gefndiroedd 'BAME' yng Ngwynedd yn gallu siarad yr iaith. Yn wir, yng Ngwynedd roedd dros hanner y grŵp o gefndir 'cymysg' neu 'luosog' yn ei medru. Nid pobl wyn yn unig sy'n siarad Cymraeg.

O graffu ar y 5,000 Cymraeg 'tramor' a'r 10,000 o grwpiau 'BAME', a'r 1,000 bron o 'Wyddelod' hefyd, ond gan gadw mewn cof y byddai rhai 'tramor' hefyd yn perthyn i grwpiau 'BAME', ac eraill yn blant ail iaith nad ydynt efallai yn medru siarad Cymraeg gystal ag y tybiai eu rhieni, mae'n deg casglu fod yn ychwanegol at Saeson rhwng 10,000 a 15,000 o unigolion o gefndir ethnig lleiafrifol yn medru rhyw wedd ar Gymraeg, a nifer sylweddol o'r rhain yn rhugl.

Fel cyfanswm, nid yw hynny'n fychan nac yn anystyrlon.

3

Disgrifio amlddiwylliannedd Cymraeg

Cymuned amlethnig a lluosog ei diwylliannau yw'r gymuned Gymraeg, a dyna fu erioed. Ond nid oes modd ei hadnabod fel cymuned o'r fath heb ei disgrifio felly, ac mae natur y disgrifio'n dibynnu ar ba fath o wybodaeth a ddefnyddir i wneud hynny. Cyfeiria athronwyr at hyn fel problem epistemegol (sef problem o ran natur gwybodaeth). Gwraidd y broblem yw fod y byd Cymraeg yn cynhyrchu gwybodaeth sy'n wahanol i eiddo'r byd Angloffon, Prydeinig.

Diffinnir amlddiwylliannedd Cymraeg gan y ffaith fod y diwylliant Cymraeg yn ddiwylliant lleiafrifrol ei hun. Fel grŵp iaith, nid yw'r grŵp Cymraeg yn un grymus. Mae ei berthynas â'r grŵp Saesneg yn peri iddo (ynghyd â rhai grwpiau iaith brodorol eraill) fod mewn sefyllfa led unigryw yng ngwledydd Prydain, gan fod iddo lai o rym diwylliannol yn ei diriogaeth hanesyddol na'r diwylliant mewnfudol pennaf (sef yr un Saesneg). Ni ellir cymryd yn ganiataol y bydd ymfudwyr i ardaloedd Cymraeg yn integreiddio'n ieithyddol, ac ar y cyfan, erbyn ail hanner yr ugeinfed ganrif, ni fyddent yn gwneud hynny. O ganlyniad, pan drafodid mewnfudo yn y sffêr cyhoeddus Cymraeg yn ail hanner yr ugeinfed ganrif, yn bur anaml y trafodwyd hil. O safbwynt parhad y grŵp iaith, mater amherthnasol oedd hwnnw. Trafodwyd yn hytrach iaith.

Mewn cymhariaeth, gallai'r grŵp Saesneg gymryd yn gwbl ganiataol ei fod yn gryfach na grwpiau iaith eraill. Nid oedd angen rhoi sylw i faterion megis dyfodol y Saesneg. Roedd yr iaith honno mor gryf, cymhethid lleiafrifoedd i'r gymdeithas Saesneg yn lled ddi-gymell. Ond bu hanes hir yn Lloegr o ymboeni ynghylch hil, mater a gynhyrfai'r dyfroedd yn arw, efallai am na wnâi iaith hynny. Dwysaodd hyn yn ystod yr unfed ganrif ar hugain pryd y gwelwyd twf mewn Islamoffobia, ymgyrchoedd o blaid gwastrodi mewnlifiad, pryder am le'r genedl Seisnig yn y byd, a'r cwbl yn arwain at ymadawiad Prydain o'r Undeb Ewropeaidd.

Teg crynhoi'r sefyllfa fel hyn. Roedd y gwareiddiad Cymraeg a'r Wladwriaeth Brydeinig wedi cynhyrchu disgyrsiau ynghylch mudo. Ond roedd eu seiliau epistemegol yn wahanol. Maes trafod arferol y Gymru Gymraeg oedd iaith. Tueddai'r Brydain Angloffon droi at hil.

Pan fodola dwy epistemeg (dwy gyfundrefn o 'wybodaeth') ochr-yn-ochr â'i gilydd fel hyn, bydd ansefydlogrwydd. Ceir posibiliad y bydd y dull hegemonaidd o ddosrannu gwybodaeth yn disodli'r un *subaltern*. A dyna ddigwyddodd. Gyda'r drafodaeth Brydeinig am fewnlifiad yn mynd ar hyd trywydd llawer mwy garw ac adweithiol nag o'r blaen, a hil yn dechrau disodli iaith fel mater o bryder cyhoeddus yng Nghymru hefyd, diflannodd y gofid am ymfudo Angloffon i'r broydd Cymraeg ymron yn llwyr, fel pe bai'r naill ddisgwrs yn disodli'r llall. Mae'r 'Prydeineiddio' hwn yn enghraifft o gyflyru diwylliannol ar leiafrif wrth i syniadaeth gael ei hailddiffinio. Gwelir y newid yn ystyron geiriau Cymraeg hyd yn oed: yn y 1980au a'r 1990au, cyfeirio at fudo mewnol oddi mewn i'r Deyrnas Gyfunol a wnâi'r term 'mewnlifiad' ar lawr gwlad, sef 'in-migration', a chyfleu newid ieithyddol mewn ardal Gymraeg; erbyn y 2010au, roedd wedi colli'r naws honno, a glos ydoedd ar air Saesneg, 'immigration', yn cyfeirio at fewnfudo pobl o'r tu allan i Brydain.

Sgileffaith anfwriadol hyn oedd ailddiffinio ardaloedd Cymraeg fel rhanbarth ddiwylliannol nad oedd yn 'amrywiol' oherwydd er bod yno gryn amrywiaeth ethnig, lleiafrifoedd ethnig 'gwyn' oedd y rhain ar y cyfan a darddai o rannau eraill o Brydain neu Ewrop. Ychydig mewn cymhariaeth oedd y boblogaeth ddu ac Asiaidd, sefyllfa a ganiatâi i'r diwylliant Cymraeg gael ei gyflwyno fel un monoethnig. Portread annheg oedd hwn oherwydd er ei bod yn fychan, bodolai poblogaeth ddu ac Asiaidd Gymraeg ei hiaith yn y broydd Cymraeg fel yng ngweddill Cymru.

Effaith arall hyn oedd peri i amrywiaeth ethnig poblogaethau gwyn gael ei chuddio. O dan ddylanwad amlddiwylliannedd Eingl-Americanaidd, synnid fwyfwy am y categori 'lleiafrif ethnig' fel un yn cyfeirio at boblogaethau yn tarddu o'r tu allan i Ewrop, neu'u disgynyddion: yn gynyddol, fe'i defnyddid i gyfeirio at leiafrifoedd 'gweladwy' yn unig. Dyma wraidd y term Prydeinig, 'BAME' (*Black, Asian and minority ethnic*), sy'n cyfystyru bod yn aelod o leiafrif ethnig â bod yn lleiafrif o ran 'hil'.

Oherwydd tueddhanesyddol yn y diwylliant Cymraeg i anwybyddu hil, nid drwg o beth oedd hyn i gyd. Roedd angen rhoi llawer mwy o sylw i faterion yn ymwneud â hil fel bod modd cael cyfiawnder i grwpiau du ac Asiaidd, a sefydlu ymwybyddiaeth o gymdeithas Gymraeg amlhiliol gynhwysol. Fodd bynnag, gan fod gwead cymhleth disgyrsiau hanesyddol yng Nghymru am iaith, ethnigrwydd a hil wedi'i ffurfio yng nghysgod goruchafiaeth yr Angloffon yn ogystal â goruchafiaeth y gwyn, anodd yw derbyn fod a wnelo ethnigrwydd â'r gwahaniad rhwng categorïau 'gwyn' a 'du' yn unig.

Term cymharol newydd yw'r un 'BAME' a ddeilliodd yn y lle cyntaf o'r diffiniad o ethnigrwydd a arddelid gan y Wladwriaeth Brydeinig mewn cyfrifiadau. Cyn hynny, cyfeirid at y grwpiau hyn mewn hanesyddiaeth Gymreig fel 'lleiafrifoedd ethnig gweladwy' ('*visible ethnic minorities*') sy'n awgrymu y ceid hefyd leiafrifoedd nad oeddynt yn 'weladwy'. Term categorïol yw 'gweladwy' hefyd wrth gwrs, ac yn ddadleuol yn hynny o beth, ond tybid mai'r hyn a olygid gan leiafrifoedd nad oeddynt yn weladwy oedd grwpiau y mae mwyafrif eu haelodau'n 'wyn', neu a ddychmygir heddiw fel rhai 'gwyn': Gwyddelod, Roma, Iddewon ac ati. Grwpiau yw'r rhain a fu'n ganolog i'r drafodaeth ynghylch ethnigrwydd, cenedl a dinasyddiaeth yng Nghymru. Wynebent hiliaeth o'r math mwyaf gwrthun, gan gynnwys erledigaeth gan y wladwriaeth ac, ar lawr gwlad, derfysgoedd hil. Amhosibl yw ysgrifennu hanes amlethnigrwydd ac amlddiwylliannedd yng Nghymru hebddynt.

Nid yw 'ethnigrwydd' yn sefydlog, a gellir ei greu neu'i ddadgreu wrth gyfundrefnu gwybodaeth. Yn hanesyddol, bodolai cryn amrywiaeth ethnig yng Nghymru ac yn y Gymru Gymraeg. Roedd Gwyddelod, Eidalwyr, Sioni Winwns ac yn y blaen yn rhan o'r gymdeithas Gymraeg. Go brin y'u cyfrifir yn grwpiau 'BAME', ond heb gydnabod lleiafrifoedd arwyddocaol fel y rhain, bydd y Gymru Gymraeg yn ymddangos yn llai amlethnig nag y bu ac yn llai amlethnig nag ydyw. Mae dull amlddiwylliannedd Eingl-Americanaidd o adnabod ethnigrwydd yn nhermau *hil* yn unig yn dileu llawer iawn o hanes ac amrywiaeth ethnig Cymru, a gwell fyddai methodoleg sy'n cydnabod amrywiaeth o ran hil *ac* ethnigrwydd (sy'n cael ei amlygu drwy arferion diwylliannol yn hytrach nac ach, sef trwy iaith, crefydd, ffordd-o-fyw ac yn y blaen).

At hyn, sefyllfa unigryw y cyd-destun Cymraeg yw mai'r prif 'Arall' ethnig yw'r Saeson. Yn yr ardaloedd Cymraeg, grŵp gwyn yw hwn yn bennaf, ac wrth gwrs mae'r Cymry at ei gilydd yn wyn hefyd. Eu presenoldeb mewn niferoedd mawr yng Nghymru yw cymhelliad llawer o drafodaethau yn y Gymraeg ynghylch gwahanrwydd diwylliannol ac ieithyddol.

Un o sgileffeithiau mwyaf eironig amlddiwylliannedd Eingl-Americanaidd yw iddo gelu bodolaeth y Saeson fel grŵp yng Nghymru. Wrth gwrs, gellid dadlau fod eu breiniau gwladwriaethol, cymdeithasegol, ieithyddol ac economaidd yn codi'r cwestiwn a ydynt yng Nghymru yn lleiafrif o gwbl. Hwyrach y gellid cyfeirio atynt fel lleiafrif 'dominyddol', neu pe dymunid ei fynegi mewn ffordd arall, lleiafrif normadol.[1] 'A dominant minority', cyfeddyf Neil Evans, 'is, by its nature, a different thing from the poor and frequently despised immigrants who have figured more often in modern Welsh history.'[2] Ond sut bynnag y'u dehonglir, lleiafrif o ran niferoedd ydynt yr un fath, ac mae eu cydnabod fel grŵp yn hanfodol er mwyn dirnad natur ethnigrwydd yng Nghymru. Gan eu bod yn ffurfio tua'r bumed ran o'r boblogaeth, a bod y ffigwr yma'n uwch yn y broydd Cymraeg, sef hyd at hanner a mwy o'r boblogaeth mewn sawl man, amhosibl hefyd yw trafod y berthynas rhwng y gwareiddiad Cymraeg a lleiafrifoedd eraill heb gydnabod yn gyntaf mai'r Saeson yw'r 'Arall' i lawer o Gymry.

Er bod mewnlifiad o Loegr wedi arwain at ddatblygu ystod o bolisïau amlddiwylliannol mewn broydd Cymraeg, yn bennaf trwy gymryd camau i gymathu plant yn ieithyddol yn y system addysg, ni chydnabyddir yr amlethnigrwydd hwn gan sefydliadau 'gwrthrychol' y Wladwriaeth Brydeinig (asiantaethau hel ystadegau, ffurflenni cydraddoldeb, llywodraethau yng Nghaerdydd a Llundain) wrth iddynt gofnodi gwybodaeth am ethnigrwydd. Er bod cymdeithas y Gymru wledig gyfoes wedi'i seilio ar ffurf o amlethnigrwydd sy'n cwmpasu deuethnigrwydd helaeth, ac yn ddwyieithog hefyd, cyfeirir at ei diffyg amrywiaeth honedig fel pe bai'n ffaith ddiymwad.

Pennod 3

Ceir felly fath o 'anghyfiawnder epistemaidd' sy'n camlunio realiti amrywiaeth ethnig yn y byd Cymraeg. Gellir olrhain ei effeithiau o gymharu'r diffiniad o 'fewnfudo' mewn dau fap cyferbyniol.

'Born abroad: an immigration map of Britain' yw teitl y map cyntaf, map a gynhyrchwyd gan y BBC ac sy'n enghraifft dda o 'wybodaeth' Brydeinig.[3] Map o Brydain gyfan yw hwn, sy'n dangos dosbarthiad daearyddol 'mewnfudwyr'. Diffinia 'fewnfudwr' fel un o'r tu allan i Brydain, gan ddangos fod y nifer mwyaf o 'fewnfudwyr' yn byw yn ne-ddwyrain Lloegr, ac yng Nghymru yn ninasoedd y de. Cynigia'r map ddelwedd o'r Gymru wledig ac ôl-ddiwydiannol fel y rhanbarth honno o Brydain gyda'r nifer lleiaf o fewnfudwyr.

Ond mewn map arall, 'Born in England 2011 Census Wales', ceir golwg gwbl wahanol ar ethnigrwydd yng Nghymru.[4] Map o Gymru yn unig yw hwn, ac mae'n arwyddocaol iddo gael ei greu gan wirfoddolwyr ar gyfer Wikipedia yn hytrach na'i lunio gan un o asiantaethau'r wladwriaeth. Yma caiff tarddiad y boblogaeth ei fapio ar sail gwlad yn hytrach na gwladwriaeth, gan awgrymu naratif bur wahanol i un y BBC.

Dengys 'Born in England' fod canran uchel o boblogaeth Cymru, ac mewn ardaloedd Cymraeg yn enwedig, wedi'i geni yn Lloegr. Ym Môn yn 2011, roedd y ganran yn 29%; yng Ngwynedd, 28%; yng Ngheredigion, 37%; yn sir Benfro, 27%.[5] Y ffigyrau cyfatebol yn y dinasoedd yw Caerdydd, 17%; Abertawe, 14%; a Chasnewydd, 13%. Mae canran y boblogaeth sydd wedi'i geni y tu allan i Gymru (sy'n cynnwys pobl o'r tu allan i Brydain) hefyd yn uwch yn y siroedd gorllewinol 'Cymraeg' nag yn y dinasoedd. Nid yw dinasoedd y de yn ymddangos mor 'amrywiol' bellach. Neu, o'i fynegi mewn ffordd well (mae dinasoedd y de yn amrywiol, wrth gwrs), nid ydynt yn cael eu cyflwyno fel petaent yn fwy amrywiol. Y pwynt sylfaenol yw na ellir dweud *nad yw* cefn gwlad Cymraeg yn amrywiol.

Gwelir, o gymharu'r ddwy ffordd o gyfrif ystadegau, effaith ymarferol defnyddio gwahanol gategorïau 'diffiniadol' wrth ddisgrifio ethnigrwydd. Nid yw'r ardaloedd Cymraeg yn llai tebygol o ddenu mewnfudwyr na rhannau mwy Saesneg o Gymru. Nid mater dibwys mo hyn oherwydd mae anallu i gydnabod ffurfiau Cymreig ar amrywiaeth yn arwain at annilysu amlddiwylliannedd Cymraeg wrth beidio â'i gydnabod.

Cymunedau Cymraeg yn cael eu hailddiffinio fel cymunedau gwyn

Hwyrach mai effaith bennaf y fethodoleg Brydeinig hon yw ailddiffinio lleiafrif ieithyddol fel mwyafrif o ran hil. Yn y mapiau a drafodwyd, procsi ar gyfer trafod hil i ryw raddau yw 'Born abroad', a phrocsi ar gyfer trafod iaith i raddau yw 'Born in England'. Mae'r ddau fap yn adlewyrchu tyndra rhwng epistemeg Angloffon a Chymraeg wrth drafod amrywiaeth ddiwylliannol.

Yn sgil disodli iaith fel categori ffurfiannol gan 'wybodaeth Angloffon', diffinnir cymunedau Cymraeg yn rhinwedd eu cefndir o ran hil a'u hailfathu fel cymunedau gwyn. Parthau 'Prydeinig gwyn' (*white British*) yw'r broydd Cymraeg bellach; ni feddylir amdanynt mwyach fel cymunedau lleiafrifol. Gwedir yr 'hidden diversity within the assumed and imposed category of "White British privilege"', chwedl yr ysgolhaig Sara Louise Wheeler wrth drafod enwau personol Cymraeg, a thrinnir Cymry Cymraeg gwyn fel rhan o fwyafrif grymus gan anwybyddu camwahaniaethu Angloffon yn eu herbyn.[6] Mae'n wir wrth reswm fod Cymry Cymraeg gwyn yn elwa ar y 'fraint' sy'n deillio o fod yn wyn, ac ni ddylid gwadu y gallent, fel pob lleiafrif, ormesu lleiafrifoedd eraill. Ond canlyniad y disgwrs am 'White British privilege' yw fod gwleidyddiaeth cydraddoldeb y Wladwriaeth Brydeinig yn diystyru bodolaeth cymunedau ieithyddol lleiafrifol ac o ganlyniad yn eu trin fel pe baent yn normadol, hegemonaidd a grymus.

Yn neddfwriaeth cydraddoldeb Prydain, diffinnir rhai nodweddion ar yr hunan (oedran, anabledd, ailgyfeirio rhywedd, hil, crefydd, rhyw, rhywioldeb, priodas neu bartneriaeth sifil, a beichiogrwydd a mamolaeth) fel nodweddion gwarchodedig ('protected characteristics'). Dyma'r nodweddion y cyfeirir atynt pan fydd y wladwriaeth, neu'i hasiantaethau, yn sôn am 'amrywiaeth'. Fe'u cydnabyddir fel nodweddion ar grwpiau yn ogystal ag ar unigolion: er enghraifft, trwy osod cwota neu darged i sicrhau fod canran benodol o weithlu yn perthyn i grŵp penodol, neu wrth fesur grŵp yn ystadegol mewn meysydd fel darpariaeth iechyd, mynediad i'r farchnad dai, canlyniadau addysgol ac yn y blaen.

Nid yw iaith yn cael ei chydnabod fel nodwedd warchodedig. Synnir amdani yn hytrach fel 'hawl'. Ond mae hawl unigolyn i ddefnyddio'r Gymraeg yn wahanol i gydnabyddiaeth o siaradwyr

Pennod 3

Cymraeg fel grŵp. Ychydig yw'r sôn am anghyfiawnder sosio-economaidd yn achos 'siaradwyr' Cymraeg, ond nodir y math hwn o anghydraddoldeb yn aml yn achos grwpiau o ran rhyw a hil. Trinnir y Gymraeg fel nwydd drosglwyddadwy yn hytrach na nodwedd warchodedig a ddeëllir fel elfen greiddiol ar yr unigolyn a'r *gnŵp*. Ymhellach, yn y Gymru ddatganoledig, gan fod y Gymraeg 'yn perthyn i bawb', ni all ddiffinio grŵp. Pair y cyfuniad o genedlaetholdeb Cymreig sifig a gwleidyddiaeth Angloffon ddi-iaith i'r gwahanrwydd sy'n nodweddu'r gymdeithas Gymraeg ddiflannu, neu gael ei guddio o leiaf.

Cyn datganoli, dychmygid cymunedau Cymraeg fel cymunedau dan orthrwm. Yna, yn oes 'y Sifig' ddatganoledig, gwedid eu bodolaeth ddiriaethol am fod pawb yng Nghymru'n gydradd ac o ganlyniad ni ellid goddef gwahanol 'raddfeydd' o Gymreictod. Gan fod pob cymuned yng Nghymru, yn ôl y rhethreg swyddogol, yn ddwyieithog, ni ellid haeru fod rhai cymunedau'n fwy dwyieithog na'i gilydd.

Ond wedyn, yn y 2010au, gyda thwf 'gwleidyddiaeth hunaniaeth', holltid undod y Sifig gan ymrafael chwerw ynghylch hunaniaethau nad oeddynt yn seiliedig ar iaith. Nid oedd y wleidyddiaeth newydd yn diffinio dinasyddion mwyach ar sail aelodaeth o'r grŵp Cymraeg neu Saesneg yn bennaf oll, ond yn hytrach ar sail priodoleddau anieithyddol. Câi'r rhain yr effaith o fwyafrifoli'r gymdeithas Gymraeg gan ei disgrifio yn nhermau ei nodweddion normadol honedig (e.e gwynder tybiedig). Trwy broses felly, aeth dynion Cymraeg gwyn er enghraifft yn 'white men', a'u disgrifio fel pe baent yn perthyn yn ddi-amod i'r grŵp goruchafol. Gosodid siaradwyr Cymraeg gan rethreg o'r fath yn y garfan sydd wedi elwa ar Oleuedigaeth yn hytrach na chydnabod eu bod hwythau hefyd, fel lleiafrif ieithyddol brodorol, ymysg y bobloedd nas cydnabuwyd ganddi.

Fel llawer i ragfarn yn erbyn lleiafrifoedd, tardd grym cynhwynol rhagfarn wrth-Gymraeg o bwyslais yr Oleuedigaeth ar gynhwysedd cyfanfydol gwrth-leiafrifol, pwyslais a etifeddid gan rannau helaeth o'r Chwith. Heddiw, câi hyn ei herio'n gynyddol gan grwpiau darostyngedig mewn meysydd fel rhywedd, rhywioldeb, rhyw, anabledd a hil ond am nad ydynt yn cael eu cydnabod gan wleidyddiaeth hunaniaeth Angloffon, eithrir cymunedau Cymraeg o'r broses hon. Mae grwpiau eraill yn cael eu gorthrymu, ond gan y cânt eu cydnabod gan y Sifig Brydeinig, gellir ceisio mynd i'r afael â'r anghyfiawnderau a wynebant drwy bolisïau cydraddoldeb. Ond mae cymunedau Cymraeg yn meddu ar wahanrwydd radical, sy'n bodoli y tu hwnt i'r Sifig. Maent yn anghyfiaith ac ar wahân ac yn annirnad i'r Sifig Angloffon. Caiff y grŵp Cymraeg ei gynhyrchu ar ffurf 'anfodolaeth', chwedl Richard Glyn Roberts.[7] Dyma un rheswm pam y cânt eu cymhathu'n ddifeddwl a diffwdan gan y categori 'Prydeinig gwyn'.

Yn ogystal â diystyru ethnigrwydd grwpiau lleiafrifol 'gwyn' yng Nghymru, anffawd arall amlddiwylliannedd Eingl-Americanaidd yw gosod lleiafrifoedd ethnig gweladwy y tu allan i gategorïau Cymreig. Gwedir Cymreictod pobl ddu, Asiaidd a Tsieinaidd pan gyflwynir ethnigrwydd fel ffenomen Brydeinig. Yng nghyfrifiad 2001, diffiniwyd ethnigrwydd fel 'hil', a chymerid yn ganiataol fod y Cymry yn dymuno meddu ar genedligrwydd Prydeinig, gan esgor ar y categori 'Gwyn Prydeinig'. Yn sgil beirniadaeth gyhoeddus nad oedd cenedligrwydd 'Cymreig' yn cael ei gydnabod,[8] roedd modd yng nghyfrifiad 2011 i Gymry gwyn nodi eu hethnigrwydd fel 'Gwyn Cymreig'. Ond ni chrëwyd categorïau Cymreig megis 'Du Cymreig' neu 'Asiaidd Cymreig' ar gyfer Cymry o'r cefndiroedd ethnig lleiafrifol hynny. Fe'u gosodwyd y tu allan i'r categori Cymreig a'u gorfodi i ymddiffinio fel aelodau o leiafrif ethnig Prydeinig (e.e. 'Du Prydeinig'). Atgynhyrchwyd yr arfer hwn ar lawer o ffurflenni swyddogol yn ystod y 2010au hefyd, ac yna eto yn ystod y broses ymgynghorol ar gyfer cyfrifiad 2021, mater y bu i Gymry o gefndir Asiaidd a du, Shazia Awan a Kizzy Crawford, gwyno yn ei gylch yn 2016 a 2019.[9]

Amlddiwylliannedd Cymraeg

Pe bai categorïau diffiniadol y wladwriaeth yn seiliedig ar amlddiwylliannedd Cymreig a Chymraeg, nid fel hyn y trefnid pethau. Byddid yn hytrach yn arddel diffiniadau sy'n adlewyrchu amrywiaeth mewn cymunedau Cymreig a Chymraeg yn hytrach nag ar sail y gymuned Brydeinig neu Angloffon yn unig. Byddai categorïau Cymreig yn cydnabod grwpiau o ran hil, ethnigrwydd ac iaith.

Yn greiddiol i'r drafodaeth am amlddiwylliannedd yng Nghymru yw'r berthynas rhwng dau neu fwy o leiafrifoedd â'i gilydd, sef rhwng grŵp iaith brodorol a lleiafrifoedd o ran hil neu ethnigrwydd, ac mae modd wrth reswm i unigolyn fod yn aelod o'r ddau leiafrif. Ond mae sefyllfa'r mwyafrif (Angloffon a gwyn) yn wahanol yng Nghymru hefyd. Mae pawb yng Nghymru (neu bawb yng Nghymru sy'n dymuno hynny), ni waeth beth yw eu hiaith na'u tarddle, yn perthyn i leiafrif cenedlaethol oddi mewn i wladwriaeth fwy. Nid yw'r di-Gymraeg yng Nghymru yn perthyn i'r grŵp iaith darostyngedig, ond maent yn lleiafrif yng nghyd-destun ehangach Prydain er eu bod yn Angloffon. Dyma wahaniaeth arall rhwng amlddiwylliannedd yng Nghymru a Lloegr oherwydd yn Lloegr nid yw'r Angloffon gwyn yn rhan o unrhyw leiafrif.

Nid yw'r gyfrol hon wedi ymafael yn hunaniaeth y Cymro di-Gymraeg yn ddwys am mai ymdriniaeth â'r gwareiddiad Cymraeg yw. Ond ni ddylid dehongli hyn fel amlygiad o farn wrthnysig. I'r graddau fod 'goruchafiaeth yr Angloffon' yn dynodi gwahanrwydd rhwng cenedl y Cymry a chenedl y Saeson (sy'n wreiddiedig mewn iaith yn hytrach na hil), gellid dadlau fod Cymry di-Gymraeg yn dioddef oddi wrthi hefyd. A yw'r 'Arall gormesol' yn gwahaniaethu rhyngddynt hwy a siaradwyr Cymraeg? Mae'r rhagfarn o dan yr wyneb fel petai. Dyna, yn fras, drywydd dadl J. R. Jones yn ei bamffledyn pwysig, *A Raid i'r Iaith ein Gwahanu?* (1967), am genedl sy'n cynnwys erbyn hyn ddau grŵp iaith.

Mae'n rhaid felly cynnwys y di-Gymraeg oddi mewn i'r model amlddiwylliannol Cymraeg. Fodd bynnag, am fod gwahanrwydd Cymreig wedi'i wreiddio mewn iaith yn hytrach na hil, a'r grŵp Cymraeg yn meddu hefyd ar awtonomi yn y Gymru sifig, ni ellir diystyru'r gwahaniaethau rhwng grwpiau iaith ychwaith. Gellid synio felly am amlddiwylliannedd Cymraeg ar ffurf cylchoedd yn cynrychioli hunaniaethau ethnig *ac* ieithyddol. Maent yn adlewyrchu'n well yr ystod lawn o hunaniaethau a geir yng Nghymru na'r unedau monolithig a grëir gan batrwm amlddiwylliannedd Eingl-Americanaidd.

Model cychwynnol posib ar gyfer amlddiwylliannedd Cymraeg

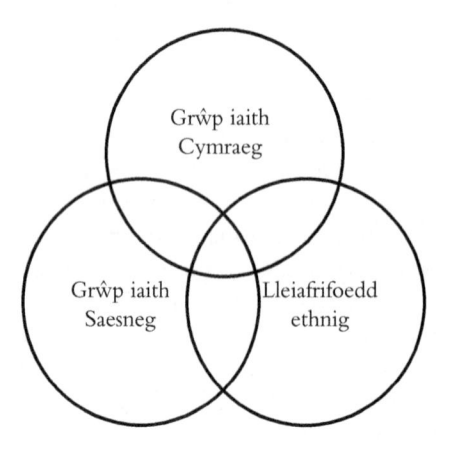

```
        Grŵp iaith
         Cymraeg


Grŵp iaith        Lleiafrifoedd
 Saesneg             ethnig
```

Gellid amlhau'r cylchoedd wrth gwrs. Er enghraifft, gellid cynrychioli'r grŵp Angloffon yng Nghymru gan ddau neu fwy o gylchoedd, sef hunaniaeth Gymreig a hunaniaeth Seisnig, yn ogystal â hunaniaethau Angloffon sy'n hybrideddau Cymreig-Seisnig, neu'n seiliedig ar genedligrwydd neu ethnigrwydd arall. Nid yw amlddiwylliannedd Eingl-Americanaidd yn cydnabod hybridedd o'r fath, ond mae'n anodd gweld sut y gall amlddiwylliannedd Cymraeg ei osgoi. Mae angen cydnabod yng Nghymru hybrideddau nad ydynt yn bod o gwbl mewn disgwrs swyddogol ar hyn o bryd, megis dosbarthiadau cynilach fel 'Saeson Cymraeg', 'Saeson Cymreig' ac ati. Dichon y gallai annibyniaeth i Gymru, pe digwyddai, greu lleiafrifoedd newydd ym Mhrydain hefyd, sef dinasyddion Seisnig yng Nghymru a dinasyddion Cymreig yn Lloegr, a phriodol ymbaratoi ar gyfer y posibiliad hwnnw yn ogystal.

Yn yr un modd, gan nad un grŵp cymdeithasol cydlynol yw 'lleiafrifoedd ethnig', dylid lluosi'r cylch hwnnw'n nifer o gylchoedd, a phob un yn dynodi grŵp gwahanol, neu hybrideddau arnynt. Byddai model o'r fath yn cydnabod a thrwy hynny'n hyrwyddo lleiafrifoedd ethnig Cymraeg eu hiaith, mater creiddiol o ystyried y twf tebygol yn eu niferoedd yn y dyfodol. Ond dylid hefyd ganiatáu i hunaniaethau 'pobl o liw' gael eu cyfrif *ar y cyd*, a hefyd mewn categoriau mwy penodol (e.e. pobl ddu). Mae'n bwysig nad yw cydnabod amrywiaeth ethnig yn ei chyflawnder yn arwain at lai o gydnabyddiaeth ar gyfer lleiafrifoedd sy'n wynebu anfantais benodol. Dadl gyfarwydd mewn astudiaethau pobl ddu yw y gall rhethreg 'amrywiaeth' arwain at ddileu profiadau neilltuol pobl ddu.[10] Anhraethol bwysig yw nodi y dylai amlddiwylliannedd Cymraeg roi blaenoriaeth mewn polisi cyhoeddus i grwpiau sy'n cael eu hileiddio, ac yn wynebu hiliaeth.

Teg hyn, ond ni ddylai ethnigrwydd neb gael ei nacáu. Anghyfiawn yw gwadu bodolaeth grŵp neu unigolyn, neu seiliau eu gwahanrwydd, nac yng Nghymru na'r diaspora (mater y dychwelir ato eto), oherwydd penderfyniad gwladwriaeth i lunio categorïau sy'n peri i rai grwpiau gael eu dwyn i stad o 'anfodolaeth'. Nod amlddiwylliannedd Cymraeg yn ei wraidd yw adfer grwpiau o bwll di-waelod diffyg cydnabyddiaeth. 'Nonexistence is produced', meddai Boaventura de Sousa Santos, ysgolhaig y dylanwadodd pobloedd frodorol America Ladin ar ei waith (ac odid nad yw hyn yn awgrymog o feddwl fod y Cymry yn 'frodorol' ar un wedd ac yn profi anfodolaeth hefyd), 'whenever a certain entity is disqualified and rendered invisible, unintelligible, or irreversibly discardable. What unites the different logics of the production of nonexistence is that they are all manifestations of the same rational monoculture.'[11]

Dyna dynged cymunedau Cymraeg, lleiafrifoedd ethnig mewn grwpiau iaith diwladwriaeth fel yr un Cymraeg, a'r diaspora Cymraeg yn Lloegr, ac yn wir pob hunaniaeth na chaiff ei chydnabod gan y wladwriaeth sifig.

'Croestoriadaeth werdd' – croestoriadaeth sydd o blaid y gymuned Gymraeg

Yn rhan o'r model 'hybridedd' a amlinellir uchod, mae angen cydnabod y gall hunaniaeth ymwneud â phob math o briodoleddau eraill gan gynnwys rhywedd, rhyw, anabledd a rhywioldeb. Yn y byd Eingl-Americanaidd, ceisiwyd mynd i'r afael â pheth o'r cymhlethdod hwn trwy'r theori 'croestoriadaeth' (*intersectionality*).[12] Yn ddiweddar, daeth yn ddylanwadol yng Nghymru hefyd.[13] Mae croestoriadaeth yn cynnig y gall gwahanol nodweddion cydnabyddedig (nodweddion gwarchodedig y wladwriaeth fel arfer) gyd-blethu, a chais ddatblygu polisïau cydraddoldeb sy'n gwneud iawn am anfantais ddwbl neu drebl, sef anfantais pan effeithir ar unigolyn gan fwy nag un anghydraddoldeb (e.e. anghydraddoldeb o ran ethnigrwydd a rhyw).

Gall hyn fod yn fodd i gyfoethogi dealltwriaeth o hunaniaeth, a hefyd i sicrhau fod polisïau'n cael eu teilwra i adnabod y rhai mwyaf di-rym ar ymylon cymdeithas. Mewn model hybrid sy'n cydnabod amrywiaeth profiadau, gwerthfawr yw damcaniaeth o'r fath. Serch hynny, mae croestoriadaeth yn codi cwestiynau theoretig ac ymarferol cymhleth i gymuned ieithyddol frodorol a fodolai fel grŵp cyn dyfodiad cymdeithas sifig Angloffon.

Yn rhannol, mae a wnelo hynny â phroblem bur 'arwynebol', sef tuedd cefnogwyr croestoriadaeth i eithrio siaradwyr Cymraeg o'u rhestr o grwpiau a enwir ganddynt fel rhai sy'n wynebu anfantais. Arwynebol, meddwn i, am y gellid cywiro'r diffyg trwy fynnu fod lleiafrifoedd ieithyddol yn cael eu cydnabod yn yr un modd â lleiafrifoedd eraill, er mai prin mae hynny'n digwydd yng Nghymru. Camwahaniaethu strwythurol y byd Angloffon sy'n gyfrifol am hyn ac, yn yr ystyr honno, nid yw'r diffyg yn arwynebol o gwbl.

Problem fwy dyrys yw mai damcaniaeth am y goddrych (*subject*) yw croestoriadaeth. Cainc o athroniaeth ydyw sy'n cynnig fod gwybodaeth wedi'i diffinio gan brofiadau unigolyn yn y byd, a'r rheini'n wreiddiedig fel arfer ym mhrofiad y grŵp neu'r grwpiau y mae'r unigolyn yn perthyn iddynt. Nid oes dim oll yn bod ar y ddadl hon. Mae'n wir fod natur gwybodaeth yn amodol, a dyna sylfaen tybiaeth y gyfrol hon y gall 'gwybodaeth Gymraeg' fod yn wahanol i 'wybodaeth Angloffon'. Pam felly fod rhai elfennau ar groestoriadaeth yn anodd o safbwynt y grŵp iaith sy'n siarad Cymraeg?

Mae a wnelo hyn â'r modd y meddylir am grwpiau yn y traddodiad Eingl-Americanaidd. Tybir eu bod yn rhan annatod o'r gymdeithas neu'r Sifig Angloffon. Ond daeth y gymuned Gymraeg i fodolaeth cyn i'r Sifig Angloffon ymffurfio. Mae hyn yn broblematig am fod y dull croestoriadol o gategoreiddio gwybodaeth yn efelychu'r tueddiad gorllewinol o 'gyffredinoli' safbwynt penodol ar gyfiawnder i fod yn esboniad cyfanfydol sy'n berthnasol i bob lle a diwylliant.

Pennod 3

Mae croestoriadaeth yn dadlau nad yw hunaniaeth a phrofiad y goddrych yn tarddu fel arfer o aelodaeth o un grŵp, ond yn hytrach o fwy nag un. Datblygid y theori gan ffeministiaid du yn ymateb i batriarchiaeth astudiaethau du a hiliaeth ffeminyddiaeth merched gwyn. Nid oedd lle digonol yn y naill ddisgyblaeth neu'r llall ar gyfer profiadau neilltuol merched du, a thrwy groestoriadaeth gellid cywiro hyn wrth adnabod categori newydd, 'merched du'. Dyna rinwedd y syniadaeth, ac adleisir dadl gyffelyb yn y gyfrol hon sydd yn trafod unigolion y gall nodweddion gwahanol grwpiau berthyn iddynt (Cymry du, Saeson Cymreig, Gwyddelod Cymraeg, Roma tairieithog, Cymry Lerpwl ac yn y blaen).

Yn hynny o beth, mae croestoriadaeth yn hynod fuddiol. Fodd bynnag, wrth ddyrchafu'r unigolyn fel goddrych sy'n perthyn i fwy nag un grŵp mae'n gorfod cydnabod y gymdeithas y bodola'r holl grwpiau hyn (o ran hil, ethnigrwydd, rhyw, rhywioldeb ac ati) o'i mewn. Fel dadl neu safbwynt sy'n fewnol i'r byd Cymraeg, nid yw hyn yn broblem. Fodd bynnag, gan fod grwpiau eraill hefyd yn bodoli oddi mewn i'r gymdeithas Gymreig neu Brydeinig ehangach, mae'n anodd iawn i'r unigolyn beidio â chael ei ddiffinio yn nhermau fframwaith theoretig y Sifig Angloffon.

A dyma ddod at wraidd y mater. Anhawster neilltuol y gymuned Gymraeg mewn perthynas â chroestoriadaeth, a dadleuon ynghylch cydraddoldeb a chynhwysedd yn ehangach, yw iddi ymffurfio fel cymuned yn Ynys Prydain cyn dyfodiad y Sifig honno. Gan nad yw categorïau diweddarach o ran hil, ethnigrwydd, rhyw, rhywioldeb (ac ati) yn rhagflaenu'r Sifig Angloffon fel hyn, nid yw croestoriadaeth yn peri trafferthion theoretig iddynt yn yr un modd. Yn amlwg, roedd profiadau o ran rhyw a rhywioldeb ac yn y blaen yn bodoli cyn dyfodiad y Sifig, ond nid oeddynt wedi'u cyfundrefnu'n gategorïau hanesyddol mewn ffordd sy'n groes i'r Sifig Angloffon heddiw.

Yn ddigymell felly, mae croestoriadaeth yn cyfnerthu'r canol (sef grym Angloffon), a gellir codi pryderon dwys am ei effaith ar grwpiau mwy cymunedolaidd megis grwpiau iaith lleiafrifedig a phobloedd frodorol ac ati. (Mewn gwirionedd, nid ydynt yn gwbl gymunedolaidd, ond maent yn ymddangos felly gan eu bod yn rhagflaenu dyfodiad y Sifig Saesneg).

Diddorol felly yw edrych ar ymatebion i groestoriadaeth mewn cymunedau brodorol, er enghraifft ymysg pobloedd frodorol gogledd

America a'r Sámi. Rhaid cydnabod yn gyntaf nad yr un yw sefyllfa pobloedd frodorol a wladychwyd gan Ewropeaid a grŵp iaith brodorol Ewropeaidd. Serch hynny, mae o leiaf beth tebygrwydd rhwng 'gwybodaeth Gymraeg', sydd yn fath o wybodaeth ddarostyngedig a ymylwyd gan yr Oleuedigaeth yn Ewrop, a'r 'indigenous knowledge systems' a ddilornid gan wybodaeth orllewinol.

Y peth cyntaf i'w nodi yw fod ysgolheictod pobloedd frodorol yn gwneud cryn ddefnydd o groestoriadaeth er mwyn ceisio cryfhau dirnadaeth o weithrediad grym. Serch hynny, mae traddodiad hir mewn ysgolheictod brodorol o herio syniadau gorllewinol, er cydnabod y gall rhai ohonynt fod yn ddefnyddiol.[14] Sylfeinir ysgolheictod brodorol ar 'wybodaeth frodorol', ac os ychwanegir gwybodaeth orllewinol ati, gwneir hynny mewn modd 'multi-epistemic': hynny yw, ni ddisodlir gwybodaeth frodorol gan wybodaeth orllewinol.[15]

Dadl a glywir yn aml yw mai geirfa Saesneg yw geiriau fel 'croestoriadaeth' ar gyfer ymagweddu yr oedd y gymuned frodorol yn hen gyfarwydd ag ef eisoes. Dichon y gallai'r darllenydd Cymraeg gydymdeimlo â hyn o ystyried sut yr arddelid, yn feunyddiol, fydolwg ôl-drefedigaethol yn y diwylliant Cymraeg flynyddoedd cyn i'r term gael ei gyflwyno i'r byd academaidd Cymraeg yn ffurfiol. Dadleuir felly gan rai ysgolheigion brodorol fod ontoleg frodorol wedi bod yn groestoriadol erioed gan ei bod wedi pwysleisio cyd-berthynas a chyd-ddibyniaeth, a diau y gellid synio yma hefyd am draddodiadau Cymraeg sy'n pwysleisio cydblethu cymunedol.

Deillia pwyslais mudiadau gwladgarol a chymunedol Cymraeg ar 'fro' a 'chyd-ernes' – a welir heddiw mewn mentrau cydweithredol, ymdrechion i ddwyn yr agenda werdd a'r agenda Gymraeg ynghyd, sylw neilltuol i gyfiawnder hiliol, ffeminyddiaeth Gymraeg, pwyslais ar y Gymraeg fel iaith y gymdogaeth ac yn y blaen – o hen ogwydd yn y meddwl Cymraeg sydd yn y bôn yn tarddu o sylfaen gymunedol cymdeithas ieithyddol frodorol. Arwydd ydyw o wahanrwydd y gymdeithas Gymraeg o safbwynt epistemegol ac ontolegol.

Yn ôl Sarah Hunt, ysgolhaig sy'n aelod o genedl y Kwagu'ł, un o bobloedd frodorol Canada:

> Whereas the language of intersectionality might be needed to make sense of western ideologies that categorize and break apart various aspects of life, in Indigenous worldviews, concepts of intersectionality

already exist ... Indigenous knowledges (IK) are expressive of moral and ethical teachings that cannot be captured in the English language. Thus, the expressive potential of intersectionality may be inherently limited by its western, academic foundation, even though it is rooted in social justice frameworks seeking to challenge dominant power relations. English and Indigenous languages are expressive of ontologically distinct concepts of identity in relation to the world we live in. As one participant expressed, 'there is a false separation between us and the ground, or the ground already laid'.[16]

Ni ymwrthyd ysgolheigion brodorol â chroestoriadaeth yn llwyr. Yn hytrach fe'i trafodir o safbwynt gwybodaeth frodorol. Ond wrth wneud hynny, ceisir gwella arni. Datblygodd yr ysgolhaig brodorol, Natalie Clark, ddamcaniaeth a alwodd yn 'Red intersectionality' ac sy'n pwysleisio fod angen gosod croestoriadaeth, 'within a framework that holds onto tradition and intergenerational knowledge while making meaning of modern Indigenous struggles.'[17] Ond ni fu ymgais yng Nghymru i lunio 'croestoriadaeth werdd', sef math o groestoriadaeth a fyddai'n adlewyrchu buddiant y gymuned Gymraeg.

Nod amlddiwylliannedd Cymraeg yw esgor ar 'groestoriadaeth werdd' o'r fath, a gellid cyfoethogi honno hefyd gan hunaniaethau a phrofiadau ar sail ethnigrwydd, hil, rhyw, rhywedd, rhywioldeb, anabledd a nodweddion eraill ar yr hunan sydd bob un yn rhan greiddiol a chanolog o'r profiad Cymraeg.

Nid oes modd i groestoriadaeth Angloffon wneud y tro am y methiant i lunio croestoriadaeth werdd. Perygl pennaf croestoriadaeth Angloffon yw y gall arwain at ddileu'r cysyniad o arallrwydd Cymraeg radical, sef 'the "real Other"', chwedl Žižek.[18] Egyr y drws i gymathiad mewn materion ieithyddol. Er enghraifft, pe dadleuid fod unigolion di-Gymraeg yn wynebu mwy o 'anfantais' nag unigolion Cymraeg 'breintiedig' ar sail rhyw, rhywioldeb neu ethnigrwydd, dyweder, a ddadleuid *hefyd* y byddai'n gyfiawn peidio â gweithredu amodau iaith er mwyn cynorthwyo'r unigolion di-Gymraeg? Arwydd o duedd i gyflwyno syniadaeth Eingl-Americanaidd i Gymru heb drafodaeth yw na wyntyllwyd cymhlethdodau posibl o'r fath.

Mewn broydd Cymraeg, ac yng ngweddill Cymru hefyd o bosib, mae parhad a datblygiad y Gymraeg fel iaith gymunedol yn ddibynnol ar roi blaenoriaeth i fodel theoretig sy'n cadw i'r gymuned Gymraeg ei sofraniaeth, a hefyd hawl i lunio ei chymdeithas sifig ei hun.

Mae modd gweithredu croestoriadaeth *oddi mewn* i'r gymuned Gymraeg. Fel y nodwyd eisoes, llyfr croestoriadol yw'r llyfr hwn gan ei fod yn ymwneud â lleiafrifoedd ethnig oddi mewn i'r gwareiddiad Cymraeg. Gellir cael 'amrywiaeth' o unrhyw fath oddi mewn i'r byd Cymraeg. Y broblem fyddai 'anfantais' anieithyddol sydd â'r gallu i drympio iaith o fewn fframwaith sifig Saesneg, gan gymell y gymuned Gymraeg i ildio rhai iawnderau oherwydd sefyllfa ehangach y byd Angloffon.

Unwaith eto, gwelir mai natur y Sifig yng Nghymru sydd wrth wraidd y broblem hon hefyd. Byddai modd gweithredu damcaniaethau croestoriadol pe bai Sifig Gymraeg yn bodoli. Ond nid yw na'r Sifig Brydeinig na'r Sifig Gymreig yn ei chydnabod.

Methiant yng Nghymru i herio goruchafiaeth yr Angloffon sy'n creu trafferthion theoretig o'r fath. Nid oes dealltwriaeth y ceir grwpiau iaith brodorol ym Mhrydain sy'n rhagflaenu'r Sifig Angloffon, nac ychwaith o berthynas yr Oleuedigaeth â'r gwareiddiad Cymraeg ac ymblethiad y Sifig Saesneg â'r Wladwriaeth Brydeinig. Nid yw damcaniaethau diwylliannol Eingl-Americanaidd yn cydnabod y meddwl brodorol Cymraeg.

Arall i'r Sifig Saesneg yw'r iaith Gymraeg.

4

Hybridedd lleiafrifol

Mewn unrhyw gyd-destun ôl-drefedigaethol, bydd hunaniaethau ethnig yn amwys, ac yn debyg o newid hefyd dros amser. Hybridedd yn hytrach na dilead yw canlyniad tebycaf ymyrraeth drefedigaethol. Ceir y diffiniad gorau o hybridedd mewn Cymraeg gan Angharad Naylor: 'Mae a wnelo hybridedd â chymysgu diwylliannol, wrth i ffurfiau diwylliannol newydd ddod i fodolaeth yn sgil y cydgyffwrdd sy'n rhan hanfodol o'r sefyllfa drefedigaethol'.[1]

O feddwl am Gymru fel gwlad sydd wedi ei threfedigaethu, gwelir fod hyn yn wir. Nid gwlad uniaith Saesneg a thrwyadl Seisnig yw Cymru heddiw ond Cymru 'ddwyieithog' lle ceir ffurfiau Cymreig ar ddiwylliant Angloffon. Yn hytrach na difodiant y Gymraeg, ceir cymunedau Cymraeg sydd o dan bwysau aruthrol ac ar daen trwy'r wlad. Ond mae i hybridedd fel damcaniaeth ei anfanteision hefyd. Dethlir hybridedd yn bur aml fel arwydd fod y Cymry yn agored i'r Arall ond sylwer mai'r gymuned leiafrifol sy'n ildio gan mwyaf mewn sefyllfa o'r fath. Gwlad Saesneg yw Cymru yn bennaf oll erbyn hyn.

Noder hefyd duedd hybridedd i drin mathau mwy 'diledryw' o ddiwylliant Cymraeg fel pe baent yn hanfodaidd, wrth glodfori'r rhyngwyneb rhwng y diwylliant Cymraeg a'r diwylliant Saesneg. Byddid yn meddwl efallai am fand Cymraeg yn canu Saesneg mewn acenion Cymreigaidd fel math o hybridedd, ond nid cerdd dant. Yn yr un modd ag y synnir am y Gymraeg fel iaith sy'n cyfrannu at amlddiwylliannedd Angloffon, yn hytrach nac yn gyfrwng amlddiwylliannedd ei hun, mae'r math hwn o hybridedd yn cyfnerthu'r iaith a'r diwylliant mwyafrifol. O ganlyniad, synnir yn aml am y Saesneg fel iaith gyfoes, amlethnig a hybrid a'r Gymraeg fel iaith 'bur' heb amrywiaeth ethnig a diwylliannol yn perthyn iddi, sydd er hynny yn dirywio ac ar encil.

Yn ei chyfrol ragorol, *Tarara: Croats and Maori in New Zealand: Memory, Belonging, Identity* (2008), defnyddia'r theorïwraig ddiwylliannol, Senka Božić-Vrbančić, y term 'gwrth-hybridedd' ('counter-hybridity') er mwyn dadlau yn erbyn hybridedd sy'n cyfnerthu hunaniaethau mwyafrifol. Mae'n wir y gall hybridedd nodweddu diwylliant y mwyafrif, ond gall hefyd fodoli oddi mewn i leiafrifoedd brodorol, neu ddeillio o ymwneud diwylliannau lleiafrifol brodorol â diwylliannau lleiafrifol mewnfudol. Gwrth-hybridedd yw enw Božić-Vrbančić ar hybridedd sy'n cael ei greu gan gydberthynas diwylliannau lleiafrifol pan nad yw'r naill ddiwylliant na'r llall yn un o ddiwylliannau awdurdodedig y wladwriaeth, ac o ganlyniad yn ei gwrthsefyll. Yn y gyfrol hon, gan fod y gair 'gwrth-hybridedd' yn gymharol ddieithr, defnyddir yr ymadrodd 'hybridedd lleiafrifol' er mwyn cyfleu'r cysyniad.

Gan godi Seland Newydd yn enghraifft, defnyddia Božić-Vrbanžić ei damcaniaeth i feirniadu amlddiwylliannedd Eingl-Americanaidd yn hallt. Fel yn achos y diwylliant Cymraeg, cafwyd adfywiad yn y diwylliant Maori yn negawdau clo'r ugeinfed ganrif a oedd yn herio grymoedd trefedigaethol. O ganlyniad, derbyniwyd nad gwlad fonoddiwylliannol Seisnig mo Seland Newydd ond gwlad 'ddeuddiwylliannol', a rhoes hynny i'r Maori eu lle yn ymyl y diwylliant Prydeinig-Ewropeaidd (Pakeha) gwladychol. Dyma gam nid annhebyg i'r un a gymerodd y gymuned Gymraeg yn ystod yr un cyfnod pan enillodd y Gymraeg 'statws cyfartal' â'r Saesneg.

Fel yng Nghymru, enillodd y gymuned Faori ei hawliau yng nghyd-destun trafodaeth ehangach am amrywiaeth ddiwylliannol. Cydnabuwyd fod yn Seland Newydd leiafrifoedd ethnig mewnfudol, a bod iddynt hwythau eu hawliau. Bathwyd y slogan 'One nation, two peoples, many cultures' i gyfleu'r weledigaeth hon, yn seiliedig ar yr 'One' (Seland Newydd), y 'two' (y Maori a'r Pakeha), a'r 'many' (amrywiaeth ddiwylliannol grwpiau mewnfudol).[2] Dyma slogan y gellid ei hailwampio yng Nghymru fel yr Un (Cymru), y Ddwy (y Gymraeg a'r Saesneg) a'r Llawer (amrywiaeth ddiwylliannol). Byddai'n fodel amlddiwylliannol mwy addas ar gyfer Cymru nag amlddiwylliannedd Eingl-Americanaidd unigolyddol, gan ei fod yn datgan mai fod y lleiafrif brodorol Cymraeg yn un o ddau ddiwylliant llywodraethol y wlad, ond nid yw heb ei anfanteision. Nid yw'r slogan 'One nation, two peoples, many cultures' yn cydnabod yn llawn mai'r diwylliant Maori yw diwylliant cynhwynol Seland Newydd fel nad yw ideoleg dwyieithrwydd yng Nghymru yn cydnabod yn llawn mai'r Gymraeg yw priod iaith Cymru.

Yn 'One nation, two peoples, many cultures' dychmygir amlddiwylliannedd Seland Newydd fel canlyniad ymwneud gwladychwyr Prydeinig â brodorion Maori ar y naill law, a gwladychwyr Prydeinig â diwylliannau mewnfudol ethnig ar y llall. Yn y ddau achos, erys y diwylliant Saesneg yn llywodraethol a chanolog, fel haul ymysg planedau. Ni fu odid ddim sylw i'r berthynas rhwng y Maori a grwpiau lleiafrifol mewnfudol. O ganlyniad, synid am y diwylliant Maori fel diwylliant nad esgorai ar amrywiaeth ethnig ei hun, ac eithrio yn ei ymwneud â'r diwylliant goruchafol. Yn ei chynildeb mae ideoleg amlddiwylliannol y wladwriaeth yn wrth-Faori. Yn Amgueddfa Seland Newydd, Te Papa Tongarewa, fel mewn nifer o sefydliadau eraill, amlddiwylliannedd Angloffon yw'r disgwrs swyddogol er cloffrwym i'r gymuned leiafrifol frodorol.

Dywed Božić-Vrbančić am arddangosfa yno:

> This display [in the museum] clearly relates to the interplay of One, Two and Many in the construction of the New Zealand nation. Pakeha, as an immigrant culture, are presented as One of the Two peoples who constitute the New Zealand nation, but there is an intriguing difference in the way Tangata Whenua [y Maori] and Tangata Tiriti [y sawl nad ydynt yn Faori] are presented. While the display stresses the Maori heritage of Tangata Whenua, Tangata Tiriti are said to have 'multicultural heritages'. These cultures constitute the Many of New Zealand's official national discourse and, according to Te Papa, within a bicultural nation the multicultural Many belongs with the Pakeha.[3]

Diwylliant Saesneg Seland Newydd a gyflwynir fel y diwylliant cyfoes, agored a rhyngwladol sy'n rhydd oddi wrth bwyslais ar ach a thras, a phwysleisia croeso honedig yr Angloffon ei ragoriaeth foesol. Diwylliant ethnig yn syllu ar ei fogail ei hun yw'r diwylliant Maori.[4]

Mae hynny'n gwrthddweud tystiolaeth hanesyddol a chyfoes, gan fod digon o enghreifftiau o hybridedd oddi mewn i'r gymuned

Faori, yn deillio o'i pherthynas â mewnfudwyr, megis brodorion o Ynysoedd y Pasiffig. Yn y bedwaredd ganrif ar bymtheg hefyd, cafwyd cyfathrachu diwylliannol dwys rhwng y Maori ac Ewropeaid di-Saesneg a wladychai rannau anghysbell o Seland Newydd. (Diau yn y cyswllt Cymraeg y gellid dwyn cymhariaeth â'r hybridedd Cymraeg-Tehuelche a ddatblygodd ym Mhatagonia y tu hwnt i afael Sbaenrwydd y Wladwriaeth Archentaidd.) Yn llyfr Božić-Vrbančić, tynnir sylw at Groatiaid a ymsefydlodd yng nghwr gogleddol eithaf Seland Newydd cyn i Saeson a Saesneg gyrraedd yno, ac fel astudiaeth achos mae'n rhagorol, gan ddangos i ddiwylliant cymysgryw y fro esblygu o'r cymysgu ar y ddau ddiwylliant lleiafrifol ac anwladwriaethol hyn. I'r graddau mai cymdeithas amlieithog oedd hon, *pidgin* Maori-Croat oedd ei *lingua franca*.[5] Maes o law, cymysgid tair iaith, sef Maori, Croat a Saesneg, blith draphlith ym mywyd y gymdogaeth, a thystir i hyn ar gerrig beddi ac arwyddion cyhoeddus.[6] Dim ond gyda statws swyddogol a chefnogaeth y wladwriaeth y bu Saesneg yn drech na'r hybridedd Maori-Croat yn y pen draw wrth i'r Ymerodraeth dynhau ei gafael ar y parthau anghysbell hyn.[7]

Nid oes unrhyw gydnabyddiaeth sefydliadol o'r amlddiwylliannedd Maori-Croat hwn heddiw, a gan fenthyg y term oddi wrth Michel Foucault, cyfeiria Božić-Vrbančić ato fel 'gwybodaeth ddarostyngedig' a gelir gan naratif amlddiwylliannol swyddogol y wlad.[8] Enghraifft o 'hybridedd lleiafrifol' yw amlddiwylliannedd Maori-Croat, gan ei fod yn amharu ar y naratifau amlddiwylliannol cyfannol sy'n gweithredu o blaid buddiannau'r Pakeha, grŵp goruchafol Seland Newydd. Amlddiwylliannedd gwladwriaethol, hegemonaidd a Saesneg ei iaith yw hwnnw, 'the officially recognised hybridity of "Kiwiana".' Yn Amgueddfa Seland Newydd, meddai Božić-Vrbančić, 'the Maori-Croatian relationship, which I have described as being a counter-hybridity, is not mentioned at all.'[9]

Hawdd gweld perthnasedd y ddadl hon i Gymru gan i lawer i sefydliad wadu hybridedd y diwylliant Cymraeg, gan gynnwys ei hamgueddfeydd. Yn 2005, cododd *cause célèbre* yn un ohonynt. Mynnodd Michael Houlihan, Cyfarwyddwr Saesneg newydd Amgueddfa Werin Cymru, na ddylai Sain Ffagan, â'i chasgliad godidog o ffermdai, ysgoldai ac addoldai gwledig, 'remain an icon and expression of a principally Welsh speaking, white, rural based culture'.[10] Gosododd nod newydd, sef 'also seek[ing] to represent Somali, Italian and Asian heritage and culture as it exists in Wales'.[11] Roedd hyn yn amcan cymeradwy, ond y perygl amlwg oedd y byddid efallai yn gosod y fath dreftadaeth ar wahân i 'Welsh speaking, white, rural based culture', gan gyfnerthu 'gwynder' yr olaf, yn ogystal, efallai, â lleihau'r pwyslais ar y gwaddol Cymraeg yn gyffredinol.

Nid bychan gofid y gymdeithas Gymraeg. Ymosododd y cylchgrawn *Llafar Gwlad* ar gynlluniau i wagio rhai o orielau Sain Ffagan o'u harteffactau 'Cymreig' a rhoi yn eu lle arddangosfa'n dathlu treftadaeth amlethnig Cymru. Gwelwyd yn hyn gynllwyn, a rhybuddiodd fod lleiafrifoedd ethnig yn cael eu codi'n esgus rhag arddangos etifeddiaeth unigryw prif leiafrif Cymru, ei lleiafrif brodorol, y 'Cymry':

> Mae hepgor pob cyfeiriad at Gymru a Chymreictod yn un o nodweddion od Llywodraeth Lafur Caerdydd. Ble mae hyn yn mynd â ni? Mae Sain Ffagan ar hyn o bryd wrthi'n gwagio'r orielau oedd yn adrodd stori a hanes a diwylliant a elwid yn "Welsh" ac yn mynd i greu orielau parhaol i ddiwylliannau ethnig sydd yn bresennol yng Nghymru. Nid gwrthwynebu nodi bodolaeth y diwylliannau hyn yng Nghymru yw diben y llith hwn ond codi'r cwestiwn sut y gallwn ni, nad yw ein diwylliant yn cael ei gofnodi na'i ddehongli yn unlle arall yn y byd, fforddio rhoi 30% o'r lle yn ein hamgueddfa werin i ddiwylliant 3% o'n dinasyddion.[12]

Mae'n amlwg y gallai trywydd dadl o'r fath fod wedi arwain at wrthdaro rhwng y diwylliant Cymraeg a diwylliannau lleiafrifol ethnig, ac yn wir mae golygyddol *Llafar Gwlad* yn rhybudd o hyn. O ystyried y perygl, bu ymateb staff yr Amgueddfa yn athrylithgar. Er gwaethaf pob brygowthan gwleidyddol, ac ymdrech i orfodi 'hybridedd swyddogol' ar Sain Ffagan, llwyddwyd i sicrhau y byddai'r oriel amlethnig a ddisodlai'r hen orielau 'Cymreig' yn dilyn egwyddor graidd amlddiwylliannedd Cymraeg. Arddangoswyd amrywiaeth ethnig Cymru mewn ffordd a atgyfnerthai'r diwylliant Cymraeg, trwy dynnu sylw at le canolog iaith, ac at hybridedd lleiafrifol Cymraeg, sef at fodolaeth y Cymry fel grŵp iaith amlethnig.

Yn yr oriel amlddiwylliannol newydd, Oriel Un, eitem bwysica'r arddangosfa oedd mur yn cofnodi amrywiaeth ethnig o dan yr enw, 'Mae gan Gymru sawl llais'. Mae i'r gair 'llais' ystyr ddeublyg yn y datganiad hwn: mae'n cydnabod 'amrywiaeth' Cymru, sef lle ei lleisiau amryfath mewn trefn sifig ddemocrataidd, ac eto cyfeiriad ydyw yr un fath at bwysigrwydd lleferydd grwpiau iaith. Rhestrwyd ar y 'Wal Ieithoedd' hon 77 o ieithoedd a siaredir yng Nghymru,[13] rhai fel ieithoedd isgyfandir yr India sydd ar lafar mewn cymunedau ethnig lleiafrifol ar hyd a lled gwledydd Prydain (ac yn gyfarwydd felly mewn amlddiwylliannedd Eingl-Americanaidd), rhai fel Somalieg a gysylltir yn y meddwl Cymreig â Chymru'n fwy nag â Lloegr, a rhai ieithoedd diwladwriaeth sydd mewn sefyllfa debyg i'r Gymraeg, megis y Llydaweg a'r Fasgeg. Yng nghanol y Wal gosodwyd sgrîn fideo a dangoswyd arni gyflwyniadau byrion gan rai o siaradwyr yr ieithoedd hyn yn trafod amrywiaeth yng Nghymru. Cafwyd cyflwyniadau Cymraeg yn eu plith gan fewnfudwyr sydd wedi dysgu Cymraeg, megis Sirajul Islam o Fangladesh a symudodd i fyw i Benarth. Ar hysbysfwrdd gerllaw, datganwyd fod iaith yn ganolog i hunaniaeth:

> Er mai Cymraeg a Saesneg yw'r ieithoedd swyddogol, mae dros 100 o ieithoedd yn cael eu siarad yma hefyd. Fel dwy ran o dair o boblogaeth y byd, mae nifer o bobl yng Nghymru yn siarad mwy nag un iaith. Mae ein lleisiau'n rhan sylfaenol ohonom ni.[14]

Ceir ôl cryn gamp yn yr oriel hon yn Sain Ffagan. Am fod iaith yn un o arwyddnodau pwysicaf hunaniaeth yng Nghymru, mae amlddiwylliannedd Cymraeg yn rhoi mwy o bwyslais ar iaith nag amlddiwylliannedd Eingl-Americanaidd. Ond nid yw clodfori ieithoedd lleiafrifoedd ethnig yn tanseilio'r Gymraeg. I'r gwrthwyneb, mae'n adlewyrchu'n driw bwyslais y gymdeithas Gymraeg ar iaith fel conglfaen hunaniaeth. Os oedd unrhyw bwysau ar Sain Ffagan i gofleidio amlddiwylliannedd 'anghymreig', fe'i trowyd i felin y diffiniad Cymraeg o amrywiaeth ddiwylliannol. Llwyddodd staff Sain Ffagan i droi amlddiwylliannedd gwladwriaethol sy'n tanseilio'r Gymraeg yn hybridedd lleiafrifol Cymraeg sy'n wrthsafiad yn erbyn gwleidyddiaeth y wladwriaeth honno.

Pennod 4

Amlieithedd fel ffurf o hybridedd lleiafrifol

Mae amlieithedd yn ganolog i amlddiwylliannedd Cymraeg. Mae'n ffordd o hybu hybridedd rhwng grwpiau iaith sydd hwythau'n amlethnig, ac mae'n wahanol i'r weledigaeth Eingl-Americanaidd o grwpiau 'hil' yn cyd-fodoli oddi mewn i sffêr gyhoeddus Saesneg. Mae'r 'Croeso' yr arferid ei gael mewn sawl iaith ym mynedfa'r Eisteddfod Genedlaethol, neu a geir ar hysbysfyrddau ysgolion mewn ardaloedd amlethnig yn ninasoedd Cymru, neu yn nerbynfa sefydliadau fel Llyfrgell Caerdydd, yn cyfleu neges ideolegol amlwg. Felly hefyd amlieithedd Neges Heddwch ac Ewyllys Da yr Urdd. Ar gelf gyhoeddus, megis ar y pafin o flaen yr Eglwys Norwyaidd ar lan Bae Caerdydd, cynrychiolir amrywiaeth ethnig Cymru trwy arysgrifiadau amlieithog. Mae nifer o ieithoedd lleiafrifoedd diwladwriaeth ymhlith y rhain, gan bwysleisio natur 'Gymraeg' yr amlddiwylliannedd hwn.

Ceir cydsyniad grwpiau ethnig lleiafrifol i'r amlieithedd cyhoeddus, megis yn achos hen arwydd tairieithog Pwyleg, Cymraeg a Saesneg cartref y Pwyliaid ym Mhenyberth. Gallai'r amlieithedd eithrio'r Saesneg hefyd: dengys y cylchgrawn Gwyddeleg byr ei barhad, *An Briathor Saor*, a'r cyfnodolyn dwyieithog Cymraeg-Llydaweg, *Breizh / Llydaw*, fod Celtigrwydd yn creu math o amlieithedd yng Nghymru nad yw'r Anglosffêr yn ei gydnabod o gwbl. Ceir hefyd gysylltiadau ar draws ffiniau hil a hwylusir gan iaith, megis rhwng beirdd Cymraeg gwyn a beirdd Wrdw Asiaidd, a drefnid gan y cylch llenyddol Wrdw o Gaerdydd, Bazm-e-Adab, a'r Asiantaeth Lenyddiaeth, yr Academi.[15] Mae'r holl ddisgyrsiau hyn yn manteisio ar gynefindra'r cyhoedd â dwyieithedd gweledol, ac yn ceisio ymestyn arno, a byddent yn weddol ddiystyr mewn cenedl fel Lloegr lle nad oes ond un iaith swyddogol.

Ond, o roi Cymraeg a Saesneg o'r neilltu am y tro, nid yw Cymru mor amlieithog â Lloegr. Gwir mai gwlad amlieithog fu Cymru erioed. Bu Saesneg, Lladin, Gwyddeleg, Norseg, Normaneg a Fflemineg ymysg ei hieithoedd yn yr Oesoedd Canol.[16] Cyrhaeddodd Romani yn y Cyfnod Modern Cynnar. Pan oedd y Chwyldro Diwydiannol yn ei anterth, roedd ieithoedd fel Gwyddeleg, Yideg, Arabeg, Portiwgaleg, Tsieinëeg a Sbaeneg yn rhan o'r tirwedd diwylliannol. Yng Nghaerdydd, roedd cymunedau Almaeneg,

Norwyeg a Groeg yn ddigon gwydn i sefydlu eu haddoldai eu hunain.[17] Fel capeli Cymraeg yn Lloegr, cymunedau ieithyddol bychain oedd yr eglwysi hyn. Wedi'r Ail Ryfel Byd ceid llu o ieithoedd o is-gyfandir India: Bengaleg, Pwnjabeg ac Wrdw yn enwedig, ac erbyn ail ddegawd yr unfed ganrif ar hugain ieithoedd pwysig oedd Pwyleg, Tsiec, Ffilipineg, Pashto, Malayalam a Thwrceg.[18]

Bodolai rhai o'r ieithoedd hyn mewn bywyd cyhoeddus ar ffurf gyfyngedig. Yn y Gymru gyfoes, mae Somalieg yn iaith felly, fel y tystia llyfr ffotograffig dwyieithog Glenn Jordan o henaduriaid Somali, *Somali Elders/Odeyada Soomaalida* (2004), a'r cylchlythyr dwyieithog darfodedig, *Ilays* (er mai hybridedd â'r diwylliant goruchafol yw'r dwyieithedd Somalieg-Saesneg hwnnw).[19] Mewn Groeg yr ysgrifennwyd hanes y gymuned Roeg, Ο Ελληνισμός στη Νότια Ουαλία *(1873–1993)*. Felly hefyd bu cryn ddefnydd ar Arabeg am resymau crefyddol, ac roedd i rai ieithoedd Asiaidd, ac ambell iaith Ewropeaidd fel Pwyleg a Phortiwgaleg, hyn a hyn o statws mewn cylchoedd lleol. Fodd bynnag, bu llawer o fentrau a'u cefnogai'n fyrhoedlog, sy'n awgrymog. Gellid gorbwysleisio amlieithedd y 'Gymru amlieithog', hyd yn oed yn ystod 'oes aur' amlddiwylliannedd Cymraeg, oherwydd er bod tangyfrif amlwg, ni thystiodd ond un ymhob 500 yng nghyfrifiad 1891 eu bod yn medru iaith heblaw Cymraeg a Saesneg.[20] Heddiw hefyd, er gwaethaf ymdrechion i ddisgrifio Caerdydd fel dinas 'super-diverse' lle ceir 'flexible bilingualism' sy'n cynnwys ieithoedd heblaw Cymraeg a Saesneg,[21] nid oes modd ei chymharu â dinas fel Llundain.

Felly nid oes a wnelo'r lle amlwg sydd gan ieithoedd ethnig lleiafrifol mewn theori amlddiwylliannol Gymraeg ddim oll ag amlder eu cyfraniad i fywyd cyhoeddus neu niferoedd eu siaradwyr. Yn 2013, roedd ymron i 7% o blant ysgol yng Nghymru yn dysgu Saesneg fel 'iaith ychwanegol' (nid yw ffigwr o'r fath yn cynnwys plant Cymraeg yn codi Saesneg),[22] ond 16% oedd y ganran yn Lloegr.[23] Gyda chymaint yn fwy o siaradwyr ieithoedd mewnfudol yn Lloegr nag yng Nghymru, pam fod mwy o bwyslais ar amlieithedd yng Nghymru?

Y cymhelliad yw maintioli'r gymuned Gymraeg, ac achlesiad y Cymry o iaith fel nod eu gwahanrwydd. Mae'n ddadlennol fod astudiaeth o gwrs hyfforddiant dysgu yn Aberystwyth yn 1993 wedi dangos fod myfyrwyr o Loegr yn fwy chwannog na'u cyd-fyfyrwyr o Gymru i gefnogi safbwyntiau amlddiwylliannol ym maes crefydd. Ond roedd y Cymry yn llawer mwy pleidiol na'r Saeson i egwyddor dysgu lleiafrifoedd ethnig trwy gyfrwng y famiaith.[24] Ymddengys fod amlddiwylliannedd Eingl-Americanaidd yn dirnad amrywiaeth ddiwylliannol yn nhermau crefydd a hil, ac amlddiwylliannedd Cymraeg yn fwy tueddol o wneud hynny wrth bwysleisio iaith.

Yn y math o hybridedd lleiafrifol a geir yn y diwylliant Cymraeg, credir yn gryf mewn amrywiaeth ieithyddol, doed a ddelo. Model cymathol yw amlddiwylliannedd Eingl-Americanaidd sy'n ceisio dyrchafu'r iaith oruchafol ar draul ieithoedd eraill. Ond o safbwynt theoretig (os nad efallai mewn realiti), model integreiddiol yw'r un Cymraeg. Er ei fod yn disgwyl i fewnfudwyr ddysgu Cymraeg, mae'n caniatáu iddynt gadw eu hieithoedd eu hunain, ac yn wir yn annog hynny, yn rhannol er mwyn cyfiawnhau cadw'r Gymraeg ond hefyd, yn achos mewnfudwyr Saesneg, am na fedr wneud fel arall.

Ymgais yw'r pwyslais ar amlieithedd yng Nghymru i gysoni ymrwymiad wrth y Gymraeg fel iaith 'neilltuol' â dyletswydd foesegol i goleddu'r 'cyffredinol' neu'r cyfanfydol ('universal'). Yn y syniadaeth Gymraeg hon, mae amrywiaeth ieithyddol yn ffordd o gyrchu'r cyfanfydol trwy'r neilltuol.

Gwneir hyn mewn dwy ffordd, sef, yn gyntaf, trwy hybu iaith 'gyffredinol' nad yw'n gysylltiedig ag unrhyw grŵp ethnig, ac yn ail mewn ymrwymiad wrth amrywiaeth ieithyddol a seilir ar barchu'r famiaith. I wladgarwyr ar droad yr ugeinfed ganrif fel y llenor T. Gwynn Jones, ac ysgolheigion fel Syr Edward Anwyl a J. Bodvan Anwyl, yr ateb i'r gofyniad cyntaf oedd Esperanto, sef iaith gyffredinol wedi ymddihatru oddi wrth wleidyddiaeth ethnig a gwleidyddiaeth grym. Er bod Saesneg 'eisoes yn iaith dra eang ei therfynau', meddai T. Gwynn Jones,

> ni fynnai'r Ffrancod na'r Almaeniaid nac eraill o genhedloedd Ewrop moni yn iaith gyffredin. Ac nid rhagfarn noeth yw hynny chwaith. Ni ddylid goddef i un genedl fod yn safle meistriaid ar y lleill. Felly fel iaith gyffredin, ni byddai nemor siawns onid i gyfrwng na pherthynai i neb mwy na'i gilydd. ... Dyna paham yr wyf fy hun o blaid Esperanto.

... A chael iaith felly yw unig siawns y cenhedloedd bychain. Dychmyger bod Esperanto yn ennill y safle – ac nid yw hynny'n amhosib – yna, fe ddysgid yn ysgolion Cymru ddwy iaith, Cymraeg, iaith briod y Cymry, ac Esperanto, yr iaith gyffredin. Yn Gymraeg y byddai popeth yng Nghymru wedyn, ei llenyddiaeth a'i chrefydd, ei busnes a'i difyrrwch – ceid Cymru Gymreig naturiol, heb fod un rhan o'i phoblogaeth yn draws a'r rhan arall yn gaeth, a chanddi at hynny gyfrwng a fyddai'n effeithiol ym mhob gwlad arall.[25]

Delfryd y Cymry oedd coleddu iaith gyffredinol 'niwtral' na ddisodlai amrywiaeth ethnig ac ieithyddol. Mynegir yr awydd yn gyson yn y bedwaredd ganrif ar bymtheg wrth i'r Cymry fel lleiafrif mewn ymerodraeth Brydeinig drafod eu 'neilltuoldeb' eu hunain mewn byd Saesneg a dybiai ei fod yn oruchafol am ei fod yn 'gyffredinol'. O ystyried hynny, mae cyhoeddi'r gyfrol fechan, *Agoriad i'r iaith gyd-genedlaethol Esperanto* (1910), yn ddigwyddiad o bwys.[26]

Cais Esperanto bontio rhwng y cyffredinol a'r neilltuol; yng Nghymru, rhwng bodolaeth y Gymru Gymraeg a'r angen moesegol i fod yn agored i'r Arall. Mae'r ymateb Cymraeg i Seisnigo yn amgen na phwyslais ethnoganolog ar yr iaith Gymraeg ei hun. Mae'n cynnwys gweledigaeth o fyd lle bydd angen iaith gyffredinol, ond nid Saesneg fydd honno.

Erbyn canol yr ugeinfed ganrif, daethai'n amlwg fod y Saesneg wedi ennill y dydd fel iaith gyfanfydol *de facto* ar yr hen ieithoedd an-ethnig fel Esperanto a Lladin. Roedd yr hen gyfanfydedd coll yn un rheswm pam y rhoddid y ffasiwn bwyslais wedyn ar amrywiaeth ieithyddol fel yr elfen ganolog yn nehongliad y Cymry o amlddiwylliannedd.

Un feirniadaeth y gellid ei chynnig ar anian ieithyddol amlddiwylliannedd Cymraeg yw iddi fod yn symbolaidd yn hytrach na gweithredol. Er gwaetha'r holl ganu clodydd ar ieithoedd ethnig lleiafrifol Cymru, cymharol brin fu'r ymdrechion i'w cynorthwyo'n ymarferol. Gwir yr hwylusai ideoleg dwyieithrwydd drafodaeth am ddarparu gwasanaethau cyhoeddus mewn rhai ieithoedd ethnig. Awgrymodd *The Guardian* fod bwriad Heddlu Gogledd Cymru i gyflogi heddweision Pwyleg yn ddatblygiad ar bolisi dwyieithog.[27] Ond gwasanaethau ar gyfer mewnfudwyr cyn iddynt feistroli Saesneg yw'r rhain, bodolant hefyd yn Lloegr, ac nid oes a wnelont â throsglwyddo'r iaith ethnig o genhedlaeth i genhedlaeth. Pe bai'r wladwriaeth Gymreig o ddifrif am hawliau iaith Pwyleg, byddai wedi cynnig rhyw wedd ar addysg cyfrwng Pwyleg (dosbarthiadau Pwyleg achlysurol mewn ysgolion Cymraeg a Saesneg, er enghraifft), ond ni ddigwyddodd hynny ac ni fu trafodaeth ynghylch y posibilrwydd ychwaith.

Ond ai'r byd Cymraeg ei hun ynteu'r 'Sifig Gymreig' a rwystrai hynny? Mewn dogfennau megis *Deddf Iaith Newydd i'r Ganrif Newydd* (2000), roedd Cymdeithas yr Iaith Gymraeg wedi galw am ymestyn polisïau iaith i gynnwys ieithoedd eraill, gan gydnabod fod Cymru'n 'wlad amlieithog'.[28] Yn *Dwyieithrwydd Gweithredol* (1998), dadleuodd dros bolisi amlieithog ar gyfer y Cynulliad newydd a fyddai'n cynnwys ieithoedd lleiafrifoedd ethnig, Arwyddiaith Brydeinig ac ieithoedd Ewropeaidd.[29] Gellid dadlau mai math symbolaidd arall o amlieithedd fyddai hynny. P'run bynnag, ni dderbyniwyd yr argymhellion, diau am y byddai'n amharu'n ormodol ar graidd y Sifig Angloffon, a mabwysiadodd y Cynulliad ffurf gymharol wan, ond sad, o ddwyieithrwydd.

Mae'r methiant i droi egwyddor hirsefydledig y gymdeithas Gymraeg, sef amlieithedd, yn bolisi cyhoeddus cadarn mewn Cymru ddatganoledig yn amlygu gwirionedd sylfaenol. Digwydd unrhyw hybridedd lleiafrifol yng nghysgod grym y diwylliant goruchafol. Haera Božić-Vrbančić fod hybridedd rhwng y diwylliannau Maori a Chroataidd yn cyffwrdd â'r diwylliant dominyddol, '[it] involves ... also a third, the dominant culture'.[30] Felly hefyd yng Nghymru, ni all hybridedd lleiafrifol Cymraeg gael ei lunio ond yng nghysgod y diwylliant goruchafol sydd yno'n ddiofyn a 'thrawma' ei oruchafiaeth yn gymysg â hybridedd y diwylliannau llai. Mae'n rhaid i bob amlygiad o hybridedd gydnabod y grŵp iaith goruchafol y mae ei rym wedi'i normaleiddio i'r fath raddau nes ei fod yn anweledig.

Vivienne Hughes a Doris Chung, Caernarfon (1969)

5

Pwy yw'r Cymry?

I

Pa mor amlethnig yw'r Fro Gymraeg wledig? Gweler Llŷn ac Eifionydd

Mae pentref Trefor, sy'n swatio wrth droed yr Eifl yn y rhan orllewinol eithaf honno o Arfon sydd yn Nwyfor, ac felly yn cael lle priodol yng nghlasur Gruffudd Parry, *Crwydro Llŷn ac Eifionydd* (1960), yn un o bentrefi Cymreiciaf Cymru gyfan. Mae'n adnabyddus am ei chwarel, seindorf arian a chymuned glòs Gymraeg. Yn hyn o beth, nid yw'n wahanol iawn i nifer o gymunedau Cymraeg ôl-ddiwydiannol eraill yng Ngwynedd megis Deiniolen, Talysarn a Blaenau Ffestiniog. Serch hynny, ceir un gwahaniaeth hynod arwyddocaol rhwng Trefor a phentrefi'r chwareli llechi. Ni fu mewnlifiad o'r tu allan i Gymru yn ffactor pwysig yn natblygiad cymdeithasol ardaloedd y garreg las.[1] A chodi un lleiafrif yn unig, sef y Gwyddelod, nid oedd ym Meirionnydd gyfan yn 1891, er y chwareli yn ardaloedd Ffestiniog, Corris, Tal-y-llyn a Dinas Mawddwy, ond 36 o wrywod a aned yn Iwerddon, y nifer isaf mewn unrhyw sir yng ngwledydd Prydain. Cymry o sir Gaernarfon a sir Fôn oedd mwyafrif mawr trigolion pentrefi chwarelyddol Arfon.[2] Cymunedau Cymraeg uniaith a geid yn Ffestiniog a Dyffryn Nantlle am mai Cymry o dras oedd eu trigolion.

Roedd y sefyllfa ym mhentrefi'r Eifl ychydig yn wahanol. Nid oes ddwywaith nad Cymry sir Gaernarfon oedd mwyafrif y boblogaeth a symudodd i'r fro pan ehangwyd y chwareli ithfaen ar ruthr gwyllt o'r 1850au ymlaen.[3] Ond dylifai Saeson a Gwyddelod i'r cylch hefyd. Setlodd oddeutu 150 o Saeson yn Nhrefor, gweithwyr profiadol o chwareli sets swydd Gaerlŷr gan mwyaf.[4] Roedd criw o Wyddelod yn y pentref hefyd, yn gweithio fel seiri maen hyd at y 1920au; nifer ohonynt yn briod â merched lleol.[5] Ar ochr orllewinol yr Eifl yn Llŷn, ym mhentref bychan Nant Gwrtheyrn, lle saif y Ganolfan Iaith Genedlaethol erbyn hyn, dywedid fod Gwyddelod ar un adeg yn y mwyafrif, a chofia'r Undebwr Llafur, Huw T. Edwards, amdanynt fel pobl gymwynasgar a ofalodd am ei dad wedi iddo gael anaf yn y chwarel, gan roi iddo arian cyflog am naw mis.[6] Ond er gwaetha'r holl fewnfudo hwn, o fewn cenhedlaeth neu ddwy, cymhethid yn Nhrefor y cwbl o ddisgynyddion y di-Gymraeg. Cadwyd capel Saesneg ar agor er cof am y Tadau, ond troes wyrion y Saeson at y Gymraeg wrth groesi rhiniog y capel i'r stryd am mai Cymry oeddynt (fersiwn o chwith o duedd capelwyr mewn llefydd mwy Seisnigaidd i droi at y Saesneg wrth adael addoldy).[7]

Enghraifft yw bro'r Eifl o ffenomen na roed digon o sylw iddi, sef bro gyda chefndir ethnig cymysg sy'n Gymraeg ei hiaith. Mewn cymunedau fel Trefor câi plant y mewnfudwyr, a chryn dipyn o'r mewnfudwyr eu hunain, eu cymathu'n llwyr. Buasai'r mewnlifiad i Drefor yn drwm, ond digwyddodd mewn cymdogaeth lle'r oedd mwyafrif llethol y boblogaeth yn Gymry uniaith.[8] Cafwyd o ganlyniad ardal hybrid ei hethnigrwydd ond cadarn ei Chymraeg: hybridedd lleiafrifol yn wir. Roedd digon o ymwybyddiaeth leol o'r gwytnwch diwylliannol hwn i *Yr Etifeddiaeth*, y ffilm wych sy'n cofnodi bywyd Llŷn ac Eifionydd adeg yr Ail Ryfel Byd, ganmol chwarelwyr Trefor am fod y 'Saeson, Sgotmyn a'r Gwyddyl a ddaeth yno' wedi'u troi 'yn Gymry pur Gymraeg' ac 'ni chlyw gair o Saesneg ar aelwyd yr un ohonynt.'[9] Asiodd y neges yn berffaith â chanmoliaeth y ffilm o'i chymeriad canolog, Freddie Grant, ifaciwî du o Lerpwl a dyfasai'n 'Gymro glân ei iaith a bratiog ei Saesneg' yn Eifionydd. Yn yr ymateb Cymraeg i bentrefi fel Trefor, a hogiau fel Freddie Grant, gwelir egwyddor ganolog amlddiwylliannedd Cymraeg ar waith, sef y medr estroniaid ymgymhwyso'n Gymry trwy *un* weithred seml ond hollbwysig, sef dysgu'r iaith Gymraeg. O wneud hynny, deuent yn ddinasyddion cyflawn, ac yn rhan, chwedl John Roberts Williams, o'r etifeddiaeth.

Nid cyd-ddigwyddiad mohono i John Roberts Williams ffilmio *Yr Etifeddiaeth* yn Nwyfor. Meddylid am y fro orllewinol hon gan sawl cenedlaetholwr fel ardal fwyaf Cymreigaidd Cymru gyfan, 'un o aelwydydd hanfodol y diwylliant Cymraeg', chwedl Saunders Lewis.[10] Ym Mhwllheli yn 1925 y sefydlasid Plaid Genedlaethol Cymru, ac ym Mhenyberth, nid nepell o Bwllheli, y llosgwyd yr Ysgol Fomio. Llŷn ac Eifionydd yw crud symbolaidd cenedlaetholdeb Cymreig modern. Os oes gwirionedd yn perthyn i'r goel fod cyswllt rhwng cefndir Cymraeg cadarn, cenedlaetholdeb ac anoddefgarwch diwylliannol, yna ym mherfeddion y penrhyn Cymraeg hwn y dylid darganfod tystiolaeth o hynny, ac eto nid yw yno.

Wrth reswm, nid oedd niferoedd y sawl o gefndir 'estron' yng nghefn gwlad Llŷn ac Eifionydd yn enfawr: ar adegau, llond dwrn o unigolion oeddynt. Ganol y bedwaredd ganrif ar bymtheg, yn 1841, dim ond 1.1% o gyfenwau Llŷn a oedd o darddiad anghymreig.[11] Diau y codai'r ganran yn sgil diwydiannu, ond byddai wedi aros yn lled fychan, ac un esboniad amlwg am y myrdd o gyfeiriadau at amrywiaeth ethnig mewn atgofion gan bobl Llŷn yw bod dieithriaid yn anghyffredin (ac yn cael eu hystyried yn od hefyd), a bod rhywun yn fwy tebygol felly o sylwi arnynt. Ond roedd y bobl hyn yn bod, a dengys cyhoeddiadau a chofnodion Cymraeg fod y Cymry lleol yn gwybod hynny, ac yn eu hystyried yn rhan o'u byd.

Yn ei deithlyfr diddan a ffraeth, *Crwydro Llŷn ac Eifionydd*, sydd ymysg cyfrolau gorau'r gyfres 'Crwydro Cymru', ceir croeso gan Gruffudd Parry i amlethnigrwydd Cymraeg ar adeg pan oedd yr hen ffordd Gymreig o fyw yng nghefn gwlad yn tynnu tua'i therfyn ond cyn i'r mewnlifiad Saesneg mawr (rhy fawr i'w gymathu) ddarnio'r gwead cymdeithasol Cymraeg. Cydnebydd hanfod amlethnig y penrhyn, megis cerrig Lladin a Gwyddelig y canrifoedd cynnar sy'n rhan o'i rin, ac mae'n cadarnhau y cymhathwyd mudwyr diweddar, megis yn Nhrefor, lle mae 'llawer o enwau dieithr yn aros ar bobl sy'n Gymry glân erbyn hyn'.[12] Er dwrdio twristiaid a Saeson yng nghyffiniau Abersoch a 'thraethau'r de' am wneud drwg i'r Gymraeg, gan mai 'gan y Saeson y mae'r arian, a hawdd iawn ydyw i'w bwysau a'i ddeniadau demtio plant i feddwl bod arian a Saesneg yn canlyn ei gilydd o ran eu hanfod', cydnebydd i'r bywyd Cymraeg adfer ei nerth yn y gaeaf, er aros yno '[g]newyllyn o gymdeithas Seisnig'.[13] Nid tan iddo draddodi darlith 22 o flynyddoedd yn ddiweddarach, *Yn ôl i Lŷn ac Eifionydd* (1982), y sonia Gruffudd Parry yn fwy cras am y 'dieithr eu hiaith' a 'hil estron', ond bu mewnlifiad mwy, a newid iaith cysylltiedig, yn y cyfamser.[14] Ar ddechrau'r 1960au, roedd yn stori wahanol. Nid oedd y dieithriaid hyn yn mennu fawr ddim ar Gymreictod y penrhyn, a theimla'r awdur yn gyffyrddus yn clodfori gwreiddiau amlethnig Llŷn.

Amlygir amlethnigrwydd cyn-fodern Llŷn ac Eifionydd gan y Sipsiwn fu'n tramwyo'r broydd hyn; a hynny, ys dywed Gruffudd Parry wrth sôn amdanynt yn cyrchu tir comin Rhos Botwnnog, 'hyd yn ddiweddar iawn'.[15] Ac nid ganddo ef yn unig y cânt eu crybwyll. Cof cynharaf J. G. Williams mewn atgofion gwefreiddiol am ei blentyndod, *Pigau'r Sêr* (1969), yw mynd heibio i'w gwersyll gyda'i nain, a 'sôn gwylofus, tristaidd' eu canu ffidl yn telynegu nid yn unig ffordd-o-fyw'r Sipsiwn, ond ffordd-o-fyw'r Cymry hefyd.[16] Lleiafrifoedd oedd y rhain a oedd yn rhan o'r bywyd Cymraeg.[17] Yn *Blas Hir Hel* (1976), y difyrraf o'r myrdd hunangofiannau yn canu'n iach i'r hen Lŷn ac Eifionydd uniaith, dywed Griffith Griffiths i un o'r Sipsiwn mwyaf hirben ddysgu digon o Gymraeg 'i rywun fel fy mam ei deall – digon i wneud busnes'.[18] Ac agwedd gadarnhaol sydd ganddo at grwydryn o ffidlwr a ymgartrefodd ym Mryncroes ar ddiwedd ei oes a dysgu Cymraeg.[19] Nid rhyw Afallon ddiragfarn oedd Llŷn ac Eifionydd, er hynny. Dirmyg a fynegid gan amlaf, er nad heb gydymdeimlad bob tro, at Deithwyr Gwyddelig, neu rai y credid eu bod yn Deithwyr Gwyddelig, a defnyddid yr enw 'Padi' ar drampiau hefyd.[20] Mae gwŷr fel 'Padi Côt Oel' (yntau hefyd yn cael ei grybwyll yn *Pigau'r Sêr*), a fu farw yn ôl y dramodydd Wil Sam 'yng Ngwinllan y Nyrsyri, Tremadog, ar fora oer o Ionawr a'i hen garpan côt oel o'n hada barrug drosti', yn rhan hefyd o hanes y penrhyn.[21]

Ond er bod rhagfarn yn rhwym o fod, roedd hybridedd lleiafrifol, sef hybridedd rhwng diwylliannau'r Cymry brodorol a grwpiau ethnig eraill, yn fodd i herio awdurdod. Marsiandwr o gefndir ethnig lleiafrifol oedd Jack Pollecoff, perchennog Iddewig siop ddillad ym Mhwllheli; dysgodd y Gymraeg yn weddol, a dod yn faer y dref hefyd.[22] Ceir hanesyn diddorol yn ail gyfrol hunangofiannol J. G. Williams, *Maes Mihangel* (1974), pan yw Pollecoff yn hebrwng yr awdur, Cymro o wrthwynebydd cydwybodol, i orsaf Pwllheli, ac ar y trên i Loegr a'r carchar. Mae'r Iddew Cymraeg yn talu am bryd o fwyd nobl i'r Cymro cyn mynd ag ef i ben y daith gan ddweud, 'Bwyta'n iawn rŵan, frawd. Chewch chi ddim bwyd yn hir iawn eto', ac mae'i warineb i'w gyferbynnu â siarprwydd sarrug swyddog o Sais sy'n disgwyl amdano yn y carchar.[23] Trwy gyffelybiaethau felly daw lleiafrifoedd ethnig Llŷn yn rhan o wrthsafiad Cymry yn erbyn bryntni'r Wladwriaeth Brydeinig.

Mewn ardal fel Llŷn ac Eifionydd a oedd nid yn unig yn eiconaidd o ran ei Chymreictod, ond hefyd, mewn gwirionedd, gyda'r mannau mwyaf Cymraeg yng Nghymru, caniatâi hybridedd lleiafrifol i Seisnigrwydd gael ei wrthwynebu yn enw amrywiaeth ddiwylliannol. Synid am Seisnigo fel ymyrraeth anffortunus ag ardal Gymraeg gan fygwth einioes *pob* diwylliant lleiafrifol yno. Roedd y bywyd Cymraeg yn gwrthsefyll diwylliant mwyafrifol gwrthnysig yn enw hybridedd lleiafrifol amlethnig.

Felly, ys dywed Thomas Parry yn ei gyflwyniad i *Blas Hir Hel*, ni ddylid synio am wlad Llŷn fel 'merddwr lleidiog'.[24] Mae'r môr yn ei chysylltu ag Ewrop a'r byd, â phrosesau gerwin globaleiddio a byd rhyngwladol y llongwr, ac ag amrywiaeth 'hil'. Yn wir, ymhyfrydid ar lawr gwlad yn aml fod rhai o bobl Llŷn yn 'dywyll', a thybid fod hyn am fod eu hynafiaid wedi'u dryllio ar ei glannau.[25]

Mae hybridedd lleiafrifol yn rhan o fodernrwydd Llŷn er ymddangos yn aml ar wedd Ramantaidd; yn wir, ni ellir dirnad Rhamantiaeth Gymraeg Llŷn ond fel gwedd ar ei modernrwydd, ac ar fodernrwydd yn fwy cyffredinol. Yng nghaneuon, cerddi a shantis J. Glyn Davies, yn enwedig yn *Cerddi Portinllaen* (1936), nid amaethwyr a glodforir ond morwriaeth ryngwladol, a'r hogia' yn dychwelyd o deithiau pell ac agos ('pawb yn gweiddi tair hwre i Fflat Huw Puw!').[26] Roedd swyn yn Llŷn mewn diwydiant a masnach a lleoedd pell, a da cofio, yng nghyswllt *reportage* gwerin-ddyrchafol *Yr Etifeddiaeth*, y clwydai Trefor wrth droed chwarel sets fwya'r byd, tra roedd yn y Rhiw, ger Aberdaron, fwynglawdd manganîs mwya'r byd. Darparai pobl ddŵad lawer o'r cyfalaf ar gyfer datblygiadau o'r fath. Eingl-Gymro, William Madocks, a gododd Gob y Traeth Mawr, a thrwy hynny greu Porthmadog.[27] Sais yr oedd ei goffadwriaeth 'yn fendigedig, er mai Sais ydoedd' a blannodd Lôn Goed Eifionydd a anfarwolir gan R. Williams Parry yn symbol o hedd a Chymreigrwydd.[28] Hybridedd Cymraeg oedd canlyniad diwydiant yn aml iawn.

Fel y dengys hunangofiant Huw Erith, pysgotwr o ben draw Llŷn, roedd amlethnigrwydd yn bod yn y llefydd mwyaf 'diarffordd'. Mae ymwelwyr a phobl ddiarth (hipis, smyglwyr, Saeson ar eu gwyliau, genod Gaeleg o Ynys Heledd yn gweithio yn nhafarn y Ship) yn gwneud Aberdaron yn fwy cosmopolitan mewn gwirionedd na maestrefi unwedd aml i ddinas fawr, ac er bod y fro yn bellennig nid oedd dim anghysbell yn ei chylch.[29] Twristiaeth oedd yn gyfrifol am yr amrywiaeth ond diwydiant yw twristiaeth nad yw wedi derbyn fawr ddim sylw gan hanesyddiaeth Gymreig,[30] am ei fod yn ei hanfod yn ddibynnol ar gysylltiadau rhyng-ethnig, ond nid yw'n hyrwyddo cyfartaledd ethnig, ac yn aml gwnâi Gymry'n israddol i Saeson.

Roedd fisitors yn bwysig yr un fath. Mudiad Rhamantaidd ail hanner y ddeunawfed ganrif a roes gychwyn ar dwristiaeth yng Nghymru gan droi bryniau ysgythrog Gwynedd yn gyrchfan Saeson, ac Eryri 'yn un o labordai cynnar y diwydiant twristaidd byd-eang'.[31] Byddai gan Gymry lleol gysylltiad â'r ymwelwyr hyn: mewn tafarn neu westy, neu wrth eu tywys.[32] Dôi llawer i Feddgelert, hithau'n Gymraeg, amlethnig ac â dylanwad rhyngwladol arni; roedd yno waith copr a gyflogai weithlu amrywiol ac eglwys Forafaidd.[33] Ac eto, prin fu'r sylw i'r byd mynyddig amlethnig hwn oherwydd, fel nododd un ysgolhaig, er bod y dringwyr yn rhannu'r un gofod daearyddol â'r diwylliant Cymraeg gwerinol, roeddynt mewn gofod gwrthwynebol yn ddiwylliannol.[34]

Ymhlith deallusion diwylliant Cymraeg *subaltern* Gwynedd, mewn pentrefi bychain yn yr ucheldiroedd a oedd yn prysur ddiboblogi, fel yn y treflannau del glan môr, pryderid nad oedd hybridedd o'r math *hwnnw*, sef hybridedd rhwng grŵp cymharol ddi-rym ac un mwy grymus o lawer, sef rhwng Cymro a Sais, ond yn enw arall ar Seisnigrwydd. Roedd gwahaniaeth dybryd rhwng dau wahanol fath o amlddiwylliannedd yn Llŷn ac Eifionydd: y model Eingl-Americanaidd sy'n Angloffon ac yn neo-ryddfrydol, gan ganiatáu i Saeson brynu eiddo ar draul y boblogaeth leol gyda'u cyfalaf mwy, ac yn cyfiawnhau hynny; a'r llall yn Gymraeg ac yn cydnabod diwylliant Cymraeg fel priod ddiwylliant y fro.

Hawdd anghofio gan hynny i ddatblygiadau Fictoraidd fel South Beach, Pwllheli gael croeso cyffredinol ar y pryd.[35] Hawdd anghofio hefyd i dwristiaeth gyflwyno rhai a faged yn Lloegr i'r byd Cymraeg fel y bardd Martin Davis: 'gwyliau blynyddol ym Morfa Bychan a'i hudodd i Gymru'.[36] Ond yn nhyb llawer, arweiniai twristiaeth yn anorfod at y Seisnigo y mae *Llŷn ac Eifionydd* yn anfoddog yn ei gylch. Gorfodid brodorion i 'fregliach Saesneg',[37] canlyniad anorfod perthynas rym anghyfartal rhwng dau grŵp iaith.

Nid oes sôn yn yr holl drafodaethau Cymraeg am Lŷn ac Eifionydd a'r cyffiniau am 'Gymry di-Gymraeg'. Go brin fod y cysyniad yn bodoli yn y gymdeithas o gwbl, er bod llawer un di-Gymraeg yn y cylch a aned yng Nghymru neu o dras Gymreig. Ond nid yw hyn yn golygu nad oedd diwylliant Saesneg lleol, a gwlatgar ei gysylltiadau, yn bod. Fel llawer o'r bonedd, roedd sylfaenydd pentref ffantasïol Portmeirion, Clough Williams-Ellis, o gyff Cymreig, ac eto'n ddi-Gymraeg a'i deulu wedi profi, yn ei eiriau ei hun, ryw 'isolated prairie-like existence ... [a] Swiss Family Robinson life in what was practically a foreign land with a foreign tongue' yng Nglasfryn, Eifionydd ar ddiwedd y bedwaredd ganrif ar bymtheg.[38] Erbyn y 1950au, fodd bynnag, nid oedd mor ieithyddol ynysig, a chaed o boptu'r Traeth Mawr ar driongl o dir â'i chorneli yn Llanystumdwy, Cwm Croesor a Phenrhyndeudraeth gymdeithas frith o artistiaid, llenorion a deallusion Seisnig ac Eingl-Gymreig nad oedd ei chyfraniad i fywyd Cymru yn ansylweddol. Dyma'r 'Welsh Bloomsbury set',[39] adain chwith yn ei hanfod, yr oedd yr hanesydd enwog, Edward Thompson, awdur *The Making of the English Working Class* (1963), a'r hanesydd enwocach, Eric Hobsbawm, ynghlwm wrtho. Treulid eu dyddiau'n crwydro 'along sheep tracks', yn dringo'r Cnicht gan ymdrochi 'in the lakes hidden in its folds', cyn hel yn nhai ei gilydd yn hwyr y nos i drafod.[40]

Mae'n wir fod rhai yn y cylch hwn yn fychanus, fel Bertrand Russell o sir Fynwy, awdur *Principia Mathematica* (tair cyfrol, 1910–13; ar y cyd ag A. N. Whitehead), ffigwr pwysig ym maes athroniaeth Eingl-Americanaidd. Teimlai y gall gellwair am ddenu 'intelligent and/or interesting people' i Gwm Croesor dan yr enw brand, 'MERIONETH: A NEW CIVILIZATION? LTD',[41] fel pe na bai Bob Owen, Croesor yn ddyn difyr. Ond ceid hefyd ffigyrau llawer mwy cymeradwy fel y cerflunydd Jonah Jones a'r llenor Jan Morris, y ddau ymhlith cyfeillion pennaf pensaer Portmeirion.

Ac yma, ceir eto fath o hybridedd a fyddai'n fwy derbyniol gan y traddodiad brodorol. Roedd yn Saesneg ei iaith, ond cydnabu'n llawn lle canolog y gwareiddiad Cymraeg, ac yn wir aeth ati i'w hybu. Lluniodd Jonah Jones gofiant i Clough Williams-Ellis, a Jan

Morris deyrnged iddo wedi ei farwolaeth, ac mae'n dweud cyfrolau am amwysedd hunaniaeth fod anghytundeb rhyngddynt ai Cymro ynteu Sais ydoedd: 'very English right to the end', meddai Jonah Jones; fel arall y tybia Jan Morris, 'Clough was a Welshman'.[42]

Ceid esiamplau eraill o'r bylchu ar ffiniau diadlam, megis John Petts, yr argraffydd cain o Lanystumdwy y dywedodd Gwynfor Evans amdano fod 'Cymru'n lwcus iawn pan benderfynodd John Petts ddyfod atom i fyw',[43] Helen Steinthal, y baentwraig o Dremadog a ddysgodd Gymraeg, a Colin Gresham, awdur y gyfrol anhepgor os drud, *Eifionydd: A Study in Landownership from the medieval period to the present day* (1973). Dywedwyd am Gresham, a symudasai i Gricieth yn blentyn, iddo ddysgu'r Gymraeg ar ei liwt ei hun a 'darllen yn yr iaith yn eang ... nes iddo dreiddio i hanes yr iaith ac i wreiddiau'r hanes hwnnw a oedd wrth ei draed – hanes Eifionydd.'[44]

Jonah Jones fedd yr hunaniaeth fwyaf hunan-ddewisol o'r gwladgarwyr mewnfudol hyn. Yn frodor o Tyneside, prynodd furddun ar lethrau Moel y Gest ger Porthmadog ar ddiwedd y 1940au gan iddo dybio, yn anghywir, mai Cymro oedd ei daid.[45] Ni waeth am ei gamgymeriad, roedd yn gwerthfawrogi'r gymdeithas Gymraeg, a dywedodd amdani, 'if I spoke Welsh fluently, I would belong, at last, to a "city" and I would be proud and grateful'.[46] Defnyddiai'r iaith yn helaeth mewn gweithiau carreg, llechi ac efydd a ddaeth yn rhan o eiconiaeth cenedlaetholdeb Cymreig modern: penddelwau Gwynfor Evans a Bob Tai'r Felin, cofgolofn O. M. ac Ifan ab Owen Edwards yn Llanuwchllyn, a beddfaen Saunders Lewis.[47]

Roedd yn briod â Judith Maro, Seionydd a faged ym Mhalesteina, ac awdures a gyhoeddodd mewn Saesneg a Chymraeg am genedlaetholdeb, Cymru, Israel ac amlethnigrwydd.[48] Mae ei chyfrolau rhyddiaith a luniwyd yn wreiddiol mewn Saesneg ond nas cyhoeddwyd yn yr iaith honno bob tro, megis ei hunangofiant dyddiau ieuenctid *Atgofion Haganah* (1972), a'r nofel *Y Porth nid â'n angof* (1973), yn sôn am ymladd dros y mudiad parafilwrol Iddewig Haganah ym Mhalesteina. Dyna'r gyfrol genedlaetholgar Iddewig-Gymreig *Hen Wlad Newydd* (1974) wedyn, sy'n dwyn yr un teitl â nofel Seionaidd enwog Theodor Herzl, *Altneuland* (1902), a hefyd y nofel, *Y Carlwm* (1986), sy'n trafod amrywiaeth ethnig ym Meirionnydd. Mae'r oll yn rhan o lenyddiaeth Gymraeg amlethnig yr ugeinfed ganrif, ac yn *Hen Wlad Newydd* ceir mewn un ysgrif olwg ar yr Eifionydd brin ei Saesneg o safbwynt aelod o leiafrif ethnig: 'Roedd fy acen yn eu calonogi; ni theimlent yn hunan-ymwybodol o safon eu Saesneg. Cymrodyr yn ein hannigonolrwydd oeddem, fel petai!'[49]

Un o gyfraniadau pennaf y newydd-ddyfodiaid hyn yw fod eu plant a'u hwyrion yn atgyfnerthiad ar y gwareiddiad Gymraeg. Mae gwahanrwydd eu cefndir yn fath o amrywiaeth fewnol sy'n ystyrlon yn y Gymru Gymraeg, os nad efallai y tu allan iddi. Mab Jan Morris yw'r bardd a'r trwbadŵr, Twm Morys; y nofelydd Robin Llywelyn, ŵyr Clough Williams-Ellis, yw rheolwr-gyfarwyddwr Portmeirion. Dau lenor Cymraeg arobryn, ac os nad ydynt o gefndir lleiafrifol, tarddant o rywbeth pur agos iddo. Nodweddir eu harddull gan ddefnydd hunanymwybodol o dafodiaith Eifionydd a gogledd Meirion a gyfoethogir gan werin-eiriau a phriod-ddulliau Cymreigaidd. Mae dylanwad rhyddiaith ragorol llenorion Gwynedd ar eu Cymraeg, ond iaith ydyw hefyd sydd, yn ei Chymreigrwydd adferol a'i dylanwadau Celtaidd eang, yn nodweddu teuluoedd a siaradai Saesneg wedi mynd yn Gymry. Difyr iawn yn wir yw fod y Cymreiciaf o lenorion Gwynedd yn hanu o'r bonedd Eingl-Gymreig. Mae awgrym yn eu gwaith o gonsurio ieithweddau a hunaniaethau Cymraeg newydd, a thrwy hynny ymestyn ar 'yr etifeddiaeth'.

II

Ystyr y gair 'Cymry': llenorion Cymraeg o gefndir ethnig lleiafrifol

Yn y diwylliant Cymraeg, byddid yn dweud fod mewnfudwyr yn 'dod' neu 'yn mynd' yn Gymry trwy ddysgu Cymraeg. Dyna resymeg oer grŵp iaith, sef bod y sawl sy'n arfer yr iaith yn aelodau ohono.

Termau ethnoieithyddol yw Cymry a Saeson yn gynhwynol. Yn hanesyddol, ystyr ieithyddol neu ethnoieithyddol sydd iddynt, ac yna gogwydd ieithyddol yn fwy na dim, a 'Chymry' yn golygu siaradwyr Cymraeg cynhenid neu gymathedig sy'n arfer y Gymraeg; yn ddiweddarach, oherwydd shifft iaith a thwf cenedlaetholdeb sifig, daeth i gyfleu hefyd rai yn meddu ar hunaniaeth Gymreig.[50]

Roedd y gair 'Sais' yn golygu Angloffon, nid unigolyn o gefndir ethnig Seisnig o raid. Camgymeriad yw tybio mai ystyr 'Sais' neu 'Saesnes' yn y bedwaredd ganrif ar bymtheg oedd 'Englishman' neu 'Englishwoman'. Gallai brodorion Cymru a Lloegr fod yn 'Saeson' pe baent yn ddi-Gymraeg.[51] Yn yr un modd, yn rhesymegol, doedd dim modd i'r gair 'Cymry' wahaniaethu rhwng y 'Welsh' a'r 'English' ychwaith. Gall Cymro fod yn 'Englishman' neu'n 'Welshman' neu'n aelod o genedl arall cyn belled â'i fod yn gymathedig yn y grŵp iaith. Felly, ceid Cymry yn Lloegr ac America a Phatagonia na fuasent yng Nghymru erioed, a gellid cyfeirio hefyd at fewnfudwyr yng Nghymru fel Cymry os oeddynt wedi dysgu Cymraeg yn rhugl ac wedi ymdoddi i'r gymuned.

Bu tuedd gynyddol yn yr ugeinfed ganrif i geisio annilysu diffiniadau ieithyddol o'r termau hyn gan fod cynifer o frodorion Cymru'n ddi-Gymraeg. Yn wir, aeth defnydd felly ar yr enw yn annerbyniol gan ddeallusion, ac yna gan y sefydliad gwleidyddol, gan ei fod yn fygythiad i ddiffiniad tiriogaethol o'r genedl. O ganlyniad, ni thelid fawr o sylw fod yr hen ddiffiniad ieithyddol ar 'Gymry' yn gynhwysol o safbwynt y sawl nad oeddynt yn 'Welsh'. Roedd yn rhyddfreiniol i ddwy garfan yn benodol, sef i Gymry nad oeddynt o Gymru, siaradwyr Cymraeg iaith gyntaf o Loegr a'r Amerig yn bennaf oll, yn ogystal â mewnfudwyr i Gymru a ddysgodd Gymraeg.

Ond yn gynyddol yn yr ugeinfed ganrif, gan fod y gymuned Angloffon yng Nghymru'n ymgryfhau ac yn mynd yn fwyafrif, âi 'Cymry' yn derm monoethnig i olygu'r 'Welsh' o 'Wales', a rhewodd o fewn ei ddisgwrs a'i semanteg orthrwm ar y grŵp *amlethnig* a *thrawsffiniol* Cymraeg. Yn ystod hanner cynta'r ugeinfed ganrif, dechreuai termau hybrid megis 'Cymro Seisnig', 'Sais Gymry', 'Saeson o ran iaith' a 'Cymro wedi'i fagu'n Sais' ddod i'r olwg a sefydlu ethnigrwydd fel categori cymdeithasegol diffiniadol gan araf ddisodli iaith.[52] Ceir yr un duedd yn y termau mwy diweddar, 'Cymro Cymraeg' a 'Cymro di-Gymraeg', sy'n gwneud iaith yn ategol i ethnigrwydd.[53] Nid yw'r term cyfoes, 'siaradwyr Cymraeg', yn gwneud iawn am hyn yn hollol am fod y pwyslais unigolyddol ar 'siaradwr' yn tanseilio mewn oes neo-ryddfrydol y pwyslais ar y gymdeithas ieithyddol.

Mae dadl o hyd felly dros gyfeirio at bawb sy'n arfer Cymraeg fel 'Cymry' (ac ymestyn ar ei ystyr hefyd i gynnwys y di-Gymraeg Cymreig fel nad yw'n tanseilio hawl y gymuned Angloffon i'r gair ychwaith). Medr disgrifiad ar sail iaith fod yn gynhwysol gan ei fod ar gael i bawb sy'n ymfrodori fel siaradwr Cymraeg. Mae'n derm ôl-ethnig sy'n addas ar gyfer pawb sy'n siarad Cymraeg, ni waeth beth yw'r cefndir ethnig.

Ystyrier John Crowther ('Glanceri'), brodor o swydd Efrog, prifathro yn Rhydlewis a Bethesda, yntau'n fardd gwlad ac awdur *Ar Lannau Ceri* (1930). Bardd gwlad digon cyffredin, ac eto bardd gwlad Cymreigaidd yr un fath. Canwyd amdano gan Mafonwy yn ei gerdd, 'Y Sais Gymro':

> Clywsom ddod o'r Sais i'r pentre,
> Aeth y sôn ar goedd;
> Wedi cyrraedd hyd "Lys Ceri"
> Wele, Cymro oedd.[54]

Yma, mynegir amwysedd ynghylch hunaniaeth fel y'i diffinnid trwy hil neu fagwraeth ('Sais'), ac iaith ('Cymro'), a'r casgliad yw fod iaith yn trechu hil ('Cymro oedd').

Mae'r pwyslais ar 'Cymry' fel enw amlethnig, cynhwysol yn amlwg ar dro yn ysgrifeniadau Cymraeg aelodau o leiafrifoedd eu hunain. Oni bai am sensitifrwydd eithriadol cenedlaetholdeb sifig yn ei gylch, sy'n deillio o'r angen i gydnabod pobl Angloffon fel aelodau cyflawn o'r genedl, buasai diffiniad ieithyddol ar y gair 'Cymry' wedi dal ei dir yn wytnach. Yn weithred wrth-hiliol gadarn, byddai'n gymorth o ran datblygu cymuned Gymraeg nad yw wedi'i seilio ar hil, ethnigrwydd neu fan geni. Nid y gymuned Gymraeg ei hun a nadodd y cam ôl-ethnig hwn rhag cael ei gymryd ond anghenion disgyrsaidd poblogaeth ddi-Gymraeg.

Er hynny, ac er mwyn ymwrthod â'r hyn a ystyrir ganddynt yn ddiffiniad ethnig, mynn rhai mewnfudwyr sydd wedi dysgu Cymraeg nad Cymry mohonynt. Dyna safbwynt *Cwrw am Ddim: a Rhesymau Eraill dros Ddysgu'r Iaith* (2009), cofnod myfyriwr Americanaidd, Chris Cope, o'i brofiadau wrth ddilyn gradd Gymraeg ym Mhrifysgol Caerdydd. Mae'n sôn yn onest am ei ddieithrwch mewn gwlad newydd, ac anobaith ac anhapusrwydd sy'n arwain at ymdrech i'w ladd ei hun.

Un rheswm am yr ymddieithrio, ac yma mae ei sylw'n wirioneddol graff, yw iddo ymserchu yng Nghymru a Phrydain ar yr un pryd, a dymuna fod yn Brydeiniwr yn ogystal â 'Chymro'. Hwyrach fod hynny'n ddrych o hunaniaeth gŵr o Texas sy'n 'Texan' yn ogystal ag yn Americanwr, ond go brin fod arddel Cymreictod fel amlygiad rhanbarthol o Brydeindod wrth fodd pob elfen yn y gymdeithas Gymraeg. Mae Cope yn gwybod hynny'n iawn: 'Ac, ie, cydnabyddaf fy mod i'n dawnsio ar iâ ofnadwy o denau wrth sôn am hoffter tuag at "Brydain" pan fo cynifer o Gymry'n gwingo o weld Jac yr Undeb yn chwifio ym Mhwllheli, lle sefydlwyd Plaid Cymru, ond dyna chi.'[55]

Gwladgarwyr Cymraeg sydd fwyaf tebygol o ymestyn croeso Cymraeg i fewnfudwr fel Chris Cope, er mwyn iddo ddysgu Cymraeg yn iawn ac ychwanegu at niferoedd a lluosgrwydd y gymdeithas Gymraeg. Iddynt hwy, mae ei faentumiad nad yw am gymathu i'r gymdeithas Gymraeg, a'i fod nid yn unig am aros yn 'fewnfudwr' ond am fod yn Brydeiniwr, yn groes i'r graen. Mae hyn yn ei dro yn codi'r cwestiwn a oes rhaid 'dod yn Gymro' yn yr hen ystyr ethnoieithyddol wrth ddysgu'r iaith, ynteu a ddylai cymdeithas Gymraeg amlethnig gydnabod math neilltuol o arallrwydd radical, sef mathau o hunaniaeth Gymraeg sy'n anghymreig:

> Pan fo person yn dysgu'r Gymraeg disgwylir iddo ddysgu hefyd sut i fod yn Gymro. Yn fwy na hynny, disgwylir iddo geisio *bod* yn Gymro, gan addasu ei ymddygiad at gysyniadau Cymru/Cymraeg/Cymry/Cymreig.[56]

Ym marn Cope nid yw hynny'n bosib: wedi'r cwbl, nid ei Gymreictod sy'n arbennig yng Nghymru ond y ffaith ei fod yn Americanwr sy'n siarad Cymraeg. 'Dwi Eisiau Bod Yn Gymro' yw enw ei flog, ond daw dadrithiad yn fuan ynghyd â'r sylweddoliad anghynnes, 'Petawn i'n cael fy nghladdu yng Nghymru, byddai'r gair "Americanwr" ar fy ngharreg fedd'.[57] Dyna sy'n wahanol amdano ac yn ei ddiffinio (gwna'r BBC raglen ddogfen amdano fel Americanwr-sy'n-dysgu-Cymraeg). Yn wir, daw'n fwy Americanaidd am ei fod yn dysgu Cymraeg, teimla fel 'arth mewn syrcas Rwsiaidd'; ac erbyn diwedd y llyfr, mae'n sôn na fydd, efallai, yn trosglwyddo'r iaith i'w blant ('Does dim rhaid ... Peth da yw dysgu iaith, ond gallen nhw ddysgu Sbaeneg'), tabŵ hollol ymhlith y Cymry, a ffordd anghynnil o godi dau fys ar gymdeithas sy'n ei weld fel dieithryn o hyd.[58] Eto, mae

Pennod 5

cyndynrwydd Chris Cope i arddel y gair 'Cymro' yn seiliedig ar dybiaeth benodol iawn, sef fod i'r gair cyfoes gynodiadau diwylliannol y tu hwnt i'r ystyr ieithyddol.

Ond hyd yn oed os na ddymuna fod yn 'Gymro' neu'n 'Gymraes', ni fydd dysgwr yn Sais, Americanwr neu Eidalwr yn yr un modd ag o'r blaen. Mae hybridedd lleiafrifol yn treiddio i'w fod. 'Dwi eisiau bod yn Sais' yw sylw eironig Andy Misell, Sais craff o Iddew Cymraeg (ynteu ai Cymro o Sais Iddewig?) a fudodd o Lundain i Gaerdydd, y mae ei hunaniaeth Seisnig-Gymraeg yn amlweddog fel gweddill ei hunaniaethau:

> '*We look forward to a day when there are no hyphenated Americans.*' Felly y taranodd yr ymgyrchwr ceidwadol diflino Pat Buchanan yn ôl yn 1999, wrth iddo geisio ei ffordd yn aflwyddiannus unwaith eto tuag at y Tŷ Gwyn. Siarad yr oedd Buchanan am y duedd gyfoes i ddisgrifio pobl groenddu yr Unol Daleithiau fel 'Americanwyr Affricanaidd,' ac ati. Iddo ef, afraid ac annymunol oedd hyn, gan y dylai pob dinesydd fod yn falch o fod yn 'Americanwr' heb ddim amodau nac atodiadau. Fel un o'r heiffenedig rai – Eingl-Iddew, Sais Cymraeg, Llundeiniwr Caerdydd – mae'n rhaid i mi anghydweld ag ef.[59]

Tuedd cenedlaetholdeb sifig sefydliadol America yw celu gwahanrwydd ethnig (bod yn 'heiffenedig') er lles y mwyafrif, ac mae hybridedd lleiafrifol Cymraeg yn herio'r Sifig Angloffon sy'n cyflawni rôl gyffelyb yng Nghymru.

Gallai rhai llenorion Cymraeg fod yn heiffenedig iawn. Y mwyaf heiffenaidd, efallai, yw'r amlweddog Cedric Maby, gŵr o dras Huguenotaidd yn medru Tsieinëeg, a symudodd i fyw i Benrhyndeudraeth.[60] O sir Fynwy yr hanai ei rieni ond yn Lloegr y'i magwyd ef. Mae ei lyfrau am Tsieiniaid a'r diwylliant Tsieinëeg, *Dail Melyn o Tseina* (1983) ac *Y Cocatŵ Coch: blodeugerdd o gerddi byrion o'r Tseinaeg* (1987), ymysg yr ychydig gyfrolau Cymraeg a geir am Tsieina. Mae'n ffigwr pwysig am fod ei hybridedd yn awgrymu posibiliadau diderfyn yr hunaniaethau y gellid eu mynegi yn y Gymraeg pe caniateid hynny. Ysgrifennu rhyngddiwylliannol Cymraeg ynghylch grŵp ethnig anghymreig gan ymfudwr nad yw o gefndir Cymraeg ei hun ac nad yw o gefndir y grŵp yr ysgrifennir amdano ychwaith: dyna waddol Maby.

Diddorol iawn yn hyn o beth yw nofel y Cernywr Tim Saunders, *Cliff Preis: Gohebydd Arbennig* (1985), sy'n cynnwys peth dychan ar Gernywiaid a'r mudiad cenedlaethol Cernywaidd.[61] Enghraifft ddifyr arall o ysgrifennu rhyngddiwylliannol Cymraeg ydyw: y tro yma gan aelod o leiafrif yn trafod ei leiafrif ei hun. Ynghyd â'i gyfrol farddoniaeth, *Teithiau* (1977), mae'n hybu math o amlethnigrwydd Cymraeg-Gernywaidd na fyddai'n ystyrlon ond yn y gymdeithas Gymraeg. Arwydd o'i hyder fel mewnfudwr Cymraeg yw fod cerdd ynddi sy'n dychanu 'Cymro glân'.[62]

Cernyweg yw iaith ei aelwyd yng Nghaerdydd. Mae ei ferched, Gwenno ac Ani Saunders, Cymry Cernyweg, yn cyfrannu i ddiwylliant Cymraeg a Chernywaidd gan fathu math neilltuol o hybridedd lleiafrifol. Mae albym Gernyweg Gwenno, *Le Kov* (2018), yn gampwaith celfyddydol ac yn dangos rhinweddau amlddiwylliannedd Cymraeg yn glir. Mae'r bardd Aneirin Karadog, sy'n Gymro Llydaweg o Gymru, yn creu gwaith yn yr un cywair. 'Caneuon y Sioni Olaf' yw adran fwyaf sylweddol ei gyfrol gyntaf, *O Annwn i Geltia* (2012).[63] Mae modd mynegi deuethnigrwydd lleiafrifol Karadog mewn amlddiwylliannedd Cymraeg, ond anos fyddai ei dderbyn gan amlddiwylliannedd Eingl-Americanaidd am nad yw'r olaf yn cydnabod ethnigrwyddau diwladwriaeth yn llawn.

Gwnaeth aml un arall tra heiffenedig gyfraniad gwirioneddol i'r diwylliant Cymraeg, fel y Tad John Fitzgerald, Gwyddel ail genhedlaeth o Loegr, a ddysgodd y Gymraeg wrth draed Saunders Lewis yng Ngholeg y Santes Fair, Aberystwyth. Yn ogystal â chyfrolau nodedig o farddoniaeth, *Cadwyn Cenedl* (1969) a *Grawn Gwirionedd* (2006), golygodd *Y Cylchgrawn Catholig* am ddegawd, ac ymlafnio fel ysgolhaig: cyd-olygodd *Ysgrifau athronyddol ar grefydd* (1982) a *Llyfr Offeren y Sul* (1988), cyfieithodd *Proslogion* Anselm, *Traethawd ar y Method* ac *Y Myfyrdodau* Descartes a *Moeseg Nicomachaidd* Aristotlys, ac roedd ar banel cyfieithu *Y Beibl Cymraeg Newydd* o 1961 hyd ddiwedd ei oes.[64] 'Haeddant, 'does bosibl, eu gosod ochr yn ochr ar yr un silff â chyfieithiadau D. Emrys Evans o rai o ddialogau Platon', meddai Meredydd Evans am ei gyfieithiadau gan 'mor rhywiog a chlasurol' y Gymraeg.[65] Cyhoeddwyd rhifyn arbennig o *Y Cylchgrawn Catholig* er cof amdano yn 2010.

Pa ddiben cael Cymry os nad Cymro hwn? Mae ei waith yn llawn gwrthsafiadau yn erbyn y syniad fod hunaniaeth yn ddigyfnewid.

Pennod 5

Yn wir, mae englyn agoriadol ei gyfrol gyntaf yn gwneud hynny'n syth, gan chwarae mig â'r syniad o fod yn Sais ac o beidio â bod yn Sais:

> Iaith wâr Sir Gâr a gerais – iaith dirion,
>   afradlon, hyfrydlais.
>   Rhan a chartref a gefais
>   yn ei swyn, a minnau'n Sais.[66]

Gall datganiad o'r fath ymddangos fel pe bai John Fitzgerald yn ymwrthod â bod yn 'Gymro'. Ond nid yw am ddilyn yr un trywydd â Chris Cope. Nerth yr englyn yw'r gwrthdrawiad pwerus rhwng meddu ar iaith wâr sir Gâr a bod yn 'Sais'. Nid sefyllfa gyffredin mo hon, ac yn ei natur anghyffredin, ceir yr argraff, o ddarllen yr englyn o chwith, y gall Sais fod yn Gymro. Ac yn wir, dyna awgrym John Fitzgerald wrth iddo drafod ei englyn ei hun:

> Yn yr englyn cyntaf, yr wyf yn fy ngalw fy hun yn Sais. Y mae hyn o sail i hynny, mai yn Lloegr y cefais fy ngeni, ac mai Saesneg (gydag acen Ceri) yw iaith fy mam. O ran pob cwlwm carennydd, Gwyddel wyf heb os; ond o ran cadwyn cenedl, yr wyf wedi fy nal yn yr un fagl â'r Cymry, ac 'o'n safbwynt ni' yr edrychaf ar y byd i raddau helaeth.[67]

O ran yr ystyriaethau hanfodaidd hynny nad oes modd eu newid megis tras ('carennydd') a man geni, Sais a Gwyddel yw. Eto, o ran ei ddiwylliant ac felly ei genedl ('cadwyn cenedl'), mae wedi ymgymreigio. Roedd wedi 'troi'n Gymro' yn ôl Harri Pritchard Jones; sef 'yn Gymro o Wyddel o Sais', chwedl Daniel Huws.[68]

Ymddengys felly fod John Fitzgerald am fod yn Gymro, ac eto pan ymglywir â'r awydd ymysg lleiafrifoedd i fod yn 'Gymry', yn ei ymyl weithiau ceir rhyw gywair esgusodol. Mae rhwystr seicolegol yn tarfu ar y ddelfryd, a mewnfudwyr yn gyndyn o ddweud eu bod yn Gymry rhag iddynt arddel rhywbeth na wiw iddynt fod mor hy â'i feddiannu.

'Gymro, clyw ymbil Sais' yw cân y geiriadurwr campus o Didsbury wedi symud i Fangor, Osbert Henry Fynes-Clinton, mewn 'llyfr o ganeuon Cymraeg o'i eiddo ef ei hun', gan ei dweud hi am y Gymraeg fel Moses am wlad yr addewid:

> A sut yr af ati, ofnus estron,
> A minnau'n gwybod mai brenhines yw?
> Ni chaf ei gweld ond rhown fy hun yn fodlon
> I'w chadw hi yn fyw.[69]

Ac eto, siawns nad Sais yw hwn sydd hefyd yn Gymro? Ni fyddai'r cyferbyniad rhwng 'Cymro' a 'Sais' yn y llinell 'Gymro, clyw ymbil Sais' yn tycio fel arall. Heb yr amwysedd, byddai ergyd ei brydyddiaeth yn ddisynnwyr. Yn wir, nid oes gwell enghraifft o gyfraniad Cymro o Sais i'r diwylliant Cymraeg na gorchestwaith Fynes-Clinton, *The Welsh Vocabulary of the Bangor District* (1913), un o gampweithiau pennaf ysgolheictod Cymraeg hanner cyntaf yr ugeinfed ganrif. Roedd 'y Sais tawedog gwylaidd hwn', meddai Ifor Williams, cyd-weithiwr iddo yn y Coleg ar y Bryn, 'wedi dod yn un ohonom ni.'[70]

Yn y byd amlethnig hwn, gall rhywun feddu ar ethnigrwyddau lu; yn wir, hunaniaethau cymysg, lluosog a mabwysiedig yw'r norm. Peth twyllodrus yw gofyn gan hynny a yw rhywun yn Gymro neu'n Sais. Gan mwyaf, ceir deublygrwydd ymysg y Cymry newydd, sef eu bod yn Gymry ac yn Saeson, Cymry ac yn Americanwyr, Cymry ac yn Wyddelod, Cymry ac yn Huguenotiaid Tsieinëeg. Ac mae hyn yn wir am leiafrifoedd ethnig yn fwy cyffredinol, fel yr ymresyma'r Gymraes o dras Roegaidd a Chymreig, Helen Kalliope Smith, yn ei soned, 'Twnnel', wrth haeru fod 'dwy genedl ynof'.[71]

Nid nad yw'r deuoliaethu heb ei eironi ôl-drefedigaethol ychwaith, ac yn ei ryddiaith yntau mae Tony Bianchi, Cymro o Sais o dras Eidalaidd o Newcastle a ymgartrefodd yng Nghaerdydd, yn troi byd o ddeuoliaethau sefydlog ar ei ben. Mae'n wir fod gan fewnfudwyr sawl hunaniaeth, ac eto nid yw'n hawdd bob tro dweud p'un yw p'un. Pan mae *alter-ego* Bianchi yn *Cyffesion Geordie Oddi Cartref* (2010) yn gweiddi gyda'i fêts ar feddwyn ar y stryd ym Mhontcanna mae'n gwneud hynny yn y ddwy iaith, gan gymell gwrth-gyhuddiad y meddwyn fod ei boenydwyr yn '*Welshy*':

> '*F.. off you f...ing Welshy c..ts!*'
> Trodd atof i wedyn, gan wthio'r placard i'm hwyneb. Er mawr cywilydd i mi, ac er gwaethaf pob gwers a ddysgais ym Mogotá, fe ymatebais innau yn yr un modd.

Pennod 5

'*I'm not a f...ing Welshy c..t,*' gwaeddais yn ôl arno. '*I'm a f...ing English c..t!*'[72]

Ond mewn gwirionedd onid '*f...ing Welshy English c..t!*' ydyw? Ni waeth mai Sais yw Bianchi, mae'n dioddef dirmyg a sen fel pob siaradwr Cymraeg arall, a daw'n 'Gymro' er ei waethaf ei hun.[73]

Felly, nid yw hybridedd yn ddi-boen i'r un sy'n ei brofi. Gall mewnfudwyr sydd wedi dysgu Cymraeg wynebu sen wrth-Gymraeg hefyd (miniogir y feirniadaeth arnynt yng ngolwg rhai gan mai Cymry mabwysiedig ydynt, sydd felly yn 'ffug' neu'n 'blastig', ac nid ydynt yn '*authentic*' yng ngolwg eu beirniaid: mae'n ddadlennol mai gwrthwynebwyr y Gymraeg sy'n dibynnu ar ddadleuon hanfodaidd o'r fath). Ond ni fyddent yn wrthodedig, fodd bynnag, gan y gymdeithas Gymraeg ei hun, neu o leiaf nid gan ei thraddodiad deallusol. Yn hwnnw, maent yn bur ganolog.

Nodweddir y llenorion hyn gan gyd-berthynas mwy nag un math o leiafrifaeth. Mae'r cydgyffwrdd rhwng gwahanol leiafrifaethau i'w glywed yn enwedig yng ngwaith bardd o Iwerddon, Carmel Gahan, sydd yn ogystal â bod yn fewnfudwraig, ac yn Gymraes trwy iaith, hefyd yn ffeminist radical. O ganlyniad, mae ei chyfrol o farddoniaeth, *Lodes Fach Neis* (1980), yn un o gyfrolau mwyaf ymylol, ac felly ganolog, yr ugeinfed ganrif Gymraeg, am ei bod yn trafod lleiafrifaeth ar sawl gwastad.

Nid yw'r pethau hyn heb eu trawma. Mewn pwt o gerdd, 'aileni', mae Gahan yn trafod mudo, a dengys sut y gall hunaniaeth newydd, a dysgu iaith newydd, fod yn weddnewidiad mor drylwyr ar yr hunan nes y daw'n ailenedigaeth (a hunanymwybodol efallai yw'r trosiad crefyddol). Yn ôl y motiff hwn, fe'i ganed yng Nghaergybi, y porthladd y teithiodd drwyddo o Iwerddon er mwyn cyrraedd Cymru:

> unig blentyn ydw i
> bydda i'n dair oed
> ym mis Medi
> yng Nghaergybi cês i 'ngeni
> tyfais i yn Llanddewibrefi[74]

Mae tebygrwydd yma i gerdd anghyhoeddedig y ffoadur Iddewig Kate Bosse-Griffiths, 'Hadyn' ['Hedyn'], a luniodd 'i ateb y cwestiwn sut o bosib gallwn berchen gwreiddiau mewn dwy wlad':

> Hadyn wyf o wlad bell
> Wedi ei lyncu gan aderyn treigl
> Wedi ei gludo dros y môr gan wennol
> Disgynnodd ar dir newydd aredig
> A thaflu gwreiddiau
>
> Glaswelltyn wyf ar borfa las
> Wedi fy mhlygu dan cairn defaid [sic]
> Wedi fy nghnoi gan ddant bustach
> Tyfais yn gnawd byw
> Tyfais yn rhan o Gymru.[75]

Nid yw'r ailenedigaethau hyn yn digwydd heb boenau esgor.[76] Ceir yng ngherddi Almaeneg anghyhoeddedig 'preifat' Kate Bosse-Griffiths, ynghyd ag yn ei disgrifiad ohoni'i hun fel 'deilen ar goeden' ('nur ein Blatt am Baum'), bortread seicolegol o fudwraig yn chwilio am gartref newydd, ac eto bydd y ddelfryd o breswylfod sefydlog yn aros yn ddieithr iddi.[77]

'The individual, who moves from one culture to another, can form a liminal or "in-between" state. I would propose that this is the position that Kate Bosse-Griffiths inhabits', meddai Gwennan Higham: 'Her alienation isn't caused by social rejection; rather, the problem lies within – she is a stranger to herself.'[78] Amlygir hyn gan rai o'r themâu a drafodir gan Bosse-Griffiths a mewnfudwyr eraill, yn benodol y trawma a'r dadwreiddiad sy'n canlyn mudo. Wrth godi'r Gymraeg, ni roddir heibio'r hen hunaniaeth yn gyfan gwbl, nac yn wir yr hen iaith ethnig gynt, a bydd llawer i fewnfudwr sydd wedi dysgu Cymraeg yn parhau'n driw i ffordd-o-fyw flaenorol, serch nad yw honno, mwyach, ar gael. Mae'r tramwy yn ôl ac ymlaen rhwng y Gymraeg ac ieithoedd eraill yn amlygiad o dyndra oddi mewn i 'hunan' y mewnfudwr.

A'r hyn sy'n ddadlennol, o leiaf o safbwynt y traddodiad athronyddol Cymraeg, yw fod hyn yn debyg i brofiad beunyddiol y Cymro cynhenid o orfod byw a bod yn y gofod rhwng dwy iaith, mewn

Pennod 5

byd dwyieithog anghytbwys. Pan sonia J. R. Jones am y 'profiad o wybod, nid eich bod chwi yn gadael eich gwlad, ond *fod eich gwlad yn eich gadael chwi*,' mae'r tyndra yn y dyfyniad yn dibynnu ar gymhariaeth rhwng profiad yr ymfudwr mewn gwlad newydd a phrofiad y brodor gwladychedig.[79] Nid yw cyferbyniad felly yn gwbl ddieithr yn y traddodiad Cymraeg o feddwl fod bardd canoloesol fel Hywel Goch o Fuellt wedi haeru fod Cymry 'yn godef poen ac achenoctit ac alltuded yn eu ganedic dayar'.[80]

Ceir cywair tebyg yng ngwaith rhai llenorion lleiafrifol ethnig. I'r graddau ei bod yn iaith alltudiedig a di-rym, tybia'r rhain fod y Gymraeg yn fodd i gynnig golwg newydd, gyfochrog efallai, ar eu sefyllfa hwythau. Y Seionydd sosialaidd o Ystalyfera, Lily Tobias, yw'r bwysicaf i ddadlau hyn. A hithau'n rhugl mewn Yideg, Cymraeg a Saesneg,[81] portreada Gymry Cymraeg yn ei chasgliad o straeon byrion, *The Nationalists and Other Goluth Studies* (1921), fel pobl fwy goddefgar na'r Saeson.[82] Mae hefyd yn beirniadu Iddewon Seisnigedig am oddef cymathiad, yn wahanol i Iddewon Yideg neu Gymraeg y mae gwahanrwydd an-Seisnig yn nod arnynt.

Ceir gwahanrwydd *oddi mewn* i iaith rhai mewnfudwyr hefyd. Nid oes dim yn fwy arwyddocaol am lenorion Cymraeg sy'n hanu o'r tu allan i Gymru na'u bod yn meithrin math newydd o Gymraeg. Yng ngwallau iaith Kate Bosse-Griffiths (sy'n gywir, er hynny, yn yr ystyr fod 'gwallau' yn tystio i ddadsefydlogrwydd mewnfudiad), rhyddiaith chwithig Chris Cope, a chywair plaen, moel barddoniaeth Carmel Gahan (a ddisgrifiwyd gan Dafydd Elis-Thomas fel 'iaith lafar a blas ei dysgu fel ail-iaith arni, sy'n ychwanegu mwy at ein llenyddiaeth na'r priod-ddulliau priddlyd o'r bedwaredd ganrif ar bymtheg sy'n llenwi cyfeirlyfrau idiomatig'),[83] ceir cyfnewidiad ar yr iaith Gymraeg fel ar hunaniaethau mewnfudol eu hunain. Mae'r Gymraeg wahanol hon yn mewnoli deuddiwylliannedd y mewnfudwr. Math arall ar hybridedd yw, ond yn yr iaith *ei hun* y tro hwn.

Mae modd i ieithwedd leiafrifedig o'r fath gyfleu hefyd safbwyntiau lleiafrifol eraill. *Écriture féminine* sy'n cymell geirio 'syml' Gahan yn ei cherddi, sef dull o ysgrifennu sy'n llacio gafael gramadeg 'gwr-ywaidd' ar iaith. Ac eto, onid yw brawddegu stacato, geirio unsill, diffyg atalnodi a gwrthodiad i arddel prif lythrennau yn sylw ar y profiad mewnfudol hefyd, nid yn unig o ran amlygu diffyg gafael honedig y llenor ar y Gymraeg, ond hefyd fel math ar iaith doredig sy'n ddrych o'i hymddieithriad? Gwelir hynny yn y gerdd awgrymog, 'rwyn ferch dda':

>rwyn ferch dda
>mae
>mam yn hapus
>achos rwyn gwisgo
>fest
>yn y gaeaf
>ond daw'r haf
>rwyn lico
>jest un haen
>rhyngof fi
>a'r awyr iach
>a
>   naws
>   y bore
>ym mis mehefin
>yn
>   ias
>ar
>   hyd
>   fy nghnawd
>dydy mam
>ddim yn gwybod hynny
>iddi hi
>rwyn dda
>o hyd[84]

Nid 'bratiaith' mo'r iaith symleiddiedig hon. Nid Cymraeg mewn cystrawen Saesneg ychwaith ond iaith wahaniaethol oddi mewn i'r Gymraeg ei hun, sy'n tystio i wahanrwydd y mewnfudwyr hyn, fel Cymry, oddi mewn i'r byd Cymraeg.

Math *arall* o Gymraeg ydyw, a'r dadsefydlogi ar yr iaith yw arallrwydd Cymraeg y fewnfudwraig ei hun. Tystir hefyd, trwy fetaffor cloffni iaith y ddysgwraig ('geirfa wedi'i gwywo, cystrawen anghywir'),[85] fod Cymraeg clwyfedig yn wedd ar gymdeithas

Pennod 5

Gymraeg ddifrodedig. Caiff anian y gymdeithas Gymraeg wladychedig fynegiant cywir mewn iaith. Nid Gahan yw'r unig lenor i ysgrifennu felly: ceir mynegiant praff o'r cyfryw iaith newydd hefyd yn *Ebargofiant* (2014) Jerry Hunter, Americanwr o Gymro sy'n mynd ati'n gwbl fwriadol i lunio math gwahanol o Gymraeg.

'Cymraes o'r diwedd', meddai Carmel Gahan am y profiad chwithig o gael ei chyflwyno 'fel y chwaer o Gymru' mewn parti yn Iwerddon.[86] Ond er y chwithdod, chwaer o Gymru ydyw yr un fath, mewnfudwraig sy'n perthyn i genedl y Cymry, yn wahanol i'r mewnfudwyr Saesneg, goresgynnol hynny sy'n gwladychu'r wlad:

> Dim ond Saeson
> all fwynhau
> prydferthwch Cymru nawr
> maen nhw wedi'u sbwylio
> hi i ni
> mae'r oesau yn ymddatod
> mâs yn y caeau
> gyda'r seiniau main
> sy'n hollti'r meddwl
> a lan yn Llanddewi Brefi
> clywais rai
> mewnfudwyr chwe mis
> yn datgan
> 'our roots are here
> we want to stay'
> ble all
> Cymro druan
> fynd yng Nghymru heddiw[87]

Am y deëllir 'Saeson' a 'Chymry' fel termau ieithyddol, mae modd i fewnfudwraig sydd wedi dysgu Cymraeg gyfeirio ati'i hun fel un o'r 'ni'. Mae gwleidyddiaeth iaith yn wrthsafiad yn erbyn trefedigaethedd ond mae hefyd yn parchu'r sawl o dras estron sy'n dysgu Cymraeg.

Gan hynny, mae llenyddiaeth Cymry newydd yn cyfateb yn annisgwyl i brotest brodorion yn erbyn bygythiadau i wead y gymdeithas draddodiadol Gymraeg. Mae'r gymdeithas frodorol honno yn sgil trefedigaethedd a gwladychiaeth yn cael ei dad-diriogaethu ('*déterritorialisation*', chwedl yr athronwyr ôl-strwythurol Gilles Deleuze a Félix Guattari).[88] Ceir yma adlais annisgwyl o athroniaeth Gymraeg os derbynnir yr acsiom ei bod yn 'gwbl bosibl i weddillion y Bobl Gymraeg *fynd yn ddi-droedle ar eu tir eu hunain*', chwedl J. R. Jones.[89] Dehonglid datganiadau o'r fath gan J. R. fel math ar wleidyddiaeth hanfodaidd, yr union fath o fydolwg mae Deleuze a Guattari yn ei feirniadu mewn gwirionedd, ond hwyrach y gellid darllen gwaith J. R. Jones yn hytrach fel sylw ar ddad-diriogaethu ac ad-diriogaethu (*reterritorialisation*) mewn cyd-destun trefedigaethol. Mae ad-diriogaethu yn ail-drefnu'r byd wrth i ddad-diriogaethu fynd rhagddo, a gellid synio yma, yn achos yr hen froydd Cymraeg, am drefnu Cymry'n rhan o wead cymdeithasol newydd, mwy Saesneg.

Yn yr ystyr hon, Cymraeg sydd wedi'i dad-diriogaethu yw Cymraeg mewnfudwyr gan mai Cymraeg anghyflawn ydyw. Ond mae dysgu iaith newydd hefyd yn rhan o ad-diriogaethu, a cheir felly olwg fwy cadarnhaol ar y sefyllfa nag a ragdybid gan J. R..

Yn eu clasur *Kafka, Pour une littérature mineure* (1975), lle ymhelaethir ar y cysyniad o ddad-diriogaethedd, honna Deleuze a Guattari na ellir cael diwylliant lleiafrifol mewn iaith leiafrifol am fod cymunedau ieithyddol lleiafrifol yn cyfleu gwerthoedd mwyafrifol: sefydlogrwydd bro, cysur tylwyth, greddf Oedipws. Llenor yn ysgrifennu o safbwynt lleiafrifol mewn iaith fawr, ac sydd o ganlyniad yn dad-diriogaethu'r iaith honno; dyna'r profiad lleiafrifol go-iawn yn eu tyb hwy.[90] Cyfeirir yma at Franz Kafka, un o Iddewon Prâg, yn ysgrifennu Almaeneg mewn dinas lle mae'r Almaeneg ar drai, gan greu enghraifft ddisglair o'r llenyddiaeth fawr 'lai' hon, llenyddiaeth sydd wedi'i dad-diriogaethu.

Fel grŵp iaith sydd wedi'i 'ddad-diriogaethu' mae lleiafrif Almaeneg Prâg yn llefaru mewn 'iaith bapur' neu 'iaith wneud', rhyw iaith artiffisial nad yw bellach o fewn gafael y lliaws. Nid yw iaith o'r fath yn gwbl annhebyg i'r Gymraeg mewn rhannau o Gymru heddiw. Fel Iddew sy'n ysgrifennu yn yr iaith 'lai' honno mae Kafka wedi'i ddad-diriogaethu ddwywaith, unwaith fel llenor o'r grŵp Almaeneg ym Mhrâg ac eto fyth fel aelod o leiafrif ethnig o'i fewn. Fel Iddew yn y Prâg Almaeneg, 'mae'n rhan o'r lleiafrif [ieithyddol] hwn ac wedi ei eithrio ohono'. Ond oherwydd yr eithrio hwnnw mae'n medru ad-greu ei lenyddiaeth.[91]

Er gwaethaf gwrthwynebiad Deleuze a Guattari i geidwadaeth yn llenyddiaethau ieithoedd bychain mae'r syniadau hyn yn hynod berthnasol i ddiwylliant Cymraeg. Yn wyneb shifft iaith, dad-diriogaethedd yw profiad llawer o'r Cymry. Pa syndod fod meddyliwr gwrthdrefedigaethol fel J. R. Jones yn defnyddio trosiad mudo i gyfleu ing y Cymry Cymraeg?

Ac yn union fel Kafka ym Mhrâg, ceir yng Nghymru leiafrifoedd ethnig sy'n ysgrifennu mewn iaith 'lai' sydd wedi'i dad-diriogaethu, sef Cymraeg. Yn wir, maent hwythau wedi'u dad-diriogaethu ddwywaith hefyd. Ond gan fod y gymdeithas Gymraeg wedi'i breuo i'r ffasiwn raddau, mae'r Cymry brodorol wedi'u dad-diriogaethu yn ogystal.

Gofynna Deleuze a Guattari:

Faint o bobl heddiw sy'n byw mewn iaith nad yw'n briod iaith iddynt? Neu nad ydynt yn adnabod eu priod iaith mwyach, neu nad ydynt yn ei hadnabod eto, ac nad yw eu gafael yn sicr ar yr iaith fwyafrifol y'u gorfodir hwy i'w defnyddio? Problem mewnfudwyr, a phroblem eu plant yn arbennig felly. Problem lleiafrifoedd. Problem llenyddiaeth lai, ond hefyd ein problem ni oll: sut mae rhwygo llenyddiaeth lai oddi wrth ei phriod iaith, llenyddiaeth sy'n atebol i gloddio'r iaith, a gwneud iddi ddilyn trywydd chwyldroadol o ddifrif? Sut mae dod yn grwydryn a mewnfudwr a sipsi ei briod iaith? Meddai Kafka: dwyn y plentyn o'r crud, dawnsio ar y rhaff dynn.[92]

Felly mae'r mewnfudwyr Cymraeg hyn yn ymdebygu i'r Cymry cynhenid yn eu meddiant anghyflawn ar iaith ddifrodedig Cymru. O ganlyniad, Cymry ydynt. Pobl sydd wedi'u dad-diriogaethu yw'r Cymry, a dieithrwch yw eu tynged i gyd.

III

Y Cymry fel lleiafrif ethnig yn Lloegr: lleiafrif heb ei gydnabod

Gellid hefyd chwilio am hybridedd pan fo'r Cymry yn lleiafrif ethnig eu hunain. Am fod hanes y Cymry yn yr Amerig, Awstralia, Seland Newydd, De Affrica a llefydd eraill wedi ei gymhlethu am eu bod yn wladychwyr yno, Lloegr yw'r lle amlwg i graffu, ac yn Llundain yn benodol mae hanes y Cymry'n hirhoedlog, ac yn wir yn ffurfiannol: 'after all the Welsh were the first ethnic minority in the city', chwedl Emrys Jones yn *The Welsh in London, 1500–2000* (2001).[93] 'It seems justifiable ... to study them', meddai, 'in their totality as an ethnic group whose cultural distinctiveness meant that they too faced some of the problems confronting some of the Commonwealth migrants of today.'[94]

Ond nid oes modd olrhain presenoldeb y Cymry yn Lloegr mor eglur â grwpiau ethnig eraill. Yn wir, mae rhywbeth annelwig yn eu cylch: yn ystod Oes y Tuduriaid a'r Cyfnod Modern Cynnar, gallent gynrychioli'r 'Arall' pe na bai 'Arall' amgen gerllaw. Mewn cyfnodau diweddarach, pan fyddai 'Arall' haws ei ddirnad ar gael, megis Gwyddelod ac Iddewon yn y bedwaredd ganrif ar bymtheg, tueddai'r Cymry i gilio rhyw fymryn yn y dychymyg Lloegraidd.[95] Eto, roeddynt yn wybyddus i'r Saeson a'u presenoldeb yn Lloegr yn amharu arnynt ryw ychydig. Yn chwedloniaeth y Cymry eu hunain, hwy oedd yr hen frodorion, ac nid oes dim annifyrach i fwyafrif meddiannol na chyn-frodorion wedi dychwelyd. Mae fel pe bai, a benthyg y term '*unheimlich*' o waith Freud, fod nod rhyw ansefydlogrwydd ar y Cymry, ac o gynefindra'r Saeson â hwy y codai eu hanesmwythyd efallai.[96] Corfforai'r Cymry ryw ffurf ar wahanrwydd nad oedd wiw ei gydnabod, ac megis mewn breuddwyd, yn nhiriogaeth y trothwyol a'r isymwybodol y trigent.

Problem sylfaenol yw hon i hanesyddiaeth gyda'i sylfeini empeiraidd, a'i thueddiad i anwybyddu grwpiau sy'n anweledig, a gofynna *The Welsh in London*, yn gwbl deg:

> Who, or what, are the London Welsh? One view is that the term should be restricted to someone born in London of Welsh parents. Such persons

would be a fascinating object of study, nurtured probably in a Welsh home yet becoming part of wider London society for an entire life span. Unfortunately, these are the very people about whom we know least.[97]

Yn hyn o beth, tynged brodorion Cymreig Llundain yw tynged pob lleiafrif y naceir ei fodolaeth gan ddiffiniadau'r gwyddorau cymdeithasol. Mae hyn yn wir yn enwedig, ac yn eironig felly, ym maes gwrth-hiliaeth sy'n bositifistaidd, ac sydd yn ddiweddar wedi esgor ar fath o wleidyddiaeth hil gyda deuoliaeth begynnol rhwng 'gwyn' a 'du'. Mae'r Cymry'n 'wynion' o Brydain, ac felly, yn nhyb dysgeidiaeth Angloffon, nid ydynt yn lleiafrif.

Er i Gymry Llundain synio amdanynt hwy eu hunain fel 'lleiafrif ethnig' neu 'gymuned ethnig',[98] mae'r dyb Eingl-Americanaidd nad yw ethnigrwydd ond yn ffurf ar 'hil' yn cymell y wladwriaeth i haeru mai lleiafrifoedd gweladwy yn unig y dylid eu cyfrif fel lleiafrifoedd ethnig. Os dioddefa'r Cymry o ddiffyg cydnabyddiaeth yn sgil hyn, dyna hefyd yw tynged y Gwyddelod yn Lloegr, ac yn eu hanesyddiaeth hwy y ceir y syniad cliriaf o un o'r rhesymau sy'n peri i'r Cymry gael eu diystyru fel grŵp ethnig yn Lloegr. Er eu bod yn wynebu hiliaeth ac anfantais sylweddol, llyncwyd y Gwyddelod gan wynder a'u trin fel pe baent yn rhan o fwyafrif hegemonaidd.[99] Gwadwyd y gallai grwpiau gwyn fod yn 'racialised minorities', gan nacáu trwy hynny 'that the Irish are an "authentic" ethnic minority'.[100] Câi hyn yr effaith o wrthod derbyn y gallent wynebu 'anti-Irish racism'.[101] O ganlyniad i'r diffyg cydnabyddiaeth, wyneba'r Gwyddelod 'a "forced inclusion" into mainstream white society where their difference and identity were often ignored.'[102] Mewn ffordd debyg y synnid am y Cymry yn Lloegr. Ni chawsant eu diffinio na'u cydnabod fel grŵp, annilysid hunaniaeth yr ail genhedlaeth, nid ystyriwyd y posibiliad y gallent wynebu hileiddio neu ragfarn, ni roddwyd sylw i'w hiaith na'u diwylliant, ac ni ddarparwyd ar gyfer eu hanghenion.

Felly er eu bod yn meddu ar nodweddion ethnig lleiafrifol – ymwybod eu bod yn grŵp anSeisnig, hunaniaeth ddeuol, hybridedd diasporig – ni châi'r Cymry yn Lloegr eu cydnabod fel grŵp. Enghraifft glir o anghyfiawnder epistemaidd yw hon, sef anghyfiawnder sy'n deillio o'r modd y mae gwybodaeth yn disgrifio'r byd.[103] Mae'r Cymry yn perthyn i gategori anghydnabyddedig.

'Gwynion Prydeinig' yw'r rhan fwyaf yn yr ail genhedlaeth, wedi eu geni a'u magu yn Lloegr a chanddynt acenion Seisnig. Nid oes dim i nodi i'r llygaid a'r glust Angloffon eu bod yn *wahanol*. Yn hynny o beth, tebyg yw eu tynged i un yr ail genhedlaeth Wyddelig (ond yn waeth am eu bod o Brydain). Ond ceir camwedd ychwanegol yn achos y Cymry am fod *gwahanrwydd* y gymuned Gymraeg wedi ymwreiddio mewn iaith. Ni chydnabyddir hyn gan yr epistemeg, neu wybodaeth, Angloffon sy'n disgrifio amlddiwylliannedd Lloegr yn nhermau hil. Yn Lloegr, mae Cymry a Saeson yn canfod gwahanrwydd mewn modd gwahanol, ac mae natur gwybodaeth Seisnig yn peri nad yw'r Cymry yn 'bresennol' mewn categorïau amlddiwylliannol yn Lloegr, ac felly maent yn absenoldeb mewn realiti hefyd.

Ar gyfer y lleiafrif Cymraeg yn Lloegr, anfoddhaol yw honiadau nad ydynt yn bod. Gall hyn esgor ar anghyfiawnder yn y byd real, a chymathiad gorfodol. Gwrthodwyd ariannu Ysgol Gymraeg Llundain, er enghraifft, am nad oedd Cyngor Brent yn ystyried y Cymry yn Llundain yn grŵp ethnig. 'The rejection of the Welsh as an ethnic group in London by the education authorities was something that certain parents felt extremely strongly about', yn ôl astudiaeth academaidd o'r gymdeithas Gymreig yn Llundain.[104] Fe'i disgrifiwyd gan un rhiant Cymraeg, a oedd ei hun wedi'i geni yn Llundain, fel sefyllfa gwbl annheg gan 'bod ni'n bodoli, bod ni yn gymuned ethnig'. Roedd hyn yn rhan o batrwm o wadu dilysrwydd ethnigrwydd Cymreig y tu allan i Gymru, gan beri poen a thramgwydd i lawer, a'r ail genhedlaeth nad oeddynt o Gymru yn enwedig.

Gellid crynhoi hyn oll ar ffurf dihareb gyfoes, efallai: 'cydnabyddiaeth a chyfiawnder'. Heb ennill cydnabyddiaeth o wahanrwydd, nid oes modd ymorol am gyfiawnder.[105] Mewn dinas fel Llundain lle seilir gwahanrwydd ar hil, gellir 'dangos' mewn dull 'rhesymol' nad yw Cymry (gwyn) yn lleiafrif ethnig am nad ydynt yn wynebu anfanteision ar sail hil. Ond dadl ffug yw honno gan nad grŵp o ran hil yw grŵp ethnig, ond grŵp a chanddo hunaniaeth sy'n gysylltiedig â threftadaeth. Mae trosglwyddo'r Gymraeg yn Lloegr o genhedlaeth i genhedlaeth ynghlwm yn ddi-eithriad bron wrth hunaniaeth ethnig o'r fath.

Nid yw'r ddadl fod y gymuned Gymreig yn Lloegr yn gymuned ethnig yn groes i'r haeriad mai dinasyddiaeth yw sail y gymdeithas Gymreig yng Nghymru, ac iaith yw sylfaen y gymdeithas Gymraeg.

Dim ond y tu allan i Gymru y daw'r gŵp Cymreig yn grŵp ethnig (sydd ei hun yn amlhiliol, wrth gwrs) a hynny oherwydd amgylchiadau. Nid yw hunaniaeth Gymreig sifig yn bosib yn y diaspora, ac nid yw'r ail genhedlaeth yn Lloegr yn ddinasyddion Cymreig. Felly, pan ddywedir wrth siaradwyr Cymraeg o'r ail genhedlaeth, a'r di-Gymraeg sy'n achlesu eu treftadaeth hefyd, nad ydynt yn meddu ar ethnigrwydd Cymreig, tanseilir eu hunaniaeth. Mae'r cam-ddisgrifiad yn un difrifol gan ei fod yn diraddio'r 'hunan', chwedl Miranda Fricker yn *Epistemic Injustice: Power and the Ethics of Knowing* (2007).

> The primary harm of hermeneutical injustice [math o anghyfiawnder epistemaidd], then, is to be understood ... also in terms of the very construction (constitutive and/or casual) of selfhood. In certain social contexts, hermeneutical injustice can mean that someone is socially constituted as, and perhaps even caused to be, something they are not, and which it is against their interests to be seen to be. Thus ... they may be prevented from becoming who they are.[106]

Nid yw Cymry yn Lloegr yn wynebu 'anfantais' sylweddol ('unfairly disadvantaged') o safbwynt hil am eu bod yn Gymry, er y dylid nodi i Gymry yn Lloegr gael eu hileiddio yn y gorffennol. Ond mae nacáu iddynt eu hunaniaeth yn peri math o ddrwg neu 'anfantais' seicolegol sy'n gwadu'r hunan ac felly yn fath o gamwahaniaethu strwythurol.

Un o ddadleuon canolog athronwyr ym maes epistemeg yw nad oes modd adnabod anghyfiawnder yn iawn nes ei ddisgrifio. Gall yr unigolyn a gamddisgrifir briodoli ei anhapusrwydd yn y byd i ryw fai arno'i hun yn hytrach na'i weld fel cyflwr sy'n deillio o'r modd y caiff grwpiau ac unigolion eu hadnabod. Dadleua Fricker fod dioddefwyr anghyfiawnder epistemaidd yn dioddef gan mwyaf mewn unigedd, gan nad oes modd i eraill adnabod eu cyflwr, a gall hyn achosi argyfwng iddynt, o ran hunan-ddelwedd, hunan-werth a dirnadaeth o'r byd.[107] Dichon mai dyna pam y ceid adweithio chwyrn i Seisnigrwydd gan gynifer o Gymry a faged yn Lloegr, a Saunders Lewis yn bennaf yn eu plith, er mwyn cadw bwlch rhwng yr hunan Cymraeg a'r cam-ddisgrifiad Seisnig ohono.

Ond ble i droi i ganfod gwewyr y Cymry hyn? Yn absenoldeb gwybodaeth ystadegol, a chan nad yw hanes y Cymry yn Lloegr wedi'i ysgrifennu ychwaith, mae prinder tystiolaeth empeiraidd. Troir felly, os nad yn ddiymdroi, yna o leiaf gyda pheth sicrwydd, at ddisgwrs yr ail genhedlaeth ei hun, ac at seicoleg a'r daddiriogaethedd sy'n canlyn magwraeth yn aelod o grŵp disylw. Nid yw hynny'n amlycach yn unman nac yn Lerpwl yn ystod dyddiau anterth y gymuned Gymraeg yno. Mae J. Glyn Davies, brodor o Sefton Park, Lerpwl, 'formerly Professor of Celtic at the University of Liverpool' rhwng 1920 a 1936, a fu'n byw bywyd Cymraeg yn ei ddinas ei hun, yn ddeifiol amdano yn ei ysgrifau seicolegol gonest yn *Nationalism as a Social Phenomenon* (1965).

'They counted as somebody in Welsh society', meddai am deuluoedd Cymraeg dosbarth canol Lerpwl, 'If they went English they would be nobody', ond roedd y Cymry yn byw rhwng dau fyd, ac er gwaetha'r berthynas â'r henwlad, nid anghymhleth oedd Cymreictod iddynt ychwaith ac roedd gan lawer o'r ail genhedlaeth gywilydd o'u 'more pronounced Welsh countrymen'.[108] Ychydig oedd y cyswllt, meddai John Edward Jones, hanesydd capeli a chymdeithasau Cymraeg, a aned yn Lerpwl yn 1914 a byw yno'r rhan fwyaf o'i oes, rhwng Cymry'r ail genhedlaeth a'r gyntaf: teimla'r Cymry o Lerpwl iddynt gael eu gwatwar ar gorn eu 'Cymraeg clogyrnaidd', a thueddai pobl ddŵad o Gymru i lenwi'r swyddi mwyaf dylanwadol, fel gweinidogion a blaenoriaid.[109] Yn ôl Eleazar Roberts, nofelydd a symudodd i Lerpwl o Bwllheli yn faban deufis oed yn 1825 ('hanner Sais' yn ei eiriau ei hun, ond yn Gymro rhagorol mewn gwirionedd),[110] roedd gan rai o'r blaenoriaid hyn 'very little sympathy with the young men brought up in large towns like Liverpool, and knowing, indeed, very little about their peculiar views, sympathies and aspirations'.[111] Ceir argraff gyffredinol o ansicrwydd seicolegol ymysg yr ail genhedlaeth: arwydd clasurol o aelodaeth o leiafrif ethnig. Dywed J. Glyn Davies mewn sylw craff eithriadol am seicoleg grŵp o'r fath: 'We could not face ridicule from fools, for we were fools ourselves had we but known it.'[112]

Roedd yr ethnigrwydd Cymraeg Lloegraidd yn anwadal ond yn bwysicach fyth, efallai, yn anghydnabyddedig, ac yn ddirmygedig i raddau yng Nghymru hefyd. 'A member of an ethnic minority in Victorian Liverpool' yw disgrifiad cysàct Huw Pryce o'r hanesydd mawr a faged yn Lerpwl, J. E. Lloyd, gan briodoli peth o'i anian fel hanesydd gwlatgar i natur ansad hunaniaeth Gymraeg y ddinas, 'underpinned by the twin imperatives of countering charges of inferiority to the English while asserting a certain superiority among the Welsh.'[113] Roedd y 'superiority' hwnnw yn codi gwrychyn ymysg Cymry gwerinol yng Nghymru wrth gwrs.

Gellid dwyn cyhuddiad o hyder anhyderus o'r fath yn erbyn Saunders Lewis o Wallasey a llu o Gymry a faged mewn teuluoedd Cymraeg yn Lloegr y bu ymwybod â gwahanrwydd ethnig eu plentyndod yn rhywbeth na allasai poblogaeth Gymraeg Cymru ei dirnad heb sôn am ei deall. Trafoda D. Tecwyn Lloyd yn ei gofiant ysblennydd, *John Saunders Lewis: Y Gyfrol Gyntaf* (1988), gymhlethdod israddoldeb Saunders mewn ysgol breifat yn Lerpwl am ei fod, fab y mans, mewn dosbarth cymdeithasol is na meibion y Saeson proffesiynol a'i hamgylchynnai, a cheir awgrym cynnil fod peth difrïo ieithyddol ac ethnig ynghlwm wrth hynny hefyd.[114]

Ond ar yr un pryd, trwy eu meistrolaeth ar yr iaith Saesneg, a holl fuchedd dosbarth canol Seisnig Lloegr yn gyffredinol, gallai'r ail genhedlaeth ymarweddu fel Saeson pan fyddai hynny'n fanteisiol, a chael budd o hynny. Dyna'r ddeuoliaeth a amlygir gan deyrnged yn 1934 yn *Y Brython*, papur newydd Cymraeg Lerpwl, i un o

> Gymry'r dref ... a aned ac a faged ynddi ... un o'r Cymry goleuaf ... siaradai Gymraeg fel pe bai'n Gymro o'r wlad ... ond er caru ohono ei wlad â chalon rwydd, nid Cymro cul mohono. Yr oedd hefyd yn Sais o ran tafod ac arfer. Siaradai Saesneg graenus.[115]

Mae'r 'tafod ac arfer' hwnnw'n dweud cyfrolau.

'Creaduriaid deufyd' oedd y Cymry hyn, yn ôl y cronicl Cymraeg deallusaf i godi o'u plith, *Dyddiau Lobsgows yn Lerpwl* (1988), atgofion Iorwerth Jones am ei blentyndod ymysg 'Cymry cyffredin' yn nhreflan ddosbarth gweithiol Kirkdale yn y 1910au a'r 1920au.[116]

> deuthum yn ymwybodol yn gynnar, felly, o ddwy ffaith wahanol a oedd ar brydiau'n unig yn dal perthynas agos â'i gilydd, – fy mod yn un o hogiau Lerpwl, a'm bod yn Gymro Cymraeg ... Awgryma'r ymadrodd 'Cymry Lerpwl' ein cymeriad deublyg, ein gwreiddiau yng Nghymru a'n bywyd bob dydd ar y Glannau, creaduriaid amffibaidd.[117]

Amffibaidd oeddynt am fod bywyd Cymraeg Lerpwl yn ddigon llydan i fagu'r plant yn Gymry a Saeson.

Pa syndod hynny? Lerpwl oedd 'Prif Ddinas Cymru' (*conceit* diweddarach yw sôn amdani fel prifddinas y gogledd yn unig);[118] yr oedd 'yn fath o Tyrus', chwedl cofianwyr Gwilym Hiraethog, a hwythau'n cymharu'r metropolis y sefydlodd *Yr Amserau* ynddo yn 1843 â'r ddinas Phoenicïaidd chwedlonol lle ganed Europa.[119] O'i fewn roedd gwareiddiad Cymraeg cyfan. Fe'i croniclir ar ei helaethaf yn llyfrau D. Ben Rees sy'n gyfraniad anhepgor i hanesyddiaeth lleiafrifoedd ethnig gogledd-orllewin Lloegr, ac ym mhapurau Cymraeg Lerpwl a Chymru ar y pryd. Dyma'r gymdeithas ddinesig Gymreiciaf a chyflawnaf a fu erioed, canolbwynt disgyrchiant ei haelodau, a chymuned ethnig y gellid yn deg ei chymharu â chymunedau ethnig lleiafrifol pwysicaf gwledydd Prydain yn ystod y ddwy ganrif ddiwethaf, megis cymunedau Gwyddelig, Iddewig a du cryfion.

Angor talaith Gymraeg Loegraidd lawer ehangach ydoedd hefyd oherwydd o ran ei rhwydweithiau mewnol, gwlad Gymraeg hunangyfeiriadol oedd gogledd-orllewin Lloegr. Gallai gweinidog Cymraeg a aned yn Lloegr gael gyrfa yn gwasanaethu capeli ar y gwastadeddau rhwng Stoke-on-Trent a godre Westmorland heb orfod mynd i Gymru, gan mai o Lerpwl y dôi bob cymorth a mantais yn y bydysawd diasporig hwn. Datblygid math o ethnigrwydd Caerhirfrynaidd-Gaeraidd Cymraeg a barhâi hyd at yr ail genhedlaeth mewn trefi fel St. Helens ac Ashton-in-Makerfield ger Wigan, dwy ardal lofaol, ond yn y metropolis, gallai ymestyn hyd at y bedwaredd.[120] Ceid dynion a merched a dreuliai eu hoes yn yr amgylchfyd hwn fel William Williams o Widnes, blaenor diwylliedig o'r ail genhedlaeth a gefnogai Glwb Rygbi Widnes yn frwd, a Gruff Evans o Claughton, Cilgwri, Llywydd y Blaid Ryddfrydol yn 1977–8, Cymro rhugl o'r drydedd genhedlaeth a aeth yn bur ddylanwadol ym mywyd gwleidyddol trofaus Glannau Mersi.[121] Dychwelai eraill i Gymru ond gan ymfalchïo yn hanes eu broydd, fel yr ysgolhaig Semitaidd nodedig, Thomas Witton Davies, Athro Hebraeg Bangor rhwng 1905 a 1921, o gefndir llwyr ddosbarth gweithiol, a ychwanegodd enw pentref ei fagwraeth ym maes glo swydd Durham, Witton Park (cymuned Gymraeg y gofalai Henaduriaeth Lerpwl amdani), at ei enw ei hun.[122] Ac yn ôl i Gymru y daeth Jennie Thomas, un o awduron *Llyfr Mawr*

Pennod 5

y Plant (1931), ond ei champwaith yw *Dyddiau Hyfryd Capel M. C. Woodchurch Road Birkenhead 1906–1972* (1972), cofiant capel nad yw'n ddim o'r fath, ond yn hytrach yn bortread bendigedig o fywyd cymunedol Cymraeg yn Lloegr.

Am hyn oll, bu peth sôn yn y Gymraeg, a'r nesaf peth i ddim mewn Saesneg. Ond deil pennod ddisglair Merfyn Jones, 'Cymry Lerpwl', yn *Cymry Lerpwl a'u Crefydd* (1984) yn glasur heddiw; yn wir, mae'n un o'r ysgrifau hanes gorau am unrhyw leiafrif ethnig yn Lloegr, a brolir dwysedd ac ehangder y gwareiddiad Cymraeg a fodolai. Roedd ar ddiwedd y bedwaredd ganrif ar bymtheg dros 80,000 o bobl o Gymru yn byw yn siroedd Caerhirfryn a Chaer, a hyn heb gyfrif eu plant a'u hwyrion, ac yn Lerpwl yn benodol, ymgryfhâi 'yr unig *bourgeoisie* cadarn a hunanhyderus a welodd Cymru erioed'.[123] Roedd yno wasg ethnig, peth cronni ethnig heb fod 'heigio',[124] crefyddolder ethnig, cyflogaeth ethnig (adeiladu a gweini'n enwedig), economi wedi'i seilio ar iaith (ceid ecsbloetio ar Gymry uniaith gan rai o'r Cymry dwyieithog), a dibyniaeth ar ymfudiad o'r famwlad i borthi'r cwbl. Roedd yno oddeutu trigain o addoldai Cymraeg, ac yn wir digon o egni i sefydlu enwad Lerpwlaidd cwbl annibynnol, sef Eglwys Rydd y Cymry, ac er mai yn sgil ffrae y bu hynny, am dro bu'n llwyddiannus hefyd.[125] Ond fel tywod ar draeth New Brighton o flaen llanw, câi'r cwbl ei orchuddio yn y man gan ddŵr llwyd 'ymseisnigo ac ymgymathu'.[126] Disgrifiad yw llith Merfyn Jones o'r prosesau cymdeithasegol sydd ar waith oddi mewn i leiafrif ethnig nodweddiadol ym Mhrydain.

Weithiau byddai'r Cymry yn eu twyllo eu hunain eu bod yng Nghymru o hyd. Yn null Cymry alltud o fwrw golwg hiraethlon yn ôl ar y famwlad, ac yn tybio eu bod yn rhan ohoni, dywed y gweinidog Cris yn nrama Saunders Lewis am Gymry Llundain, *Excelsior* (1980), fod 'eglwys Gymraeg yn Llundain yn rhan o Gymru',[127] a mab y mans o Lannau Mersi oedd Saunders ei hun. Croesai'r diwylliant capelgar y ffin rhwng Cymru a Lloegr fel pe na bai yno, ac ni fyddai neb ond daearyddwr gwydn yn gwybod o ddarllen y wasg Anghydffurfiol a yw Earlestown, Runcorn, Bwcle, y Fflint a Chaer yng Nghymru neu Loegr. Ond gwahanol yw byw mewn ardal Gymraeg a bod mewn tref Saesneg, a phwerdy ansicr ar gyfer y diwylliant Cymraeg oedd Lerpwl.

Fel pob lleiafrif ethnig, ymboenai'r Cymry am statws a pharhad. Ymboenent, yn ddigon naturiol, am Gymraeg diffygiol yr ail genhedlaeth, a oedd ar drai amlwg, a bu ymgyrch aflwyddiannus dros bwyso ar gyngor y ddinas i ddarparu addysg Gymraeg.[128] Ond ymboenent yn fwy am godi yn y byd, ac i'r Cymry a fudasai yno o gefn gwlad tlawd, 'the suburbs were the Promised Land'.[129] O ganlyniad i ymgywilyddio ethnig, ceid hen ddigon o snobyddiaeth ymysg y Cymry, a 'rhaid addef', meddai *Camau'r Cysegr sef Hanes Eglwys y Methodistiaid Calfinaidd Stanley Road Bootle* (1926), 'y bu yn yr amser gynt gryn lawer o'r *Class System* yn eglwysi Lerpwl a'r cylch,' a chyhuddodd y pechaduriaid gwaethaf o wisgo eu plant fel '*family ornaments*'.[130] Dywed uchder tŵr capel Princes Road yn Toxteth, 'the Welsh Cathedral' a'r adeilad talaf yn Lerpwl ar un adeg, lawer am ddymuniad Cymry i gael eu gweld.

Ni wyddom faint o elyniaeth agored fu tuag atynt; fel Eidalwyr yng nghymoedd y de, cymharol ychydig yw'r honiad.[131] Ond hanes empeiraidd Angloffon yw sail haeriadau o'r fath ac mae tystiolaeth y gymuned Gymraeg ei hun yn awgrymu stori gymhlethach. Odid hefyd nad yw'r cronni ethnig – yn Everton, Toxteth Park, a chanol y ddinas yn benodol – yn awgrymog.[132] Yn ôl *Hanes Methodistiaeth Liverpool* (dwy gyfrol, 1929 a '32), ceid gwrthdaro sectaraidd weithiau rhwng Cymry a Gwyddyl: lluchid cerrig drwy ffenestri ystafell Ysgol Sul Methodistiaid Cymraeg Bootle yn y 1820au, cerddai'r Cymry yn ardal Sandhills 'bob amser yn gwmnïau, er mwyn diogelwch' yn y 1840au.[133] Mae hyd yn oed yr addefiad gorfoleddus yn *Bedyddwyr Birkenhead* (1908) i 'offeiriad Pabaidd' gyfrannu'n eciwmenaidd at gostau codi eu heglwys yn 1852 yn awgrym go gynnil nad yn rhwymau eciwmeniaeth y buwyd bob tro.[134] Yn 1862, i sŵn y waedd, 'There's one for the Pope', chwalwyd ffenestri tair eglwys Brotestannaidd ym Mhenbedw yn ystod terfysgoedd Garibaldi, ac un ohonynt oedd capel y Bedyddwyr Cymraeg.[135] Ond hen gynnen rhwng Protestaniaid a Chatholigion oedd hynny, ac agwedd y Saeson yn fwy na dim a godai wrychyn.

Ar yr olwg gyntaf, anodd dweud ai hiliaeth a wynebai'r Cymry ynteu ragfarn achlysurol ddiofal ond ymddengys fod y Gymraeg wedi'i hileiddio i ryw raddau o leiaf, ac yn sgil hynny y Cymry eu hunain, neu o leiaf dyna ganfyddiad y Cymry. Gwelid mewn hysbysebion ar gyfer merched gweini yn ail hanner y bedwaredd

Pennod 5

ganrif ar bymtheg fersiwn Gymreig o'r neges honno a yrr ias i lawr cefn rhywun, ac a ddefnyddid yn amlach o dipyn yn erbyn y Gwyddelod, ac yn yr ugeinfed ganrif yn erbyn pobl ddu yn ogystal, sef 'No Welsh need apply'.[136] Ceid dwsinau ohonynt yn y *Liverpool Daily Post* a'r *Liverpool Mercury*, yn y 1850au a'r 1860au yn enwedig, ac nid anodd fyddai llunio dehongliad ffeminyddol neu 'groestoriadol' o drybini'r merched a wrthodid: yn perthyn i'r dosbarth gweithiol, yn glapiog eu Saesneg, yn ymwrthodwyr â chrefydd y wladwriaeth, yn fewnfudwyr, ac yn *ferched*, wynebent fath penodol a garw o gamwahaniaethu ac anfantais.

Ond camwedd mewnfudwyr hefyd yw bod yn llewyrchus. Targed penodol gan hynny oedd yr adeiladwyr Cymraeg a ddychenid yn y wasg Saesneg o bryd i'w gilydd, megis gan yr wythnosolyn gwleidyddol, *Porcupine*, a'r cyhoeddiad rhyddfrydol, y *Liverpool Review*, yn y 1870au a'r 1880au. Rhy lwyddiannus oedd y Cymry, a difyr nodi i *Porcupine* greu ffug-chwedl am adeiladwyr Cymreig yn achosi cwymp dinas o bwys yn y Brydain Frythoneg, gyn-Rufeinig.[137] Ymosodiad ar Gymry a oedd wedi dychwelyd i'r hen diriogaethau Brythoneg yn Lloegr oedd hyn, nid ar Gymry yng Nghymru.

Roedd i Gymry Lerpwl ymwybod lleiafrif ethnig ac yn eu hysgrifeniadau eu hunain, rhagfarn wrth-Gymreig a dicter yn ei chylch yw un o'r themâu. Yn 1868, gwobrwywyd W. H. Parry yn Princes Road am draethawd buddugol, *Y Cymry yn Liverpool, eu Manteision a'u Hanfanteision*, ac yno mae'n ei dweud hi am hiliaeth a rhagfarn yn erbyn Cymry, a'u heffaith ar rawd bywydau:

> Y mae y Cymro ieuanc am dymhor, wedi ei ymsefydliad yn Liverpool, yn rhwym o deimlo cryn anfantais o herwydd ei arferion gwledig; ac y mae anystwythder ei ymadrodd, o herwydd ei acen Gymreigaidd, yn ei annghyfaddasu i gymdeithasu gyda nemawr o rwyddineb na phleser â'r rhai o'i amgylch. O herwydd hyn, dyoddefa lawer o goegni diflas oddiar law aml i Sais mursenaidd a sychfoneddigaidd; a hwyrach mai nid anfynych y gwel rai o'i gydgenedl ei hun, oddiwrth y rhai y gallesid disgwyl cydymdeimlad, yn uno yn y grechwen ffol. Gall y pethau hyn ymddangos yn fychain a dibwys ar yr olwg gyntaf; ond y mae y meddwl ieuanc yn dra thueddol i ddigaloni yn wyneb amgylchiadau o'r fath. Bu y rhwystrau hyn a'u cyffelyb yn atalfeydd

lled bwysig ar ffordd cynydd a llwyddiant aml un. Y mae yn rhaid wrth radd o amynedd a dyfalbarhad i'w gorchfygu.[138]

Yn ôl llenyddiaeth am Lannau Mersi hefyd, os oes coel ar nofelau realaidd fel *Y Graith* (1943) Elena Puw Morgan, bu hiliaeth yn brofiad byw i'r morynion o Gymru a weinai mewn tai byddigions. Dyna ymddygiad hen forwyn o Saesnes, Ethel, tuag at Dori, morwyn newydd o Gymraes: 'Ethel a'i bedyddiodd hi'n "Taffi", a pheri na chlybu fawr ar ei henw ei hun tra bu yno. ... Gwawdiai hi am ei Saesneg ... Gwawdiai hi am ei dillad ... Terfynai bob amser gyda dannod ei chenedl iddi ...'.[139] Daw i'r wyneb hefyd yn *I Hela Cnau* (1978), nofel y brodor o Benbedw, Marion Eames, a adawodd Gilgwri pan oedd yn bedair, am fywyd y Cymry yno. Seiliwyd y nofel ar hanesion a chwedlau'r teulu i raddau helaeth: 'Dioddefodd Rebecca ei thafod yn dawel. Roedd hi'n dysgu, meddai wrthi'i hun, dysgu byw ei bywyd mewnol a dweud ie, ie wrth y Sais.'[140]

Yn wahanol i draethodydd Princes Road, nid yw'r adroddiadau hyn yn adlewyrchu canfyddiad llygaid-dystion, ond tystiant er hynny i ymdeimlad eang yn y gymdeithas Gymraeg â chysylltiadau â Lerpwl fod ymddygiad o'r fath yn gyffredin. Ond ceir tystiolaeth fwy uniongyrchol hefyd, ar wedd llenyddiaeth gan yr ail genhedlaeth, ac anodd coelio nad ymgais i ddramateiddio profiadau personol yw'r ymdrechion hyn. Nid oes raid ond agor cloriau gleision y nofel bwysicaf am Gymry Lerpwl, *Owen Rees: A Story of Welsh Life and Thought* (1893) Eleazar Roberts, i ymglywed â brwydr am barhad ethnig, ac yn erbyn rhagfarnau.

Lerpwl Gymraeg y bedwaredd ganrif ar bymtheg yw ei ganfas: y tŷ tair stafell (nid tair stafell wely) wrth y dociau, y fam sy'n Gymraes uniaith, y capel, y Cymry duwiolfrydig, a'r hierarchiaeth ddigrybwyll sy'n cadw'r Cymry yn eu lle. Ond roedd yr hierarchiaethau hyn yn grybwylledig *iawn* yn Lerpwl ar adegau, ac egyr *Owen Rees* gyda Sais yn cyfarch adroddwr o'r ail genhedlaeth fel 'a pretty decent fellow for a Taffy', a'r Cymro yn edliw iddo farn Saeson fod y gair '"Welsh" contains in it at once an insinuation of something that is disparaging.'[141] Brithir y nofel gan hiliaeth Saeson,[142] ond hefyd camweddau Cymry. Mae tad yr arwr yn mynd yn 'jerry-builder', a thrwy ei fod yn codi yn y byd fel 'Mr. Rees, the builder' yn teimlo'r angen i symud i ardal well, a dod yn flaenor mewn capel sy'n fwy cydnaws â'i statws newydd.[143] Ond wyneba gosb am ei ryfyg. Metha'r busnes, mae'n mynd yn fethdalwr, ac yn cael ei gyhuddo o ddwyn ar gam hefyd. Ymddiswydda fel blaenor, a cheir yma achlust efallai o dynged John Davies, tad J. Glyn Davies, aelod o Gyngor y Ddinas, a Chadeirydd Pwyllgor Gwaith Eisteddfod Genedlaethol Lerpwl yn 1884, a aeth y fethdalwr yn 1891. Ymddiswyddodd fel blaenor yn Princes Road ac o hynny allan bu'n troedio i'r capel ar ei ben ei hun ar hyd y strydoedd cefn.[144]

Rhan o ymffurfiant y Cymry yn Lerpwl fel cymuned ethnig yw'r sensitifrwydd eithriadol hwn ynghylch dosbarth cymdeithasol. 'The Cymric race in Liverpool are principally shopkeepers, small tradesmen, and artisans', meddai Syr James Picton wrth eu trafod yn y *Liverpool Directory* yn 1876.[145] Cytuna Saunders Lewis: roedd Cymry Lerpwl a Manceinion am ymddyrchafu fel 'siopwyr Cymreig ... yn rhoi ceiniog at geiniog',[146] groseriaid Cymreig ar ddelw groser Grantham oeddynt, efallai.

Eithrid y dosbarth gweithiol Cymraeg yn Lerpwl a gweddill gogledd-orllewin Lloegr o'r hanesyddiaeth hon. Nid oedd yn cyd-fynd â'r ddelwedd. Lleiafrif ethnig cuddiedig yw'r Cymry hynny na cheir cofnod gonest ohonynt yn unman ac eithrio mewn llefydd annisgwyl: llyfrau hanes lleol fel *Images of West Bank* (2005) sy'n cofio treftadaeth rhan amlethnig o Widnes, ac *Images of England: Ashton-in-Makerfield and Golborne* (1997). Yn yr olaf, ceir llun o Mr a Mrs Williams â'u saith o blant yn cael eu troi o'u tŷ yn 1921, a darnau o'u gwelyau o flaen y drws ffrynt: Cymry, bid siŵr. Roeddynt yn trigo ar Bolton Road, canolbwynt y gymuned Gymraeg yn Ashton, 'y cwmwd mwyaf Cymreig yn Lloegr ar wahân hwyrach i leoedd fel Bootle yn Lerpwl'.[147] I Gymry heddiw, lleiafrif anghofiedig yw pobl y cymunedau Cymraeg dosbarth gweithiol hyn. I haneswyr amlddiwylliannedd yn Lloegr, nid ydynt yn bodoli. Aelodau o grŵp ethnig anniddorol ac anghydnabyddedig oeddynt, o'r dosbarth cymdeithasol anghywir, ac yn siarad iaith annirnad hefyd; gellid anghofio amdanynt yn ddiogel. Pwy mewn difrif fyddai'n adrodd hanes y rhain?

Gellid adnabod patrymau serch hynny. Ceir yn y disgrifiad o dai'r Cymry a drigai mewn ardal dlawd fel Crippin's Buildings, Ashton yn y bedwaredd ganrif ar bymtheg fotiff a glywir droeon i awgrymu tlodi diobaith, sef diffyg dodrefn: 'tai heb ddodrefn; *plank* o bob tu i'r tân, wedi eu gosod ar ychydig o frics; a'r drws canol wedi ei dynnu . . . i wasanaethu yn lle bwrdd'.[148] Felly hefyd oedd hi yn y brifddinas. Roedd rhai o Gymry Lerpwl ddiwedd y 1840au mor dlawd 'fel y bu gorfod arnynt werthu eu gwelyau i gael ymborth.'[149] Amcangyfrifwyd yn 1870 fod 1,200 o Gymry yn byw yn y rhan dlotaf o'r dref, 'y mwyafrif mewn tlodi dwfn, tymhorol ac ysbrydol'.[150] Bu'n rhaid cael cenhadaeth, Cenhadaeth Drefol Gymreig Liverpool, i genhadu yn eu mysg. Yn Toxteth, roedd un teulu Cymraeg â phump o blant yn byw mewn seler oer heb ddim yn eu meddiant ond bwrdd a chadair.[151] Dibynnent ar gardod ystafell genhadol Princes Road.

Ni ddylid cymryd na fu ethnigrwydd yn rhan o'r gorthrwm. Diau y byddai dosbarth cymdeithasol yn anhraethol bwysicach mewn dinas lle yr oedd hefyd filoedd lawer o dlodion Gwyddelig a Seisnig. Ond mae ethnigrwydd yn cyfrif yr un fath, fel y dengys y *Report on the State of the Irish Poor in Great Britain* (1836), sy'n cyfeirio at y Cymry yn Lerpwl wrth drafod y Gwyddelod yno. Yn yr adroddiad, daw dosbarth Cymraeg proletaraidd ger ein bron, wedi'i osod yn dwt yn yr hierarchiaeth hiliol rhwng Saeson a Gwyddelod, yn cael ei gyplysu â'r Saeson weithiau, ond yn nes efallai at y Gwyddyl.

Cymysglyd yw peth o'r dystiolaeth amdano, gan adlewyrchu lle ansad, ansicr y Cymry yn y dychymyg Prydeinig. Rhoddir ar ddeall gan un tyst, Sais, fod: 'The Irish (also the Welsh) send out their children to beg, and require them to get a certain sum in the day, generally 6*d*., except on market day, when they require 18*d*.'[152] Ac eto, er ennill llai na'r Saeson a'r 'Scotch', dywedir fod y Cymry'n rhagori'n foesol ar y Gwyddyl ac yn fwy darbodus; gellir ymddiried ynddynt, medd Sais, a hwy yn hytrach na Gwyddelod a gyflogid fel 'warehousemen'.[153] Ond ni pheidiasant â bod yn israddol a'r Cymry a gloddiodd ddociau'r dref: 'All the heavy work of Liverpool is done by the Irish, and all the dock-cleaning and muddy work by the Welsh.'[154] Ategir hyn gan ffynhonnell Gymraeg oherwydd yn ôl Corfannydd, Cymro 'a anwyd yn Liverpool', a wnaeth ddyfynnu'r 'hen bobl', '"Cymry oedd braidd yr oll a wnaeth y dociau hyn."'[155]

Roedd y Cymry fel grŵp wedi cael eu hileiddio ac roedd iaith, ethnigrwydd a dosbarth yn greiddiol i hynny. 'It would be a great advantage to the town to get rid of them, both Welsh and Irish, and prevent any more coming', meddai masnachwr o Newry.[156] Dichon fod y Gwyddel parchus yn chwilio am genedl arall i rannu'r baich o fod yn ddirmygedig. O synio am graidd y Wladwriaeth Brydeinig fel un Angloffon, gwyn a Phrotestannaidd, mae'r Sais a'r Sgotyn (ond nid felly yr 'Highland Scotch')[157] yn lled gartrefol ynddo ond dieithriaid yw'r Gwyddelod Catholig. Bodola'r Cymry Cymraeg Protestannaidd â'u hiaith amrwd, wahaniaethol rywle rhwng y ddau begwn.

Dichon hefyd mai arwydd o ethnigeiddio yw'r enw ar un o slymiau Lerpwl yn nechrau'r bedwaredd ganrif ar bymtheg, sef 'Welsh Town'. Roedd honno yng nghyffiniau Pall Mall ynghanol y dref (lle codwyd capel Cymraeg cynta'r Methodistiaid Calfinaidd yn 1787), a dywedir fod y Gymraeg i'w chlywed yno'n amlach na Saesneg.[158] Nid oedd yn lle cefnog. 'Heol gul a gwael' oedd un o'i strydoedd Cymreiciaf, Tithebarn Street, yn llawn 'tai bychain, tlodaidd eu golwg' ac 'mewn rhai mannau nid oedd yr heol ragor na phymtheg troedfedd o led.'[159] Yn 'Welsh Town' y claddwyd yr emynydd mawr, Pedr Fardd: trigai mewn 'heol gul, dywyll a ffiaidd ei sawr.'[160] Ceir hanesion tlodion 'Welsh Town' yn brigo i'r wyneb bob hyn a hyn mewn cyfrolau fel *Hanes Methodistiaeth Liverpool* ond yn ddieithriad bron trwy wydr lliw parchusrwydd Anghydffurfiol dosbarth canol.[161] Ni ellir gwybod y nesaf peth i ddim am eu meddyliau am nad oedd yn y slymiau y moddion i gofnodi hanes.

Cydnabu'r Cymry mwyaf craff fod statws cymdeithasol yn hanfodol. Adnabuwyd y Cymry fel lleiafrif ethnig, meddai J. Glyn Davies, am eu bod yn ddiwylliedig ond yn dlawd; sefyllfa anarferol. Fodd bynnag, ni cheid yr un 'non-coincidence of cultural and economic strata', fel y'i galwodd, ymysg yr ail genhedlaeth.[162] Roedd modd iddynt hwythau, gyda'u Saesneg rhugl, ddianc o'r gorlan Gymraeg ac mae'n amlwg fod llawer wedi cydio yn y cyfle.

Gyrrid y Cymry gan amgylchiadau i begynnau cydymffurfiaeth a gwrthryfela, a cheid 'hollti' ar hunaniaethau unigolion rhwng y ddau begwn hyn. Corfforid yr awydd i gydymffurfio ar wedd parchusrwydd. Roedd obsesiynau capelgar yn fwy hynod yn y bywyd Cymraeg yn Lloegr nag yng Nghymru hyd yn oed. Roedd y capel yn feicrocosm, ac yn symbol, o'r gwahanrwydd ethnig, a rhaid oedd ei barchu ar bob achlysur. Yn *Gyda'r Hwyr* (1957), atgofion E. Tegla Davies am ei weinidogaeth ar gapeli Cymraeg Wesle gogledd Lloegr yn hanner cyntaf yr ugeinfed ganrif, ymatebir yn chwyrn i'r posibiliad y gellid sarnu enw da'r Cymry. Rhag i straeon gael eu lledaenu yn Leeds am y gymuned Gymraeg, nid yw Tegla'n fodlon helpu gwrandawraig yn y capel sy'n wynebu cyhuddiad o lofruddiaeth am gynorthwyo erthyliadau. Datrysir y mater mewn modd tra anghristnogol. Cyflawna'r meddyg sy'n gyfrifol am yr erthyliadau hunan-laddiad, a meddai Tegla, 'Prin y llawenychais gymaint yn fy oes, ... "Wel," meddwn, "dyna un genau peryglus wedi ei gau".'[163]

Nid oedd y Cymry yn lleiafrif ethnig yn yr ystyr y profent hiliaeth feunyddiol ar strydoedd Lerpwl. Ceir cip ar y gwahaniaeth rhwng lleiafrif o ran hil a lleiafrif o ran ethnigrwydd ac iaith yng ngherdd Emrys Roberts, 'Arthur Wong', o'r gyfrol *Gwaed y Gwanwyn* (1970). Mae'r bardd yn cyffelybu'r sen wrth-Gymraeg a ddefnyddid i'w gystwyo pan oedd yn yr ysgol yn Lerpwl yn y 1930au â'r casineb a wynebai hogyn o gefndir Tsieiniaidd, Arthur Wong:

> Bu dy wyneb, fel sglein heulwen Sieina,
> Yn darged i ddyrnau dirgel
> Y giang gwyn;
> Dy bechod ti oedd glendid y bochau tywyll.
>
> Minnau tan gosb yng Nghofentri'r dosbarth, –
> Hir a chwerw oedd amser chwarae
> A'r gornel fel jêl, am fethu â chymryd jôc
> Amrwd am Gymru.[164]

Nid yr un yw profiad Arthur Wong ac Emrys Roberts, gan nad yr un yw amgylchiadau'r Tsieineaid a'r Cymry yn Lerpwl. Ymosodir ar Arthur yn gorfforol: hiliaeth noeth goruchafiaeth y gwyn. Ei ddistewi a'i roi 'yng Nghofentri'r dosbarth' yw tynged Emrys, sef cosb am siarad iaith wahanol, gan ei atal rhag arfer llafar o gwbl. Dyma oruchafiaeth yr Angloffon sy'n fwy cynnil, mwy cêl ond dinistriol yr un fath.

O ran y gwrthryfela, y ffordd rwyddaf o'i fynegi oedd trwy fudo. Mae'n rhyfeddol cynifer o'r ail a'r drydedd genhedlaeth a benderfynai adael Lloegr yn gyfangwbl a symud i Gymru yn groes i synnwyr economaidd. Anodd meddwl am leiafrif arall, genedigol o Loegr, y bu disgwyl iddynt adael eu gwlad er mwyn ennill cydnabyddiaeth ethnig. Nid dyna neges arferol cymdeithas sifig ar gyfer pobl ifanc o gefndiroedd lleiafrifol. Llai o dipyn yw'r bwlch rhwng yr hen famwlad a'r wlad newydd yn achos y Cymry wrth gwrs, ac mae dinasyddiaeth Brydeinig yn hwyluso'r daith. Diau hefyd fod llawer o'r Cymry o'r farn mai un wlad yw Prydain, ac nad oes dim gwahanol yn y daith rhwng Lerpwl a Bethesda a honno rhwng Caerdydd a Phencader. Ond rhan o hyn hefyd, mae'n amlwg, yw nad oes cydnabyddiaeth o'r Cymry yn Lloegr fel dinasyddion Seisnig â dichonolrwydd hawliau ethnig yn perthyn iddynt.

Yr enwocaf o blith y mudwyr am-yn-ôl yw Saunders Lewis, o bendefigaeth Cymry Lerpwl: gallai haeru ei fod o'r drydedd genhedlaeth. Ganed a maged ei fam yn Lerpwl, ac roedd ei daid, y cofianydd a'r gweinidog adnabyddus, Owen Thomas, ymysg Cymry penna'r ddinas. Llenor yw Saunders sy'n meddwl fel aelod o leiafrif ethnig. Yn *Ceiriog* (1929), ei astudiaeth ddisglair o'r bardd Cymraeg Fictoraidd fu'n byw ym Manceinion, a'r gymdeithas yno, gwêl y Cymry yn ninasoedd Lloegr 'yn drefedigaeth o fewn tref, yn debyg i'r Iddewon, yn byw ar wahân i'r brodorion, yn gweithio laweroedd ohonynt gyda'i gilydd y dydd a hwylio i'r un seiat y nos.'[165] Ond nid oes croeso iddynt gan mai estroniaid ydynt a Saesneg y Cymry 'mor annhebyg i iaith y brenin yn Wigan'.[166] Pwysleisir treftadaeth a dewis moesol yng ngwaith Saunders (megis yn y dramâu *Gymerwch Chi Sigaret?*, *Cymru Fydd*, *Buchedd Garmon* a *Brad*), a cheir hefyd fyfyrdodau parhaus ar dynged yr Arall ethnig (*Blodeuwedd*, *Siwan*, *Esther*, *Branwen* ac *Excelsior*), a dywed hynny lawer am ei safle amwys fel Cymro o Loegr ei hun. Mae'r dieithrwch hwn yn greiddiol i ymwybod yr ail genhedlaeth: rhaid *arddel* yr etifeddiaeth. Eironig yn wir yw sylw Dot, cenedlaetholreg *Excelsior* sy'n Gymraes Llundain o'r ail genhedlaeth, am ei dinas ei hun: 'Mi gefais i 'ngeni yma. Sut y gallwn i fod yn estron? Dyma 'nghartre i.'[167]

Ai eithriad oedd Lerpwl? Ie, i raddau helaeth. Nid yw'r ymwybod ethnig a fynegid yn Lerpwl mor amlwg mewn rhannau eraill o Loegr, ond hanesyddiaeth a seilir ar gofnodion a phapurau newydd sy'n haeru hynny, a cheir gwahaniaeth barn rhwng haneswyr Saesneg a llenorion Cymraeg.[168] Carfan ddigon anghynrychioliadol yw'r llenorion serch hynny, sef Cymry ail genhedlaeth sy'n ddigon llythrennog i lenydda mewn Cymraeg. At ei gilydd hefyd, maent wedi symud i fyw i Gymru. Fodd bynnag, yn wahanol i'r rhan fwyaf o'r haneswyr, tarddant o'r gymuned ethnig ei hun.

Ar y gwastad seicolegol, ym maes cydnabyddiaeth o'u gwahanrwydd, yr ymdry meddyliau'r ail genhedlaeth, ac er mwyn gweld a yw seicoleg y Lerpwl Gymraeg, *circa* 1850–1950, yn adlewyrchu tueddiadau ehangach ymysg llenorion Cymraeg ail genhedlaeth o Loegr, gellid troi at Lundain ddwyieithog lawer mwy diasporig, ddiwedd yr ugeinfed ganrif. Er bod y pwysau seicolegol a welir yn Lerpwl yn gynilach, a'r corlannu amlwg yn absennol, y peth sylweddol, a dadlennol, yw fod ymwybod o fod yn lleiafrif ethnig yno hefyd, ymysg rhai unigolion beth bynnag. Yn Llundain roedd y Cymry yn 'integrated and accepted',[169] ond dyna'r union beth sy'n esbonio'r awydd am gydnabyddiaeth ethnig oherwydd heb gydnabyddiaeth mae integreiddio yn arwain at gymathiad.[170]

Yng ngherddi'r Cymro Llundain, Ifor ap Glyn, dehonglir magwraeth Gymraeg yn Pinner ger Harrow fel amlygiad o brofiad lleiafrifoedd ethnig, fel yr awgryma teitl ei ail gyfrol o farddoniaeth, *Golchi Llestri mewn Bar Mitzvah* (1998), sy'n cydnabod amlethnigrwydd ei fro. Yn 'Haf yn Llundain (Saeson Brown)' o'i gyfrol gyntaf, *Holl Garthion Pen Cymro Ynghyd* (1991), (un o ganeuon ei fand, Treiglad Pherffaith, yw'r gerdd, ac mae'n bosib mai dyma'r unig gân bop Gymraeg i drafod yn uniongyrchol brofiadau'r ail genhedlaeth yn Lloegr), mae'r gyffelybiaeth rhwng Cymry a lleiafrifoedd Asiaidd yn awgrymu canfyddiad, gan y Cymro Llundain o leiaf, o orthrwm tebyg. Hola Ifor am Wembley (y dreflan, nid y stadiwm), sy'n Asiaidd iawn, 'ai dyma Loegr? Ai dyma Loegr?'[171] Nid rhethreg dyn yn hiraethu am y Lloegr wen sydd yma, ond anghynefindra aelod o leiafrif ethnig â gwlad ei fagwraeth ac yntau'n cyffelybu ei fywyd dinesig, diramant â'r wlad goll a adawodd ei rieni:

> Ond 'does dim rhamant yn y palmant
> dim ond gwres,
> dim ond mŵg o'r exhausts
> yw'n tes dinesig,
> daeth ein rhieni i Lundain
> i ddianc
> neu wneud pres,
> a cholli'n hiaith
> yw ein tynged Prydeinig.[172]

Yn *Cerddi Map yr Underground* (2001), cenir '*Songlines* Llundain',[173] sy'n adleisio'r syniad yn niwylliant Aboriginiaid Awstralia fod barddoniaeth yn cysylltu pobl frodorol â'u tir, lled-gyfeiriad at y Cymry fel cynfrodorion Ynys Prydain, a Llundain fel prifddinas y wlad Gymraeg goll honno. Archwilir un o themâu mawr y profiad Cymraeg diweddar yn Lloegr, sef y diymadferthedd ethnig sy'n canlyn chwalfa 'pan fo'r hen rwydweithiau'n torri lawr',[174] gofid a adleisid gan hanesydd capeli Cymraeg Llundain, Huw Edwards.[175] Codir drachefn y cwestiwn sylfaenol a geir yn llenyddiaeth Gymraeg Lloegr byth a hefyd, sef sut mae disgrifio pobl nad oes cydnabyddiaeth ohonynt fel grŵp neu leiafrif dilys:

> pa beth felly a'n diffinia,
> y ni sy'n byw tu hwnt i'r ffiniau?[176]

Heb gydnabod eu bod yn lleiafrif, nid oes modd darparu ar gyfer anghenion diwylliannol y Cymry hyn. O ganlyniad, caiff y rhan fwyaf o'r ail genhedlaeth eu magu heb fod ganddynt gyswllt â gweithgarwch cymdeithasol Cymraeg. Mewn nofelau arobryn sy'n trafod Cymry a fagwyd yn Lloegr, fel y nofelau-i'r-arddegau, *Tydi Bywyd yn Boen!* (1987) a *Dydy Pethau'n Gwella Dim!* (1987), y Gymraes o Lundain, Gwenno Hywyn, a *Fflamio* (1999) Ann Pierce Jones, hithau'n byw yn Llundain, y cyswllt â Chymreictod Cymru sy'n bwysig. Absenoldeb bywyd Cymraeg Llundain sy'n drawiadol, sy'n cyd-fynd â chasgliad ymchwil ethnograffig fod y bywyd Cymraeg yn llai 'cymunedol', yn fwy rhwydweithiol, yn fras yn llai dwys, nag y bu.[177] Neilltuol ddifyr yw *Fflamio* er hynny, sy'n drafodaeth ar deulu Cymraeg amlhiliol, gan osod lleiafrif Cymraeg Llundain ynghanol y drafodaeth am leiafrifoedd ethnig yn y ddinas. Mae hefyd yn ailfathu'r gymuned Gymraeg yn Llundain fel cymuned amlethnig ei hun, fel math ar leiafrif ethnig amlethnig, gan osgoi felly'r cyhuddiad fod y diaspora'n ethnoganolog.

Yn y nofelau hyn, esgorir ar gwestiynau athronyddol fel y gwna llenyddiaeth yn gyffredinol, ac agorir y drws tuag at Aber Henfelen.[178] Mae *Tydi Bywyd yn Boen!* a *Dydy Pethau'n Gwella Dim!* yn holi a yw mudo i Gymru yn datrys problem yr ail genhedlaeth o ran cadw hunaniaeth.[179] Symudodd Gwenno Hywyn o Lundain i Wynedd yn 13 oed ac mae'n amlwg fod ei nofelau'n hunangofiannol i raddau.

Magwyd un o'r prif gymeriadau, Tracy, ar aelwyd Gymraeg yn Llundain gan ei nain, ac ar ôl ei marwolaeth mewn cartref plant yn y ddinas.[180] Fe'i mabwysiedir yn ei harddegau gan deulu yng Ngwynedd, lle mae ei Llundeinrwydd yn cynrhoni fel Cymreigrwydd pengaled; adwaith i'w magwraeth yn Llundain bid siŵr, sydd wedi'i radicaleiddio fel Cymraes. Mae ar sawl achlysur yn gwrthod siarad Saesneg ac yn dilorni Saeson, arferiad sy'n achosi cryn embaras ym myd dosbarth canol Cymraeg Arfon.[181] 'Ar ôl diodde'r holl flynydde yn Llundain,' meddai Tracy, 'symo fi wedi dod fan hyn i ga'l Saesnes yn gweud wrtho i shwt i dwlu pêl.'[182]

Mae yn 'nychweliad' Tracy i wlad lle nad yw wedi byw erioed adlais o'r mudo gan leiafrifoedd sydd mor nodweddiadol o hanes Ewrop yn yr ugeinfed ganrif. Anogir y diaspora gan genedlaetholdeb i 'fynd adre' a symud i 'famwlad'. Mewn gwladwriaeth aml-genedl, mae cenedlaetholdeb sifig yn creu unedau twt ac mae ei ateb i gyfyng-gyngor Cymraes o'r ail genhedlaeth yn Lloegr yn ddigon syml: symudwch i Gymru.

Mae'r nofel aeddfetaf am y gymuned Gymraeg yn Lloegr, *Tra Bo Dau* (2016) Ifor ap Glyn, yn drafodaeth ar hyn oll. Cyfeiria'r teitl at yr 'hollti' ar yr 'hunan' sy'n nodweddiadol o'r ail genhedlaeth Gymraeg, sef rhwng ei hunaniaeth Gymraeg a'i hunaniaeth Loegraidd. Hunangofiannol yw'r nofel hon hefyd, ac yn trafod profiadau cyffredin megis Cymro o Lundain yn cael ei alw'n Sais, ansicrwydd ai i Lundain ynteu i Gymru y dylid perthyn, meistroli Cymraeg y tu allan i'r system addysg, myfyrio hunanymwybodol am y Cymry fel lleiafrif, a thyndra rhwng bywyd Cymreig y ddinas (Clwb Cymry Llundain, Clwb Rygbi'r Cymry, y capeli ayyb) a'r awydd i ymgolli mewn diwylliant ieuenctid Saesneg a bersonolir yn y nofel gan hoffter o bync, a charwriaeth Aled, y Cymro Llundain, â hogan ddu. Perthynas rhwng ieuenctid dau o leiafrifoedd ethnig Llundain yw honno.

Dyn ifanc yw Aled y mae ei hunan-barch yn llwyr ddibynnol ar ei hunaniaeth ethnig, ond daw argyfwng i'w ran wrth ddarganfod ar ôl marwolaeth ei dad iddo gael ei fabwysiadu. Mae motiff y plentyn mabwysiedig, ac felly'r rhiant absennol, yn hynod gyffredin yn llenyddiaeth ail genhedlaeth Gymraeg Lloegr, o Saunders Lewis i Ifor ap Glyn, a diau fod i hyn wreiddiau seicolegol a'i fod yn fetaffor. Yn achos Aled, Saeson yw ei rieni go-iawn. Nid Cymro o ran gwaed mohono, ac nid yw hunaniaeth Gymreig sifig ar gael yn Llundain. Ar ba sail y gall honni ei fod yn Gymro? Mae ei fyd yn deilchion. Mae'n rhoi'r gorau i'w gynllun i astudio Cymraeg yn y brifysgol, yn gwerthu tŷ'r teulu, ac mewn gweithred gynnil, hynod symbolaidd yn symud o orllewin Llundain i'w dwyrain, sef o'i rhan Gymreiciaf i'w rhan leiaf Cymraeg. Cefna ar ei Gymreictod, a newid ei enw o Aled i Eddie.

Ddeng mlynedd wedyn mae'n cwrdd â Chymro o Gymru ar hap, ac yn ail-afael yn ei famiaith. Mae'n sylwi mai 'yr iaith oedd ei wreiddiau'.[183] Nid oes ots felly nad yw'n Gymro o waed. Ond nid oes modd aros yn Llundain am fod 'awr fawr y Cymry yn Llundain yn dod i ben'.[184] Atgof yn unig yw'r gymdeithas Gymraeg Lundeinig y'i maged ynddi, er mai cof melys sydd ganddo o Glwb y Cymry 'lle o'n i wedi cael gwobr gyntaf am adrodd "Eifionydd" yn Steddfod y Plant'.[185] Mae'r nofel yn gorffen ag Aled ar blatfform gorsaf Euston yn disgwyl y trên i'w gludo i'r Gymru Gymraeg.

Diddorol yw seicoleg 'dychweledigion' i 'famwlad'. Ceir yn yr Almaeneg gonsept pwysig, sef yr *Aussiedler* ('dychweledigyn Almaeneg'), unigolyn a faged mewn cymuned Almaeneg y tu allan i'r Almaen, fel arfer yn nwyrain Ewrop neu Rwsia, ac sydd yn symud i fyw i'r Almaen. Ceir cyflwyniad i'w feddylfryd yn nofelau Herta Müller, enillydd Gwobr Nobel, a fudodd o'r Rwmania Almaeneg (Swabiaid oedd ei theulu) i'r Almaen ar ddiwedd y Rhyfel Oer.[186] Mae ei gwaith yn llawn anniddigrwydd ynghylch y gymdeithas Almaeneg yn Rwmania a'r Almaen. Er mai Almaeneg yw ei mamiaith, nid yr Almaen yw ei mamwlad.

Mae'r sefyllfa'n wahanol i un Cymry gan fod yr *Aussiedler* yn ddisgynnydd fel arfer i wladychwyr Almaeneg a fudodd i'r dwyrain ganrifoedd ynghynt, tra bod gan y rhan fwyaf o Gymry a aned yn Lloegr rieni, neu neiniau a theidiau, o Gymru. Ac eto, o ddod i Gymru, lleiafrif yw'r Cymry Lloegraidd yn eu gwlad newydd, er yn llai diffiniedig o lawer. Fel grŵp, gall fod ganddynt rai nodweddion anarferol; er enghraifft, er bod y Gymraeg yn famiaith iddynt, hwyrach y bydd eu gafael ar yr iaith yn anghyflawn neu'n henffasiwn (cymharer â *Minderheitendeutsch* yr *Aussiedler*, neu Gymraeg 'lleiafrifol' mewnfudwyr eraill); ac os ydynt yn rhugl yn y Gymraeg, ni fyddent bob tro yn llythrennog ynddi.[187] Ni fyddent byth yn 'lleol', nac yn perthyn i fro neilltuol. Ond ni roddid nemor ddim sylw i brofiadau Cymry ail genhedlaeth o Loegr a symudodd i Gymru, er pwysiced yr *Aussiedler* Cymraeg yn nhwf cenedlaetholdeb a chenedligrwydd Cymreig.

Mae'r mudo yn cael ei yrru yn ogystal gan ddirywiad y gymdeithas Gymraeg yn Lloegr, sy'n cydfynd i raddau â thwf cenedlaetholdeb sifig a'i bwyslais ar Gymru fel unig 'gartref' Cymreictod. Yn y bedwaredd ganrif ar bymtheg yn enwedig, synnid am y Cymry fel grŵp iaith mewn gwladwriaeth Brydeinig (ac yn wir fel grŵp rhyngwladol gan fod Cymry wedi ymgartrefu hefyd yn yr Amerig, Awstralia, Seland Newydd, De Affrica ac yn y blaen). Câi Cymry eu denu i ymsefydlu mewn rhannau o Brydain y tu allan i Gymru. Rhwyddineb y mudo yn ôl ac ymlaen rhwng dinasoedd yn Lloegr a'r berfeddwlad Gymraeg sy'n drawiadol mewn cofiannau a hanesion, yn enwedig o eiddo'r genhedlaeth gyntaf. Mae hyn yn awgrymu, o bosibl, nad fel diaspora y syniai'r Cymry yn Lloegr amdanynt hwy eu hunain, ond fel lleiafrif ethnig Prydeinig, ac nid oedd fawr o wahaniaeth iddynt a drigent yn Lloegr neu Gymru.

Yn gynyddol yn yr ugeinfed ganrif, fodd bynnag, meddylid *yng Nghymru* am y Cymry fel grŵp sifig yn byw yn y wlad honno. Yn niwylliant Cymraeg Lloegr, roedd angen medru Cymraeg er mwyn bod yn Gymro, ond pe medrid Cymraeg, byddai ystyriaethau eraill megis man genedigaeth neu breswylfa yn anachronistaidd hollol. Yng Nghymru sifig, fodd bynnag, ni fedrid derbyn fod Cymry a oedd wedi byw yn Lloegr ar hyd eu hoes yn Gymry. Roedd y cyfyngiad yn angenrheidiol er mwyn cyfiawnhau sefydlu politi Cymreig. Nid oedd lle mwyach ar gyfer ail genhedlaeth Gymraeg Lloegr, a pho fwyaf cynhwysol y dôi cenedlaetholdeb sifig yng Nghymru, po fwyaf yr eithrid Cymry Lloegr o'u hawl ar ethnigrwydd Cymreig. Roedd cymunedau Cymraeg Lloegr yn bygwth y delfryd o genedligrwydd Cymreig tiriogaethol.

Beth felly am ddyfodol y lleiafrif ethnig anghydnabyddedig hwn? Yn hanesyddol, cyfiawnheid hunaniaeth Gymraeg yn Lloegr trwy ymwybod â Brytaniaeth, sef y myth mai'r Cymry yw gwir berchnogion Ynys Prydain.[188] Nid ar hap y rhoes Iolo Morganwg yr enw 'Gorsedd Beirdd Ynys Prydain' ar ei gynulliad Cymreig a gyfarfu yn Llundain. Rhwystrid Cymry rhag mynd yn Saeson Cymraeg, hyd yn oed yn yr ail genhedlaeth, gan nad Sais mo Brython. Nid dibwys hyn, fel y tystia dwy gerdd hir David Jones am dreftadaeth Frythoneg Lloegr, *In Parenthesis* (1937) a *The Anathemata* (1952).

Pennod 5

Yn y cerddi hyn y mynega ei hunaniaeth fel aelod o'r ail genhedlaeth Gymreig.

Ond mae Brytaniaeth hefyd wedi atal Cymry Lloegr rhag derbyn eu bod yn un o leiafrifoedd ethnig Lloegr. Nid oes yn Lloegr gorff neu fudiad sy'n cynrychioli eu buddiannau ac yn eiriol ar eu rhan. Cartrefol yw termau fel 'Cymry Lerpwl', 'Cymry Llundain', 'Cymry Manceinion' ac ati, ond yn wleidyddol aneffeithiol. Pe syniai'r Cymry amdanynt hwy eu hunain fel 'Cymry Lloegr', gallent eu diffinio eu hunain mewn perthynas â Lloegr a'i llywodraeth.

Ond anodd yw diwreiddio elfennau dyfnion ar yr ymwybod Cymreig. Yn Lloegr, mae'r Cymry yn Gymry ar sail iaith. Mytholeg Frytanaidd sy'n eu cynnal, nid Lloegr sifig. Pe dymunid, gellid sôn am 'Saeson Cymreig' ar batrwm Saeson Pacistanaidd neu Saeson Eidalaidd, ond fel 'Cymry' y cyfeirid at Gymry Lloegr erioed. Wedi'r cwbl, ystyr hanesyddol 'Cymro' a 'Chymraes' yn y Gymraeg yw un sy'n medru Cymraeg, ac yn wahanol i Gymru lle dadleuid yn erbyn y diffiniad hwn am resymau sifig a thiriogaethol, a hefyd i ddilysu hunaniaeth poblogaeth ddi-Gymraeg Cymru, gwrthnysig fyddai gwneud hynny yng nghymdeithas Gymraeg Lloegr. Peth chwithig yw galw Cymro yn ei Ynys ei hun yn Sais.

Anomali gan hynny yw'r ail genhedlaeth Gymraeg, ac anachronistaidd o safbwynt disgwrs yr oes hon. Nid yw na'r wladwriaeth Seisnig na'r sefydliad amlddiwylliannol Prydeinig na Chymru sifig am ei chydnabod. Coelocanthiaid Ynys Prydain yw Cymry a faged yn Lloegr, a'r nesaf peth a feddwn yn y gwareiddiad Cymraeg i bobl sydd wedi eu hysgaru oddi wrth y wladwriaeth yn llwyr.

Gwyddelod yn dathlu gŵyl San Padrig ym
Mlaenau Ffestiniog (1960)

6

Mae 'na Wyddel ac Iddew yn y dre – dinasyddiaeth Gymraeg a thair ideoleg: rhyddfrydiaeth, sosialaeth a chenedlaetholdeb

Un o nodweddion hanesyddol amlycaf agweddau'r Cymry at leiafrifoedd ethnig yw drwgdybiaeth o'r Gwyddelod. Crynhoir yr agwedd hon i'r dim yn y sylw sardonig a briodolir i Ann yn *Dwy Briodas Ann* (1975), drama Saunders Lewis ynghylch gwrthwynebiad gwŷr fel yr Uchel-Galfinydd enwog, John Elias, i ryddfreiniad Catholigion yn 1829:

> Sut rai ydy'r pabyddion? Does yna ddim pabydd yn sir Fôn i gyd ond rhyw ddyrnaid o bysgotwyr o Wyddelod yn ceisio crafu tamaid ar y cei yng Nghaergybi, a hwythau gan amlaf yn llwgu.[1]

I lawer o Gymry heddiw mae'r rhagfarn yn annisgwyl. Yn ôl y naratif Gymraeg gyfoes, unir Cymru ac Iwerddon gan dreftadaeth Geltaidd gyffredin, ac yn ddiweddarach gan wrthsafiad yn erbyn trefedigaethedd Seisnig. Ond mae priod-ddulliau Cymraeg sy'n codi'r gair 'Gwyddel' yn awgrymu hanes diwylliannol tra gwahanol. Dyna awgrym y *Welsh Vocabulary of the Bangor District* (1913) fod 'Gwyddel' yn dwyn cynodiadau difrïol, neu gyfieithiad *Geiriadur yr Academi* (1995) o 'knavish trick' fel 'tro Gwyddel', neu droad ymadrodd Gwilym Hiraethog yn llythyr cynta 'rhen Ffarmwr yn *Yr Amserau* (1846) fod dyn tlawd yn 'dwgyd fel Gwyddel', neu gyfeiriad adnabyddus John Roberts Williams at Margaret Thatcher fel 'yr Hen Wyddeles.'[2] Olion ieithyddol rhagfarn, ac yn wir hiliaeth, sydd yma.

Sut daeth hynny i fod? Nid oedd yng Nghymru ar wawr y Chwyldro Diwydiannol ond ychydig o Wyddelod, ond roedd teyrngarwch Prydeinig yn gwneud y Cymry yn amheus o genedlaetholdeb milwriaethus, a theyrnfradwrus ar brydiau, y Gwyddyl. Oeraidd oedd y croeso i'r sawl a oedd yn ffoi i Gymru rhag gwrthryfel y Gwyddelod Unedig yn 1798, a hyn mor fuan wedi'r glaniad yn Abergwaun gan Ffrancwyr a oedd yn bwriadu cynorthwyo'r gwrthryfel hwnnw.[3] Byddai'r gofid Cymraeg am genedlaetholdeb Gwyddelig anystywallt yn parhau am ganrif a chwarter dda. Nid ar chwarae bach y dôi 'Cân y Ffeiniaid' Griffith Roberts (Gwrtheyrn) y Bala yn gân y byddai cryn ganu arni yng nghyngherddau parchus ail hanner y bedwaredd ganrif ar bymtheg. Mae ei neges bwrpasol, os amleiriog, fod 'Llu o ellyllon ffieiddiaf y pwll diwaelod wedi ymgnawdoli yng nghyrff gwehilion Gwyddelod yr Ynys Werdd' yn pwyso'r Gwyddel 'cythryblus gwrthryfelar a bradwrus' yn yr un glorian â'r ffyddlon 'John Jones o Gymru yn edrych ar yr ynfydrwydd' ac yn ei gael yn brin.[4] Roedd a wnelo Catholigiaeth y Gwyddelod, a ystyrid gan lawer yn fygythiad i'r 'genedl Brotestannaidd' Brydeinig yr oedd Cymru'n rhan mor frwd ohoni, â'r paranoia hefyd.[5]

Cymhellid llawer o'r rhagfarn yn eu herbyn fodd bynnag, yn enwedig ymysg y werin, gan bryderon economaidd, ac roedd yn ffenomen dra Chymreigaidd, fel y dengys ymyrraeth y Tarw Scotch ym mharthau Cymraeg gorllewin sir Fynwy a dwyrain sir Forgannwg yn chwipio teimladau gwrth-Wyddelig yn 1834.[6] Nid oedd hynny ond un amlygiad o anniddigrwydd a arweiniodd at ugain o derfysgoedd gwrth-Wyddelig yng Nghymru rhwng 1826 ac 1882.[7] Roedd y mwyafrif o'r rhain mewn cymunedau Cymraeg poblog yng nghymoedd y de a welsai fewnlifiad sylweddol o Wyddelod yn ymorol am waith i wella'u byd, gan gystadlu â'r Cymry. Ond ceid teimladau gwrth-Wyddelig ymhob rhan o'r wlad. Fe'u ceid ar y rheilffordd yn sir Gaernarfon, ym mhorthladd Caergybi, ac yng ngweithiau copr Cwm Dyli yn Eryri.[8] Yn Nhrefach Felindre, a oedd yn ganolbwynt diwydiant gwlân Dyffryn Teifi, cenid yn groyw yn erbyn llafur Gwyddelig:

> O claddwch y Gwyddelod
> Naw troedfedd yn y baw
> Ac arnynt rhowch yn helaeth
> O ffrwyth y gaib a rhaw,
> Ac arnynt rhoddwch feini
> A rheiny o dan sêl

Pennod 6

Rhag ofn i'r diawled godi
A phoeni'r oes a ddêl.[9]

Odid nad hiliaeth yn erbyn y Gwyddelod oedd prif hiliaeth y Gymru Gymraeg.

Fel yn achos lleiafrifoedd ethnig eraill, mae'r canolbwyntio ar ffynonellau Saesneg yn y de yn peri fod angen cryn dipyn o ymchwil i hanes y Gwyddelod yn yr ardaloedd gwledig, yn ogystal ag yn y byd Cymraeg yn fwy cyffredinol.[10] Ceir cip arnynt yn hanesyddiaeth y 'vagrant',[11] ac mewn hunangofiannau o gyfnod diweddarach sy'n cynnig golwg lenyddol ar yr un ffenomen o safbwynt y brodorion Cymraeg, fel disgrifiad dynol W. H. Jones yn *Hogyn o Gwm Main* (1985) o berthynas ei dad â chrwydryn o Wyddel ger Cefnddwysarn yn y 1920au.[12]

Rhagfarn a geid yn y parthau hynny yn bennaf serch hynny. Yn y bedwaredd ganrif ar bymtheg, ceir yn y llysoedd ac mewn datganiadau swyddogol olwg ar awdurdod yn amddiffyn broydd daionus os tlodaidd Cymru rhag byddin o Wyddelod a Saeson yn crwydro cefn gwlad yn eu carpiau yn newynu ac yn dwyn. Ond nid rhagfarn a geid *yn unig*. Roedd agwedd y Cymry at y Gwyddyl yn debyg ar brydiau i'w hagwedd at bobloedd ddarostyngedig eraill yn yr Ymerodraeth Brydeinig, sy'n llawer cymhlethach na'r ystrydeb rhwydd fod y Cymry, er eu bod wedi'u trefedigaethu, yn chwarae rôl ddigymhleth o gefnogol yn hanes trefedigaethu Prydeinig eu hunain. Mae'r honiad yn *Y Cronicl* yn 1863 mai '*negroaid caethwasiol* Lloegr ydyw y Gwyddelod', ac y dylai'r Cymry gefnogi'r Gwyddyl am mai pobloedd Geltaidd yw'r ddwy genedl, yn brawf o safbwynt arall.[13] Gallai ymateb y Cymry fod yn fwy amwys na'r casineb caled a awgrymir yng nghofnodion llysoedd barn ac mewn adroddiadau papurau newydd. Roedd cyd-fyw, cyfeillgarwch a pherthynas rywiol yn medru torri muriau rhagfarn.

Trwy astudio meicro-hanes gwelir llawer o'r pethau hyn. Dywedid am y gwaith yn y 1880au a'r 1890au o godi'r argae a foddai Lanwddyn, sir Drefaldwyn y ceid '[l]lawer batel erchyll' rhwng y Cymry a'r nafis Gwyddelig yno.[14] Ond nid gwiw sôn am hynny heb grybwyll y cyfeillgarwch a charwriaethau rhwng Cymry a Gwyddyl hefyd. Yn Llanwddyn, priododd y Gymraes, Mary Arthur, â gweithiwr o Wyddel, James O'Brien, ac ni edliwiwyd hynny i'w mab, Pat

O'Brien. Daeth yn arweinydd eisteddfodol enwog, ac yn brifathro Ysgol Llanrhaeadr-ym-Mochnant: cymaint fu ei gyfraniad yn ystod ei oes fer (1910–53) y lluniwyd cofiant Cymraeg bychan amdano.[15] Ai dyma arwydd na cheid rhagfarnau gwrth-Wyddelig yn y Gymru Gymraeg wledig? Go brin. Wedi i berthynas ei rieni chwalu (heglodd ei dad o'r fro yn ddirybudd), magwyd Pat O'Brien ar aelwyd Anghydffurfiol, a Chymraeg oedd ei famiaith.

A dyna, efallai, y ffaith bwysicaf am Pat O'Brien. O ran iaith a chrefydd, adlewyrchai normau'r gymdeithas. Dengys ei hanes nad oedd tras fiolegol o ryw bwys mawr yn y gymuned Gymraeg. Nid yn nhermau 'hil' y syniai gwareiddiad a sylfaenid ar iaith a diwylliant am bethau'r byd. Ac eto, mae'n deg gofyn faint o amrywiaeth ddiwylliannol fewnol a oddefid gan gymuned o'r fath. Er enghraifft, a fyddai hogyn o dras Wyddelig a faged ar aelwyd Gatholig ac yn rhugl yn y Gymraeg yn cael ei dderbyn yn llawn? Beth oedd y meini prawf ar gyfer dinasyddiaeth 'ddychmygedig' yn y diwylliant Cymraeg?

Lle da i gychwyn yw gyda Thinceriaid Gwyddelig yng nghefn gwlad. Ceir hen ddigon o gyfeiriadau atynt mewn hunangofiannau plentyndod megis *Y Pentre Gwyn* Anthropos (1909), sy'n sôn am 'Martin y Pedlar' yn Nyffryn Edeirnion ger Corwen yn y 1860au a'i 'Gymraeg, chwithig, carpiog',[16] a dwy gyfrol hunangofiannol Tom Macdonald, a aned yn 1900, *Y Tincer Tlawd* (1971) a *Gwanwyn Serch* (1982), sy'n bwrw cymaint o oleuni ar Gymreictod a Phrydeindod mewn perthynas ag ethnigrwydd ac iaith ar ddechrau'r ugeinfed ganrif. Yn y wasg Gymraeg, ceir cofnodion diddorol hefyd fel teyrnged yn *Y Drysorfa* yn 1864 sy'n sôn am grwydryn yn canu mewn Gwyddeleg yn sir Fôn.[17] Eto, dengys ymadroddion Cymraeg megis 'blin fel tincar' i Dinceriaid wynebu cryn ragfarn, ac fe'u cymherid yn anffafriol ar adegau (er nad bob tro) â'r Roma mwy 'Rhamantaidd'.

Y testun pwysicaf, a champwaith yn wir, yw *Y Tincer Tlawd*, dadansoddiad chwerw-felys Tom Macdonald, 'Tommy Tins', o'i fagwraeth ger Bow Street yng ngogledd Ceredigion.[18] Tincer o dras Wyddelig, Catholig a dwyieithog oedd ei dad, 'Johnnie Tins', wedi setlo yn y Gymru Gymraeg wledig, Brydeinig ac Anghydffurfiol. Mae cryn ragfarn yn erbyn y teulu am eu bod yn dlawd, yn 'inffideliaid Pabyddol' ac am nad ydynt yn 'Gymrâg'.[19] Mae pob un o'r gwendidau honedig hyn yn rhyw omedd i Tom Macdonald ei hawl ar genedligrwydd Cymreig; er iddo ddysgu'r Gymraeg, teimla mai'r 'Macdonalds yden ni yma o hyd.'[20] Cyfeiria'r awdur at hyn yn gyson, er enghraifft pan y'i rhybuddir gan blant y Cymry nad oes ganddo obaith o ennill mewn cystadleuaeth adrodd, gan nad 'Wyt ti ddim yn Gymrâg i ddechre, a fuest ti erio'd ar stej 'steddfod.'[21]

Ond mae'n ennill ar yr adrodd. Mae pob un o blant John Macdonald yn medru Cymraeg yn rhugl, a'r iaith sy'n agor y drws i Tommy Tins gael ei dderbyn, yn rhannol o leiaf. Daw'n Gymro mewn modd perfformiadol wrth arddangos, yn gyhoeddus, safon ei Gymraeg rhywiog. Meddai Tommy mai 'Cymro ydw' i – 'rwy'n medru siarad Cymrâg, a fi yw'r adroddwr gore yn y pentre'.[22] Ond mae amwysedd symbolaidd yn perthyn i hyn gan fod ei Gatholigiaeth yn her i Anghydffurfiaeth. Wrth ddangos ei afael ar y Gymraeg ar lwyfan Capel y Garn lle cynhelir yr eisteddfod, bodlona rai o leiaf o amodau ieithyddol a chrefyddol y gymdeithas. Ond nid y cwbl. '"Na hyfryd ma' Cymrâg ar dy dafod ti. Rhyw ddiwrnod fe fyddi di'n bregethwr, yn llanw pulpud Cymrâg"', meddai Cymraes uniaith wrth Tommy unwaith,[23] a dyna neges y beirniad hefyd ar ôl iddo ennill ar yr adrodd.[24] Mae'r sôn am ei ddyrchafu'n bregethwr yn awgrym cynnil nad yw codi llafar y Cymry yn ddigon ohono'i hun er mwyn 'dod yn Gymro'. Yng ngogledd Ceredigion ar droad yr ugeinfed ganrif, roedd disgwyl i allu ieithyddol gael ei ategu gan ymlyniad wrth Anghydffurfiaeth.

Nid digon felly ymgymathu o ran iaith, sef mynd yn rhan o'r gymdeithas Gymraeg ond gan gadw rhai neilltuolion 'ethnig' neu grefyddol; roedd yn rhaid rhoi heibio i'r hen hunaniaeth yn llwyr, ac yn bwysicaf oll yr un grefyddol, a diau fod y pwysau i wneud hynny gymaint yn drymach os oedd y boblogaeth anghymreig yn fychan ac ar wasgar. Felly, motiff pur gyffredin yn y cyfnod yw bod cymathu ieithyddol ar estroniaid yn mynd law-yn-llaw â derbyn y diwylliant Anghydffurfiol. Dyna Amos Brown, 'Ianci melynddu ei groen' a gafodd waith dan ddaear yng Nghwm Tawe, yn mynd yn gapelwr Cymraeg yng ngwres Diwygiad 1904–5.[25] Yn sydyn, meddai Gwenallt, roedd Diwygiad Cwm Tawe 'yn gollwng toreth o Gymraeg cudd, a Saeson a sipsiwn yn deall Cymraeg'.[26] Yn Rhosgadfan Kate Roberts, trowyd Sais uniaith, William Bebbington, yn Gymro mor dda o dan ddylanwad y Diwygiad fel y mynychai gapel Cymraeg yn Lerpwl pan aeth yno i weithio yn ystod y Rhyfel Byd Cyntaf. Trwy Anghydffurfiaeth a'r Gymraeg, a'r ieuo rhyngddynt, y daeth yn un o hoelion wyth ei bentref mabwysiedig yn Arfon:

> Ond daeth Diwygiad 1904–5, a dechreuodd yntau dreulio'r Sul yn Rhosgadfan, a mynychu'r capel ... âi ymlaen i gymryd rhan, lediai'r emyn yn Gymraeg, ac yn hollol naturiol i un wrthi yn dysgu iaith newydd, lediai'r emyn drwyddo o'i ddechrau i'w ddiwedd, a'r acen Saesneg yn dew iawn, y peth tebycaf a glywsoch erioed i Mr. Aethwy Jones yn dynwared Mr. Churchill yn Noson Lawen y B.B.C. ers talwm. ... Ni byddai'n fodlon i neb geisio egluro dim yn Saesneg iddo, ac felly y dysgodd Gymraeg yn drwyadl, er mai Saesneg oedd ei acen hyd y diwedd, a bod pobl yr ardal yn tybied o hyd mai am oen y soniai wrth gyfeirio at 'Owen'. Darllenai lawer o Saesneg a Chymraeg, ac fe'i gwnaeth ei hun yn rhan o'r gymdeithas Gymreig honno, gan fyw yn union fel y bobl, ymweled â hwy mewn salwch ac adfyd, cydlawenhau â hwy a chydgrefydda, ac ymddygai pawb ato yntau fel petai'n un ohonynt er erioed[27]

Tröedigaethau pentecostaidd yw'r rhain, a cheir cryn lawenydd o'u herwydd. Efallai'n wir mai mynegiad o ing y Cymry ynghylch newid byd a Seisnigo di-droi'n-ôl oedd y Diwygiad, y 'Ghost Dance of Welsh Nonconformity', chwedl M. Wynn Thomas.[28] Ond mae'r mewnfudwyr a ailenir mewn gwres efengylaidd fel Cymry *ac* Anghydffurfwyr yn waredigaeth ethnig a chrefyddol i gymuned gyfan.[29] Mae naws iwtopaidd gref yn perthyn i'r disgrifiadau hyn o estroniaid yn cydlawenhau a chydgrefydda â'r Cymry mewn Cymraeg.

Mae crefydd a Chymreictod yn cyd-blethu, ac yng ngwaith Tom MacDonald crybwyllir yn gynnil ragor o ddigwyddiadau sy'n awgrymu na allai Catholig o Dincer ddod yn Gymro iawn heb fynd yn Anghydffurfiwr. Mae awydd barddoni yn cael tipyn o sylw ganddo. Awch i berthyn yw'r awydd hwn gan fod barddoni a chynganeddu yn arddangos meistrolaeth lwyr ar y Gymraeg. Yn y nofel, *Gareth the Ploughman* (1939) a droswyd i'r Gymraeg fel *Croesi'r Bryniau* (1980), mae gwas fferm a aned yn Llundain sy'n fab i Sais a Chymraes yn ennill clod y gymuned am ennill y Gadair a'r Goron yn yr Eisteddfod Genedlaethol.[30] Mae campau ieithyddol yn clirio'r ffordd iddo ddod yn Gymro iawn. I Tom Macdonald, roedd y cyswllt hwn rhwng llenyddiaeth a Chymreictod yn adlewyrchu profiad ei deulu, ac yn llawn symbolaeth. Bu farw ei frawd, Henry, yn blentyn, ac roedd hwnnw'n gyw-fardd yn awchu bod yn 'fardd Cymrâg fel Defi [Dewi] Garn House'.[31] Arwr Henry oedd Dewi, ac roedd yn ei gwmni byth a hefyd yn glanhau'r ceffyl neu'n carthu'r stabl, ac ar ei farwolaeth, cyhoeddodd Dewi farwnad iddo, 'Henri McDonell', yn y cylchgrawn *Cymru*. Cywydd annwyl yw hwnnw, 'yn deilwng o fardd cadair yr Eisteddfod Genedlaethol', chwedl Tom MacDonald.[32] Mae'n coffáu Cymreictod yr ymadawedig, ac fe'i dyfynnir yn llawn yn *Y Tincer Tlawd*. Cyfeirir ynddo at afael Henry ar y Gymraeg:

> Distaw y daeth iaith awen
> A mawr gamp y Gymraeg hen;
> Iaith well i'r alltud bellach,
> Mor bur â'r un Cymro bach.[33]

Ond yma hefyd mae amwysedd. Mae'n wir fod Henry cystal 'â'r un Cymro bach', ac eto onid oes yn y gymhariaeth awgrym nad Cymro mohono?

Trwy'r cwbl, nid yw rhagfarn yn peidio â bwrw ei chysgod dros y teulu. Mae *Gwanwyn Serch*, dilyniant *Y Tincer Tlawd*, yn tystio i'r caswir sy'n wynebu'r tad, John Macdonald, sef 'mai trwy adael i'w blant fynd i'r Ysgol Sul Gymraeg y gallem groesi'r ffin i'r byd Cymreig'.[34] Pan mae'r mab yn anfon nodyn at David Davies, Aelod Seneddol Rhyddfrydol sir Drefaldwyn, yn ymbil arno i'w gynorthwyo o ran costau addysg, defnyddia ysgrifennydd Davies ddadleuon sectyddol gwrth-Gatholigaidd er mwyn ei wrthod.[35]

Rhagfarnau'r Gymru Gymraeg ryddfrydol a ddatgelir gan brofiadau Tom Macdonald yn fwy na dim. Nid oedd pawb yn eu cymeradwyo. Fe'u condemnir yn hallt gan T. Gwynn Jones yn ei nofel, *Lona* (1923), am ferch Gwyddel. Yn y bennod, 'Rhagfarn', priodolir y dybiaeth fod yr arwres yn ddewines i wrth-Gatholigiaeth, a dywedir am flaenor gwrth-Gatholigaidd: 'Y mae Morys Wiliam yn ddyn da, mae'n ddiameu gen i, ac yn onest dros ben, ond y mae'n hawdd cyffroi ei ragfarn, fel llawer ereill.'[36] Rhoes T. Gwynn Jones ei gredoau ar waith mewn modd ymarferol hefyd, ac am ei fod yn darlithio yn Aberystwyth, roedd yn adnabod Tom Macdonald. Hyrwyddodd ei yrfa, gan 'ei theimlo hi'n fraint', chwedl ei gofiannydd,

David Jenkins, llunio adolygiad o farddoniaeth a gyhoeddodd Tom yn ddisgybl ysgol.[37] Yn wir, daeth T. Gwynn Jones yn gyfeillgar iawn â'r teulu Macdonald, gan gofnodi baledi Gwyddelig a gofiai John Macdonald ar ei gof.[38] I'r graddau fod T. Gwynn Jones yn credu'r goel deuluol ei fod yntau hefyd o gyff Gwyddelig, gellid synio am hyn fel cais i greu rhwydwaith o gefnogaeth ethnig yn y Gymru Gymraeg. Ond rheswm yr un mor bwysig am gefnogaeth T. Gwynn Jones i Tom Macdonald yw seiliau athronyddol cenedlaetholdeb Cymreig a bod golwg hwnnw ar ddinasyddiaeth Gymraeg yn dra gwahanol i'r un a arddelid yn y Gymru Gymraeg Anghydffurfiol, Ryddfrydol a Phrydeinig.

Rhyddfrydiaeth 'Brydeinig' a dinasyddiaeth Gymraeg: Gwyddelod ac Iddewon

Un o ddadleuon canolog Paul O'Leary yn ei gyfrol arloesol am Wyddelod yng Nghymru, *Immigration and Integration: The Irish in Wales 1798–1922*, yw i'r rhagfarn yn erbyn y Gwyddelod leihau wrth i'r bedwaredd ganrif ar bymtheg dreiglo yn ei blaen. Wedi'r terfysgoedd gwrth-Wyddelig a greithiasai'r wlad ganol y ganrif honno, integreiddid Gwyddelod yn araf deg oddi mewn i fywyd cymdeithasol a gwleidyddol Cymreig, a daeth eu cenedlaetholdeb hyd yn oed yn gydnaws â'r 'ideology and agenda of Liberal Nonconformist Wales'.[39] Erbyn canol y 1920au, datblygodd consenws 'among commentators that the Irish had successfully integrated into Welsh society ... no longer vilified for their alleged immorality or denigrated for their religion and politics'.[40] Ond nid yw'r casgliad hwn yn gwbl ddiogel, gan ei fod yn seiliedig ar agweddau'r gymdeithas seciwlar, Saesneg yn fwy efallai nag ar y dystiolaeth Gymraeg. Yn wir, cydnebydd O'Leary i ragfarn barhau 'in some quarters':

> More diffuse hostile attitudes to the Irish which had been formed and become embedded in the language and culture of Wales over many centuries, and which had intensified under the pressures of large-scale immigration during the nineteenth century, were not erased overnight. ... Changes in attitudes of this kind are geological rather than immediate. While it is difficult for the historian to tap

into the substratum of residual prejudice towards a minority group, anecdotal evidence suggests that in some quarters negative stereotypes persisted for many decades.[41]

Mae'n arwyddocaol mai ffynhonnell Gymraeg yw'r 'dystiolaeth anecdotaidd' a gynigir i enghreifftio'r rhagfarn hon, sef darn o nofel enwog Daniel Owen, *Hunangofiant Rhys Lewis* (1885), a datganiad ei brif gymeriad iddo feddwl pan oedd yn ŵr ifanc 'mai Gwyddel oedd pob un a fyddai yn fudr a charpiog', ac yn arwyddocaol, credodd hyn 'hyd yn nôd pan glywais ef yn siarad Cymraeg'.[42] Ceir rhagor o ystrydebu gwrth-Wyddelig yn nofel fawr arall Daniel Owen, *Profedigaethau Enoc Huws* (1891), ac Enoc ei hun yn tybio fod 'yr hen Murphy am aflonyddu ar ôl adeg cau' y tafarndai.[43] Mae rhagfarn wrth-Sipsïaidd yn codi ei phen droeon mewn nofel arall, *Gwen Tomos* (1894).[44] Byd ethnig iawn oedd byd Daniel Owen.[45]

Dyfyniadau dadlennol yw'r rhain, ac yn arbennig felly o gofio am safle cymdeithasol Daniel Owen. Teiliwr dosbarth canol ydoedd a droes yn nofelydd yn sgil cyfnod o salwch. Bu'n byw yn yr Wyddgrug, tref fechan ddwyieithog, ar hyd ei oes, ac roedd yn aelod blaenllaw lleol o'r Blaid Ryddfrydol, yn gynghorydd lleol ac yn bregethwr lleyg gyda'r Methodistiaid Calfinaidd.[46] Mae'n ymgorfforiad egnïol o'r union werthoedd cymdeithasol hynny a gynhelid ar ddiwedd y bedwaredd ganrif ar bymtheg gan 'the ideology and agenda of Liberal Nonconformist Wales'. Eto, ynghanol y Rhyddfrydiaeth Gymraeg hon, ceir rhagfarnau ethnig cryfion. Sut mae esbonio'r paradocs ymddangosiadol fod ideoleg ryddfrydol sydd, ar y naill law, yn darparu gofod democrataidd ar gyfer integreiddiad y Gwyddelod hefyd yn cynnwys cryn dipyn o ragfarn yn eu herbyn?

Ni ellir ymdrin â rhagfarnau gwrth-Wyddelig nofelau Daniel Owen mewn modd syml fel gweddillion hen ddisgwrs hiliol wedi para'n hwy yn y Gymru Gymraeg nag yn y Gymru Saesneg am fod y gyntaf yn fwy ynysig. Yn hytrach maent yn adlewyrchu dylanwad rhyddfrydiaeth fel ideoleg yn y gwareiddiad Cymraeg. Mae'r cyswllt hwn rhwng rhyddfrydiaeth a hiliaeth yn annisgwyl, efallai, ac mae'n haeddu ystyriaeth bellach. Diau mai'r ffordd hawsaf o wneud hynny yw trwy gymharu 'rhyddfrydiaeth flaengar' â chenedlaetholdeb yn y traddodiad syniadol Cymraeg. Rhwng y 1880au a'r 1950au, cynhelid trafodaethau o bwys rhyngddynt ynghylch hil. Ceid gwrthdaro rhwng meddylwyr fel y rhyddfrydwr W. J. Gruffydd a'r cenedlaetholwr ceidwadol Saunders Lewis. Daeth y drafodaeth i benllanw yn y 1930au oherwydd twf totalitariaeth ar y Chwith a'r Dde, ac am fod llwyfan ar ei chyfer, sef cylchgrawn *Y Llenor* a oedd o dan olygyddiaeth W. J. Gruffydd ond y câi Saunders a cheidwadwyr eraill gyfrannu iddo.

'Y *Quisling Babyddol* [sic]' oedd Saunders Lewis i feddylfryd rhyddfrydol Anghydffurfiol y Gymru Gymraeg,[47] o leiaf ar ei wedd fwyaf amrwd, a bu gwrth-Gatholigiaeth yn rhan o ymosodiadau W. J. Gruffydd, a rhai gwaeth y gweinidog gyda'r Bedyddwyr, Gwilym Davies, ar Blaid Genedlaethol Cymru yn ystod y rhyfel.[48] Roedd y propaganda mor effeithiol fel y tybiai blaenoriaid Garndolbenmaen fod y Methodist Calfinaidd, Ambrose Bebb, yn 'Babydd' am mai ef oedd ymgeisydd seneddol y Blaid yn sir Gaernarfon yn 1945.[49] Nid dyna'r tro cyntaf i Bebb fod yn wrthrych rhagfarnau oherwydd ei Blaidgarwch: anfonasid llith wenwynig ato yn 1941 yn lladd ar Wyddelod Cymraeg eu hiaith, a Llydawiaid hefyd, am eu bod yn Gatholigion, gan ei hysbysu yn ogystal y byddai enw'r archryddfrydwr, Syr O. M. Edwards, 'yn fyw yng Nghymru pan y bydd enwau fel Bebb, Daniels a Lewis wedi ei (sic) llwyr anghofio.'[50] Mae anoddefgarwch tuag at estroniaid yn nodwedd ar hegemoni'r Rhyddfrydiaeth Gymraeg, ond Prydeinig, a lywodraethai yn y Gymru Gymraeg rhwng canol y bedwaredd ganrif ar bymtheg a'r 1950au.

Er i ddeallusion rhyddfrydol fel W. J. Gruffydd fynnu fod eu gwrth-Gatholigiaeth yn ymosodiad mewn gwirionedd ar gyswllt rhwng Catholigiaeth a Ffasgaeth, nid oes rhaid tyrchu'n ddwfn iawn er mwyn dadlennu ofnau am newid diwylliannol ar sail demograffeg. Yn *Y Llenor* yn 1928, cylchgrawn y byddai'n ei ddefnyddio'n gyson er mwyn lledaenu safbwyntiau gwrth-Gatholigaidd, priodolodd Gruffydd dwf Catholigiaeth yng Nghymru i ddiffyg dulliau atal cenhedlu, a cheir delwedd o Gatholigion fel haid estron yn cipio'r wlad:

> yr wyf yn beiddio dywedyd mai perygl a thrychineb sydd yn y cynnydd hwnnw [o Gatholigion]. ... Y mae Eglwys Rufain wedi gwneuthur ymwrthod â phob math o Gyfyngiad ar Eni (*Birth Control*) yn un o'i phrif faterion disgyblaeth, [ac...] y mae ar gyfartaledd (a barnu ar antur) o leiaf bedwar o Babyddion newydd yn cael eu geni am un

Protestant. Felly mater o rifyddeg yn unig ydyw cyfrif pa bryd y bydd mwy o Babyddion yn y wlad hon nag o Brotestaniaid. Fe ŵyr pob un sy'n byw ym Morgannwg neu ym Mynwy am yr adeiladu mawr sydd yn y siroedd hyn ar eglwysi Pabyddol newydd, a gŵyr ymhellach fod rhif yr Ymneilltuwyr yn lleihau, rhif yr Eglwys yng Nghymru yn cynyddu ychydig bach, a rhif y Pabyddion yn cynyddu'n aruthrol.[51]

Cynnyrch y Gymru Gymraeg Ymneilltuol oedd gwrth-Gatholigiaeth o'r fath, llawer ohoni mewn pentrefi a threfi bychain y tu allan i'r prif drefi, a phan fo yn y de, mewn cymunedau Cymraeg.[52] Yn benodol, safbwynt yr *intelligentsia* Cymraeg ydoedd, a'r *petite-bourgeoisie* – gweinidogion, blaenoriaid a deallusion Anghydffurfiol – a ledaenai ei rhagfarnau.[53] Rhwng y 1930au a'r 1950au, roedd y rhagfarn yn ddigon eang ei derbyniad i ymddangos mewn papurau newydd fel *Y Cymro* ac *Y Faner* yn bur gyson.[54] Fe'i ceir hefyd, megis yn ddigrybwyll, yn *Wythnos yng Nghymru Fydd* (1957) y cyn-weinidog Methodistaidd, Islwyn Ffowc Elis. Yn ei weledigaeth ddystopaidd o Gymru'r dyfodol, '*Western England*', mae Catholigiaeth yn drech na Phrotestaniaeth. Un o'r newidiadau symbolaidd pwysicaf yn y nofel yw bod Capel Tegid y Methodistiaid Calfinaidd yn y Bala, tref y mae ei thynged yn cynrychioli tynged Cymru gyfan, wedi mynd yn eglwys Gatholig, Eglwys Santes Fatima.[55]

Bu haneswyr yn gyndyn o briodoli teimladau gwrth-Wyddelig i wrth-Gatholigiaeth. Wedi'r cwbl, ceid portreadau cadarnhaol yn niwylliant Cymraeg yr ugeinfed ganrif o'r Roma a'r Eidalwyr Catholigaidd. Yn *William Jones* (1944), nofel boblogaidd T. Rowland Hughes am Gwm Rhondda y 1930au, mae'r cyfeiriadau at 'cart *chips* y Brachi [*sic*]' a'r caffi Eidalaidd lle mae modd 'yfed diodydd lliwiog o wydrau uchel' yn creu naws gwbl wahanol i'r difrïo ar Wyddelod a geir yn *Chwalfa* (1946) yr un awdur.[56] Ond hyd yn oed yn *William Jones*, ceir tinc wrth-Gatholigaidd wrth i'r arwr dwt-twtian fod y caffi 'â'i chwerthin a chlebran uchel' ar agor ar y Sul.[57]

Ond siawns fod rheswm arall am natur bŵl rhagfarn wrth-Eidalaidd, sef bod yr Eidalwyr yn eu galwedigaethau 'ethnig' fel perchnogion caffis a gwerthwyr hufen iâ yn wasgaredig iawn.[58] Nid oedd modd iddynt wneud drwg i'r diwylliant Cymraeg Anghydffurfiol yn gymunedol, a chwerthinllyd fuasai dychmygu y gallent. Roedd hefyd wahaniaeth rhwng Eidalwyr a Gwyddelod o ran dosbarth cymdeithasol, neu o leiaf o ran y canfyddiad ohono. Roedd y Gwyddelod yn cystadlu â'r Cymry am waith ac yn ddigon niferus i ymddangos fel bygythiad. Pan gronnai'r Eidalwyr mewn cymunedau penodol, mynegid rhagfarnau yn eu herbyn hwythau hefyd. Bu achwyn poenus yn 1900 yng nglofa Lewis-Merthyr, Cwm Rhondda fod 'Italiaid' yn troseddu wrth gario pibau smocio dan ddaear, a rhaid fod arogl senoffobia yn yr awyr neu ni fuasai Mabon, arweinydd y glowyr, wedi pwysleisio fod gan 'Italian, Ffrancwr, Almaenwr' yr hawl i weithio mewn pwll er condemnio'r trosedd.[59] Yn yr un flwyddyn, bu gwrthdaro pan gyflogwyd nifer sylweddol o Eidalwyr yn fwyngloddwyr yn Fron-goch ger Pontrhydygroes, Ceredigion.[60] Bu ymosodiadau difrifol ar yr Eidalwyr ac, yn rhyfeddol, ffrwydriad yn ymyl lletyʼr gweithwyr dŵad.[61] Roedd yr Eidalwyr yn lleiafrif amlwg a chronedig yno gyda ffordd-o-fyw wahanol, a chysegrwyd hen gapel Wesla yn eglwys Gatholig ar eu cyfer.[62]

Awgryma hyn fod hiliaeth ar ei gwaethaf pan ddôi bwganod crefyddol ac economaidd ynghyd ac yn y diwylliant Cymraeg mynegid hyn ar wedd gwrth-Gatholigiaeth. Hwyrach mai'r gyffelybiaeth heddiw fyddai Islamoffobia. Mae 'gramadeg' Islamoffobia a gwrth-Gatholigiaeth yn rhyfeddol o debyg: honnir fod crefydd 'estron' yn gysylltiedig â lleiafrif 'amheus', a bod teyrngarwch at awdurdod y tu allan i reolaeth y wladwriaeth (Y Pab neu Sharia); haerir fod credinwyr yn ufuddhau'n ddi-feddwl i'r offeiriad neu'r imâm yn hytrach na chael perthynas uniongyrchol â Duw; achwynir ynghylch agweddau adweithiol honedig tuag at ferched, a ffyrdd gwahanol o wisgo ac yn y blaen.[63]

Roedd rhagfarnau crefyddol o'r fath ar led yn y Gymru Gymraeg. Ceid teimladau gwrth-Gatholigaidd cryfion mewn pentrefi diwydiannol Cymraeg fel Dowlais ger Merthyr Tudful. Meddai'r hanesydd Glanmor Williams am ei blentyndod yno yn y 1920au a'r 1930au, tueddid 'i ddirmygu'r Gwyddelod fel elfen dlotaf a mwyaf didoreth y boblogaeth, a oedd yn byw yn slymiau mwyaf diolwg gwaelod y dref. Arswydem ni, blant, at eu crefydd ddieithr a bygythiol. "Plant Mari" oedd ein henw ni (a'r oedolion hwythau o ran hynny) arnynt, a dirmygem hwy am fod cymaint o dan ddylanwad eu "pab" (yr offeiriad lleol).'[64] Yn anaml, meddai'i gyd-hanesydd, Gwyn Alf Williams, yntau o deulu Cymraeg Anghydffurfiol yn Nowlais ac o'r un genhedlaeth, y cyfarfyddai'r 'Cymry' â'r 'Irish kids there, from the Bottom of Town', a phan geisiodd siarad â merch o dras Wyddelig a ffansïodd: 'Memories of Corpus Christi processions came flooding back. Were Catholics Christian?'[65]

Yn wir mae Dowlais yn neilltuol ddadlennol am fod gwead ei rhaniadau ethnig, crefyddol ac ieithyddol yn cynnig esboniad arall ar ragfarnau gwrth-Wyddelig yn y diwylliant Cymraeg, sef ymateb seicolegol i Seisnigo ieithyddol. Gwelsai Dowlais fewnlifiad Gwyddelig trwm, ac roedd y bywyd Cymraeg yno o dan bwysau mawr wrth i iaith y gymdogaeth newid.[66]

Yng ngherdd enwog Dyfnallt Morgan, 'Y Llen' (1953), am 'derfyn gwareiddiad Cymraeg mewn cwm diwydiannol',[67] chwedl Saunders Lewis amdani, ceir mwy o'r rhagfarn wrth-Wyddelig hon. Marwnad yw'r gerdd i gymdeithas Gymraeg Dowlais, ac ar y Gwyddelod y gosodir peth o'r bai am ei marwolaeth annhymig. Gan adleisio pryder W. J. Gruffydd fod Catholigion yn epilio'n ormodol, portreada adroddwr Anghydffurfiol dranc y Gymraeg fel canlyniad anochel trasiedi demograffig:

> Ia, wetas i wrth ym 'unan, inni'n retag lawr
> Crefydd y Paddies – ond
> Smo teuluo'dd yn marw m'es gyta nw![68]

Ceir priodasau cymysg rhwng Cymry a Gwyddelod, ac yn sgil y rheini, colli'r iaith:

> A Isaac a'i wraig –
> Merch o Ireland a fe weti troi'n Gathlic gyta i . . .
> A dim un o'onyn' nw'n diall Cwmr'eg.[69]

Nid yw hyn yn adlewyrchu hanes cymdeithasol yn gwbl ddiduedd. Mae'n wir na throsglwyddid y Gymraeg i'r plant yn y mwyafrif o briodasau lle roedd un cymar yn ddi-Gymraeg.[70] Ond Cymry di-Gymraeg a Saeson oedd mwyafrif llethol y partneriaid hyn, a chyfleus yw cyfeirio at y Gwyddelod er mwyn dramateiddio a chael bwch dihangol.[71] Ceir yn 'Y Llen' barhad o'r disgwrs rhyddfrydol mai iaith un grŵp ethnogrefyddol, sef y Cymry Anghydffurfiol, yw'r Gymraeg, a bod y Gwyddelod â'u Catholigiaeth yn neilltuol o anghymwys i feddu arni.

Roedd grym i'r disgwrs hwn mewn cymunedau diwydiannol eraill a oedd yn prysur golli eu Cymraeg yn y cyfnod rhwng y ddau ryfel byd. Yn nofelau T. Rowland Hughes, Anghydffurfiwr arall o anian ryddfrydol, Brydeinig, mae dirmyg at y Gwyddelod yn seiliedig ar dair nodwedd: eu crefydd, eu statws cymdeithasol ac economaidd isel, a'u bod yn siarad Saesneg. Mae'r portread o deulu Gwyddelig O'Driscoll yn *Chwalfa* yn drawiadol o hiliol: yn wir pan y'i hystyrir ochr-yn-ochr â disgrifiad tebyg o Wyddelod yn *William Jones*, ynghyd â phortreadau gwrth-semitaidd a geir yn *O Law i Law* (1943), *Yr Ogof* (1945) ac *Y Cychwyn* (1947), gwelir mai T. Rowland Hughes yw'r mwyaf hiliol o'n hawduron.[72] Yn eithafiaeth ei ddarluniadau o'r Gwyddelod fel bodau annynol ac anifeilaidd, mae T. Rowland Hughes yn cynrychioli pegwn eithaf senoffobia'r diwylliant Cymraeg. Mae gan y glöwr a chyn-focsiwr, Jerry O'Driscoll – mae ei enw yn adlais o enw'r bocsiwr o Gaerdydd o dras Wyddelig, 'Peerless' Jim Driscoll – wyneb fel mochyn 'a chlustiau enfawr ond llygaid bychain, culion yn ciledrych fel petai angen cymorth gwydrau arnynt, a thrwyn fflat, gwasgaredig, a wastatawyd mewn llawer ysgarmes.'[73] Mae ei ddeuddeg o blant yn swnio fel deugain, ac fe'u cymherir hwythau hefyd â moch ac anifeiliaid: 'y fath genfaint' ohonynt mewn tŷ lle y clywir 'rhuadau Jerry ac ysgrechau'i wraig a gwawchiau a nadau'r plant'.[74]

Ond er bod eithafiaeth front T. Rowland Hughes yn anarferol yn ei hiliaeth blaen, mae *Chwalfa* wrth sôn am brofiad y 'Northman' diwylliedig yn y de amlethnig Prydeiniedig yn cynnig dadansoddiad tra chyfarwydd.[75] O bortreadu Gwyddyl fel hyn, caiff T. Rowland Hughes fotiff i gymharu cymoedd 'llygredig', dwyieithog y Sowth â broydd uniaith y gogledd. Wrth gyferbynnu'r Sul yn y de â'r Saboth a berchir yn y gogledd, cofia Idris fod gwerinwyr Dyffryn Ogwen er yn dlawd yn rhinweddol, ffaith nad yw'n wir am y Gwyddelod:

Serth a phur dlodaidd oedd Tan-y-bryn [ym Methesda] hefyd, ond yr oedd y rhan fwyaf o'i thrigolion yn bobl dawel a pharchus, yn gapelwyr selog a rhai, fel Edward Ifans, yn flaenoriaid. ... Ond yma codai lleisiau cecrus Sul, gŵyl a gwaith ac ni ddewisai ambell un fel Molly O'Driscoll ei geiriau'n rhy ofalus.[76]

Pennod 6

Wrth i'r Gymraeg ddod o dan bwysau demograffig, rhoddwyd bai ar ymfudwyr er na ddisgwyliai neb iddynt ddysgu Cymraeg. Dowlais a Chwm Rhondda yw dwy o gymunedau mwyaf eiconig y rhanbarth amlethnig yn y de, ac fe'u dychmygid fel llefydd democrataidd, croesawgar ac egalitaraidd. Ac eto dyma'r union gymunedau lle y ceir disgwrs poblogaidd, neu gynrychiolaeth o ddisgwrs poblogaidd, sy'n llawn rhagfarnau gwrth-Wyddelig a gwrth-Gatholigaidd, ac ar dro gwrth-semitaidd hefyd.

Yn baradocsaidd, efallai, *rhyddfrydiaeth* gwleidyddiaeth Brydeinig a Chymreig yw cymhelliad ideolegol yr hiliaeth. Mudiad yw rhyddfrydiaeth sy'n creu gofod sifig ar sail hawl yr unigolyn i ymgyfranogi o ddiwylliant cyffredin. Mae'n synio am ethnigrwydd grwpiau llai, sy'n 'wahaniaethol' yn ei thyb hi, fel bygythiad i'r diwylliant lleol sy'n 'uno' pawb. Tuedd rhyddfrydiaeth gan hynny yw gweithredu fel dilysydd grym mwyafrifol, a gall fod yn ffiaidd yn ei hadwaith yn erbyn lleiafrifoedd.

Roedd y Cymry yn lleiafrif yng nghyd-destun ideolegau rhyddfrydol y Wladwriaeth Brydeinig, ac wynebent gryn ragfarn. Ond nid oedd hyn yn golygu na fyddai'r Cymry yn eu tro yn synio am leiafrifoedd ar eu tiriogaeth eu hunain mewn modd tebyg. Yn y Gymru Anghydffurfiol, ffurfiai'r Gwyddelod grŵp felly, ac i raddau llai Saeson Anglicanaidd, er mai mater o ddosbarth oedd hynny hefyd.[77] Roedd Catholigiaeth ac Anglicaniaeth yn hunaniaethau 'annormal' mewn byd Cymraeg a ddymunai greu gwareiddiad ar lun ei werthoedd ei hun.

Mae perthynas rhyddfrydiaeth â hunaniaeth yn baradocsaidd felly. Hyrwydda rhyddfrydiaeth fynediad i ddiwylliant sifig, a rhydd i aelodau o leiafrif hawl i ddinasyddiaeth. Y pris am hynny gan amlaf yw ymwrthod â diwylliant a ffordd-o-fyw 'neilltuol'. Yng Nghymru, ar sail rhesymeg ryddfrydol, cymhethid y diwylliant Cymraeg oddi mewn i'r wladwriaeth Angloffon am fod Saesneg yn cynnig mynediad i'r diwylliant Prydeinig. Roedd Prydeindod yn cymathu'r Cymry, ac eto roedd y Cymry yn ceisio cymathu lleiafrifoedd yn y parthau Cymraeg.

Ond ni allent wneud hynny'n effeithiol am na feddent ar wladwriaeth: hynny yw, am nad oedd Sifig Gymreig yn bodoli. Roedd polisi addysg Saesneg y Wladwriaeth Brydeinig yn llyffethair iddynt, a phwyslais Anghydffurfiaeth ar grefydd yn codi muriau celyd rhwng

Protestant a Chatholig, Cristion ac Iddew, ac Ymneilltuwr ac Anglican. Er iddynt fod mewn lle mor ddominyddol yn ystod ail hanner y bedwaredd ganrif ar bymtheg, erbyn ei throad roedd y wlad yn llithro o afael y gwareiddiad Cymraeg Anghydffurfiol yn annisgwyl a syfrdanol o gyflym, fel y dengys dwy gyfrol odidog os brawychus R. Tudur Jones, *Ffydd ac Argyfwng Cenedl: Cristionogaeth a diwylliant yng Nghymru 1890–1914* (1981 a 1982). O'r rhwystredigaeth y cododd hiliaeth. Safle ddarostyngedig y gymuned Gymraeg, a'r awydd i wneud iawn am hynny: dyna sylfeini seicoleg y Cymry. Gorseddasid arwyddeiriau Henry Richard mai 'Anghydffurfwyr Cymru yw pobl Cymru'.[78] Eithriwyd o'r genedl o ganlyniad Anglicanwyr, Catholigion ac Iddewon, ni waeth a siaradent Gymraeg ai peidio. Nid cymdeithas sifig, agored a gaed yn sgil dadleuon rhyddfrydol, ond ymrannu ethnig.

Gwelir tystiolaeth bellach o hynny yn achos yr Iddewon, yng Nghymru fel yng ngweddill Ewrop. Roedd gwrth-semitiaeth yn wreiddiedig yn nysgeidiaeth yr Eglwys Gristnogol a welai Iddewiaeth yn her 'ethnig' neu 'neilltuol' i'w chyfanfydedd an-ethnig honedig,[79] a rhoddwyd sêl bendith ar hyn mewn rhengoedd rhyddfrydol gan yr Oleuedigaeth a gyplysai'r ethnig a'r neilltuol ag afreswm.[80] Felly, roedd cyfiawnhad theoretig cyfeiliornus dros dybio fod Iddewiaeth yn rhwystr i gydraddoldeb sifig. O ganlyniad, roedd sawl rhyddfrydwr yn Ewrop yn wrth-semitydd brwd, tra ffieiddiai eraill Iddewiaeth Uniongred, er eu bod yn barod i dderbyn Iddewon cymathedig.[81] Roedd dymuniad yn aml iawn, chwedl Jean-Paul Sartre, i ysgaru'r Iddew oddi wrth ei gymuned ethnig a'i daflu 'i'r tawddlestr democrataidd y bydd yn dod ohono'n noeth ac yn unig, un gronyn unig yr un fath â phob gronyn arall.'[82] Roedd rhyddfrydiaeth (a sosialaeth hefyd yn bur aml) yn gwrthod yr Iddew fel Iddew, er ei dderbyn fel dyn.

Yng Nghymru, gan ddau lenor pwysig a aeth maes o law yn Aelodau Seneddol y Blaid Ryddfrydol, O. M. Edwards a W. J. Gruffydd, y caed datganiadau mwyaf gwrth-semitaidd eu hoes, cyn waethed â dim gan y ceidwadwr, Saunders Lewis, a gyhuddir o wrthsemitiaeth mor groyw ac mor gyson. Roedd eu gwrth-semitiaeth hwy ill dau'n seiliedig ar eu gwerthoedd democrataidd.

Perthyn disgrifiadau gwrth-semitiaidd O. M. Edwards i gyfnod Oes Aur rhyddfrydiaeth Gymraeg wlatgar (ac i lawer, ef yw ei pharagon).

'A ellir cyfiawnhau casineb cenhedloedd y Cyfandir at yr Iuddewon?', synfyfyria yn ei deithlyfr, *O'r Bala i Geneva* (1889), a phetruso hefyd, chwarae teg iddo, cyn ateb yn ddigon pendant, 'Yr wyf wedi meddwl llawer cyn atteb, – gellir, yn ddiammeu.'[83] 'O'r Bala i Belsen' y llysenwodd Gareth Miles y truth poenus hwn,[84] ond yr hyn a ddengys mewn gwirionedd yw nad totalitariaeth a ffasgaeth yn unig sy'n porthi hiliaeth ond rhyddfrydiaeth a democratiaeth hefyd.

Gyda bod rhyddfrydiaeth bob tro yn gefnogol i'r farchnad, defnyddia O. M. Edwards drosiadau economaidd er mwyn cyfiawnhau gwrth-semitiaeth ar y sail bod Iddewon 'wedi bod yn rhwystr ar ffordd dadblygiad masnach'.[85] Iddewon heb eu cymathu a gondemnir ganddo, yn enwedig Iddewon Uniongred sy'n gwisgo ac yn ymddwyn yn wahanol. Yn unol â phwyslais rhyddfrydiaeth ar ymestyn i'r unigolyn ei hawliau mewn byd an-ethnig ond eu nacáu i'r grŵp, yr Iddewon fel grŵp yw gwrthrych dirmyg O. M. Edwards, nid Iddewon fel unigolion. Cyhudda'r genedl Iddewig o fod 'yn llywodraeth ar wahan i lywodraeth y wlad y maent yn byw ynddi', ac o danseilio gan hynny gymdeithas sifil a rhyddfreiniad dinesig.[86] Mae'r tebygrwydd rhwng rhesymeg ei wrth-semitiaeth ac agwedd Matthew Arnold a John Stuart Mill at y Gymraeg yn amlwg ac yn eironig.[87]

Ond ni châi Iddewon ddihangfa rhag gwrth-semitiaeth wrth lywio cwrs unigolyddol yn y byd ychwaith, fel y gwelir mewn cân eiconaidd gan aelod arall o'r hegemoni ryddfrydol, sef academydd Cymraeg pwysicaf ei genhedlaeth, John Morris-Jones. Ymosodiad ar y drefn gyfalafol yw 'Salm i Famon', ac ar philistiaeth a chrefydd ddirywiedig yr oes yn enwedig. Mae'n cynnwys beirniadaeth lem ar Gristnogaeth, a gellid dadlau gan hynny nad amhriodol ymosodiadau ar grefyddau eraill, gan gynnwys Iddewiaeth. Ond mynegir hynny trwy gyfrwng motiffau gwrth-semitaidd, megis edliw i Iddewon y croeshoeliad, a gwneud y cyhuddiad eu bod wedi gwerthu eu heneidiau i Famon.[88] Awgrymir hefyd fod eu hariangarwch wedi arwain at gynllwyn rhyngwladol ar eu rhan i reoli'r gyfundrefn gyfalafol, *canard* gwrth-semitaidd neilltuol niweidiol. Chwedl John Morris-Jones: 'Llywir y ddaear â llaw'r Iddewon'.[89]

Ceir gwrth-semitiaeth o'r fath yn brigo i'r wyneb yn y traddodiad rhyddfrydol, Anghydffurfiol Cymraeg yn ystod yr ugeinfed ganrif hefyd, efallai yn fwyaf cywilyddus yn ymosodiad disynnwyr W. J. Gruffydd ar Iddewon 'Gogledd Cymru' yn ei golofn olygyddol yn

Y Llenor yn 1941 (mae'n rhyfeddol o eironig, wrth gwrs, fod Gruffydd yn awgrymu'n anghynnil ar y pryd mai Ffasgydd yw Saunders Lewis[90]):

> Eisoes y mae'r rhagolygon yng Nghymru yn ddigon i dorri calon unrhyw un sy'n caru ei wlad, ... yr ardaloedd gwledig yn llawn o Saeson, yr iaith Gymraeg yn wynebu peryglon yn ei chartrefi olaf, Gogledd Cymru'n llawn o Iddewon cyfoethog ac ystrywus sy'n lleibio iddynt eu hunain holl adnoddau'r wlad a gadael y brodorion druain yn llwm a di-ymadferth. A chyda llaw, onid yw'n amser i rywun brotestio'n groyw yn erbyn yr Iddewon hyn sydd wedi myned yn orthrwm ar Landudno, Bae Colwyn, Abergele a'r wlad gylchynol? A ydyw'r Iddewon yn hollol analluog i ddysgu gwers gan hanes eu cenedl mewn gwledydd eraill? Cefais ysgwrs y dydd o'r blaen â dau neu dri ohonynt, a brawychwyd fi gan eu hagwedd at ddigwyddiadau o'u cwmpas. Nid ydynt eto wedi sylweddoli bod ganddynt hwy ddim cyfrifoldeb o gwbl am eu cyflwr adfydus fel cenedl yn y gwledydd Natsïaidd. Ymddengys i mi mai dau brif amcan sydd ganddynt, a dau'n unig – dianc o bob perygl ymhob man ar waethaf peryglon pawb eraill a dwyn ymlaen eu hen ddull traddodiadol o ymgyfoethogi ar wendidau'r cenedl ddyn. 'Antisemitiaeth,' meddwch. Nage, ceisio dweud gair o rybudd mewn pryd wrth genedl sydd yn haeddu'r pethau gorau a all y byd ei roi iddi, ond sydd mewn gwir berygl yn y wlad hon, fel pob gwlad arall, ar ôl y rhyfel, os daliant i ymddwyn fel y maent. Oni wrandawant ar y rhybudd, byddant yn broblem yng Nghymru yn ogystal ag yn Lloegr, a phan â cenedl yn broblem, ofer yw iddi ddisgwyl cyfiawnder gan y gwerinoedd sy'n dioddef dan ganlyniadau'r broblem honno.[91]

Dyna'r un ffieidd-dra a geir yn nofelau T. Rowland Hughes o'r 1940au, rhai ohonynt wedi gweld golau dydd ar ôl i'r Holocost ddod yn hysbys. Fel golygyddol W. J. Gruffydd, maent yn lleoli gwrth-semitiaeth yng Nghymru, ac yn rhoi iddi wreiddiau o'i chysylltu â llefydd diriaethol. Ceir yn *O Law i Law* olwg wrth-semitaidd ar 'Iddew tew' yn twyllo gwerinwyr llednais yng Nghaernarfon, ac yn *Y Cychwyn*, mae rhagfarnau gwrth-semitaidd ar waith yng nghellwair chwarelwyr am 'yr Iddew bach tew hwnnw' sy'n masnachu ar y Maes.[92]

Pennod 6

Nid anelai Anghydffurfwyr rhyddfrydol at sefydlu gwladwriaeth Gymreig. Gan hynny, ni fyfyrient ar gwmpas dinasyddiaeth Gymreig a sut i gynnwys oddi mewn i'r genedl rai o anian wahanol. Esbonia hyn natur bietistaidd ac anoddefgar Anghydffurfiaeth Gymreig. Roedd i ryddfrydiaeth ddwy sgileffaith anffortunus ym mywyd mewnol y Gymru Gymraeg: parodd i'r Cymry gefnu ar y Gymraeg yn enw coleddu hunaniaeth sifig Brydeinig, tra mynnai ar yr un pryd eithrio o'r genedl Gymreig rai o gefndir crefyddol gwahanol.

Heb ddeisyfu dinasyddiaeth Gymreig, nid oedd unrhyw angen i ryddfrydwyr chwennych troi lleiafrifoedd ethnig yn 'Gymry'. Gan fod iaith yn bwysig i'r gymdeithas ryddfrydol fel arwydd o ethnigrwydd, roedd yn lled anodd i unigolion gael eu derbyn oni bai fod y Gymraeg yn famiaith iddynt, a gwerthoedd crefyddol a diwylliannol 'Cymraeg' yn cael eu coleddu ganddynt.

Ni welir hyn yn gliriach nag yng ngwaith y gweinidog Wesleaidd, y nofelydd E. Tegla Davies a aned yn 1880 yn Llandegla nid nepell o Wrecsam. Yn Gymro diwylliedig eithriadol, nid oedd Tegla yn genedlaetholwr politicaidd.[93] Yn hyn o beth, roedd yn nodweddiadol o'i gefndir, ei ddosbarth a'i oes. Fel yn nofelau Daniel Owen, byd ethnig yw ei fyd yntau ar 'ffrynt-lein' ieithyddol y gogledd-ddwyrain.[94] Naceir i'r Gwyddelod eu lle yn y genedl Gymreig ddychmygedig. Mewn casgliad o ysgrifau diwinyddol pedagogaidd, *Y Sanhedrin* (1945), pennir y strwythur naratif gan gyfres o gyfarfodydd diwylliannol, lle daw cynrychiolwyr y Gymru Gymraeg ryddfrydol ynghyd: y gweinidog, yr ysgolfeistr, y gwrthwynebydd cydwybodol, y clerc banc, y ffermwr a'r siopwr. Mae'r 'Sanhedrin' yn cwrdd mewn tŷ sydd wedi mynd â'i ben iddo. Gwyddyl oedd y tenantiaid, a phan y'u gorchmynnwyd i adael, 'diflanasant heb dalu'r rhent'.[95] Mae'r tŷ yn berwi o chwain, a chyfeiria'r siopwr at y chwain fel Gwyddelod: 'Euthum ag, o leiaf, ddau ddwsin o fân Wyddelod o'r lle melltigedig yma gyda mi adref echnos.'[96] Hanes Tegla yn cyfeillachu ym Mwlch Gwyn ger Wrecsam yw sail y Sanhedrin dychmygol hwn.[97]

Coleddid hanfodaeth ethnig yr ideoleg ryddfrydol gan weinidogion Anghydffurfiol eraill yn yr ugeinfed ganrif, fel Alun Page o Faes-teg. Iddo ef, roedd Pennar Davies, Prifathro Coleg Coffa'r Annibynwyr, a llenor Cymraeg ail iaith nodedig, yn brawf nad oes modd i Gymraeg dysgwyr fod gystal â Chymraeg a ddaw gyda 'llaeth y fam'.[98] Nid yw dysgu Cymraeg byth yn gwneud yn iawn am y diffyg. A bu

209

ymosodiadau ar Gymraeg dynion dŵad, fel ar Saunders Lewis nad oedd yn frodor o Gymru. 'Nid yw'r boblogaeth yn Ffrainc yn ymwybodol fod acen Ffrengig gan bawb. Nyni sy'n ymwybodol o'r acen pan ddaw estron i'n plith', meddai'r Llafurwr, T. J. Morgan, yn *Y Llenor* yn 1944 mewn sylw digon cas am y Cymro o Lerpwl.[99] Asgwrn cefn Cymreictod oedd y Cymry cynhenid o Gymru, a'u diwylliant Anghydffurfiol. 'All are thrilled when the Romans use an occasional Welsh hymn,' ysgrifennodd Alun Page yn y *Western Mail* yn 1960 yn sarcastig, 'one Saunders Lewis does not make a cultural Counter-Reformation.'[100]

Roedd rhyddfrydwyr yn ddrwgdybus o wahanrwydd diwylliannol, a dyna sy'n eglurhau swyddogaeth a phwrpas hiliaeth *Gymraeg*. Wrth drafod rhyddfrydwyr Cymreig ddechrau'r ugeinfed ganrif, a bathu enw Saesneg digon cymwys ar eu cyfer, 'Liberal-Cambrianists', dadleua'r hanesydd 'ôl-genedlaetholgar', Chris Williams, fod ganddynt obsesiwn â hil:

> In most respects the liberal-Cambrianists appear to have been enlightened, progressive thinkers. Yet on the question of, as they understood it, 'race', their attitudes were regressive, even reactionary. ... their world-view was one in which somewhat vaguely defined concepts of racial identity played a major part in delimiting and understanding the nature of 'true Wales'. In this matter, then, they had rather more in common with some of the younger nationalists entering Plaid Genedlaethol Cymru, than has always been appreciated.[101]

Mae Chris Williams yn llygad ei le wrth haeru fod y safbwynt Cymreig rhyddfrydol yn cynnwys 'somewhat vaguely defined conceptions of racial identity' ac yn 'regressive, even reactionary'. Ond â ar gyfeiliorn wrth briodoli i genedlaetholdeb Cymreig yr un beiau. Roedd Pennar Davies yn gywirach pan ddywedodd yn 1948 mai gwrthwynebwyr cenedlaetholdeb a dueddai i ddiffinio 'essential Welshness as a species of racial character rather than as a developing national life which must be given fair play in the spheres of economics and politics'.[102] I genedlaetholwr fel Pennar, Prydeindod a arweiniai at synio am y Cymry yn nhermau hanfodaeth ethnig. Y rheswm am hyn, meddai Daniel G. Williams, yw fod 'a seemingly plural, liberal, Britain relies on racialized subgroups to function as the ingredients in its melting pot.'[103] Gwahanol oedd gweledigaeth cenedlaetholdeb Cymreig. Ni feddyliai am Gymreictod fel hunaniaeth israddol am na chredai mewn gwladwriaeth Brydeinig, ac roedd am i Gymreictod fod yn esblygol yn hytrach na hanfodaidd.

Yn wahanol i'r 'Liberal-Cambrianists', dymunai cenedlaetholwyr fel Saunders Lewis greu dinasyddiaeth Gymreig, ac os felly byddai'n rhaid ei diffinio. Roedd hynny'n waith paratoawl pwysig ar gyfer y dasg o godi gwladwriaeth Gymreig. Eithrid rhai grwpiau o'r ddinasyddiaeth genedlatholgar hon mewn modd gwaradwyddus: yr Iddewon, yn bennaf. Ond yn achos grwpiau ethnig eraill, roedd cenedlaetholdeb Cymreig yn llai hiliol, ac yn fwy cynhwysol, na rhyddfrydiaeth Brydeinig. Troir yn awr at safbwyntiau'r cenedlaetholwyr hynny, ond yn gyntaf bydd yn rhaid bwrw cip sydyn ar sosialaeth gan fod honno, fel rhyddfrydiaeth, yn honni ei bod yn fath ar gredo gyfanfydol, ryngwladol.

Hiliaeth sosialaeth – hiliaeth anghofiedig

Gorwedd gwreiddiau sosialaeth ryngwladol yng Nghymru yng nghyfnod hollbwysig yr hegemoni ryddfrydol Anghydffurfiol rhwng y 1880au a'r Rhyfel Byd Cyntaf pan oedd cyfnewidiadau ieithyddol a diwylliannol mawrion yn mynd rhagddynt. Er gwaethaf ei rhyngwladoldeb honedig, ymffurfiodd yng nghysgod ideoleg jingoistaidd y Wladwriaeth a'r Ymerodraeth Brydeinig. Nid oedd yn bleidiol i'r Gymraeg. Yn ideolegol, o ran ei hagwedd at iaith, cenedligrwydd a Phrydeindod, nid oedd sosialaeth mor annhebyg â hynny i ryddfrydiaeth: dwy athrawiaeth gyfanfydol oeddynt, yn hyrwyddo goruchafiaeth diwylliant 'cyffredin'. Mae rhesymeg gymathol y ddwy ideoleg yn tarddu o'r un ffynhonnell, sef yr Oleuedigaeth.

Mathau gwahanol o ddiwylliant a hybid ganddynt serch hynny. Sylfaen diwylliannol rhyddfrydiaeth oedd Ymneilltuaeth Gymreig, ond i sosialaeth undod y dosbarth gweithiol oedd yn ganolog. Er y gwahaniaethau hynny, bodolai'r ddwy ideoleg – eiddo'r capel a'r pwll glo – ochr-yn-ochr â'i gilydd yn yr un cymdogaethau, a chan eu bod yn debyg o ran eu hathroniaeth waelodol, ymnyddai syniadau cyffelyb am ethnigrwydd trwy'r gymdeithas, er i gyfeiriadau gwahanol.

I'r Cymry capelgar rhyddfrydol, roedd y Saeson yn estroniaid na pherthynent i'r traddodiad Anghydffurfiol. Rhoddai sosialwyr lai o bwysau ar y gwahaniaethau rhwng Cymry a Saeson, ond mater o ailddiffinio yn hytrach na dileu ethnigrwydd oedd hyn. Yn hytrach na rhagfarnu yn erbyn y sawl nad oeddynt yn Gymry, rhagfarnent yn erbyn y sawl nad oeddynt yn Brydeinwyr. I'r rhan fwyaf o sosialwyr, er gwaetha'u rhethreg am broletariat di-ffiniau, yr oedd y genedl yn gyfystyr â'r wladwriaeth.

Prydain oedd y genedl-wladwriaeth honno. Gan hynny, cyfrifid 'Prydeinwyr' yn hytrach na 'Chymry' fel y grŵp brodorol yng Nghymru, ac mewn rhai diwydiannau byddai sosialwyr yn gwarchod buddiannau Prydeinwyr yn erbyn 'tramorwyr'.[104] Digwyddai hyn yn y maes glo, a hefyd ymysg morwyr, ac mewn dinas fel Caerdydd, datblygai'n hiliaeth noeth a hyrwyddai oruchafiaeth y gwyn. Wedi'r Rhyfel Byd Cyntaf aeth y *National Union of Seamen* ati'n ddigywilydd i warchod buddiannau morwyr gwyn yn erbyn morwyr du yn nociau Caerdydd.[105]

Ceir enghreifftiau o'r hiliaeth 'sosialaidd' a Phrydeinig hon yn y byd Cymraeg hefyd, yn fwyaf arwyddocaol yn agwedd Cymry at dramorwyr yn Abercraf ym mhen uchaf Cwm Tawe yn ystod y Rhyfel Mawr. Roedd cymuned sylweddol o dramorwyr yno (Sbaenwyr yn bennaf) yn gweithio dan ddaear. Daethant yn darged undebau llafur a ddiffiniodd ryngwladoldeb yn nhermau undod (ac onid felly ymgymathiad?) rhwng Cymro a Sais yn wyneb bygythiad allanol honedig. 'Throughout 1914 and 1915', meddai un o haneswyr y maes glo, Daryl Leeworthy, '*Llais Llafur* sought to ferment conflict between the Spanish community and the local Welsh population.'[106] Papur sosialaidd Cwm Tawe oedd *Llais Llafur*, ac ni fu ei ymdrechion yn ofer. Gorymdeithiodd mil o lowyr drwy Ystradgynlais i brotestio yn erbyn cyflogi gweithlu tramor, a lobïwyd Prif Arolygydd y Mwyngloddiau gan Ffederasiwn Glowyr De Cymru. Diau fod y rhyfel wedi creu awyrgylch adweithiol lle gallai senoffobia ddod i'r wyneb yn weddol rwydd. Ond nid yn nhermau jingoistiaeth y cyfiawnheid y rhagfarn. Gwnaed hynny ar sail hawliau ac iawnderau'r gweithwyr.

Roedd yr hiliaeth sosialaidd hon yn gwahaniaethu rhwng 'Welsh and English miners' ar y naill law a 'foreign workers' ar y llall.[107] Achwynai'r Cymry fod y Sbaenwyr yn anghyfiaith ac na ddeallent na Chymraeg na Saesneg yn iawn, a diau fod hyn yn wir, a diau hefyd fod i hyn rai goblygiadau o ran diogelwch dan ddaear. Ond effaith ymarferol gofyn am wybodaeth *un* o'r ddwy iaith oedd esgusodi grŵp mewnfudol *arall*, sef y Saeson. Tramorwyr a feïd am ddirywiad y Gymraeg. Cwynwyd yng Nghyngor Ystradgynlais fod 'Welsh was about finished as far as Ystradgynlais was concerned. The Welsh people were rapidly being driven out by Frenchmen, Italians, Spaniards, and Germans.'[108]

Ymdrechwyd yn ddygn mewn hanesyddiaeth Lafuraidd wedyn i ddangos y bu maes o law groeso i'r Sbaenwyr yn y gymuned undebol hon, a phwysleisiwyd i lowyr Abercraf, yn Gymry a Sbaenwyr, fod ar flaen y gad yn y 1930au yn eu cefnogaeth i frwydr wrth-Ffasgaidd Sbaen.[109] Ond rhan yn unig o stori'r de yw'r wrthffasgaeth, ac ychydig a amlygir ganddi am agweddau at hil ac ethnigrwydd ymhlith y dosbarth gweithiol ar lawr gwlad.

Mynegid agweddau cyffelyb at dramorwyr yn y maes glo tan y 1950au o leiaf. Trefnid protestiadau wedi'r Ail Ryfel Byd yn erbyn cyflogi Pwyliaid yn rhai o byllau glo'r de.[110] Yn y gogledd, sicrhaodd glowyr mewn ardaloedd fel y Waun, nid nepell o Wrecsam, mai Prydeinwyr fyddai'n cael y swyddi gorau ar draul mewnfudwyr Pwylaidd, ac yn y 1950au cynnar gwrthwynebid cyflogi Eidalwyr.[111] Nid polisi lleol a gyfyngid i rai pyllau oedd pob un cynnig o'r fath. Arweinydd Comiwnyddol glowyr de Cymru, Arthur Horner, a lofnododd ar ran y *National Union of Mineworkers* y cytundeb Prydeinig a droes gamwahaniaethu yn erbyn glowyr Pwylaidd yn bolisi sefydliadol trwy Brydain.[112] Mae'n bosibl felly mai dylanwad y Blaid Gomiwnyddol a geir yma, yn y de o leiaf, gan mai ffoaduriaid rhag Stalin oedd llawer o'r gweithwyr o ddwyrain Ewrop.[113] Ond mae ffilm ddogfen o'r cyfnod yn dangos glowyr Cwm Rhondda yn trafod 'foreign labour' mewn dull senoffobaidd heb grybwyll Ffasgaeth unwaith.[114] Mae'r rhagfarnau hyn yn rhy eang eu cylchrediad i'w priodoli i ryw wrthsafiad gwrth-Ffasgaidd yn erbyn y sawl a oedd yn ffoi rhag Stalin.

Roedd yn hawdd felly i genedlaetholwyr dynnu sylw at ragrith y mudiad llafur yn brolio ei ryngwladoldeb ei hun, a hwythau'n cau'r drws yn glep yn wyneb gweithwyr tramor. Meddai colofnydd yn *Y Dysgedydd* yn 1951 yn sgil ymgais arall i gyfyngu ar gyflogaeth ar sail cenedligrwydd:

Yr oeddwn wedi bwriadu perareithio'n huawdl ar 'ryng-genedlaetholwyr' mwyaf Prydain, sef glowyr De Cymru, y gwyrda hyn y mae gorwelion Sosialaidd y rhan fwyaf ohonynt gymaint yn lletach na chenedlaetholdeb Gymreig 'gul'. Ond palla gofod a geiriau. Y rhain, yng nghwrs y misoedd diwethaf, a brotestiodd yn bendant yn erbyn derbyn gweithwyr o'r Eidal a hyd yn oed o Iwerddon i'w pyllau! Gwrthwynebent 'lafur *estron*' (dyfynnaf ymadroddion yr arweinwyr), a dywedent y dylid para i geisio rhoi cyfle i 'weithwyr *Prydeinig*' yn unig, er gwaethaf y dylifiad o'r diwydiant a'r prinder glo.[115]

Daeth tynnu sylw at ragrith sosialwyr yn rhan o ddiwylliant poblogaidd Cymraeg, a dychenid eu senoffobia, megis ym mhortread Islwyn Ffowc Elis yn *Cysgod y Cryman* o'r gwas fferm sosialaidd, Wil James, fel llabwst hiliol.[116] 'Jerri bo-oi!' yw ei enw ar yr Almaenwr Karl Weissmann a adnabyddir gan y genedlaetholwraig, Greta, fel 'Cymro', ac wrth gwrs llenor o genedlaetholwr oedd Islwyn Ffowc Elis ei hun.[117] Atebid, yn chwerw felly, amheuon dyfn Llafuriaeth o genedlaetholdeb Cymreig, a'i thyb yn wir ei fod yn ffurf ar hiliaeth.[118] Dengys rhagfarnau sosialwyr fod gwleidyddiaeth 'ryngwladol' a chyfanfydol yn digwydd yng nghyd-destun hegemoni'r mwyafrif.

Gellid cynnig hefyd fod peth tebygrwydd athronyddol rhwng agwedd y mudiad llafur at 'lafur *estron*' a'i agwedd at y Gymraeg. Mae agweddau gwrth-Gymraeg Llafuriaeth yn rhan greiddiol o'i gwrthsafiad mwy cyffredinol yn erbyn arallrwydd. Cymathol fu'r agwedd tuag at Gymry Cymraeg, a milain oedd yr ymdriniaeth hiliol â lleiafrifoedd mewnfudol, ac roedd y ddau grŵp yn ymyrraeth â normalrwydd Prydeinig, a chamwahaniaethid yn eu herbyn, serch mewn ffyrdd gwahanol.

Ceir gwythïen o senoffobia proletaraidd yn ne Cymru na roddwyd sylw digonol iddi am resymau ideolegol. Fe'i ceir yn y bedwaredd ganrif ar bymtheg 'hir' mewn terfysgoedd ethnig cyson. Fe'i ceid wedyn ar ffurf cefnogaeth ysbeidiol gan leiafrif i wleidyddiaeth adain dde eithafol: yn y 1930au i'r *New Party* a'r *British Union of Fascists*, ac yn achlysurol o'r 1970au ymlaen mewn pleidleisiau bychain ond arwyddocaol i bleidiau hiliol.[119] Dyma'r degawdau pan oedd y maes glo yn cael ei ddad-ddiwydiannu.

Ffenomen ryngwladol yw senoffobia dosbarth gweithiol, ac annheg ei thrin fel problem sy'n neilltuol Gymreig. Ond mae ochr dywyll i fyth y maes glo goddefgar fel sydd i fyth crochan tawdd America.[120] Mae'r anniddigrwydd gwyn, dosbarth gweithiol a geid mewn rhannau o Brydain ôl-ddiwydiannol ym mhleidlais Brexit 2016 ac wrth ethol Boris Johnson yn 2019 yn ymdebygu i gefnogaeth America ôl-ddiwydiannol i Donald Trump. Mae a wnelo llawer o hyn â methiant rhyddfrydiaeth a neo-ryddfrydiaeth fel ideolegau yn hytrach na senoffobia. Ond go brin ei bod yn bosibl ysgrifennu hanes hiliaeth yng Nghymru heb gydnabod y gall sosialaeth, fel pob ideoleg, fod yn hiliol hefyd.

Hiliaeth a gwrth-hiliaeth cenedlaetholdeb: Gwyddelod, Iddewon a diffinio dinasyddiaeth Gymraeg

O'u cymharu â'r rhyddfrydwyr, y peth trawiadol am genedlaetholwyr Cymraeg yn eu hagwedd at y Gwyddelod yw prinder hiliaeth. O gofio am y cyhuddiadau cyson (a chywir) o wrthsemitiaeth yn erbyn gwŷr fel Saunders Lewis, Gwenallt ac eraill, nid oes fawr o dystiolaeth yn eu gwaith o hiliaeth arwyddocaol arall yn y Gymru Gymraeg, sef yr un wrth-Wyddelig. Ni ellir cael hyd i honno ychwaith yn ysgrifeniadau Ambrose Bebb, D. J. Williams, T. Gwynn Jones a Kate Roberts a ffigyrau pwysig eraill yr 'Adfywiad Cymraeg'. Rhy syml o lawer yw ysgrifennu hanes deallusol Cymru fel pe bai'r Dde Radicalaidd Saundersaidd yn hiliol yn ei hanfod, a'r Chwith fwy 'Prydeinig' yn eangfrydig. Ond tybed a oes rhesymau gwleidyddol, yn hytrach nag egwyddorol, dros y diffyg hiliaeth? Ac os mai egwyddorion sy'n cyfrif, beth am y brif eithriad i'r duedd hon, sef gwrth-semitiaeth?

Parai eu diddordeb mewn cenedlaetholdeb Gwyddelig ar ddiwedd y bedwaredd ganrif ar bymtheg, a'u cefnogaeth reddfol ohiriedig i Wrthryfel y Pasg yn 1916, i genedlaetholwyr Cymraeg fod yn fwy goddefgar o'r Gwyddelod na rhyddfrydwyr. Diau mai yn yr ymateb i Ryfel Annibyniaeth Iwerddon y ceir yr enghraifft gliriaf o'r rhwyg hwn. David Lloyd George, arwr Rhyddfrydiaeth Gymraeg, oedd Prif Weinidog Prydain Fawr dros gyfnod y rhyfel, ac ef a anfonodd y *Black and Tans* i'r Ynys Werdd. Cafwyd adwaith i hyn ymysg to iau o wladgarwyr er mawr ofid i'r to hŷn. Câi'r rheini, megis cyn-Ysgrifennydd Cymru Fydd, Beriah Gwynfe

Evans, eu dychryn wrth weld twf 'sinn-ffeiniaeth' yn Iwerddon, a Chymru.[121]

Ond er bod cenedlaetholwyr Cymraeg yn gwamalu mewn gwirionedd ynglŷn â doethineb dilyn strategaeth debyg i un *Sinn Féin*, roeddynt yn cydymdeimlo â'r Gwyddelod.[122] Er iddo brofi peth trybestod meddwl adeg Gwrthryfel y Pasg,[123] anodd dehongli *Peth nas lleddir* (1921), cyhoeddiad T. Gwynn Jones sy'n cynnwys cyfieithiadau o lenyddiaeth weriniaethol Wyddeleg, ond fel arwydd o'i gefnogaeth i'r achos. Datgan yno fod angen 'lleddfu gofid a lladd rhagfarn ac anwybodaeth hurt' am y Gwyddelod.[124] Ac er bod ei bamffledyn *Iwerddon* (1919) yn ofalus i beidio â chefnogi trais, mae cydymdeimlad T. Gwynn Jones â *Sinn Féin* yn ddatganiad gwrthdrefedigaethol a gwrth-Brydeinig o bwys.[125] Un nodwedd ar ei radicaliaeth yw hybridedd lleiafrifol wrth iddo drosi rhwng Cymraeg a Gwyddeleg, sef 'rhwng amrywiol ieithoedd trefedigaethedig', chwedl Llŷr Gwyn Lewis.[126] O ddechrau ei yrfa farddol yn y 1880au, bu Celtigrwydd T. Gwynn Jones ynghlwm wrth y mudiad pan-Geltaidd.[127]

Mae Saunders Lewis hefyd yn clodfori'r Gwyddel am wrthsefyll Prydeindod, gan geryddu'r Cymry am eu llwfrdra. Yn ei ddrama Gymraeg gyntaf, *Gwaed yr Uchelwyr* (1922), noda Luned fod 'Rhyw druan o Wyddel wedi saethu landlord arall, a dyfala fel y mae'r Saeson yn ei felltithio yn enw Duw a chrefydd. ... Mae 'nghalon i gyda'r Gwyddel, ond yn amddifad o'i lewder.'[128] Bu cenedlaetholwyr eraill ar yr un trywydd. Cyhoeddasid erthygl enwog D. J. Williams, 'Y Tri Hyn', yn canmol yr Almaenwr, y Sinn Féiniad a'r gwrthwynebydd cydwybodol yng nghylchgrawn myfyrwyr Cymraeg Aberystwyth, *Y Wawr*, yn 1916.[129]

Ceid hefyd lai o ragfarn wrth-Wyddelig yn y rhengoedd cenedlaetholgar oherwydd Catholigiaeth a neo-Gatholigiaeth nifer o'r arweinwyr. Mab y Mans oedd Saunders, ond aeth at Eglwys Rufain yn 1932. Gwamalai T. Gwynn Jones a ddylai fynd drosodd at Rufain ac ysgrifennodd yn 1912 fod 'swyn ryfedd i mi yn yr hen grefydd Gatholig – trwy fy ngwaed Gwyddelig yn gystal â'm gwaed Cymreig hwyrach.'[130] Teimlai fod Anghydffurfiaeth Gymraeg a rhagfarn wrth-Wyddelig yn cynnal breichiau math gwrthnysig o Brydeindod,[131] a cheid ganddo bethau crafog megis ei sylw am Ymneilltuaeth yn *Caniadau* (1934):

Pennod 6

> Onid gwell un Pab bellach
> Na degau o babau bach?[132]

Yng nghysgod y rhwyg hwn a oedd yn digwydd ar hyd llinellau pleidiol, ni fynnai Anghydffurfwyr y Blaid Genedlaethol ymosod ar Gatholigion o Iwerddon. 'Ofnaf weithiau y rhaid fod rhywbeth go ddifrifol o'i le ar fy nghrefydd i, o'r dechrau,' meddai D. J. Williams, a oedd yn Fethodist, 'oherwydd cyffesaf yn onest yn y fan hon na fu gennyf erioed y rhithyn lleiaf o ragfarn yn erbyn y Catholigion.'[133] Ceir yr un goddefgarwch yng ngwaith Waldo Williams a Gwenallt, dau aelod blaenllaw arall o Blaid Genedlaethol Cymru nad oeddynt yn Gatholigion.[134]

Ceid felly gymhellion diwylliannol a chrefyddol a wnâi genedlaetholwyr yn llawer mwy tebygol na rhyddfrydwyr Cymraeg o werthfawrogi cyfraniad Gwyddelod i fywyd Cymru. Ond nid dyna'r achos creiddiol am y diffyg hiliaeth wrth-Wyddelig ymysg cenedlaetholwyr.

O'r cychwyn cyntaf, sylweddolai cenedlaetholwyr y byddai'n rhaid diffinio pwy oedd y Cymry cyn codi gwladwriaeth ar eu cyfer. Roedd hawliau a chyfrifoldebau'r dinesydd, a'r berthynas rhwng mewnfudwyr a'r genedl, yn thema barhaus yn y meddwl cenedlaetholgar Cymraeg. Ceir hyn mewn theori wleidyddol ganddynt, ond hefyd mewn llenyddiaeth. Yn nrama Saunders Lewis *Blodeuwedd* (1948, ond cyfansoddwyd ei dwy act gyntaf yn ystod blynyddoedd ffurfiannol y 1920au), mae cydymdeimlad mawr â thynged Blodeuwedd fel estron, ac yn *Siwan* (1956), ei ddrama am odineb Siwan, gwraig Llywelyn Fawr, ac ymateb y Cymry iddo, mae'r condemniad ar ragfarn ethnig yn echblyg.

Drama bwysig yw *Siwan* am ei bod yn trafod yr angen i oresgyn rhagfarnau ethnig er lles y politi Cymreig. Golwg go sarrug sydd gan Saunders ar y Cymry sy'n gweiddi 'I lawr â'r Ffrainc' ar gariad Siwan, y 'Ffrancwr' Gwilym Brewys (William de Braose), cyn iddo gael ei grogi ar orchymyn Llywelyn:

> Mor ffiaidd yw tyrfa. Mae'r olwg ar y Cymry acw
> Fel y darlun yn Eglwys Bangor o Ddydd y Farn
> A haid y colledigion a'r cythreuliaid.[135]

'Ffrances' yw Siwan hithau, a dynodir ei Ffrengigrwydd gan ei defnydd cyson o'r Ffrangeg mewn sgwrs a chân, megis yng nghân Marie de France (*fl.* 12g.) am hanes carwriaeth Trystan ac Esyllt: 'Le roi Marc était corrocié/ Vers Tristram'.[136] Ond sylwer mai math *Cymreig* ar Ffrengigrwydd yw hwn gan ei fod yn cyfeirio at Drystan ac Esyllt. Hunaniaeth gymysg yw un Siwan sy'n dwyn ynghyd gyweiriau Cymraeg a Ffrangeg, ac mewn cyd-destun Cymreig bob tro.

Ni waeth am hynny, 'Ffrances i Ffrancwr, ai e?' gofynna Llywelyn wrth glywed am y godineb rhwng Siwan a Gwilym Brewys,[137] ond mwy amwys yw myfyrdod Alis, morwyn Siwan, am yr hunaniaeth anghydryw hon.

> ALIS: Ai Ffrancwr oedd Trystan, *ma dame?*
> Fe'i ganwyd yn Neau Cymru,
> En Sud Galles oû il fut né.
>
> SIWAN: Ai Cymru ai Ffrainc yw Caerllion?[138]

Ar ddiwedd y ddrama, mae parodrwydd Siwan i adfer ei pherthynas â Llywelyn, a chynnig cyngor gwleidyddol iddo, yn achub Gwynedd. Drama yw *Siwan* sy'n dangos y gall 'gwladwriaeth' megis Gwynedd Llywelyn Fawr fod yn Gymreig ac yn amlethnig. Cyflwynir golwg Saunders Lewis ar fater dinasyddiaeth Gymreig.

Moeswers *Siwan* yw nad oes modd cyfyngu ar aelodaeth cenedl ar sail ethnigrwydd. Dyna'r rheswm gwaelodol am anghytundeb cenedlaetholwyr â'r 'Liberal-Cambrianists'. Ni fyddai modd sefydlu gwladwriaeth Gymreig ar lun y 'genedl Anghydffurfiol'. Roedd y dybiaeth ryddfrydol mai grŵp ethnogrefyddol yn meddu ar iaith ethnig yw'r Cymry yn annigonol. Ni chaniatâi i grwpiau ethnig lleiafrifol 'ddod yn Gymry'. Dim ond pe medrai 'estroniaid' ddod yn Gymry y gellid creu gwladwriaeth.

Gan hynny, dadleuai cenedlaetholwyr fod pawb a drigai ar dir y wladwriaeth arfaethedig yn ddinasyddion Cymreig. Mynnodd y cenedlaetholwr adain dde Ambrose Bebb yn 1924 fod 'pawb sydd yn byw yng Nghymru, yn Gymry, ac felly, yn etifeddu o wareiddiad y Cymry, ac o'n hiaith ymysg y pethau eraill.'[139] Âi rhai cenedlaetholwyr gam ymhellach gan ddadlau yn wir fod *dyletswydd* ar fewnfudwyr i ddysgu Cymraeg, ond amrywiad yn hytrach na gwadiad ar egwyddor Bebb oedd hyn. Roedd modd dysgu iaith; mwy anodd o lawer oedd newid crefydd neu ddosbarth cymdeithasol.

I genedlaetholwyr fel Saunders Lewis, iaith oedd hanfod y genedl, a dyna pam yr anelid at Gymru uniaith: 'Drwg, a drwg yn unig, yw bod Saesneg yn iaith lafar yng Nghymru. Rhaid ei dileu o'r tir a elwir Cymru: *delenda est Carthago*.'[140] Ond yma hefyd, nid carthu mewnfudwyr o Gymru oedd yr ateb gwleidyddol a gynigid. Y cwestiwn yn hytrach oedd sut i ddarbwyllo mewnfudwyr i feistroli Cymraeg. Yng nghyhoeddiad cyntaf, seminal Plaid Genedlaethol Cymru, *Egwyddorion Cenedlaetholdeb* (1926), pwysleisia Saunders Lewis fod hynny'n angenrheidiol er mwyn i iaith ethnig a siaredid gan y Cymry ethnig yn unig, 'ar aelwydydd y Cymry Cymreig', gael ei chodi'n iaith sifig, ac yn eiddo pobl o gefndiroedd gwahanol.

O aros yn iaith ethnig, arhosai'r Gymraeg yn iaith lleiafrif a byddai ei thranc yn anorfod:

> Os cedwir y Gymraeg a diwylliant Cymreig yn unig ar aelwydydd y Cymry Cymreig, yna fe fydd yr iaith a'r diwylliant farw yn hir cyn diwedd y ganrif hon. Canys fe ddaw estroniaid fwyfwy i Gymru, i'r wlad yn y Gogledd ac i'r trefi a'r pentrefi poblog yn y De; a thrwy eu hymwthio hwy a'u lluosogrwydd yr ydys yn gyflym yn troi llif bywyd Cymru yn Seisnig. Mudiad politicaidd yn unig a'n hachub ni. Rhaid troi'r estroniaid – petawn Roegwr fe ddywedwn, y barbariaid, – rhaid eu troi'n Gymry, a rhoi iddynt y meddwl Cymreig, y diwylliant Cymreig, a'r iaith Gymraeg. Hynny a wna'n ddiogel y gwareiddiad sy'n unig yn draddodiadol yng Nghymru.[141]

Ystyr ieithyddol yn hytrach na hiliol sydd i'r gair 'estron' yma – ystyr 'barbariaid' i'r Groegwyr oedd y sawl na sieryd Roeg. O ddysgu'r Gymraeg, ni fyddai'r 'estron' yn estron mwyach. Serch hynny, nid oedd Saunders Lewis yn disgwyl i fewnfudwyr gefnu ar eu hunaniaeth eu hunain. Gallai Ffrancwr aros yn Ffrancwr ond iddo ddod yn 'Gymro' hefyd wrth ddysgu Cymraeg. Cedwid dinasyddiaeth ar wahân i ethnigrwydd; dyma'r egwyddor hollbwysig yng ngolwg y Cymry cenedlatholgar newydd.

Mewn erthygl yn *Y Faner* yn 1925, 'Cymreigio Cymru', ymhelaethasai Saunders ar ei ddadl gan nodi y gall y Sais, yr Albanwr, y Ffrancwr, bob un yn ol y deffiniad hwn fyw a ffynnu yng Nghymru, dal swyddau cyfrifol a phwysig, a bod yn athro ac yn brif-athro, yn faer neu'n henadur neu'n glerc tref, a chymryd rhan gyflawn ym mywyd cymdeithasol a gwleidyddol y wlad, – ar un amod syml, teg, priodol, cyfiawn, sef ei fod yn ei waith swyddogol – hynny'n unig ond hynny'n llwyr a diwyro – yn defnyddio'r iaith Gymraeg, yr iaith a fu'n gyfrwng gwareiddiad erioed yng Nghymru.[142]

Wrth fynnu cydymffurfiaeth ieithyddol mewn bywyd swyddogol, ond nid mewn bywyd preifat, roedd cenedlaetholdeb Cymreig yn dangos mai gofynion dinesig yn hytrach nag ethnig a oedd ganddo mewn golwg.

Wrth iddo arddel iaith yn hytrach na hil fel arwyddnod dinasyddiaeth Gymreig, gellid tybio y byddai bwlch yn ymagor rhwng credoau Saunders Lewis a hiliaeth yr adain dde eithafol yn Ewrop y'i cyhuddid o'i chefnogi. I ryw raddau mae hyn yn wir gan fod cenedlaetholdeb ieithyddol Saunders yn tymheru ar hiliaeth bosibl (ac eithrio yn achos yr Iddewon). Ac i raddau mwy, mae'n wir hefyd am Ambrose Bebb, sef y cenedlaetholwr Cymreig arall a oedd yn ddiedifar ei gefnogaeth i lenorion ac arweinwyr gwleidyddol ar y dde eithafol yn Ffrainc megis y llenor, Maurice Barrès ac arweinydd yr *Action française*, Charles Maurras. Yn wir, bu Bebb mor gefnogol iddynt fel y mynychai ddarlithoedd gan Maurras pan oedd yn fyfyriwr ym Mharis a mynd i gynhebrwng Barrès.[143] Ond er iddo fod yn drwm o dan ddylanwad y traddodiadau adain dde eithafol hyn, dadleua'n groyw 'nid perthyn i darddiad gwaed arbennig, ond meddu ar ryw syniad cyffredin am y meddwl a'r enaid cenedlaethol' yw hanfod cenedl.[144] Hynny yw, i Bebb hefyd roedd iaith a diwylliant yn drech na hil.

Mae'n bosibl fod ymwybod Bebb â lle canolog iaith wedi ei gadw rhag rhoi blaenoriaeth i'r math o wrth-semitiaeth sy'n llurgunio holl wleidyddiaeth Maurras.[145] Â Gareth Miles mor bell â honni 'ni cheir yr un arlliw o wrth-Iddewiaeth yng ngweithiau Bebb'.[146] I'r Cymro o Dregaron, cryfder Ffrainc fel gwladwriaeth yw ei dinasyddiaeth amlethnig a bod 'pob lliw o bobl oddi mewn i'w hymerodraeth'. Roedd miloedd o ymfudwyr yn dod 'i mewn i Ffrainc bob blwyddyn bron, ac ar garlam gwyllt dônt yn Ffrancwyr tanllyd mewn dim o dro. Ac y mae degau lawer o Sineaid, Siamoaid,

Armeniaid, Arabiaid, ac eraill sy'n Ffrancwyr yn llwyr ystyr y gair, yn mynnu siarad Ffrangeg, ysgrifennu Ffrangeg, a derbyn syniad Ffrainc am wareiddiad.'[147] Ac er nad dadl o blaid amlddiwylliannedd mo hyn, mae yr un fath yn ddadl yn erbyn hiliaeth fiolegol, ac roedd Bebb yn ysgrifennu yn 1929 pan oedd yr hiliaeth honno yn cynyddu yn ei dylanwad.

Ond roedd cyfyngiadau i'r ddadl genedlaetholgar. Roedd cynnig dinasyddiaeth i rai ynghlwm wrth beidio â chynnig dinasyddiaeth i eraill, ac effeithiai hyn ar un lleiafrif yn fwy na'r un arall. Ni fyddai parodrwydd cenedlaetholwyr i gymodi rhwng Protestant a Chatholig yn meddwl y byddai pob un yn gwneud yn gyffelyb ag Iddewon. Roedd gwrth-semitiaeth yn afiechyd ym mywyd deallusol Cymru, fel yn y rhan fwyaf o wledydd Ewrop.

Nid cenedlaetholdeb Cymreig yn unig a nodweddid gan wrthsemitiaeth. Troediasai O. M. Edwards, John Morris-Jones ac W. J. Gruffydd ei llwyfan yn dalog braf. Yn ystod ac ar ôl yr Ail Ryfel Byd, byddai'n dod i'r olwg yn nofelau T. Rowland Hughes. Mae'n codi fwy nag unwaith yn rhyddiaith y ferch gyntaf i ennill y Goron, Dilys Cadwaladr.[148] Fe'i ceir gan eraill yn ei hamlygiadau gwrthunaf. Dyna Timothy Lewis, ysgolhaig Celtaidd yn Aberystwyth nad oedd yn genedlaetholwr, yn holi'n rhethregol yn 1935, 'Pam y mae'r Almaen yn erbyn yr Iddew?'[149] Roedd wedi bod yn fyfyriwr yn Berlin yn 1908 ac yn *Y Ford Gron* portreada Iddewon fel cyfoethogion 'tagellog' ac fel pimpiaid. 'Hawdd deall cynddeiriogrwydd Hitler', meddai Lewis, yn ateb ei ymholiad ei hun, oherwydd lle 'Iddew halog' ac 'Iddew Sodomaidd' yw bod 'y tu allan i ffin gwareiddiad' ac 'y tu allan i derfynau pob gwlad sydd a chanddi rith o ddiwylliant'.[150]

Ond mae'n fwy brawychus, os rhywbeth, gweld gwrth-semitiaeth yn llifeirio o ysgrifbinau cenedlaetholwyr a oedd fel arall yn llwyr ddatgysylltiedig oddi wrth yr aflwydd hiliol. Caed gwrth-semitiaeth noeth gan T. Gwynn Jones a gyfeiriodd at odre Cwm Tawe, lle roedd gan y diwydiannwr Iddewig Syr Alfred Mond ffatrïoedd, fel cymdogaeth a grinwyd gan 'Dân Iddew', sef math o afiechyd ar y croen. Yn wreiddiol 'tân iddw(f)' oedd hwnnw.[151] Mae'n siŵr i'r ffurf 'iddw' fynd yn dywyll a'i ailddehongli fel 'Iddew', ac yr oedd i wrth-semitiaeth wreiddiedig 'boblogaidd' ran yn hynny fwy na thebyg:

Llawer o ladd sydd ar 'fwg y gweithydd,' ac nid heb achos – fe fydd godre Cwm Tawe wedi crino i gyd cyn hir, gan fath ar Dân Iddew, y mae'n debyg. A phan dynno anturiaethwyr di-draddodiad hynny o ddeunydd golud a fo yn naear y wlad, fe'i gadawant yn ddiffeithwch noeth, heb gymaint ag un dernyn o ddim gwaith celfyddyd yn dystiolaeth amdanynt hwy na'u golud.[152]

I T. Gwynn Jones, naïfrwydd yw bod y Cymry'n croesawu cyfalafwyr estron oherwydd yng ngwledydd eraill Ewrop 'na âd meibion dynion, er eu ffoled, ddifwyno llawn cymaint ar bethau Natur er mwyn rhoi ceiniog ym mhoced Iddew neu Sais'.[153] Caed hyn gan y mwyaf gwrth-hiliol o ddynion, cyfaill Gwyddelod a Sipsiwn, hyrwyddwr Esperanto hefyd, ac un a ddathlai ogwydd amlethnig cenedlaetholdeb.

Ac nid ganddo ef yn unig. Nid yw pawb yn cydsynio fod gwrth-semitiaeth yn britho gwaith Gwenallt, ond mae'r disgrifiadau o Isador Kleinski, Iddew Comiwnyddol ei nofel garchar, *Plasau'r Brenin* (1934), mor sarhaus, a hynny yn llais yr adroddwr hefyd, mai anodd yw anghytuno â dyfarniad Gareth Miles mai 'gwawdlun ideolegol yw Kleinski, nid creadigaeth y dychymyg ffuglennol.'[154] Roedd cerdd Gwenallt, 'Yr Iddewon', a gyhoeddwyd yn 1942, yn 'ddim namyn llysnafedd Streicheraidd o'r math a geir yn feunyddiol yn y *Der Stuermer*' meddai D. Tecwyn Lloyd mewn adolygiad y flwyddyn wedyn, ac er mai anheg yw hynny (efallai), gan mai defnyddio *topoi* gwrth-semitaidd er mwyn eu condemnio y mae Gwenallt (fwy na thebyg), dengys yn glir beth oedd barn yr aswy wleidyddol am yr adain dde genedlatholgar Gymraeg.[155]

Cafwyd rhyfel cartref yn y mudiad cenedlaethol ynghylch cefnogaeth honedig arweinyddiaeth y Blaid i ffasgaeth. Er mwyn dychanu'r sefydliad llenyddol-wleidyddol a oedd yn arwain y Blaid, lluniodd G. O. Williams, a fyddai'n Archesgob Cymru rhwng 1971 a 1982, erthyglau ar gyfer y cylchgrawn cenedlatholgar adain chwith, *Tir Newydd*, am gymeriad ffug, Karl Kratchan, ysgolhaig Natsïaidd a oedd yn arbenigwr ar waith Dafydd ap Gwilym. '"Hanes Dafydd a'i gariadon",' ysgrifennodd Williams yn 1937 yn ffug-ddyfynnu Kratchan, '"yw hanes trist yr enaid Celtaidd yn cloffi beunydd rhwng yr Ariad a'r Iddew."'[156] Ceir mewn erthygl arall wedyn ddisgrifiad o ymweliad gan Kratchan â'r Eisteddfod sy'n dod i ben â chwestiwn crafog am y Natsi, 'Wrth ffarwelio â'r Doethor teimlwn fy mod yn troi fy nghefn ar un o'r dynion prin hynny y gellir dywedyd bod eu syniadau hwy heddiw yn penderfynu beth a ddigwydd yfory. Tybed a oes ei debyg yng Nghymru?'[157]

Beth oedd yn gyfrifol am wrth-semitiaeth y mudiad cenedlaethol? Cristnogaeth yn sicr. Gwaddol gwrth-semitiaeth y Gorllewin, bid siŵr. At hynny, roedd gwrth-semitiaeth yn nodweddu gwaith awduron adain dde ar y cyfandir. Cynigiai bywyd Ffrainc gyfle i Saunders Lewis ac eraill danseilio'r canfyddiad Anghydffurfiol mai Lloegr oedd canol y byd, ac ymserchent yn ei gwin a'i bwyd, a hwyrach yn wir mai mynegiant ffuantus ar hyn oedd yr wrth-Iddewiaeth yn rhannol. Roedd gwrth-semitiaeth ynghlwm hefyd wrth foderniaeth lenyddol, er enghraifft yng ngweithiau T. S. Eliot, Ezra Pound ac eraill,[158] ac ystyria Saunders ei hun yn llenor modern-aidd *avant-garde*, fel y dengys ei ddiddordeb dwfn yn namcaniaethau Freud (a oedd, yn eironig ddigon, yn Iddew).[159]

Ond roedd a wnelo gwrth-semitiaeth cenedlaetholwyr hefyd â'u cenadwri graidd, sef yr awydd i sefydlu gwladwriaeth Gymreig, a'u hargyhoeddiad fod yr Iddewon yn anhaeddiannol o'i dinasyddiaeth. Roedd Iddewon yn nhyb Saunders Lewis yn anghymathadwy i'r Gristionogaeth yr oedd yn ei hystyried yn gonglfaen gwareiddiad Cymraeg. Yn hynny o beth, mae tebygrwydd rhwng ei wrth-semitiaeth a gwrth-semitiaeth cenedlaetholdeb Ffrengig a oedd, ym marn ysgolhaig pwysig yn y maes, yn wreiddiedig 'in a cultural, or what I would call an aestheticist, anti-Semitism. For he [Maurras] believed that Jews threatened the integral nation not by their blood but by their own nonlinear history and alternative tradition, by the disruption to integral form their presence within the nation provoked in the nation-work.'[160]

Dengys anian ymosodiad Saunders Lewis ar Mond, sef iddo ei ddifrïo fel Iddew ar sail 'traddodiadau', drywydd gwrth-semitiaeth Gymraeg. Mae D. Tecwyn Lloyd yn llygad ei le pan ddywed fod Saunders 'yn diffinio ei Ewrop Ladinaidd fel gelyn yr Iddewon a gwrthrych eu cynllwynio a'u cyfrwystra.'[161] Roedd a wnelo hyn â 'diwylliant' yn ogystal â hil, ond ni wnâi hynny'r wrth-semitiaeth yn llai ffyrnig. Meddai Saunders:

Mond yw'r cymeriad tebycaf i Lenin a welodd Prydain hyd yn hyn. Iddewon yw'r ddau. ... Cryfder yr Iddewon napoleonaidd hyn yw eu bod yn gwbl rhydd oddiwrth draddodiadau culion gwlad a bro. ... Peth gwael a thaeogaidd yw ceisio maeddu dyn drwy ei alw yn Iddew. Ni fynnem ni wneud hynny ond am resymau arbennig iawn, ac am gredu ohonom mai Iddewiaeth Mond sy'n esbonio ei amcanion. ... Mewn byd a drefnwyd ar sail gydwladol, yn ôl syniadau Marx neu Mond, yr Iddewon a reolai. Dyma'r ffaith gyfrin sy'n egluro dyheadau Mond, a dyna sy'n berigl ynddo. ... Ni ŵyr ef guriad calon y Gorllewin, na thraddodiadau gwareiddiad Lladin Ewrop, na rhan Prydain yn y traddodiad Cristnogol. ... Fe gyrraedd ef ei nod pan welir diorseddu'n llwyr egwyddorion Cristnogol yng nghyfathrach y gwledydd, a choroni syniadau cenedl a fu'n ffoadur drwy'r byd ac yn ddirmygedig drwy'r oesoedd.[162]

Nid darn o rethreg unnos oedd baldordd felly oherwydd, yn ei gerdd am apocalyps byd-eang bymtheng mlynedd wedyn, 'Y Dilyw 1939', awgryma Saunders eto fod Mond yn ddiwreiddiau, a'i fod, fel cyfalafwr Iddewig (delwedd ganolog mewn gwrth-semitiaeth), yn tanseilio iaith:

> A chodi cap i goes bren a'r siwrans a phensiwn y Mond;
> Iaith na thafodiaith ni fedrwn[163]

Dyma'r gerdd lle ceir *trope* gwrth-semitaidd mwyaf drwgenwog Saunders Lewis pan rydd fai ar yr Iddewon am chwalfa ariannol 1929:

> Yna, ar Olympos, yn Wall Street, ...
> Penderfynodd y duwiau, a'u traed yn y carped Aubusson
> A'u ffroenau Hebreig yn ystadegau'r chwarter,
> Ddod y dydd i brinhau credyd drwy fydysawd aur.[164]

'Pam, gyda llaw, "ffroenau Hebreig"?', gofynnwyd yng nghylchgrawn cangen Uwchaled o Gymdeithas Addysg y Gweithwyr, 'Onid oedd hefyd ddigon o ffroenau Ffrengig a Seisnig, ie, a Chymreig wrthi hefyd yn trwynychu i'r ystadegau chwarter?'[165]

Gellid troi pob math o ddynion anghyfiaith yn Gymry, ond nid felly yr Iddewon. Ni ddywedid fod Iddew yn Gymro oni thrôi at

Pennod 6

Gristnogaeth. Yng ngoleuni hyn mae deall paradocs canolog gwrthsemitiaeth Saunders Lewis, sef mai ychydig o hilgasineb a deflir ar Iddewon y tu allan i Gymru (yn wir, mae'n achub eu cam) gan nad yw dyfodol y genedl Gymreig yn y fantol yno, ac eto mae'n bresennol mewn trafodaethau ar Iddewon yng Nghymru.

Yn yr un cyfnod ag y rhefrai yn erbyn Iddewon Cymreig yn *Monica* (1930), a bygwth yn 1934 codi trethi yng Nghymru a fydd 'yn ddigon digalon i dorri crib hyd yn oed Iddewon Bangor', a dilorni 'Blonegesau Whitechapel' yn ei gerdd, 'Golygfa mewn Caffe',[166] ceir canmol mawr ganddo ar Thomas Masaryk, arweinydd y mudiad cenedlaethol Tsiecaidd, am ei wrthsafiad yn erbyn gwrthsemitiaeth:

> Tro arall fe wrthsafodd Masaryk yn erbyn ei genedl nes ei yrru eto yn amhoblogaidd i'r eithaf am gyfnod hir. Asgwrn y gynnen hon ydoedd achos cyfraith yn erbyn Iddew a gyhuddid o fwrdro Bohemiad. Buasai rhagfarn ffyrnig yn erbyn Iddewon am ganrifoedd ym Mohemia, a buan y credwyd y si mai i gyflawni defod gyfrin ynglŷn â'i grefydd y cyflawnodd yr Iddew hwn yr alanas. Yr oedd amddiffyn Iddewaeth ym Mohemia yn fwy andwyol i enw da gwleidydd nag a fyddai amddiffyn Catholigiaeth yng Nghymru. Ond nid ysgogodd Masaryk. Ymdaflodd i'r frwydr a phrofodd yn y pen draw nad oedd 'galanas ddefod' yn rhan o grefydd yr Iddew. Bu'n rhaid i'w gyd-genedl eto dderbyn ei gwers ganddo.
>
> Dyna'n sicr guddiad cryfder Masaryk. Ni ellid ei lygru na'i brynu na'i ŵyro oddi ar lwybr cydwybod. Ni pheidiai ef â dweud gwirionedd wrth ei genedl pan fyddai gwir alw am ei ddweud (ac nid mympwy neu ysbryd paradocs neu ddyhead am fod yn hynod yn ei symbylu), hyd yn oed pe golygai hynny ddwyn amhoblogrwydd ar ei raglen genedlaethol ef.[167]

Peth anghyson yw gwrth-semitiaeth Saunders Lewis, ac mae'n wir y gellid honni hefyd fod sawl datganiad wedi'r rhyfel, ac yn benodol y ddrama *Esther* (1960), sy'n seiliedig ar Lyfr Esther yn y Beibl am achub yr Iddewon rhag hil-laddiad, yn ymddiheuriadau am ymddygiad gynt. Mae ei ddramâu *Brad* (1958) ac *1938* (1989) yn canmol gwahanol ymdrechion i ladd Hitler, ac yn condemnio neu'n dychanu gwrth-semitiaeth.[168] Ond staen ar ei enw da, ac felly hefyd ar Blaid

Genedlaethol Cymru, yw ei ugain mlynedd gwrth-semitaidd rhwng 1920 a 1940. Dengys y perygl i fudiad deallusol sy'n seiliedig ar iaith pan mae'n gwyro oddi wrth ei egwyddorion.

Y brif ddadl dros iaith fel categori cymdeithasol cynhwysol yw nad oes rhaid troi wedyn at dras a gwaed. Wrth ymosod ar anthropoleg Natsïaidd yn *Y Llenor* yn 1941, cydnebydd yr anthropolegydd, Iorwerth Peate, fod iaith wrth awgrymu 'grwpiau pendant neilltuedig gyda ffiniau pendant rhyngddynt' yn ymddangos fel pe bai'n dynodi gwahaniaethau hil.[169] Ond nid oes unrhyw sail i honiad o'r fath. Gan fod tebygrwydd genetaidd yn aml iawn rhwng cenhedloedd, megis rhwng y Tsieciaid a'r Almaenwyr, nid yw gwahaniaeth iaith yn arwydd o wahaniaeth hil.

> A oes rhywun a ddeil o hyd i gredu bod y Cymro'n wahanol yn ei gorff i'r Sais? ... Bellach aethom i bwysleisio'r gwahaniaethau diwylliannol – iaith, llenyddiaeth, arferion – rhwng Cymru a Lloegr a dangos bod yr hyn a wna ac a sieryd y Cymro yn selio'r gwahaniaeth rhyngddo a'r Sais. Ni bu neb ohonom, hyd y gwn i, yn euog o'r pechod y cyfeiriais ato eisoes, sef dadlau oddi ar y tir hwnnw ein bod oherwydd hynny o *hil* wahanol.[170]

Pan fo sylwebwyr diwylliannol cyfoes yn ymosod ar weledigaeth Peate o genedlaetholdeb diwylliannol (yn Sain Ffagan, er enghraifft) fel pe bai, rywsut, yn arwydd o gulni ethnig, fe'i camddeallant mewn ffordd bur amlwg.[171] Arwydd o wrth-hiliaeth yw ei dyb 'nid oes unrhyw wahaniaeth rhyngom ni ag unrhyw dalaith yn Lloegr ond y gwahaniaethau diwylliannol a gyfyd o barhad gwyrthiol yr iaith Gymraeg.'[172] Ni fynn Peate fwrw coel o blaid Cymreigrwydd di-Gymraeg am fod hwnnw, yn ei farn ef, yn ddibynnol ar ddiffiniadau mympwyol, dibwys a gwrthnysig o genedligrwydd, a'r syniad gau o 'hil' yn flaenllaw iawn yn eu plith. Ond byddai cymdeithas uniaith Gymraeg yn gymdeithas na fyddai hil o fawr bwys iddi.[173] Condemniodd felly benderfyniad Plaid Genedlaethol Cymru yn 1930 i ledaenu propaganda yn Saesneg, gan y byddai hynny'n 'condemnio'r iaith Gymraeg i'r *ghetto*', a rhwystro ei datblygiad fel iaith ryng-ethnig.[174]

Mewn ffordd bwysig arall, lleihâi gwleidyddiaeth iaith ragfarn yn erbyn lleiafrifoedd. Cydnabu cenedlaetholwyr mai'r Wladwriaeth

Pennod 6

Brydeinig oedd ar fai nad arddelai'r rhan fwyaf o leiafrifoedd ethnig yng Nghymru mo'r Gymraeg. Yn y cylchoedd rhyddfrydol, roedd tuedd i ddal lleiafrifoedd yn gyfrifol am yr erydiad ieithyddol. Hawdd i Gymry Prydeinig feio dirywiad y Gymraeg ar grwpiau fel y Gwyddyl. Ond i genedlaetholwyr, canlyniad ac nid achos y dirywiad yw ymlyniad Gwyddelod at y Saesneg, a'r hyn sy'n ei achosi yw diffyg gwladwriaeth Gymreig.

Mewn araith yn 1934 a oedd gyda'r bwysicaf a draddododd, aeth Saunders Lewis ati i ddangos sut y gwnâi hyn gam â disgynyddion Gwyddelod yng Nghymru, ac felly gamwri â'r berthynas rhwng Gwyddel a Chymro, 'cyd-Gatholigion'. Cyflwyna ddadl dros ddinasyddiaeth nad yw'n seiliedig ar sectyddiaeth, ac mae'n dadlau y byddai sefydlu gwladwriaeth yn fodd i hybu iaith a lleihau rhagfarn yn erbyn lleiafrifoedd fel ei gilydd:

> Yn awr, caniatewch imi fwrw ddarfod i chwi, fy nghyd-Gatholigion sydd yma heno – a'r rhan fwyaf ohonoch, mi dybiaf, o darddiad Gwyddelig, a lliaws mawr o'ch rhieni wedi dyfod i Dde Cymru o Iwerddon yn ystod datblygiad diwydiannol y bedwaredd ganrif ar bymtheg – ymfudo nid i Dde Cymru ond i Belgium, pa beth wedyn fuasai eich hanes?
>
> Oni allwn ni ddyfalu gyda pheth hyder y buasech chwi, yr O'Connors a'r Donovans ac O'Learies Iwerddon, bob un ohonoch yn siarad Fflemineg fel dinasyddion Belgium heddiw, ac wedi mabwysiadu Belgium fel eich gwlad eich hun gan gyfoethogi ei bywyd dinesig a'i bywyd crefyddol a dyfod yn un â'i phobl?
>
> Ond nid dyna eich hanes yng Nghymru. Buoch yn byw fel gwladfeydd ar wahân i raddau helaeth yng Nghymru. Parhasoch yn Wyddyl. Dydd Gŵyl Sant Padrig yw eich gŵyl fawr flynyddol ac nid Dydd Gŵyl Ddewi. Arosasoch yn y rhannau diwydiannol o Gymru; dieithr, i raddau helaeth, yw Cymru wledig, y rhan Gymraeg o Gymru, i chwi. Nid ydych erioed wedi mabwysiadu Cymru fel eich gwlad, ac ni cheisiodd y genedl Gymreig eich croesawu i wneuthur hynny. Cymerth arni ei bod yn eich anwybyddu.
>
> Y rheswm pennaf am hyn yw eich bod yn Gatholig, ac y mae Cymru Gymraeg yn Anghydffurfiol Brotestannaidd. Y mae'r ysgariad hwn rhwng Catholig a Phrotestant Anghydffurfiol yn un trwyadl mewn gwlad orchfygedig fel Cymru, sy'n genedl ond heb awdurdod

cenedl. Oblegid yr unig drefniant cymdeithasol a reolir yn llwyr gan Gymry yng Nghymru yw'r trefniant crefyddol.[175]

Mae Cymru 'yn genedl ond heb awdurdod cenedl.' Nid oes ganddi ei llywodraeth ei hun, nac ychwaith ymwybyddiaeth ddinesig a fyddai'n caniatáu i'r Gwyddelod 'gyfoethogi ei bywyd dinesig a'i bywyd crefyddol'. Pe bai gan Gymru wladwriaeth, byddai'r Gwyddel yn dysgu Cymraeg, fel mae mewnfudwyr Fflandrys yn dysgu Fflemineg, ac yn cael llonydd i fod yn Gatholigion.

Er mwyn dangos fod modd i iaith oresgyn hil, bu i'r *avant-garde* cenedlatholgar bwyso ar offeiriaid o Wyddelod i ddysgu Cymraeg. Pwysigrwydd hyn yw ei fod yn fforddio cyfle i weld egwyddorion dinasyddiaeth Gymraeg ar waith mewn sefydliad lle roedd gan genedlatholwyr gryn ddylanwad. Y syndod, efallai, yw i lawer o'r Gwyddelod, o dan gochl eu gwaith cenhadol, gydsynio.[176] 'Gwyddel yw'r Tad Brennen', meddai'r *Faner* yn 1948 wedi iddo draethu mewn Cymraeg yn un o gyfarfodydd y Cylch Catholig yn Ninbych, 'ond, yn debyg i lawer o'i frodyr yn yr Offeiriadaeth, dysgodd y Gymraeg yn fwy trwyadl na miloedd o Gymry.'[177] Un o'r rheini oedd Michael McGrath y canodd Saunders Lewis 'Awdl i'w Ras, Archesgob Caerdydd' iddo.[178] Sicrhâi'r Archesgob McGrath yn ei uchel swyddi y byddai modd hyfforddi offeiriaid yn y Gymraeg. Pregethai mewn Cymraeg hefyd, a chyhoeddid erthyglau Cymraeg ganddo yng nghyhoeddiadau'r Archesgobaeth.[179]

Diffinnid y cenedlatholwyr hyn gan eu hunaniaethau amlgenedl ac amlieithog a oedd yn wrthsafiad yn erbyn unffurfiaeth Brotestannaidd Eingl-Brydeinig.[180] Pont drawswladol oedd y Gwyddelod Cymraeg rhwng dau ethnigrwydd anhegemonaidd: dyma hybridedd lleiafrifol os bu un erioed. Hybent y syniad o ddinasyddiaeth Gymreig: 'If there were such a thing as Welsh citizenship', meddai Gregory Fitzgerald, brawd John Fitzgerald, 'I should have applied for it long ago'.[181]

Dengys hyn oll nad oedd yn rhaid wrth y Saesneg er mwyn cyrchu gwerthoedd cyfanfydol. Roedd y cylchoedd Cymraeg-Wyddeleg yn hybu math o hybridedd di-Saesneg, ac yn ei gwasanaethau roedd yr Eglwys yn defnyddio Lladin fel iaith gyfanfydol. Ond yn 1963 caniataodd Ail Gyngor y Fatican i'r litwrgi Lladin gael ei disodli gan litwrgi mewn ieithoedd llafar.[182] I bob diben ymarferol golygai'r polisi newid iaith yr offeren yng Nghymru o'r Lladin i'r Saesneg. Disodlwyd iaith niwtral, drawsethnig a chyffredinol yr Hen Ffydd gan iaith yr *honnid* ei bod yn gyfanfydol. Gorfodid y rhan fwyaf o Gatholigion i addoli trwy'r Saesneg. Daeth amlddiwylliannedd Eingl-Americanaidd yn fodd i ymylu'r Cymry brodorol. 'Our country', meddai Catholig o sir Fôn, 'is regarded as a place to accommodate foreign Catholics'.[183] Cyhuddodd Saunders Lewis olynydd McGrath yn Archesgobaeth Caerdydd, John Murphy, o beidio ag ymyrryd yn y mater, fel na wnaeth swyddogion Natsïaidd ymyrryd yn Belsen.[184]

Dangosodd y ffrae pa mor bwysig i genedlaetholwyr oedd yr egwyddor mai 'iaith gyhoeddus gyffredin' yw'r Gymraeg, nid iaith ethnig symbolaidd. Yn ystod yr ugeinfed ganrif, daethai Saesneg yn iaith *de facto* bywyd sifig dros y rhan fwyaf o'r wlad, ac fe'i hybid gan sosialaeth a rhyddfrydiaeth; yn wir gan bob math o gredoau cyfanfydol. O ganlyniad, caethiwyd y Gymraeg fel iaith hanfodaidd, ddigyfnewid nad oedd wiw i neb ond y detholedig rai, y 'Cymry' ethnig, ymafael ynddi. Goddefid i'r diwylliant Cymraeg gael y lle blaenaf yn y bywyd cenedlaethol yn symbolaidd, ond y diwylliant Saesneg a lywodraethai'n ymarferol.

Heriwyd y bydolwg ethnig hwn gan genedlaetholwyr, a lluniasant ddadleuon sifig o blaid y Gymraeg. Roedd eu delfryd o Gymru Gymraeg yn amlethnig er mwyn iddynt fedru creu dinasyddiaeth gynhwysol a allai fod yn sail i wladwriaeth Gymreig. Roedd peth golau yn llusern cenedlaetholdeb Cymreig, yn pelydru i ganol y tywyllwch.

Ond yn gywilyddus, eithrid yr Iddewon o'r ddinasyddiaeth hon. Daeth gwrth-semitiaeth yn rhan o wleidyddiaeth Plaid Genedlaethol Cymru am iddi, yn achos yr Iddewon, goleddu diffiniad ethnogrefyddol o'r genedl. Yn eu gwrth-semitiaeth, roedd cenedlaetholwyr fel petaent yn cynnig diffiniad o'r genedl fel consept metaffisegol trawshanesyddol y byddai presenoldeb Iddewig rywsut yn amharu arno. Mantais bennaf iaith yw ei bod yn agored, ac felly'n amlethnig, ac yn gosod seiliau athronyddol moesegol ar gyfer cenedl. Ond dengys y ffordd yr ymdrinnid â Gwyddelod gan ryddfrydwyr, ac Iddewon gan ryddfrydwyr a chenedlaetholwyr, y gallai fod terfyn i'r ddadl honno.

Freddie Grant, seren ffilm *Yr Etifeddiaeth*,
yn oedolyn yn Lerpwl (1961)

7

Ydy'r Cymry'n ddu? – trefedigaethwyr a'r trefedigaethedig

I

Caethwasiaeth, trefedigaethedd
a'r genhadaeth Gymreig

O ganol Pentrefelin ar y lôn bost rhwng Cricieth a Phorthmadog, gellir dilyn llwybr troed, addas hefyd ar gyfer cerbydau bychain, nes cyrraedd Eglwys Cynhaearn. Mae bedd John Ystumllyn (1730au hwyr?–1786/90/91?), yr enwocaf o Gymry du'r ddeunawfed ganrif, ar y chwith rhyw hanner ffordd rhwng porth y fynwent a'r eglwys ei hun. Mae'r garreg fedd yn anodd ar y naw i'w darllen, ond o graffu arni gellir gweld yr englyn:

> Yn India gynna'm ganwyd, – a 'nghamrau
> Ynghymru 'medyddiwyd;
> Wele'r fan dan lechan lwyd,
> Du oeraidd y'm daearwyd.

India'r Gorllewin yw'r India hon a 'John Ystumllyn', meddai Alan Llwyd, 'oedd yr Affricanwr cyntaf i gael englyn coffa.'[1] Mae'r cofnod cynharaf amdano mewn print, adroddiad am farwolaeth ei ferch yn 1861, fel petai'n cadarnhau man ei enedigaeth,[2] ond ar sail 'traddodiad', edrydd croniclydd iddo gael ei ddal yn y gwyllt yn Affrica a'i ddwyn i Blas Ystumllyn.[3] Y naratif honno a ailadroddir am iddi awgrymu cyswllt Cymraeg â throsedd mwyaf ysgeler caethwasiaeth, sef cipio pobl yn Affrica. Mae'n debyg fod y gwirionedd yn llai dramatig, ac mai caethwas yn India'r Gorllewin ydoedd pan y'i trosglwyddwyd i Gymru'n blentyn. Roedd hynny hefyd yn drosedd yn erbyn y ddynoliaeth. 'His name was not John Ystumllyn', meddai Yasmin Begum, 'This was not the name his parents in Africa gave him before he was stolen by colonisers',[4] ac yn hytrach na damcaniaethu am sut y'i dygwyd i Gymru, diau y dylem ganolbwyntio ar y camwedd sylfaenol hwnnw.

'Bu cryn drafferth i'w ddofi a'i ddysgu', meddai'r croniclydd, Alltud Eifion o Dremadog, 'ond drwy lafur boneddigesau Ystumllyn, dysgodd y ddwy iaith.'[5] Daeth yn ffigwr adnabyddus yn y fro, a cheir darlun ohono'n ŵr ifanc yn 1754,[6] enghraifft o duedd y bonedd i drin gweision du fel addurniadau. Priododd â Margaret Gruffydd o Drawsfynydd, a gwasanaethu mewn amryw o dai bonedd yn Eifionydd ac Ardudwy. Bu un o'i blant yn helsmon ar Stad Glynllifon yn Arfon, ac un arall yn gweithio ym Madryn, Llŷn: ymgartrefodd disgynyddion iddynt hwythau yn Llandwrog, ger Glynllifon, a Phorthmadog.[7]

Nid John Ystumllyn oedd yr unig siaradwr Cymraeg du yng nghefn gwlad Cymru'r ddeunawfed ganrif. Ef sydd fwyaf adnabyddus, a hynny'n bennaf am i Alltud Eifion gyhoeddi pamffledyn bychan yn ei gylch, *John Ystumllyn neu "Jack Black", Hanes ei Fywyd a Thraddodiadau am dano ...* (1888), a chyfeirio ato hefyd yn *Y Gestiana, sef Hanes Tre'r Gest* (1892). Ond mae cyfeiriadau at o leiaf 26 o bobl ddu yng nghofrestri plwyfi de Cymru y ddeunawfed ganrif: 14 yn ne sir Benfro, tri ym Mynwy, chwech yn Abertawe, un yng Nghaerdydd, a hefyd un yn y Bont-faen ac un yn Nhalgarth, sir Frycheiniog.[8] O ystyried mai Saesneg fuasai prif iaith llawer o'r cymdogaethau hynny, a bod y bonedd yn Saesneg neu'n ddwyieithog yn y plwyfi Cymraeg, ni ellid bod yn sicr y byddent yn siaradwyr Cymraeg. Serch hynny, mae'n rhaid fod siaradwyr Cymraeg du mewn cofrestri nas archwiliwyd, er enghraifft yn siroedd y gogledd.

Dyna Francis Nuttar (1765/66?–1791), 'Negro ieuanc' o India'r Gorllewin, rhodd i Oruchwyliwr un o fwyngloddiau Llanarmon-yn-Iâl, sir Ddinbych, 'ardal bell-o-bobman', a weithiodd yn y mwynglawdd wedyn a phriodi ag un o ferched y fro. Meddai'r *Traethodydd* amdano yn 1925, 'Dysgodd siarad Cymraeg, a darllen y Beibl yn Gymraeg yn fuan.'[9] Fel llawer un arall yn Nyffryn Iâl, cefnodd ar yr Eglwys Anglicanaidd yn ystod y Diwygiad Methodistaidd, a mynychu cyrddau capel lle bu'n 'neidio ac yn canu yn orfoleddus yng nghanol y gynulleidfa'.[10]

Y siaradwyr Cymraeg du disberod hyn: dywed y chwedlau amdanynt lawer am berthynas y dychymyg Cymraeg â hil. Dangosant fod y Gymru Gymraeg hithau'n rhan o'r 'Black Atlantic'; yn wir, dichon fod siaradwyr Cymraeg du mewn cymunedau Cymraeg yn yr Amerig hefyd.[11] Ond nid dynion rhydd fuasai'r rhain i gyd o bell ffordd. Cadwai rhai o Grynwyr Cymraeg y Welsh Tract yn Pennsylvania a Delaware gaethion. Cedwid caethweision gan Fedyddwyr Cymraeg yn y Welsh Tract hefyd, yn ogystal ag yn y Welsh Neck yn Ne Carolina, ac olrheinir hanes y berchnogaeth arnynt mewn astudiaeth o aelodau a gweinidogion eu heglwysi.[12] A dyma ddod at y fasnach ddieflig mewn pobl, a'r ffaith ddiymwad mai honno, a threfedigaethedd, yw'r cyswllt cyntaf rhwng y Gymru Gymraeg a phobl dduon.

Cymry Cymraeg a chaethwasiaeth

Roedd gan Gymry Cymraeg eu rhan yn y fasnach gaethweision. Cymro Cymraeg, mae'n siŵr, oedd Thomas Phillips o Aberhonddu, capten llong gaethweision, yr *Hannibal*, y cadwyd cof am ei warthrudd yn y dyddiadur a ysgrifennodd am ei daith rhwng Prydain, gorllewin Affrica a'r Caribî yn 1693 a 1694, 'A Journal of a Voyage'.[13] A Chymro yn sicr oedd y môr-leidr Bartholomew Roberts a anfarwolir yn nofel T. Llew Jones, *Barti Ddu o Gasnewy' Bach* (1973); yn 1722, rhoes long ar dân gydag 80 o gaethweision ynddi am na thalwyd pridwerth iddo.[14] O Fôn, rhwng 1735 a 1737, aeth Siôn Morris, un o'r Morrisiaid, cylch llenyddol Cymraeg pwysica'r ddeunawfed ganrif, yn forwr ar long gaethion yng nghefnfor India, yn 'hel dynion gwychion a gwâr', chwedl Lewis Morris yn ei farwnad iddo.[15] Arfer teuluol, mae'n rhaid, oherwydd cafodd ei nai, Pryse, mab Lewis, ei ladd yn 1797 mewn gwrthryfel caethweision ar long a oedd yn eu caethgludo i Barbados.[16] Diau fod sawl Cymro o fynd i'r môr wedi cael rhyw gyswllt â'r diwydiant, ac nid syn hynny gan fod porthladdoedd bychain Cymru'n rhan o economi forwrol ehangach. Cafodd llong enfawr ar gyfer caethion, y *Welsh Mary*, ei hadeiladu ym Mhwllheli yn 1801, ond dyna'r unig dro i long gaethion gael ei hadeiladu yno.[17]

Rhaid mynd i Lerpwl, un o brifddinasoedd y diwydiant caethwasiaeth ym Mhrydain, os am weld y diwydiant yn iawn. Roedd y dref gyfan yn pesgi ar ei gyfoeth. Roedd yn rhan normal o fywyd y porthladd fel y gwelir yn adroddiad didaro Siôn Morris o'i ymdrechion yno yn 1739 i werthu 'a black lad about 16 years old' ar ran ffrind.[18] Roedd Cymry ymysg masnachwyr a gweithwyr y dociau: ceir enw Owen Prichard, Maer Lerpwl 1744–5, o Fôn yn wreiddiol a châr i'r Morrisiaid, ymhlith y 101 o gaethfasnachwyr yn 1752 a restrir yn *History of the Liverpool Privateers and Letters of Marque with an account of the Liverpool Slave Trade* (1897), cyfrol a luniwyd gan Gymro Lerpwl.[19] A bu neb llai na John Elias yn edliw i sasiwn y Methodistiaid Calfinaidd Cymreig yn Lerpwl yn 1806 'fod rhai o'r brodyr yn gweithio ar y Llongau sydd yn y *trade* melligedig hwn, ïe, un o honynt yn gweithio Cadwyni i'w rhoddi am y caethion truain'.[20] Ond gwelir yn Lerpwl wirionedd arall am y Cymry, sef er eu bod ynghlwm wrth y diwydiant, nid hwy at ei gilydd oedd yn ei reoli. Cymry oedd yn cloddio'r dociau ac yn gwneud llawer iawn o'r gwaith budr yno, ond mewn sampl o longau caethweision yn Lerpwl o 1798–1807, ni hanai ond 5.9% o'r morwyr cyffredin o Gymru, a chyn lleied â 2.5% o'r swyddogion.[21] Po fwyaf distadl y gyflogaeth, po fwyaf tebygol oedd y Cymry o'i chyflawni, ac roedd eu safle fel grŵp mewnfudol yn peri na fyddent mor greiddiol i'r gaethfasnach â phoblogaeth Seisnig y dref.

Yn anorfod, fodd bynnag, oherwydd clymau cyfalaf mewn marchnadoedd rhyngwladol, elwai'r economi Gymreig ar gaethwasiaeth: o wlân Meirionnydd a Maldwyn y gwneid dillad llawer o gaethweision India'r Gorllewin; masnechid copr ag Affrica, ac roedd cysylltiad economaidd agos rhwng Bryste yn nydd ei hanterth fel porthladd caethwasiaeth a thwf y diwydiant copr yn Abertawe a'r cylch.[22] Darparai caethwasiaeth hefyd gyfalaf angenrheidiol ar gyfer ysbarduno rhai o ddatblygiadau'r Chwyldro Diwydiannol yng Nghymru: agorid ffwrneisiau haearn ym Morgannwg ac ehengid chwareli llechi Gwynedd â'r arian hwn.[23] Ni fuasai diwylliant chwarelyddol cyfoethog Dyffryn Ogwen wedi dod i fodolaeth oni bai am lewyrch Richard Pennant, etifedd stadau siwgr sylweddol yn Jamaica, a fuddsoddodd ei gyfoeth yn Arfon gan esgor ar chwarel y Penrhyn.

Gan fod rhwysg ei gyfoeth mor amlwg a di-chwaeth, cyfeirir yn aml mewn newyddiaduraeth ac ysgrifau poblogaidd at Pennant fel enghraifft o'r angen i'r Cymry wynebu cyfrifoldeb am gaethwasiaeth. Heb rithyn o amheuaeth, mae angen i'r Cymry wneud hynny, ond o gael golwg ôl-drefedigaethol ar Pennant, nid yw'r cyfrifoldeb Cymreig yn ei achos ef yn glir. Mae'n wir ei fod o gyff Cymreig ac yn or-ŵyr Giffordd Pennant o Dreffynnon a ddechreuodd brynu tir yn Jamaica yn 1665.[24] Ond *colonial* ydoedd ei hun, wedi'i eni yn Jamaica fel ei dad a'i daid, a'i fagu yn Lloegr wedyn. Sais yng ngolwg y Cymry lleol felly, ac un hefyd a ormesodd ei weithwyr Cymraeg, fel y gwnâi ei olynwyr. Un o'r rheini oedd ei gyfyrder, George Hay Dawkins, ac roedd symbolaeth pensaernïaeth ffug-gastell hwnnw, Castell y Penrhyn, yn awgrymog: 'Neo-Norman was neo-colonial in Caernarvonshire.'[25] Ceir tuedd weithiau mewn trafodaethau am gaethwasiaeth i drin Cymru'r ddeunawfed ganrif fel pe bai'n ddrych o Gymru'r unfed ar hugain, gwlad ddemocrataidd yn gwneud penderfyniadau drosti'i hun a'i llywiawdwyr yn cynrychioli'r bobl. Ond dengys perthynas Pennant â gwerin Arfon mai gorsyml yw dehongliad o'r fath gan fod haenu ethnig ac ieithyddol mewn broydd Cymraeg yn aml yn digwydd ar hyd llinellau dosbarth, a gellid synio am Pennant fel imperialydd yn ecsbloetio poblogaeth frodorol.

Felly, o safbwynt ôl-drefedigaethol, y cwestiwn canolog yw beth oedd natur y berthynas rhwng dau o gyrion ymerodraeth, y cwr mewnol a'r cwr allanol, sef Cymru a Jamaica, yr oedd cyfalafiaeth fyd-eang yn ymledu iddynt. Dengys hanesydd rhyngwladol ym maes caethwasiaeth sut y bu i Pennant drosglwyddo:

> managerial techniques and organisational skills learned from managing a large, complex and labour-intensive agricultural holding [in Jamaica] into an industrial form [in Wales] that in its harsh treatment of labourers, in its insistence on vertical integration of production and in the paternalistic distance cultivated by owners with workers resembled 'factories in the field'.[26]

'By 1792', meddai'r un hanesydd, 'the Penrhyn quarry employed 500 men, living in abject conditions and bunking down in a quarry barracks that were similar in form to slave housing.'[27] Felly, trosglwyddwyd rhai strwythurau rheoli o Jamaica i Gymru, ynghyd â'r egwyddor y dylid gorthrymu i'r graddau eithaf y byddai cyd-destun lleol yn ei ganiatáu er mwyn chwyddo elw. Y gwahaniaeth, wrth reswm, oedd na ellid dal gwynion ym Mhrydain yn gaeth, hyd yn oed pe deuent o grŵp ymylol, ond y gellid herwgipio, caethiwo a llofruddio pobl ddu. Felly mae cymhariaeth rhwng Cymru a Jamaica o ran rhai pethau, ac eto yn y peth gwaelodol nid oes unrhyw gymhariaeth o gwbl.

At hynny, gallai'r Cymry hwythau gan eu bod yn wynion fod yn gaethfeistri eu hunain. O gael y cyfle, gallai Cymry fanteisio ar eu breiniau fel dinasyddion Prydeinig. Saif hanes Goronwy Owen, bardd Cymraeg cynganeddol mwya'r ddeunawfed ganrif, yn cadw caethweision yn Virginia ar ôl allfudo i America yn 1757 yn brawf o hynny.[28] A phan ddiddymwyd caethwasiaeth yn yr Ymerodraeth Brydeinig yn 1833, talwyd iawndal i nifer o gyn-berchnogion a oedd yn rhan o'r gymdeithas Gymraeg, neu'n agos ati. Yn eu mysg, roedd William Glynne Griffith o Fodegroes ger Pwllheli, a ddigolledwyd i'r swm o £865 am ei gyfran o stad Whitehall yn Jamaica lle cadwyd 152 o gaethion.[29] Derbyniodd Walter Price o Fwlchtrebanau rhwng Porth-y-rhyd a Llanymddyfri iawndal am 10 caethwas yn Guiana Prydeinig.[30] Ceir teuluoedd Cymreig eraill yn y bas data safonol, *Legacies of British Slave-ownership*. Ym Môn, mae enw Owen Putland Meyrick o stad Bodorgan ar weithred yn 1807 ynghylch stadau caethwasiol yn St. Kitts.[31]

Yn hyn oll, fodd bynnag, amlygir patrwm tebyg i'r un yn Lerpwl. Derbyniodd Bodegroes £865, cafodd Stad y Penrhyn £14,684.[32] Roedd Cymry a Chymry Cymraeg yn gaethfeistri: does dim dwywaith am hynny. Ond nid oeddynt mor amlwg â Saeson. Yn *Legacies of British Slave-ownership* ganol 2020, roedd cofnodion ynghylch 4,381 o unigolion o Loegr, 821 o'r Alban a 182 o Iwerddon. Nid oedd ond 91 unigolyn â chyfeiriadau yng Nghymru. O'u plith, dim ond rhyw chwarter sydd â chyfenwau Cymreig nodweddiadol, ac ymddengys fod y rhan fwyaf o'r rheini â chysylltiadau â theuluoedd o Loegr mewn rhyw ffordd neu'i gilydd. Weithiau hefyd, mae cyswllt stad â chaethwasiaeth yn dynodi dietifeddiad Cymry lleol. Yn Llŷn, collodd teulu Bodvel y rhan fwyaf o'u stad a'r tŷ yn sgil achos llys yn 1669, ac aethant i feddiant Samuel Hanson, Sais a phlanhigfäwr siwgr ar Barbados.[33]

Mae'n bur amlwg mai ymylol oedd y Cymry o ran eu hymwneud *uniongyrchol* â'r diwydiant. Y cwestiwn, wrth reswm, yw pam. Yr esboniad anorfod yw nad oedd digon o Gymry yn ddigon cyfoethog i fedru buddsoddi mewn diwydiannau a mentrau mawrion ar lefel eang. 'The part played by Wales in Atlantic Slavery was oblique rather than direct,' meddai'r gyfrol *Slave Wales*, 'but it was nonetheless important.'[34] Gellid ymofyn pa mor 'important' oedd yr 'oblique' oherwydd y gwir amlwg, fel yr edrydd *Slave Wales*, yw fod yr ucheldiroedd Cymreig truenus a thlawd 'an unlikely point of origin for major slave merchants'.[35]

Gellid crynhoi'r sefyllfa Gymraeg fel a ganlyn. Fel pobl Ewropeaidd wyn, roedd y Cymry yn meddu ar 'fraint y gwyn', ac nid oedd dim yn eu rhwystro, yn gyfreithiol, rhag prynu siâr mewn caethlong, neu hwylio am Jamaica, neu fudr-elwa ar y gaethfasnach mewn rhyw ffordd arall. Ond fel pobl Ewropeaidd *ymylol*, yn byw ar benrhyn gorllewinol tlodaidd, a hynny drws nesaf i iseldir eang a chyfoethog gwareiddiad arall, nid hawdd bob tro oedd manteisio mewn modd ymarferol ar eu hawl theoretig i ecsbloetio pobloedd tramor. O'r gwrthgyferbyniad hwn, yn ddilechdidol bron, y tardd trywydd y meddwl Cymraeg ynghylch caethwasiaeth, fel yn wir ynghylch pethau eraill megis trefedigaethedd a'r genhadaeth. O'r anallu i orthrymu eraill am eu bod yn orthrymedig eu hunain y daeth y cydymdeimlad â'r sawl a oedd yn israddol. Felly mae'r dadleuon a welir yn yr archif Gymraeg ynghylch caethwasiaeth, trefedigaethedd a'r genhadaeth yn wahanol i'r hyn a geid yn y byd Angloffon.

Ond pe dôi i Gymro *unigol* yn sgil amgylchiadau personol gyfle i fanteisio ar y gaethfasnach, neu rym trefedigaethol Prydain, yn aml cydiai ynddo. Yn wir, roedd rhai Cymry yn diffinio eu safle israddol drwy nodi fod y *gallu*, os nad yr hawl, i drefedigaethu wedi ei omedd iddynt. Ond, wrth drefedigaethu, teimlent o hyd eu bod yn *ethnie* (lleiafrif ethnig; 'Ancient Britons' yn ieithwedd y ddeunawfed ganrif), ac felly daw *trope* y brodor gwladychedig i'r wyneb, a chais y Cymry drefedigaethu fel pe bai'r trefedigaethedig yn *frodyr* iddynt. Nid oedd modd cysoni hynny â chaethwasiaeth. Yn gynyddol felly, er i Gymry ymwneud â chaethwasiaeth yn y ddeunawfed ganrif, pan droes y farn gyhoeddus yn ei herbyn yn Lloegr tua diwedd y ganrif ni fynnent ei chefnogi mwyach.

Syniadaeth wrthgaethwasiol Gymraeg

Collfarnu caethwasiaeth yw'r brif dueddfryd, ac yn wir y duedd lywodraethol, yn y byd Cymraeg wrth drafod y diwydiant o ail hanner y ddeunawfed ganrif ymlaen. Condemnir y gaethfasnach gan Bantycelyn yn ei *Pantheologia* (1762), safbwynt sydd yn ôl yr ysgolhaig E. Wyn James yn ei ddynodi fel rhywun a oedd yn braenaru'r tir ar gyfer radicaliaeth Anghydffurfiol Gymraeg.[36] Disgrifiad o'r 'Middle Passage' sydd ganddo, y daith erchyll honno ar long gaethion o Affrica i'r Amerig:

> Pan rhoddir hwynt [caethweision] yn y Llong, eu hen Feistr [Affricanaidd] a'u dihatrent o bob cadechyn, fel y mae'r Marsiandwyr yn ei derbyn hwynt yn berffaith noeth; ac fel hyn yn gyffredin y cant fod nes dyfod i America yr hyn fydd weithiau amser hir iawn; ac fe fydd y Decc wedi ei rannu felly fel y byddant yn gorwedd neu yn eistedd han ar han o honynt 700 neu 800 yn y Llong; a phob Gwrryw fydd mewn Heirn, can's llawer gwaith y cynnigodd y Negroes ar y Decc, i ladd Gwyr y llong, ac i ddwyn y Llong i Dir; ac weithiau dygasant eu hamcan i ben: eraill a neidiasant i lawr i'r Môr gan ymddiried yn hytrach drugaredd y Tonnau, nag iddiw Meistri gwynion.
>
> Diau yw nas gallir fyth amddiffyn na chyfiawnhau y fath Draffic a hwn.[37]

Ar ôl disgrifio erchyllterau'r gaethglud, mae Pantycelyn yn troi at amodau'r gaethwasiaeth ei hun ac yn cyhuddo tirfeistri o beidio â chaniatáu i'r caethion glywed Efengyl Crist rhag iddynt gael eu hysbysu eu bod yn haeddu 'triniaeth fel Dynion'. Safbwynt ydyw sy'n cydnabod fod caethweision yn fodau dynol cyflawn ac mae'n dirymuso caethwasiaeth yn foesol. Cyfieithodd Pantycelyn hefyd naratif caethwas, sef *Berr Hanes o'r Pethau mwyaf hynod ym Mywyd James Albert Ukawsaw Gronniosaw, Tywysog o Affrica* (1779).

Ond beth bynnag oedd barn bersonol Pantycelyn, nid diddymwyr oedd efenygylwyr Calfinaidd y ddeunawfed ganrif at ei gilydd, a phwysleisient achub eneidiau yn hytrach na rhyddhau eu cyrff. Testun defosiynol yw'r *Berr Hanes* yn y bôn, sy'n derbyn caethwasiaeth yn rhan o'r drefn ac mae Gronniosaw yn canmol y 'meistr anwyl caruaidd' a'i try at Grist.[38] Cymhlethdod amlwg yw fod noddwraig y gyfrol, y ddiwygwraig Iarlles Huntingdon, sylfaenydd y Coleg Trefeca gwreiddiol, wedi etifeddu tir yn Georgia â chaethweision arno yn 1770. Mae'n bosibl fod caethion yr Iarlles ym meddwl Pantycelyn pan gyfansoddodd linellau fel 'let the Negro . . . see/ That divine and glorious Conquest/ Once obtain'd on Calvary', oherwydd lluniodd nifer o emynau ar gais yr Iarlles i'w defnyddio yn Georgia.[39] Câi Pantycelyn ei hun mewn trybini felly, yn dymuno efengylu i gaethion a brodorion America, ond roedd gwneud hynny yn ddibynnol ar dderbyn realiti wleidyddol, sef fod y trefedigaethau Prydeinig yn gadarn o blaid caethwasiaeth.[40]

Canodd mewn marwnad i'w gyfaill efengylaidd, cyn-berchennog y stad, George Whitefield, am y paradocs hwn. Digrybwyll yw lle'r Cymry mewn byd o ddeuoliaethau clir rhwng y trefedigaethwr a'r trefedigaethedig a unir, er gwaethaf popeth, yng Nghrist:

> Grym efengyl wen fendigaid,
> Draw i'r Negroes ac i'r Indiaid,
> Cymmysg lu, gwyn a du. Saeson a Moeris,
> Blith dra phlith yn nefol happus[41]

Wrth eithrio Cymry o'r rhestr hon, mae Pantycelyn yn rhyw dawel-gydnabod cyfyng-gyngor arall a wynebai. Wrth feddwl am y trefedigaethau yn America, ni allai fod wedi osgoi fod ei bobl ei hun, y Cymry, yn meddu ar rai nodweddion a ddynodai fraint ethnig, megis bod yn wynion Ewropeaidd, a nodweddion eraill a'u gwnâi'n ymylol yn y categori hwnnw, sef eu cenedligrwydd a'u hiaith.

Mae a wnelo llawer o'r drafodaeth Gymraeg am drefedigaethedd â'r tyndra hwn. Ymddygai'r Jacobinydd, Morgan John Rhys, fel pe ceid trindod orthrymedig, sef y Cymro, y brodor a'r dyn du. Mudodd i America yn 1794, a thrwy hap roedd yn bresennol yn Greenville, Ohio y flwyddyn wedyn yn ystod trafodaethau byddin America â brodorion a oedd newydd eu trechu. Annoeth, mae'n siŵr, oedd iddo draethu gerbron y garsiwn fod 'the philanthropist is every person's neighbour, the White, the Black, the Red, are alike to him'.[42] Nid oedd Americanwyr yn credu hynny o gwbl. Ond dyn ydoedd i roi egwyddorion ar waith. Buasai yn Ne Carolina a Georgia cyn mentro i Ohio, lle bu'n collfarnu caethwasiaeth, pregethodd mewn eglwys pobl ddu, ac yn ei ddyddiadur, condemniodd George Whitefield am gadw caethweision.[43]

Radicaliaeth yn cyrchu cyfanfydedd (*universalism*) yw ei eiddo ef, ond sylwodd na ellid sicrhau 'hawliau dynol' heb gyfiawnder ethnig. Rhan o raglen boliticaidd ehangach oedd ei wrth-gaethwasiaeth. Yng Nghymru, cyn ymfudo, cymhellodd foicot 'yn erbyn arferyd suwgr' mewn taflen a llyfryn a gyhoeddwyd cyn neu oddeutu 1792, *Achwynion Dynion Duon, mewn Caethiwed Truenus yn Ynysoedd y Suwgr* a *Dioddefiadau Miloedd Lawer o Ddynion Duon, mewn Caethiwed Truenus yn Jamaica a Lleoedd Eraill*.[44] Yn ail rifyn ei gyfnodolyn arloesol, *Y Cylch-grawn Cynmraeg*, yn 1793, cyhoeddodd erthyglau lu am grwpiau darostyngedig neu ddieithr, o'r Affro-Americanwr i'r Hindŵ. Ceisiodd gysoni amrywiaeth ethnig â chyfanfydedd, gan amlaf yn nhermau'r hawl i glywed efengyl Crist. Tuedd goleuedigaeth Angloffon yw dilorni ac ymylu grwpiau ethnig di-statws, a dynodi eu harferion a'u hieithoedd fel rhai afresymegol, ond ceir yn *Y Cylch-grawn Cynmraeg* adwaith i hynny. Ym mhenderfyniad pwrpasol *Y Cylch-grawn Cynmraeg* i gyhoeddi darn o'r enw '. . . rheswm naturiol mewn GREENLANDER', cyfieithiad o adran yn *The History of Greenland* (1767), a oedd ei hun yn gyfieithiad o'r Almaeneg, mae goleuedigaeth amgen yn dod i'r olwg, goleuedigaeth y lleiafrifoedd. Yn '. . . mewn GREENLANDER', mae brodor o'r Ynys Las yn herio'r gred nad yw brodorion yn meddu ar reswm, 'Ond nid wyt i ddychymmygu fod pob Greenlander heb feddwl am y pethau hyn.'[45]

Yn America, aeth Morgan John Rhys ati i sefydlu gwladychfa Gymreig. '*Gwladfa* was the geographical anchor of a universalism' yw sylw Gwyn Alf Williams am fod Rhys am sicrhau cyfanfydedd *trwy* gydnabyddiaeth o ethnigrwydd.[46] Galwodd ar y Cymry, brodorion Prydain, 'ANCIENT BRITONS!', i groesi'r Iwerydd: 'leave the tyrants and slaves of your country'.[47] Nid ef oedd yr unig feddyliwr Cymraeg i dybio gweld tebygrwydd cysyniadol rhyfeddol rhwng 'Britons' Cymraeg a phobloedd a oedd wedi eu caethgludo o'u tiroedd, neu yr oedd eu tiroedd wedi eu dwyn oddi arnynt. Sefydlir yn nwy oleuedigaeth Gymraeg ail hanner y ddeunawfed ganrif, yr un Fethodistaidd a'r un Jacobinaidd, ddull Cymreig o feddwl sy'n gwrthsefyll gorthrwm ethnig mewn modd triphlyg. Cyfluniad yw o wrthsafiad dros dri grŵp: grŵp iaith brodorol, pobl frodorol a phobl o liw. O graffu ar yr archif Gymraeg, mae'n anodd gweld syniadaeth bwysicach na hi.

Ceir cynddaredd o blaid cyfiawnder ethnig a hawliau dynol bydeang yng ngwaith Iolo Morganwg yntau. Fel radical o Gymro, roedd o blaid Cymru Gymraeg, America Gymraeg, brodorion a phobl dduon. 'Vile *Britons*!' oedd ei waedd o drafod caethwasiaeth yn 1789, ac wedi'r Chwyldro Ffrengig, crwydrai Lundain a Bryste yn edliw i gaethfasnachwyr eu camweddau.[48] Yn 1795 yn y Bontfaen, sefydlodd 'the first fair trade shop in Wales':[49] ni werthid siwgr India'r Gorllewin yno. Ond nid yw bywyd heb ei anghysondebau ac roedd yn barod i dderbyn cymorth oddi wrth ei frodyr a gadwai gaethweision ar eu stadau yn Jamaica ac i elwa o'u hewyllysiau.[50]

Yn y cyfnod rhwng diddymu'r gaethfasnach yn yr Ymerodraeth Brydeinig yn 1807 a diddymu caethwasiaeth ei hun yn 1833, ni ollyngwyd y motiff triphlyg 'Cymry-brodorion-caethion' a oedd wedi dod yn rhan bwysig o'r dychymyg Cymraeg.[51] Gellir ymglywed ag ymwybod fod Cymry a chaethion ymysg lleiafrifoedd yr Ymerodraeth Brydeinig yn 'Cân y Negro Bach', cerdd adnabyddus Benjamin Price, gweinidog y Bedyddwyr o Lanwenarth ger y Fenni, a gyhoeddwyd yn 1830:

> Er bod fy nghroen yn ddû ei liw,
> 'Rwy'n frawd i chwi, Frytaniaid gwiw,
> Sy'n byw mewn rhyddid llawn,[52]

Mae'r 'negro bach' a'r 'Brytaniaid gwiw' (gair amwys yw 'Brytaniaid' a allai olygu Prydeinwyr neu frodorion Prydain, ond mae'r pwyslais emosiynol fel arfer ar y dehongliad olaf) yn frodyr i'w gilydd, ac o'i ryddhau, gallai'r dyn du fyw yn ôl safonau 'rhyddid' Prydeinig. Mae Jacobiniaeth Morgan John Rhys wedi'i disodli, ond yr un yw'r cyferbyniad rhwng Cymry a phobl ddu. Dymuna dyngarwyr Cymraeg i leiafrifoedd ymryddhau o'u hualau, a'r ffordd i wneud hynny yw i'r unigolyn, *bob* unigolyn, ddod yn rhydd. Gellir wedyn gyrchu gwynfyd y byd 'cyffredinol', chwedl Samuel Roberts, Llanbryn-mair, a gynrychiolir yn y nef gan Grist ac ar y ddaear gan gynnydd.[53]

Ceir neges gynnil debyg yn un o faledi mwyaf diddorol y cyfnod, *Hanes, Cyffes, Achwyniad, Anerchiad, a Dymuniad y Negroes* (1832–4?)

a briodolir i ŵr o'r enw Solomon Nutry, 'Tad yr Hwn oedd Gaethwas'. Wedi'i llunio yn y cyfnod yn union cyn rhyddhau'r caethion yn yr Ymerodraeth Brydeinig, mae'r baledwr yn annerch y Cymry yn llais y dyn du:

> O! Diolch fyth i'r mwyn Frytaniaid,
> Chwi fu'r achos o'n hymwared;[54]

Unwaith eto, amwys yw'r gair 'Brytaniaid', ac yn ddehongliad Cymreigaidd ar ystyr y gair 'Prydeinwyr'. Ac wrth gyffelybu wedyn y driniaeth o 'negroes tlodion' â thriniaeth anifeiliaid, mae'r baledwr yn lleoli'r anifeiliaid hynny yn Lloegr gan osgoi felly unrhyw gyfeiriad negyddol posibl at Frytaniaid Cymru:

> Iau osodent am ein gyddfau,
> Fel maent yn Lloegr i geffylau,[55]

Gosodir y Cymry yn ddiogel y tu allan i darddle'r gorthrwm, ac felly ar ochr y gorthrymedig. Mae'n werth nodi hefyd awduraeth y gerdd. Honnir mai mab caethwas yw'r adroddwr, ac fe'i ceir yn llefaru'n groyw yn y Gymraeg. Ar sail ieithwedd a motiffau'r faled, gellid tybio mai baledwr profiadol sydd yma, ac os na chredir fod baledwr du yng Nghymru ar y pryd, mae'n rhaid casglu fod Solomon Nutry yn ffugenw. Ond diddorol yw nodi y gellir olrhain camre gŵr o'r enw Solomon Nutry o'i eni ym Mryste tua 1789 hyd at ei farw yn Lerpwl yn 1854. Peiriannydd ydoedd a dreuliodd gyfnodau yn sir Fôn, yng Nghaer ac yn sir Ddinbych, cyn symud i Lerpwl. Priododd ag Ellen Jones yng Nghaergybi yn 1822, a gall hynny fod yn arwyddocaol iawn am fod ail faled wrthgaethwasiol a gysylltir ag ef wedi'i phriodoli i 'Elin' yn ysgrifennu ar ran Solomon Nutry. Yn yr un cyfnod, gwelir baled arall ar bwnc gwahanol yn cael ei phriodoli i ryw 'Eleanor Nutry'. Rhesymol yw casglu, felly, mai baled wedi'i hysgrifennu ar ran Solomon Nutry gan ei wraig yw *Hanes, Cyffes, Achwyniad, Anerchiad, a Dymuniad y Negroes*.[56] Nid oes digon o dystiolaeth i ddweud hynny'n derfynol, ond pe gellid, dyma fyddai'r darn cyntaf o lenyddiaeth yn y Gymraeg gan Gymro du, neu gan rywun, ei wraig fwy na thebyg, yn ysgrifennu ar ei ran.

Pennod 7

Erbyn canol y bedwaredd ganrif ar bymtheg mae'r gwrthsafiad yn erbyn caethwasiaeth yn yr Unol Daleithiau yn rhan greiddiol o hunaniaeth Gymraeg o boptu'r Iwerydd. Mewn cymunedau yn America lle roedd y Gymraeg yn iaith fyw, a oedd i gyd fwy neu lai yng ngogledd yr Unol Daleithiau, taranai cyfnodolion fel *Y Cenhadwr Americanaidd* yn erbyn caethwasiaeth, ac yn wir sefydlodd ei olygydd, Robert Everett, gyfnodolyn arall, *Y Dyngarwr*, yn unswydd er mwyn hyrwyddo'r achos.[57] Yng Nghymru hefyd, tystia cyfrolau poblogaidd megis y cyfieithiad Cymraeg o hanes caethwas wedi ffoi, *Hanes Bywyd a Ffoedigaeth Moses Roper o Gaethiwed Americanaidd* (1841), a'r pedwar cyfieithiad neu addasiad Cymraeg o'r nofel *Uncle Tom's Cabin* a ymddangosodd rhwng 1852 ac 1854, fod marchnad Gymraeg helaeth ar gyfer deunydd gwrthgaethwasiol.[58] Diddorol yn enwedig yw fod addasiad Gwilym Hiraethog, *Aelwyd F'Ewythr Robert* (1853), wedi'i osod ar aelwyd fucheddol 'yn nghysgod uchel fynyddau Meirion',[59] lle mae hen ŵr a gwreigan hynod Gymreigaidd yn gwrando ar hanesion Tom ac yn cynnig sylwadau arnynt. Dewis Gwilym Hiraethog oedd plethu naratif yr America gaethwasiol ag un y Gymru werinol er mwyn creu testun hybrid Cymraeg-Americanaidd: 'Yr wyf yn meddwl y ceir enaid y "Caban" yn yr "Aelwyd".'[60]

Anodd gwahanu hyn oll oddi wrth y dybiaeth a geir yn achlysurol fod y Cymry hwythau'n gaethweision, o ran enaid os nad o ran corff. Nodweddiadol, efallai, yw'r cyfeiriad at drybini chwarelwyr a ddisgrifir yn 1853 yn llafurio o dan '*agents*' sydd 'fel y *slaveholders*, yn fwy o dan ddylanwad trachwant bydol, na dyledswyddau moesol a chrefyddol.'[61] 'Caethweision gwynion' oedd chwarelwyr y Penrhyn i rai yn ystod y Streic Fawr.[62] 'Caethweision gwynion!!' hefyd oedd y werin a ormesid gan landlordiaid.[63] Daethai caethwasiaeth yn drosiad am bob math o orthrwm economaidd, ac am faich y genedl fechan a'r brodor Cymraeg hefyd. Meddai Michael D. Jones yn 1856 fod y Cymry yn credu 'fel pob caethion, mai gan eu meistr y mae y gallu', a dadleuodd mai trwy wladfa y gellid eu rhyddhau.[64] Ac ym mhapur newydd Prydeinig (gan esbonio, efallai, ei gysodi Cymraeg rhyfedd) y Blaid Lafur Annibynnol, ceir sosialydd cynnar, Robert Williams, un o gyfeillion Keir Hardie, yn cyfarch y Cymry yn 1898 fel pobl frodorol Ynys Prydain sy'n 'gaeth-weision':

Mae gweithwyr y cymry wedi llafurio er ys dwy fil o flynyddoedd yn yr ynys hon, mae'nt wedi hau a medi; maent wedi adeiladu tâi, cestyll a themlau; mae'nt wedi gneid heolydd a fyrdd dwr; mae'nt wedi tori myrddiynau o dunelli o lo ac wedi troi y mwn yn haiarn yn ddicyfryf; eth [eto?], nid ydych chwi, eu hiliogaeth, yn llawer gwell na chaeth-weision.[65]

Defnyddid y motiff gan lawer un arall o sawl cefndir. I Hugh Hughes, un o ohebwyr y Morrisiaid, yn ysgrifennu yn 1767, roedd y 'Cymru Truain megys Caeth Weision i blant Alis Rhonwen', sef i'r Saeson.[66]

Yn yr archif ceir y syniad fod y Cymry am eu bod wedi'u symud neu'u dietifeddu o'r tiroedd a oedd yn eu meddiant fel brodorion Ynys Prydain wedi dioddef caethwasiaeth neu gaethglud symbolaidd. Ceir cyswllt â'r syniad diweddarach, a ddôi i'r amlwg yn ystod yr ugeinfed ganrif, fod y Cymry 'yn ddu'.

Nid oedd barn Saunders Lewis yn annodweddiadol. I Saunders, roedd yr Affro-Americanwr yn ei gaethglud yn rhan o feddylfryd y genedl Gymreig. 'Wynebwn y gwir amdanom ein hunain', meddai, mewn datganiad nad oes rhithyn o wir yn perthyn iddo, ond sy'n bwysig o ran dangos trywydd y meddwl Cymraeg yr un fath, 'yr oeddem ni, nyni ein tadau ni, nyni'r genedl Gymreig, yr oeddem ni yn union yn yr un cyflwr â Negroaid yr Affrig wedi eu trosglwyddo i'r America. Yr oeddem yn cyfrif cyn lleied â hwythau.'[67]

Beth yw trefedigaethu Cymraeg?

Os oedd gwrthwynebiad y Cymry i gaethwasiaeth yn lled gadarn, mwy amwys fu'r trafod ynghylch trefedigaethedd. Roedd y pwyslais rhyddfrydol Cymreig ar unigolyddiaeth, yn Oes Fictoria o leiaf, yn fforddio cyfle i haeru fod gwareiddio'r Arall cyntefig wrth ei drefedigaethu o les iddo. Ymestyniad yw'r ddadl ar yr un Seisnig, yn mynd yn ôl i'r Deddfau Uno mewn gwirionedd, fod concro gwledydd yn help i unigolion o'r grŵp darostyngedig gan fod ennill aelodaeth o grŵp mwy yn dod â manteision yn ei sgil. Wrth reswm, cuddiai'r ddadl hon y niwed a wna trefedigaethedd i grŵp darostyngedig *fel grŵp* yn wyneb grym.

Digon diog gan hynny yw'r ystrydeb fod y Cymry yn genedl drefedigaethedig a fynn drefedigaethu eraill, fel pe bai'r weithred olaf i genedl a drefedigaethasid *eisoes* yn ddewis rhydd. Hyd at ail hanner y bedwaredd ganrif ar bymtheg, a dyfodiad gwasg brint helaeth a rhyw lun ar ddemocratiaeth, ni allai grŵp ymylol dibwys fel y Cymry fod wedi gwrthsefyll trefedigaethu Prydeinig, naill ai fel cysyniad nac ychwaith yn ymarferol, ac unwaith y ceir cyfle i drafod syniadau gwleidyddol yn y Gymraeg mewn cylchgronau a phapurau newydd, nid yw'r dadleuon ynddynt yn tystio i arddeliad diamod o Brydeindod ymerodrol. Yn hytrach ceir amwysedd yn ei gylch, ac elfen o 'ddynwared' deisyfiadau imperialaidd Seisnig (a defnyddio 'dynwared' yn ei ystyr ôl-drefedigaethol).[68]

Ond hyd yn oed heb fod angen troi at y dadleuon ôl-drefedigaethol hynny, amlygir lle israddol y Cymry gan y ffaith iddynt ymorol cyn lleied, mewn cymhariaeth â'r Saeson (ac yn fwy arwyddocaol â'r Albanwyr a'r Gwyddelod), am swyddi a breiniau'r Ymerodraeth Brydeinig. Mae modd canfod Cymry ar hyd a lled yr Ymerodraeth wrth gwrs, ond ni ddylai hynny gelu'r ffaith fod niferoedd y Cymry yn gyffredinol yn isel. Yn America cyn ei hannibyniaeth, nid oedd canran y gweision o Gymru a gyrhaeddodd rhwng 1689 a 1754 ar amodau llafur ymrwymedig ('indentured') byth yn uwch na 2% o'r cyfanswm, er enghraifft.[69] Ymylol oedd y Cymry yn y ddau ranbarth a fyddai'n drawsffurfiannol o ran amlddiwylliannedd Prydain yn yr ugeinfed ganrif, sef y Caribî ac is-gyfandir India. Rhwng diwedd yr ail ganrif ar bymtheg a'r 1760au, roedd nifer y Cymry fel canran o'r mewnfudwyr Ewropeaidd i Jamaica rywle rhwng 1% a 2%.[70] Yn yr East India Company, a lygadai gyfoeth y dwyrain, tangynrychiolid y Cymry ymhob haen o weithgarwch imperialaidd.[71]

Yn ystod yr 'ail Ymerodraeth Brydeinig', â'i gwerinwyr o Gymru i wledydd 'gwyn' fel Awstralia, mae'n wir, a dros dro ceid bywyd Cymraeg cymunedol yno, fel y tystia cyfnodolyn fel *Yr Australydd*. Ond cyfyngwyd ar niferoedd yr ymfudwyr Cymreig gan dwf anorthrech diwydiannaeth yn ne Cymru a gogledd-orllewin Lloegr. Câi'r Ymerodraeth Brydeinig ddylanwad enfawr ar economi Cymru, ei gwleidyddiaeth, a'i chrefydd, ond anodd meddwl am y Cymry fel gwladychwyr systemataidd. Roedd y Cymry a fentrai i'r trefedigaethau yn rhan o oruchafiaeth y gwyn, ond roedd eu diwylliant yn guddiedig.

Arwydd pellach o statws ymylol Cymry yw mai yn eu hymgais i sefydlu gwladychfeydd *Cymreig* y gwelir y meddwl trefedigaethol Cymraeg ar ei gliriaf. Dengys y ffenomen hon, a alwn yn 'drefedigaethedd Cymraeg', awydd oherwydd statws ymylol y Cymry i drefedigaethu fel grŵp, yn hytrach nag fel unigolion. Mae a wnelo hefyd mewn ffordd ryfedd â hunan-ddelwedd y Cymry fel pobl frodorol oherwydd nid mater o ychwanegu at olud y famwlad oedd y freuddwyd o gychwyn gwladfa Gymraeg, ond o ail-leoli'r genedl; o'i hadfer trwy ei symud o olwg Saeson. Dyma *topos* Cymraeg pwysig, sef y gallai Cymry mewn byd newydd, ymhell o'r Ynys Prydain a gollwyd, fyw mewn stad Rousseauaidd, yn egalitaraidd ac yn onest. Synnid am hyn droeon, a'r enghraifft fwyaf adnabyddus, os mwyaf ffantasïol hefyd, yw'r myth am 'dywysog', Madog ab Owain Gwynedd, yn hwylio gyda mintai o Gymry am yr Amerig yn 1170. Yn ôl y chwedl, roedd eu disgynyddion yn 'Indiaid Cymraeg' hilgymysg, 'y Madogwys'.

Wedi i'w disgynyddion '*ymgyfathrach[u]* . . . a *Thrigolion y wlad* . . . aethont yn un Genedl a hwy; fel y gwelwch chwi Ddwfr a Llaeth yn ymgymmyscu', ysgrifenna Theophilus Evans yn *Drych y Prif Oesoedd* (argraffiad 1740).[72] Mae'r hilgymysgu yn cynnig safbwynt tra gwahanol i'r un trefedigaethol Ewropeaidd arferol a gais ddisodli brodorion yn bur ddiymdroi. Yn hytrach, ceir diddordeb mewn pobloedd frodorol, ac awgrym cynnil hefyd, sy'n dweud llawer, y gallai cenedl y Cymry newid ei 'hil' a goroesi ar ryw ffurf pe cedwid yr iaith, neu ryw ran ohoni, a noda Theophilus Evans fod 'amryw *Eiriau Cymraeg* gan Bobl y Parthau hynny hyd y dydd heddyw'.[73] Nid goruchafiaeth y gwyn yw cymhelliant seicolegol trefedigaethedd Cymraeg, er y byddai myth yr 'Indiaid Cymraeg' yn hyrwyddo hynny drwy roi rheswm ffug i Brydeinwyr gyfanheddu'r cyfandir.

Symleiddio garw yw dweud i'r Cymry hybu trefedigaethedd yn yr un modd ac i'r un graddau â Saeson felly: nid yw ôl hynny i'w weld ar yr archifau na'r traddodiad syniadol Cymraeg o gwbl. Ond er nad oeddynt yn bleidiol i'r grym milwrol noeth a gondemnid gan Michael D. Jones,[74] ysgogydd y Wladfa Gymreig ym Mhatagonia, roedd y Cymry yn fodlon arfer grym mwy cynnil er bod eu trafodaethau am hyn yn awgrymu rhyw anniddigrwydd ynglŷn â phriodoldeb hynny hefyd.

Ym Mhatagonia ei hun, fel y datganodd *Llawlyfr y Wladychfa Gymreig* (1862), gwyddai'r Cymry nad *terra nullius* oedd eu gwlad newydd, ond tiriogaeth cenedl fechan arall. Mater oedd hwn y bu i'r gwladfawyr ymboeni yn ei gylch gan fod gwladychu ar y sail fod trigolion cynhwynol yn anwariaid yn boenus o debyg i athrod cyffelyb Saeson ar Gymry pan ddygwyd Ynys Prydain oddi arnynt:

> Nid ydys heb wybod mai y syniad yn mhlith y cyffredin am Patagonia ydoedd mai anialwch gwag erchyll ydyw, a heidiau o haner bwystfilod yn gwibio ar hyd-ddi i ladd a dinystrio pob peth. Dyna y syniad a drosglwyddid i ni yn yr ysgol am y llecyn gwyn hwnw ar waelod map America Ddeheuol. Ond erbyn dyfod i oedran barn ac ymchwiliad, canfyddir nad oedd pob peth a ddysgid yn yr ysgol yn gywir . . . Adgofied y darllenydd am y syniadau rhyfedd a draethid iddo am hanes y Cymry yn ei wersi yn Hanes Lloegr, – y modd y darlunid hwy yn anwariaid noethion a chreulawn, cyn iddynt hwy y Saeson bondigrybwyll, ddod i bwyo 'gwareiddiad' iddynt drwy y 'cyllyll hirion'; a thrachefn yn y canol-oesoedd mai haid o farbariaid oeddynt wedi eu gwthio i fynyddoedd Cymru rhag ffordd y 'gwareiddiad', fel bwystfilod gwylltion wedi eu hymlid i'r goedwig.[75]

Gwladychu ydoedd yr un fath, ac er ymgywilyddio, roedd grym Ewropeaidd yn caniatáu i'r fenter Gymraeg fynd yn ei blaen a daeth angen felly i wyngalchu. Patagonia yw'r enghraifft orau o'r gymuned Gymraeg yn sefydlu gwladfa mewn modd y tybiai'r Cymry ei bod yn llesol i'r sawl a drefedigaethir, ac yn ei llyfr amlhaenog, *Dringo'r Andes* (1904), cyflwyna'r Wladfawraig, Eluned Morgan, wladychu Cymraeg fel ffenomen dirion sy'n achub cenhedloedd brodorol rhag gwledydd Ewropeaidd mawrion sydd am eu difa.

Gellid cyfrif datganiad o'r fath yn hunan-dwyll, gan fod y Cymry yn dwyn tir brodorion oddi arnynt. Eto, o safbwynt y meddwl Cymraeg ac o feddwl am fygythiad Sbaeneg i Gymraeg Patagonia hithau, mae delweddu cytgord rhwng Cymry a brodorion yn y Wladfa yn debyg i'r motiff a geir yng Nghymru o leiafrifoedd, megis Cymry a Sipsiwn, yn cyd-sefyll. Craidd cysyniadol trefedigaethedd Cymraeg yw y bydd gwladfa yn gartref diogel i frodorion, o'r hen fyd ac o'r byd newydd.[76] Difa pobloedd frodorol a wna trefedigaethu gwladychol (*settler colonialism*) yn aml, ac mewn tir gwag caiff gwladychwyr gwyn haeru mai hwy yw'r brodorion newydd.[77] Ond roedd *disgwrs* y Cymry, a oedd yn frodorion *eisoes*, yn wahanol. Roeddynt am gyd-fyw gyda brodorion er mwyn cadarnhau eu bod yn frodorion *hefyd*, gan y byddai ymfrodori trwy ddisodli brodorion, fel y gwnaeth y Saeson yn Ynys Prydain, yn groes i rai o dybiaethau mwyaf gwaelodol y meddwl Cymraeg.

Tybiai Cymry Patagonia fod eu ffawd am fod yn debyg i un y brodorion, ffuant sy'n nodweddu lleiafrifoedd Ewropeaidd eraill yn yr Amerig. Amlygir y cwbl gan y pwyslais anthropolegol sydd yng ngwaith Eluned Morgan. Teithlyfr anthropolegol yw *Dringo'r Andes*, stori ei thaith i'r mynyddoedd. Hanes anthropolegol yw *Plant yr Haul: Stori Incas Peru* (1915), ei llyfr olaf. Ymdriniaeth â byd delfrydedig yn llawn amrywiaeth ddiwylliannol yw'r llyfrau hyn, 'byd yn llawn o *blant bychain*', chwedl *Plant yr Haul*, sef pobloedd frodorol de America.[78] A byd Cymraeg hefyd. Fel anthropolegwyr Almaeneg America, y dywedwyd amdanynt eu bod 'ventriloquistically' yn troi'r 'general silence about Amerindian genocide into something like a self-reflexive whisper',[79] mae Eluned wrth feddwl am ddifodiant cenhedloedd brodorol yr Amerig yn gwneud sylw am ddifodiant ieithyddol ei chymuned ei hun.

Diffuant felly yw pryder Eluned Morgan yn *Dringo'r Andes* am y 'dyn gwyn' yn 'difa fel tân pa le bynag yr elo' a hithau'n 'synfyfyrio ar hanes brodorion crwydrol pob gwlad: Indiaid Cochion Gogledd America, Maories swynhudol Awstralia, a hen gyfeillion fy mebyd inau yn Ne America'.[80] Ond mae 'dyn gwyn' yn gategori amwys ganddi oherwydd nid difa brodorion yn unig a wna'r 'Hispaenwr ... Ianci a'r Sais' ond 'brodorion a chenedloedd bychain.'[81] Ac os perthyn brodorion a chenhedloedd bychain i'r un categori ontolegol, ai trefedigaethwyr yw'r Cymry o gwbl? Yn ôl Eluned, 'ni cheisiodd Cymry'r Camwy broselytio na gwareiddio yr Indiaid, ond estynasant iddynt law brawdgarwch', ac ymatebent hwythau trwy fod 'yr Indian' yn dysgu 'y Cymro i hela'n fedrus, a thrwy hyny achub y Wladfa rhag newyn lawer tro'.[82]

Hwyrach yn wir mai enghraifft o hybridedd lleiafrifol yw'r Wladfa, a haera Eluned i Gymry a brodorion wrthsefyll ar y cyd wladwriaeth Archentaidd a oedd eisoes wedi dechrau ar y gwaith o ddisodli Cymraeg Patagonia erbyn i *Dringo'r Andes* weld golau dydd yn

1904. Os felly, yn nhyb y Cymry beth bynnag, roedd ymgyrch yr Ariannin o lanhau ethnig yn erbyn y brodorion yn y 1870au a'r 1880au, *Conquista del desierto*, yn rhagflas o Hispaeneiddio a ddôi i'w rhan hwythau. Pwysleisia Eluned fod y Cymry wedi sefyll gyda'r brodorion yn erbyn 'Llywodraeth Arianin' a'r 'Wladfa yn eiriol trostynt dro ar ol tro, eithr hollol ofer', ac mae'n cymharu'r diarddel a llofruddio ar frodorion â thynged caethweision duon. Gwareda hefyd na chofnodwyd 'y ganfed ran' o Goncwest y paith, oherwydd pe gwnaethpwyd, 'byddai yna "*Gaban F'ewyrth Twm*" yn Ne America hefyd, eithr ysywaeth nid oes eto un i'w ysgrifenu'.[83]

Ym meddwl Eluned, sy'n defnyddio hefyd y triongl syniadol 'Cymry-brodorion-caethion', saif y Cymry ochr-yn-ochr â brodorion a chaethweision. Ond triongl yw hwn sydd â'r Cymry ar ei frig. Gwir y ceid ffurfiau ar hybridedd lleiafrifol rhwng y Cymry a'r brodorion, fel y tystia'r llun adnabyddus hwnnw o Lewis Jones yn Buenos Aires wedi'i amgylchynnu gan ddynion Teheulche. Ond mae hybridedd yn datblygu bob tro yng nghyswllt grym, ac mewn menyg gwynion mae dyrnau dur. Tirion oedd y Cymry tuag at y brodorion os mai ystyr tirion yw 'na ladd', ond roedd eu tiriondeb yn seiliedig ar eu statws Ewropeaidd.[84] Er i'r Cymry synio amdanynt hwy eu hunain fel cenedl frodorol Ynys Prydain, nid brodorion oeddynt ym Mhatagonia, ac ni ddysgai plant y Cymry yn y Wladfa ieithoedd brodorol y Teheulche. Rhoddai brodorion enwau Cymraeg a Sbaeneg arnynt hwy eu hunain.[85] Rhoddai'r Cymry enwau brodorol ar eu ceffylau.[86] Mae hynny o hybridedd lleiafrifol a nodir gan Eluned yn *Dringo'r Andes* ar delerau Cymreig: y paneidiau te a'r bara menyn, y capel, y cwrdd llenyddol, yr ysgol a'r eisteddfod:

> A buan y daeth yr hen frodorion i hoffi cwpaned o de a bara menyn Cymreig cystal a'r un Cymro yn y wlad. Ni fyddai'n beth dyeithr o gwbl gweled rhes o wynebau melynddu, astud mewn capel ar y Sul, neu gwrdd llenyddol, neu 'steddfod; a phan fyddai cwrdd te a chlebran, byddai yr un croeso wrth y ford i'r hen frodorion a phawb arall. Byddai ambell bennaeth yn gadael rhai o'r plant ar ol yn ngofal teulu Cymreig er mwyn iddynt fyn'd i'r ysgol, a buan y deuai'r crots i siarad Cymraeg rhigl; mewn llawysgrif nid oedd neb a'u curai, yr oedd eu dwylaw mor ystwyth a'u hamynedd fel y môr.[87]

Gosodwyd brodorion Patagonia mewn hierarchiaeth, yn cael eu trafod fel petaent yn fodau o fyd natur. 'Onid yw'r bychan melynddu, dyfodd fel blodyn gwyllt yn nghoedwigoedd yr Andes, ... onid yw yntau hefyd yn y byd ...?', gofynna Eluned mewn darn nodweddiadol o rethreg ddyngarol sy'n cynnwys, er hynny, hiliaeth ddiarwybod.[88] Mae i hyn ei debygrwydd yng Nghymru lle dychmygid y Sipsiwn gan Gymry, a'r Cymry gan Saeson, fel pobl synhwyrus yn trigo y tu hwnt i oleuedigaeth. Ond nid oes yn nisgrifiadau Saeson o Gymry ieithwedd hiliol fel 'melynddu', yr ansoddair a ddefnyddir gan y Cymry am y Sipsiwn yn ogystal ag am frodorion de America.[89] Gair ydyw a ddefnyddid yn y Gymraeg i ddynodi gwahaniad hiliol, ac yn benodol er mwyn sefydlu goruchafiaeth y gwyn mewn cyd-destun trefedigaethol.[90] Er gwaetha'r ymdrech yn y Wladfa i'w throsgynnu, mae hil yn hollbresennol.

I Eluned Morgan, ceid yn y Wladfa iwtopia daearol – gwahanol i uffern y Sbaenwr a'r Sais – lle y byddem 'ninau'r plant Cymreig yn cyd-chwareu mewn hwyl, heb freuddwydio am eiliad fod unrhyw wahaniaeth rhyngom ni a'n cymdeithion bychain melynddu.'[91] A rhyw nefoedd hefyd, oherwydd mae gan Eluned 'hyder yn gryf y caf weled miloedd o hen Indiaid Patagonia wedi croesi'r afon fawr yn ddiogel, i wlad lle nad oes na du na gwyn, dim ond praidd y nef ac un Bugail.'[92] Mae ei gweledigaeth lesmeiriol, freuddwydiol o drefedigaethedd Cymraeg yn cyflwyno'r genedl fechan Ewropeaidd fel bydwraig math newydd o gyfartalrwydd, un a fyddai'n rhyddhau'r Cymry hefyd o rwymau caethiwed gorthrwm ethnig.

Ac efallai mai dyna'r ffordd orau i esbonio trefedigaethedd Cymraeg. Apêl ffantasïol trefedigaethedd i grŵp lleiafrifol fel y Cymry yw ei fod yn eu dychwelyd i Eden eu cyflwr cynhenid, i Ynys Prydain cyn i'r Saeson ei meddiannau, a hwythau yn eu byd newydd yn Bobl nad ydynt o dan ormes mwyach.

Rhaid gweld yn hyn achyddiaeth y traddodiad deallusol Cymraeg, a holl ddylanwad ei elfen fwyaf creiddiol a hirhoedlog. Ar hyd eu hanes, gwelai'r Cymry eu hunain fel *brodorion*. Roedd yn naturiol felly iddynt ymddiddori yn hynt a helynt pobloedd frodorol: y Navaho, neu'r Maori, neu'r Teheulche. Roedd hynny'n tarddu o hen obsesiwn, sef i'r Cymry gael eu dietifeddu o Ynys fel y dietifeddid brodorion yr Amerig o gyfandir. Gwelent driniaeth Saeson o frodorion America yn debyg i'r driniaeth yr oeddynt hwythau wedi ei dioddef. Mae Iolo Morganwg yn nodi fod 'the Welsh language is viewed in a light similar to that wherein [the English] would view the Cherokee language'.[93] Cam bach fyddai troi hyn ar ei ben, ac i'r Cymry weld yn y 'Cherokee' a brodorion eraill Gymry. Pan ddaeth sïon i Gymru yn ystod twymyn chwyldroadol y 1790au fod y Madogwys wedi'u darganfod o'r diwedd, cydiwyd yn y gobaith milflynyddol am waredigaeth.[94] Cyhoeddwyd y newydd gan William Jones, Llangadfan, y 'Voltaire Cymraeg', mewn traethiad yn Eisteddfod Llanrwst yn 1791, 'To All Indigenous Cambro-Britons'.[95] Hunan-ddiffiniodd Iolo fel 'a Celtic Noble Savage'.[96] Brodor oedd pob Cymro yn y ddeunawfed ganrif. Tarddiad enw Cymdeithas y Cymmrodorion, a sefydlasid yn Llundain yn 1751, yw 'cyn-frodorion' neu 'briodorion' Prydain, a chyfeiriad amlwg at yr un drychfeddwl yw crëadigaeth enwocaf Iolo, ei ddihafal Orsedd Beirdd *Ynys Prydain* o barchus goffadwriaeth.

Yn yr ugeinfed ganrif, manteisid ar realiti fod llawer o ddiwylliannau brodorol America yn darfod amdanynt i roi tro yng nghynffon y metaffor a thynnu sylw at dynged y broydd Cymraeg. Roedd Waldo Williams yn 1934 wrth glodfori dyfeisydd sillwyddor yr Tsalagi (*Cherokee*), grŵp iaith Iroquois o dde-ddwyrain yr Unol Daleithiau ('Indiad o waed … A chreodd A B C yr Iroquois') yn ei gerdd 'Sequoya (1760–1843)' yn gweld brodorion America fel math ar Gymry, yn dysgu ysgrifennu heb gymorth gwladwriaeth.[97] Diddorol hefyd nodi'r tebygrwydd rhwng enw'r Tsalagi am ysgrifennu, sef 'dail siarad', a'i gyfrol, *Dail Pren*. Yn estheteg genedlaetholgar y broydd Cymraeg, ac yn wir mewn cenedlaetholdeb Cymraeg yn ehangach – yng ngherddi Bobi Jones ac Iwan Llwyd, a chanu Tecwyn Ifan, a nofelau Marion Eames – trafodid y syniadaeth frodorol yn helaeth, a'i chodi'n ddrych.[98] Er ei dychanu gan Endaf Emlyn yn ei gân, 'Saff yn y Fro' ('Ble mae'r Indiaid Coch? Ble mae'r Navaho?'),[99] erys ymysg ffantasïau mwyaf nerthol y meddwl Cymraeg modern.

Nid yw heb ei chefnogwyr academaidd ychwaith: yn ymdriniaeth Jerry Hunter â'r genhadaeth Gymreig i genedl y Tsalagi yn y 1820au a'r 1830au, *Llwybrau Cenhedloedd* (2012), awgrymir fod y cof am y Cymry fel brodorion yn ddylanwad ar ddau genhadwr Cymraeg yn eu safiad dros y genedl frodorol honno. Haerodd Thomas Roberts y dylid addysgu'r Tsalagi am Gristnogaeth drwy gyfrwng eu mamiaith, a phan rwystrwyd hyn gan Angloffoniaid Bwrdd Cenhadol Bedyddwyr yr Unol Daleithiau, nododd yn sarcastig yn *Goleuad Cymru*, gan ddwyn cymhariaeth rhwng dwy genedl frodorol: 'Bydded y Cymry yn ddïolchgar iawn i Dduw am nad yw y cyfryw fraint yn cael ei hattal oddiwrthynt hwy.'[100] Roedd ei gydymaith, Evan Jones, yn fwy ymroddedig fyth. Dysgodd yr iaith Tsalagi, cyd-ddioddefodd â'r Tsalagi ar y 'Llwybr Dagrau' wedi iddynt gael eu gyrru o'u mamwlad yn 1838, a chyhoeddwyd ei gylchgrawn cenhadol, *Tsalagi Atsinvsidv* (Negeseuydd Tsalagi), mewn Tsalagi yn ogystal â Saesneg. Erthygl fwyaf diddorol *Tsalagi Atsinvsidv* o safbwynt Gymreig yw 'An account of the ancient Welsh Baptists, and of the Introduction of Christianity into Wales' a gyhoeddwyd yn 1846, testun Tsalagi â theitl Saesneg a ysgrifennwyd gan Tsvsgwanuwodv ('Planced Hardd'), Cymro a Dsalagïeiddiwyd (Evan Jones ei hun?) fwy na thebyg.[101] Ei man cychwyn yw myth Ynys Prydain, a hanes y Cymry fel brodorion. Dywedir yno amdanynt: 'Aniwelitsi tsidanoseho' ('eu bod yn eu galw hwy'n Gymry'), ac ymhellach 'gohi gesv Anigilisi' ('hwy oedd y Prydeinwyr').[102]

Cenhadaeth y Cymry – cenhadaeth lleiafrifoedd bychain

Ddydd Mercher, 25 Ionawr 1826, angorodd y llong *Macquarie* yn harbwr naturiol Rapa-iti, ynys fechan sy'n 350 o filltiroedd i'r de-ddwyrain o'r tir agosaf iddi, sef ynys Raivavae, a'r tir olaf yn y rhan honno o Bolynesia cyn cyrraedd Antarctica. 'Yn fuan', nododd John Davies, cenhadwr yn Tahiti, 'daeth amryw gannoedd o'r trigolion o amgylch y llong, ac, fe allai, dri chant ar ei bwrdd; ond ni wnaethant ddim niwed, eithr yn unig *'matagitagi,'* (fel y dywedant hwy,) hyny yw, edrych o'u hamgylch.'[103] Dros y dyddiau nesaf, cadwai nodiadau ar sgrapiau o bapur, a chofnodi yn ei ddyddiadur sylwadau defnyddiol am blanhigion, daeareg, ymborth a'r hin, ac am y 2,000 o frodorion a oedd yn byw ar yr ynys ynghyd ag am eu hiaith, eu crefydd a'u harferion. Yr argraff a geir, ac a gadarnheid yn ei gyhoeddiadau wedyn, yw fod gan John Davies ddiddordeb mawr ym mhobloedd frodorol y Pasiffig.

Da hynny am mai ef oedd y cenhadwr cyntaf i gyrraedd yr ynys, ac oddieithr criw un daith fyrhoedlog i hel gwybodaeth a drefnodd ei hun, ef oedd y dyn gwyn cyntaf i dirio yno, a gosod baner gwareiddiad Ewrop ar y smotyn anghysbell hwn ynghanol y môr.[104] Dyma un o ynysoedd mwyaf diarffordd a phellennig y Môr Tawel. Cymerodd y fordaith o ynys Tahiti naw diwrnod, amser a dreuliodd John Davies yn myfyrio uwch copi o draethawd John Elias ar Gyfiawnhad a gludodd gydag ef ar y llong.[105] Wedi cyrraedd Rapa-iti, ni wastraffwyd dim amser. Ddydd Iau, 'y defnyddiau at adeiladu y Capel a gymerwyd i dir'.[106] Ddydd Sadwrn, dewisodd safleoedd ar gyfer ysgol ac ysgoldy. Ddydd Sul, dathlwyd y Saboth 'yn ol ein dull yn Tahiti'.[107]

Yn hyn oll, roedd bwriad y cenhadwr o Lanfihangel-yng-Ngwynfa, cyfaill brawd Ann Griffiths, yn eglur. Roedd Cymdeithas Genhadol Llundain, y gymdeithas genhadol a ddefnyddiai'r Cymry Anghydffurfiol ar y pryd, wedi sicrhau tröedigaeth llawer o boblogaeth Tahiti ar ôl ochri â'r teyrn cywir mewn rhyfel cartref.[108] O hafan ddiogel Tahiti, roedd modd proselyteiddio rhan go lew o'r Pasiffig. Gwnaed hynny ag arddeliad, weithiau â chanlyniadau cwbl ddinistriol. Rhaid amau seiliau moesegol y fenter. Dyna John Davies yn un peth yn trefnu cyn ei ymweliad fod cwch a fyddai yng nghyffiniau Rapa-iti yn cipio 'un neu ddau o'r trigolion i'r llong, a'u trosglwyddo i *Tahiti*', er mwyn iddo gael eu hastudio.[109] Fe'u gyrrwyd yn ôl wedyn er mwyn hysbysu pobl Rapa-iti fod y genhadaeth ar ei ffordd. Ond erbyn i John Davies gyrraedd yr ynys, tri mis ar ôl i'r brodorion gael eu dychwelyd, roedd amryw o benaethiaid Rapa-iti 'wedi meirw o glefyd trwm'.[110] Tybiodd yr ynyswyr mai 'dyfodiad y llongau yma a'u hachosodd', datganiad na chymerodd John Davies fawr ddim sylw ohono, ac aeth y genhadaeth yn ei blaen.[111] O fewn pedair blynedd, byddai tri-chwarter y boblogaeth yn farw.[112]

Cofnodir y cwbl yn ei lyfr rhyfeddol, *Hanes Mordaith y Parch. John Davies (Cenhadwr yn Ynys Tahiti,) i Ynysoedd Rapa, Raivavae, a Tupuai, yn Mor y Deau* (1827), un o lyfrau mwyaf brawychus, trawiadol ac arwyddocaol y Gymraeg, ac anhygoel yn wir yw iddo gael ei fwrw dros gof. Dogfen ydyw sy'n cofnodi'r 'cyswllt' cyntaf rhwng dynion gwyn a chenedl frodorol. Ond nid addasiad o'r Saesneg mohono, ond testun Cymraeg gwreiddiol sy'n olrhain amcan a gweithred Cymro Cymraeg ar ochr arall y byd, ac mae'n hynod Gymreigaidd o ran ei deithi meddwl.

Fel sawl peth arall sy'n cyffwrdd â'r genhadaeth Gymreig, mae'n cyfleu deublygrwydd sefyllfa. Mae i sylwadau di-ofal niferus John Davies sawr drefedigaethol, ac eto mae'n gwbl ddidwyll. Roedd John Davies am ddwyn brodorion Polynesia i mewn i'r byd modern er eu lles eu hunain. 'We have discovered them and in a sort have brought them into existence,' chwedl un o arweinwyr Cymdeithas Genhadol Llundain am bobloedd y Pasiffig.[113] Roedd gan y Cymro ddiddordeb brwd a gweithgar yn eu hieithoedd yn enwedig. Cyhoeddir yn *Hanes Mordaith* ychydig o eiriau Hen Rapaaeg, iaith sydd â llond llaw o siaradwyr erbyn hyn, ochr-yn-ochr â chyfieithiad ohonynt mewn Tahitïeg a Chymraeg, ynghyd hefyd â rhestr helaethach o eiriau Cymraeg, Tahitïeg a Ffijïeg.[114] Noda fod y pellter ieithegol rhwng siaradwyr ieithoedd Rapa-iti a Thahiti 'efallai, gymaint a thrigolion Llydaw oddi wrth y Cymry.'[115]

Peth rhyfeddol yw i ddeunydd o'r fath gael ei gylchredeg yn y Gymru uniaith yn 1827, ac mae'n tystio i rym y Gymraeg fel iaith fyd-eang ar y naill law, ac ymdeimlad y Cymry eu bod yn grŵp lleiafrifol ar y llall. Ond math trawsfeddiannol o hybridedd lleiafrifol a geir yn *Hanes Mordaith* John Davies, ffurf ar drefedigaethedd lleiafrifol mewn gwirionedd. Nid yw llais pobl Ynys Rapa-iti i'w glywed o gwbl ac eithrio fel ymestyniad ar ei lais yntau. Trasiedi o'r mwyaf fu ymyrraeth y gwareiddiad Cymraeg yn Rapa-iti ac eto nid aeth y cenhadwr yno â'r bwriad o wneud drwg.

Yn fenter fyd-eang, seilid cenhadaeth y Cymry ar anghydbwysedd grym rhwng trefedigaethwyr a'r trefedigaethedig. Nid oedd a wnelo â threfedigaethedd bob tro: gellir deall yr Inglis Côs, cenhadon yn Llydaw, ymdrechion i droi'r Iddewon at Gristnogaeth, ac yn wir cenhadu ymysg Cymry tlawd fel gweddau ar yr orchwyl Gristnogol, gyfanfydol hon. Ond yn y trefedigaethau Prydeinig, neu o fewn cylch dylanwad Prydain, y dôi i'w llawn dwf. Roedd ymerodraeth yn rhoi cyfle i'r Cymry genhadu, ac yn caniatáu iddynt gael y llaw uchaf. Nid dyna fuasai profiad y Cymry yn Lerpwl (y gymuned Gymraeg a fynnodd fod y Cymry yn sefydlu cenhadaeth annibynnol yn 1841), nac yng Nghymru ychwaith o ran hynny, a hwyrach mai rhan o apêl cenhadaeth oedd ei bod yn cynnig cyfle i leiafrif arfer grym. Roedd yn haws gwireddu dychmygion Cymry y tu allan i Gymru (wedi'r cwbl, nid oedd Cymru boliticaidd yn bod), ac mewn *terra incognita* gellid mynd â'r darfelydd Cymraeg i'r pen ar sail metaffiseg a gobaith.

Pennod 7

Nid anodd gweld pam na fyddai Cymry heddiw yn dymuno rhoi gormod o sylw iddi. Er iddi synio am wahanrwydd y byd mewn termau crefyddol, ceir arlliw o epistemeg hileiddiol (*racialized*) yr oes yn ei deisyfiadau, megis yn un o emynau Ann Griffiths:

> Caiff Hotentots, Goraniaid dua' eu lliw,
> Farbaraidd lu, eu dwyn i deulu Duw.[116]

Mae ystyr ddeublyg anochel i emynyddiaeth sy'n sôn fel y gwna Pantycelyn am 'gannu'r Ethiop', neu 'a ylch yr Ethiop du/ Yn lân fel eira gwyn', chwedl John Elias.[117] Er bod yr ymadrodd yn tarddu o gyfeiriad yn y Beibl at eu troëdigaeth (Actau 8), anodd eithriadol yw derbyn delweddaeth o'r fath heddiw. 'A newidia'r Ethiopiad ei groen?', gofynna W. J. Rees o'r Alltwen yn ei bamffled Cristnogol gwrth-hiliol a gwrth-drefedigaethol, *Dyn a'i Liw* (1946), cyn ateb ei gwestiwn rhethregol ei hun, 'Nid oes galw am ei newid.'[118]

Serch hynny, proffidiol yw ystyried pam y bu i'r Cymry fuddsoddi mor drwm, yn emosiynol, mewn gweithgarwch ar ochr arall y byd, ac arwyddocâd hyn o safbwynt y meddwl Cymraeg a'i effaith ar y diwylliant Cymraeg.

Yn gyntaf oll, golygai'r genhadaeth fod yn rhaid cydnabod amrywiaeth ethnig. Crëwyd diwylliant Cymraeg cyfan o'i chwmpas, yn rhan o'r hegemoni Anghydffurfiol, a bu'r byd defosiynol, llythrennog hwn gyda'i weithgarwch diwyd – pregethau, apeliadau, llyfrau, cylchgronau – yn rhan graidd o sut y byddai'r Cymro neu'r Gymraes gyffredin, ym Methesda neu Southport, yn synio am hil am ganrif dda. Yn wir, daeth capeli'n ganolbwynt math arbennig o amlddiwylliannedd Cymraeg.

Roedd y gwareiddiad Cymraeg yn endid rhyngwladol rhwng dechrau'r bedwaredd ganrif ar bymtheg a'r 1930au mewn ffordd mae'n anodd ei dirnad heddiw. Er cyflwyno delweddau ystrydebol a ffug-anthropolegol o'r Arall anwaraidd i gynulleidfa yng Ngwalia Wen, ymestynnai'r genhadaeth Gymreig law cyfeillgarwch i'r 'Anwar', gan ei barchu (ar brydiau) ar gownt ei wahanrwydd diwylliannol (sy'n gydnabyddiaeth gynnil o wahanrwydd y Cymry), ac nid yw o angenrheidrwydd yn ystyried y 'dieithr-ddyn' yn israddol. Mynegir y paradocs yn dda mewn rhigwm bychan ar ddechrau cyfrol genhadol W. Hopkyn Rees, *China, Chinaeg a Chineaid* (1907), cenhadwr a oedd yn byw yn Beijing:

> Mae'r Chineaid croen-felyn yn mhellder y byd,
> I blant Gwlad y Delyn yn frodyr i gyd.[119]

Nid yw'r genadwri yn gwbl wahanol i emyn enwog Nantlais, 'Iesu, Cofia'r Plant',

> Draw, draw yn China a thiroedd Japan
> Plant bach melynion sy'n byw[120]

gan fod yn ymhlyg yn y syniad o bellter annirnad ('yn mhellder y byd' a 'draw, draw') awgrym fod dyletswydd i achub cyd-ddyn er nad oes modd ei adnabod. Heddiw, ystyrir emyn fel 'Iesu, Cofia'r Plant' yn hiliol, ac mae'n wir fod 'croen-felyn' a 'melynion' *yn* hiliol, ond mae hefyd yn rhadlon yn ei frawdgarwch *tybiedig*.

Yn wir, gellid synio am genhadu fel gwedd ar gydraddoldeb hil gan fod pawb yn gyfartal gerbron Duw, a'r 'ethnig' yn cael ei hawl i glywed Efengyl Crist.[121] Ac yn nhyb rhai cenhadon Cymraeg o leiaf, gellid pwyso am gyfiawnder ar y ddaear hefyd, a meginid safbwyntiau gwrth-drefedigaethol hyd yn oed.[122] Byddai cyfnodolyn fel *Y Cenhadwr* yn herio rhagfarn lliw, fel y gwnaeth mewn erthygl flaen yn 1926, 'Problem Lliw', yn dangos plentyn du a phlentyn gwyn yn cusanu, gan ddatgan fod 'popeth hanfodol i ddyn, – rheswm, deall, teimlad, serch, ewyllys, cydwybod, fe'i ceir yn y Negro, fel yn y Cymro'.[123] Dywedid fod yr Efengyl 'yn torri trwy bob gwahaniaeth', ac adroddid yn *Y Cenhadwr* am gyfeillgarwch rhwng plant gwyn cenhadon a phlant du brodorion.[124] Buasai realiti goruchafiaeth y gwyn yn milwrio yn erbyn cytgord rhy ddedwydd, ond diau fod elfen o wirionedd yn yr honiad gan fod ffordd-o-fyw cenhadon yn hynod hybrid. Ym Mryniau Casia, er enghraifft, roedd y cenhadon yn byw ynghanol y gymuned, yn siarad Casi o ddydd i ddydd, a'u plant yn siarad Casi fel eu mamiaith yn aml ac yn mynychu ysgolion Casi.

Buasai hiliaeth noeth wedi gwrth-ddweud neges sylfaenol cenhadaeth, sef fod rhai pethau'n gyffredin, neu â'r potensial i fod yn gyffredin, i'r ddynoliaeth i gyd. Fel menter y Cymry ym Mhatagonia, ymgais oedd y genhadaeth gan grŵp lleiafrifol i ledaenu gwerthoedd cyffredinol. O ran crefydd yn hytrach nag iaith y gwnaed hynny a sianelid yr ymdrech trwy apêl at Gristnogaeth fel achubiaeth dynolryw.[125]

Felly, bu ymarweddiad Cymry yn adlewyrchu cymhlethdod eu cenedligrwydd, ac amhosibl yw dirnad y myrdd gyfeiriadau cynnil at hyn yn archif y genhadaeth Gymreig heb sylwi fod yma un bobl ddarostyngedig wedi mynd at eraill. Wrth gwrs, ni ddylid synio am genhadon o Saeson fel imperialwyr rhonc: roeddynt hwythau hefyd yn ymboeni am 'Aborigines'.[126] Ond ar draws y meysydd cenhadol, daw haneswyr i gasgliad cyffelyb. 'Welsh and English missionaries', chwedl cofiannydd David Griffiths, y cenhadwr Cymraeg enwog ym Madagascar, 'carried their cultural perceptions and agendas with them into the mission field.' Yn Madagascar, 'these differences predisposed them to view the indigenous Malagasy and thus their evangelical mission quite differently'.[127] Lluniodd David Griffiths ramadeg yn iaith y Malagasi, cyfieithodd y Beibl gyda chymorth Cymro arall, David Jones, a chyhoeddodd glasur nad yw wedi ei werthfawrogi'n llawn, *Hanes Madagascar* (1842).

Mae John Davies, Tahiti yntau'n ffigwr pwysig yn hanes ei wlad fabwysiedig. Cyfieithodd lawer o'r Testament Newydd a'r Salmau i iaith Tahiti, a chyhoeddi geiriadur a gramadeg Tahitïeg. Ar y cyd â dau Sais, cyfieithiasai hefyd yn 1801 gatecism i Dahitïeg, sef y testun cenhadol cyntaf i ymddangos mewn *unrhyw un o* ieithoedd brodorol ynysoedd Polynesia.[128] Nid oes ond dau gopi ohono yn y byd, yr un mwyaf cynhwysfawr mewn llythyr Cymraeg at Thomas Charles o'r Bala.[129] Yn nhalaith Mizoram yn yr India, lle bu gan y Methodistiaid Calfinaidd genhadaeth i bobl frodorol y Mizo, cyfieithodd y Cymry ar y cyd ag eraill rannau o'r Beibl, emynau a llyfrau addysgol.[130] Yn Tsieina, cyfieithodd Griffith John o Abertawe y Testament Newydd, a dywedyd am y cenhadwr pwysig, Timothy Richard o sir Gaerfyrddin, fod ei gefndir Cymraeg wedi ei wneud yn ymwybodol o 'the importance of language for shaping and preserving cultural identity.'[131] Roedd cenhadon o Saeson yn cyfieithu i ieithoedd brodorol hefyd, ond ymddengys diwydrwydd y Cymry yn hynod, a diau y gellid priodoli hyn yn rhannol i bwysigrwydd cyfieithu'r Beibl i'r Gymraeg a'r angen yng Nghymru am gyfieithiadau yn gyffredinol.

Bryniau Casia yn ucheldiroedd gogledd-ddwyrain yr India oedd cyrchfan y genhadaeth Gymreig fwyaf arwyddocaol. Pobl frodorol yw'r Casiaid, ac o ran nifer ei siaradwyr nid oedd yr iaith Gasi, iaith rhyw filiwn ac ychydig, yn gwbl wahanol i'r Gymraeg. Roedd eu cynefin wedi'i leoli yn un o gilfachau cefn yr ymerodraethau Ewropeaidd, fel Patagonia hithau ac o ran hynny Cymru. Diddorol meddwl am y wedd genedlaethol ar hyn oherwydd un rheswm y sefydlodd y Methodistiaid Cymreig eu cenhadaeth eu hunain oedd agwedd anghynnes Cymdeithas Genhadol Llundain at y Gymraeg wrth ddewis cenhadon, a'r amheuaeth nad oedd y gymdeithas 'fe allai, yn deall y Cymry yn llawn cystal ag y buasai yn ddymunol.'[132] Er mai'r Cymry a benderfynodd mai i'r Bryniau yr aent, mae lleoliad diarffordd eu maes cenhadaeth yn dweud llawer am eu lle israddol fel trefedigaethwyr yn y drefn drefedigaethol symbolaidd.

Ym Mryniau Casia, ailffurfiwyd diwylliant brodorol gan y Cymry yn ôl canllawiau goleuedigaeth: safoni iaith Gasi, ei chyfundrefnu yn unol ag orgraff y Gymraeg, llunio gramadeg a geiriadur, cyfieithu ysgrythur a throsi dysg o'r Gorllewin.[133] Hybridedd lleiafrifol oedd hyn, bid siŵr, yn wahanol i'r math o imperialaeth Angloffon sydd yn 'Minute upon Indian Education' (1835) Thomas Babington Macaulay a orfodai Saesneg ar frodorion, rhesymeg hynod debyg i un y Llyfrau Gleision.[134] Y flwyddyn honno hefyd, enillasai'r cenhadwr Alexander Duff o Calcutta ddadl hollbwysig yn Eglwys yr Alban a arweiniodd at flaenoriaethu Saesneg dros ieithoedd brodorol yn y genhadaeth Brydeinig yn yr India. 'The English language', meddai Duff, 'is the lever which, as an instrument, is destined to move all Hindustan.'[135] Ond catecismau Casi oedd cyhoeddiadau cyntaf Thomas Jones, cenhadwr cynta'r Methodistiaid Calfinaidd Cymreig ym Mryniau Casia, yn 1842, a chyfieithiad o *Rhodd Mam* (1811) John Parry yn un ohonynt.[136] Testun balchder oedd hyn i'r Cymry yng Nghymru (a Lerpwl) hefyd oherwydd cyhoeddwyd darn o gatecism Casi yn *Y Drysorfa* yn 1844.[137]

Roedd agweddau ieithyddol cenhadon y Methodistiaid Calfinaidd Cymreig yn rhwym o fod yn wahanol i rai'r Saeson ac Albanwyr Angloffon. Roedd y genhadaeth Gymreig wedi'r cwbl â'i phencadlys yn Lerpwl, cymuned a ddiffinnid gan ei defnydd o iaith leiafrifol mewn cymdeithas Saesneg. Ac eto, er gwaethaf y sensitifrwydd ieithyddol, nid yw safle ymylol y Cymry yn newid dim ar y ffaith fod yr wybodaeth a gyflwynid ganddynt yn rhedeg ar hyd rhigolau Ewropeaidd. Ac nid yw'n newid ychwaith fod y Cymry yn rhan annatod o'r gymuned Brydeinig, ac yn arddangos agweddau hiliol ar adegau, er eu bod yn ddirmygedig gan rai o Saeson y Bengal. Mae'n wir i Thomas Jones fynd yn lladmerydd dros hawliau'r Casiaid tua diwedd ei oes fer, a chael ei erlid gan yr awdurdodau Prydeinig lleol.[138] Ond cyn hynny roedd wedi derbyn llythyr o Lerpwl yn ei ddiswyddo am dramgwydd honedig. Rhan o'r Ymerodraeth Gymraeg, yn y dychymyg o leiaf, oedd Bryniau Casia.

Rhydd hyn oll ryw deimlad chwerw-felys i ymweliad U Larsing, brodor o'r Bryniau, â Chymru rhwng 1861 ac 1863 pan ganai benillion yn 'iaith y Cassiaid' mewn cyfarfodydd cenhadol.[139] Mae trawiad emosiynol cyfarfodydd o'r fath yn cynnwys awgrym, bron, fod y Cymry yn meddwl am y Casiaid fel math ar Gymry, neu fel pobl yn ateb rhyw angen seicolegol sydd ynddynt hwy eu hunain. Roedd y 'bachgen melynddu, serchog,' meddai tyst am U Larsing, 'yn canu emynau yn iaith ei fam ar hen donau Cymreig, nes yr oedd y miloedd yn wylo dagrau melus o gariad a diolchgarwch.'[140] Mae'r pwyslais ar iaith y trefedigaethedig yn rhan gyson, annatod o gywair emosiynol y cyfnod, ac adlewyrchiad ydyw o'r ffaith fod gan y Cymry iaith.

Nid oedd yr amlieithedd brodorol yn anghydnaws â gwleidyddiaeth y Gymraeg; yn wir, yn ei apêl at aralledd ethnig, roedd yn rhan ohoni. Yn Aberdâr yn 1880, cyrhaeddai darlithoedd y cenhadwr, E. 'Bombay' Edwards, eu huchafbwynt ac yntau'n 'siarad ac yn canu yn iaith yr Hindw, [ac] ymddangosai y gynulleidfa fel pe yn cael ei gwefreiddio gan yr acenion a'r swn dyeithriol.'[141] Mae'r elfen berfformiadol yn dweud llawer. Pan hyfforddwyd brodorion du yn genhadon yn y 'Congo Institute' ym Mae Colwyn, aeth ei sylfaenydd, William Hughes, ar daith o amgylch capeli'r Bedyddwyr â'r disgyblion yn canu mewn Cymraeg a Saesneg, ac yn eu hiaith frodorol.[142] 'Cymro du' oedd enw un 'negro o ganolbarth Affrica' ar lafar gwlad am ei fod yn medru Cymraeg 'yn rhydd'.[143] Yn Llanbryn-mair yn 1884, canodd 'gwnewch bobpeth yn Gymraeg'.[144]

Parhâi motiff y cenhadwr du yn y diwylliant Cymraeg am beth amser wedyn, megis yng nghofiannau gweinidogion.[145] Mae ei boblogrwydd yn awgrymu fod myfyrio ar y cyswllt rhwng 'y cyffredinol' (ymerodraeth, Cristnogaeth) a'r 'neilltuol' (diwylliannau lleiafrifol a ddiffinnir yn ôl hil, cenedl neu iaith) yn rhoi cyfle i'r Cymry archwilio tyndra rhwng dau begwn. Dethlid yn aml y 'fraint o weld achub y pentewyn hwn o wlad gynhenid y Dyn Du', fel y dywedodd D. J. Williams am Amos Brown, yr Affro-Americanwr yng Nghwm Tawe.[146] Yn yr India, mabwysiadodd cenhadon '[f]erch ieuanc Indiaidd', Gwen Nolini Williams, a ymwelodd wedyn â'r Lerpwl Gymraeg, gan ddod yn dipyn o seren yn rhengoedd y Methodistiaid Calfinaidd.[147] Enghreifftiau yw'r rhain o ymgais i Gymreigio gwleidyddiaeth ryngwladol Prydeindod ymerodrol, ac i roi gwedd Anghydffurfiol arni. Yn wir, ceir olion o'r un brwdfrydedd hyd heddiw, ac odid nad yw'r diddordeb Cymraeg cyfoes mewn gwaith dyngarol yn y Trydydd Byd, sy'n fwy creiddiol i'r diwylliant Cymraeg na'r diwylliant Saesneg (ystyrier Dolen Cymru Lesotho, er enghraifft), yn cynnwys awgrym fod y mudiad 'cenhadol', ar wedd seciwlar o leiaf, yn ei flodau o hyd.

Tystia cenhadaeth yn ei fersiynau crefyddol a seciwlar i berthynas Cymry â phobloedd ddarostyngedig. Tra bo'r Saeson yn cymell math ar drefedigaethu a sefydlai eu gwareiddiad hwythau yn wareiddiad grymusa'r byd, nid oedd yr opsiwn hwnnw ar gael i'r Cymry, ac o ganlyniad ceir pwyslais yn eu myfyrdodau mwyaf soffistigedig ar gyd-safiad lleiafrifoedd.

Yn y Gymraeg yr ysgrifennwyd y fersiwn lawnaf o hanes y genhadaeth, ond cafodd tair cyfrol swmpus *Hanes Cenhadaeth Dramor Eglwys Bresbyteraidd Cymru* (1988–90) eu hanwybyddu gan haneswyr Saesneg.[148] Collwyd cyfle felly i ddehongli ei gwaddol o safbwynt ôl-drefedigaethol fel y gwneir ym mhrosiect rhagorol Lisa Lewis, 'Deialogau Diwylliannol Cymreig a Chasi', sy'n ganolbwyntio ar theatr, ffilm a cherddoriaeth.[149] Trueni hynny oherwydd mae i'r genhadaeth ei harwyddocâd o ran Cymru amlethnig hefyd. Yn ei chyfnodolion y ceir rhai o'r disgrifiadau cyntaf o Gymry yn byw ochr-yn-ochr â Mwslemiaid, ac yn mynychu priodas neu ŵyl Fwslemaidd, er enghraifft yn y maes cenhadol yn Sylhet (rhan o Fangladesh erbyn hyn), a darllenid y cyfnodolion hyn ar aelwydydd miloedd o Gymry Cymraeg.[150]

Nid oes modd dirnad y bedwaredd ganrif ar bymtheg heb sylwi fod y Cymry yn synio amdanynt hwy eu hunain fel brodorion, lleiafrif ieithyddol a Phrydeinwyr. Cyd-blethiad yr ystyriaethau hyn a welid wrth i'r Cymry drafod ethnigrwydd. Ceir tuedd weithiau mewn astudiaethau Saesneg i ganolbwyntio ar yr elfen Brydeinig yn unig, ond nid yw hynny'n cyfleu cymhlethdod y sefyllfa o gwbl. Tuedd hanesyddiaeth Gymraeg yw gwneud fel arall. Mae hanesyddiaeth Gymraeg yn synio am y Cymry fel lleiafrif ieithyddol neu frodorion disodledig, ond mae'r byd academaidd Saesneg yn meddwl amdanynt fel rhan o fwyafrif gwyn. Mewn gwirionedd, roeddynt yn perthyn i'r ddwy garfan.

Ymddengys yn od heddiw y ceid gwladychu Cymraeg yn rhan o'r safiad dros leiafrifoedd, ond i Gymry ar yr pryd, nid oedd eu hawl i gyfanheddu lle mynnont mor wahanol â hynny i hawl dyn du i fod yn rhydd. Roedd a wnelo'r ddwy hawl â rhyddid yr unigolyn (mater sy'n goleuo llawer, hyd yn oed heddiw, ar holl oblygiadau'r syniad o 'hawl'). Roedd a wnelo hefyd â dymuniad deallusion Cymreig i genedl y Cymry fod gyfysgwydd â chenhedloedd Ewropeaidd eraill. Yn wir, i'r Cymry, roedd gwladychiaeth yr un mor debygol o fod yn rhan o wleidyddiaeth radical ag o adwaith. Roedd y byd Cymraeg yn amlethnig o'i gwr, ac ystyr lythrennol sydd i'r gair 'byd' yn y cyd-destun hwn, er i bobl ddu yng Nghymru gael eu hystyried yn hynodion gan lawer un.

Yn hyn oll, mae perthynas y traddodiad deallusol Cymraeg â thrafodaethau cyfredol am drefedigaethedd yn gymhleth. Ond prin yw'r ddirnadaeth o drefedigaethedd Cymraeg fel ffenomen sy'n wahanol i drefedigaethu Angloffon, ac sy'n haeddu ystyriaeth ddifrif ar ei thelerau ei hun.

Wrth wraidd y cwbl, roedd y Cymry yn gofyn pwy oeddynt mewn gwirionedd. Mewn sawl sefyllfa hanesyddol – wrth wrthsefyll caethwasiaeth, wrth sefydlu gwladychfeydd Cymraeg, ac wrth gynnal y genhadaeth Gymreig – gwelir yr un fframwaith syniadol yn codi i'r wyneb. Brodorion Ynys Prydain oedd y Cymry yn ôl eu chwedloniaeth, ac roedd eu deallusion yn cydymdeimlo â phobl ddu a brodorion, ac ar adegau yn uniaethu â nhw. Roedd y dyb hon wedi ei chymysgu blith draphlith â disgyrsiau Ewropeaidd a bwysleisiai epistemeg hil, ond ar yr un pryd roedd yn eu beirniadu ac yn eu dadadeiladu, megis o'r tu fewn. Drwy fuddugoliaeth radicaliaeth Anghydffurfiol y bedwaredd ganrif ar bymtheg, daeth yr ymwybod baradocsaidd hon yn rhan o'r brif ffrwd. Yn wir, i raddau helaeth, yr *ymdeimlad* hwn o fod yn lleiafrif sy'n esbonio natur ryddfrydol y diwylliant Cymraeg hyd heddiw, er bod gan ryddfrydiaeth yr effaith anfwriadol yn aml o gymathu'r Cymry oddi mewn i gyfanfydedd Eingl-Americanaidd.

Felly mae gwrth-drefedigaethedd fel cysyniad wedi bod yn rhan o'r meddwl Cymraeg ers 250 o flynyddoedd a mwy. Nid chwiw ddiweddar ydyw. Nid yw trafod y diwylliant Cymraeg o safbwynt syniadaeth ôl-drefedigaethol yn 'appropriation': datblygodd y syniadau hyn oddi mewn i'r gwareiddiad Cymraeg mewn modd cyfochrog â'u datblygiad mewn diwylliannau eraill, ac i ryw raddau yn annibynnol arnynt.

At gwestiwn enwog Gwyn Alf Williams, 'When was Wales?', mae'n rhaid ychwanegu un arall, sef 'Where is Wales?' A yw Cymru'n rhan o hegemoni'r Gorllewin ynteu yn ei gwrthsefyll? A yw Cymru yn y 'Global North' ynteu yn y 'Global South'? O safbwynt materol, rhan ddigamsyniol o'r Gogledd Byd-eang yw Cymru. Ac eto, mae'r archif Gymraeg yn trin y Cymry fel petaent yn y De. Gogleddol yw safon byw y Cymry, ond mae eu hontoleg yn ddeheuol. Cyfanheddwyr petrus deheubarth y gogledd, efallai.

Yn yr ugeinfed ganrif, yn sgil twf mudiadau dadgoloneiddio cryfion, rhoddid cyfeiriad newydd i ddisgwrs brodorion Cymraeg Ynys Prydain. A'r cwestiwn canolog oedd hyn. Os oedd pobloedd ddarostyngedig ar hyd a lled y ddaear yn dadgoloneiddio, oni ddylai'r Cymry, pobl frodorol Prydain a thrigolion 'trefedigaeth gyntaf Lloegr', wneud yn gyffelyb?

II

Mathau o orthrwm

Meddwl am Gymry gwyn fel cenedl ddu

Mewn cân ddadleuol gan y Trwynau Coch o'r 1970au, defnyddir y *N-word* am Gymry gwyn er mwyn tynnu cymhariaeth â phobl ddu. Mae'r Cymry 'wedi'u hisraddoli': 'ta beth eich barn, ta beth eich plaid, cofiwch am ...', ac yna daw'r *N-word* a'i ddilyn gan yr ansoddair 'Cymraeg'.[151] Yn y 1980au, mae Steve Eaves a'i Driawd hefyd yn defnyddio'r *N-word* i ddisgrifio Cymru. Gorchmynnir Cymro, 'tyd yma':

Pennod 7

> Dan ni angen rywun i roi sglein ar ein sgidia,
> Dan ni angen rywun i lanhau y toileda,
> . . . dos lawr ar dy linia[152]

Dyma un o'r canfyddiadau Cymraeg grymusaf am ethnigrwydd, sef fod y Cymry Cymraeg gwyn, ar lefel drosiadol o leiaf, yn ddu. Datblygiad yw'r ddadl o'r syniad mai tebyg yw profiadau Cymry Cymraeg a phobl dduon yn eu perthynas â Phrydeindod. Fe'i cyfiawnheir gan argyhoeddiad fod Cymru hithau'n drefedigaeth. Tuedd academyddion di-Gymraeg yw gweld yma ddylanwad cyfrol Michael Hechter am y gwledydd Celtaidd, *Internal Colonialism* (1975), gan mai yno, yn eu tyb hwy, 'the notion of "internal colonialism" [was] first put forward.'[153] Dadleua *Internal Colonialism* fod lleiafrifoedd cenedlaethol neu ethnig megis Affro-Americaniaid a'r Celtiaid wedi'u trefedigaethu gan y cenedl-wladwriaethau maent yn aelodau ohonynt.[154] Ond nid yn y 1970au y ganed y disgwrs hwn. Bu amwysedd yn y diwylliant Cymraeg ynghylch imperialaeth Brydeinig neu Seisnig o'r cychwyn un, ar y sail bod y Cymry yn cael eu gorthrymu ganddi hefyd, ac yn ystod y bedwaredd ganrif ar bymtheg, yng ngwaith Ieuan Gwynedd, Michael D. Jones ac Emrys ap Iwan, daeth yn feirniadaeth agored.

Roedd Michael D. Jones yn enwedig yn hoff o lunio cymariaethau uniongyrchol rhwng goresgyniad 'Hengist a Horsa . . . [a'r] Seison a'u canlynasant pan y daethant . . . o Germani' ar Ynys Prydain, a gorthrwm yr Ymerodraeth Brydeinig ar wledydd eraill.[155] Er enghraifft, dadleuodd yn 1887 fod 'boneddwyr y Senedd yn cynllunio rhyw lofruddiaethau mawrion trwyddedig er pan y daeth y Seison i Brydain o dan arweiniad Hengist a Horsa, o dan yr enw rhyfeloedd dros eu gwlad', ac wrth hyrwyddo eu hymerodraeth roeddynt yn cyflawni erchyllterau, megis torri pennau trigolion Burma a'u cludo 'fel sachaid o faip at y swyddogion, er mwyn eu hadnabod!!!', ac yn y Swdan roeddynt wedi llofruddio clwyfedigion ar faes y gad.[156]

Nid oedd modd crybwyll Hengist a Horsa fel hyn heb atgoffa'r gynulleidfa Fictoraidd am frad a dichell Saeson yn disodli Cymry Ynys Prydain, a dyma wraidd y syniad mai'r Cymry oedd y genedl gyntaf i'w threfedigaethu. Fel yr ysgrifennodd llythyrwr ym mhapur newydd y *Cambrian* yn ystod Rhyfel y Boer yn 1900, yr 'un oedd anian a rhesymeg y Sais yn y ddeuddegfed ganrif a heddyw, a'r un oedd ateb a phenderfyniad y cenedloedd bychain'.[157] Maes o law byddai'r Cymry yn dechrau meddwl am holl drefedigaethau'r Ymerodraeth Brydeinig yn y modd hwn. Arwydd o hynny yw bod cynifer o ddeallusion Cymraeg yn clodfori Mahatma Gandhi, arweinydd cenedlaetholdeb yr India, yn eu mysg Gwenallt, George M. Ll. Davies, Waldo Williams, Niclas y Glais a Saunders Lewis.[158] Ar sail gwleidyddiaeth o'r fath y ceid yr haeriad aml fod y Cymry Cymraeg, gan eu bod yn un o bobloedd ddarostyngedig yr Ymerodraeth Brydeinig, yn 'ddu'.

Yn ei stori fer hynod, 'Y Capten a'r Genhadaeth Dramor', sy'n adrodd hanes hen forwr o sir Benfro sy'n parablu 'mewn cymysgedd ryfedd o'r Ddyfedeg feindlos ac o Saesneg Port Said', mae D. J. Williams yn parodïo Cymry crefyddgar o anian ymerodrol ac yn awgrymu fod y Cymry, er eu bod yn wyn, hefyd yn ddu.[159] Dychan yw'r stori ar y math hwnnw o Genhadaeth Gymreig 'sy wedi safio'r British Empire ... a British Trade, a thrwy hynny safio Christianity', ac ar y Capten Cymraeg Prydeinig hwn sydd am ganu 'Bryniau Khashia' yn lle 'Bryniau Canaan' gan mai 'yr un yw'r *principle*, ac y mae e'n swno'n fwy *up-to-date*.'[160] Trefedigaethwr o'r iawn ryw yw'r Capten ac mae'n annerch criwiau ei longau am rinweddau'r genhadaeth:

> Yna, fe fyddwn i'n sôn wrthyn nhw am y blacs, cyn 'i hoelio nhw lawr wrth y Foreign Missionary, – blacs India, blacs America, a blacs Affrica; blacs du a blacs coch, ie, a blacs melyn China, hefyd, meddwn i wrthyn nhw. A blacs gwyn, cofiwch, meddwn i, wedyn. Wen nhw i gyd yn chwerthin 'Wa-wa'! bob tro wen i'n sôn oboutu'r blacs gwyn. Y blacs gwaetha'n y byd yw blacs gwyn, wen i'n gweud wrthyn nhw.[161]

Cael eich trefedigaethu yw bod yn 'blac' a düwch sy'n dynodi'r profiad o fod o dan orthrwm. Mae blacs du, blacs coch, blacs melyn a blacs gwyn. Y Cymry yw'r blacs gwyn, wrth gwrs.

Mewn testunau eraill hefyd, defnyddid hanes pobl dduon er mwyn cymell y Cymry i weld yn gliriach y 'gwirionedd' trefedigaethol am eu cenedl eu hunain. Yn *Tabyrddau'r Babongo* (1961) Islwyn Ffowc Elis, nofel gomedi am ddyddiau olaf trefedigaethedd

Prydeinig yn Kenya, mae helyntion ffarslyd Prydeinwyr yn fodd o atgoffa'r prif gymeriad, Ifan, am sefyllfa'r Cymry. Nid 'duon' yw'r Cymry: 'Pobol wynion ydi'r rheiny. Does arnyn nhw ddim isio rhyddid.'[162]

Mae barddoniaeth Bobi Jones yn ddifyr yn hyn o beth hefyd, gan fod disgrifiadau yn ei brydyddiaeth gynnar o'r Cymry fel pobl wynion yn cael eu disodli maes o law gan gyfeiriadau symbolaidd atynt fel pobl ddu. Yn ei gyfrol gyntaf un, *Y Gân Gyntaf* (1957), mae Bobi'n canu mai 'Angylion cnawd gwyn a ddygai weledigaethau', ac iddo ef, gwynder yw lliw rhywioldeb.[163] Yn *Rhwng Taf a Thaf* (1960), mae deuoliaeth ysgrythurol rhwng gwynder gwynfydedig a düwch aflan yn hollbresennol.[164]

Erbyn ei gyfrol ddiweddarach, *Man Gwyn: Caneuon Quebec* (1965), fodd bynnag, daw gwynder, yn symbolaeth eira y gaeaf hir, yn fwy sinistr a chynrychiola drefedigaethu'r dyn gwyn ar frodorion gogledd America. Dim ond pan fo eira gwyn yn dadmer y daw gobaith am waredigaeth wrth-drefedigaethol: 'A balch yw ôl ar eira, a'r eira'n toddi.'[165] Ceir myfyrdod wedyn yn 'Dawns y Du' yn *Yr Ŵyl Ifori: Cerddi Affrica* (1967) am ymweliad â'r Gambia, sydd yn ei arddeliad gwrth-drefedigaethol ac eironig o ystrydebau Affricanaidd yn debyg i *Tabyrddau'r Babongo*.[166]

Ond yn *Allor Wydn* (1971), ei gyfrol fwyaf gwrth-drefedigaethol, y daw'r tro ar fyd hollbwysig a chyplysir 'dadeni ethnig' cenhedloedd lleiafrifol, a'r gorthrwm sydd arnynt, â'r syniad o ddüwch. Gofynna'n syml mewn cerdd sy'n cyfeirio at Gymru, 'Adroddiad Answyddogol o'r Drefedigaeth Olaf (yn ystod 1967–9)': 'Ydy'r dyn gwyn yn cerdded drwy'r dre ddu?'[167] Mewn cerdd arall, 'Cylchdaith yn Nhrefedigaethau'r Gorllewin', daw syniad Seisnig hiliol y bedwaredd ganrif ar bymtheg fod y Celtiaid yn llai 'gwyn' na'r Tiwtoniaid o dan y lach, a thrinnir y Celtiaid fel hil ddarostyngedig, ac yn wir fel caethweision:

>Pa wareiddiad a lofruddiwyd?
>Pa dduon a gludwyd i'r gorllewin dros fôr
>Ac a wasgarwyd, heb nabod dim ar eu brodyr,
>Heb allu dychwelyd i'r cyfandir a roddodd iddyn nhw
>Enedigaeth?
>...

> Pwy ydy'r rhai hyn ... y rhai hyn? ...
> Y rhain ydy'r Celtiaid, fy mab.[168]

Arddelid motiff y Celtiaid du gan feirdd Cymraeg eraill, fel Gwyn Thomas sy'n sôn yn ei gerdd, 'Cymry', yn *Chwerwder yn y Ffynhonnau* (1962), am:

> Barbariaid cecrus du ym Mhrydain
> Yn adeiladu iaith, ac yn dysgu mwytho gair.[169]

Mae'r llinellau hyn yn dychwelyd at fyth Ynys Prydain a'r syniad o'r Cymry fel 'barbariaid' brodorol, ac wrth wneud hynny, mae'n defnyddio'r triongl syniadol sy'n codi mor aml yn yr archif Gymraeg, sef Cymry, brodorion a phobl ddu. Dyna'r sail hefyd mewn cerdd ôl-drefedigaethol, 'Sbaeneg Párk Sinema', ar gyfer honni y gallai Cymry gwyn fod yn ddu. Ynddi, mae gwylio ffilm ym Mlaenau Ffestiniog am wrthryfel yn America Ladin yn fodd i hogiau'r dref ('Nyni, wynion y niwl a'r oerni') newid lliw croen yn eu meddwl eu hunain, a throi'n wrthdrefedigaethwyr pybyr:

> Brown ac olew o wedd
> Oeddem ni, am dipyn, yno
> Yn dioddef yn y mynyddoedd
> Cyn codi i goncro'r *gringo*.[170]

A hwythau ymhlith y darostyngedig a'r gorthrymedig, gallai'r Cymry fentro o fynyddoedd Meirion i drechu *gringo* Prydain, y Sais trefedigaethol.

Yn y meddylfryd cenedlaetholgar hwn, roedd yn naturiol i'r Cymry arddel cenedlaetholdeb du milwriaethus fel pe bai'n wedd ar eu cenedlaetholdeb eu hunain. Yn ei *tour-de-force* gwrth-imperialaidd, 'Jezebel ac Elïas' yn *Gwreiddiau* (1959), mae Gwenallt yn datgan, 'Caseais hi, y Jezebel Brydeinig', ac mae'n canmol cenedlaetholdeb du:

> Gwell gan ieuenctid deallus y ddau Ddwyrain
> Yw Mahomet na Mamon, Bwda na duwiau busnes,
> Y diwylliant du na'r snobrwydd gwyn

ac yn dathlu bod y 'Jezebel Brydeinig yn ymddatod heddiw',

> Gymal oddi wrth gymal ac asgwrn oddi wrth asgwrn,
> Yn Asia, Affrica, yr Alban a Chymru;[171]

llinellau sy'n gosod cenedlaetholdeb y gwledydd Celtaidd yn yr un pair gwrth-drefedigaethol â gwledydd yr Ymerodraeth Brydeinig. A'r un neges sydd gan Niclas y Glais yn *Canu'r Carchar* (1942) pan mae'n canu

> Yr un yw'r baich ar ysgwydd gwerin Cymru
> Â'r baich sy'n llethu'r Indiaid du yn llwyr[172]

Parheid â'r cymariaethau yn ystod adferiad cenedlaetholdeb Cymreig yn y 1960au a'r 1970au. Ysbrydolid y mudiad iaith gan frwydr hawliau sifil yr Affro-Americaniaid.[173] Cyfeiria T. J. Davies yn ei gofiant Cymraeg hynod boblogaidd, *Martin Luther King* (1969), at 'wroldeb ac argyhoeddiad' Cymdeithas yr Iaith, 'a gobeithiaf y bydd trafod ffordd Martin Luther King yn gyfraniad i'r drafodaeth ynglŷn â'r dulliau di-drais yr awgrymir y dylid eu defnyddio yng Nghymru'.[173] Ceid hefyd haeriadau megis gan y cenedlaetholwr adnabyddus, Robyn Lewis, yn 1967 fod hawliau yn cael eu gwarafun 'sydd lawn mor elfennol i Negroaid a Chymry Cymraeg yn ein dyddiau ni.'[174] A chydiodd yr athronydd J. R. Jones yn *Gwaedd yng Nghymru* (1970) yn nadleuon cenedlaetholwyr du America o blaid Talaith Ddu er mwyn cryfhau'i alwad am 'droedle' tiriogaethol i'r Cymry Cymraeg, a thrwy hyn fe'i cynorthwyid i osod seiliau deallusol ar gyfer y 'Fro Gymraeg'.

> Y mae arwyddion eglur fod y Negro Americanaidd, er enghraifft, yn dechrau sylweddoli nad digon ei intigreiddio i gymdeithas y dyn gwyn, er gwarantu i'w ryddid a'i urddas bob gwarchodaeth drefniadol a chyfreithiol. Y mae hi'n dechrau gwawrio arno na sicrheir iddo fyth sylfaen ddiogel i'w freiniau onis tynnir allan o lifeiriant y troetryddid Americanaidd a rhoi iddo *ei dir ei hun o dan ei draed* – troedle mewn Talaith Ddu yn rhywle ar dir ei wlad.[175]

Adwaith oedd delfryd y Fro Gymraeg i'r ffaith fod y Cymry yn cael eu dad-diriogaethu. Roedd eu tir yn cael ei ddwyn oddi arnynt, megis mewn caethglud symbolaidd. A dyma agor y drws ar gyfer defnyddio diwylliant du, a oedd hefyd yn 'ddadwreiddiedig', i ddathlu diwylliant Cymraeg yn fwy cyffredinol. Mewn reggae ar albymau megis *Tacsi i'r Tywyllwch* (1977) a *Fflamau'r Ddraig* (1980), coleddai Geraint Jarman genedlaetholdeb du rastaffaraidd.[176] Daeth 'Ethiopia Newydd', cân apocalyptaidd am barhad y gwareiddiad Cymraeg, yn anthem fythgofiadwy. Amlygiad arall ydyw o'r triongl syniadol Cymreig sy'n ymorol am iaith a'r brodorol yng nghyd-destun diwylliant du (mae Rastaffariaid yn rhoi pwys neilltuol ar Affrica fel crud eu diwylliant), a cheir asiad o ddyheadau milflynyddol Cymry a phobl dduon, a gobaith o ddianc rhag hualau goresgyniad a sefyllfa amhosibl.[177] Defnyddiwyd diwylliant du er mwyn archwilio amwysedd meseianaidd cenedlaetholdeb Cymraeg.

Yn wir, mae cyfeiriadau o'r fath yn llethol hyd at y 1990au. Caiff llawer o'r syniadau hyn am genedlaetholdeb Cymreig a chenedlaetholdeb du eu dwyn ynghyd mewn llenyddiaeth; er enghraifft mewn nofel wleidyddol sy'n trafod heddychiaeth, y mudiad iaith a'r mudiad hawliau duon yng Nghaerdydd, *Angel heb Adenydd* (1971) gan W. J. Gruffydd (yr Archdderwydd Elerydd, nid y bardd a olygai'r *Llenor*). 'Fydd Cymdeithas yr Iaith yn ddim ond chwarae plant yn ymyl y Cynghrair Du', medd un cymeriad.[178] Nofel debyg yw *Bod yn Rhydd* (1992) Harri Pritchard Jones am Gymro du radical yn y carchar sy'n cyfaddef fod ''na wynion teg ... a gwynion wedi bod dan orthrwm fel cenedl y creadur 'na [Gwyddel] sy'n dal i ganu ... hyd yn oed y bechgyn iaith 'na.'[179] Manteisio ar fotiff llenyddiaeth garchar ymgyrchwyr iaith a wna *Bod yn Rhydd*, ac yn fwyaf arbennig *Yma o Hyd* (1985) Angharad Tomos, lle mae'r prif gymeriad, Blodeuweddd, yn ymbil o'i chell carchar na fydd yn y Gymru Rydd 'neb i harthio arna i "SPEAK ENGLISH"'.[180] Dywed fod Saeson yn ei galw wrth y *N-word* yn y Gymru drefedigaethedig: honiad anghywir, ond motiff yn y cyfnod. Ceir cymhariaeth rhwng y ddau genedlaetholdeb hefyd ym marwnad deledu Gwyn Thomas i Martin Luther King, 'Cadwynau yn y Meddwl', sy'n terfynu â'r geiriau 'Oblegid eich plant' gan ddwyn i'r cof y llinell anfarwol, 'i'w thraddodi i'm plant, ac i blant fy mhlant', sydd yn *Buchedd Garmon* (1937) Saunders Lewis.[181]

Pennod 7

Ond dichon mai gan Bobi Jones yn ei gerdd bwysig, 'Gwlad Llun', o'r gyfrol o'r un enw, y ceir y mynegiant mwyaf trawiadol o'r syniad fod y Cymry'n ddu, a hynny am eu bod yn siarad iaith leiafrifedig:

> Pan wyf yn gwisgo'r iaith hon
>   rwyf yn ddu,
> yn fuchudd, a geilw'r ymwelwyr fi
>   'boi',
> ac yr wyf yn rhoi cusanau
>   du.
> ...
>
> Rwyf am fod yn geto
>   pan fydd
> yr aelodau llafur yn dweud
>   mai iaith y sinc
> yw fy meddwl mewn iard gefn,
>   ac mai ystadeg
> wyf a'm gwaed yn ddu, ddu, ddu
>   fel fy ngheg;
> ac yr wyf yn rhoi cusanau
>   du.
> ...
>
> Dim ond f'esgyrn sy'n wyn,
>   ac mae
> arnynt hwy eu dogn o gywilydd dygn.
>   Dim ond
> bara menyn wyf yn y diwedd, medd y
>   sosialwyr;
> ond yr wyf yn rhoi c! u! s! a! n! a! u
>   du.[182]

Cymry 'gwyn du' ynteu brodorion trefedigaeth fewnol

Os ydynt yn 'ddu', hawdd gweld y Cymry fel lleiafrif ethnig mewn cyfundrefn ormesol, ac mae hyn wrth reswm yn cyfiawnhau gwrthsafiad ganddynt ac yn rhoi iddo dinc cyfiawnder yn lle culni ethnig.

Mae düwch symbolaidd y Cymry yn golygu fod modd cyflwyno eu brwydr fel un sydd o blaid y darostyngedig ymhob cwr o'r byd. Sonia Ned Thomas yn *The Welsh Extremist* (1971) am 'our ready identification with subject peoples everywhere'.[183]

Nid amhriodol felly tynnu sylw at hynny o dystiolaeth fod y Cymry yn medru wynebu profiadau tebyg i leiafrifoedd ethnig. Yn ôl y bydolwg hwn, ffurfiai'r Cymry grŵp cymdeithasol sy'n dioddef anfantais ethnig o ganlyniad i drefedigaethu mewnol. Ecsbloetia craidd y Wladwriaeth Brydeinig, sef Lloegr, ei chyrion, sef y gwledydd Celtaidd, mewn modd sy'n cryfhau gafael grŵp ethnig goruchafol ar un darostyngedig.[184]

Nid oes angen 'lliw' ar gyfer camwahaniaethu o'r fath meddai Hechter, a dywed yn *Internal Colonialism* fod 'the conflicting "ethnic" groups in the British Isles, that is to day Anglo-Saxons and Celts, cannot be differentiated by *color*. Despite this, however, racism came to full flower there, as well'.[185] Enghraifft eithafol o hynny yw cyfeiriad a ddyfynnir yn *Internal Colonialism* o hanesydd o Gaergrawnt yn y bedwaredd ganrif ar bymtheg yn sôn am Wyddelod fel 'white chimpanzees'.[186] Ond hyd yn oed pe diystyrid sylwadau hiliol o'r fath, nid anodd gweld sut y gallai grŵp ethnig goruchafol mewn gwladwriaeth amlgenedl fel y Deyrnas Gyfunol ddefnyddio'i rym er mwyn peri anfantais strwythurol i bobloedd fel y Gwyddelod, ac i raddau llai y Cymry. Yn ôl Hechter, nid yw'n gwneud synnwyr i haeru nad oes modd i wlad yn Ewrop fod yn drefedigaeth fewnol gan fod perthnasau grym yn bodoli rhwng grwpiau ethnig oddi mewn i Ewrop yn ogystal ag oddi allan iddi. Derbynia er hynny fod y math o drefedigaethu a geid y tu allan i Ewrop yn llawer mwy garw.[187]

Hwyrach mai mewn broydd Cymraeg y gwelid ôl trefedigaethu mewnol ar ei gliriaf erbyn yr unfed ganrif ar hugain gan fod ymwthiad grŵp iaith mwyafrifol i diriogaeth newydd, a haenu ethnig ym maes cyflogaeth ac yn y farchnad dai, yn dod ynghyd. Ar sail cyfrifiad 1981, cyfeiria *Language Planning and Language Use* (2000) Glyn Williams a Delyth Morris, yr astudiaeth gymdeithasegol orau o'r Gymraeg, at 'wahaniad diwylliannol' (un o dermau mawr *Internal Colonialism* hefyd) mewn patrymau cyflogaeth yng Nghymru rhwng 'siaradwyr Cymraeg' (a'r di-Gymraeg o Gymru hefyd o ran hynny) a'r 'sawl nas ganed yng Nghymru', gyda'r dyfodedigion yn fwy breintiedig: 'the non-Welsh-born were proportionally over-represented in professional and managerial categories as well as in the supervisory categories. In contrast Welsh speakers are over-represented in the unskilled, semi-skilled and agricultural categories.'[188] Cadarnhawyd y patrwm mewn astudiaeth benodol o ogledd-orllewin Cymru yn 1981, ac mewn astudiaeth debyg yn 1991.[189] Mewn astudiaeth arall, yn seiliedig ar gyfrifiad 2001, dangoswyd fod siaradwyr Cymraeg yng Ngwynedd yn cael eu tangynrychioli mewn swyddi proffesiynol, a chyflogaeth megis rheolwyr ac uwch swyddogion, sef yn 'y tri dosbarth cymdeithasol uchaf'.[190] Hefyd yr oedd cyswllt rhwng difreintedd a'r iaith frodorol a adlewyrchid gan haenu daearyddol: yn ardaloedd mwyaf difreintiedig Gwynedd, yr oedd 79% ar gyfartaledd yn siarad Cymraeg, ond roedd y ffigwr yn gostwng i 50% yn yr ardaloedd mwyaf ffyniannus.[191] Roedd y patrwm o ran cyflogaeth i'w weld yng nghyfrifiad 2011 hefyd.[192]

Byddai rhai'n dadlau fod democratiaeth yn gwneud damcaniaeth trefedigaethu mewnol yn anachronistaidd er hynny.[193] Gallai'r Cymry bleidleisio i ymadael â'r Deyrnas Gyfunol, ac ni fyddai'r Saeson yn eu rhwystro. Ond pe cytunid â Michel Foucault mai trais yw sail gudd pob perthynas rym, anodd gwadu nad yw'r Sifig Brydeinig (ac yn ei sgil y Sifig ddatganoledig Gymreig) wedi'i seilio yn ei wraidd ar drais ffurfiannol y Goncwest, a oedd yn goncwest *ethnig* ar y Cymry.[194] Nid hawdd dileu effeithiau trawmatig a therfynol digwyddiad cataclysmig o'r fath. Parhâi'r Cymry (nid Cymru, efallai) yn drefedigaeth fewnol wedi 1536 a 1542 er i'r Deddfau Uno gynnig dinasyddiaeth Seisnig iddynt, a nodwedd ar y ddeddfwriaeth yw iddi sefydlu Saesneg yn iaith gyhoeddus Cymru.

Gellid dadlau hefyd, hwyrach, nad yw Cymru yn drefedigaeth fewnol heddiw oherwydd datganoli: ni phenodir Aelodau Seneddol o Loegr i arfer grymoedd dirprwyedig yng Nghymru ar ran Llywodraeth San Steffan fel yn nyddiau'r Swyddfa Gymreig cyn 1997. Ond o safbwynt ardaloedd Cymraeg, nid yw'r broblem wedi'i datrys, ond yn hytrach symudwyd ei ffocws daearyddol. Craidd y wladwriaeth Angloffon erbyn hyn yw Caerdydd, a chaiff cyrion Cymraeg gogledd a gorllewin Cymru eu hecsbloetio ganddi (er enghraifft trwy dynnu ohonynt eu cyfalaf dynol pwysicaf, pobl ifanc Gymraeg). Ceir trefedigaethedd mewnol o'r newydd ond oddi mewn i'r wladwriaeth Gymreig ei hun y tro hwn.

Ond nid y broydd Cymraeg yw'r unig ranbarth yng Nghymru lle ceir poblogaeth leiafrifol sylweddol. Mae pobl ddu ac Asiaidd wedi crynhoi mewn rhannau difreintiedig o ddinasoedd yn aml, tuedd a welir gliriaf o gymharu de Caerdydd dlawd ac amlethnig â gogledd Caerdydd gefnog a mwy gwyn. A dyma godi cwestiwn hollbwysig. A yw'r crynhoad ar Gymry Cymraeg a lleiafrifoedd ethnig mewn ardaloedd 'tlawd' penodol yn tystio i brofiad cyffredin o drefedigaethu mewnol?

Dadl y gyfrol hon yw fod y gymhariaeth hon yn un ffug. Nid yr un ffenomen yw'r trefedigaethu mewnol ar Gymry'r broydd Cymraeg a hiliaeth yn erbyn pobl ddu. Dychmygid y Cymry gwyn weithiau fel 'hil', ac mewn rhai ffyrdd mae camwahaniaethu 'ethnig' yn parhau, ond nid yw'n dod o'r un gwraidd â'r rhagfarn yn erbyn pobl ddu. Ymhellach, fel y dadleuir drwy gydol y gyfrol hon, mae'r gymuned Gymraeg yn gymuned amlethnig ac amlhiliol, ac felly ceir Cymry Cymraeg du. Mae llawer wedi profi hiliaeth o fewn y gymuned Gymraeg, ac er mwyn i hynny fod yn bosibl, mae'n rhaid, yn epistemegol, fod y camwahaniaethu yn erbyn grŵp iaith brodorol, a'r camwahaniaethu yn erbyn pobl ddu, yn wahanol.

Fodd bynnag, rhagfernir yn erbyn y grŵp Cymraeg gwyn yn ogystal, a rhaid esbonio sut mae hyn yn bosibl. Pam fod trefedigaethu mewnol yn digwydd mewn modd sy'n effeithio ar diriogaethau Cymraeg? Pam y ceid hileiddio ar Gymry gwyn yn y gorffennol, a pham fod ôl rhagfarn ethnig ar rai disgyrsiau gwrth-Gymraeg o hyd? Mater cymhleth yw hwn sy'n deillio o hanes diwylliannol Prydain, ac mae mawr angen astudiaeth fanwl o ragfarnau gwrth-Gymreig yn y diwylliant Seisnig i'w esbonio'n iawn. Ond, yn betrus, awgrymwn fod a wnelo hyn hwyrach â hanes y Cymry fel 'brodorion' Prydain. Yn un peth am fod brodor cyntefig yn beth cywilyddus yng ngolwg mwyafrif goleuedig, ond hefyd am y cwyd gwestiynau seicolegol anghynnes am berchnogaeth Ynys Prydain. Diau fod a wnelo 'trefedigaethu mewnol' â rhesymau materol hefyd, sef y math o ddatblygu economaidd anwastad sy'n cloffi'r cyrion. Ond mae hynny hefyd yn cadarnhau'r dynodiad brodorol. Dietifeddwyd y Cymry o'r Ynys ac o'i thiroedd mwyaf ffrwythlon, a elwid yn 'Lloegr', ac wrth i gyfoeth grynhoi yn y tiroedd llydain hynny gyda'u hamaethyddiaeth ac economi lewyrchus sy'n agos at farchnadoedd y cyfandir, fe'u gadewid ym meddiant yr ucheldiroedd tlawd yn unig. Dim ond yn nhiroedd llwm, mynyddig y gorllewin y buasai modd i'r hunaniaeth frodorol oroesi.

Nid dadl ynghylch geneteg yw hyn, a derbynnir y gallai poblogaeth Gymraeg 'Lloegr' fod wedi'i chymathu yn hytrach na'i disodli neu'i lladd yn ystod yr Oesoedd Canol Cynnar. Ond dengys crebachiad graddol tiriogaethol y Brytaniaid a'u corlannu terfynol yng Nghymru nad yw lleoliad daearyddol grwpiau iaith yn fympwyol. Mae a wnelo tlodi'r Cymry â'u preswylfa ddaearyddol ac felly â'u disodliad fel pobl frodorol Ynys Prydain. Nid oes perthynas rhwng bod yn 'frodorol' a thras ethnig. Nid oes cyswllt rhwng bod yn 'frodorol' a safbwynt hiliol ffasgwyr Seisnig mai 'brodorion' Prydain yw ei gwynion. I'r gwrthwyneb. Mae Cymry du yn perthyn i'r genedl frodorol lawn cymaint â Chymry gwyn. 'Pobl' yw'r Cymry a ddiffinnir trwy iaith ac nid hil. Mae statws y genedl frodorol ynghlwm wrth barhad y grŵp iaith, ac amodau ei ddisodliad hanesyddol, yn hytrach felly nag wrth darddiad ethnig neu gefndir genetaidd unigolion.

Cymry 'gwyn du' ynteu lleiafrif o dan oruchafiaeth yr Angloffon

Gellir canfod peth tebygrwydd rhwng Cymry gwyn a rhai lleiafrifoedd ethnig mewn rhai amgylchiadau er hynny, er enghraifft yn Lloegr ar brydiau lle mae'r Cymry yn lleiafrif ethnig eu hunain. Nid yw hynny'n amhosib yng Nghymru ychwaith os yw'r 'Cymry' yn lleiafrif bychan mewn dinas neu dref y tybid ei bod rywsut yn 'anghymreig'. Lle felly ar ddechrau'r ugeinfed ganrif oedd Caerdydd. Nid oedd yn Seisnig yn yr un ffordd â Bryste, dyweder, fel y tystiai ei bywyd Cymreig helaeth, ond roedd yno hefyd beth ymagweddu haerllug at Gymry nad yw'n gwbl annhebyg i'r hyn a geid yn Lloegr, megis yn Lerpwl. Ffenomen wahanol oedd hon i'r hiliaeth arw a wynebai poblogaeth ddu Caerdydd. Ond tynnid cymhariaeth weithiau rhwng rhagfarnau gwrth-Gymraeg a'r math o ragfarn a wynebai tramorwyr gwyn yn y ddinas.

Yn ei hunangofiant trawiadol, *Tyfu'n Gymro* (1972), cyfeiria W. C. Elvet Thomas yn ysol at y rhagfarnau gwrth-Gymraeg a brofai fel plentyn yn Nhreganna yn y 1910au a'r 1920au pan y'i trinnid fel pe bai'n dramorwr. Cafodd ei daro unwaith gan oedolyn am chwarae yn y stryd yn Gymraeg.[195] Iaith sy'n gosod Elvet Thomas ar wahân i'r gymuned Angloffon oruchafol, 'yn Gymro bach uniaith yng nghanol haid o Saeson.'[196] Yn yr ysgol, mae'n tybio i'r arwahanrwydd hwn (nid yw'n 'Sais') gymell plant o gefndiroedd lleiafrifol eraill i glosio ato, megis y bachgen o gefndir Sbaenaidd a synhwyrodd 'fy mod innau fel yntau yn wahanol i'r rhelyw o'r plant. Gofynnodd i mi, yn Saesneg, wrth gwrs, o lle'r oeddwn i'n dod'.[197] A dyna mae'n ei honni hefyd am yr Iddewon Uniongred o wlad Pwyl a oedd yn byw drws nesaf iddo:

> Newydd-ddyfodiaid o'r cyfandir oeddynt hwy. Ni wyddent ddim am Gymru ond sylweddolent nad Saeson oeddem, ac yn rhinwedd hynny teimlent, rwy'n credu, ryw 'agos-atrwydd' tuag atom. Roeddem ni hefyd, er ein bod yn ein gwlad ein hunain, yn bobl ar wahân, yn estroniaid yn y gymdeithas – os cymdeithas hefyd – yr oeddem yn awr yn byw ynddi.[198]

I Elvet Thomas, a llu o 'Gymry Caerdydd', lleiafrif oedd y Cymry Cymraeg a wynebai elyniaeth oherwydd eu cefndir.

Yn y Gymru sifig, ddatganoledig, nid yw'r casineb mor gyffredin, ond fe'i ceid yn gyson yn yr ugeinfed ganrif mewn sefyllfaoedd dad-diriogaethedig, ac un o'r enghreifftiau gorau o hyn yw'r carchar. Dieithryn yw'r Cymro yn ei wlad ei hun i'r bardd o Gomiwnydd, T. E. Nicholas, a garcharwyd yn Abertawe yn ystod yr Ail Ryfel Byd ar gyhuddiadau gwleidyddol ffug. Ar yr wyneb, cerdd am dramorwyr yw 'Yr Estron':

> Neb yn y lle yn medru iaith yr estron,
> Dim câr, dim cyfaill onid ef ei hun ...
> Ceisio mynegi ei neges i'r swyddogion,
> A hwythau'n fudan ac yn ysgwyd pen.[199]

Mae'n anodd coelio er hynny nad cyfeiriad at y Cymry Cymraeg sydd yma hefyd, ac yn wir '(Dosbarthwyd ni yn Abertawe gyda'r estroniaid)' yw is-deitl cerdd garchar arall, '"Alien"'. 'Nid wyf ond estron,' meddai Niclas, 'Myfi a garodd bopeth Cymru wen':

Pennod 7

> Y swyddog Sais, gwâd ef fy hawl i'r famwlad,
>   A dyd 'Estronddyn' eglur ar fy nghell;
> A'r Cymro yn ei wae yn fab amddifad
>   Am feiddio sôn am wneuthur Cymru'n well.
> 'Rwy'n ddyn heb wlad na neges dan y lloer
> Ond dyfal gerdded hyd y lloriau oer.[200]

Yng ngolwg Niclas, lleiafrifoedd ethnig a Chymry Cymraeg yw'r ddau 'Alien' yn y gymdeithas Brydeiniedig yng Nghymru. Gan hynny, mae'n cydymdeimlo â phobl dduon: yn ei gerdd garchar, '"Du ydwyf, ond Prydferth"', mae'n clodfori 'negro' a weithiai gydag ef yno fel un 'prydferth megis ebon'.[201] Yn y dystopia hwn, cosbir y Cymry am wrthsefyll y Wladwriaeth Brydeinig, a daw'r carchar yn ffurf arall ar drefedigaeth fewnol. Ond yma hefyd, mae perthynas ddeublyg y Cymry â threfedigaethu yn dod yn amlwg. Yn y carchardai amlethnig ac amlgenedl hyn, mae ymddieithriad yn cael ei fynegi yn aml ar ffurf hiliaeth, gan gynnwys hiliaeth y Cymry yn erbyn lleiafrifoedd ethnig, thema a archwilir yn nofel led-hunangofiannol Gwenallt, *Plasau'r Brenin*.[202]

Ceid hefyd fathau o ragfarn yn erbyn Cymry Cymraeg nad oeddynt yn rhagfarnau hiliol, ond sy'n taflu goleuni yr un fath ar gategoreiddio ethnig ac ieithyddol. Tua throad yr ugeinfed ganrif ceid yng nghanolbarth a dwyrain maes glo'r de gymdeithas a brofodd fath paradocsaidd o fewnlifiad sef mewnfudo gan Gymry uniaith ar adeg o Seisnigo cyffredinol. O ganlyniad, synnid am rai *mathau* o Gymry yn y maes glo fel *mewnfudwyr* a oedd yn rhy Gymraeg. Yn achos Cymry o'r gogledd yr oedd hyn yn fwyaf cyffredin, a hyd at yr Ail Ryfel Byd ceir sôn mewn llenyddiaeth am 'Northmyn', 'Northyn' a 'Northman' fel pe bai gogleddwyr yn grŵp cymdeithasol ar wahân.[203] Roedd i'r Northmyn nodweddion tybiedig: dywedid eu bod yn dduwiol ond yn dlawd ac felly'n gybyddlyd, a gan eu bod yn ymfudwyr, lodjwyr oeddynt yn aml, a byddent ar gyrion y gymdeithas braidd ac 'yn griwiau ar hyd y ffordd yng nghwmni eu gilydd, tra byddai y Sowthmyn yn eu cartrefi.'[204]

Arwyddocâd y 'Northmyn' fel grŵp yw iddo ddangos y cyswllt rhwng amgylchiadau cymdeithasol a ffurfiant hunaniaethau. Nid yw 'Northman' ar lafar gwlad bellach, nac yn bodoli yng nghymoedd y de mwyach fel categori cymdeithasegol ystyrlon. Prif sail 'ethnigrwydd' y Northman oedd fod cynifer o'r gogleddwyr yn uniaith Gymraeg mewn cymdeithas lle daethai gwybodaeth o'r Saesneg yn gyffredin. Roedd gwahaniaeth ieithyddol diadlam rhwng Cymry uniaith a Chymry dwyieithog, o ran medru cyfathrebu â'r di-Gymraeg yn un peth, ac roedd gogleddwyr yn niferus iawn ymysg y Cymry uniaith. Teyrnasai diffiniadau ieithyddol yn y gymdeithas, ac yn ôl D. J. Williams, roedd tair carfan bwysig o ymfudwyr yn y maes glo, sef '"Y Cardi'r Diawl,", "'Y Northman Uffarn" a'r "Bloody Sais."'[205]

Sail y rhagfarn a wynebai'r Northmyn oedd eu bod yn fath 'estron', mewnfudol a neilltuol 'Gymraeg' o Gymro. Fe'u crybwyllid yng nghyswllt lleiafrifoedd ethnig 'israddol', a'u dilorni hefyd. 'W i yn gwitho yn y Gwaith 'na gyda phob math o bobol, ond ma'n well 'ta fi witho gyda *Chinaman* na gyta'r Northyn y diawl', meddai'r sosialydd, Gomer Powel, wrth ei weinidog yn *Ffwrneisiau* (1982) Gwenallt.[206] Nid ffordd o gyffelybu Cymro Cymraeg gwyn ag aelod o leiafrif ethnig yw hyn, ond yn hytrach ffurf o hiliaeth broletaraidd sy'n dilorni Cymry dŵad wrth eu crybwyll ar yr un gwynt â grŵp a ystyrid, am resymau hiliol, yn israddol.

Math o ragfarn wedi'i seilio ar iaith a amlygir, ond fe'i trafodir fel petai ynghlwm rywsut wrth wead ethnig y gymdeithas. Yn ei gerdd enwog am Gwm Rhondda, 'Y Ffynhonnau', portreada Rhydwen Williams gymdeithas amlethnig lle mae dau leiafrif gwahanol iawn – y Gwyddel (Saesneg) a'r Northman (Cymraeg) – yn cynrychioli dau ben amrediad ethnoieithyddol y gymdeithas:

> Ma' 'na Wyddel yn catw tafarn yn Ferndale –
> Ma' 'na Northman yn catw Siop Chips yn Wattstown –
> Rhwng y Gwyddelod a'r Northmyn, ma' Cwm Rhondda[207]

Ond yn ymhlyg yn y syniad fod y Gwyddyl a'r Northmyn yn cynrychioli dau begwn, mae awgrym fod eu profiadau fel dau leiafrif yn cyffwrdd hefyd. Maent yn wahanol i'r norm, ac yn hynny o beth mae tir cyffredin rhyngddynt.

Yn y bedwaredd ganrif ar bymtheg a dechrau'r ugeinfed, roedd tiriogaeth ieithyddol y Gymraeg yn eang, a cheid diaspora helaeth hefyd. O ran y rhagfarnau ethnig a wynebid gan Gymry Cymraeg gwyn, roedd hyn yn ddibynnol i raddau ar ddaearyddiaeth a dosbarth cymdeithasol. Nid yr un oedd profiad Cymry mewn broydd Cymraeg ag yn y trefi mawrion neu yn y maes glo. Yn y berfeddwlad Gymraeg, poblogaeth sefydlog oedd y boblogaeth Gymraeg, mor sefydlog yn wir fel y gallai synio amdani'i hun fel trigolion caer olaf cenedl frodorol.

Ond wrth i'r grŵp Cymraeg gael ei ddad-diriogaethu, mae fel pe bai'r bwlch rhwng y profiad o fod yn 'frodor' a bod yn lleiafrif ethnig yn culhau. Lleiafrif ethnig oedd y Cymry yn Lerpwl, ac mae elfennau, os nad y cwbl, o'r cyflwr yn brigo i'r wyneb yng Nghaerdydd yn ei chyfnod mwyaf Saesneg, sef rhwng y 1880au a'r 1950au. Gellid dweud yn gyffelyb am y Cymry mewn sefyllfaoedd dad-diriogaethedig fel carchardai. Mewn peuoedd dad-diriogaethedig, roedd Cymry a lleiafrifoedd ethnig yn byw yng nghysgod goruchafiaeth yr Angloffon gwyn. Dyna'r sail mae'n siŵr dros honni fod y Cymry yn 'wyn du', ond ni fedr hynny fod yn wir am fod Cymry gwyn a phobl ddu yn profi goruchafiaeth mewn ffyrdd gwahanol.

Y Cymry 'gwyn du' a'r Cymry du

Mae angen craffu'n ofalus felly ar y gwahaniaeth rhwng y 'gwyn du' a'r du ac o wneud hynny, gellir gweld fod y gymhariaeth yn un ffug. Ac eto, tystia'r gyffelybiaeth i berthynas y Cymry gwyn â goruchafiaeth hefyd, sef goruchafiaeth yr Angloffon. Roedd y Cymry am ddisgrifio eu profiad o orthrwm fel grŵp iaith brodorol, ond anodd oedd cyfleu hyn mewn cymdeithas Brydeinig na chymerai iaith o ddifrif, a daeth delfryd y Cymry 'gwyn du' i'r olwg o ganlyniad i hyn. Parhad ydoedd ar un wedd o'r hen gysyniad triphlyg, 'caethion-Cymry-brodorion'. Archwilir yn awr ei harwyddocâd mewn cyfres o drafodaethau byrion.

Man cychwyn priodol yw gofyn a geid llai o hiliaeth yn erbyn pobl ddu yng Nghymru am fod y Cymry yn lleiafrif eu hunain? Ac a oes tystiolaeth fod Cymry du yn cydsynio â'r safbwynt mai pobl ddu symbolaidd yw Cymry gwyn?

Yn ei astudiaeth arloesol o gymuned ddu Caerdydd ganol yr ugeinfed ganrif, *Negroes in Britain: A Study of Racial Relations in*

English Society (1947), cyfeiria'r anthropolegydd cymdeithasol o Sais, K. L. Little, at honiad myfyriwr du tramor fod llai o ragfarn o lawer yn erbyn pobl ddu yn y Gymru wledig nag yn Lloegr:

> My ... year in a Welsh town [Aberystwyth, o bosib] was in general a cheerful one. To the average denizens of the place, I was no more of a stranger than the 'foreigners' from Birmingham, i.e. the English Summer holiday crowd. I can hardly say that at any time during my stay in Wales did I notice anything that I could construe as colour-prejudice. Not that there was an absence of colour-awareness. ... Only among English students evacuated was I ever made to feel that I was an object of prejudice on account of my colour ... Even the attitude of children visibly changed as one motor-cycled from London. ... Along [the] A40 up to Gloucester one could feel the tense atmosphere in town and village as one passed through; as one got into Wales fingers were no longer pointed contemptuously and rude noises were no longer heard. The contrast was sharp, supercilious contempt as against inquisitive friendliness.[208]

Yma felly mae fel petai tystiolaeth o'r tu allan i'r gymuned Gymraeg yn cadarnhau delwedd y Cymry ohonynt hwy eu hunain. Ceir yn natganiad y myfyriwr du rai o'r motiffau sydd wedi codi mewn trafodaethau am amlddiwylliannedd yng Nghymru. Y dybiaeth, y gyntaf, a gafodd ei herio gan y gyfrol *A Tolerant Nation?*, fod Cymru'n wlad fwy goddefgar na Lloegr, argraff mae'r myfyriwr yn ei phriodoli i ddosbarth cymdeithasol. At hynny, y duedd i bortreadu'r Saeson fel y 'gwir' estroniaid, gan mai hwy yw'r 'Arall gorthrymus' yng Nghymru. Ceir hefyd dyb mai prin yw'r rhagfarn ar sail lliw. Serch hynny, ni ellir casglu ar sail sylwadau gan fyfyriwr ar ymweliad nad wynebai Cymry du hiliaeth ac, yn wir, gwyddom i sicrwydd nad yw hynny'n wir.

Daw'n amlwg hefyd o waith ysgolheigion Affro-Americanaidd fod rhai ohonynt yn synio am y Cymry fel pobl orthrymedig. Mewn erthygl hynod bwysig gan y nofelydd James Baldwin am Saesneg pobl ddu, 'If Black English Isn't a language, Then Tell Me, What is?' y ceir un o'r cyfeiriadau mwyaf arwyddocaol at y Gymraeg yn y canon deallusol Affro-Americanaidd:

And much of the tension in the Basque countries, and in Wales, is due to the Basque and Welsh determination not to allow their languages to be destroyed. ... [language] is the most vivid and crucial key to identity[209]

Difyr yw'r gymhariaeth hon sy'n edrych ar y profiad Affro-Americanaidd o safbwynt gwahanrwydd iaith, ac yn chwilio am gyffelybiaeth yn y Gymru Gymraeg. Ond sylfaen y myfyrdod yw tebygrwydd honedig rhwng Affro-Americaniaid yn yr Unol Daleithiau a Chymry yng Nghymru. Nid yw'n dweud dim wrthym am y berthynas rhwng Cymry gwyn a Chymry du. Yn y mater hwnnw, mae'n rhaid gwrando ar dystiolaeth Cymry du.

Pan ddywedodd y Cymro Cymraeg du, Ali Yassine, yn 1995 nad oes 'unrhyw baralels rhwng y gymuned ddu a'r Cymry Cymraeg yng Nghymru', roedd ei ymateb yn nodweddiadol o safbwynt fwy amheugar:

> dwi'n meddwl ei fod yn sarhad ar bobl ddu [i wneud y gymhariaeth]. Dy'n nhw'n amlwg ddim yn gwybod dim am bobl ddu. Does dim cymhariaeth o gwbl. Aeth lot o Gymru i Dde Affrica. ... Dyw pobl ddu ddim yn anghofio pethau fel 'na. Mae pobl yn dweud, 'paid gadael iddyn nhw twyllo ti – mae'r Cymry gwyn yr un peth â phobl Lloegr neu'r Alban'.[210]

Dadleua Yassine y gall honiadau Cymry gwyn eu bod yn 'ddu' ddiraddio profiadau pobl ddu. Wrth i Gymry gwyn feddiannu düwch ar lefel symbolaidd, troir hunaniaeth ddu ei hunan yn symbol, a gwedir ei natur real. Os yw Cymry gwyn yn synio amdanynt hwy eu hunain fel pobl 'ddu', anos yw parchu arallrwydd diwylliannol Cymry du.

Anochel felly yw bod deallusion du yng Nghymru yn beirniadu hyn. Ni olyga hynny na fedr lleiafrifoedd ddysgu oddi wrth ei gilydd. Gallai hynny fod yn 'gyffrous', meddai'r deallusion Cymreig du, Charlotte Williams a Cherry Short, yn 1997, ond mae cydnabod y gwahaniaethau hefyd yn hollbwysig.[211] Gallai'r Cymro Cymraeg gorthrymedig fod yn orthrymwr hefyd ac roedd yn bwysig sylweddoli 'na ellir rhoi'r profiad o ddioddef gorthrwm a gorthrymu mewn dau gategori ar wahân'.[212]

Llenorion Cymraeg gwyn yn hileiddio pobl ddu

Beth felly am y Cymro Cymraeg fel 'gorthrymwr'? Diwylliant gwrth-drefedigaethol a gwrth-hiliol oedd y gwareiddiad Cymraeg yn nhyb ei ddeallusion, ond gwelir ôl y meddwl gwyn arno wrth i fotiffau a delweddau sy'n cyfleu rhagfarnau hiliol, boed yn ymwybodol neu'n anymwybodol, gael eu harddel. Mae gwrth-hiliaeth yn un o themâu *Cysgod y Cryman* Islwyn Ffowc Elis, nofel fwyaf poblogaidd y Gymraeg, ac ynddi mae gwrthwynebiad yr awdur i *apartheid*, sef y 'deddfau gwahanu' a geid mewn llawer o drefedigaethau a chyn-drefedigaethau Prydeinig, yn amlwg.[213] Ond nofel ydyw hefyd sy'n llawn ystrydebau ethnig.[214] Cenadwri wrth-drefedigaethol sydd i farddas Bobi Jones yntau, ond mae ganddo ei 'negröes' drosiadol, ac mae 'bronnau hagr, aroglber negres' awdl Gwenallt, 'Y Sant', yn dangos nad santes yw, ond putain.[215] Ac er mai hi yw'r nofel ôl-drefedigaethol bwysicaf yn y Gymraeg, crochan o ddelweddau hiliaethol ystrydebol (sy'n dychanu hiliaeth, efallai) yw *Tabyrddau'r Babongo* Islwyn Ffowc Elis, fel yr awgryma'r teitl.[216]

Mae'r ddelweddaeth ddu yn bresennol hefyd yng ngwaith Saunders Lewis. Yn *The Eve of Saint John* (1921), 'black gypsy' yw'r Sipsi 'tywyll' ('*dark*' yw gair Saunders) sy'n darogan y dyfodol, ac ailadroddir y ddelwedd yn *Monica* pan drosglwydda Monica bersawr a roes ei gŵr iddi 'i ddwylo du, amhersawr y sipsi fach', gan symbylu dirywiad eu perthynas.[217] Breuddwydia Monica hefyd fod 'dau negro' yn dienyddio ei gŵr 'mewn teml fawr, ddwyreiniol' – gweledigaeth Freudaidd sy'n gosod pobl dduon yn isymwybod hunllefus y gwareiddiad Ewropeaidd.[218] Mae'r 'gwrth-ddüwch' hwn yn debyg ei gywair i'w wrth-semitiaeth, gan fod Sipsiwn a 'Negroaid' yn cael eu gyrru y tu hwnt i ffiniau cydnabyddedig cymdeithas Gymraeg sydd, mewn ffyrdd eraill, yn hynod amlethnig. Fodd bynnag, fel yn achos ei wrth-semitiaeth, mae gwrth-ddüwch Saunders yn wrthddywediadol ar brydiau. Mae'n rhyddieithu'n delynegol am ddociau Caerdydd yn ystod dathliadau coroni Elisabeth II yn 1953 eu bod fel 'darnau o Napoli'r Eidal' lle mae 'baneri o bob lliw fel pebyll uwchben, [a] babanod Negroaid yn gweiddi a chanu Saesneg gydag acen Cymry uniaith'.[219] Cefnogwr i'r teulu brenhinol oedd Saunders, a mwynhaodd y sbloets. A gwelodd, fel James Baldwin, gyffelybiaeth rhwng Saesneg 'ansafonol' pobl ddu a'r Gymraeg.

Pennod 7

Yn yr isymwybod felly, ac o bosib yn ymwybodol hefyd, ceid cryn hileiddio gan lenorion Cymraeg ar bobl ddu. Nid oedd ideolegau politicaidd a gefnogai hiliaeth mor gyffredin yn y Gymru Gymraeg ag yn Lloegr, ond ceid defnydd ar eiriau ac ymadroddion a ddengys fod gan y diwylliant Cymraeg seiliau 'gwyn' diarwybod, a hiliol ar brydiau, ei hun. Amhosib olrhain y cwbl o'r rhain, ond o graffu ar un ymadrodd, sef 'gweithio fel blac', dywediad â'i wreiddiau yn oes caethwasiaeth, gwelir fod y defnydd ohono'n hirhoedlog, ac mae hynny'n awgrymog.

'Dyma fi wedi bod wrthi fel *black* drwy'r dydd, ac i beth?', meddid, yn ddisgwyliedig, efallai, yn *Profedigaethau Enoc Huws* (1891) Daniel Owen, ond ni phallodd y defnydd o'r ymadrodd a'i amrywiadau yn yr ugeinfed ganrif wrth-drefedigaethol.[220] Mae Fynes-Clinton yn nodi'r ymadrodd (ond gyda'r *N-word* yn lle 'blac') yn ei eirfa sy'n cofnodi Cymraeg sydd 'in colloquial use' yn *The Welsh Vocabulary of the Bangor District* (1913).[221] Ceir yr ymadrodd yn *Laura Jones* (1930) Kate Roberts, 'mae hi'n gweithio fel "black" pan fydd hi wrthi'; yn *Yn Chwech ar Hugain Oed* (1959) D. J. Williams, 'Mi weithiais fel negro o galed fel y gwnâi'r glowyr yn gyffredin'; mewn fersiwn ohoni yng Nghymraeg Cwm Tawe fel y'i cofnodir yn *Ffwrneisiau Gwenallt*, sydd hefyd yn defnyddio'r *N-word*; ac yn fwyaf annisgwyl yn *I'r Gad* (1975), straeon Meg Elis am ymgyrchwyr iaith, 'Pa les sydd mewn cau fy hun i ffwrdd a gweithio fel blac am radd mewn Cymraeg os mai iaith farw fydd hi ymhen rhai blynyddoedd'.[222]

Tybed a ddengys hirhoedledd y dywediad, ymhell ar ôl iddo ddiflannu o iaith barchus yn Lloegr, i ieithoedd lleiafrifol rewi o'u mewn gyweiriau anachronistaidd a hiliol sy'n perthyn i gyfnod cynt? I ymgyrchydd gwrth-hiliol fel Meg Elis collasai'r ymadrodd 'gweithio fel blac' ei fin gwreiddiol, ac aethai'n rhan o'i hiaith mewn ffordd debyg i bethau fel 'yr Hen Wyddeles' a 'blin fel tincar' yn iaith eraill, gwawd-ymadroddion ethnig na sylwid arnynt mwyach.

Lliw-ddallineb

Felly, gwrth-hiliol mewn egwyddor yn hytrach nag ymhob agwedd ar fywyd oedd y gwareiddiad Cymraeg. Nid oedd hiliaeth yn dderbyniol yn y gymdeithas, ond oherwydd ei chyfansoddiad, nid oedd yn dirnad mai hiliaeth yw pob math o hiliaeth. Ni fodolai mudiadau hiliol neu ffasgaidd yn y Gymru Gymraeg, ac adlewyrchiad oedd hynny o natur y gymdeithas Gymraeg ei hun (ni cheid dim tebyg i'r *National Front*, ac er bod gwleidydd o Loegr fel Enoch Powell o gyff Cymreig ac wedi dysgu Cymraeg fel ail iaith, nid oedd ganddo nemor ddim dylanwad ar y diwylliant Cymraeg). Iaith oedd sylfaen y meddwl Cymraeg, ac nid oedd galw, na lle, ar gyfer gwleidyddiaeth wedi'i seilio ar hil. Da hynny os mai ei ganlyniad yw atal hiliaeth, ond roedd anfantais hefyd, sef tuedd i ddiystyru pwysigrwydd hil i'r rhai a oedd yn lleiafrif o ran hil eu hunain.

Roedd y gymdeithas Gymraeg yn arddel lliw-ddallineb, a haerid yn gyfeiliornus nad oedd neilltuoldeb yn perthyn i'r profiad du. Ni cheir enghraifft gliriach o hyn na'r gynrychiolaeth a geir o Freddie Grant, yr ifaciwî du yr adroddir ei hanes yn felfedaidd gan Cynan yn *Yr Etifeddiaeth*. Mae portread y ffilm o Freddie yn byw bywyd diddos yn Eifionydd yn ddehongliad gwerinol a gwladgarol o rinweddau bywyd Cymreig. Ond fel yr addefa'r cynhyrchydd, John Roberts Williams, yn 1949, nid oedd bwriad i ddarlunio profiadau Freddie gan:

> nid stori Freddie yw'r ffilm. Enghraifft yw Freddie. Prawf yw Freddie o nerth y bywyd yn y fro hon. Y wlad y daeth Freddie iddi sy'n bwysig.[223]

Yn *Yr Etifeddiaeth*, mae Cymreictod yn esblygol a düwch yn oddefol. Arddangos egalitariaeth a goddefgarwch y diwylliant cysefin yw prif ddiben Freddie. Felly y deëllid ei bresenoldeb mewn bro Gymraeg gan eraill hefyd. Wrth ganfasio yn Etholiad Cyffredinol 1945, ebychodd y Pleidiwr ceidwadol, Ambrose Bebb, ar gyrraedd Llangybi, y pentref lle roedd Freddie yn byw: 'Dyma ni! Canys y mae dau neu dri o blant du eu crwyn yn llamu o'n blaen, â gweiryn hir yn eu cegau. Odid na wnaeth Mr. Eliseus Williams Gymry ohonynt i gyd!'[224]

Yn y diwylliant Cymraeg, dyrchefid iaith uwchben hil. Nid *Yr Etifeddiaeth* yw'r unig enghraifft o hyn. Yng ngherdd Gwyn Thomas am hunaniaeth amwys hogyn du sy'n fab siawns milwr Affro-Americanaidd ym Mlaenau Ffestiniog ar ôl yr Ail Ryfel Byd, 'Du Gwyn (1946)', y Gymraeg sy'n diffinio'r hawl i berthyn i'r gymuned.

Pennod 7

Ond mae hynny'n peri i'w hunaniaeth ddu gael ei diystyru, ffaith a bwysleisir gan ei enw, sef Caradog *Wyn*:

> A, rhywsut, gan mai Cymro Cymraeg oedd Caradog Wyn
> Roedd yn rhaid wrth ddieithryn i sylweddoli
> Ei fod o yn ddu.[225]

Apêl dros liw-ddallineb er mwyn gwrthwynebu hiliaeth a geir yma, ac annheg fyddai cyhuddo Gwyn Thomas o ragfarn. Mae fel petai'r gymdeithas yr ysgrifenna ar ei chyfer mor wyn fel na wêl fod celu hunaniaeth ddu plentyn yn chwithig. Mae lliw-ddallineb y Cymry Cymraeg yn hyn o beth yn debyg i iaith-fyddardod yr Angloffon, ac yn hynod eironig.

I ddeallusion Cymraeg, roedd hi'n bwysig dangos y gallai iaith drosgynnu ffiniau hil. Creu math o 'gyfanfydedd Cymraeg' oedd y nod. Gan iddynt feddwl fod cynhwysedd cymdeithasol a seilir ar iaith yn hollgwmpasog tybiwyd y gellid trechu hiliaeth trwy'r cyfanfydedd Cymraeg hwn. Ond ceid hiliaeth yn llechu yn y Gymru Gymraeg fel ymhob cymdeithas. Darlunia nofel Hazel Charles Evans, *Eluned Caer Madog* (1976), berthynas meddyg o Gymro du â Chymraes wen, ac yno daw hiliaeth i'r amlwg yn y rhagdybiaeth na fedr dyn du siarad Cymraeg, neu na ddylai wneud hynny:

> '*Er . . . hm. . . Doctor Edwards I wanted to see*,' dechreuodd Iorwerth Powell, '*I told the nurse quite plain.*'
> ''Na pwy yw e,' ebe'r nyrs gan ei hamddiffyn ei hun.
> '*No . . . no you've got it wrong . . . all wrong. You're a . . . a . . . black, you are!*'
> 'Mr. Powell,' meddai Owen yn ei lais mwyn, '*Fi* yw Doctor Edwards.'
> '*How can you speak Welsh? You're not one of us!*' atebodd yn sarrug.
> 'Peidiwch gwastraffu'ch Saesneg, Mr. Powell. Cymro ydw i.'[226]

Ceir tyndra yn y darn ynghylch ystyr y gair 'Cymro': gair sy'n dynodi hil ydyw i'r cyhuddwr ('*You're not one of us!*') ond enw sy'n ieithyddol ac felly'n ddemocrataidd i'r cyhuddedig ('Peidiwch gwastraffu'ch Saesneg, Mr. Powell. Cymro ydw i.'). Yn y traddodiad Cymraeg, term iaith ydyw, a dyna sy'n rhoi iddo ei natur gynhwysol, wrth-hiliol dybiedig, ac yn peri mai nofel wrth-hiliol o ran bwriad yw *Eluned Caer Madog*.

Ond mae i anweledigrwydd hil ei beryglon, fel y gwelir yn 'Du Gwyn (1946)'. Y peryglon hyn yw prif thema dwy ddrama glywedol fer, sef *Bratiaith* (2020) gan Mali Ann Rees a *Crafangau* (2020) Nia Morais. Maent yn hynod arwyddocaol am mai hwy yw'r gweithiau llenyddol Cymraeg cyntaf gan Gymry du yn trafod y profiad o fod yn ddu. Daw prif gymeriad *Bratiaith* o gefndir cymysg ei hil, a meddai ei mam wrthi: 'Ti ddim yn ddu, ti'n Gymraes.' Ond mae'r ferch yn ei chywiro: 'Actually Mam, I'm both things.'[227] Mae *Crafangau* hefyd yn rhybuddio na ddylid cuddio düwch. Symbol ganolog yn y ddrama realaidd hudol hon yw *straighteners* gwallt a ddefnyddir gan fam-gu merch ysgol i 'wasgu'r düwch o fy ngwallt'. Daw panther swrealaidd at y ferch a'i cheryddu am hyn, 'nes i ddianc o fy nghaetsh. Ti'n edrych fel bo ti'n dal i fyw yn dy un di.'[228]

Bum mlynedd ar hugain ynghynt rhybuddiasai Charlotte Williams fod 'the acquisition of the Welsh language can actually increase the invisibility of black people, and language assimilation may well have implications for their black identity.'[229] Dyma sefyllfa beryglus, ac ateb i'r gofid hwnnw yw i gymdeithas Gymraeg, ymwybodol ei bod yn amlhiliol, gael ei chreu.

Lleiafrifoedd gweladwy a chlywadwy

Yn yr un erthygl, haera Charlotte Williams fod gwahaniaeth sylfaenol rhwng rhagfarn ar sail hil a rhagfarn ar sail iaith, ac mae'n werth oedi gyda'r sylw hwn gan ei fod yn un pwysig:

> language is a 'confessional label' which can be situationally discarded and involves stereotypical cues which can be confounded or avoided. Language, as has been described, is a boundary marker and as such can be raised or lowered. For example, an individual can avoid conflict, confrontation and to a certain extent discrimination based on language. ... The individual can raise and lower the boundary and its effects at will, moving in and out of the chosen identity. ... language is a 'symbolic resource for the speaker rather than a static marker of class or ethnic affiliation'. For these reasons, and probably

many more, racial oppression cannot be conflated into language oppression.[230]

Mae modd cydsynio, yn fras, â haeriad y frawddeg glo, ond mae angen ymbwyllo fymryn hefyd oherwydd mewn rhai amgylchiadau mae modd i iaith, ac felly ei siaradwyr, gael eu hileiddio. Mae i iaith hanfod sy'n amgen na'r symbolaidd, yn enwedig efallai i siaradwyr iaith gyntaf.

Yn ei ddamcaniaethau am drais symbolaidd a marchnadoedd ieithyddol, dengys y cymdeithasegydd Pierre Bourdieu mai grym cymdeithasol, yn hytrach na mympwy unigolyddol, sy'n pennu dewisiadau iaith, a bod i iaith hefyd nodweddion corfforol, megis acen, sy'n rhan annatod o *habitus*, ac felly gefndir a magwraeth, unigolyn.[231] Lleiafrif clywadwy yn hytrach na gweladwy yw lleiafrif ieithyddol, ac yn achos grŵp iaith brodorol, gall fod cyswllt rhwng hyn a hen ddisgyrsiau hiliol ynghylch 'cyntefigrwydd y brodor'. Gellir clywed goslef y brodor yn ei leferydd wrth siarad yr iaith fwyafrifol hefyd, wrth gwrs.

Bu hileiddio ar Gymry oherwydd eu hiaith, ond tuedd disgwrs Angloffon sy'n fyddar i wahanrwydd ieithyddol yw gwadu hyn (drych o duedd cymdeithas a seilir ar iaith i wadu perthnasedd hil). Anghywir yw haeriad Charlotte Williams mai 'hunaniaeth' ddewisol yw iaith y gellid ei rhoi o'r neilltu fel petai'n hunaniaeth 'gyffesol' ('raise and lower the boundary and its effects *at will*, moving in and out of the *chosen* identity' – fi biau'r italeiddio). Fel arall yn hollol oherwydd nid oes modd cefnu ar y grŵp iaith yn rhwydd, yn ddibryder.[232]

Fodd bynnag, mae Charlotte Williams yn iawn i haeru y gall aelod o leiafrif clywadwy *geisio* mynd i'r afael â'r gorthrwm arno trwy gefnu ar y grŵp iaith, dros dro efallai ac yn ôl amgylchiadau. Yn hynny o beth, byddai ymgyrchwyr iaith yn cytuno â hi, megis o chwith. Yn ei bamffled pwysig, *Y Chwyldro a'r Gymru Newydd* (1971), honnodd arweinydd Mudiad Adfer, Emyr Llywelyn, y dylanwadwyd arno gan syniadaeth ôl-drefedigaethol Frantz Fanon ac Aimé Césaire, mai'r 'gwahaniaeth mawr rhwng y Cymro a'r dyn du yw na all y negro ymdoddi yn llwyr er cymaint y mae'n dymuno gwneud hynny ... mae ei liw yn aros gydag e', tra mae Cymry dwyieithog, 'yr un mor gartrefol â'r iaith Saesneg ar eu gwefusau mewn cefndir Prydeinig ag ydyn nhw yma yn siarad

Cymraeg mewn cefndir Cymreig.'[233] Ond nid dewis 'rhydd' yw'r penderfyniad i newid iaith mewn gwirionedd, ond dewis sy'n cael ei gymryd o fewn cyd-destun goruchafiaeth yr Angloffon.

Os nad yw aelod o leiafrif clywadwy yn barod i newid ei iaith, y gosb iddo yw cael ei gau allan o'r cyfanfydol. Yn hyn, mae gan y deallusyn du Angloffon un fantais allweddol dros y meddyliwr Cymraeg. Er yr hiliaeth sy'n peri i'w safbwyntiau gael eu diystyru yn aml, gall ei lais gael ei glywed, yn ddamcaniaethol o leiaf. O safbwynt iaith, mae'n rhan o'r cyfanfydol: bydd yn ymddangos ar *Newsnight* a chyhoeddir ei ysgrifau yn y *Guardian* a'r *New York Times*. Ond mae'r meddyliwr Cymraeg yn rhan o'r neilltuol: ni ddarllenir ei waith ond yn y grŵp lleiafrifol ei hun.

O ran ei fethiant i ddylanwadu ar ddisgwrs hegemonaidd, ymddengys mai'r meddyliwr Cymraeg sy'n perthyn i'r *subaltern*. Wrth i drafodaethau gael eu cynnal, nid yw ei farn yn glywadwy. Gallai droi at yr iaith fain, wrth reswm, ond pe na châi'r Gymraeg, chwedl J. R. Jones, 'mo'i phig i mewn fel *iaith* y ddeialog yn ogystal, byddai'r ddeialog wedi ei gwyro er cloffrwym ac anfantais i'r Gymraeg o'r cychwyn cyntaf.'[234] *Subaltern* yw llais y meddyliwr du hefyd, ond am reswm arall, efallai, sef nad yw'n cael gwrandawiad teg. Mewn cymdeithas sydd yng ngafael goruchafiaeth y gwyn a goruchafiaeth yr Angloffon, mae i aelodau o leiafrifoedd gweladwy a chlywadwy brofiadau gwahanol, ac mae'r ddau grŵp yn profi anfantais ond mewn ffyrdd gwahanol.

Gwrthsefyll goruchafiaeth

Yng Nghymru ers rhai blynyddoedd, y duedd wrth drafod hil, fel yn y Gorllewin yn gyffredinol, yw defnyddio fframwaith ddeallusol a ddeilliodd o'r gymuned Affro-Americanaidd yn y 1980au, sef Theori Hil Feirniadol (*Critical Race Theory*). Theori dreiddgar a chynhwysfawr ydyw, y mae ei chasgliadau wrth wraidd llawer o'r hyn a glywir yn y Gymru gyfoes am gysyniadau megis goruchafiaeth y gwyn, braint y gwyn, gwynder ac ati. Ei rhagoriaeth yw iddi gael ei seilio ar ddehongliad o rym. Gellir defnyddio ei dulliau dehongli er mwyn mynd i'r afael â phatrymwaith hiliaeth a gwrth-ddüwch yng Nghymru, ac yn y Gymru Gymraeg hefyd.

Ond yn ogystal â defnyddio'r theori i ddwyn hiliaeth y byd Cymraeg i'r wyneb, gellid ymofyn hefyd i ba raddau y gall rhai o ganfyddiadau Theori Hil Feirniadol ynghylch natur dwyllodrus cyfanfydedd a rhyddfrydiaeth gyfoethogi dealltwriaeth o'r berthynas rhwng y lleiafrif Cymraeg a'r Sifig Angloffon. Yn *White Fragility* (2019), un o destunau diweddaraf Theori Hil Feirniadol, dadleua'r ysgolhaig Americanaidd Robin DiAngelo fod hiliaeth yn strwythuredig a hollgwmpasog, ac mae ganddi ddiddordeb neilltuol yn awydd anorthrech pobl wynion i wadu fod gwynder gorthrymus yn bod.[235] Mae dehongliad felly yn ddilys, ond gellid cymhwyso'r rhesymeg ynghylch anian guddiedig grym at grwpiau eraill mewn cymdeithas. Wedi'r cwbl, mae'r rhagfarn yn erbyn grwpiau iaith brodorol diwladwriaeth fel y Cymry hefyd yn strwythuredig a hollgwmpasog, ond ceir tuedd gan yr Angloffon i wadu hyn. Nid yw hyn yn newid dim ar y gwirionedd fod Cymry gwyn yn rhan o oruchafiaeth y gwyn. Ond dengys fod yn rhaid cael trafodaeth ynghylch gwahanol draddodiadau deallusol, a rhwng y traddodiadau hynny, er mwyn amgyffred natur camwahaniaethu a grym yn ei chyflawnder yng Nghymru, ac mae'n rhaid i beth o leiaf o'r drafodaeth honno fod rhwng y traddodiad deallusol du a'r traddodiad deallusol Cymraeg.

A bwrw mai natur grym sy'n pennu perthynas grwpiau â'i gilydd, ym mha fodd felly y diffinnir y Cymry ('siaradwyr Cymraeg')? Yn America, arddelir y byrfodd 'POC' (*people of colour*) fel term cynhwysol ar gyfer pob grŵp sydd y tu allan i hegemoni'r gwareiddiad gwyn Angloffon, gan gynnwys pobloedd frodorol a hefyd *Latinos*, grŵp mae ei 'anfantais' wedi ei seilio ar iaith a diwylliant, ond hefyd ar hil a threfedigaethu oddi mewn i'r Amerig. Ym Mhrydain, ni chynhwysir siaradwyr Cymraeg gwyn oddi mewn i'r categori 'POC', er mai pobloedd frodorol a *Latinos* (neu rai agweddau ar eu profiadau o leiaf) sy'n cyfateb iddynt mewn llawer ffordd.

Ni ddadleuir yn y gyfrol hon y dylid cyfrif Cymry Cymraeg gwyn fel 'pobl o liw'. Oherwydd lliw-ddallineb hanesyddol y gymdeithas Gymraeg, mae angen cydnabod y gwahaniaeth rhwng profiadau Cymry gwyn a Chymry du. Ond ni ellir gosod siaradwyr Cymraeg gwyn yng ngwersyll normadol yr Angloffon gwyn ychwaith.

Ers yr Oleuedigaeth, anwybyddid sefyllfa led unigryw y Cymry gan drafodaethau theoretig yr Angloffon, ond gwyddai'r Cymry eu bod ar y ffin rhwng dau fyd: yr Ewropead breintiedig a'r brodor dirmygedig. Gwnaeth y Cymry sawl ymgais i ddisgrifio ac *enwi'r* cyflwr rhwng-dau-fyd hwn oherwydd heb wneud hynny, nid oedd modd iddynt drafod eu cyflwr yn gywir. Dyna pam y bu i'r Cymry gwyn gyfeirio atynt hwy eu hunain fel 'pobl ddu'. Roedd yn ffordd drosiadol o geisio disgrifio'r profiad o fyw o dan oruchafiaeth yr Angloffon gwyn. Ond oni bai fod Cymro neu Gymraes yn ddu, ni fedr fod yn 'ddu'. Nid ymadrodd trosiadol yw bod yn ddu, ond enw sy'n perthyn i grŵp sydd wedi wynebu hiliaeth oherwydd gwynder. Bu gan Gymry gwynion eu rhan yn yr hiliaeth honno fel pob pobl Ewropeaidd wyn arall.

Ond mae'r Cymry yn mentro i dir mwy ffrwythlon wrth ymddiffinio fel grŵp brodorol. Dyna wraidd a sail perthynas y Cymry â goruchafiaeth yr Angloffon dros ganrifoedd lawer. Nid yw'r ddamcaniaeth fod y Cymry yn grŵp brodorol yn ddadl enetaidd: y grŵp sy'n frodorol, nid aelodau ohono, a daw'r rheini o bob cefndir ethnig ac o ran hil i fod yn 'frodorol' drwy siarad Cymraeg (neu drwy berthyn i genedl a ddaeth i fod oherwydd grŵp iaith brodorol). Nid oes unrhyw burdeb o ran 'hil' yn perthyn i'r Cymry, ac nid yw hi'n fwy 'brodorol' o ran ei geneteg nag unrhyw grŵp arall ym Mhrydain. Y cwbl a ddywedir yw fod statws y Cymry fel pobl frodorol a ddisodlwyd gan Goncwest wedi sefydlu perthynas rym rhyngddynt a goruchafiaeth yr Angloffon.

Hywel Wood yn paratoi cyn clocsio (1958)

8

Y Sipsiwn Cymreig – un o ddwy bobl frodorol y Fro Gymraeg

Yn y flwyddyn 1891, yr oedd Betws Gwerful Goch, sir Feirionnydd yn blwyf bychan, gwledig o ryw ddau gant a hanner o eneidiau. Dim ond tri o'r plwyfolion a aned y tu allan i Gymru, ac yr oedd pob un o'r rheini, fel y brodorion hwythau, yn siarad Cymraeg.[1] Go brin fod hynny'n syndod gan fod tri chwarter trigolion yr hen sir Feirionnydd yn ddi-Saesneg.[2] Dyma blwyf nodweddiadol o'r Gymru Gymraeg uniaith: yn gyfangwbl wahanol, gellid tybio, i gymdeithas amlddiwylliannol y Gymru ddiwydiannol.

Eto, yr oedd Betws Gwerful Goch yn gymuned amlethnig gyda'r bwysicaf yng ngwledydd Prydain. Yn ystod y ddegawd cyn y Rhyfel Byd Cyntaf, dôi academyddion ac artistiaid i'r fro gyda'r bwriad o astudio'r amlethnigrwydd unigryw hwn. Mewn pabell ar lan afon Alwen, trigai yn ôl cyfrifiad 1891 ddeg aelod o leiafrif ethnig.[3] Mae'r ffaith syfrdanol na chânt eu henwi, er cofnodi eu hoedrannau, yn awgrymu llawer am y ffordd y synid amdanynt fel bodau israddol, neu mae'n arwydd iddynt wrthod dweud eu henwau, sy'n tystio i'r hiliaeth yn eu herbyn mewn ffordd wahanol.

Ac eto, dyma leiafrif ethnig y ceid mwy o drafod arno yn y diwylliant Cymraeg nag unrhyw leiafrif arall. Eu henw arnynt hwy eu hunain oedd Kååle neu Kālē,[4] ond fe'u hadwaenid gan y Cymry lleol fel Sipsiwn neu Jipsiwn neu Gipsiwn. Pobl grwydrol oeddynt yr oedd rhai o'u hynafiaid wedi dechrau ar ymdaith hir o'r India i Ewrop ganrifoedd lawer ynghynt. Siaradent iaith Indo-Aryaidd sy'n perthyn i Hindi, Wrdw a Sansgrit, y cafwyd y disgrifiad cyntaf ohoni yng Nghymru yn 1823 fel 'yr *Hindwstanaeg*, un o ieithoedd yr India Ddwyreiniol, [sydd] yn cael ei siarad gan lwyth o bobl sydd gwedi bod yn trigo yn ein gwlad er ys oesoedd'.[5] Dim ond mewn llecynnau diarffordd mewn ardaloedd cwbl Gymraeg megis Penllyn, Edeirnion a Bro Dysynni y lleferid yr iaith hon, Romani Cymreig, yn feunyddiol erbyn troad yr ugeinfed ganrif. Roedd Romani cynhenid Prydain wedi hen farw yn Lloegr.

Roedd cylchdeithiau'r Kååle fel pe baent yn mapio perfeddwlad y diwylliant Cymraeg. Enwir trefi megis Aberystwyth, Pwllheli a Llanrwst a phentrefi fel Abergynolwyn, Llannerch-y-medd, Llanfihangel Genau'r Glyn, Llangernyw a Llanuwchllyn yn yr erthyglau anthropolegol a gais olrhain eu hanes mewn cyfnodolion fel y *Journal of the Gypsy Lore Society*.[6] Roedd eu cysylltiad â de-orllewin Meirionnydd, lle y claddwyd yn Llangelynnin yn 1799 Abraham Wood, sylfaenydd yr enwocaf o'r tylwythau Romani Cymreig, yn arbennig o gryf. Yr hen sir Feirionnydd a gogledd sir Drefaldwyn oedd eu cadarnle olaf. Ym Mhen-y-bont-fawr yn Nyffryn Tanat (a Nansi Richards, Telynores Maldwyn yn bresennol) y recordiwyd yn 1954 y clocsiwr, Hywel Wood o'r Parc ger y Bala, a'i frawd, Manfri, yn sgwrsio â'i gilydd mewn Romani – yr unig recordiad a wnaed o sgwrs estynedig yn Romani cynhenid gwledydd Prydain.[7] Dywedir mai'r brodyr hyn fu ei siaradwyr rhugl olaf, a phan fu farw Hywel yn y Bala yn 1967, ni wadai neb nad oedd y Romani Cymreig yn trengi gydag ef. I'r Cymry Cymraeg diwylliedig, rhan o apêl synhwyrus yr iaith Romani yw i'w thynged fod yn ddrych o dynged bosibl y Gymraeg ei hun. Coffa da am broffwydoliaeth Islwyn Ffowc Elis yn *Wythnos yng Nghymru Fydd* mai mewn tref fel y Bala y byddai'r Gymraeg ei hun yn tynnu ei hanadl olaf.

Un o nodweddion diwylliannol unigryw y Gymru Gymraeg wledig oedd y Romani Cymreig. 'I have spent weeks without hearing English spoken', ysgrifennodd Dr John Sampson yn 1899, yr enwocaf o'r ysgolheigion a astudiai'r Romani, a âi ar herw yng nghefn gwlad Cymru ar drywydd yr iaith brin hon, 'for the natives speak Welsh, and the Gypsies invariably Romani, not, as with most English Gypsies, only on rare occasions.'[8] Medrai'r Sipsiwn y Gymraeg hefyd: 'Cymraeg Meirionydd [*sic*] oedd ganddo', meddai J. Glyn Davies am Edward Wood, y telynor o Sipsi a gynorthwyai Sampson i feistroli Romani Cymreig yn y 1890au, 'ac nid oedd eisieu gwell.'[9]

Nid effemera mo'r cyhoeddiadau a ddaeth o law Sampson. Mae ei *magnum opus*, *The Dialect of the Gypsies of Wales* (1926), gramadeg a geiriadur a ddeilliodd yn bennaf o'i waith ymchwil ym Metws

Gwerful Goch, yn orchest 700 tudalen. Mae'n hafal o ran ei gamp i waith mawr John Morris-Jones, *A Welsh Grammar: Historical and Comparative* (1913), neu *The Welsh Vocabulary of the Bangor District* O. H. Fynes-Clinton (1913).

Gan y synnid amdanynt fel rhan annatod o gorff y Gymru Gymraeg, cyhoeddid a darlledid yn helaeth am Sipsiwn yn y Gymraeg. Ceir cyfrolau, cofiannau, ffilmiau, rhaglenni teledu, nofelau, straeon byrion, barddoniaeth ac erthyglau amdanynt. Llyfr am y Sipsiwn, sef ymdriniaeth A. O. H. ac Eldra Jarman, *Y Sipsiwn Cymreig* (1979), yw'r gyfrol ysgolheigaidd gyntaf yn y Gymraeg yn astudio lleiafrif ethnig. Gan fod Eldra Jarman yn Sipsi ei hun, mae'r llyfr hwn, ynghyd â chyfrolau Cymraeg eraill gan unigolion o dras Romani, megis *John Roberts: Telynor Cymru* (1978) gan or-ŵyr y telynor, yn enghraifft fechan ond nodedig o lenyddiaeth gan leiafrif ethnig mewn iaith leiafrifol.[10]

Roedd y Sipsiwn Cymreig yn bwysig i'r Cymry am iddynt ddangos y gellid coleddu amrywiaeth ddiwylliannol yn y Gymru Gymraeg heb droi at y Saesneg. Yn wahanol i leiafrifoedd eraill, nid unigolion yn unig ymysg y Sipsiwn a godai'r Gymraeg, ond y rhan fwyaf. Mater o falchder eithriadol oedd mai'r ardaloedd Cymraeg a warchodai eu diwylliant. Ac eto, ni cheir cymaint â hynny o sôn amdanynt mewn cyhoeddiadau Saesneg cyfoes am amlethnigrwydd yng Nghymru.[11] Ni weddant rywsut i'r hanesyddiaeth sy'n canolbwyntio ar brofiadau wrban cymdeithas Saesneg yn y de.

Rheswm arall am hynny yw y gellir cyfri'r Roma, ar sail pum canrif o fyw yng ngwledydd Prydain, yn lleiafrif brodorol yn hytrach na mewnfudol. Nid ydynt yn rhan gyfforddus o'r disgwrs a ddaeth i fod gyda symudiad lleiafrifoedd 'newydd' i Brydain yn ystod ail hanner yr ugeinfed ganrif. Mae gan amlddiwylliannedd Eingl-Americanaidd duedd i drin lleiafrifoedd brodorol fel pe baent yn rhan gyfansawdd o'r mwyafrif Prydeinig. Ar un olwg, cenedl frodorol yw'r Roma hwythau, yn debyg i'r Cymry, ac fel y Cymry bu rhai o'u plith yn cwyno iddynt gael eu hanwybyddu gan rethreg aml-ddiwylliannol.[12]

Os yw'r Roma yn un o bobloedd frodorol gwledydd Prydain, mae'n dilyn bod eu hiaith yng Nghymru, Romani Cymreig, yn un o ieithoedd brodorol Cymru. Yn wir, yn y dychymyg Cymraeg o leiaf, Romani yw un o ddwy iaith frodorol y Fro Gymraeg. Dim ond yng Nghymru y'i siaredid, fel y tystia ei benthyciadau o'r Gymraeg megis *baidīa* (beudy), *kilkīnus* (cilcyn), *kranka* (cranc) a *melanō* (melyn).[13] Cyfeirir at y Saesneg fel un o ddwy iaith hanesyddol Cymru gan iddi fod ar lafar mewn ambell fan fel Penfro a Gŵyr ers gwladychiad yr Oesoedd Canol. Ar ba sail felly y gellid gomedd i'r Romani Cymreig yr un statws brodorol, a hithau wedi cyrraedd y wlad yn y Cyfnod Modern Cynnar? Tair iaith frodorol a siaredid yng Nghymru, a dim ond y Roma a fedrai bob un ohonynt. '*Rakerása 'mē kālē*', meddai un o'r Kååle wrth Sampson, '*ō trin rakeribenā*' – 'Siaradwn ni'r *Kālē* y tair iaith', y Romani, y Gymraeg a'r Saesneg.[14]

Gan leiafrif ethnig Cymraeg ei iaith mewn cymunedau Cymraeg y ceid yr amlieithedd triphlyg hwn. Ac nid oedd hyn wrth fodd pob academydd o Loegr. Bu gwrthwynebiad ideolegol rhai ysgolheigion Seisnig i oroesiad Romani Cymreig mor ffyrnig nes y cyhuddwyd John Sampson yn ddi-sail o ffugio tystiolaeth amdani.[15] Gwahanol oedd yr ymateb yng Nghymru. Ai oherwydd eu bod yn perthyn i leiafrif eu hunain y ceid ymateb mwy cadarnhaol i'r Kååle gan ddeallusion Cymraeg yr ugeinfed ganrif?

Hiliaeth Gymraeg yn erbyn y Sipsiwn

Y portread o'r Sipsiwn sydd ar gof a chadw yn y diwylliant Cymraeg heddiw yw'r un a geir mewn cerddi megis 'Y Sipsiwn' Eifion Wyn ac 'Y Sipsi' Crwys, y ddwy wedi'u cyfansoddi yn y 1920au. Daw *Tân ar y Comin* (1975) T. Llew Jones i'r meddwl hefyd, ynghyd â'r ffilm a seiliwyd ar y llyfr hwnnw, tra bu *Nansi Lovell: Hunangofiant Hen Sipsi* (1933) Elena Puw Morgan yn ddylanwadol yn ei dydd. Mae'r delweddau Rhamantaidd hyn o fywyd y Sipsiwn wedi treiddio'n ddwfn i'r diwylliant poblogaidd Cymraeg.[16] Mae 'Y Sipsi', sydd wedi'i hysgrifennu fel pe bai yn llais y Sipsi ei hun, yn nodweddiadol o'r genre:

> Hei ho, hei-di-ho,
> Fi yw sipsi fach y fro,
> Carafàn mewn cwr o fynydd,
> Newid aelwyd bob yn eil-ddydd,
> Rhwng y llenni ger y lli,

Pennod 8

Haf neu aeaf, waeth gen i,
Hei ho, hei-di-ho.

Beth os try y gwynt o'r de,
Digon hawdd fydd newid lle,
Mi ro'r gaseg yn yr harnes,
Symud wnaf i gornel gynnes,
Lle bydd nefoedd fach i dri,
Romani a Ruth a mi,
Hei ho, hei-di-ho.[17]

Portread sy'n ymddangosiadol rydd o ragfarn ethnig yw'r darlun hwn o Sipsi yn crwydro'n hapus ei hynt trwy Gymru, ac adlewyrchiad teg o'r olwg sydd gan Gymry Cymraeg ar eu perthynas â'r Roma. 'Parch haeddiannol a gâi yng Nghymru gynt', chwedl y cylchgrawn *Llafar Gwlad* am y Sipsiwn Cymreig wrth neilltuo rhifyn arbennig i'w trafod yn 1988.[18] I ryw raddau, mae'r ddelwedd yn un deg. Ond mae'n arwyddocaol mai'r brif eithriad i'r hunan-ganmoliaeth yw tystiolaeth Roma Cymraeg fel Eldra Jarman, gynt o Ddyffryn Ogwen, a Trefor Wood o Ffestiniog, sy'n nodi'r caledi a'r hiliaeth a wynebai Sipsiwn.[19] Gwyddai'r Kååle nad oedd y berthynas rhyngddynt a'r Cymry yn un gyfartal: 'Dosta fåšniben! Keláva lensa tābåšavána leŋī: okē sār!' Datganiad a gyfieithir yn *The Dialect of the Gypsies of Wales* fel 'They (the Welsh) are full of deceit! I dance with them, and I play the fiddle for them, (but) nothing further!'[20]

Un ochr yn unig o stori fwy cymhleth yw'r syniad fod Cymry a Sipsiwn yn cyd-dynnu'n dda. Nid oes fawr o dystiolaeth o hyn cyn diwedd y bedwaredd ganrif ar bymtheg, a thwf Rhamantiaeth Gymraeg a chenedlaetholdeb. Digon cyfarwydd yw cyfeiriadau dilornus Ellis Wynne yn *Gweledigaetheu y Bardd Cwsc* (1703) at y Sipsiwn fel y 'giwed felynddu gelwyddog honno' ac at yr iaith Romani fel '*gybris dy-glibir dy-glabar*',[21] sy'n debyg yn ei naws drefedigaethol i ddisgrifiadau gan sylwebwyr Seisnig o'r Gymraeg fel iaith nonsens. Llai hysbys yw i'r ieithwedd hon ffynnu yn y bedwaredd ganrif ar bymtheg hefyd, ac yn wir i mewn i'r ugeinfed, er gwaetha'r duedd gynyddol i glodfori rhai tylwythau Romani, megis y Woodiaid a'r Robertsiaid.

Yr ansoddeiriau 'melynddu' a 'melyn' yw'r prif dermau hiliol a ddefnyddid i ddirmygu'r Sipsiwn ac wrth olrhain defnydd o'r geiriau, dangosir natur hirhoedlog yr hiliaeth hon. Atgoffwyd darllenwyr *Y Gwyliedydd* yn 1824 fod y Roma yn 'gâd felynddu anghynnes', a disgrifir hen wraig o Sipsi gan *Seren Gomer* yn 1852 fel un 'felen, fudr, argam, wargam, grafangllyd, fratiog, fyglyd, ddrewllyd a lladronllyd, yn llechian o dŷ i dŷ'.[22]

Pam fod 'morwynion glânwedd Cymru' yn begian arian eu meistri er mwyn ei drosglwyddo 'i hên "globen felen" fudr o jipsi, yn drewi gan dybaco, am ddweyd celwydd?', gofynna *Y Gwladgarwr* yn 1872, a gwelir rhethreg hiliol, rywiaethol ac ymerodrol y cyfnod yn ymgordeddu.[23] Diben yr holl sôn am liw yw sefydlu gwahaniaeth hil diadlam rhwng Cymry a Sipsiwn, a thrin y Sipsi gan hynny fel estron israddol trwy ei gysylltu â'r India. Dadleuodd *Baner ac Amserau Cymru* yn 1859 mai 'i'r llwythau isaf' yn 'Hindwstan' y perthynai'r Sipsiwn, 'canys y mae y llwythau hyny hyd heddyw yn ymdebygu iddynt mewn llawer o bethau, yn enwedig o ran eu golwg mewn arferion a defodau, ac yn neillduol yn eu hoffder at furgynod ac ymborth aflan yn gyffredin.'[24]

Fel y dywedasid yn *Seren Gomer* yn 1823,

> y mae eu holl nodau priodol yn datgan eu dechreuad Indiaidd. Y mae eu lliw melyn, eu llygaid duon, llun eu trwynau, a dull eu gwynebau oll, er eu bod yn Lloegr amryw genedlaethau, eto mor berffaith Indiaidd, a bod y sawl sydd gwedi bod yn y wlad hòno yn cyfaddef y cyffelybrwydd yn ddiatreg; ac y mae eu harferion segur, a'u tueddiant i fyw allan o dai mewn pebyll, a'u brynti yn eu bwyd a'u dillad, yn dangos eu haniad barbaraidd.[25]

Nid Rhamantaidd yw'r cyfeiriadau cynharaf yn y Gymraeg at wahanrwydd ethnig y Sipsiwn ond hiliaeth blaen.

Ceir yr un math o beth mewn hunangofiannu. Yn ei hunangofiant hynod, *The Life and Opinions of Robert Roberts* (1923), a gyhoeddwyd ddeugain mlynedd ar ôl ei farwolaeth, edrydd Robert Roberts, 'Y Sgolor Mawr', hanesion ei daid am 'Gipsiwn' ardal Llangernyw yn ail hanner y ddeunawfed ganrif sy'n eu portreadu fel lladron a gwrachod. Sonnir am 'Papist Joe', 'Esther the Witch' a thrigfan, 'Abram's hut', 'Lletty'r Gwr Drwg', lle caiff y Saboth ei anwybyddu;

cyfuniad dadlennol o rai o ragfarnau grymusa'r Gymru wledig. Mae gan un o'r ciwed, Ellis ('a wild looking being ... gaunt, blear-eyed, preternaturally ugly'), y lliw croen sy'n dynodi i'r Cymry israddoldeb hil: 'a high wrinkled yellow forehead.'[26]

Mewn llenyddiaeth hefyd, caiff rhagfarnau cyffelyb eu gwyntyllu. Yn ei nofel *Gwen Tomos* (1894), cyfeiria'r mwyaf o nofelwyr Cymraeg y bedwaredd ganrif ar bymtheg, Daniel Owen, at 'yr hen ddewines', Nansi'r Nant, fel un a roes 'ar ddeall mai Sibsiwn oedd hi wrth natur'.[27] 'Yr oedd ei thrwyn yn fwäog,' meddai'r awdur, 'ei llygaid yn fychain a duon fel dwy lusen, a'i chroen yn felyn-fudr.'[28] Yn ogystal â bod yn 'felyn-fudr' mae Nansi'n arddangos holl nodweddion ystrydebol y Sipsi Fictoraidd wrth gardota a dewina.[29] Dangosir wedyn nad Sipsi yw Nansi mewn gwirionedd, ond un y rhoddwyd yr enw '*Gipsy*' arni gan ei thad 'am nad oedd, o ran pryd, yn annhebyg i'r tylwyth hwnw.'[30] Gwelir yma fath arall o hiliaeth ar waith: nid am eu beiau eu hunain yn unig y delid y Roma yn gyfrifol. Roeddynt yn atebol hefyd am gamweddau'r sawl nad oeddynt yn Sipsiwn ond a oedd, rywsut, yn 'debyg' iddynt.

Yn yr ugeinfed ganrif, pan laciai'r hiliaeth hon rywfaint, go brin y disodlid yn llwyr yr hen agweddau. Yn *Trysorfa y Plant* yn 1923, ceir disgrifiad o'r Roma fel 'pobl ddiofal a segur ..., yn byw ar ladrata a begera', a bod 'y dynion, gyda'u gwynebau melynddu' yn debyg 'i'r lladron hynny y buoch yn darllen amdanynt – yn byw mewn ogofâu a chilfachau tywell, gan ymosod ar y fforddolion yn y nos, a'u cario ymaith i'w hysbeilio a'u llofruddio.'[31] Sonnir am y Sipsiwn 'melynddu' mewn llyfrau eraill: mewn stori hiliol am ddwyn plentyn yn y gyfrol *Mwyar Duon* (1906) gan David James, Defynnog, ac mewn llefydd niferus eraill megis y stori i blant, 'Mabel y Sipsi Fach' a ymddangosodd yn 1934.[32] Oherwydd ei swyddogaeth ddidactig, un o nodweddion llenyddiaeth plant yw dangos yn glir werthoedd y gymdeithas y caiff ei chyfansoddi ynddi.

Yr un mor frawychus â'r disgrifiadau dilornus hyn yw'r agweddau cymdeithasol a amlygir ganddynt. Brithid y wasg Gymraeg gan adroddiadau am ymdrechion swyddogol ac answyddogol i symud Sipsiwn yn eu blaenau,[33] a'u herlyn am fân-droseddau megis dweud ffortiwn, gadael i geffylau grwydro, potsio, codi twrw mewn ffair, merched yn ymladd ac yn rhegi, a bod yn feddw.[34] Os mai'r capel yw'r lle hwylusaf i gael golwg ar hynt y Cymry mewn cymdeithasau

Seisnigedig, yna at adroddiadau o'r llysoedd mae'n rhaid troi i glywed archifau swyddogol yn llefaru am y Sipsiwn, a hynny'n eu gosod y tu hwnt i barchusrwydd cymdeithas 'wâr'.

Ni wyddom pa mor gyffredin oedd golygfeydd tebyg i'r un yn Llanddulas ger Abergele y tynnodd *Y Faner* sylw ati yn 1899, ond ni ddylid amau ei harwyddocâd. Disgrifiad ydyw o ymosodiad trefnedig gan Gymry ar grŵp ethnig lleiafrifol.

> *Ymlid Sipsiwn.* – Nos Wener, ymgynnullodd trigolion y lle hwn ar Gommins Rhyd-y-foel, yr hwn a saif yn ymyl y pentref, lle yr oedd corph o Sipsiwn wedi bod yn gwersyllu er's rhai wythnosau, ac wedi achosi llawer o flinder, trwy godi terfysgoedd. Dymunwyd ar i'r Sipsiwn adael y wlad erbyn adeg neillduol; a chan na ddarfu iddynt gydsynio â'r cais hwnw, aeth y dyrfa yno, gyda'u ffyn, i'w gyru ymaith. Gan eu bod yn ofni ffyrnigrwydd, dechreuent deimlo yn frawychus, a galwasant am yr heddgeidwaid. Yr oedd yn gwlawio yn drwm ar yr adeg; a chafwyd rhai golygfeydd anghyffredin. Gorymdeithiai y pentrefwyr ar hyd y ffyrdd, gan ganu, ac ysgwyd eu ffyn.[35]

Gallai Cymry gwledig ddiwedd y bedwaredd ganrif ar bymtheg fod yr un mor rhagfarnllyd yn erbyn Sipsiwn ag unrhyw genedl arall yn Ewrop. Yn sir Gaernarfon pan gododd si fod Sipsiwn wedi llofruddio geneth o blith eu pobl eu hunain, darganfuwyd esgyrn, a dygwyd y sawl a oedd dan amheuaeth i'r carchar cyn i feddyg profiadol gadarnhau mai darganfod esgyrn bwch gafr a wnaed.[36] Ym Meirionnydd, ymateb Swyddog Iechyd Ffestiniog i ledaeniad y frech goch yn 1905, y bu i dri o blant farw ohoni, oedd llwyddo 'i yru ymaith ddeuddeg cwmni o sipsiwn fu'n pabellu ger y dref yn ystod y mis diweddaf' fel pe baent yn ffoaduriaid yn dwyn y pla.[37]

Croeso gofalus a gâi'r Sipsiwn yng Nghymru wledig, os croeso o gwbl. Yn atgofion J. H. Jones ('Je Aitsh'), Penbedw, o'i blentyndod yn Nhalsarnau, sir Feirionnydd yn y 1860au a'r 1870au cynnar, ymglywir â'r tyndra rhwng amaethwyr sefydlog a Sipsiwn:

> Un o bläau'r cyfnod hwnnw ydoedd y fagad ar ôl bagad o Sipsiwn – 'Teulu Abram Wood,' chwedl ninnau – a deithiai'r wlad. Nyni'r plant yn arswydo rhagddynt; ac ambell wrach ddigon hagr i godi ofn ar y Bolol ei hun. Eu harfer ydoedd chwilenna a chipio popeth – yn

Pennod 8

arf a dilledyn – a fyddai at eu pwrpas ... Cof gennyf glywed hanes haid ohonynt yn swatio ar dir amaethwr heb ofyn ei ganiatâd; a chwedi bylchu'r gwrychoedd, difa'r giâm, a gwneuthur digon o alanas, yn snechian i ffwrdd a gado ysgerbwd mul ar eu holau heb ei gladdu.[38]

Cof Kate Davies amdanynt ym Mhren-gwyn ger Llandysul ar droad yr ugeinfed ganrif oedd y byddai ymladd rhwng gwŷr a'u gwragedd yn y tafarnau ac mai 'balch oedd pawb i weld y wagen gyntaf yn symud i ffwrdd a'r lleill yn ei dilyn yn gonfoi fawr'.[39] A chyn adrodd stori Ramantaidd amdanynt yn bwyta draenogod wedi'u rhostio mewn clai, cofia Huw Williams y bu dwyn defaid a chywion ieir ar fynydd Hiraethog.[40]

Mewn ffuglen hefyd, tystir i'r ffordd y synnid am y Sipsiwn fel pobl fudr neu dwyllodrus. Er delfrydu Roma dwyrain Ewrop, cwynir yn "*Ffarwel Weledig*" (1946), 'rhamant' Cynan am 'Romani'r Balcanau', am y 'gwersylloedd sipsiwn cyffredin a welswn yng Nghymru gyda'u hysbwriel a'u budreddi'.[41] Dyma enghraifft bur nodedig o weld man gwyn man draw a defnyddio ceraint tramor lleiafrif ethnig er mwyn ei fychanu yn y gymdeithas mae'r awdur ei hun yn byw ynddi. Ceir llawer o gyfeiriadau ffwrdd-â-hi mewn llenyddiaeth Gymraeg sy'n codi Sipsiwn yn drosiad ar gyfer rhyw gamwedd neu'i gilydd: swyngyfaredd, gwisgo'n annerbyniol, neu serch ddireolaeth.[42] Bod yn flêr, ddiraen neu gomon yw 'edrach fel shipan', chwedl Melinda wrth geryddu Bet yn *Tywyll Heno* (1962) Kate Roberts.[43] Yn *O Law i Law* T. Rowland Hughes (1943), ystyr 'gwisgo fel sipsi' yw dynes ddichwaeth 'addurnol, orwych' yn ymhŵedd ar gynulleidfa eisteddfodol wrth lefaru ar lwyfan gan 'dynnu "stumia" uwchben y darn.'[44] Nid oedd yr awduron hyn yn arddel yn hunanymwybodol syniadau hiliol am y Roma. I'r gwrthwyneb, mae helaethder y gyfeiriadaeth yn awgrymu mai'r hyn a geir yw ystrydeb am grŵp ethnig sydd wedi lledu i bob rhan o'r gymdeithas, nes dod yn rhan o iaith bob dydd. Yn hyn o beth, ni fu'r Cymry yn wahanol i unrhyw genedl arall: nodwedd ar y diwylliant Ewropeaidd yn gyffredinol fu cyfeirio at y Roma yn y ffordd ragfarnllyd hon.

Dadlennol yw craffu ar destunau cynradd nad ydynt yn Rhamantaidd. Dweud y drefn yw cenadwri'r gweinidog Methodistaidd dadleuol, Tom Nefyn, yn ôl ei ddisgrifiad ei hun o'i genhadaeth i wersyll Sipsiwn ar gwr Llanycil ger y Bala yn y 1920au. Naratif gymhathol yw hon yn edliw i 'frenhines y bobl grwydr' waith iselradd y Roma yn gwerthu 'pegiau a phiseri' ac yn potsio, ac yn eu cymell i arddel gwerthoedd mwy derbyniol: adlewyrchiad teg o agwedd llawer o Gymry llawr gwlad tuag at Sipsiwn gydol yr ugeinfed ganrif. 'Nid yw o unrhyw bwys i chwi, nac i neb arall chwaith, a awn ni ai peidio i rywle. Meindiwch eich busnes eich hun', yw ymateb siarp y fatriarch i Tom Nefyn, er bod y genadwri efengylaidd yn peri iddi ildio i'w bwysau wedyn.[45]

Ceir dwy ffordd o drafod Sipsiwn Cymreig yn y diwylliant Cymraeg – y naill yn canmol cyfoeth eu treftadaeth, a'u cyfraniad i fywyd Cymru; a'r llall yn eu difrïo. Yn yr un papurau newyddion ag y rhoddir mynegiant i fustl y Cymry ynghylch tlodi, bryntni a thorcyfraith Sipsiwn, ceir adroddiadau am sgyrsiau amdanynt mewn cymdeithasau llenyddol.[46] Siawns mai yn sgil hyn y cwyd y syniad poblogaidd, anwireddus wrth raid, y ceir dau fath o Sipsiwn, sef y 'Sipsiwn Cymreig' a Sipsiwn *eraill*, ac yn wir, dywedwyd am y Sipsiwn Cymreig mai 'Pobl well, fwy glanwedd na'r *gipsies* arferol oedd y rhain.'[47]

Ni waeth sut y rhamantid y Sipsiwn, y gwirionedd yw y buont yn aml yn byw mewn tlodi enbyd, ac yr oedd hyn yr un mor wir am 'Sipsiwn Cymreig' ag am '*gypsies* arferol'. Felly yn 1906, erlynwyd yn Llys Ynadon Llanrwst Kenzie a Jane Taylor, 'sipsiwn crwydredig', a chynhwysa'r dystiolaeth yn eu herbyn ddisgrifiad o amodau byw yn dangos nad hwyl o bell ffordd oedd byw mewn pabell ar grwydr:

> Mesurai y babell wyth troedfedd wrth bump a hanner, a gwnelid hi i fyny gan sachau. Ar y ddaear yr oedd gwellt wedi ei daenu, ar yr hwn y cysgid. Yr oedd yno dair o blancedi, a'r rhai hyny yn fudron ac yn fyw o bryfaid. Nid oedd y diffynyddion [sef y rhieni] yn bresennol, ond gwelodd Mr James [yr heddwas] chwech allan o'r wyth plentyn, yr hynaf o ba rai sydd yn ddeg a hanner oed, a'r ieuengaf yn ddwy flwydd oed. Yr oedd y plant heb ddim am eu penau nac am eu traed, ac, yn wir, ond ychydig am danynt, a rhedent a [*sic*] gwmpas fel plant gwylltion. Yr oedd y diwrnod, sef y 6ed o Dachwedd, yn bur oer, a chrynai y plant yn arw. Nid oedd yr un tamaid o fwyd yn y babell, na dim tân.[48]

Pennod 8

Roedd Edward Wood, gŵr diwylliedig Romani ei iaith a fu'n helpu ysgolheigion ar eu trafels, ac yn un o delynorion gorau ei genhedlaeth, yn euog o drosedd cyffelyb:

Danfonodd Ynadon Rhuthin Edward Wood a'i briod i garchar am ddau fis oherwydd iddynt esgeuluso eu tri phlentyn, trwy eu cadw yn ddiymgeledd ac ar brinder bwyd. Yr oedd y desgrifiad a roddai swyddog galluog y Gymdeithas er atal Creulondeb at Blant, sef Mr Rowlands o Ddinbych, o'r ty yn ddigon tarawiadol i wneud sylfaen nofel. 'Doedd yno ddim bwyd; a'r holl ddodrefn yn y lle oedd dwy gadair, un tepot, un cetl, un cwpan a sowser, un 'pren gwely haiarn' a matres, ac ychydig garpiau arno yn lle dillad.

Yr oedd Wood ar y pryd yn difyru ymwelwyr gwestty yn y Bala hefo'i delyn yn yr hwyr, ac yn pysgota yn y dydd; a rhwng ei ddwy swydd nid oedd ei enillion yn aml ond o wyth swllt i ddeg swllt yn yr wythnos. Dywedai'r tystion a'r heddgeidwaid ei fod yn ddyn digon sobr; a'r wraig yr un modd; ond ei bod hi yn cael yspeidiau o iselder ysbryd, yr hyn a'i gwnai yn hollol ddiallu i edrych ar ol y plant.[49]

Pa syndod y dioddefai ei wraig (nas enwir, ffaith arwyddocaol ynddo'i hun) o iselder, a gyda'u rhieni yn y carchar, cafodd y plant eu gyrru i'r wyrcws.

Dywedid i'r Woodiaid ddod i Fetws Gwerful Goch er mwyn tocio maip, gwaith ymhlith gorchwylion diflasaf a mwyaf distadl yr economi wledig, a llafurwaith, fel codi cerrig, na chwenychai'r ffermwyr lleol.[50] 'How would you like', meddai mam Eldra Jarman wrth ei merch, 'to be in that field now with a wet sack on your back and a cold swede in your hand?'[51] Nid hawddfyd a ddaeth i ran yr enwocaf o Sipsiwn Cymreig ei genhedlaeth ychwaith: roedd yn rhaid i Hywel Wood, y gwas fferm o'r Parc a fu'n 'siaradwr olaf' y Romani Cymreig, werthu ei ffidil er mwyn talu'r ddirwy o ddwybunt a gafodd am botsio.[52]

Nid dirmygus hollol oedd agwedd y Cymry at y Sipsiwn fodd bynnag, ond paradocsaidd. Nid oes dwywaith nad oedd realiti bywyd y Sipsiwn yn wahanol iawn i'r hyn a ddychmygai'r Cymry. Datblygid naratif gyfeiliornus eu bod yn mwynhau bodolaeth hamddenol a ffwrdd-â-hi yng nghefn gwlad Cymru. Rhamantiaeth sy'n gyfrifol am yr olwg honno arnynt, ac er iddi gelu'r hiliaeth yn erbyn y Roma, roedd hefyd yn rhan ohoni yn ogystal ag yn wrthsafiad yn ei herbyn (dyna'r gwrthddywediad). Esgorai Rhamantiaeth ar chwilfrydedd ieithyddol, anthropolegol a chymdeithasol am y Sipsiwn ymysg ysgolheigion, a cheid ymhlith rhai fel ymchwilwyr Betws Gwerful Goch ffordd amgen o synio am y Roma. Meithrinid gwerthfawrogiad o'u diwylliant a fodolai ochr-yn-ochr ag agweddau hiliol ehangach y gymdeithas. Syllwyd ar Sipsiwn gan ddisgyblaethau academaidd newydd, yn bennaf oll Celtigrwydd ac Astudiaethau Sipsïaidd, a oedd yn trefedigaethu pobloedd leiafrifol cyrion Prydain, ac eto'n cynnig iddynt droedle ym myd academaidd Angloffon y bedwaredd ganrif ar bymtheg a'r ugeinfed. Yn y disgwrs Cymraeg a Cheltaidd newydd a ddatblygid am y Sipsiwn yng Nghymru rhwng y 1890au a'r 1930au gan yr ysgolheictod hwn, ceid rhyw obaith, os nad am waredigaeth, yna o leiaf am gydnabyddiaeth. Ond yn y gydnabyddiaeth honno, nid y Sipsiwn eu hunain a lefarai, ond Saeson a Chymry ar eu rhan.

A yw'r Roma (a'r Cymry) yn bodoli? Rhamantiaeth, hil ac iaith

Mae'r diddordeb mewn Romani Cymreig gan ysgolheigion fel John Sampson o'r pwys mwyaf am ei fod yn taflu golau newydd ar y berthynas rhwng iaith a hil mewn diwylliannau lleiafrifol. Man cychwyn y drafodaeth hon yw'r mudiad Rhamantaidd y bu astudiaethau ieithegol ac etymolegol o ieithoedd lleiafrifol megis y Gymraeg a'r Romani Cymreig yn tynnu eu nerth ysbrydol ohono.

Er gwaethaf agweddau hiliol llawer o Gymry Cymraeg at y Sipsiwn, edrychid arnynt gan ddeallusion Rhamantaidd trwy chwyddwydr mwy cynnil. Roedd Rhamantiaeth Gymraeg yn ei hanterth yn ystod degawdau cynta'r ugeinfed ganrif, ac asiodd y ddelwedd o'r Sipsiwn fel crwydriaid dibryder mewn paradwys wladaidd â delweddau llywodraethol eraill y cyfnod, megis bythynnod gwyngalchog y wlad, y bugail a'r gwerinwr nobl. Trwy hyn, crëwyd estheteg Gymraeg newydd.[53] Fe'i gwelir ar waith yng ngherdd adnabyddus Eifion Wyn, 'Y Sipsiwn'.

Pennod 8

> Gwelais ei fen liw dydd
>   Ar ffordd yr ucheldir iach,
> A'i ferlod yn pori'r ffrith
>   Yng ngolau ei epil bach;
> Ac yntau yn chwilio'r nant
>   Fel garan, o dro i dro,
> Gan annos ei filgi brych rhwng y brwyn,
>   A'i chwiban yn deffro'r fro.
>
> Gwelais ei fen liw nos
>   Ar gytir gerllaw y dref;
> Ei dân ar y gwlithog lawr,
>   A'i aelwyd dan noethni'r nef:
> Ac yntau fel pennaeth mwyn
>   Ymysg ei barablus blant, –
> Ei fysedd yn dawnsio hyd dannau'i grwth,
>   A'i chwerthin yn llonni'r pant.[54]

Un crwydrol yw'r Sipsi ('ei fen', 'ffordd yr ucheldir iach'); mae'n wladaidd ('Ar gytir gerllaw y dref'), ac yn wir yn rhan hanfodol o fyd natur fel pe bai'n un o anifeiliaid y maes ('A'i aelwyd dan noethni'r nef', 'yn chwilio'r nant fel garan'), canfyddiad a gadarnheir gan ei fod yng nghwmni anifeiliaid byth a hefyd ('ei ferlod', 'ei filgi brych'). Hefyd, wrth gwrs, mae'n gerddorol ('Ei fysedd yn dawnsio hyd dannau'i grwth'), yn siriol ('A'i chwerthin yn llonni'r pant') ac yn llawn asbri ('A'i chwiban yn deffro'r fro'). Diniweidrwydd honedig y byd cyn-ddiwydiannol a chyn-Saesneg yw hwn a rhywsut mae'r Sipsi yn rhan annatod ohono, i'r graddau y gellir bod yn rhan o fyd rhithiol nad yw'n bodoli.

> Nid oes ganddo ddewis fro,
>   A melys i hwn yw byw –
> Crwydro am oes lle y mynno ei hun,
>   A marw lle mynno Duw.

Ceir yr un math o ddelweddaeth yng ngherdd I. D. Hooson am y Sipsiwn, 'Y Fflam'. Fodd bynnag, mae Hooson yn taflu cynhwysyn arall i mewn i'r pair, sef rhywioldeb.

Carafán goch a milgi brych
A chaseg gloff yng nghysgod gwrych:
A merch yn dawnsio i ysgafn gân
A chrwth ei chariad yng ngolau'r tân.[55]

O'r holl ddelweddau Rhamantaidd am y Sipsi mewn diwylliant gorllewinol, y ddelwedd o'r Sipsi fel merch ysgafnfryd a gwyllt sydd angen ei dofi'n rhywiol yw'r un fwyaf dadleuol. Yn nofel Ramantaidd T. Gwynn Jones, *Lona* (1923), sy'n destun gwrth-hiliol, creadures hudolus yw Lona sydd 'weithiau yn y môr, ac weithiau yn y mynydd'.[56] Wedi iddi brifio 'yn ddiameu yn un o'r genethod harddaf a welodd llygad erioed',[57] â straeon ar led ei bod yn dewino mewn llecynnau anghysbell, yn cymuno â rhyw arallfyd ac yn arfer iaith ddieithr:

> aeth y bobl o'r diwedd i'w galw yn Ddewines. Dywedid fod un o geidwaid helwriaeth Plas y Coed wedi ei gweled un noswaith oleu leuad ynghanol y coed, yn dawnsio ac yn canu rhyw rigwm annealladwy ac yn siarad â rhywun bob yn ail, er nad oedd yno neb arall i'w weled yn agos ati. Yr oedd ganddi wialen fechan yn ei llaw, meddai'r ceidwad, ac yr oedd wedi gollwng ei gwallt i lawr ac yn dawnsio ac yn troi nes bod ei thresi duon yn ymnyddu fel nadroedd amdani.[58]

Ymsercha Merfyn Owen, gweinidog ifanc y pentref, yn Lona, a chael ei 'diniweidrwydd hoffus' yn wrthrych teilwng o'i chwantau rhywiol diymwybod. Mae hi'n fwy atyniadol na'r Anglicanwraig, Miss Vaughan, â'i llediaith Seisnigaidd chwithig, sy'n cystadlu am ei sylw.[59] Amwys yw 'gwir' ethnigrwydd Lona. Gwyddel o Gatholig yw ei thad, Denis O'Neil, ac eto teimla Merfyn ar ei galon mai Sipsi ydyw: 'Dywedodd wrtho'i hun fod yn rhaid mai un o'r Sipsiwn oedd yr eneth. Cofiodd am ei gwallt a'i llygaid duon, ei gwisg, a'i bod hi yn droednoeth.'[60] Roedd y ffin ethnig rhwng Gwyddelod crwydrol a Sipsiwn yn un nad oedd modd ei diffinio'n rhy gysáct.[61] Nid ethnigrwydd 'go-iawn' Lona sy'n bwysig yn y nofel, fodd bynnag, ond y ffaith fod Merfyn Owen yn tybio mai Sipsi yw hi, a'i fod yn cael ei ddenu ati oherwydd hyn.

Ceir yr un motiff mewn nofelau Cymraeg eraill, a rhai o'r cyfeiriadau hyn, megis yn "*Ffarwel Weledig*" Cynan a *Dyddiau Dyn* (1973)

Rhydwen Williams, yn lled bornograffig.[62] Yn fwy annisgwyl, fe'i ceir gan Marion Eames hefyd. Yn *Seren Gaeth* (1985), nofel am Gymry Llundain y 1950au, mae Hanna, sydd o dras Romani, yn un anystywallt. Yn ei chynefin ym Meirionnydd, teimlai fod 'ei gwaed sipsi, hwyrach, yn ei huniaethu â hen goed, hen greigiau, hen feini, cynfyd yr ellyllon a'r cewri. Cododd deimlad rhyfedd ynddi: pe byddai hi'n gwadu'r rhan hon o'i natur, y byddai ysbryd y mynydd ac ysbryd y llyn yn dial arni.'[63] Mae ei chariad, Robert, yn galw 'sipsi!' arni ar ôl ei gweld 'yn droednoeth, heb sanau, botymau'r ffrog hanner ar agor a golwg wyllt arni'.[64] A geilw 'Sipsi' arni unwaith eto cyn caru.[65]

Mae'r Sipsi yn symbol ethnig ar gyfer ffantasïau'r mudiad Rhamantaidd yng Nghymru, a'i awch i gefnu ar realiti hagr y gymdeithas wrban neu ddiwydiannol Gymreig; un a oedd hefyd yn ymseisnigo. Ffordd o gyfleu perthynas rym, a'r swyddogaethau 'rhesymegol' ac 'afresymegol' a briodolir i Gymry a Sipsiwn (a dynion a merched) yn y diwylliant Cymraeg, yw chwant y gwryw Cymraeg am y Sipsi fenywaidd. Mae hefyd yn llawn eironi, gan mai anghyfartaledd cyffelyb sy'n rhoi rhwydd hynt i'r libido Seisnig gwrywaidd daflu ei obsesiynau ac ofnau rhywiol ar y Gymraes, yn ei ffurf fwyaf gwyrdroëdig yn y Llyfrau Gleision. Edrychir ar y Sipsiwn fel rhyw bobl arallfydol, ac er dathlu eu harwahanrwydd, rhaid iddynt fod yn ddarostyngedig bob tro i wareiddiad Cymraeg. Yn y bôn, disgwrs trefedigaethol yw hwn.

Yn wir, mae'n hynod eironig fod y Cymry yn arfer trefedigaethedd o'r fath gan fod cyfatebiaeth mor amlwg rhwng y strategaethau rhethregol a arddelid am y Cymry a rhai a ddefnyddid am y Sipsiwn. 'Cyhuddir hwynt o fod yn anonest a dichellgar', meddai'r Parchedig Richard Roberts, Llundain am y Sipsiwn yn 1900 cyn ychwanegu'n graff, 'Credaf nad oes gwirionedd lawer yn hyn, mwy nag sydd yn nghyhuddiadau barnwyr y llysoedd sirol am dystion Cymreig.'[66] Yn y sefyllfa drefedigaethol gymhleth hon, arddelai'r Cymry syniadau gorllewinol am hierarchiaeth hiliol yn ogystal â dioddef oddi wrthynt.

Yn ei astudiaeth enwog, *Orientalism* (1978), dengys Edward Said sut y meddylir am ddiwylliannau eraill fel rhai ecsotig er mwyn eu rheoli. Dull o feddwl yn hytrach na lleoliad daearyddol yw Orientaliaeth yn bennaf,[67] a bu'r Sipsiwn, yr hanai eu hynafiaid yn gyfleus iawn o'r dwyrain go-iawn, yn ysglyfaeth rhwydd iddi, yng Nghymru

fel yng ngweddill Ewrop. Dyna chi Gwenallt yn canu am Sipsi yn
Aberystwyth,

> Y tlysau Ishtarig ar ddwyrain ei mynwes
> A'r modrwyau Pharoaidd ar ei bysedd tan,[68]

a honno erioed wedi gadael Prydain fwy na thebyg. Lle goddefol
y Sipsiwn yn y llenyddiaeth amdanynt, a'r ffaith na chânt lefaru ond
mewn dull rhagluniedig, sy'n eu cadw yn eu lle.

Pa syndod i ieithwedd 'Oriental' gael ei defnyddio am y diwyll-
iannau Celtaidd hefyd? Mowldiwyd Astudiaethau Celtaidd ac
Efrydiau Sipsïaidd gan yr un meddylfryd Rhamantaidd am bobloedd
cyrion ieithyddol a diwylliannol Prydain. Enillodd yr awdur Seisnig,
George Borrow, awdur *Wild Wales* (1862), enwogrwydd mawr yn
ffantasïo am y Sipsiwn mewn cyfrolau megis *Lavengro* (1851) a
Romany Rye (1857), ac mae cryn debygrwydd yn y ffordd y synnir
am y Cymry a'r Sipsiwn fel pobl ddelfrytgar ond hynod yn y gwahanol
gyfrolau hyn. Felly hefyd mae cerdd ddylanwadol y sylwebydd
diwylliannol Seisnig, Matthew Arnold, 'The Scholar Gypsy' (1853),
yn synio am Sipsiwn fel bodau diamser sy'n werthfawr i'r graddau
y cynorthwyant y diwylliant Seisnig i ganfod ei werthoedd ysbrydol
cuddiedig ei hun.[69] Mae'n debyg ei thrywydd i'w ddarlithoedd
cyhoeddus, *On the Study of Celtic Literature* (1867), sy'n canmol 'the
children of Taliesin' am eu 'greater delicacy and spirituality', ac sy'n
ffurfiannol bwysig i Astudiaethau Celtaidd.[70]

Defnyddid ieithwedd 'Oriental' gan John Sampson hefyd wrth
drafod y Sipsiwn yng Nghymru. Yn ei gyflwyniad i'r *Dialect of the
Gypsies of Wales*, wedi iddo ddisgrifio'r 'Anglo-Romanī' a siaredir
yn Lloegr fel 'semi-jargon', disgrifia sut y 'darganfu' yn y Bala yn
1894, fel pe bai yn nyfnderoedd yr Affrig, yr Edward Wood hwnnw
a garcherid am esgeuluso ei blant:

> For several decades before the period when my own Gypsy studies
> began, Anglo-Romanī, through the gradual loss of most of its inflections
> and a great part of its original vocabulary, had sunk to the level of a
> semi-jargon, ... It was therefore with sensations which will be readily
> understood by those who have indulged in dreams of treasure trove
> that in the summer of 1894, while on a caravan tour through North

Wales, I chanced upon a Welsh Gypsy harper at Bala, and made the discovery that the ancient Romanī tongue, so long extinct in England and Scotland, had been miraculously preserved by the Gypsies of the Principality. ... the dialect so religiously kept intact in the fastnesses of Cambria is thus a survival of the oldest and purest form of British Romanī.[71]

Yma mae cyfatebiaeth rhwng y ffordd y disgrifir yr iaith Romani yng Nghymru ('ancient', 'oldest', 'purest', 'treasure trove') a'r wlad lle y'i siaredir, sef Cymru ('fastnesses of Cambria'). Yn un o'i ddisgrifiadau o Mathew Wood (tad Hywel a Manfri Wood) yn byw mewn pabell ger godre Cadair Idris, fe'i gesyd yn rhan o'r tirwedd, fel rhywogaeth brin ar lethrau'r mynydd:

> Here, where he lived as a woodcutter, in the midst of streams and mountains, he seemed like a piece of the nature around him, to whom animals or rocks or trees were as much, or perhaps greater, friends than the human beings of whom he saw so little.[72]

Mewn gwirionedd, roedd gan Mathew a'i feibion eu lle penodol mewn economi ddynol yr oeddynt yn rhan annatod ohoni (rhoddasant y fath foddhad i'w cyflogwr o Abergynolwyn fel y'u gwobrwywyd nid yn unig â chyflog llawn ond â siwtiau newydd hefyd).[73] Noda Said yn gwbl gywir fod disgyrsiau trefedigaethol yn ymddangos 'just as prominently in the so-called truthful texts (histories, philological analyses, political treatises) as in the avowedly artistic (i.e., openly imaginative) text'.[74] Yn *The Dialect of the Gypsies of Wales* a'r cyfnodolyn rhyngwladol, *Journal of the Gypsy Lore Society*, mae rhethreg Sampson yn gosod y Sipsiwn Cymreig a chefn gwlad Cymru ill dau y tu hwnt i fodernrwydd y Gorllewin. Nid oedd hyn yn gywair anghyffredin yn niwylliant Lloegr; mae nofel Saesneg enwog-ar-y-pryd Theodore Watts-Dunton, *Aylwin* (1899), yn gwneud hynny hefyd wrth drafod Sipsiwn a Chymry yn Eryri. Dyma ddisgwrs trefedigaethol yn sicr, ac os felly disgwrs trefedigaethol ydyw am y Sipsiwn a'r Cymry fel ei gilydd.

Mewn astudiaethau academaidd diweddar, dilornir darluniadau Rhamantaidd, ieithgarol o Sipsiwn y cyfnod fel ffurf ar hiliaeth. Ni thybir fod ysgolheigion fel Sampson â'u rhethreg Oriental yn meddu ar unrhyw wrthrychedd: 'mediated and interpreted accounts' a geir yn eu gwaith, sydd 'at worst, prone to conscious and unconscious distortion'.[75] Fe'u cyhuddir o drin y Roma fel prae mewn helfa anthropolegol, ac o gasglu eu hiaith a'u hachau fel pe baent yn hel stampiau.[76] Ac yn wir mae peth sail i'r cyhuddiad megis pan geir Sampson yn bloeddio ar ei gydymaith, y Cymro Lerpwl ac ysgolhaig Celtaidd, J. Glyn Davies, a hwythau yng nghwmni dau Kālō ym Mhwllheli, 'Oh, Davies! did you hear him use the ablative – how perfectly beautiful!'[77] Mae naws nawddogol ebychiadau o'r fath yn codi cwestiynau dyrys am wreiddiau trefedigaethol astudiaethau ieithyddol o ddiwylliannau lleiafrifol fel eiddo'r Roma a'r Cymry. Ond os haerir bod gwreiddiau Astudiaethau Sipsïaidd (a Cheltaidd) yn drefedigaethol, cam bach yw maentumio nad yw'r hyn a ddisgrifir ganddynt yn ddilys ychwaith.

Barn un academydd o Loegr, David Mayall, wrth arddel y safbwynt hwn yw bod gwaith maes *The Dialect of the Gypsies of Wales* yn annibynadwy a bod John Sampson yn 'easily deceived by his Gypsy informant, Matthew Wood, who invented a gibberish that Sampson simply accepted.'[78] Mae'n gwbl bosibl wrth gwrs fod Mathew Wood wedi 'perfformio' ar gyfer Sampson gan lefaru ar ei gyfer eiriau a phriod-ddulliau y tybiai yr hoffai Sampson eu clywed. Mewn theori ôl-drefedigaethol, 'sly civility' yw'r term ar ymddygiad o'r fath sy'n drysu archwiliadau'r sylwebydd trefedigaethol.[79] Ond mae awgrym Mayall ynglŷn â bwriad Mathew Wood, 'invented a gibberish', yn fwy pellgyrhaeddol na hyn. Nid mater yn unig o ddiraddio pwysigrwydd *The Dialect of the Gypsies of Wales* ydyw, ond hefyd o fwrw amheuaeth ar fodolaeth Romani Cymreig, a thrwy hynny ar y bobl a'i siaradai – y Kååle – fel grŵp iaith. Nid Mayall fu'r unig un i leisio'r farn hon. Dywed academydd Seisnig dylanwadol arall, Judith Okely, mai 'construct' cymdeithasol yw'r 'stereotype ... of the "real Romany" who is alleged to live in rural Wales.'[80] Y gair pwysig yn y frawddeg hon yw 'alleged', sy'n bwrw amheuaeth unwaith eto ar fodolaeth y Kååle.

Nid barn academaidd wrthrychol a geir yn y sylwadau diystyriol hyn am y Sipsiwn Cymreig. Yn hytrach, amlygant ddylanwad theorïau cymdeithasegol fod ieithoedd lleiafrifol fel Romani Cymreig ynghlwm wrth hanfodaeth ethnig, a bod y 'desire to identify the essential core of "Gypsyness" has reaffirmed the old Gypsy lorist, and racist, belief in an unchanging and static identity.'[81] Honnir yn gwbl anghywir na siaredid yr iaith yng ngwledydd Prydain erioed.[82] Cais Okely brofi nad grŵp ethnig o dras Indïaidd mo'r Sipsiwn o gwbl, ond grŵp cymdeithasol o gefndir ethnig cymysg, yn bennaf oll o gyff 'Prydeinig', a ddiffinnir yn anad dim gan arferion cymdeithasol a gysylltir â'r bywyd crwydrol.[83] Diystyrir treftadaeth ddiwylliannol y Roma fel 'vestiges of exotic "culture"' a 'that kind of romance'.[84]

Mae'r trywydd ideolegol hwn mewn Astudiaethau Sipsïaidd cyfoes yn hynod berthnasol i'r diwylliant Cymraeg. Dyma enghraifft brin o ddylanwad amlddiwylliannedd Eingl-Americanaidd ar un o leiafrifoedd ethnoieithyddol brodorol Prydain. Tebyg ar y naw yw'r feirniadaeth hon ar y gymuned Romani ei hiaith – sef iddynt geisio hawlio'r enw o fod yr unig wir Roma, a'u bod trwy hynny yn nacáu i grwydriaid eraill eu hawl i hunaniaeth y Sipsi – i honiadau fod y Cymry Cymraeg am wadu Cymreictod y sawl na fedrant Gymraeg. Pan sonnir am seithugrwydd chwilio am 'the elusive unifying core of Gypsyness. A considerable portion of writing on the ethnic Gypsy was embroiled within the primordial stew, serving up the same diet of a mono- and essentialist culture', anodd peidio ag ymglywed ag ymosodiadau tebyg ar y diwylliant Cymraeg.[85]

Ceir yma amheuaeth ddofn y mwyafrif Angloffon mai'r hyn a olygir wrth ethnigrwydd yw hil. Ac nid yw'r iaith uwchlaw amheuaeth ychwaith. 'In relation to the emergence and development of the racial definition of Gypsies,' meddai Mayall, 'the study of the Romany language became a key element of the attempt to prove their existence as a separate racial group.'[86] Gan mai 'cymunedau dychmygedig' yw 'cymunedau ethnig', ni ellid dal y ceir 'a *collective* Gypsy identity', ac mae hyn hefyd yn debyg i'r ddadl fod hunaniaeth Gymraeg yn ffug am fod pob hunaniaeth yn ddychmygedig.[87] Ond, fel y noda un ysgolhaig sy'n ymgyrchydd dros iawnderau'r Roma, nid yw amheuon o'r fath odid byth yn cael eu codi am ddiwylliannau mwyafrifol. Gan fod academyddion o'r Iseldiroedd yn haeru mai grŵp dychmygedig yw'r Sipsiwn, gofynna Thomas Acton, 'And do the Dutch really exist?': 'A number of writers, especially, it seems, those of Dutch origin, have argued that "Gypsies" are no more than a series of representations, with only a shifting and tenuous relation to underlying reality, if indeed such a thing may be said to exist', cyn ychwanegu'n ddeifiol, 'This chapter will argue the contrary: that the Roma are at least as real as the Dutch.'[88]

Nid oes dwywaith er hynny nad yw hil yn rhan bwysig o'r disgwrs ynglŷn â'r Kååle a ddatblygid gan gylch Rhamantaidd a Cheltaidd John Sampson ar droad yr ugeinfed ganrif. Mae hynny'n amlwg ym mrawddegau cyntaf erthygl bwysig gan J. Glyn Davies am Edward Wood, sy'n pwysleisio ei nodweddion ffisiolegol:

> Sipsionyn Cymraeg oedd Edward Owen [sic] yn byw yn y Bala. Gwr byr teneu, heb fod yn eiddil, gewynog, pryd tywyll, trwyn bwaog – nid crwbi – gwefl isaf lac, a golwg felancolaidd braidd arno. Yr oedd yn medru Cymraeg yn dda. Mewn gair Indiad Cymraeg oedd.[89]

Ffisiolegol hefyd yw disgrifiad John Sampson o Mathew Wood wedi iddo gael ei gip cyntaf arno yn 1896 ger Tal-y-llyn. Mae'n ei osod mewn hierarchiaeth hiliol: mae'n is na'r Ewropead gwyn, neu o leiaf yn wahanol iddo, ond yn uwch na'r Affricanwr du:

> 'Ok'ō Matthew!' Matthew was then a vigorous man of about fifty, with glossy black ringlets hanging down to his shoulders, and skin so dark that two tourists who had descended Cader Idris told me that, seeing him at a distance, they had at first mistaken him for a negro – a mistake soon dispelled on a nearer view by his nobile profile and well-cut features.[90]

Ceir cyfeiriadau at y gwahaniaethau corfforol honedig rhwng y Roma a'r Cymry gydol yr ugeinfed ganrif. Nid cyfeiriadau sarhaus mohonynt bob tro. Disgrifiadol yw'r sôn am y Sipsi 'a'r wyneb parddu a'r gwddf cymharol wyn' yn *Y Wisg Sidan* (1939) Elena Puw Morgan.[91] 'Plant brown' yw'r plant o Sipsiwn mae T. Llew Jones yn eu cofio'n ymweld â Phentre-cwrt, sir Gaerfyrddin ei blentyndod, ac 'wyneb brown' sydd gan Tim, arwr ei nofel *Tân ar y Comin*, a merched y sipsiwn 'yn rhai pryd tywyll ... â'u crwyn o liw rhisgl y pren ceirios bron yn ddieithriad.'[92] Ni pherthyna'r ansoddeiriau hyn i'r un categori diraddiol â 'melynddu' Ellis Wynne. Coleddid y drychfeddwl o'r Sipsi 'tywyll' gan nifer o'r Sipsiwn Cymreig eu hunain, fel y dengys cerdd fer Eldra Jarman ar gychwyn *Y Sipsiwn Cymreig* sy'n canmol y Roma am fod yn

Pennod 8

Du eu gwallt
Tywyll o groen[93]

Yn wir, mae sôn am liw croen yn ffordd o ddangos mai diwylliant amlethnig yw'r diwylliant Cymraeg gwledig. Mae'n ddelwedd gadarnhaol, ac eto ceir yn y disgrifiadau hyn obsesiwn â gwaed a thras. Y Sipsiwn yw'r unig grŵp ethnig y ceir nifer ystyrlon o gyfeiriadau ato yn y Gymraeg sy'n sôn am burdeb gwaed – yn wir, ceir ymadroddion ynghylch purdeb gwaed yng ngwaith Elena Puw Morgan, T. Llew Jones ac Eldra Jarman.[94] Ar un wedd, mae ieithwedd o'r fath yr un mor annerbyniol wrth drafod y Roma ag a fyddai wrth drin unrhyw grŵp ethnig arall, ac eto onid adlewyrchiad ydyw o'u statws diwladwriaeth a'r anawsterau sy'n dilyn o geisio creu hunaniaeth Romani sifig? Heb diriogaeth, nid oedd gan y Roma ond eu hethnigrwydd i gynnal eu hunaniaeth, sut bynnag y diffinnid honno.

Ac yn hyn oll roedd swyddogaeth iaith yn llai hanfodaidd efallai nag a dybiai ambell un. Roedd yn rhaid i'r 'Gypsiologists' dderbyn nad oedd cysylltiad rhwng iaith ac ach. Dywedwyd mewn erthygl yn *The Journal of the Gypsy Lore Society* am Dinceriaid a oedd yn siarad Gaeleg yr Alban:

> The fact that Highland tinkers speak Gaelic is not enough to support the suggestion that any considerable tincture of Scottish Gaelic blood is to be found among them. No doubt there is some. ... Gypsies marry outside the blood fairly frequently; they have done so for centuries. ... no one would suggest that Welsh blood is an original element in the family of Abraham Wood on the grounds that most of the descendants of that enigmatic person speak Welsh with considerable fluency. They are bi-lingual, or rather tri-lingual, by circumstance rather than by origin. ... Much firmer ground for the suggestion [of descent] is to be found in the physical appearance of these people. Ethnological arguments based on language are seldom anything but fallacious.[95]

Disgwrs hil sydd yma wrth gwrs: dangos fod iaith yn annibynadwy fel arwydd o burdeb gwaed er mwyn gallu dychwelyd at dir mwy diogel dadleuon ffals am ffisioleg. Ond wrth wneud hynny, torrwyd y ddolen gyswllt rhwng iaith a hil gan agor y drws ar gyfer hunaniaethau Gaeleg nad oeddynt yn perthyn i'r Gael yn unig, hunaniaethau Cymraeg nad oeddynt yn eiddo'r Cymry, a hunaniaethau Romani na chaent eu cyfyngu i'r Roma 'pur eu gwaed'. Felly, er gwaetha'r sôn mewn ffynonellau Cymraeg am nodweddion corfforol y Sipsiwn, nid oedd y muriau o ran 'hil' rhwng y Cymry a'r Kååle yn rhai na ellid dringo drostynt, ac iaith yn bennaf oll a hwylusai hynny. Ceid Cymry o dras Romani, a Roma o dras Gymreig.

Sipsi Cymreig mwyaf adnabyddus y bedwaredd ganrif ar bymtheg oedd John Roberts o'r Drenewydd, neu Delynor Cymru, fel y'i gelwid. Roedd gan John Roberts ei gwmni teithiol teuluol ei hun, 'The Cambrian Minstrels', ac roedd yn ffigwr parchus yn y gymdeithas Fictoraidd. Yn gwbl rugl mewn Romani Cymreig, dywedodd un ysgolhaig amdano, 'he could speak Rómani, yes, and write Rómani, as no other Gypsy I have ever met at home or on the Continent.'[96] Yn wir, ef yw'r unig un y mae tystiolaeth bendant ei fod yn llythrennog mewn Romani Cymreig. Anfonai lythyrau Romani at ysgolheigion, a thrawsysgrifio mewn Romani rai o'r straeon gwerin a wyddai.[97] Ond er mai gor-ŵyr i Abram Wood ydoedd, Cymro o Bentrefoelas oedd ei dad. 'A true Gypsy at heart, though born of a gentile father' yw disgrifiad Sampson ohono.[98] I Sampson felly, er nad yw Roberts yn perthyn yn gyfangwbl i'r Roma o ran hil ('a gentile father'), nid oes ymdrech i wadu ei ethnigrwydd ('a true Gypsy at heart') er bod modd iddo fanteisio ar gefndir Cymreig ei dad i bontio rhwng y Cymry a'r Sipsiwn ac ennill bri a pharchusrwydd iddo'i hun. Ac yntau o dras gymysg, yn wir hwyrach oherwydd hynny, iaith ac nid hil sydd wrth galon dehongliad John Roberts o ethnigrwydd. Dychana'r Sipsi Seisnig, Silvester Boswell, mewn Romani: '*fineay Romanay shen to may, estis na rokerena to may kek te mory Dakey chib*', sef, yn ôl cyfieithiad Sampson, 'Fine Romanichels are ye who cannot talk your own mother tongue!'[99]

Yn ei bwyslais ar le canolog iaith, fe'i cefnogid gan rai o ysgolheigion Sipsïaidd penna'r oes, gwŷr fel Francis Groome y mae ei glasur, *In Gipsy Tents* (1880), yn trafod tipyn ar Sipsiwn yn sir Feirionnydd. Yn ôl Groome, mae'n anodd diffinio pwy yn union sy'n Sipsi: bu rhyng-briodasau lu â'r boblogaeth leol; triga rhai Sipsiwn mewn tai, ac mae eraill yn wyn. Ond nid mater o hil yw bod yn Sipsi, ac nid hilgymysgedd sy'n peri y gallai un o dras gymysg

Pennod 8

fod yn '*górgio*' (un nad yw'n Sipsi), ond ymagwedd diwylliannol. Mae hybridedd yn anorfod, ac mae modd i unigolion fel John Roberts '[that] bear few traces of the Romani blood' fod yn Sipsiwn am eu bod yn medru'r iaith:

> The offspring of such mixed marriages are sometimes górgios, as in the case of the Ingram family, and sometimes Gipsies, like the Robertses, John and his wife being both great-grandchildren of Abraham Wood, but both of pure descent only upon one parent's side. By górgios, I mean that they have not the Romani look, language, habits and modes of thought; by Gypsies, that they retain these distinguishing marks in a greater or less degree. These marks may co-exist in one and the same person, e.g. in Silvanus, a full-blooded Gipsy, whose face is of a thoroughly un-English type, whole sentences of whose Romanes would be quite intelligible to Turkish Tchinghianés, who was born in a tent and hopes to die in one, whose heart is as Romani as his face is brown. John, on the other hand, has for years been a house-dweller, and bears few traces of the Romani blood, yet speaks the language with far greater purity than Silvanus, and is a storehouse of old Gipsy beliefs that are lost to his English brethren. Are we to pronounce him a górgio, because he lives between four walls, and is not so dark as several of his own sons? or the Crink down the lane a Gipsy on the score of his tattered tent? Assuredly not; ... Still these three cases illustrate the difficult of drawing a hard and fast line between Gipsies and non-Gipsies, and show the one satisfactory test to be that of Language.[100]

Yn y dyfyniad trawiadol hwn, defnyddir iaith nid yn unig er mwyn goresgyn cyfyngiadau hil, ond yn wir er mwyn gorchfygu hiliaeth. Er bod prawf ieithyddol Groome yn ymddangos yn hanfodaidd ('the one satisfactory test to be that of Language'), nid er mwyn nacáu hybridedd y caiff ei osod, ond yn hytrach i'w goleddu. 'Are we to pronounce him a górgio, because he lives between four walls, and is not so dark as several of his own sons?' I Groome o leiaf, mae iaith yn cynnig dinasyddiaeth Sipsïaidd i'r Sipsi o dras gymysg.

Gellid cael hybridedd yn y diwylliant Cymraeg hefyd wrth gwrs, a châi Sipsiwn Cymreig adnabyddus fel Hywel Wood, nad oedd odid dim 'gwaed Cymreig' yn ei wythiennau, eu cyfrif fel 'hoelion wyth y diwylliant Cymreig'.[101] Mae siarad Cymraeg yn gwneud Cymro o Sipsi, a gadael iddo aros yn Sipsi hefyd, bid siŵr. A thynnwyd sylw yn werthfawrogol at y math o Gymraeg llednais a thra anarferol a siaradai'r Sipsiwn Cymreig, a'i goethder taclus yn galw i'r cof ryw oes Gymreiciach a fu.[102] Byddai i naratif hiraethlon o'r fath apêl eang yn ystod y cyfnod o drawsnewidiad ieithyddol aruthrol a geid yng Nghymru rhwng 1890 a 1930, ac mae'n arwyddocaol mai Sipsiwn, ac nid Cymry, yw siaradwyr y Gymraeg neilltuol hon. 'So delightfully Romani. It is the best-spoken Welsh, with marks of literary diction', ys dywedodd J. Glyn Davies am Gymraeg John Roberts yn 1930.[103]

Llefarai Hywel Wood y Gymraeg yn rhwydd a rhywiog, a gallai droi ei law at draddodiadau'r Gymru Gymraeg hefyd, ac roedd yn adnabyddus mewn eisteddfodau a gwyliau eraill yn canu'r delyn a'r ffidil, ac yn dawnsio step y glocsen.[104] Yn wir, roedd yn gymaint o giamster ar hyn cafodd ei ddewis i ddawnsio ar ben bwrdd yn ffilm enwog Emlyn Williams a Richard Burton, *The Last Days of Dolwyn* (1949), sy'n cyfeirio at foddi Llanwddyn, bro bwysig i Gymry a Sipsiwn fel ei gilydd, ar ddiwedd y 1880au. Oni cheir yma, drachefn, y motiff cyfarwydd hwnnw sy'n dangos lleiafrif ethnig yn rhagori ar Gymry mewn gweithgarwch diwylliannol Cymraeg, ac yn profi trwy hyn ei Gymreigrwydd? Ac yn tystio gan hynny i'r hunaniaethau lluosog a geid yng nghefn gwlad? Ymhellach fyth, roedd dealltwriaeth glir ymhlith cenedlaetholwyr fod hybridedd lleiafrifol yn llesol; noda T. Gwynn Jones yn 1932 mai diwylliant hybrid Cymraeg, o'r math a geid 'ymhlith y teuluoedd cymysg' yn bennaf oll, a gadwai 'hynny o hen ddawnsiau Cymreig' a gollwyd ymhlith gweddill y boblogaeth Gymraeg.[105]

Amrywiaeth ieithyddol – Romani Cymreig a'r Gymraeg

Diddordeb mewn ieithoedd lleiafrifol yw un o nodweddion pennaf diwylliant deallusol siaradwyr ieithoedd lleiafrifol. Ac eto mynn rhai ysgolheigion Angloffon fod clodfori iaith fel y Romani Cymreig rywsut yn 'hanfodaidd' neu'n ethnoganolog. 'Languages are not restricted genetically; they are socially learned; they move via political, social, environmental, and geographical channels', meddai un ohonynt,

'On this basis, it is difficult to sustain the place language holds at the centre of ethnic identity as a defining element of Gypsyness.'[106]

Mae'r agwedd hon yn gwbl absennol mewn trafodaethau Cymraeg am y Sipsiwn Cymreig. Prin iawn yw'r feirniadaeth ar weithgarwch ieithyddol Sampson gan y Roma yng Nghymru ychwaith. 'Ni allaf fynegi'n ddigonol fy nyled i'r diweddar John Sampson a Dora Yates am eu llafur yn y maes', meddai Eldra Jarman.[107] Disgrifir *The Dialect of the Gypsies of Wales* gan Manfri Wood, cefnder i Hywel Wood, yn ei *In the Life of a Romany Gypsy* (1973) fel '[an] excellent, thick, and rather expensive book' a'r unig lyfr am y Romani nad oedd 'for the most part nonsense'.[108]

Meddai Sipsi a ddyfynnir yn *The Dialect of the Gypsies of Wales* wrth Sampson (ai ideoleg Sampson ynteu fydolwg y Sipsiwn a amlygir?): '*Dolā te rakeréna romanés, romané sī 'dolā: kamáva len mē*. Those who speak Gypsy are the same as Gypsies: I love them'.[109] Go brin fod hynny'n wir ond cadarnhaol oedd cyfraniad Sampson ar y cyfan. Anwleidyddol oedd geiriadura'r 'Gypsy scholars' ond byddent yn cael effaith wleidyddol yn y man. Er mai yn ysgolheictod trefedigaethol y bedwaredd ganrif ar bymtheg y mae gwreiddiau Astudiaethau Celtaidd a Sipsïaidd, mae eu hastudiaethau'n ffurf o gydnabod gwahanrwydd diwylliannol grwpiau iaith a'u grwpiau ethnig cysylltiedig, gan osod sail felly ar gyfer gwrthsafiad ar eu rhan.

Yn hytrach nag ystyried ymchwiliadau Sipsïaidd John Sampson fel ffordd Seisnig o drefedigaethu'r Sipsiwn a'r Cymry gyda'i gilydd, gellid synio amdanynt fel disgwrs sydd o blaid pobloedd cyrion Prydain, ac yn ymgais i gofnodi amrywiaeth ieithyddol yn y gwledydd Celtaidd. Yn wir, ar lawer cyfrif, yn ddiwylliannol os nad yn ieithegol, iaith Geltaidd yw'r Romani Cymreig, ac mae Astudiaethau Celtaidd ac Efrydiau Sipsïaidd yn ganghennau o'r un ddisgyblaeth. Mae blynyddoedd gyrfa Sampson yn rhychwantu'r 'Adfywiad Celtaidd', ymgyrchoedd dros 'Home Rule all round', Gwrthryfel y Pasg, sefydlu Plaid Genedlaethol Cymru a brwdfrydedd mawr o blaid adfer yr ieithoedd Celtaidd, yn enwedig yr Wyddeleg. Roedd gan Sampson gysylltiadau agos â'r byd Celtaidd-Gymreig. Er iddo dreulio'r rhan fwyaf o'i oes yn Lerpwl, fe'i ganed yn Iwerddon, yr oedd o dras Gernywaidd ac fe'i hystyriai ei hun yn Gelt.[110] Go brin fod trigo yn Lerpwl yn ei anghymwyso yn hynny o beth ychwaith:

dinas Eingl-Geltaidd ydoedd, ac roedd ganddi gymunedau Cymreig a Gwyddelig cryfion. Roedd ysgolheigion Celtaidd Coleg Prifysgol Lerpwl megis yr Almaenwr, Kuno Meyer a'r Cymro, J. Glyn Davies ymhlith ei gydweithwyr agosaf.[111] Mewn anerchiad pwysig ar 'The Welsh Gypsies' gerbron y 'Liverpool Welsh National Society' yn 1901, soniodd Sampson (a gyhoeddasai yn y cyfarfod ei fod yn 'Cornishman' ac o'r herwydd yn 'distant cousin') am ei edmygedd o'r 'lively interest which the Welsh people take in all ethnological and linguistic problems and especially in those relating to their own land.'[112] Mae Astudiaethau Celtaidd ac Astudiaethau Sipsïaidd yn tarddu o'r un ffynhonnau.

Y prif beth sydd gan yr ysgolheigion hyn yn gyffredin yw chwilfrydedd mawr ynghylch ieithoedd llai eu defnydd. Ar un adeg roedd Sampson a Meyer am gyhoeddi llyfr ar y cyd am 'Shelta', iaith 'gudd' y Teithwyr Gwyddelig. Ond Romani fuasai dileit Sampson erioed, ac wrth iddo ddechrau chwilota yn nes at adref a mynd 'agypsying into Wales', âi'r Romani Cymreig â'i fryd.[113] Mae'n debyg mai trwy ysgolheigion Celtaidd Lerpwl y cafodd Sampson wybod am y telynor Edward Wood, gan i J. Glyn Davies weld yr 'Indiad Cymraeg' hwnnw am y tro cyntaf yn 1893, flwyddyn cyn i Sampson gwrdd ag ef.[114] Mae'n debyg hefyd i J. Glyn Davies rannu'r hanes â Meyer gan eu bod yn arfer trafod telynorion, 'Sibsiwn ran amlaf', ac roedd yr Almaenwr gyda Sampson yn y Bala yn 1894 pryd y datganodd Sampson iddo 'ddarganfod' Romani Cymreig.[115]

Bob hyn a hyn hefyd, dôi J. Glyn Davies ar y teithiau Sipsïaidd, gan ddysgu chwarae tiwniau Romani ar ei delyn.[116] Rhoes wybod i Sampson am y cyfeiriadau at Sipsiwn yng ngwaith Ellis Wynne a Twm o'r Nant, ac roedd yn gyfrannwr achlysurol hefyd i'r *Journal of the Gypsy Lore Society*; cyfieithodd ar ei gyfer 'Y Sipsiwn' Eifion Wyn, a chyfrannu erthygl bwysig iddo, 'Welsh Sources of Gypsy History'.[117] Yn wir, yr oedd y cylch Sipsïaidd hwn yn dra Chymreig drwyddo draw. Roedd yr arlunydd Augustus John, a gyfareddid gan y syniad o fywyd Rhamantaidd y Roma, ymhlith y cyfeillion bohemaidd a fyddai'n ymweld â thŷ haf Sampson ym Metws Gwerful Goch, a bu cyd-weithio hefyd â Nansi Richards, Telynores Maldwyn, disgybl cerddorol 'teulu Abram Wood'.[118]

Roedd llenorion Cymraeg yn rhan o'r cylch hefyd. Roedd O. M. Edwards yn chwilfrydig, ac 'mewn pabell sipsiwn, yn gwrando ar seiniau'r delyn, ar lan afon Ddyfrdwy yn agos i'w tharddiad' y cyfarfu â'i gyd-ysgolhaig Celtaidd, Kuno Meyer, am y tro cyntaf.[119] Adwaenai Meyer a Sampson y Celtigwr a'r awdur Rhamantaidd pwysig, T. Gwynn Jones, un o ffrindiau pennaf J. Glyn Davies.[120] Yn wir, bu Sampson yn pwyso ar y bardd Cymraeg i 'ymuno â'r Sipsiwn athrofaol'.[121] Ac er na wnaeth hynny, roedd gan T. Gwynn Jones barch aruthrol at ysgolheigion Lerpwl, a lluniodd adroddiad bywiog i'r *Ford Gron* am gynhebrwng Sampson yn 1931, pryd y gwasgarwyd ei lwch ar y Foel Goch, ger Llangwm, 'un o'r mannau mwyaf Cymreig yng Nghymru', a thyrfa niferus o Sipsiwn, Cymry, academyddion a bohemiaid yn bresennol.[122] Roedd Elena Puw Morgan yn y cynhebrwng, a seiliodd ei nofel *Nansi Lovell* ar hanesion dychmygol am y Sipsiwn Cymreig. Yn frodor o Gorwen, byddai'n ymweld â thŷ ei nain ym Metws Gwerful Goch, lle y daeth i gysylltiad â Sampson ac ymweld â gwersylloedd y Sipsiwn gydag ef.[123]

O'r cefndir Rhamantaidd a Cheltaidd hwn, a oedd yn rhan annatod o estheiaeth y byd Cymraeg, y daeth y gydnabyddiaeth gynhwynol fod y Roma yng Nghymru yn grŵp ethnig dilys, a bod dilysrwydd hefyd i'w hiaith. I raddau helaeth, deillia'r diddordeb hwn o'r ffaith fod y Gymraeg hithau'n iaith leiafrifol, 'Ramantaidd'. Roedd yn hawdd i'r Cymry synio am Romani Cymreig fel hyn am mai dyma'r ffordd y syniai Astudiaethau Celtaidd am y Gymraeg. Mae'r tebygrwydd rhwng disgrifiad *The Dialect of the Gypsies of Wales* o natur anfodernaidd ei siaradwyr Romani ('this old fiddler-fisherman', 'itinerant harpist', 'ancient men and women')[124] a phroffeil y Cymry a holid ar gyfer clasur y Sais Cymraeg, O. H. Fynes-Clinton, *The Welsh Vocabulary of the Bangor District*, yn drawiadol. Yn eu plith, ceid Cymry diwylliedig fel John William Jones, '[who] had received no education and was unable to speak English' ac Owen Hughes, 'entirely ignorant of English'; dynion a ddiffinnid gan eu hanwybodaeth o iaith 'fodern' y wladwriaeth.[125] Ac er i rai Cymry, megis J. Glyn Davies a T. Gwynn Jones, goleddu syniadau Rhamantaidd am y Roma, rhamantwyr oeddynt wrth drafod eu diwylliant eu hunain hefyd. Math o Orientaliaeth yw bod ysgolhaig o Lerpwl fel J. Glyn Davies yn canu telynegion am Lŷn fel 'lle i enaid gael llonydd', ac yn ei morio hi am 'Fflat Huw Puw', ac elwai T. Gwynn Jones mewn cerddi canonaidd fel 'Broseliawnd', 'Argoed' a 'Anatiomaros' ar rin Celtaidd gwareiddiadau coll Llydaw a Gâl.[126]

Yn eu hymwneud ag Astudiaethau Sipsïaidd ac Astudiaethau Celtaidd defnyddiai'r Cymry yr un fframweithiau syniadol a methodolegol wrth symud o'r naill ddisgyblaeth i'r llall.

Mae'r Celtigrwydd hwn, gyda'i bwyslais ar ieithoedd bychain, yn fodd inni ddehongli amlddiwylliannedd yn y byd Cymraeg o'r newydd. Yn wir, o gofio fod y Kååle yn grŵp iaith a oedd rywsut, yn nhyb y Cymry, yn adlewyrchiad mewn drych ohonynt hwy eu hunain, hwyrach nad yw'n rhy ffansïol i fentro mai math o Gymraeg symbolaidd i lawer yw Romani Cymreig. Yn sicr, roedd ei bodolaeth yng Nghymru yn achos cryn falchder ymysg cenedlaetholwyr.

Hwyrach i hyn ymddangos yn baradocsaidd, gan mai un o ofynion amlddiwylliannedd Cymraeg yw y dylai dieithriaid gael eu hintegreiddio'n ieithyddol; hynny yw, dylent siarad Cymraeg. Ond Saesneg y wladwriaeth, yn hytrach nag amrywiaeth ieithyddol fel y cyfryw, a wrthwynebid gan genedlaetholwyr. Croesewid hyd yn oed ieithoedd cyfanfydol, 'cyffredinol' pan nad oeddynt yn fygythiad i'r Gymraeg, ac mae'n arwyddocaol fod T. Gwynn Jones ac eraill yn ymserchu mewn Esperanto.[127] Trigai'r Kååle yng nghraidd gwledig y Gymru Gymraeg, ac nid oedd yno fygythiad o fath yn y byd i'r iaith cyn yr Ail Ryfel Byd. Ni allai llond dwrn o siaradwyr Romani Cymreig ei pheryglu.

Niferoedd sy'n bwysig yma: ychydig unigolion mewn ychydig deuluoedd a lefarai'r Romani yng Nghymru erbyn yr ugeinfed ganrif, a gallai'r Cymry yn rhwydd eu trin fel hynodrwydd anthropolegol. Ymhellach, y Gymraeg gan mwyaf oedd cyfrwng cyfathrebu Sipsiwn a Chymry â'i gilydd, o leiaf pan oedd y boblogaeth Gymraeg yn uniaith, ac roedd gafael Sipsiwn ar y Gymraeg yn atgyfnerthu neges genedlaetholgar mai Cymraeg oedd priod iaith y cymunedau hyn. Roedd cyfyngiadau i ddefnyddioldeb y Saesneg beth bynnag. '*Nai kek guda te rakerén Aṇitrakerés, sār Wålšanés rakeréna 'doi. It is no use talking English, they speak nothing but Welsh there*' a geir yn *The Dialect of the Gypsies of Wales*.[128] Ac mae disgrifiad Kate Roberts yn *Y Lôn Wen* (1960), o grwydryn prin ei Chymraeg yn galw ar ei mam uniaith yn Rhosgadfan yn adrodd cyfrolau: 'Nid oedd Lisa Blac yn ddynes siaradus o gwbl'.[129]

Er hynny, roedd y Saesneg yn llawer mwy cyffredin ymhlith y Sipsiwn Cymreig nag y carai rhai sylwebwyr Cymraeg ei gyfaddef. Yn wahanol i'r Cymry lleol, ni fu'r Sipsiwn Cymreig erioed yn ddi-Saesneg, mae'n arwyddocaol mai gweiddyn Saesneg sydd i'w henw am Gymru (*Wålšī*),[130] a bu cryn ddefnydd ar yr iaith fain ar rai aelwydydd. Saesneg oedd iaith Sipsiwn Llangernyw yn ôl *The Life and Opinions of Robert Roberts*, a honno 'mixed with some sort of thieves' gibberish' (geiriau Romani mae'n debyg), er i'r genhedlaeth iau gael ei Chymreigio wedyn.[131] Oddi wrth 'Sipsiwns a grwydrent y wlad' y dysgodd y gweinidog Annibynnol pwysig, Thomas Rees, a fagwyd ger Llandeilo, ei eiriau cyntaf o Saesneg yn y 1820au.[132] Saesneg oedd yr iaith a ddefnyddiai rhieni John Roberts, Telynor Cymru, â'i gilydd, am na fedrai ei dad o Gymro mo'r Romani, tra bo gafael ei fam o Sipsi ar y Gymraeg yn glapiog, mae'n rhaid.[133] Mewn Saesneg yr anerchodd Tom Nefyn Sipsiwn Llanycil, a Saesneg oedd iaith rhieni Eldra Jarman yn Nyffryn Ogwen yn y 1930au.[134]

Er bod y Woodiaid yn rhugl mewn Cymraeg, nid oeddynt yn uniaith Gymraeg. Dengys cyfrifiad 1891 fod Mathew Wood yn trigo mewn 'outdoor tent' â'i feibion a'i fam ger Tal-y-llyn, a bod y teulu oll yn 'ddwyieithog' mewn Cymraeg a Saesneg (siaradent Romani Cymreig hefyd wrth gwrs, ond ni chofnodwyd hyn). Felly yr oedd hi hefyd ar aelwyd Edward Wood yng Nghorwen.[135] Efallai mai carreg fedd Lowyddan Wood, gwraig Mathew a thad Hywel, ym mynwent Llawrbetws, yw'r enghraifft fwyaf nodedig o'r hybrid-edd triphlyg hwn. Mewn Cymraeg y nodir oedran a blwyddyn ei marw, ond Saesneg yw'r adnod rybuddiol, 'Pass the time of your sojourning here in fear.'[136] Ysgathrwyd siâp telyn ar y beddfaen, arwydd o falchder yn y dreftadaeth Romani, ac arwydd o genedlig-rwydd Cymreig hefyd. Nid yw'r iaith Romani ar y maen, iaith ddistatws ydoedd wedi'r cwbl.

Ond mewn atgofion Cymraeg am y Kååle, ac mewn llenyddiaeth ffuglennol amdanynt, o'r braidd y ceir unrhyw gydnabyddiaeth o'r Saesneg. Er iddi gyfathrebu â rhieni Eldra Jarman yn Saesneg, yr unig gyfeiriad yng nghyfrol hunangofiannol Nansi Richards, *Cwpwrdd Nansi* (1972), at iaith y Sipsiwn Cymreig yw i'r Woodiaid a wersyllai ar dir ei theulu ger Pen-y-bont-fawr ddweud eu paderau yn Romani, a dysgu 'ryw gymaint' o'r iaith i Nansi ei hun.[137] Yn wir, iaith symbolaidd, onid cyfrin, yw'r Romani i'r Cymry yn aml iawn: cymerir pan na ddeellir sgwrs neu gân mai 'iaith y Romani' ydyw.[138] Yn *Y Wisg Sidan* Elena Puw Morgan, mae amrywiad diddorol ar y motiff hwn. Pan glyw y prif gymeriad naïf, Mali, siarad ar 'iaith ddieithr' ger carafanau Sipsiwn mewn ffair, tybia mai Saesneg ydyw: 'Yr oeddynt yn medru Saesneg, felly! Rhaid bod rhywbeth yn uwchraddol ynddynt wedi'r cwbl, er mor debyg eu diwyg i'w heiddo hi gartref.'[139] Romani ydyw wrth gwrs; datganiad eironig yw hwn sy'n amlygu diffyg gwybodaeth Mali o'r Saesneg, ac yn ategu mewn ffordd ddigon cyfrwys neges genedlaetholgar Elena Puw Morgan fod y Gymraeg a'r Romani ill dwy yn ieithoedd na fynn y wladwriaeth roi bri arnynt.

Yn *Nansi Lovell*, nofel gan yr un awdures a'r nofel Gymraeg gyntaf i godi bywyd y Sipsiwn Cymreig yn brif thema, ceir defnydd cyson o eirfa Romani. Yn wir, defnyddir iaith yn gyffredinol yn y nofel i ddynodi gwahanrwydd diwylliannol. Mae tabl o ryw ddau ddwsin o eiriau Romani a'u cyfieithiadau Cymraeg a geir ar ei chychwyn yn pwysleisio dwyieithedd Cymraeg-Romani sy'n hepgor y Saesneg. Tynnir sylw at oddefgarwch ieithyddol honedig y Cymry, tra'n cadw i'r Gymraeg ei lle fel iaith cyfathrach rhwng Cymry a Sipsiwn yng nghefn gwlad.

Ffuglen anthropolegol yw *Nansi Lovell*, er ei bod yn datgelu llawer mwy am agweddau'r Cymry tuag at y Sipsiwn Cymreig nag am y Sipsiwn eu hunain. Dangosir lle'r Romani fel iaith y tylwyth, sy'n ddrych o bwyslais y cyfnod ar bwysigrwydd siarad Cymraeg ar yr aelwyd Gymreig, yn ogystal â phwysleisio bod y Sipsiwn fel trigolion Cymreig wedi dysgu Cymraeg yn dda. Ac nid unrhyw Gymraeg ychwaith ond Cymraeg gwerinol iach; mewn gwrthwynebiad llwyr i Gymraeg byddigions y Plas sy'n ffug a rhodresgar, ac 'mor ddieithr' i Nansi, adroddwraig y nofel, 'a phe bai'n Lladin.'[140]

> Romani a siaradem ni yn y gwersyll bob amser, ond o hir ymgymysgu â'r Cymry, yr oeddym wedi dyfod yn rhugl yn yr iaith honno hefyd. Meddai'r *griengroes* a'r merched a gurai'r drysau Saesneg gweddol, ond gan na bûm i'n gwerthu nwyddau, trwsgl iawn y siaradwn yr iaith a arferent yn *Blackdene House*.[141]

Gwneir hwyl am ben Nansi yn *Blackdene House*, ysgol fonedd yn Lloegr, ar gownt ei Saesneg diffygiol. Swyddogaeth drefedigaethol ac estron a briodolir yn y nofel drwyddi draw i'r iaith fain.

Ni ellir gwahanu pwyslais y Cymry ar amlieithedd oddi wrth eu hymrwymiad i'r Gymraeg ei hun. Mae dathlu amlieithedd yn ffordd o gyfiawnhau bodolaeth y gymuned Gymraeg trwy nodi presenoldeb lleiafrifoedd ieithyddol eraill oddi mewn i'r wladwriaeth. Yn *Nansi Lovell*, a *Tân ar y Comin* T. Llew Jones, ysbardun i'r Cymry yw teyrngarwch y Roma i'w ffordd-o-fyw a hysir Cymry i arddel eu Cymreictod hwythau. Profa Nansi, Sipsi o dras gymysg Romani a Chymreig, gyfyng-gyngor ynglŷn â'i hunaniaeth ei hun, a'i charwriaethau â Sipsiwn a Chymry yn drosiad am bryder y bu'n caru'r ddau ddiwylliant ond 'heb garu'r un yn ddigon'.[142] Serch hynny, ei phenderfyniad terfynol, wedi iddi gael ei cham-drin gan ei gŵr sy'n Gymro Seisnigaidd, yw 'DYCHWELYD AT FY MHOBL FY HUN'.[143] Yr un yw'r ddameg yn *Tân ar y Comin* pan fo'r arwr, Tim Boswel (nid Boswell, sylwer), y mae ei dad yntau'n Gymro a'i fam yn Sipsi, yn ymwrthod ag etifeddiaeth ariannol sylweddol er mwyn byw gyda'r Sipsiwn. Ochra awduron Cymraeg cenedlaetholgar â'r diwylliant lleiafrifol yn erbyn y diwylliant mwyafrifol, hyd yn oed os mai Cymry yw'r mwyafrif hwnnw. Mae neges amgen bob tro i ddatganiadau ethnig mewn nofelau fel hyn, sy'n pwysleisio fod rhaid gwarchod lleiafrifoedd pwy bynnag ŷnt.

Nid trwy chwyddwydr hil, nac ychwaith yn nrych Orientaliaeth, mae amgyffred gwir arwyddocâd y 'Sipsiwn Cymreig' yn y diwylliant Cymraeg. Pwysicach o lawer yw'r syniad fod y Sipsiwn yn rhan sefydlog a hirymaros o dirwedd diwylliannol cefn gwlad, ac yn rhan felly o naratif y genedl. Nid yw dychmygion o'r fath yn gyfyngedig i Gymru: honnwyd i Sipsiwn Lloegr, er iddynt wynebu rhagfarn, fod yn 'imagined as long-standing features of English rural life and, in some nostalgic views of the English past, signify the very essence of true and ancient Britishness.'[144] Ond mae dadl cenedlaetholdeb Cymreig yn fwy pellgyrhaeddol na hyn gan fod ei gwelediagaeth yn wleidyddol gyfoes yn hytrach na hiraethlon yn unig, ac mae'n hawlio i froydd Cymraeg gwledig swyddogaeth gadwrol ar gyfer diwylliannau lleiafrifol brodorol yn gyffredinol. Nid hafan i'r diwylliant Cymraeg yn unig mo'r Gymru Gymraeg.

Motiff hynod boblogaidd mewn testunau Cymraeg yw bod ffermwr lleol yn caniatáu i Sipsiwn aros ar ei dir, a bod ei blant yn mynd at eu gwersyll ac yn dysgu rhywfaint o arferion ac iaith y Roma oddi wrthynt. Yr enghraifft orau o hyn yw atgof T. Gwynn Jones yn ei hunangofiant tameidiog, *Brithgofion* (1944), o arhosiadau'r Kååle ar dir ei dad yng nghefn gwlad sir Ddinbych yn y 1870au.

Mae'n fotiff trawiadol o wahanol i bortread dilornus 'Je Aitsh' o Sipsiwn ym Meirionnydd yn yr un degawd, a diau mai'r bydolwg Rhamantaidd sy'n gyfrifol am hynny:

> Dôi Sipsiwn heibio hefyd ar dro, a rhoes fy nhad gennad iddynt wersyllu ar ddarn diffaith o gornel cae. Ar ôl deall eu bod yn medru Cymraeg, collais bob ofn rhagddynt, ac awn i'w gwersyll. ... dysgais rai geiriau a arferent wrth siarad â'i gilydd, a gofidiais, ym mhen blynyddoedd am ein bod ni wedi ymadael o'r Hen Gartref i ardal na welid ynddi Sipsiwn onid ar ddamwain ar y ffordd fawr a minnau drwy hynny wedi colli'r cyfle i ddysgu Romani.[145]

Yn wir, mae'n arwyddocaol fod Sipsiwn yn llawer mwy cyffredin o gwmpas yr Hen Gartref, Llaneilian-yn-Rhos, ger Hen Golwyn, lle y treuliasai T. Gwynn Jones ei blentyndod cynnar, nag yn y stad ger Dinbych y symudodd y teulu iddi wedyn. Yn nychymyg T. Gwynn Jones mae Llaneilian yn Gymreiciach lle na Dinbych, am ei fod yn fwy gwledig, ac am fod y llenor yn iau ar y pryd ac yn uniaith Gymraeg. Wrth ymadael â gwynfyd Cymraeg gwledig ei blentyndod, cyll ei gyfle i ddysgu Romani Cymreig, neu felly y tybiai. Yn nhyb T. Gwynn Jones, mae'r broydd Cymraeg gwledig yn gyforiog, a defnyddio trosiad ecolegol, o fioamrywiaeth ieithyddol, ac yn gyfoethog yn ddiwylliannol mewn ffordd nad yw'n wir am ardaloedd mwy trefol neu Saesneg. Mae absenoldeb y Romani mewn bro Gymraeg yn debyg i farwolaeth caneri mewn pwll glo; mae'n arwydd fod rhywbeth wedi mynd o chwith, ac yn rhagargoel o wir drychineb, sef diflaniad tebygol y Gymraeg ei hun. Dengys absenoldeb y Romani y bydd iaith nerthol fel y Saesneg yn difa ieithoedd lleiafrifol yn gyffredinol.

Ar ddiwedd *Brithgofion*, priodola T. Gwynn Jones ddirywiad y Gymraeg yn ei hen gynefin i fewnlifiad Seisnig sydd wedi peri colli gafael ar yr 'hen arferion':

> ... Ni wn i faint o'r hen arferion y sonnir amdanynt yma sy'n aros yn yr hen ardal erbyn hyn. Nid llawer, mi dybiwn, canys daeth y lli Seisnig yno, oedd yn dechrau dyfod hyd yn oed yr adeg honno. Efallai fod y wlad rywbeth yn debyg o hyd, ond prin yr adwaenai neb o'r hen drigolion yr hen bentref bellach. Ni chlywais blant yn

chwarae yn Gymraeg yn yr heolydd pam fûm yno ddiwethaf, wedi mynd ar dro i weld y 'lle bûm yn gware gynt.' Ystrydoedd newyddion, tai newyddion, cryn dref yno bellach, lle nad oedd onid hen bentref Cymreig gynt.[146]

Rhan o'r dirywiad ieithyddol yw tranc y Romani Cymreig, ac mae'n anodd peidio â gweld ei diflaniad ond fel rhan annatod o'r Seisnigo. Nid amlygir y berthynas ddychmygedig gymhleth rhwng Cymry, Roma a Saeson yn well yn unman nag mewn ysgrif hynod ddadlennol gan Thomas Darlington, 'Llanwddyn cyn y Diluw'. Ymddangosodd yn 1893 yn y cylchgrawn *Cymru* ychydig flynyddoedd ar ôl boddi'r pentref hwnnw ger y ffin rhwng Meirionnydd a Maldwyn er mwyn diwallu chwant Lerpwl am ddŵr, rhybudd o'r hyn a ddigwyddai yn Nhryweryn 70 o flynyddoedd yn ddiweddarach. Bro uniaith Gymraeg oedd hon, ond yr oedd hefyd yn gymdogaeth y buasai 'teulu Abram Wood' yn ei thramwyo.[147] Ysgrif fywiog yw 'Llanwddyn cyn y Diluw' yn adrodd hanes taith gerdded gan Darlington yn 1885, sy'n gwneud hwyl am ben y Saeson fydd yn boddi'r cwm, ac er mwyn ei gwerthfawrogi'n iawn, mae angen cofio mai Sais oedd Thomas Darlington ei hun, polymath a ddysgodd nid yn unig y Gymraeg, ond y Romani hefyd, ac a ddaeth maes o law yn arolygydd ysgolion brwd ei gefnogaeth i'r iaith.

Wedi cyrraedd Llanwddyn, darganfu Darlington ddau bentref yno; yr hen bentref yn llawn Cymry sy'n siarad Cymraeg, a phentref newydd wrth geg y cwm ar gyfer y gweithwyr sy'n codi'r argae ac sy'n llawn Saeson yn siarad Saesneg. Try Darlington i mewn i'r dafarn leol am beint, a chael ei regi'n hiliol gan un o'r gweithwyr Seisnig sy'n tybio mai Cymro ydyw ar ôl ei glywed yn siarad Cymraeg â morwyn y dafarn ac a garai 'wybod beth oeddwn yn feddwl wrth feiddio siarad y fath iaith dd---dig yn ei glyw ef'.[148] Llwydda Darlington i ddianc, ond ni aiff yn bell cyn cael ei hambygio gan ysgolfeistres y pentref sy'n Saesnes na fedr air o Gymraeg ac sy'n lleisio'r farn, gan y meddylia mai Sais yw Darlington, 'y byddai'n dda ganddi hi ped ysgubid y Gymraeg oddiar wyneb y ddaear.'[149] Gwelir pa mor gyfrwys yw Darlington yn syth, yn ei bortreadu ei hunan fel Sais sy'n cael ei watwar gan Saeson am siarad Cymraeg.

Daw gwaredigaeth gerllaw ar ffurf gwersyll sipsiwn ar lethr y mynydd. Â Darlington at y Sipsiwn a'u cyfarch mewn Romani, ac wedi peth cyndynrwydd ar eu rhan i gyfaddef eu gwybodaeth o'r iaith, mae'n ymuno â chriw hwyliog o Sipsiwn sy'n cynnwys yn eu plith, er hynny, un crwydryn nad yw o gefndir Romani, ac nad yw, er gwaethaf ei enw Cymreigaidd, John Jones, yn Gymro ychwaith. Mae'n debyg i Darlington beri i iaith y grŵp newid oherwydd caiff John Jones gryn drafferth i ddilyn y sgwrs.

A dyma gyfle arall i Darlington wneud hwyl am ben y Saeson:

> Dygwyd yr ymddiddan ymlaen weithiau yn y Romani, weithiau yn Gymraeg, a phrydiau ereill yn Saesneg. Bu hyn yn faen tramgwydd mawr i John Jones; ond gan ei fod yn siaradus a chyfeillgar ei natur, nid oedd yn foddlon heb geisio rhoi ei rwyf i mewn o bryd i bryd; a mawr oedd y difyrrwch ar ei draul pan fethodd ddeall rhywbeth a ddywedwyd wrtho yn Romani, a gorfod iddo ofyn am eglurhad. Ond gellir cael gormod o gellwair unochrog felly. Dyna, o'r hyn lleiaf, a fu barn John Jones. Dechreuodd flino ar fod yn wrthrych gwawd ei gymdeithion, ac er newid yr ymddiddan, trodd ataf fi a dywedodd yn Saesneg, gan edrych ar y papur newydd oedd gennyf yn fy llaw, – 'A oes dim newydd? Alla'i gael gweled eich papur?' 'Gellwch a chroeso,' atebais, gan gynnyg y papur iddo. Ond y tro hwn yr oedd John Jones, druan, wedi neidio o'r badell ffrio i'r tân; papur Cymraeg oedd, yn dwyn y teitl adnabyddus *Baner ac Amserau Cymru*! Dilynodd bloedd o chwerthin gwawdlyd ei gamgymeriad; a daeth yn sydyn i'r casgliad ei fod yn hollol allan o le mewn cymdeithas mor amlieithog, ac enciliodd tan sorri i'w *van* ei hun, fel Achilles i'w babell.[150]

Diwedd pethau yw cyfeillgarwch mawr rhwng Darlington ac un o'r 'Kāli', dyn ifanc rhugl ei Gymraeg a Saesneg sy'n medru hefyd 'dwy dafodiaith o'r Romani'. Dyma'r ddau ŵr ifanc yn troi am y dafarn, ond pan yw Darlington ar ei ben ei hun am ychydig, caiff ei fygwth gan y Sais a oedd wedi ei regi yn gynt yn y dydd 'fel y ---- oedd wedi ei insultio yn y prydnawn'.[151] Erbyn hyn mae'r Sais yng nghwmni dau ffrind meddw sydd newydd ddychwelyd o'r gwaith ac yn chwilio am helynt. Sefyllfa beryglus iawn ond yn sydyn, dyma'r Sipsi pedairieithog wrth ei ochr, yn barod i dynnu'i gôt er mwyn ymladd, a'r Saeson o'i weld yn ei heglu hi gan adael Darlington yn hynod ddiolchgar fod Sipsi wedi ei 'achub y dydd hwnnw o law y dyhiryn o *navvy* Seisnig.'[152]

Pennod 8

Mae'r ysgrif yn gyforiog o fotiffau'r bydolwg amlddiwylliannol Cymraeg. Y motiff mwyaf cyfarwydd yw'r ffordd mae Thomas Darlington, sy'n Sais, yn ei gyflwyno ei hun fel Cymro; yn wir, y ffordd mae'n *dod* yn Gymro, gan ei fod wedi dysgu Cymraeg. Nodweddiadol hefyd yw'r cytgord ethnig tybiedig rhwng dau leiafrif, Cymry a Roma, yn wyneb gwrthwynebydd cyffredin, y Saeson. Y trosiad sy'n cyfleu hyn yw iaith: mynn y Saeson yr hawl i aros yn uniaith Saesneg, ac maent yn anoddefgar o'r Cymry a'r Roma o'r herwydd; yn wir, yn ddiraddiol ohonynt, ac yn eu cyhuddo o fod yn rhagfarnllyd os na siaradant Saesneg. Amlieithog yw'r lleiafrifoedd ar y llaw arall, yn medru nid yn unig yr iaith fwyafrifol, sef Saesneg, ond ieithoedd lleiafrifol eraill hefyd yn ogystal â'u hiaith eu hunain. Oherwydd eu bod yn medru mwy nag un iaith, mae lluosogedd ac amwysedd yn perthyn i'w hunaniaeth ethnig. Ar wahanol adegau, mae Darlington yn Sais, yn Gymro, ac yn Sipsi anrhydeddus a'r amwysedd hwn sy'n ei alluogi i gael y gorau ar y Saeson uniaith. Ond y Saeson a'r Saesneg a fydd yn ennill yn y pen draw, gan y boddir Llanwddyn, ac mae golwg olaf Darlington 'ar y pentref collfarnedig' wrth ymadael yn rhybudd y bydd y gymdogaeth amlieithog a diwylliannol gyfoethog hon yn cael ei chwalu cyn hir gan ddinistrio cartref y Cymry a'r Sipsiwn fel ei gilydd.

Y Cymry yn eu trafod hwy eu hunain

Hen ddywediad ymhlith y Sipsiwn yw fod cenhedloedd eraill wrth drafod y Roma mewn gwirionedd yn eu trafod hwy eu hunain. Mae pob cymdeithas ddynol yn lluchio ei hofnau, ei gobeithion a'i dyheadau ar 'yr Arall'. Gorau oll os yw'r Arall yn bresennol yn y gymdeithas, ond nid yn hollbresennol ychwaith: gellir ei ddychmygu fel y mynnir wedyn. Dyna oedd sefyllfa'r Sipsiwn Cymreig, yn wybyddus i'r Cymry gwledig gan eu bod yn tramwyo'r wlad, ac eto'n lled anhysbys gan na fyddent yn galw heibio ond ar dro.

Ar y lefel symlaf, ac eto dwysaf, dôi'r Sipsiwn Cymreig yn symbol i'r Cymry ohonynt hwy eu hunain – roeddynt yn lleiafrif, medrent iaith wahanol i'r Saesneg – ac asiwyd yr ymdeimlad hwnnw wrth hiraeth Rhamantaidd am y pruddglwyfus a'r darfodedig i greu naratif Gymreig wlatgar amdanynt. Yn hynny o beth roedd y Sipsiwn yn debyg i bobloedd eraill a lenwai'r gofod hwn yn y dychymyg Cymraeg: brodorion America, Affro-Americaniaid, siaradwyr ieithoedd Celtaidd eraill. Ond roedd y Sipsiwn Cymreig yn wahanol mewn un mater hollbwysig i'r bobloedd hyn, sef eu bod yn unigryw Gymreig – nid oeddynt hwy, na'u hiaith, yn bod yn unman arall yn y byd. 'Yn wir, y maent yn rhan o'n pobl,' meddai un sylwebydd, 'gyda'u neilltuolion arbennig eu hunain'.[153]

Tynnwyd sylw at y gwahaniaethau rhwng y Roma yng Nghymru ac yn Lloegr. Yn ei erthygl yn 1900, dadleua Richard Roberts fod Sipsiwn ymhob gwlad 'yn dadgysylltu eu hunain bron yn hollol oddiwrth eu cenedl mewn gwledydd ereill', ond bod hyn 'yn neilltuol wir' am 'y *Gipsies* Cymreig'.[154] Unwaith eto, yn nhermau iaith y mynegir yr ymdeimlad hwn. Â Roberts ati i nodi 'purdeb' y Romani Cymreig sy'n ffrwyth arwahanrwydd Cymreig. Honnir ei bod 'yn burach iaith nag unrhyw Romani arall, oddigerth, efallai, y Romani a siaredir yn Nhwrci' – rhethreg sy'n adlewyrchiad o ideoleg neilltuolrwydd y Gymraeg ei hun.[155]

Yn wir, mae hyd yn oed enw y Sipsiwn Cymreig arnynt hwy eu hunain, Kååle, yn eu gosod oddi mewn i fframwaith cenedligrwydd Cymreig, ac ar wahân i Sipsiwn Lloegr. Dyfyniad yn *The Dialect of the Gypsies of Wales* yw'r prif dystiolaeth sydd gennym o arwyddocâd hyn i'r Sipsiwn eu hunain, '*Ō Aŋitréné kālē kārna pen romani-čel: kālē kārása 'men 'maia.* The English Gypsies call themselves *Romani-čel*. We call ourselves *Kālē*.'[156] (Rhaid cofio mai John Sampson a ddetholodd y dyfyniad wrth gwrs.) Brolir swyddogaeth yr iaith Romani fel amlygiad o genedligrwydd Cymreig, ac arwyddnod o'r gwahaniaeth rhyngddo a'r bywyd Seisnig, ''*Jā sār Aŋitrákerō ši-lō 'kerát, 'šiš andéla romimus avrī kek.* He is like an English Gypsy tonight, he cannot get a Romanī word out.'[157] Yn wir, mae'r term 'Sipsiwn Cymreig', sy'n un o allweddeiriau cenedlaetholdeb Cymreig a Cheltaidd, yn cyfnerthu'r neges genedlaetholgar hon, ac yn ddyfeisiad ideolegol amlwg. Tynnir sylw at wahaniaethau diwylliannol eraill hefyd, mwy dibwys ar sawl golwg: dywedir i'r Kååle gysgu mewn ysguboriau a phebyll, tra bo'r Sipsi o Sais yn trafaelio mewn carafán.[158] Byddai'n haws croesi ucheldir Cymru â phabell nag â charafán wrth gwrs. Ond penderfyniad hunanymwybodol cylch Sipsïaidd a Cheltaidd John Sampson fu pwysleisio hyn fel mater cymdeithasegol o bwys.

Pennod 8

Roedd gan y Sipsiwn Cymreig un swyddogaeth genedlaethol arall yn y dychymyg Cymraeg, sef iddynt gadw arferion gwerin Cymreig yn fyw: alawon a cheinciau traddodiadol, y delyn deires a dawns y glocsen.[159] Cynheiliaid Cymreictod yw'r Kååle yn ôl y bydolwg hwn, yn gwarchod ar gyrion y gymdeithas hynny o ddiwylliant gwerin a oroesodd y Diwygiad Methodistaidd. I J. Glyn Davies, roedd cyfeiliant Edward Wood ar y delyn i ymryson dawnsio yng nghefn un o dafarnau'r Bala (y Plas Coch o bosib) yn 1893 fel 'edrych ar ddarn o hen fyd oedd wedi diflanu o'r wlad agos yn llwyr; darn o'r ddeunawfed ganrif.'[160] (Ac eto, ni ellir ei ddatgysylltu oddi wrth fodernrwydd Oes Fictoria gan i'r dystiolaeth a ddygwyd yn erbyn Edward Wood yn yr achos llys am esgeuluso ei blant haeru mai 'difyru ymwelwyr gwestty' gyda'i delyn y byddai; hynny yw, roedd y 'darn o'r ddeunawfed ganrif' yn sioe ar gyfer y diwydiant twristaidd cynnar.) Mae disgrifiadau Nansi Richard o ddawnsio a chanu'r Sipsiwn Cymreig mewn nosweithiau yn Nyffryn Tanat yn debyg iawn eu naws.[161] Naratif gadwrol sydd yma fod y Sipsiwn wedi gwarchod traddodiadau Cymreig a fuasai fel arall wedi mynd i ddifancoll. Edrydd J. Glyn Davies, ac yntau'n arbenigwr yn y maes, fod Edward Wood yn medru deg o donau am bob un a fedrai ef ei hun.[162] Hwyrach na fyddai'n gwbl ffansïol synio am y gerddoriaeth a'r dawnsiau gwerin hyn fel math arall o iaith symbolaidd *Gymreig* sy'n perthyn i droad yr ugeinfed ganrif, ond sydd, gan ei bod yn ddieiriau, yn medru croesi ffiniau ethnig mewn cymdeithas a rwygid gan densiynau ar adeg o Seisnigo cynyddol.

Er bod y Sipsiwn yn rhannol gyfrifol am oroesiad canu ac arferion gwerin mewn sawl gwlad, mae'n drawiadol fod cynifer o'r enghreifftiau hynny yn codi mewn gwledydd a rhanbarthau a fu, neu sydd, yn ddiwladwriaeth, fel Andalusia. Yno mae Flamenco fel dawns o dras Sipsïaidd dybiedig yn greiddiol i dreftadaeth ranbarthol.[163] Weithiau crwydriaid fyddai'r rhai olaf i siarad ieithoedd lleiafrifol y darfuasai amdanynt ymhlith gweddill y boblogaeth. Ym marthau mwyaf gogleddol Ucheldiroedd yr Alban, Tinceriaid a Theithwyr oedd cynheiliaid olaf y diwylliant Gaeleg, ei draddodiadau gwerin a'i lên lafar, a dywedwyd mai Tincer, Ailidh Dall, oedd y storiwr Gaeleg gorau ar y tir mawr.[164] Pan ddiflannodd yr Aeleg fel iaith gymunedol mewn sir fel Sutherland, cynyddai'r pwysau cymathol ar y Teithwyr hwythau, a dadsefydlogid y lleiafrif ethnig lleol, y Tinceriaid, gymaint â'r boblogaeth sefydlog.[165]

Clywir adlais o rym y syniad hwn yn nyfalu J. Glyn Davies pan holodd, 'whether the Welsh Gypsies had a traditional Welsh of their own; originally the Welsh of substantial and well-bred folk in the late eighteenth century'.[166] Ai'r Sipsiwn oedd siaradwyr olaf math neilltuol o Gymraeg, yn perthyn i'r oes cyn Anghydffurfiaeth? Mae'n debyg fod syniad o'r fath yn perthyn mwy i fydolwg Rhamantaidd J. Glyn Davies nag i wirionedd ieithegol, ond gwelir, drachefn, fod y Sipsiwn yn greiddiol i rai o syniadau craidd y Gorllewin fel y'u trafodid yn y Gymru Gymraeg: moderneiddiad, 'amser' fel cysyniad cenedlaetholgar, a'r drafodaeth ynghylch hil ac iaith.

Effaith hyn oll ar ddeallusion Cymraeg oedd pwysleisio tebygrwydd profiadau lleiafrifoedd oddi mewn i'r wladwriaeth yn hytrach na'r gwahaniaethau rhyngddynt. Yn aml mewn gwledydd diwladwriaeth gwraidd y dybiaeth hon yw fod y lleiafrif brodorol 'cenedlaethol' (Cymry, Gaelwyr, Hwngariaid ac yn y blaen) a'r lleiafrif brodorol peripatetig (y Sipsiwn) wedi'u hymylu gan brosesau cyffelyb a gysylltir â datblygiad y genedl-wladwriaeth.[167] Ar brydiau felly, ceir perthynas symbiotig rhwng y ddau fath gwahanol o leiafrif, a rhyw led-ymwybyddiaeth o hyn sy'n esbonio'r ymateb Cymraeg i'r Sipsiwn. Ymdeimlad â'r symbiosis honedig rhwng Cymry a Sipsiwn a yrrodd *Yr Haul a'r Gangell*, cylchgrawn yr Eglwys yng Nghymru, i haeru yn 1955 y gallai deddfwriaeth a gyfyngai ar ryddid Sipsiwn i grwydro cefn gwlad andwyo'r diwylliant Cymraeg, ac 'ar ei ecsodus ef o fywyd cefn gwlad bydd llên gwerin Cymru yn dlotach'.[168] Diddorol nodi fod cerdd Waldo Williams, 'Beth i'w wneud â Nhw', yn taranu yn erbyn yr un cynlluniau.[169]

Yn y traddodiad Cymraeg hwn, synir am diriogaethau hanesyddol grwpiau iaith lleiafrifol fel cynefinoedd ieithyddol, sy'n debyg i gynefinoedd naturiol rhywogaethau prin. Meddylir am y broydd Cymraeg fel math ar ecosystem ieithyddol. Oddi mewn i'r ecosystem hon, mae'r Cymry a'r Sipsiwn yn gyd-ddibynnol. Cyflwynir y ddadl ar ei gwedd drefedigaethol gan John Sampson, Theodore Watts-Dunton ac ysgolheigion Sipsïaidd eu hoes, ac yn fwy cydymdeimladol o lawer gan T. Gwynn Jones a Thomas Darlington. Ond a oes unrhyw wirionedd empeiraidd all gefnogi tybiaethau o'r fath?

Pennod 8

Nid cwbl ddi-sail yw'r awgrym i'r ardaloedd Cymraeg weithredu fel hafan gadwrol ar gyfer yr iaith Romani. Mae'n deg gofyn pam y goroesai'r iaith yn hwy yn y Gymru Gymraeg nag yn Lloegr lle yr oedd ar drengi erbyn canol y bedwaredd ganrif ar bymtheg.[170] Dyfala rhai y bu llai o ryng-briodi rhwng Roma a'r boblogaeth leol yng Nghymru, er bod hanes teulu Abram Wood yn awgrymu fel arall.[171] Ond tybed hefyd nad oedd trigo ar diriogaeth iaith leiafrifol, lle ceid dwyieithrwydd ansefydlog yn lle unieithrwydd monolithig, yn arwain at lai o bwysau cymathol ar y Kååle nag ar eu cefndryd yn Lloegr? Nid oedd Cymraeg, iaith fwyafrifol y broydd Cymraeg, yn hollol ddominyddol, yn enwedig o safbwynt lleiafrif crwydrol a groesai ffiniau wrth deithio i mewn ac allan o'r ardaloedd hyn, ac eto ni ellid gwneud hebddi: dwy *lingua franca* yn hytrach nag un a gystadlai am sylw'r Sipsiwn. A fuasai John Roberts, Telynor Cymru, yn rhugl mewn Romani Cymreig pe na bai'r Saesneg y siaradai ei rieni â'i gilydd yn ail iaith i'r ddau? Cafwyd shifft iaith yng Nghymru hefyd yn y pen draw, ond ymestynnwyd hoedl y Romani am genhedlaeth neu ddwy yn fwy nag yn y Lloegr wledig, a'i phresenoldeb annisgwyl yn y Gymru Fodern sy'n esbonio nerth y naratif wlatgar am Sipsiwn Cymreig.

Mae pwyslais y Cymry hyn ar amlieithedd yn deillio o fydolwg sy'n dyrchafu cyd-fodolaeth grwpiau iaith brodorol ac yn gweld mewn cynefin cyd-ddibyniaeth diwylliannol. Mae i'r amlieithedd ei gyfyngiadau ideolegol, wrth gwrs. Prin yw'r diddordeb Cymraeg mewn Saesneg Romani, er bod honno ar lafar gwlad gan rai Sipsiwn yng Nghymru hyd heddiw.[172] I'r gwladgarwr Rhamantaidd, dystopaidd yw Saesneg Romani sydd, yn ei chyfuniad anghytbwys o gystrawen Saesneg a geirfa Saesneg a Romani, yn beryglus o debyg i'r Saesneg Cymreig yr ofnid y gallai ddisodli'r Gymraeg.

Yn wir, gan fod Romani Cymreig mor greiddiol i ddelfrydiaeth Gymraeg, bron y gellid honni fod ei diflaniad wedi peri i'r Cymry synio am Sipsiwn yng Nghymru fel grŵp ethnig darfodedig. O ganlyniad, ceir tuedd mewn cyhoeddiadau Cymraeg i gysylltu'r Roma â'r gorffennol, ac i rai sylwebwyr haeru'n ddifeddwl ac yn anghywir nad yw Sipsiwn heddiw yn 'Sipsiwn go-iawn'.[173] Mae hanesyddiaeth Gymraeg am y Sipsiwn yn dirwyn yr hanes i ben gyda diflaniad y siaradwyr Romani Cymreig olaf. Ac eto, ceir Sipsiwn Cymraeg sy'n ddisgynyddion iddynt, fel Teleri Gray o

Gaerdydd, merch Eldra Jarman, sy'n weithgar iawn yn hybu diwylliant y Sipsiwn heddiw. Yng Ngwynedd, mae Sipsiwn, fel y Lovells sy'n byw ar stad Sgubor Goch yng Nghaernarfon, yn rhan o wead amlethnig bywyd Cymraeg y sir.[174] Amcangyfrifir fod hyd at 4,000 o Sipsiwn yng Nghymru.[175]

Gellid bod yn feirniadol iawn o'r berthynas unffordd rhwng Cymry a'r 'Sipsiwn Cymreig' hefyd. Faint o ymdrech a gafwyd go-iawn i achub y Romani Cymreig? Swyddogaeth symbolaidd sydd gan yr iaith Romani yn y meddwl Cymraeg yn bennaf. Ni ymgyrchid drosti byth, ni wnaed unrhyw ddefnydd gweledol, swyddogol, addysgol na sefydliadol ohoni, ac ni fu unrhyw drafodaeth am y posibiliad ychwaith. Ni sefydlwyd Cymdeithas yr Iaith Romani yn 1963. Ni faluriwyd arwyddion ffyrdd am nad oedd enwau Romani arnynt, ac nid yw enwau Romani megis Balōa (Y Bala), Londésko gav (Pwllheli) a Vērdéskō gav (Caerdydd) i'w gweld arnynt heddiw.[176] Ni fu unrhyw ymdrech i adfer yr iaith pan oedd ei siaradwyr brodorol yn ddigon ifanc i'w throsglwyddo i'w plant, nag ymgais ychwaith i'w chodi megis ffenics o'r lludw ar batrwm adfywiad ieithoedd meirw fel y Gernyweg.

Ac er bod mewnfudo ar ddechrau'r unfed ganrif ar hugain wedi dwyn i Gymru siaradwyr cynhenid o dafodieithoedd Romani dwyrain Ewrop, sy'n rhan o'r un continwwm ieithyddol â Romani Cymreig, ni sylwodd fawr neb. Yn 2012, roedd yn ysgolion Cymru 26 o blant yn siarad Romani, trydedd iaith frodorol Cymru, fel mamiaith.[177] Mewnfudwyr, neu blant i fewnfudwyr, oeddynt bob un.

Diweddglo – brodorion amlethnig Ynys Prydain

Yn y traddodiad deallusol Cymraeg, roedd amrywiaeth ethnig yn fodd i greu byd Cymraeg a oedd yn agored i'r Arall. Heb yr amlethnigrwydd, byddai 'hil' ac 'iaith' wedi cyfateb i'w gilydd yn berffaith, gan greu cymuned ieithyddol yn seiliedig ar waedoliaeth gymaint ag ar iaith. Fodd bynnag, nid oedd modd cyfannu'r 'Cymry', fel grŵp iaith na chenedl, yn y modd hwnnw. Yn wir, bu'r Cymry fel 'grŵp' yn amlethnig o'r cychwyn, a byddent yn parhau felly ar hyd eu hanes. O ganlyniad, mae amlethnigrwydd fel cysyniad yn greiddiol i'r meddwl Cymraeg, a bu i feddylwyr Cymraeg gydnabod hyn, nes iddo fynd yn un o sylfeini'r hyn y gellid ei alw yn wybodaeth Gymraeg.

Mae'r wybodaeth honno'n amlweddog, a daeth sawl gwedd arni i'r olwg yn y gyfrol hon, a phriodol yn awr yw cynnig sut y gellid synio am y Cymry fel grŵp yn wyneb dadleuon am hil, ethnigrwydd, iaith a threfedigaethedd. I'r perwyl hwn rhaid cychwyn wrth ein traed yn yr archif Gymraeg.

Yn gyntaf, ac yn bwysicaf oll, tybiai'r Cymry mai 'grŵp' neu 'grŵp iaith' neu 'bobl' neu 'genedl' *frodorol* oeddynt. Yn ôl yr archif, hwy yw brodorion a gwir berchnogion Ynys Prydain. Felly y gwelai Gildas hwy yn *De Excidio Britanniae* (Dinistr Prydain) (*c*.540?), felly hefyd yn *Historia Brittonum* (*c*.828) Nennius, ac felly mewn testunau siwdo-hanesyddol a hanesyddol, megis *Brut y Brenhinedd* a *Brut y Tywysogyon*. Fel brodorion Prydain y syniai'r Cynfeirdd, y chwedlau brodorol a'r Trioedd am y Cymry, a brodorion yw'r Cymry yn y traddodiad syniadol a rhethregol Cymraeg a ddaeth wedyn, megis yn y traddodiad barddol, gan ysgolheigion y Dadeni Dysg, ac ymysg hynafiaethwyr, geiriadurwyr ac anterliwtwyr, ac mewn trafodaethau politicaidd, fel y dengys Dafydd Glyn Jones.[1]

Yng nghyfnod y concwestau Seisnig, mynegir hyn gan gofianwyr y Cymry, yn feirdd a rhyddieithwyr, mewn cerddi darogan a gweithiau rhyddiaith. Ac am mai brodorion Ynys Prydain oedd y Cymry, rhoddwyd cefnogaeth i'r Tuduriaid. Roedd tynged y Cymry fel brodorion yn gyrru eu hunaniaeth yn y Cyfnod Modern Cynnar. Ac felly ymlaen trwy hanesyddiaeth a hanesyddiaeth syniadol megis eco trwy'r canrifoedd wedyn.

'Mae pyrth dy fforest di, O wlad y Brutaniaid presennol yn agored i'r eirias dân. Oni ddygwch ffrwyth yr awron, fe a'ch torrir rhag bod yn bobl', yw cri ddiymwared Morgan Llwyd o Wynedd, a'r gair allweddol yma yw *presennol*, sef fod Cymry ei oes yr un bobl â'r hen Gymry ac, er cyfyngu ar gylch eu cyfanheddiad, yn frodorion o hyd.[2] Dyna hefyd bwyslais syniadaeth Gymraeg y ddeunawfed ganrif a'r bedwaredd ganrif ar bymtheg â'i motiff trionglog, 'Cymry-brodorion-caethion', a fyddai'n ddiystyr pe na buasai'r Cymry yn llefaru iaith y Brython. Ac felly hefyd yn yr ugeinfed. 'Doed Garmon i wlad y Brythoniaid', sydd gan Saunders Lewis yn *Buchedd Garmon*, sy'n hawlio'r traddodiad Brythonig ar ran cenedlaetholdeb Cymreig cyfoes.[3]

Nid amherthnasedd rhyw orffennol pell yw'r syniad o'r Cymry fel brodorion, ond rhan graidd o Gymru Fodern.

Ail elfen ffurfiannol gwybodaeth Gymraeg yw ymddiffinio ar sail iaith. Nid yw syniadau 'sifig' am diriogaeth yn bwysig yn y traddodiad Cymraeg yn hanesyddol, ac mae'n amlwg mai'r hyn a olygir fel arfer wrth y gair 'Cymry' yn yr archif Gymraeg yw siaradwyr Cymraeg. Er ei bod yn anodd gwahaniaethu rhwng 'iaith' a 'hil' bob tro cyn y cyfnod modern, nid hil mo'r Cymry wrth reswm, ond grŵp ieithyddol bychan. Ni allai grŵp felly, a dyfai maes o law yn 'genedl', fod yn bur o ran 'hil' na dim arall; mewn cymdeithasau dynol, nid yw'r fath beth yn bosibl. Gellid ymestyn y diffiniad o'r Cymry i gynnwys y sawl na fedrant Gymraeg, ond ni fyddai hynny'n newid dim ar y cysyniad cynhwynol, ac ni ellir cyfyngu atebion i'r cwestiwn, 'Pwy yw'r Cymry?', o safbwynt na hil na thir. Grŵp iaith oedd y Cymry, yn ddiriaethol (ac ar brydiau yn symbolaidd), ac er bod llawer i enw arall wedi'u rhoi arnynt, felly y dylid eu hystyried.

Ceir cyswllt rhwng y ddau gysyniad, iaith a'r brodorol. Yn athroniaeth J. R. Jones, ceir sôn craff am 'Bobl Gymraeg'. Yn ei dyb ef,

Diweddglo

mae iaith wedi'i gwreiddio '*yng nghymdeithas dyn*',[4] ac yn bod cyn i'r bobl sy'n llefaru'r iaith honno ddod yn 'Bobl'. O safbwynt y 'Bobl Gymraeg', *a priori* yw'r Gymraeg. Y cyfiawnhad dros gadw'r Gymraeg yw ei bod yma cyn 'Cymru'; buasai'n iaith yr Ynys, *ergo* Cymru. Mae'r pwyslais oll ar natur gynhwynol yr iaith yn y gymdeithas Gymreig. Gwrthwyneb hil yw iaith o'i theoreiddio fel hyn. Yr iaith, nid hil, sy'n cynnal y syniad fod y Cymry yn bobl frodorol.

Ni ddaeth y Gymraeg yn iaith ddarostyngedig, na'r Cymry yn rhan o Loegr, a ailenwid maes o law yn Brydain (nid 'Ynys Prydain' y cynfrodorion mo'r Wladwriaeth Brydeinig hon), trwy gyfamod heddychlon. Trwy Goncwest y collasai'r Cymry eu sofraniaeth, ac felly eu rhyddid. Concwest a ddaeth i ben ar ffurf goresgyniad terfynol Edward I ar Wynedd yn ystod 1282–3, ond i'r Cymry ynghynt, buasai dwy Goncwest, goresgyn yr Ynys yn gyntaf, a goresgyn Cymru wedyn. Ar yr ail y canolbwyntia cenedlaetholdeb cyfoes, ond mae'r gyntaf yr un mor arwyddocaol yn hanes ffurfiant siaradwyr Cymraeg fel 'cenedl'.

Mae ymwybyddiaeth y Cymry o'r gwladychu hwn arnynt yn rhan greiddiol o'r meddwl Cymraeg ers canrifoedd lawer ac ynghlwm wrth eu canfyddiad ohonynt hwy eu hunain fel pobl frodorol. Dyma'r drydedd elfen ganolog yn y meddwl Cymraeg felly. Grŵp iaith, neu 'Bobl', neu 'genedl', yw'r Cymry sydd wedi eu concro.

Mae tair gwedd ar ffurfiant y Cymry. Grŵp brodorol yw'r Cymry. Grŵp iaith hefyd. Pobl ydynt sydd wedi'u dietifeddu.

Nid oes modd cyfleu'r gwirioneddau hyn trwy gyfrwng cenedlaetholdeb sifig yn unig, sydd ar un olwg yn annilysu'r Cymry fel grŵp iaith ac yn cryfhau hegemoni'r mwyafrif Angloffon. Gwna hynny trwy fynnu mai tiriogaeth ('Cymru') yw sail y grŵp. Ond iaith yw ei sail go-iawn. (Nid yw hynny'n diarddel Cymry di-Gymraeg o'r genedl; gellid ymestyn iaith fel metaffor i'w cynnwys hwythau. Daw â ni yn ôl, fodd bynnag, at y ddadl graidd: nid oes cyfyngiad ar Gymry o safbwynt na hil na thir.)

Y cwestiwn hanfodol yw hwn: pam y bu i'r grŵp iaith brodorol, goresgynedig hwn ymddiffinio ar sail iaith yn lle hil yn derfynol? Hyd at ddiwedd y bedwaredd ganrif ar bymtheg, mae'n amlwg y bu terminoleg ethnig yn rhedeg ochr-yn-ochr â chyfeiriadaeth ieithyddol gynyddol. Yn rhannol, roedd y setliad o blaid iaith yn adlewyrchu hanes y Cymry. Nid oedd Brythoniaid yn bodoli mwyach, a myth oedd Gomer. Fodd bynnag, roedd yr iaith yno. Roedd yn ffaith empeiraidd, solet.

Yr iaith felly oedd y genedl, fel yn achos sawl grŵp iaith bychan. Ceisid ei disodli fel nodwedd ddiffiniadol ar y Cymry ar brydiau gan grefydd cyfundrefnol, ac am gyfnod, gwnaed hynny. Hwyrach y gellid synio am Anghydffurfiaeth sefydliadol fel y proto-sifig, a diddorol yw nodi ei bod yn fwy ethnoganolog na'r iaith ei hun. Ond er ei rym aruthrol ar y pryd, nid oedd y capel Fictoraidd Anghydffurfiol mor wreiddiedig â'r Gymraeg, er i ddirywiad y ddau gyd-fynd â'i gilydd mewn sawl man. Yn baradocsaidd hefyd, pwysleisid pwysigrwydd yr iaith gan ymseisnigo. Ni fuasai'r iaith mor ystyrlon fel nod cenedligrwydd heb fod y Cymry yn byw yng nghysgod goruchafiaeth yr Angloffon. Boed yn y berfeddwlad Gymraeg, neu yng nghymoedd y de, neu yn ninas Lerpwl, iaith y Cymry a'u diffiniai. Ac fel grŵp wedi'i seilio ar iaith, nid oedd gan siaradwyr y Gymraeg ddewis ond bod yn amlethnig. Mae grŵp iaith yn ei hanfod yn amlethnig.

Dyna gyfrinach fawr gwybodaeth Gymraeg; cyfrinach Ynys Prydain. Mae diffiniad ieithyddol yn creu endid amlethnig am nad oes modd cyfyngu ar ledaeniad iaith gan na hil na thir. Mae perthynas symbiotig, agos rhwng bod yn *Gymraeg* a bod yn *amlethnig*.

Pwy felly yw'r Cymry? Grŵp iaith brodorol sy'n amlethnig ac yn drawsffiniol, y crebachodd ei gyfanheddiad tiriogaethol gydol ei hanes, yw'r Cymry.

Cenedl frodorol amlethnig ac amlhiliol yw cenedl y Cymry.

Am iddynt drigo yng nghrochan diwydiannol Prydain, honnir nad oes modd i'r Cymry fod yn grŵp brodorol am iddynt ymelwa ar economi fodern a buddion eraill, megis ymbesgi Prydain ar ei threfedigaethau. Ac eto, pobl israddol oedd y Cymry a ddaeth wyneb-yn-wyneb â Goleuedigaeth Angloffon. Mae hyn yn ymdebygu ar un wedd o leiaf, er ar raddfa lai, i bobloedd anorllewinol yr annilysid eu gwybodaeth hwythau gan wyddorau goleuedig y Gorllewin. Nid yw'r disodliad mor drylwyr yn yr achos Cymraeg am y ceir cyffelybiaeth epistemegol rhwng elfennau ar y meddwl Cymraeg a'r meddwl Angloffon am eu bod ill dau'n tarddu o ffynhonnell Ewropeaidd.

Anodd yw cyfeirio felly at y 'meddwl Cymraeg' fel 'gwybodaeth frodorol' yn ddigymhleth, fel y synia Maori am 'mātauranga Māori'.

Diweddglo

Bu'r Cymry'n rhy agos at ddisgyrsiau Ewropeaidd a Phrydeinig ar gyfer hynny. Ond alltudiwyd eu traddodiadau syniadol gan Oleuedigaeth hefyd, yn rhannol ar gyfrif eu hiaith annirnad, afresymegol, anghyfiaith, ond hefyd am nad oedd eu credoau, megis y dyb eu bod yn frodorion a ddietifeddasid, yn dderbyniol o safbwynt gwyddorau Angloffon. Dim ond pobl naïf a fyddai'n meddwl nad oes a wnelo'r annilysu ar y syniad craidd hwnnw â grym strwythuredig grŵp dominyddol; yn achos y Cymry, grym y byd Angloffon. Ac eto, gwedir hynny.

Sylfaen gwybodaeth Gymraeg yw dau beth: gogwydd epistemegol ac ontolegol amgen y gwareiddiad Cymraeg, sy'n adlewyrchu ei hanes fel diwylliant ieithyddol brodorol darostyngedig (ac yn esgor ar amlethnigrwydd gan nad oes modd cyfyngu iaith gan na hil na thir) ar y naill law; ac ar y llall, yr archif Gymraeg, sef yr holl dystiolaeth a adawyd gan y gymdeithas Gymraeg ac sydd, fel cynnyrch pob cymdeithas ddynol, yn wrthddywediadol. Mae'r archif Gymraeg yn bod ar echel wahanol i wybodaeth Angloffon a freinir â grym cyfanfydedd honedig, ac mae iddi ei chyd-destun syniadol ei hun.

Heddiw, synia'r byd Angloffon am y gwareiddiad Cymraeg o safbwynt syncronig, heb gydnabod na pharchu fod ganddo ei archif, a'i achyddiaeth syniadol, neilltuol. Ceir honiadau fod trafodaethau sy'n cychwyn o'r safbwynt fod y Cymry yn frodorol, neu wedi'u trefedigaethu, yn ffuantus, ac yn wir yn sarhaus. Ond y gwir amdani yw fod y tybiaethau hyn yn rhan greiddiol o wybodaeth Gymraeg o'i chychwyn, ac ymosodiad Angloffon ar draddodiad deallusol brodorol yw honni fel arall. Gellid dangos fod tybiaeth y Cymry eu bod yn bobl frodorol yn wahanol i dybiaeth y Maori eu bod yn frodorol. Ond ni ellir haeru na fu i'r Cymry eu gweld eu hunain fel pobl frodorol. Mae'r dystiolaeth yn yr archif Gymraeg.

Yma eto, yn ymorol y Cymry am gydnabyddiaeth, ceir cyswllt ag amlethnigrwydd. A hithau'n adweithio i'r Sifig Saesneg, bu i'r Gymru Gymraeg chwyddo arwyddocâd rhai pethau. Roedd y Gymru Gymraeg yn amlethnig, ond honnid yn aml ei bod yn fwy amlethnig nag ydoedd. Ond datgela hyn wirionedd mawr, sef hyd yn oed pan nad oedd amrywiaeth ethnig yn bwysig yn empirig, roedd o bwys yn gysyniadol. Os oedd amrywiaeth ethnig ar lawr gwlad yn gymharol brin, roedd yn rhaid crybwyll a chanmol hynny o amrywiaeth a fodolai er mwyn pwysleisio cenadwri wrth-hiliol cenedl ac iaith.

Roedd Goleuedigaeth wedi gosod y Cymry mewn blwch 'ethnig' a oedd yn gloffrwym iddynt, a bu i hyn eu cymell i bwysleisio nad oeddynt yn grŵp unffurf. Ni ddylid synio am y disgwrs hwn fel un twyllodrus sy'n mynd yn groes i dystiolaeth. Am y rhesymau athronyddol a nodwyd eisoes, roedd gwybodaeth Gymraeg wedi'i seilio ar iaith, ac mae iaith yn amlethnig. Yn gysyniadol, grŵp amlethnig yw'r Cymry, ac felly y bu ac y mae.

Heddiw, mae hyn oll yn arwyddocaol am ein bod yn byw mewn oes pan mae ystyriaethau megis hil, ethnigrwydd, amlethnigrwydd a hunaniaeth yn gwbl ganolog. Mewn trafodaethau yn eu cylch, dylai fod lle ar gyfer tystiolaeth y gwareiddiad Cymraeg. Ond anodd yw llunio ymateb Cymraeg os yw gwybodaeth Gymraeg yn cael ei disodli gan wybodaeth Eingl-Americanaidd, yn academaidd gan ddamcaniaethau theoretig sy'n disodli iaith, ac ar lawr gwlad gan drafodaethau ar y cyfryngau cymdeithasol sy'n anwybyddu'r gwareiddiad Cymraeg gweddilliol.

Gorchwyl hanfodol felly yw dychwelyd at yr archif Gymraeg. Ymgais yw'r llyfr hwn i wneud hynny. Mae'n wir fod pob archif yn ei hanfod yn anghyflawn, a gall hel ffeithiau ar gyfer archif sy'n cynnal y *status quo* fod fel hel dail, gwaith diflas heb fod yn ffrwythlon. Ond tra bo'r archif Angloffon yn cyd-fynd â grym, mae'r archif Gymraeg gan mwyaf yn ei herio, ac i grŵp lleiafrifol mae datblygu traddodiad deallusol brodorol yn wrthsafiad.

Wrth wneud hynny, gosodir sail hefyd ar gyfer cychwyn deialog rhwng yr archif Gymraeg ac archifau eraill sy'n ymgorffori gwrthsafiad, megis, er enghraifft, yr archif ddu, neu archifau pobloedd frodorol eraill, neu archifau lleiafrifol eraill. Ond nid oes modd gwneud hynny nes i ni ymgyfarwyddo â'r archif Gymraeg. Go brin y bydd cyfiawnder i genedl y Cymry (yn ei holl amrywiaeth) oni ddychwelir ati.

Nodiadau

Cyflwyniad

[1] Cynog Davies, *Mewnlifiad, Iaith a Chymdeithas* ([Aberystwyth]): Cymdeithas yr Iaith Gymraeg, 1979), [t. 5].
[2] 'Taflen yn codi gwrychyn cynghorwyr Gwynedd', *Yr Herald Cymraeg*, 23 Tachwedd 1976, 1.
[3] Cynog Davies, *Mewnlifiad, Iaith a Chymdeithas*, [t. 5].
[4] Will Kymlicka, *Multicultural Citizenship: A Liberal Theory of Minority Rights* (Oxford: Clarendon Press, 1995), t. 126.
[5] Will Kymlicka, *Multicultural Citizenship*, t. 7.
[6] Will Kymlicka, 'Minority Nationalism and Immigrant Integration', *Politics in the Vernacular: Nationalism, Multiculturalism, and Citizenship* (Oxford: Oxford University Press, 2001), t. 285.
[7] J. R. Jones, *Prydeindod* (Llandybie: Llyfrau'r Dryw, 1966); J. R. Jones, *Gwaedd yng Nghymru* (Lerpwl a Phontypridd: Cyhoeddiadau Modern Cymreig Cyf, 1970). Am ymdriniaeth, gweler Simon Brooks, 'Hil, iaith a'r gwrth-ffasgaidd yng ngwaith J. R. Jones' yn E. Gwynn Matthews (gol.), *Argyfwng Hunaniaeth a Chred: Ysgrifau ar athroniaeth J. R. Jones: Astudiaethau Athronyddol 6* (Talybont: Y Lolfa, 2017), tt. 119–31.
[8] J. R. Jones, *Prydeindod*, t. 11.
[9] Gweler Cynog Davies, *Maniffesto Cymdeithas yr Iaith Gymraeg* (Aberystwyth: Cymdeithas yr Iaith Gymraeg, 1972), tt. 11–12 a 20–22; Cynog Dafis, *Cymdeithaseg Iaith a'r Gymraeg* [Aberystwyth: Cymdeithas yr Iaith Gymraeg, 1979], tt. 5–6; Cynog Dafis, *Effeithiau mewnfudiad ar iaith mewn cymdeithas ac mewn ysgol* (Aberystwyth: Coleg Prifysgol Cymru Aberystwyth, [1985]), tt. 15–27.
[10] Will Kymlicka, *Multicultural Citizenship*, tt. 217–18.
[11] Owen Roberts, 'Migrating into the Mainstream of Welsh History: The Irish and Others in Modern Wales', *Llafur*, 9 (1), 2004, 107.

Nodiadau

[12] Robin Evans, *Mewnfudwyr yng Nghymru yn ystod yr Ugeinfed Ganrif* (Aberystwyth: Canolfan Astudiaethau Addysg, Prifysgol Cymru Aberystwyth, 2006).

[13] Ceir hefyd Gwyn Griffiths, *Y Shonis Olaf* (Llandysul: Gwasg Gomer, 1981) a *Sioni Winwns* (Llanrwst: Gwasg Carreg Gwalch, 2002), ond masnachwyr tymhorol oedd y Llydawyr hyn, nid trigolion parhaol.

[14] Cyril G. Williams, *Crefyddau'r Dwyrain* (Caerdydd: Gwasg Prifysgol Cymru, 1968), tt. 11–13.

[15] Gweler, er enghraifft, Daniel G. Williams, *Black Skins, Blue Books: African Americans and Wales 1845–1945* (Cardiff: University of Wales Press, 2012); Jasmine Donahaye, *Whose People? Wales, Israel, Palestine* (Cardiff: University of Wales Press, 2012); Grahame Davies (gol.), *The Chosen People: Wales and the Jews* (Bridgend: Seren, 2002); Grahame Davies, *The Dragon and the Crescent: Nine Centuries of Welsh Contact with Islam* (Bridgend: Seren, 2011).

[16] Gweler hefyd gan ysgolhaig Cymraeg, Catrin Wyn Edwards, 'Language policy, in-migration and discursive debates in Wales', *Language Policy*, 16 (2), 2017, 165–88; Catrin Wyn Edwards, 'Cyd-fyw a chyd-greu', *O'r Pedwar Gwynt*, 4, haf 2017, 12–15.

[17] Angela Drakakis-Smith, *Home Game: The English Experience of living in North West Wales* (Newcastle-under-Lyme: Poolfield Press, 2010), t. 3.

[18] Patricia Palmer, *Language and Conquest in Early Modern Ireland: English Renaissance Literature and Elizabethan Imperial Expansion* (Cambridge: Cambridge University Press, 2001), t. 4.

[19] Gweler, er enghraifft, Vaughan Robinson a Hannah Gardner, 'Place matters: Exploring the Distinctiveness of Racism in rural Wales', yn Sarah Neal a Julian Agyeman (goln), *The New Countryside: Ethnicity, nation and exclusion in contemporary rural Britain* (Bristol: The Policy Press, 2006), t. 49.

[20] Charlotte Williams, '"Race" and Racism: What's special about Wales?' yn David Dunkerley ac Andrew Thompson (goln), *Wales Today* (Cardiff: University of Wales Press, 1999), t. 277.

[21] Charlotte Williams, 'Experiencing Rural Wales' yn Charlotte Williams, Neil Evans a Paul O'Leary (goln), *A Tolerant Nation? Revisiting Ethnic Diversity in a Devolved Wales* (Cardiff: University of Wales Press, 2015), t. 256.

[22] Neil Evans, Paul O'Leary a Charlotte Williams, 'Introduction: Race, Nation and Globalization' yn Charlotte Williams, Neil Evans a Paul O'Leary (goln), *A Tolerant Nation? Exploring Ethnic Diversity in Wales* (Cardiff: University of Wales Press, 2003), t. 10.

[23] Gweler, er enghraifft, Charlotte Williams, 'The Dilemmas of Civil Society: Black and Ethnic Minority Associations in Wales' yn Graham

Day, David Dunkerley ac Andrew Thompson (goln), *Civil Society in Wales: Policy, Politics and People* (Cardiff: University of Wales Press, 2006), t. 199: '[a] lobby for earmarked Welsh-speaking areas potentially excludes the settlement of BMEs in these areas as statistically few minority individuals speak Welsh'.

24 R. R. Davies, 'Race Relations in Post-Conquest Wales: Confrontation and Compromise', *The Transactions of the Honourable Society of the Cymmrodorion, Sessions 1974 and 1975*, 1975, 32–56.

25 Trafodir hyn ymhellach yn y bennod, 'Ydy'r Cymry'n ddu? – trefedigaethwyr a'r trefedigaethedig'.

26 Robin Okey, 'Plausible Perspectives: The New Welsh Historiography', *Planet*, 73, 1989, 35.

27 Michel Foucault, *L'Archéologie du savoir* (Paris: Gallimard, 1969); Miranda Fricker, *Epistemic Injustice: Power and the Ethics of Knowing* (Oxford: Oxford University Press, 2007).

28 Boaventura de Sousa Santos, *Epistemologies of the South: Justice against Epistemicide* (London and New York: Routledge, 2014), t. 92.

29 Am enghraifft Gymraeg o'r ddadl, gweler Rhys Mwyn, 'Does dim brodorion yng Nghymru', *Yr Herald Cymraeg*, 28 Awst 2013. Ar gael yn electronig ar *http://rhysmwyn.blogspot.co.uk/2013/08/does-dim-brodorion-yng-nghymru-herald.html* (cyrchwyd 1 Medi 2020): 'Felly beth mae astudio'r cyfnodau cyn-hanes yn gallu ei ddysgu i ni fel Cymry? Ein bod i gyd yn fewnfudwyr, mae rhai wedi bod yma yn hirach na'i gilydd, ond does neb yn frodorion.'

30 Simon Brooks, '"Yr Hil": ydy'r canu caeth diweddar yn hiliol?' yn Owen Thomas (gol.), *Llenyddiaeth mewn Theori* (Caerdydd: Gwasg Prifysgol Cymru, 2006), tt. 1–39.

31 Bronwen Walter, *Outsiders Inside: Whiteness, Place and Irish Women* (London and New York: Routledge, 2001), t. 5.

32 Huw Williams, 'Socrates ar y stryd', *O'r Pedwar Gwynt*, 6, gwanwyn 2018, 39–40; Richard Glyn Roberts, 'Cadarnleoedd yn y dychymyg: diffinio achub iaith', *O'r Pedwar Gwynt*, 3, Pasg 2017, 3–4.

33 Boaventura de Sousa Santos, *Epistemologies of the South*, t. 33.

34 Gohebiaeth oddi wrth Richard Glyn Roberts.

35 Huw Williams, 'Socrates ar y stryd', 40.

36 Cai Parry-Jones, *The Jews of Wales: A History* (Cardiff: University of Wales Press, 2017), t. 6.

37 Rhys Dafydd Jones, 'Mwslemiaid yn y Gymru wledig: datgysylltiad, ffydd a pherthyn', *Gwerddon*, 19, Ebrill 2015, 11.

38 Paul O'Leary, adolygiad o Ursula R. Q. Henriques (gol.), *The Jews of South Wales: Historical Studies* yn *Cylchgrawn Hanes Cymru*, 17 (2), 1994, 275.

Nodiadau

Pennod 1

[1] W. J. Gruffydd, 'Nodiadau'r Golygydd', *Y Llenor*, xx, 4, gaeaf 1941, 155.
[2] Elie Kedourie, *Nationalism* (London: Hutchinson, 1966 [1960]), tt. 71–2.
[3] Benedict Anderson, *Imagined Communities: Reflections on the Origins and Spread of Nationalism* (London: Verso, 1991 [1983]), t. 145.
[4] Étienne Balibar yn ddyfynedig yn Daniel G. Williams, *Wales Unchained: Literature, Politics and Identity in the American Century* (Cardiff: University of Wales Press, 2015), t. 140.
[5] Werner Sollors, 'Introduction' yn Werner Sollors (gol.), *Multilingual America: Transnationalism, Ethnicity and the Languages of American Literature* (New York and London: New York University Press, 1998), t. 4.
[6] Paul O'Leary, 'Brithwaith o Ddiwylliannau: Lleiafrifoedd Ethnig yn Hanes Cymru Fodern' yn Geraint Jenkins (gol.), *Cof Cenedl* XXI (Llandysul: Gwasg Gomer, 2006), t. 121.
[7] John Stuart Mill, *Considerations on Representative Government* (London: Parker, Son, and Bourn, West Strand, 1861), t. 293.
[8] Ceir sawl erthygl academaidd sy'n awgrymu y gall 'gwleidyddiaeth hunaniaeth' oddef neo-ryddfrydiaeth, gan freinio hawliau unigolyddol aelodau grymus o'r grŵp darostyngedig heb yn wir ryddhau gweddill y grŵp, gan gelu'r anghyfiawnder a fodola o hyd. Am ddadl ffeminyddol o'r fath, gweler Susan Watkins, 'Which Feminisms?', *New Left Review*, 109, Ionawr-Chwefror 2018, 5–76. Gellid yn hawdd cymhwyso dadl felly i'r drafodaeth gyfredol yn y byd Cymraeg am bolisi iaith, gyda phwyslais ar blismona 'hawliau iaith' unigolyddol yn tynnu sylw oddi ar yr angen i sicrhau cynaliadwyedd cymunedol, sef buddiant i'r grŵp iaith yn ei gyfanrwydd, a chyfiawnder sosio-economaidd.
[9] Will Kymlicka, *Multicultural Citizenship: A Liberal Theory of Minority Rights* (Oxford: Clarendon Press, 1995), tt. 10–33.
[10] Will Kymlicka, *Multicultural Citizenship*, tt. 30–3 a 113–15.
[11] Gweler Anthony D. Smith, *The Antiquity of Nations* (Cambridge: Polity, 2004) am ddadl y ceid hunaniaethau 'ethnig' cyn modernrwydd a thwf y genedl-wladwriaeth. Yn y cyd-destun Cymraeg, gweler Peredur Lynch, *Proffwydoliaeth a'r Syniad o Genedl* (Bangor: Ysgol y Gymraeg, Prifysgol Bangor, 2007).
[12] Ned Thomas, 'Parallels and Paradigms' yn M. Wynn Thomas (gol.), *A Guide to Welsh Literature: Volume VII: Welsh Writing in English* (Cardiff: University of Wales Press, 2003), t. 325. Diolch i Daniel G. Williams am dynnu fy sylw at yr ysgrif hon.
[13] Slavoj Žižek, 'Multiculturalism, or, the Cultural Logic of Multinational Capitalism', *New Left Review*, I/225, Hydref-Tachwedd 1997, 44.

Nodiadau

[14] Paul O'Leary, 'Film, History and Anti-Semitism: *Solomon & Gaenor* (1999) and Representations of the Past', *North American Journal of Welsh Studies*, 7, 2012, 48.

[15] Slavoj Žižek, 'Multiculturalism, or, the Cultural Logic of Multinational Capitalism', 37.

[16] Gweler am drafodaeth, Simon Brooks, 'Dwyieithrwydd a'r Drefn Symbolaidd' yn Simon Brooks a Richard Glyn Roberts (goln), *Pa beth yr aethoch allan i'w achub?* (Llanrwst: Gwasg Carreg Gwalch, 2013), tt. 102–25.

[17] Gweler, er enghraifft, J. Thomas a J. Lewis, '"Coming out of a midlife crisis"?: The past, present and future audiences for Welsh language broadcasting', *Cyfrwng*, 3, 2006, 39; Dai Smith yn ddyfynedig yn 'National Eisteddfod 2010: English may be allowed on the Maes', *Daily Post*, 7 Awst 2010.

[18] Dafydd Iwan, 'Cyflwyniad' yn Llion Iwan (gol.), *Dafydd Iwan: Bywyd mewn lluniau: A life in pictures* (Llandysul: Gomer, 2005), t. vi.

[19] Marc Shell, 'Afterword' yn Marc Shell a Werner Sollors (goln), *The Multilingual Anthology of American Literature* (New York: New York University Press, 2000), t. 687. Yn ddiddorol, ceir un testun Cymraeg yn y casgliad hwn, sef darn o nofel R. R. Williams, *Dafydd Morgan* (Utica, Efrog Newydd: T. J. Griffiths, 1897).

[20] Werner Sollors, 'Introduction' yn *Multilingual America*, t. 4.

[21] J. R. Jones, *Yr Ewyllys i Barhau: Anerchiad a draddodwyd i Gymdeithas yr Iaith yn Eisteddfod y Barri, 1968* (dim man cyhoeddi: dim cyhoeddwr, [dim dyddiad cyhoeddi]), t. 11.

[22] D. Tecwyn Lloyd, 'Afiechyd Seisnig Cyfoes', *Y Faner*, 15 Mai 1987, 5.

[23] J. R. Jones, *A Raid i'r Iaith ein Gwahanu?* (Undeb Cymru Fydd, 1967), tt. 5–6.

[24] Geraint Jones, 'Sêt y Gornel', *Y Cymro*, 15 Chwefror 2006, 2.

[25] Am drafodaeth ar y pryd, gweler Patrick McGuinness, '"Racism" in Welsh Politics', *Planet*, 159, 2003, 7–12.

[26] Tony Blair, *Welsh Mirror*, 2 Mawrth 2001, 8.

[27] Adrian Blackledge, 'Being English, speaking English: Extension to English language testing legislation and the future of multicultural Britain' yn Gabrielle Hogan-Brun, Clare Mar-Molinero a Patrick Stevenson (goln), *Discourses on Language and Integration* (Amsterdam: John Benjamins, 2009), tt. 83–107. Yn gyfreithiol, yn ôl y *Nationality, Immigration and Asylum Act* (2002), gallai mewnfudwyr ddysgu Cymraeg neu Aeleg yr Alban er mwyn bodloni gofynion dinasyddiaeth Brydeinig: yn ymarferol, Saesneg a ddysgid. Ymhellach, pan gyflwynwyd mesurau newydd yn 2013 yn profi sgiliau iaith drwy un o gyrff noddedig y weinyddiaeth wladol, ni cheid yn y cyfarwyddiadau gyfeiriad at iaith

heblaw Saesneg. Gweler Gwennan Higham, *Creu Dinasyddiaeth i Gymru: Mewnfudo Rhyngwladol a'r Gymraeg* (Caerdydd: Gwasg Prifysgol Cymru, 2020), t. 40.

[28] Gweler Adrian Blackledge, 'Being English, speaking English', tt. 90–1.

[29] Simon Brooks, 'Astudiaeth achos: Ieithoedd "ethnig" ac ieithoedd "sifig"' yn *Pa beth yr aethoch allan i'w achub?*, tt. 235–8; Gwennan Higham, *Creu Dinasyddiaeth i Gymru*, tt. 53–4. Er hynny, ond yn achos ffoaduriaid yn unig, gall cynghorau lleol ddefnyddio cyllid y Swyddfa Gartref i ddarparu cyrsiau Cymraeg 'lle y bo hynny'n briodol' ond 'mae'r pwyslais ar ddarparu gwersi Saesneg'. Gweler Llywodraeth Cymru, *Polisi Saesneg ar gyfer Siaradwyr Ieithoedd Eraill (ESOL) yng Nghymru*, 2019, t. 12.

[30] Neil Evans, 'Comparing Immigrant Histories: The Irish and Others in Modern Wales' yn Paul O'Leary (gol.), *Irish Migrants in Modern Wales* (Liverpool: Liverpool University Press, 2004), t. 161.

[31] Charlotte Williams, '"Race" and Racism: Some Reflections on the Welsh Context', *Contemporary Wales*, 8, 1995, 126. Gweler am feirniadaeth ar ddadleuon o'r fath, Glyn Williams, 'Discourses on "Nation" and "Race": A Response to Denney et al.', *Contemporary Wales*, 6, 1994, 87–103; Glyn Williams, 'Blaming the Victim', *Contemporary Wales*, 17, 2004, 214–32.

[32] Ceir llenyddiaeth anferth yn dadlau hyn. Gweler, er enghraifft, Will Kymlicka, *Multicultural Citizenship*, tt. 24 a 200; Jan Nederveen Piertse, 'Ethnicities and Multiculturalism' yn Stephen May, Tariq Modood a Judith Squires (goln), *Ethnicity, Nationalism and Minority Rights* (Cambridge: Cambridge University Press, 2004), t. 31; Richard Wyn Jones, *Rhoi Cymru'n Gyntaf: Syniadaeth Plaid Cymru: Cyfrol 1* (Caerdydd: Gwasg Prifysgol Cymru, 2007), tt. 19–24.

[33] Gweler Simon Brooks, 'The Rhetoric of Civic "Inclusivity" and the Welsh Language', *Contemporary Wales*, 22, 2009, 1–15.

[34] Jonathan Bradbury, 'An inclusive identity? Ethnic minorities and Welshness', *Planet*, 168, 2004/5, 70.

[35] Jacquie Turnbull, 'Educating for Citizenship in Wales: Challenges and Opportunities', *Cylchgrawn Addysg Cymru*, 12 (2), 2004, 77.

[36] Jacquie Turnbull, 'Educating for Citizenship in Wales', 80.

[37] Jonathan Scourfield ac Andrew Davies, 'Children's accounts of Wales as racialized and inclusive', *Ethnicities*, 5 (1), Mawrth 2005, 93.

[38] Daniel G. Williams, 'Another lost cause? Pan-Celticism, race and language', *Irish Studies Review*, 17 (1), Chwefror 2009, 98. Gweler hefyd am drafodaeth, Daniel G. Williams, 'Single nation, double logic: Ed Miliband and the problem with British multiculturalism', *Our Kingdom: Power & Liberty in Britain*, http://www.opendemocracy.net/ourkingdom/daniel-g-williams/single-nation-double-logic-ed-miliband-and-problem-with-british-multicu/, 2012 (cyrchwyd 1 Medi 2020).

Nodiadau

[39] Ned Thomas, 'Can Plaid Cymru survive until 1994?', *Planet*, 70, 1988, 9.

[40] Will Kymlicka, *Multicultural Citizenship*, t. 198.

[41] Am drafodaeth ar y term, gweler Gwennan Higham, 'Rhyngddiwylliannedd', *Yr Esboniadur Beirniadaeth a Theori*, https://wici.porth.ac.uk/index.php/Rhyngddiwylliannedd (Coleg Cymraeg Cenedlaethol, 2016) (cyrchwyd 1 Medi 2020).

[42] Stephen May, 'Accommodating Multiculturalism and Biculturalism: Implications for language policy' yn Paul Spoonley, Cluny Macpherson a David Pearson (goln), *Tangata Tangata: The Changing Ethnic Contours of New Zealand* (Victoria: Thomson, 2004), tt. 250–1.

[43] Raj Vasil, *Biculturalism: Reconciling Aotearoa with New Zealand* (Wellington: Victoria University Press, 1988), t. 1.

[44] 'Arlene Foster on Irish language act: "More people speak Polish"', *Belfast Telegraph*, 6 Chwefror 2017; gweler https://www.belfasttelegraph.co.uk/news/northern-ireland/arlene-foster-on-irish-language-act-more-people-speak-polish-35427461.html (cyrchwyd 1 Medi 2020).

[45] Dean Kirby, 'People in Wrexham "more likely to speak Portugese [sic] or Polish than Welsh"', *The Independent*, 11 Tachwedd 2015; gweler https://www.independent.co.uk/news/uk/home-news/people-in-wrexham-more-likely-to-speak-portugese-or-polish-than-welsh-a6730766.html (cyrchwyd 1 Medi 2020).

[46] Edwina Hart, *Western Mail*, 16 Tachwedd 2009. Nid dyma'r tro cyntaf i aelodau o'r Blaid Lafur wneud honiad tebyg. Pan oeddwn yn bresennol yng nghynhadledd Gymreig y Blaid Lafur yn Abertawe yn 2001 ar ran y cylchgrawn *Barn*, cymharodd gwahanol siaradwyr unffurfiaeth ddiwylliannol honedig y Gymraeg â'r ystod mawr o ieithoedd lleiafrifol ethnig a siaredir yn Abertawe.

[47] Stephen May, *Language and Minority Rights: Ethnicity, Nationalism and the Politics of Language* (Harlow: Longman, 2001), tt. 313–14.

[48] Will Kymlicka, 'Minority Nationalism and Immigrant Integration', *Politics in the Vernacular: Nationalism, Multiculturalism, and Citizenship* (Oxford: Oxford University Press, 2001), t. 284.

[49] Ceir trafodaeth yn Simon Brooks, *Pam na fu Cymru: Methiant Cenedlaetholdeb Cymraeg* (Caerdydd: Gwasg Prifysgol Cymru, 2015).

Pennod 2

[1] John Davies a Marian Delyth, *Cymru: y cant lle i'w gweld cyn marw* (Talybont: Y Lolfa, 2009), t. 316.

Nodiadau

2. Alex Woolf, 'Romancing the Celts: A segmentary approach to acculturation' yn Ray Lawrence a Joanne Berry (goln), *Cultural Identity in the Roman Empire* (London and New York: Routledge, 1998), t. 119.
3. Hella Eckardt a Gundula Müldner, 'Mobility, Migration and Diasporas in Roman Britain' yn Martin Millett, Louise Revell ac Alison Moore (goln), *The Oxford Handbook of Roman Britain* (Oxford: Oxford University Press, 2016), tt. 203–23; hefyd Claire Nesbitt, 'Multiculturalism on Hadrian's Wall', *The Oxford Handbook of Roman Britain*, tt. 224–44.
4. Claire Nesbitt, 'Multiculturalism on Hadrian's Wall', t. 235.
5. Dafydd Iwan, 'Yma o Hyd' yn Hefin Elis (gol.), *Holl Ganeuon Dafydd Iwan* (Talybont: Y Lolfa, 1992), t. 184. Cyfansoddwyd y gân yn 1983.
6. Gweler Patrick Sims-Williams, 'Celtic Civilization: Continuity or Coincidence?', *Cambrian Medieval Celtic Studies*, 64, 2012, 1–45 am drafodaeth ar y cysyniad y bodola grŵp 'Celtaidd' yng Nghymru. Un anwireddus ydyw yn y bôn ac eithrio yn yr ystyr gyfyngedig fod y Cymry yn siarad iaith Geltaidd. Mae hyn wrth reswm yn cryfhau'r dybiaith mai iaith, nid hil, yw sylfaen y gymuned Gymreig.
7. Brynley F. Roberts (gol.), *Breudwyt Maxen Wledic* (Dublin: Dublin Institute for Advanced Studies, 2005), yn enwedig tt. xliii–li.
8. Saunders Lewis, 'Lloegr ac Ewrop a Chymru', *Canlyn Arthur: Ysgrifau Gwleidyddol* (Gwasg Aberystwyth, 1938), t. 27. Cyhoeddwyd gyntaf yn 1927 yn *Y Ddraig Goch*.
9. Ceir cyfeiriad at 'Celtae' yn Edward Lhuyd, *Archaeologia Britannica* (Oxford: Printed at the Theater for the Author, 1707), tt. 22 a 33; defnyddir hefyd 'the *Celtic*' yn y 'Preface'. Roedd Paul-Yves Pezron wedi defnyddio termau 'Celtaidd' yn ei *Antiquité de la nation et de la language des Celtes, autrement appeléz Gaulois* (1703) a ymddangosodd mewn cyfieithiad Saesneg yn 1706. Mae'n amlwg fod y term yn gwthio grŵp iaith i'r cyrion ethnig er iddo gael ei ddefnyddio mewn disgwrs Cymraeg yn y man er mwyn gwrthsefyll grym.
10. Gweler Harold Carter, 'Population Movements into Wales: an Historical Review' yn Peter S. Harper a Eric Sunderland (goln), *Genetic and Population Studies in Wales* (Cardiff: University of Wales Press, 1986), tt. 31–53 am gyflwyniad da.
11. 'Cyfrifiad 2011: Ystadegau Allweddol ar gyfer Cymru, Mawrth 2011', Swyddfa Ystadegau Gwladol, *http://www.ons.gov.uk/ons/dcp171778_291480.pdf*, 12 (cyrchwyd 1 Medi 2020). O glicio ar y ddolen gyswllt 'gwybodaeth ar wledydd genedigol' ar dudalen 12, gellir mynd at dabl 'Cyfrifiad 2011: KS204EW Gwlad enedigol, awdurdodau unedol yng Nghymru' am ystadegau fesul sir.
12. 'Cyfrifiad 2011: Ystadegau Allweddol ar gyfer Cymru, Mawrth 2011', 12.

Nodiadau

13 Michel Foucault, 'Nietzsche, la généalogie, l'histoire', *Michel Foucault: Dits et écrits I. 1954–1975* (Paris: Gallimard, 2001 [1971]), tt. 1004–24. Cyfieithiad o *contre-memoire* yw gwrth-gof.

14 Trevor Phillips, 'Move in, but Learn Welsh', *Western Mail*, 4 Mawrth 2003 yn ddyfynedig yn Dylan Foster Evans, 'On the Lips of Strangers: The Welsh Language, the Middle Ages and Ethnic Diversity' yn Morgan Thomas Davies (gol.), *CSANA Yearbook 10: Proceedings of the Celtic Studies Association of North America Annual Meeting 2008* (Hamilton, New York: Colgate University Press, 2011), t. 20.

15 Wrth i'r 'Saeson' goncro iseldiroedd Prydain, gadewid cymunedau cyfain o siaradwyr Cymraeg mewn pocedi ieithyddol ar hyd a lled yr ynys ar ochr 'Seisnig' y ffin, a diau y byddai rhai o'r cymunedau hyn wedi goroesi am rai cenedlaethau. Gweler T. M. Charles-Edwards, *Wales and the Britons: 350–1064* (Oxford: Oxford University Press, 2014), t. 189: 'Northern Gaul and southern Britain *c*.550 were more like the eastern Europe of 1900, with its intermingled ethnicities, than the western Europe of today.'

16 Catherine Swift, 'Welsh ogams from an Irish perspective' yn Karen Jankulak a Jonathan M. Wooding (goln), *Ireland and Wales in the Middle Ages* (Dublin: Four Courts Press, 2007), tt. 62–79; E. G. Bowen, *Saints, Seaways and Settlements in the Celtic Lands* (Cardiff: University of Wales Press, 1969).

17 Myles Dillon, 'The Irish Settlements in Wales', *Celtica*, 1977, 1–11; M. Miller, 'Date-guessing and Dyfed', *Studia Celtica*, xii/xiii, 1977/8, 33–61; R. Geraint Gruffydd, 'From Gododdin to Gwynedd: reflections on the story of Cunedda', *Studia Celtica*, xxiv/xxv, 1989/90, 1–14.

18 T. M. Charles-Edwards, *Wales and the Britons*, t. 190.

19 Bruce Coplestone-Crow, 'The Dual Nature of the Irish Colonization of Dyfed in the Dark Ages', *Studia Celtica*, xvi/xvii, 1981/2, 16–17; Proinsias Mac Cana, 'Ireland and Wales in the Middle Ages: an overview' yn *Ireland and Wales in the Middle Ages*, t. 20; Thomas Charles-Edwards, 'Language and Society among the Insular Celts AD 400–1000' yn Miranda Green (gol.), *The Celtic World* (London and New York: Routledge, 1995), tt. 703–36.

20 D. Simon Evans (gol.), *Historia Gruffud Vab Kenan* (Caerdydd: Gwasg Prifysgol Cymru, 1977), t. lxi. Roedd yr Wyddeleg ar lafar yng Nghymru tan y seithfed ganrif o leiaf. Gweler Proinsias Mac Cana, 'Y Trefedigaethau Gwyddelig ym Mhrydain' yn Geraint Bowen (gol.), *Y Gwareiddiad Celtaidd* (Llandysul: Gwasg Gomer, 1987), tt. 178–80. Fodd bynnag, cael eu cymathu i'r boblogaeth Gymraeg fyddai hanes y Gwyddyl, ac o ystyried fod Lladin wedi diflannu fel iaith lafar yng Nghymru hefyd yn y cyfnod hwn, roedd Cymru erbyn diwedd y

seithfed ganrif yn llai amlddiwylliannol nag y buasai ddwy ganrif ynghynt.

[21] John T. Koch, 'Some thoughts on ethnic identity, cultural pluralism, and the future of Celtic Studies' yn Máire Herbert a Kevin Murray (goln), *Retrospect and Prospect in Celtic Studies* (Dublin: Four Courts Press, 2003), t. 88. Gweler hefyd John T. Koch, *The Gododdin of Aneirin: Text and Context from Dark-Age Britain* (Cardiff: University of Wales Press, 2007), tt. xix–xx.

[22] Patrick Sims-Williams, 'Historical Need and Literary Narrative: A Caveat from Ninth-Century Wales', *Cylchgrawn Hanes Cymru*, 17 (1), 1994, 4.

[23] Ifor Williams (gol.), *Armes Prydein o Lyfr Taliesin* (Caerdydd: Gwasg Prifysgol Cymru, 1955), tt. ix–x ac 1.

[24] T. M. Charles-Edwards, *Wales and the Britons*, t. 95. Anodd gwybod beth i alw iaith yr Hen Ogledd, a fuasai'n debyg iawn i Gymraeg. 'Cumbric' a ddywedir mewn Saesneg, ac addasiad ar hwnnw yw'r term Cymraeg, 'Cymbreg'. Mewn gohebiaeth, awgrymodd Dylan Foster Evans y byddai'r term 'Cludwyseg' yn fwy priodol ar sail y ffynonellau hanesyddol, a dyna a ddefnyddir yma.

[25] Helen Fulton, 'Negotiating Welshness: Multilingualism in Wales before and after 1066' yn Elizabeth M. Tyler (gol.), *Conceptualizing Multilingualism in Medieval England, c.800 – c.1250* (Turnhout, Belgium: Brepols, 2011), tt. 153–4.

[26] A. J. Roderick, 'Marriage and Politics in Wales, 1066–1282', *Cylchgrawn Hanes Cymru*, 4 (1), 1968, 5.

[27] T. M. Charles-Edwards, *Wales and the Britons*, t. 359.

[28] D. Simon Evans (gol.), *Historia Gruffud Vab Kenan*, tt. clxxii–clxxix, cxc a ccxxxvi; 'Historia Gruffud Vab Kenan' [Peniarth 17.1–16, 267. 378–86] yn *Historia Gruffud Vab Kenan*, 33.1.

[29] R. R. Davies, *The Age of Conquest: Wales 1063–1415* (Oxford: Oxford University Press, 1987), tt. 98–100; R. R. Davies, *Lordship and Society in the March of Wales 1282–1400* (Oxford: Clarendon Press, 1978), t. 303.

[30] A. H. Dodd, 'Welsh and English in East Denbighshire: A Historical Retrospect', *The Transactions of the Honourable Society of Cymmrodorion: Session 1940*, 1941, 34.

[31] Gweler Brynley F. Roberts, *Gerald of Wales* (Cardiff: University of Wales Press, 1982), tt. 90–2.

[32] Thomas Jones, *Gerallt Gymro: Hanes y Daith trwy Gymru: Disgrifiad o Gymru* (Caerdydd: Gwasg Prifysgol Cymru, 1938), t. xiii.

[33] R. R. Davies, 'Race Relations in Post-Conquest Wales: Confrontation and Compromise', *The Transactions of the Honourable Society of the Cymmrodorion, Sessions 1974 and 1975*, 1975, 52; R. R. Davies,

Nodiadau

Domination and Conquest: The Experience of Ireland, Scotland and Wales 1100–1300 (Cambridge: Cambridge University Press, 1990), t. 52. Gweler hefyd David Stephenson, *Medieval Wales c.1050–1332: Centuries of Ambiguity* (Cardiff: University of Wales Press, 2019), tt. 72–83 am briodasau a chydweithio rhyngethnig yn y Mers.

[34] R. R. Davies, *The Age of Conquest*, t. 103.
[35] Brynley F. Roberts, *Gerald of Wales*, t. 91.
[36] Dylan Foster Evans, 'On the Lips of Strangers', t. 17.
[37] Simon Brooks a Richard Glyn Roberts, 'Pwy yw'r *Cymry*? Hanes Enw' yn Simon Brooks a Richard Glyn Roberts (goln), *Pa beth yr aethoch allan i'w achub?* (Llanrwst: Gwasg Carreg Gwalch, 2013), t. 27. Richard Glyn Roberts yw awdur y rhan hon o'r erthygl.
[38] Dafydd Jenkins, *Cyfraith Hywel* (Llandysul: Gwasg Gomer, 1976), tt. 16–17.
[39] Dylan Foster Evans, 'On the Lips of Strangers', t. 26.
[40] Dylan Foster Evans, 'On the Lips of Strangers', t. 25.
[41] Dylan Foster Evans, 'On the Lips of Strangers', t. 25. Ond mae absenoldeb Iddewon yng Ngwynedd yn drawiadol. Gweler David Stephenson, 'Jewish presence in, and absence from, Wales in the twelfth and thirteenth centuries', *Jewish Historical Studies*, 43, 2011, 17–18.
[42] John Morgan-Guy, 'The Margam Concordantiae: Mystical Theology and a twelfth-century Cistercian Community in Wales', *Morgannwg*, 49, 2005, 26; David Stephenson, 'Jewish presence in, and absence from, Wales in the twelfth and thirteenth centuries', 7–17.
[43] Joe Hillaby, 'Jewish Colonisation in the Twelfth Century' yn Patricia Skinner (gol.), *Jews in Medieval Britain: Historical, Literary and Archaeological Perspectives* (Woodbridge: Boydell Press, 2003), t. 39; David Stephenson, 'Jewish presence in, and absence from, Wales in the twelfth and thirteenth centuries', 11 a 15.
[44] Alexander Falileyev, 'Why Jews? Why *Caer Seon*? Towards Interpretations of *Ymddiddan Taliesin ac Ugnach*', *Cambrian Medieval Celtic Studies*, 64, 2012, 85–118.
[45] 'Awdl i Iesu Grist', *DafyddapGwilym.net*, 152:24, http://www.dafyddapgwilym.net/cym/3win.htm (cyrchwyd 1 Medi 2020).
[46] Iolo Goch, 'Dychan i Fadog ap Hywel' yn Dafydd Johnston (gol.), *Gwaith Iolo Goch* (Caerdydd: Gwasg Prifysgol Cymru, 1988), t. 170; Grahame Davies, *The Dragon and the Crescent: Nine Centuries of Welsh Contact with Islam* (Bridgend: Seren, 2011), tt. 11–29.
[47] R. R. Davies, *Domination and Conquest*, tt. 53–4.
[48] R. R. Davies, *The Age of Conquest*, tt. 370–3.
[49] K. Williams-Jones, 'Caernarvon' yn R. A. Griffiths (gol.), *Boroughs of Mediaeval Wales* (Cardiff: University of Wales Press, 1978), tt. 80–1,

Nodiadau

83 a 93. Gweler Ralph A. Griffiths, 'An Immigrant Elite in the Later Middle Ages: Locating the De Parys Family in North Wales and Chester', *Cylchgrawn Hanes Cymru*, 25 (2), 2010, 168–200 am hanes un mewnfudwr i Gaernarfon yn y drydedd ganrif ar ddeg, sef Robert de Parys. Gŵr o dras Ffrengig ydoedd, a'i deulu o ardal Paris fwy na thebyg.

[50] R. R. Davies, 'Race Relations in Post-Conquest Wales', 33 a 51.

[51] R. R. Davies, 'Race Relations in Post-Conquest Wales', 40–1 a 43–4.

[52] Diane M. Korngiebel, 'English Colonial Ethnic Discrimination in the Lordship of Dyffryn Clwyd: Segregation and Integration, 1282 – *c.*1340', *Cylchgrawn Hanes Cymru*, 23 (2), 2006, 21.

[53] R. R. Davies, *Lordship and Society in the March of Wales*, t. 315.

[54] Angharad Wynne George [Naylor], '"Mwtlai wyd di"? Ôl-drefedigaethedd, Cymru'r Oesoedd Canol a Dafydd ap Gwilym' (Prifysgol Caerdydd: traethawd PhD, 2010), 109–34, 159–85 a 186–206. Gweler hefyd Dylan Foster Evans, '"Bardd arallwlad": Dafydd ap Gwilym a Theori Ôl-Drefedigaethol' yn Owen Thomas (gol.), *Llenyddiaeth mewn Theori* (Caerdydd: Gwasg Prifysgol Cymru, 2006), tt. 39–72.

[55] 'Trafferth mewn Tafarn', *DafyddapGwilym.net*, 73:1, 52, 59; Angharad Wynne George [Naylor], '"Mwtlai wyd di"?', 209. Gweler am drafodaeth, Angharad Naylor, '"Trafferth mewn Tafarn" a'r Gofod Hybrid' yn Tudur Hallam ac Angharad Price (goln), *Ysgrifau Beirniadol XXXI* ([Dinbych]: Gwasg Gee, 2012), tt. 93–118.

[56] Dylan Foster Evans, 'On the Lips of Strangers', tt. 33–4.

[57] Gweler, er enghraifft, Gwyn Thomas, 'Y Dŵr a'r Graig sef Golwg ar Gymru', *Cadwynau yn y Meddwl* (Dinbych: Gwasg Gee, 1976), t. 29 lle portreadir Normaniaid a Rhufeiniaid fel rhan o ryw amrywiaeth ddiwylliannol a fodolai yng Nghymru cyn dyfodiad unffurfiaeth Seisnig.

[58] Saunders Lewis, 'Dafydd ab Edmwnd' yn J. E. Caerwyn Williams (gol.), *Ysgrifau Beirniadol X* (Dinbych: Gwasg Gee, 1977), t. 226.

[59] Erthygl ddifyr yw un Barry Lewis, '"Eu tir a'u tai yw'n tre tad": Lloegr, gwlad y Brython', *Tu Chwith*, 15, haf 2011, 50–2. Tynna sylw at linellau gwrth-Seisnig mewn cerddi fel 'Saeson ffeilsion eu ffydd', 'Seisnigwraig sur', 'Sais yn cyfarth Saesneg hefyd'. Noda hefyd y llysenwau ethnig ar Saeson: 'Deifr', 'Brynaich', 'gwyr y Nordd', 'plant Alis' neu 'Ronwen'.

[60] Tudur Penllyn, 'Ymddiddan rhwng Cymro a Saesnes' yn Dafydd Johnston (gol.), *Canu Maswedd yr Oesoedd Canol* (Pen-y-bont ar Ogwr: Seren, 1991), t. 72. Ceir dadansoddiad treiddgar o'r gerdd yn Patricia Malone, '"What saist mon?" Dialogism and Disdain in Tudur Penllyn's "Conversation between a Welshman and an Englishwoman"', *Studia Celtica*, xlvi, 2012, 123–36.

Nodiadau

[61] James Lydon, 'The Middle Nation' yn James Lydon (gol.), *The English in Medieval Ireland* (Dublin: Royal Irish Academy, 1984), tt. 1–26.

[62] Simon Brooks a Richard Glyn Roberts, 'Pwy yw'r *Cymry*? Hanes Enw', tt. 23–39.

[63] D. J. Williams, *Yn Chwech ar Hugain Oed* (Llandysul: Gwasg Gomer, 1959), t. 113; W. C. Elvet Thomas, *Tyfu'n Gymro* (Llandysul: Gwasg Gomer, 1972), t. 66. Enwir 'y Stradlings, y Bassetts a'r Turbils' gan D. J. Williams, a'r 'Havardiaid' gan W. C. Elvet Thomas, yn enghreifftiau o deuluoedd Normanaidd o'r fath.

[64] Harold Carter, 'Population Movements into Wales', t. 32.

[65] Gweler, er enghraifft, Jerry Hunter, *Soffestri'r Saeson: Hanesyddiaeth a Hunaniaeth yn Oes y Tuduriaid* (Caerdydd: Gwasg Prifysgol Cymru, 2000).

[66] Thomas Jones, 'Hanes Llundain, ar y dôn (ymado ar Tîr) neu (Leav land)', *Newydd oddiwrth y Seêr: neu Almanac am y flwyddyn 1684* (Llundain: Thomas Jones, 1684), [t. 20].

[67] Eldra Jarman ac A. O. H. Jarman, *Y Sipsiwn Cymreig* (Caerdydd: Gwasg Prifysgol Cymru, 1979), tt. 12–15.

[68] Eldra Jarman ac A. O. H. Jarman, *The Welsh Gypsies: Children of Abram Wood* (Cardiff: University of Wales Press, 1991), tt. 34–5.

[69] Eldra Jarman ac A. O. H. Jarman, *Y Sipsiwn Cymreig*, tt. 12–22.

[70] Eldra Jarman ac A. O. H. Jarman, *Y Sipsiwn Cymreig*, tt. 58 a 63–6.

[71] Imtiaz Habib, *Black Lives in the English Archives, 1500–1677: Imprints of the Invisible* (Aldershot: Ashgate, 2008), tt. 195, 207 a 262.

[72] Imtiaz Habib, *Black Lives in the English Archives*, t. 262.

[73] Alan Llwyd, *Cymru Ddu: Hanes Pobl Dduon Cymru* (Caerdydd: Hughes a'i Fab, 2005), tt. 25–41.

[74] J. Gwynfor Jones, *The Welsh Gentry 1536–1640: Images of Status, Honour and Authority* (Cardiff: University of Wales Press, 1998), tt. 18 a 49.

[75] A. H. Dodd, *Studies in Stuart Wales* (Cardiff: University of Wales Press, 1971 [1952]), t. 8.

[76] J. Gwynfor Jones, *The Wynn Family of Gwydir: Origins, Growth and Development c.1490–1674* (Aberystwyth: The Centre for Educational Studies, University of Wales, Aberystwyth, 1995), t. 171.

[77] G. J. Williams, *Traddodiad Llenyddol Morgannwg* (Caerdydd: Gwasg Prifysgol Cymru, 1948), t. 82.

[78] Ralph Griffiths, 'The Rise of the Stradlings of St. Donats', *Morgannwg*, vii, 1963, 17 a 45–7.

[79] Ceri W. Lewis, 'Syr Edward Stradling (1529–1609), y "Marchog Disgleirlathr" o Sain Dunwyd' yn J. E. Caerwyn Williams (gol.), *Ysgrifau Beirniadol XIX* (Dinbych: Gwasg Gee, 1993), tt. 154 a 169.

Nodiadau

80 G. J. Williams, *Traddodiad Llenyddol Morgannwg*, t. 69. Nid oedd canu gan y beirdd i deuluoedd Saesneg a Gymreigiasai yn anghyffredin. Gweler, er enghraifft, J. Gwynfor Jones, *Concepts of Order and Gentility in Wales 1540–1640* (Llandysul: Gomer, 1992), tt. 78, 117 a 219–20.

81 R. Brinley Jones, *William Salesbury* (Cardiff: University of Wales Press, 1994), t. 1; David Jenkins, 'Llythyr Syr Peter Mutton (1565–1637)', *Cylchgrawn Llyfrgell Genedlaethol Cymru*, 5 (3), haf 1948, 220–1.

82 David Stoker, 'William Wotton at Carmarthen', *The Carmarthenshire Antiquary*, xliv, 2008, 17–27.

83 R . T. Jenkins, 'William Wotton' yn *Y Bywgraffiadur Cymreig hyd 1940* (Llundain: Cymmrodorion, 1953), t. 1026. Sais arall a ddysgodd Gymraeg oedd Percy Enderbie, awdur *Cambria Triumphans* (1661), cyfrol yn brolio achau Cymreig y Stiwardiaid wedi'r Adferiad. Gweler D. M. Lloyd, 'Percy Enderbie' yn *Y Bywgraffiadur Cymreig hyd 1940*, tt. 201–2.

84 W. J. Lewis, *Lead Mining in Wales* (Cardiff: University of Wales Press, 1967), t. 30. Gweler hefyd 'A lease to a German mining prospector in the lordship of Newport, 1459' yn ddyfynedig yn A. R. Myers (gol.), *English Historical Documents 1327–1485, Volume 4* (London: Eyre & Spottiswoode, 1969), tt. 1013–14. Dengys y ddogfen i 'a native of Germany' gael prydles ar fwyngloddiau Arglwyddiaeth Casnewydd, Gwynllŵg a Machen yn 1459.

85 Gweler, er enghraifft, Raingard Esser, 'Germans in Early Modern Britain' yn Panikos Panayi (gol.), *Germans in Britain since 1500* (London: The Hambledon Press, 1996), tt. 21 a 26; R. C. B. Oliver, 'Diederick Wessel Linden, M. D.', *Cylchgrawn Llyfrgell Genedlaethol Cymru*, xviii, 1973–4, 241–67. Ymddengys y cysylltiad â mwyngloddiau plwm y Canolbarth yn arbennig o gryf. Gweler W. J. Lewis, *Lead Mining in Wales*, tt. 40–1, 259–60 a 352–3.

86 Robert David Griffith, 'Henry Samuel Hayden' yn *Y Bywgraffiadur Cymreig hyd 1940*, t. 324; William Joseph Rhys, 'John [sic] Hiley', *Y Bywgraffiadur Cymreig hyd 1940*, tt. 335–6.

87 W. J. Davies, *Hanes Plwyf Llandyssul* (Llandyssul: J. D. Lewis, 1896), t. 154.

88 Ursula R. Q. Henriques, 'The Conduct of a Synagogue: Swansea Hebrew Congregation, 1895–1914' yn Ursula R. Q. Henriques (gol.), *The Jews of South Wales* (Cardiff: University of Wales Press, 2013 [1993]), t. 85.

89 E. Wyn James, '"A'r byd i gyd yn bapur..." Rhan 3: Dylanwadau rhyngwladol – Sansgrit a Hebraeg', *Canu Gwerin*, 27, 2004, 41.

90 T. I. Ellis, *John Humphreys Davies (1871–1926)* (Lerpwl: Gwasg y Brython, 1963), t. 3; Gomer Morgan Roberts, 'David Charles, I (1762–1834)', *Y Bywgraffiadur Cymreig hyd 1940*, t. 65.

Nodiadau

[91] E. Wyn James, '"A'r byd i gyd yn bapur..."', 41; J. E. Meredith, *Thomas Levi* (Caernarfon: Llyfrfa'r M.C., 1962), t. 7.

[92] R. J. Colyer, 'Nanteos: A Landed Estate in Decline 1800–1930', *Ceredigion*, 9 (1), 1980, 73.

[93] T. H. Lewis, 'A Carmarthenshire Huguenot Family (The Du Buissons of Glynhir, Llandebie)', *The Carmarthen Antiquary*, 2 (1 a 2), 1945–6, 20.

[94] W. T. R. Pryce, 'Industrialism, urbanization and the maintenance of culture areas: North-East Wales in the Mid-Nineteenth Century', *Cylchgrawn Hanes Cymru*, 7 (3), 1975, 329.

[95] Geraint H. Jenkins, Richard Suggett ac Eryn M. White, 'Yr Iaith Gymraeg yn y Gymru Fodern Gynnar' yn Geraint H. Jenkins (gol.), *Y Gymraeg yn ei Disgleirdeb: Yr Iaith Gymraeg cyn y Chwyldro Diwydiannol* (Caerdydd: Gwasg Prifysgol Cymru, 1997), t. 49.

[96] W. Llewelyn Williams, *'S Lawer Dydd* (Llanelli: James Davies a'i Gwmni, 1918), tt. 13–14.

[97] Kate Roberts, *Y Lôn Wen: Darn o Hunangofiant* (Dinbych: Gwasg Gee, 1960), t. 72.

[98] Marion Löffler, 'Bunsen, Müller a Meyer: Tri Almaenwr, y Gymraeg, y Frenhines a'r Ymerodraeth', *Y Traethodydd*, clxxiii, 2018, 19–20.

[99] Gweler Mair Elvet Thomas, *Afiaith yng Ngwent: Hanes Cymdeithas Cymreigyddion y Fenni 1833–1854* (Caerdydd: Gwasg Prifysgol Cymru, 1978), tt. 127–37 am ymweliadau Llydawyr â Llanofer.

[100] Marion Löffler, 'Olion Llenyddol Ymwelwyr â Llanofer', *Llên Cymru*, 41, 2018, 53–80, yn enwedig 54–60.

[101] Eric Hobsbawm, *Nations and Nationalism since 1780: Programme, Myth, Reality* (Cambridge: Cambridge University Press, 1990).

[102] John Morris-Jones, *A Welsh Grammar: Historical and Comparative* (Oxford: Oxford University Press, 1913), t. xviii; Albert Owen Evans, *A Chapter in the History of the Welsh Book of Common Prayer: Volume 3* (Bangor: Jarvis & Foster, 1922), t. 237.

[103] John Davies, *Cardiff and the Marquesses of Bute* (Cardiff: University of Wales Press, 1981), tt. 28–9.

[104] Lewis Lloyd, 'The Note Book of James Anwyl of Harlech', *Cymru a'r Môr*, 3, 1978, 54–5.

[105] John Rowlands, 'Great Endeavour for Little Reward: Lead Miners in Wales' yn John Rowlands a Sheila Rowlands (goln), *Second Stages in Researching Welsh Ancestry* (The Federation of Family History Societies, 1999), t. 107. Mewn pentref arall yn y gogledd-ddwyrain, Gwernaffield ger yr Wyddgrug, honna'r Llyfrau i blant Saeson fod yn rhugl yn y Gymraeg. Gweler W. T. R. Pryce, 'Industrialism, Urbanization and the Maintenance of Culture Areas', 329.

Nodiadau

[106] Siân Rhiannon Williams, *Oes y Byd i'r Iaith Gymraeg: Y Gymraeg yn ardal ddiwydiannol Sir Fynwy yn y bedwaredd ganrif ar bymtheg* (Caerdydd: Gwasg Prifysgol Cymru, 1992), t. 9. Gweler Siân Rhiannon Williams, 'The Languages of Monmouthshire' yn Chris Williams a Siân Rhiannon Williams (goln), *The Gwent County History: Volume 4: Industrial Monmouthshire, 1780–1914* (Cardiff: University of Wales Press, 2011), tt. 147–164 am ragor o enghreifftiau.

[107] Di-enw, 'Beirdd a Llenorion Rhymni III. Y Cyfnod Euraid', *Cymru*, 55, Hydref 1918, 125; Siân Rhiannon Williams, *Oes y Byd i'r Iaith Gymraeg*, t. 10.

[108] 'Newyddion Cymreig. Bangor', *Yr Amserau*, 15 Chwefror 1849, 2.

[109] Paul O'Leary, *Immigration and Integration: The Irish in Wales 1798–1922* (Cardiff: University of Wales Press, 2000), tt. 4, 107–33; D. T. Williams, *My People's Ways*, tt. 65–66 yn ddyfynedig yn Siân Rhiannon Williams, *Oes y Byd i'r Iaith Gymraeg*, t. 10.

[110] Gweler Huw Williams, 'Merthyr Tydfil and its Scottish Connections', *Merthyr Historian*, 10, 1999, 269: 'There is evidence of non-Welsh speakers learning the rudiments of the Welsh language for purposes of the workplace, in chapel worship and in the increasingly sophisticated inter-connectedness of civilisation and street life in the town centre and in the very Welsh-inclined satellites of Dowlais, Heolgerrig and Cefn Coed'.

[111] Paul O'Leary, *Immigration and Integration*, t. 306.

[112] Paul O'Leary, *Immigration and Integration*, t. 307.

[113] Gwyn Griffiths, *Sioni Winwns* (Llanrwst: Gwasg Carreg Gwalch, 2002), tt. 57–8.

[114] Geoffrey Alderman, '[adolygiad o] *The Jews of South Wales. Historical Studies* by Ursula R. Q. Henriques', *The English Historical Review*, 111 (440), Chwefror 1996, 240. Defnyddir 'Yideg' am *Yiddish* yn y gyfrol hon. 'Iddew-Almaeneg' yw cynnig *Geiriadur yr Academi*, ond yn yr Almaeneg ceir termau megis *Jiddisch-Daitsch* a *Jiddisch* yn ogystal â *Jüdisch-Deutsch*, a diau y dylid ceisio cyfleu 'Jiddisch' neu 'Yiddish' yn fwy uniongyrchol yn y gair Cymraeg.

[115] Kate Roberts, *Y Lôn Wen*, t. 57.

[116] 'Damwain ofidus yn Ngwaith Plymouth, Merthyr', *Y Gwladgarwr*, 23 Gorffennaf 1870, 4.

[117] 'Ystrad Rhondda', *Baner ac Amserau Cymru*, 7 Rhagfyr 1870, 14; gweler hefyd 'Newyddion Cymreig', *Baner ac Amserau Cymru*, 17 Rhagfyr 1870, 5.

[118] D. G. Lloyd Hughes, *Hanes Tref Pwllheli* (Llandysul: Gwasg Gomer, 1986), t. 121.

[119] 'Waenfawr', *Y Genedl Gymreig*, 15 Mawrth 1877, 7.

Nodiadau

[120] Geraint Jones, 'Drwm, Dawnsio, Dyn Du – Y Tri Hyn', *Llafar Gwlad*, 31, gwanwyn 1991, 20. Gweler hefyd Geraint Jones, *Cyrn y Diafol: Golwg ar Hanes Cynnar Bandiau Pres Chwarelwyr Gwynedd* (Caernarfon: Gwasg Gwynedd, 2004), tt. 120–3.

[121] 'Dicky Sam', *Liverpool and Slavery: An Historical Account of the Liverpool-African Slave Trade* (Liverpool: A. Bowker & Son, 1884), tt. 51–2.

[122] Gweler Mai Roberts, 'Gomer Williams 1848–1916', *Y Casglwr*, 128, gwanwyn 2020, 8 am awgrym mai Gomer Williams, awdur y gyfrol awdurdodol, *History of the Liverpool Privateers and Letters of Marque with an account of the Liverpool Slave Trade* (1897), yw awdur *Liverpool and Slavery* hefyd.

[123] 'Newyddion Cymreig', *Baner ac Amserau Cymru*, 27 Gorffennaf 1872, 4.

[124] 'Glofeydd Cymru a Negroaid', *Baner ac Amserau Cymru*, 25 Gorffennaf 1900, 9.

[125] 'Glofeydd Cymru a Negroaid' yn ddyfynedig yn Gwenno Ffrancon, 'Affro-Americaniaid a'r Cymry ar y Sgrin Fawr' yn Daniel G. Williams (gol.), *Canu Caeth: Y Cymry a'r Affro-Americaniaid* (Llandysul: Gwasg Gomer, 2010), t. 123.

[126] Tegwyn Jones, *Tribannau Morgannwg* (Llandysul: Gwasg Gomer, 1976), t. 49. Daw'r rhigwm o bapurau D. D. Herbert, Resolfen, a gedwir yn y Llyfrgell Genedlaethol, lle nodir, 'Ym Mhentreclwyda y setlodd rhai o'r dynion du a ddaeth i weithio i'r ardal ddechrau'r ganrif hon.' Nid oedd rhigymau ethnig o'r fath yn anghyffredin. Ceir un am Saeson yng Nghwm Rhondda: 'Dylifa bechgyn ffolion/ I'r Cwm o hyd yn gyson,/ O Wlad yr Haf hwy ddônt yn sgryd/ Fel ynfyd haid o ladron.' (*Tribannau Morgannwg*, t. 40)

[127] 'Violent Coloured Man', *South Wales Daily Post*, 5 Tachwedd 1910, 6; 'Glyn Neath Assault. Gaol for Coloured Man', *Aberdare Leader*, 12 Tachwedd 1910, 3.

[128] E. Tegla Davies, 'Credo', *Y Foel Faen* (Lerpwl: Gwasg y Brython, 1951), t. 107. Dysgai rhai meddygon eraill o gefndir ethnig lleiafrifol y Gymraeg yn y cyfnod hwn er mwyn cyfathrebu â chleifion uniaith, megis Simeon Cohen, Iddew yn Nhreorci'r 1920au. Gweler Cai Parry-Jones, *The Jews of Wales: A History* (Cardiff: University of Wales Press, 2017), t. 115.

[129] E. Tegla Davies, *Gyda'r Blynyddoedd* (Lerpwl: Gwasg y Brython, 1952), t. 160.

[130] 'Colofn Gymreig y Rhondda', *The Rhondda Leader*, 20 Chwefror 1904, 8.

[131] E-bost oddi wrth yr hanesydd, Daryl Leeworthy.

[132] 'Ferndale', *Y Gwyliedydd*, 24 Ionawr 1900, 6.

[133] 'Bala', *Y Goleuad*, 23 Hydref 1907, 6.

[134] Gweler David Morris, 'Poor Jews in South Wales during the 1900s', *Llafur*, 11 (3), 2014, 36–46 am hanes rhai o'r mudwyr hyn, 'the poor Russian trans-migrant population' (36).

[135] Tuedd hanesyddiaeth Gymreig yw canolbwyntio ar y presenoldeb Iddewig yn y de ar draul y gogledd, ond yn ddiweddar gwnaed gwaith arloesol yn astudio cymunedau Iddewig y gogledd gan Nathan Abrams a Cai Parry-Jones. Ym Mangor, er enghraifft, sefydlwyd busnes gemwaith a watsys gan ddau Iddew, John a Solomon Aronson o Brwsia, yn 1828, ac agorwyd synagog yn y dref yn 1894 ar ôl ymdrechion mewnfudwyr fel Morris Wartski, a oedd yn enedigol o wlad Pwyl. Gweler Cai Parry-Jones, *The Jews of Wales*, tt. 21 a 37.

[136] Dywedwyd fod Iddew a gadwai siop wystlo yn Rhymni, Tobias Fine, yn medru Cymraeg. Gweler Siân Rhiannon Williams, 'The Languages of Monmouthshire', t. 154.

[137] Cai Parry-Jones, *The Jews of Wales*, tt. 20, 21, 31 a 42. Ceir crynodeb Cymraeg o hanes synagogau Cymru yn Tecwyn Vaughan Jones, 'Yr Iddewon Cymreig a'u Synagogau', *Y Faner*, 24 Chwefror 1984, 10–11.

[138] Cai Parry-Jones, *The Jews of Wales*, t. 35.

[139] Yr ymdriniaeth orau yn y Gymraeg yw Derec Llwyd Morgan, *'Canys Bechan Yw': Y Genedl Etholedig yn ein Llenyddiaeth* (Aberystwyth: Prifysgol Cymru Aberystwyth, 1994).

[140] Erich Poppe, 'John Davies and the Study of Grammar: *Antiquae Linguae Britannicae ... Rudimenta* (1621)' yn Ceri Davies (gol.), *Dr John Davies of Mallwyd: Welsh Renaissance Scholar* (Cardiff: University of Wales Press, 2004), tt. 121–45; G. J. Williams, 'Rhagymadrodd' yn Charles Edwards, *Y Ffydd Ddi-ffuant, sef Hanes y Ffydd Gristianogol a'i Rhinwedd* (Caerdydd: Gwasg Prifysgol Cymru, 1936 [argraffiad 1677]), tt. xxxii–xxxiv.

[141] Jasmine Donahaye, *Whose People? Wales, Israel, Palestine* (Cardiff: University of Wales Press, 2012), tt. 32–3.

[142] Morgan Llwyd, 'Hymn' yn Thomas E. Ellis (gol.), *Morgan Llwyd o Wynedd [I]* (Bangor: Jarvis & Foster a London: J. M. Dent, 1899), t. 44 yn ddyfynedig yn Derec Llwyd Morgan, 'Morgan Llwyd a'r Iddewon' yn J. E. Caerwyn Williams (gol.), *Ysgrifau Beirniadol XXI* (Dinbych: Gwasg Gee, 1996), t. 81.

[143] 'O Arglwydd cofia am/ Hiliogaeth Abraham/ A dychwel hwy' yw geiriau John Hughes, Pontrobert. Mae'r awydd i brysuro'r Ail Ddyfodiad ynghlwm wrth un o fotiffau llenyddol pwysica'r bedwaredd ganrif ar bymtheg hefyd, sef 'Dinistr Jerusalem', ac fe'i ceir yn ogystal mewn diwinyddiaeth hyd at yr ugeinfed ganrif, fel y tystia erthyglau yn *Yr Efengylydd* ac *Y Cenhadwr*. Am ddetholiad bychan ohonynt, gweler di-enw, 'Gwyliwch yr Iddew', *Yr Efengylydd*, xxii, 15 Ebrill 1930,

72–3; R. B. J., 'Y Deyrnas a'r Iddewon', *Yr Efengylydd*, xxv, 15 Ionor 1933, 1–4 ac erthyglau lu E. B. Goronwy yn y cylchgrawn yn ystod 1936 a 1937 o dan y teitl, 'Yr Iddew – Oriawr yr Arglwydd'.

[144] Ursula R. Q. Henriques, 'Lyons versus Thomas: The Jewess Abduction Case, 1867–8' yn *The Jews of South Wales*, t. 136. Gweler hefyd T. Morgan, *Cofiant y Parch. Nathaniel Thomas, Caerdydd* (Llangollen: W. Williams, swyddfa y "Greal" a'r "Athraw.", 1900), t. 78.

[145] Cai Parry-Jones, *The Jews of Wales*, t. 115.

[146] 'Montague Black', Montague Black yn cael ei gyfweld gan Robin Gwyndaf, 1 Mai 1979, trawsysgrifiad o dapiau Amgueddfa Werin Cymru 6446 a 6447. Yn ôl nodiadau'r cyfweliad yr oedd ganddo 'Gymraeg llafar cadarn'. Cyfiawnhaodd ei benderfyniad i ddysgu Cymraeg ar sail masnachol, trwy haeru 'os odyw Iddew yn byw yn y Rufain, mae'n siarad iaith nw, os odyw Iddew yn byw yn, yn Paris, mae'n siarad Ffranco, mae'r Iddew, dyw e dim ots na neb arall, mae'n siarad iaith bobol sy'n y rownd iddo fe.' Ehangodd gylch ei fusnes yn y man i gynnwys rhannau helaeth o sir Gaerfyrddin, a phan ofynnwyd iddo gan ffarmwr o ardal Llanymddyfri a oedd yn ei 'cownto' ei hun yn 'Gymro, ne Iddew', ei ateb oedd, 'Wel yn Abertawe ganwd i, Griff bach ... cas yr hen cath ni cathe bach yn y beudy pwy dwyrnod, on gall hi ddim galw lloi arnyn nw.'

[147] Gweler Geoffrey Alderman, 'The Jew as Scapegoat? The Settlement and Reception of Jews in South Wales before 1914', *Transactions and Miscellanies (Jewish Historical Society of England)*, 26, 1974, 62: 'the newcomers tramped the valleys of west Glamorgan, Carmarthenshire and Pembrokeshire, learning the language of the native Welsh, doing business'. Ceir cyfeiriadau mewn ffynonellau Cymraeg hefyd: er enghraifft yn D. J. Williams, *Hen Dŷ Ffarm* (Aberystwyth: Gwasg Aberystwyth, 1953), t. 65, sonnir am 'Iddew teithiol' yng ngogledd sir Gaerfyrddin yn 1868.

[148] Cai Parry-Jones, *The Jews of Wales*, t. 114.

[149] Crwys [William Williams], 'Ellis Edwards. (*Adroddiad*).', *Cerddi Crwys yn cynnwys "Gwerin Cymru" a Chaniadau Eraill* (Llanelli: James Davies a'i Gwmni, 1920), t. 121.

[150] Richard Williams ('Gwydderig'), *Gwydderig: Pigion Allan o'i Weithiau wedi'u dethol ynghŷd â rhagymadrodd gan J. Lloyd Thomas* (Llandybie: Llyfrau'r Dryw, 1959), t. 61. Ceir englyn gwrth-semitaidd arall ganddo yn yr un llyfr, sef 'Iddew', t. 65:

> Mae yn gam yn ei gwman – dan ei lwyth;
>   Dyna law am arian!
> Pennaf rog, ceiniog yw cân
> Jew o ardal y Jordan.

Nodiadau

151 Gweler, er enghraifft, 'Yn dyrfa weddus rhown fawl yn felys' yn Rhiannon Ifans, *Yn Dyrfa Weddus: Carolau ar gyfer y Plygain* (Aberystwyth: Cymdeithas Lyfrau Ceredigion, 2003), tt. 46–51, sy'n cynnwys y llinellau, 'Yr hen Iddewon galed galon oedd greulon o bob gradd,/ Ac yn gyffredin trwy'r offeiriadaeth elyniaeth am ei ladd.' Ceir y llinell 'Ein Meichiau a'n Meddyg dan fflangell Iddewig' yn 'Carol y Swper'. Mae trafodaeth am hyn yn 'Plygain yn hiliol?', *Golwg*, 10 Rhagfyr 2009, 7, lle mae Cynog Dafis a Gwilym Tudur yn pwyso am newid y geiriau tramgwyddus.

152 'Ymosodiad Creulawn yn Mangor', *Y Werin*, 24 Hydref 1896, 2.

153 Cai Parry-Jones, *The Jews of Wales*, tt. 105–6. Gadawodd dros 100 o Iddewon Ddowlais ym mis Medi, 1903 ac ni fyddent yn dychwelyd. Ceir adroddiad yn 'Jews leave Dowlais', *The Weekly Mail*, 19 Medi 1903, 9.

154 'Helyntion yn Neheudir Cymru: Gorymdeithiau y "Mob": Dinystrio Eiddo: Galw Cynnorthwy Milwrol', *Baner ac Amserau Cymru*, 2 Medi 1911, 8.

155 Geoffrey Alderman, 'The Anti-Jewish Riots of August 1911 in South Wales', *Cylchgrawn Hanes Cymru*, 6 (2), 1972, 190–200; Anthony Glaser, 'The Tredegar Riots of August 1911' yn *The Jews of South Wales*, tt. 151–76. Ond dadleua W. D. Rubinstein nad yw'r ffynhonnell sy'n honni i emynau Cymraeg gael eu canu yn ddibynadwy; gweler 'The Anti-Jewish Riots of 1911 in South Wales: A Re-examination', *Cylchgrawn Hanes Cymru*, 18 (4), 1997, 690–1.

156 Gweler Paul O'Leary, 'Anti-Irish Riots in Wales', *Llafur*, 5 (4), 1991, 27–35; Louise Miskell, 'Reassessing the Anti-Irish Riot: Popular Protest and the Irish in South Wales, *c.*1826–1882' yn Paul O'Leary (gol.), *Irish Migrants in Modern Wales* (Liverpool: Liverpool University Press, 2004), tt. 101–18.

157 Geoffrey Alderman, 'The Anti-Jewish Riots of August 1911 in South Wales', 198–200; Neil Evans, 'Comparing Immigrant Histories: The Irish and Others in Modern Wales', *Irish Migrants in Modern Wales*, t. 162.

158 Dot Jones, *Tystiolaeth Ystadegol yn ymwneud â'r Iaith Gymraeg 1801–1911* (Caerdydd: Gwasg Prifysgol Cymru, 1998), t. 284. Yn 1911, dim ond 20% o boblogaeth y fwrdeistref a fedrai Gymraeg a 13% yn y grŵp oedran 15–24 oed, oedran arferol terfysgwyr mewn anhrefn cymdeithasol.

159 'Y Cymry a'r Iuddewon', *Seren Cymru*, 15 Medi 1911, 8.

160 'Helyntion yn Neheudir Cymru', 8. 'Deallir nad oes a wnelo yr helyntion hyn ddim â'r streic ddiweddar; eithr, yn hytrach, ynglyn âg Iuddowen cyfoethog sydd yn berchenogion eiddo yn y lleoedd hyn, a pha rai – amryw ohonynt – a ddywedir sydd yn codi crog-renti am

dai annedd, fel y mae teimlad gwrthwynebus wedi ei gynnyrchu yn eu herbyn.' Er gwaetha'r gwadiad, mae'n anodd credu nad oedd cyswllt â'r streic, ac mae beio 'Iuddowen cyfoethog' yn *trope* gwrth-semitaidd digon cyfarwydd.

[161] Saunders Lewis, 'Giuseppe Ungaretti' yn Gwynn ap Gwilym (gol.), *Meistri a'u Crefft: Ysgrifau Llenyddol gan Saunders Lewis* (Caerdydd: Gwasg Prifysgol Cymru, 1981), tt. 230–1. Cyhoeddwyd gyntaf yn *Y Faner* mewn dwy ran, 2 a 16 Awst 1950.

[162] Colin Hughes, *Lime, Lemon and Sarsaparilla: The Italian Community in South Wales 1881–1945* (Bridgend: Seren, 1991).

[163] 'Ynadlys Ffestiniog: Curo y Gwerthwr Tatws', *Yr Herald Cymraeg*, 14 Tachwedd 1905, 6.

[164] 'Yr Eidalwr a'r Ddeddf Yswiriant', *Yr Herald Cymraeg*, 23 Ionawr 1917, 3.

[165] Kate Roberts, *Deian a Loli: Stori am Blant* (Wrecsam: Hughes a'i Fab Cyhoeddwyr, 1927), tt. 121–2. Roedd Eidalwyr yn gwerthu hufen iâ yng Ngwynedd yn y cyfnod. Gweler Wil 'Porthmadog' Jones, *Mynd a Dŵad* (Dinbych: Gwasg Gee, 1987), t. 23 am ei atgof o'r 'hen Eidalwr, Mr. Marrubi, gyda'i beiriant hufen iâ ar ganol y tywod' ar draeth Morfa Bychan.

[166] Syr Bedwyr, 'Ymysg Pobl', *Y Ford Gron*, iv, 8, Mehefin 1934, 180.

[167] 'Cymmanfa Cerddorol', *Baner ac Amserau Cymru*, 31 Hydref 1888, 8.

[168] 'Obituary. Alderman M. A. Ralli', *North Wales Chronicle and Advertiser for the Principality*, 17 Awst 1917, 7; 'Tremeirchion', *Denbighshire Free Press*, 15 Rhagfyr 1888, 6.

[169] 'Hanesion Crefyddol', *Seren Cymru*, 7 Gorffennaf 1893, 13.

[170] 'Tremeirchion. Gosod Careg Sylfaen Capel Newydd – Haelioni Dihafal P. H. Ralli, Ysw., o Brynbella', *Baner ac Amserau Cymru*, 28 Tachwedd 1888, 13; 'Groegwr yn talu dyled Capel Cymraeg', *Y Cymro*, 20 Awst 1891, 5; 'Cymmanfa Cerddorol', 8.

[171] 'Cymrodorion Prestatyn', *Y Brython*, 4 Awst 1910, 8.

[172] Ted Breeze Jones, 'Teyrnasiad y Ciperiaid', *Llafar Gwlad*, 54, gaeaf 1996, 8. Erthygl ddiddorol yn y cyd-destun hwn yw William Linnard, 'Angus Duncan Webster: A Scottish Scribe at Penrhyn Castle', *Trafodion Cymdeithas Hanes Sir Gaernarfon*, 45, 1984, 93–106. Ond fel yn achos pob grŵp ethnig, byddai rhai o'r Albanwyr yn cael eu cymathu hefyd ymhen y rhawg. Ystyrier, er enghraifft, yr Albanwr, John Dinwoodie, a gofnodir yng nghyfrifiad 1871 fel bugail yn ardal Llangernyw, ac sydd erbyn cyfrifiad 1891 yn rhugl yn y ddwy iaith. Gweler Nancy Hughes [Dinwoodie], 'Teulu o'r Alban yn Llangernyw' yn [John Emlyn Jones (gol.)], *Hanes Bro Cernyw* (Llanrwst: Gwasg Carreg Gwalch, 2001), tt. 156–9.

Nodiadau

[173] William Rees [Gwilym Hiraethog], *Helyntion Bywyd Hen Deiliwr* (Liverpool: I. Foulkes, 1877), tt. 24–5; Saunders Lewis, *Gwaed yr Uchelwyr* (Cardiff: The Educational Publishing Co., Ltd., 1922), t. 7; W. J. Gruffydd, *Beddau'r Proffwydi: Drama mewn Pedair Act* (Cardiff: The Educational Publishing Co., Ltd., 1913); D. J. Williams, *Yn Chwech ar Hugain Oed*, t. 40. Yn ei iaith liwgar nodweddiadol, mae D. J. Williams yn trafod sir Gâr cyn y Rhyfel Byd Cyntaf, gan sôn am ei chymeriadau sy'n cynnwys 'rhyw glorwth o Sgotyn bolfras a fuasai unwaith yn ben trulliad neu ryw swydd arglwyddieithus o'r fath ym Mhlas Rhydodyn.' Gweler hefyd T. Llew Jones, *Tân ar y Comin* (Llandysul: Gwasg Gomer, 1975), tt. 89–90; D. Gwenallt Jones, *Ffwrneisiau: Cronicl Blynyddoedd Mebyd* (Llandysul: Gwasg Gomer, 1982), t. 92; Saunders Lewis, *Buchedd Garmon* (Gwasg Aberystwyth, 1937), t. 22; W. J. Gruffydd, 'Hen Atgofion', *Y Llenor*, ix, 4, gaeaf 1930, 203.

[174] D. G. Lloyd Hughes, *Hanes Tref Pwllheli*, t. 121.

[175] D. G. Lloyd Hughes, *Hanes Tref Pwllheli*, t. 122. Arferent bererindota i Abererch am mai yno, yn ôl y chwedl, y claddwyd Rhydderch Hael, y tybiwyd ei fod yn frenin Ynys Manaw yn y seithfed ganrif.

[176] Robin Evans, 'Hyblygrwydd ac Arferion y Pysgotwyr' yn Robin Evans (gol.), *Pysgotwyr Cymru a'r Môr* (Llanrwst: Gwasg Carreg Gwalch, 2011), tt. 237–8.

[177] Eric Jones a David Gwyn, *Dolgarrog: An Industrial History* (Caernarfon: Gwynedd Archives and Museums Service, 1989), tt. 53 a 105.

[178] Eric Jones a David Gwyn, *Dolgarrog*, t. 19.

[179] Gweler, er enghraifft, 'A Spanish Colony in Dowlais', *Weekly Mail*, 9 Mehefin 1900, 8.

[180] Gwyn Griffiths, *Sioni Winwns*, t. 14. Darfu'n araf deg am yr hen Sioni Winwns wrth i'r economi wledig gael ei gweddnewid yn ystod ail hanner yr ugeinfed ganrif. Ond hyd yn oed yn yr unfed ganrif ar hugain yr oedd mintai fechan yn mentro bob blwyddyn i werthu eu cynnyrch yn y de, gan mwyaf i siopau. Am hanes y criw hwn, gweler Myrddin ap Dafydd, 'Tymor y Sioni Winwns', *Llafar Gwlad*, 110, Tachwedd 2010, 4.

[181] Owen M. Edwards, *Tro yn Llydaw* (Dolgellau: E. W. Evans, 1888), [t. v].

[182] Trystan Owain Hughes, '"No longer will we call ourselves Catholics in Wales but Welsh Catholics": Roman Catholicism, the Welsh Language and Welsh National Identity in the Twentieth Century', *Cylchgrawn Hanes Cymru*, 20 (2), 2000, 344. Gweler hefyd Paul O'Leary, 'Offeiriaid Llydewig a'r Ymgais i Efengylu'r Cymry', *Y Cylchgrawn Catholig*, xiv, 2002, 39–44 a rydd sylw i ymdrech aflwyddiannus i

sefydlu cenhadaeth Lydewig yn gweithio trwy'r Gymraeg yn Aberystwyth yn y 1840au.
[183] Gweler R. Tudur Jones, *Ffydd ac Argyfwng Cenedl: Cristionogaeth a diwylliant yng Nghymru 1890–1914: Cyfrol I: Prysurdeb a Phryder* (Abertawe: Tŷ John Penry, 1981), tt. 114–15. Gweler hefyd http://cyngortrefpwllheli.org/eglwysi-babyddol.html (cyrchwyd 1 Medi 2020).
[184] D. Gwenallt Jones, 'Llydaw', *Eples* (Llandysul: Gwasg Gomer, 1951), t. 34.
[185] W. Ambrose Bebb, *Llydaw* (Llundain: Depôt Cymraeg Foyle, 1929), tt. 19–20.
[186] J. Vernon Lewis, 'S. P. Tregelles ac Eben Fardd', *Y Dysgedydd*, 113 (3), Mawrth 1933, 68–9 a 74. Gweler hefyd Hugh Williams, 'Samuel Prideaux Tregelles', *Y Traethodydd*, xxxviii, Hydref 1883, 408–24.
[187] 'Doli Pentraeth', *Lleuad yr Oes*, 1 (3), Mawrth 1827, 155. Ceid yr un math o beth ganrif wedyn mewn cerddi sentimental megis 'Doli Pen Traeth' Crwys, ac yno hefyd trowyd enw Cernyweg, Pentreath, yn enw Cymraeg. Gweler Crwys [William Williams], 'Doli Pen Traeth', *Trydydd Cerddi Crwys* (Wrecsam: Hughes a'i Fab, 1935), t. 113.
[188] W. J. Lewis, *Lead Mining in Wales*, tt. 95, 98 a 164; A. H. Dodd, *The Industrial Revolution in North Wales* (Cardiff: University of Wales Press, 1933), tt. 17, 154 a 158.
[189] E. Alwyn Benjamin, 'Melindwr, Cardiganshire: a study of the censuses 1841–71', *Ceredigion*, 9 (4), 1983, 324–5.
[190] E. Alwyn Benjamin, 'Melindwr, Cardiganshire', 328 a 330.
[191] W. R. Jones, *Bywyd a Gwaith I. D. Hooson* (Cyngor yr Eisteddfod Genedlaethol, 1964), t. 13. Cymry hefyd oedd disgynyddion y teulu Cernywaidd, Sauvage, a ddaeth i bentref y Mwynglawdd ger Wrecsam rywbryd ar ôl canol y ddeunawfed ganrif. Gweler A. H. Dodd, 'Welsh and English in East Denbighshire: A Historical Retrospect', 52–3.
[192] Geraint H. Jenkins et al., 'Yr Iaith Gymraeg yn y Gymru Fodern Gynnar', t. 76; A. H. Dodd, *The Industrial Revolution in North Wales*, t. 154; Peter Roberts (tystiolaeth lafar) yn Elfed Roberts, *Hafn, Bwlch a Dyffryn (Darlith Flynyddol Llyfrgell Penygroes 1992)* (Caernarfon: Cyngor Sir Gwynedd, 1993), t. 21; David Gwyn, *Gwynedd Inheriting a Revolution: The Archaeology of Industrialisation in North-West Wales* (Chicester: Phillimore, 2006), t. 91; Wil Williams, *Mwyngloddio ym Mhen Llŷn* (Llanrwst: Gwasg Carreg Gwalch, 1995), t. 17; Margaret Griffiths, 'Manganese Mining at Rhiw in Llŷn between 1827 and 1945', *Trafodion Cymdeithas Hanes Sir Gaernarfon*, 50, 1989, 63; T. M. Bassett, 'Diwydiant yn Nyffryn Ogwen', *Trafodion Cymdeithas Hanes Sir Gaernarfon*, 35, 1974, 74. Diddorol yw term Bassett am un o Gernyw, 'Cernywddyn'.

Nodiadau

193 Peter Crew, 'The Copper Mines of Llanberis and Clogwyn Goch', *Trafodion Cymdeithas Hanes Sir Gaernarfon*, 37, 1976, 64.

194 'Llydawiaid mewn Helbul wrth Dirio', *Baner ac Amserau Cymru*, 31 Gorffennaf 1907, 4. Gweler hefyd Gwyn Griffiths, *Sioni Winwns*, tt. 49, 51, 53, 63 a 73–4: roedd Llydawyr yng Nghaernarfon, Castell Newydd Emlyn (Llydäwr heb fawr o Saesneg), Llanelli a Phorthmadog yn medru Cymraeg.

195 Wil Sam, 'Petha Tebyg i Sipsiwn', *Llafar Gwlad*, 17, haf 1987, 4. Diddorol hefyd yw J. R. Jones, 'Ymwelwyr', *Llafar Gwlad*, 19, Chwefror 1988, 18–19. Gweler hefyd Geraint Jones, *John Preis* (Clynnog Fawr: Gwasg Utgorn Cymru, 2014).

196 W. Ambrose Bebb, *Pererindodau* (Y Clwb Llyfrau Cymreig, 1941), tt. 7–8.

197 W. Ambrose Bebb, *Pererindodau*, tt. 20–1. Yn wir, mae medru'r Gymraeg yn dipyn o fotiff ymhlith y Llydawyr mae Bebb am ei ganmol. Felly, yn nes ymlaen yn y llyfr, mae'n cofio am Gourvil, gŵr a gadwai siop lyfrau, 'Ti Breiz', yn Morlaix, a'r sgyrsiau Cymraeg a gâi ag ef (tt. 30–1).

198 W. Ambrose Bebb, *Pererindodau*, tt. 20–1.

199 D. J. Williams, *Yn Chwech ar Hugain Oed*, t. 103. Gweler hefyd, D. J. Williams, 'Bywyd y Wlad – Tynnu Hufen', *Yr Efrydydd*, 8 (6), Mawrth 1932, 151–2. 'Cyn 1870 dôi'r Gwyddyl a'r Saeson a dyrrai i weithfeydd tân Merthyr a Dowlais a Chwm Bychan (Cwm Afon) yn Gymry da fel y tystia cyfenwau eu disgynyddion megis Potts, Diamond, Broad, MacNeill, Beasley, Blight etc.'

200 'Cyfaill John', 'Y Beddau', *Baner ac Amserau Cymru*, 26 Mehefin 1915, 10.

201 Philip N. Jones, 'Y Gymraeg yng Nghymoedd Morgannwg *c.*1800–1914' yn Geraint H. Jenkins (gol.), *Iaith Carreg Fy Aelwyd: Iaith a Chymuned yn y Bedwaredd Ganrif ar Bymtheg* (Caerdydd: Gwasg Prifysgol Cymru, 1998), t. 175.

202 D. J. Williams, *Yn Chwech ar Hugain Oed*, t. 103. Sonia hefyd am Sais Cymraeg arall: 'A dyna wedyn y feierman, Eic Pride, brodor o Ddyfnaint, yntau, ac un o arwyr pennaf tanchwa Tŷ Newydd ger y Porth, ... wedi dysgu Cymraeg yn hynod o dda, drwy fynnu gan bawb beidio â siarad dim ond Cymraeg ag ef.' (t. 110)

203 Philip N. Jones, 'Y Gymraeg yng Nghymoedd Morgannwg *c.*1800–1914', tt. 143–76; Phillip N. Jones, 'Population Migration into Glamorgan 1861–1911: a reassessment' yn Prys Morgan (gol.) *Glamorgan County History Volume VI: Glamorgan Society 1780–1980* (Glamorgan History Trust Limited, 1988), tt. 173–202; Mari A. Williams, 'Blaenllechau (Sir Forgannwg)' yn Gwenfair Parry a Mari A. Williams (goln), *Miliwn o Gymry Cymraeg! Yr Iaith Gymraeg a Chyfrifiad 1891* (Caerdydd:

Gwasg Prifysgol Cymru, 1999), tt. 93–5; Mari A. Williams, 'Ferndale (Sir Forgannwg)', *Miliwn o Gymry Cymraeg!*, tt. 113–15; Mari A. Williams, 'Cwm Clydach (Sir Forgannwg)', *Miliwn o Gymry Cymraeg!*, tt. 137–9; Mari A. Williams, 'Llwynypia (Sir Forgannwg)', *Miliwn o Gymry Cymraeg!*, tt. 159–61.

[204] Gweler, er enghraifft, y map o breswylfeydd yn ôl iaith a man geni penteuluoedd ym Mlaenllechau yng nghwm Rhondda Fach yn Mari A. Williams, 'Blaenllechau (Sir Forgannwg)', t. 94.

[205] Allan M. Williams, 'Migration and residential patterns in mid-nineteenth century Cardiff', *Cambria: cylchgrawn daearyddol Cymreig*, 6 (2), 1979, 18. Ceid, er hynny, beth cronni Cymraeg yn ardal y dociau sy'n tystio i'r ffaith fod cryn amrywiaeth ethnig yno, ac nad oedd y Cymry Cymraeg wedi eu cymathu'n ieithyddol yn yr un modd ag mewn rhannau eraill o'r dref.

[206] Gwenfair Parry, 'Tregaron (Sir Aberteifi)', *Miliwn o Gymry Cymraeg!*, tt. 278 a 279.

[207] Gweler Chris Williams, adolygiad o Geraint H. Jenkins, *Language and Community in the Nineteenth Century* yn *Cylchgrawn Hanes Cymru*, 20 (1), 2000, 204 am awgrym o ddadl debyg.

[208] Daethpwyd i'r canrannau hyn ar sail ffigyrau a gynhwysir yn Mari A. Williams, 'Ferndale (Sir Forgannwg)', tt. 105, 107 a 109.

[209] Allan M. Williams, 'Migration and Residential Patterns in Mid-Nineteenth Century Cardiff', 6. Diffinnir oedolion fel y sawl dros 14 oed.

[210] Dot Jones, *Tystiolaeth Ystadegol yn ymwneud â'r Iaith Gymraeg 1801–1911*, t. 148.

[211] Dot Jones, *Tystiolaeth Ystadegol yn ymwneud â'r Iaith Gymraeg 1801–1911*, t. 148.

[212] Daryl Leeworthy, *Labour Country: Political Radicalism and Social Democracy in South Wales 1831–1985* (Cardigan: Parthian, 2018), t. 197.

[213] W. T. R. Pryce, 'The British Census and the Welsh Language', *Cambria: Cylchgrawn Daearyddol Cymreig*, 13 (1), 1986, 89. Er bod y ffigwr hwn, 0.88%, yn lled bitw, tangyfrifid y gallu i siarad ieithoedd tramor yn gyson. Gweler Mari A. Williams, 'Blaenau (Sir Fynwy)', *Miliwn o Gymry Cymraeg!*, t. 44; Mari A. Williams, 'Dowlais (Sir Forgannwg)', *Miliwn o Gymry Cymraeg!*, t. 178. Yn y ddwy gymuned, cofnodwyd Iddewon a aned yn Rwsia, Yr Almaen a gwlad Pwyl fel siaradwyr uniaith Saesneg.

[214] Meddai'r hanesydd Hywel Francis i un mewnfudwr, Gregorio Esteban, gynnig gwersi Sbaeneg trwy gyfrwng y Gymraeg yn Neuadd Les y Glowyr yn Abercraf. Gweler Hywel Davies, *Fleeing Franco: How Wales gave shelter to refugee children from the Basque Country during the Spanish Civil War* (Cardiff: University of Wales Press, 2011), t. 145.

Nodiadau

215 Ioan Matthews, 'Yr Iaith Gymraeg yn y Maes Glo Carreg *c*.1870–1914', *Iaith Carreg Fy Aelwyd*, t. 126.

216 Gweler, er enghraifft, ddefnydd Gwyn Alf Williams o'r motiff yn *When was Wales?* (Harmondsworth: Penguin, 1985), t. 245: 'a high proportion [of immigrants] came from western England, Scotland and Ireland; there were Spaniards, Italians and other Europeans, some West Indian, African and Asian groups'.

217 Glyn Jones, 'Glyn Jones' yn Alun Oldfield-Davies (gol.), *Y Llwybrau Gynt 1* (Llandysul: Gwasg Gomer, 1971), t. 64.

218 Crwys [William Williams], *Mynd a Dod* (Llandysul: Y Clwb Llyfrau Cymreig, 1941), tt. 27–8.

219 R. Tudur Jones, 'Haul trwy'r Gwydr Du' yn H. Desmond Healy (gol.), *Y Rhyl a'r Cyffiniau* (Llandybïe: Llyfrau'r Dryw, 1985), tt. 138–9.

220 Ivor Wynne Jones, *Llandudno: Queen of the Welsh Resorts* (Ashbourne: Landmark Publishing, 2008), t. 60.

221 Gweler Gwenfair Parry, 'Y Rhyl (Sir y Fflint)', *Miliwn o Gymry Cymraeg!*, tt. 331–50 am ddadansoddiad o boblogaeth y Rhyl yn 1891, a go brin y byddai Llandudno yn drawiadol o wahanol. O'r boblogaeth o 5,705, roedd 1,644, sef 29% o'r boblogaeth, wedi'u geni yn Lloegr, ac nid oedd ond 183, sef 3% o'r boblogaeth, yn hanu o'r tu allan i Gymru neu Loegr (t. 336).

222 Thomas Rowlands, *Adgofion am Llandudno a Dechreuad Achos yr Annibynwyr yn y Lle* (Llandudno, 1892), t. 34 yn ddyfynedig yn Gwenfair Parry, '"Queen of the Welsh Resorts": Tourism and the Welsh Language in Llandudno in the Nineteenth Century', *Cylchgrawn Hanes Cymru*, 21 (1), 2002, 131.

223 Huw Pryce, *Hynafiaid: Hil, Cenedl a Gwreiddiau'r Cymry: Darlith Goffa Syr Thomas Parry-Williams 2004* [sic] (Aberystwyth: Canolfan Uwchefrydiau Cymreig a Cheltaidd Prifysgol Cymru, 2007), t. 13; Huw Pryce, 'Writing a Small Nation's Past: States, Race and Historical Culture' yn Huw Pryce a Neil Evans (goln), *Writing a Small Nation's Past: Wales in Comparative Perspective* (Farnham: Ashgate, 2013), tt. 13–14.

224 Emlyn Sherrington, *Right-Wing Nationalism in Wales 1870–1935* [dim man cyhoeddi: dim cyhoeddwr, 2015], t. 99: 'there was no serious equivalent of the pseudo-scientific fantasies that marked some contemporary European thinking on the subject.'

225 Dafydd Glyn Jones, 'Traddodiad Emrys ap Iwan', *Agoriad yr Oes: erthyglau ar lên, hanes a gwleidyddiaeth Cymru* (Tal-y-bont: Y Lolfa, 2001), t. 58; R. Tudur Jones, *Ffydd ac Argyfwng Cenedl: Cristionogaeth a diwylliant yng Nghymru 1890–1914: Cyfrol II: Dryswch a Diwygiad* (Abertawe: Tŷ John Penry, 1982), t. 248. Disodlasid yr hen syniad fod y Cymry yn meddu ar burdeb hiliol drwy eu bod i gyd yn

ddisgynyddion i Brutus, neu Gomer. Gweler hefyd Huw Pryce, *Hynafiaid*, t. 11.

[226] T. Gwynn Jones, 'Y Genedl Fawr Hon', *Baner ac Amserau Cymru*, 22 Ionawr 1896, 5. Rwy'n ddiolchgar i un o'm cyn-fyfyrwyr PhD, Llŷr Lewis, am roi gwybod i mi am y frawddeg hon.

[227] T. Gwynn Jones, *Welsh Folklore and Folk-Custom* (London: Methuen & Co, 1930), tt. 3–5.

[228] Fe'i ceir fel motiff gan lenorion Cymraeg yn niwedd y bedwaredd ganrif ar bymtheg ac ar hyd yr ugeinfed ganrif, er enghraifft mewn cerdd anghyhoeddedig gan Waldo Williams sy'n clodfori Iberiaid, Brythoniaid, Gwyddelod, Eingl, Llychlynwyr, Fflemiaid a Normaniaid sir Benfro. Gweler Waldo Williams, 'Dychweledigion (Neu air dros Shir Bemro)' yn Robert Rhys, *Chwilio am Nodau'r Gân* (Llandysul: Gwasg Gomer, 1992), tt. 171–2. Mae'r gerdd hefyd yn canmol Saesneg sir Benfro: 'Mae Ann a'i chlonc/ Wrth reswm yn Wyddeles ronc.' Ceir hefyd: 'A thros ei min rhed geiriau tlws/ Tafodiaith Langwm llithrig, lefn./ Our luck was in when you set sail/ From old world Flanders, Mrs. Kail.'

[229] T. Gwynn Jones, 'Gwladgarwch', *Dyddgwaith* (Wrecsam: Hughes a'i Fab, 1937), t. 114. Canmolodd Sinn Féin am ei bod yn fudiad amlethnig, a dadleuodd fod yr Wyddeleg hithau'n iaith amlethnig. 'Gyda'r gwaith hwn', meddai, wrth ganmol mudiad yr iaith Wyddeleg, 'llafuriodd rhai'n disgyn o hen deuluoedd Normanaidd, megis Dr. Douglas Hyde; Cymreig, megis Joseph Lloyd, Arthur Griffith a'r Gwyniaid; a Seisnig, megis Padraic Mac Piarais.' Gweler T. Gwynn Jones, *Iwerddon* (Aberdar: Pugh a Rowlands, Swyddfa'r "Leader" a'r "Darian", 1919), tt. 31–2.

[230] Thomas Gwynn Jones, *Emrys ap Iwan. Dysgawdr, Llenor, Cenedlgarwr.* (Caernarfon: Cwmni'r Cyhoeddwyr Cymreig, 1912), t. 9; David Jenkins, *Thomas Gwynn Jones* (Dinbych: Gwasg Gee, 1973), tt. 53, 196, 222 a 274. Ymhyfrydai Crwys hefyd yn ei 'waed Gwyddelig'. Gweler Crwys, *Mynd a Dod*, t. 72. Gall Ffrengigrwydd a Gwyddeligrwydd o'r fath ymddangos yn ffuantus heddiw, ond dengys nad oedd purdeb gwaedoliaeth o ryw bwys mawr i genedlaetholwyr y cyfnod. Diddorol nodi serch hynny, wrth fynd heibio fel petai, nad Ffrances oedd hen nain Emrys. Gweler Bedwyr Lewis Jones, 'Hen Nain Emrys ap Iwan', *Taliesin*, 60, Rhagfyr 1987, 75–6. Fodd bynnag, tyb neu haeriad Emrys sy'n bwysig, a dengys hwnnw fod Cymreigrwydd amlethnig yn ei farn ef i'w arddel yn frwd.

[231] 'The Evidence of Dan Isaac Davies, B.Sc.' yn John E. Southall, *Bilingual Teaching in Welsh Elementary Schools before the Royal Commission on Education in 1886–7...* (Newport, 1888), yn ddyfynedig yn J. Elwyn

Nodiadau

Hughes, *Arloeswr Dwyieithedd: Dan Isaac Davies 1839–1887* (Caerdydd: Gwasg Prifysgol Cymru, 1984), tt. 204–5.

[232] J. E. Southall, *The Welsh Language Census of 1891* (Newport: John E. Southall, 1895), t. 28.

[233] D.[an] I.[saac] Davies, 'Bilingual Wales' yn ddyfynedig yn J. Elwyn Hughes, *Arloeswr Dwyieithedd*, t. 168.

[234] Mari A. Williams, 'Dowlais (Sir Forgannwg)', t. 177.

[235] Roedd porthladdoedd ymysg llefydd mwyaf amlethnig y wlad, a hynny cyn y chwyldro diwydiannol yn ogystal ag ar ei ôl, ac nid yn y trefi mawrion yn unig. Ceir astudiaeth feicro o'r ffenomen yn Lewis Lloyd, *The Amity of Aberdyfi (NLW Deposit 289B): Cylchgrawn Llyfrgell Genedlaethol Cymru Atodiad Cyfres XXIII, Rhif 1*, 1983, 7–9. Yn Aberdyfi a Thywyn yn ail hanner y ddeunawfed ganrif a throad y bedwaredd ar bymtheg roedd Cymry yn y mwyafrif llethol, ond dugwyd i lannau Meirionnydd deuluoedd o dras Seisnig, pâr priod Ffrangeg, Gwyddyl 'itinerant' a gysgai â merched lleol, a thraddodiad fod un teulu yn y cylch 'of German descent though this may be fanciful'.

[236] David Thomas, *Hen Longau Sir Gaernarfon* (Llanrwst: Gwasg Carreg Gwalch, 2007 [1952]), t. 278. Tynnodd hyd yn oed Amgueddfa Genedlaethaol y Glannau yn Abertawe sylw at y motiff, fel y darganfûm wrth ymweld â'r Amgueddfa yn 2008.

[237] Emrys Hughes ac Aled Eames, *Porthmadog Ships* (Llanrwst: Gwasg Carreg Gwalch, 2009), tt. 83, 85 a 88; Alexander Lemke, 'Porthmadog-Hamburg: A Letter from Germany', *Cymru a'r Môr*, 1, 1976, 122 [hefyd 120].

[238] Ann James Garbett, *Llestri Pren a Llechi* (Gwasg Tŷ ar y Graig, 1978), t. 77.

[239] Ann Evelyn James, *Atgofion am Borthmadog a'r Cylch* (Dinbych: Gwasg Gee, 1982), t. 9. Am fwy ynghylch amlethnigrwydd Porthmadog, gweler Ann James Garbett, *Llestri Pren a Llechi*, tt. 14, 56, 57 a 62, lle sonnir am Lydawyr yn dawnsio ar y cei, Sipsiwn yn trigo ar y Traeth Mawr, 'Sioni Wynwyn' sy'n medru Cymraeg yn gwerthu nwyddau ar hyd y fro, a dyn du yn diddanu plant mewn ffair.

[240] Ann Evelyn James, *Atgofion am Borthmadog a'r Cylch*, tt. 68–70.

[241] Gwenfair Parry, 'Porthmadog (Sir Gaernarfon)', *Miliwn o Gymry Cymraeg!*, tt. 415 a 419–20.

[242] Edward Davies, *Hanes Porthmadog: Ei Chrefydd a'i Henwogion* (Caernarfon: Cwmni y Cyhoeddwyr Cymreig (Cyf), 1913), t. 86. Mae'n wir fod deunaw Danwr ar long wrth y cei ar noson y cyfrifiad, ond cadarnhad yw hyn yn fwy na dim o natur effemeral ymweliadau byrhoedlog. Gweler Gwenfair Parry, 'Porthmadog (Sir Gaernarfon)', t. 412.

[243] Gwenfair Parry, 'Porthmadog (Sir Gaernarfon)', tt. 416 a 420.

Nodiadau

[244] Ceir cofnodion amdanynt, ac eithrio Trow, yn *Y Bywgraffiadur Cymreig hyd 1940*. Am gyfeiriad at Trow fel 'Sais wedi dysgu Cymraeg', gweler Eilir (William Eilir Evans), 'Colofn y Cymry. Philistiaid Seisnig a'r Gymraeg Eto', *The Weekly Mail*, 15 Rhagfyr 1906, 8. Ceir peth wmbreth o gyfeiriadau at 'Sais a ddysgodd Gymraeg' yn y cyfnod, megis 'W. Farren, Ysw., Caernarfon', y dywedwyd amdano yn *Yr Haul*, Tachwedd 1885, 346 mai 'Sais wedi dysgu Cymraeg yw y boneddwr uchod, a chymmer ddyddordeb mawr ym mhob peth Cymreig'. Ef oedd arweinydd y gân yn Eglwys Fair, Caernarfon, a sefydlodd ŵyl gorawl lwyddiannus yn Arfon. Gweler R. Tudur Jones, *Ffydd ac Argyfwng Cenedl: Cristionogaeth a diwylliant yng Nghymru 1890–1914: Cyfrol I*, t. 144.

[245] Gweler 'Llythyr Lerpwl', *Y Cymro*, 14 Medi 1899, 7 am gyfeiriad at Thomas Darlington fel 'Sais Cymreig'; 'Y Gymraeg i'r Ysgolion Dyddiol', *Y Celt*, 10 Mehefin 1898, 1 am gyfeiriad felly at John Southall; 'Gwibnodion o Ddyffryn Maelor', *Y Cymro*, 16 Mai 1895 am gyfeiriad o'r fath at Alfred Palmer. Noder y defnyddid 'Sais Cymreig' weithiau i olygu *anglophone* o Gymru. Gweler, er enghraifft, D. E. Williams, 'Brynmawr a'r Cylchoedd', *Y Celt*, 1 Ebrill 1898, 5.

[246] Gweler Eilir (William Eilir Evans), 'Colofn y Cymry. Philistiaid Seisnig a'r Gymraeg Eto', 8 am dystiolaeth Trow i Gyngor Caerdydd o blaid dysgu Cymraeg yng Nghaerdydd.

[247] Eilir (William Eilir Evans), 'Gwerth ymarferol y Gymraeg', *The Weekly Mail*, 15 Rhagfyr 1906, 8.

[248] *The South Wales Jewish Review*, 2 (2), Chwefror 1905, 21.

[249] Cochfarf, 'The Influence of Hebrew Literature upon Wales and Welshmen' yn *The South Wales Jewish Review*, 2 (2), Chwefror 1905, 28–29. Gweler hefyd D. Lleufer Thomas, 'Some Causes of the Survival of the Jewish Race', *The South Wales Jewish Review*, 2 (3), Mawrth 1905, 41–3.

[250] John Hobson Matthews, 'Editorial Preface', *Cardiff Records: Volume 4* (Cardiff: Cardiff Record Committee, 1903), tt. ix–xii. Gwelwyd ar-lein ar British History Online, *https://www.british-history.ac.uk/cardiff-records/vol4/ix-xii* (cyrchwyd 1 Medi 2020).

[251] 'Wales Day by Day', *Evening Express*, 10 Chwefror 1898, 4.

[252] Cafwyd peth o'r wybodaeth hon am Dimitri Cambete trwy fod Dylan Foster Evans wedi cael sgwrs â'i wyres.

[253] John Beddoe, *The Races of Britain: A Contribution to the Anthropology of Western Europe* (Bristol and London: J. W. Arrowsmith and Trübner & Co., 1885), tt. 5 a 260–8.

[254] Gweler, er enghraifft, Isambard Owen, 'Race and Nationality', *Y Cymmrodor*, viii, 1887, 1–24 sy'n trafod gwneuthuriad hiliol honedig

y Cymry yn fanwl ac yn dod i'r casgliad: 'Race is not nationality; not always an element of nationality; seldom, I think, an essential element. If we scan the map of Europe we shall find the most strongly marked nationalities embracing races obviously very diverse and still geographically distinct' (11). Ymgais i greu math sifig o genedligrwydd yw hwn, ond nid yw'n gwrthddweud syniadau am hil; yn hytrach, y mae'n gwneud defnydd helaeth ohonynt. Fel llawer i elfen arall ar genedlaetholdeb y 1880au a'r 1890au, ymddengys yn debyg i genedlaetholdeb y 2000au a'r 2010au sydd hefyd yn gwneud hil yn gategori pwysig yn y Gymru sifig.

255 H. J. Fleure a T. C. James, *Geographical Distribution of Anthropological Types in Wales* (London: Royal Anthropological Institute of Great Britain and Ireland, 1916), t. 44. 'Our endeavour was to measure all adults ... No selection was attempted, save that persons with known foreign blood were avoided.'

256 Huw Pryce, *Hynafiaid: Hil, Cenedl a Gwreiddiau'r Cymry*, tt. 10–11.

257 Gweler Richard Glyn Roberts, 'Cadw iaith a cholli gwareiddiad', *O'r Pedwar Gwynt*, 9, gwanwyn 2019, 6–7 am drafodaeth gryno o sut yr annilysid y gwareiddiad gwerinol, llydan hwn a gynhyrchai 'wybodaeth' lorweddol Gymraeg yn y bedwaredd ganrif ar bymtheg.

258 I. Morgan Watkin, 'The Welsh Element in the South Wales Coalfield', *The Journal of the Royal Anthropological Institute*, 95 (1), 1965, 107–8.

259 Bill Jones a Chris Williams, *B. L. Coombes* (Cardiff: University of Wales Press, 1999), tt. 9 a 93–7.

260 B. L. Coombes, *These Poor Hands: The Autobiography of a Miner working in South Wales* (Cardiff: University of Wales Press, 2002 [1939]), t. 59: 'What a mixture of languages and dialects were there sometimes! Yorkshire and Durham men, Londoners, men from the Forest of Dean, North Welshmen – whose language is much deeper and more pure than the others from South Wales – two Australians, four Frenchmen, and several coloured gentlemen. Of course, the Welshmen were at a disadvantage when they tried to convey their thoughts in the mixture of languages that is called English.'

261 Felix Aubel, *Fy Ffordd fy Hunan: Hunangofiant Felix Aubel* (Llanrwst: Gwasg Carreg Gwalch, 2010), t. 18. Ceir casgliad diddorol o atgofion glowyr o ddwyrain Ewrop a ymfudodd i faes glo'r de wedi'r rhyfel yn *Glo: Pwyliaid Pob Un? Gweithwyr Estron ym Meysydd Glo Cymru* (Big Pit: Amgueddfa Lofaol Cymru, dim dyddiad). Mae ar gael ar-lein ar *https://amgueddfa.cymru/media/4619/glo-allpoles.pdf* (cyrchwyd 1 Medi 2020).

262 Gweler Ifor ap Glyn, 'Ffoaduriaid y Rhyfel Mawr: hanes coll Gwlad Belg a Chymru', *O'r Pedwar Gwynt*, 5, Nadolig 2017, 14–15 am grynodeb Cymraeg hwylus o hanes y ffoaduriaid hyn.

[263] Cyril Parry, 'Gwynedd and the Great War, 1914–1918', *Cylchgrawn Hanes Cymru*, 14 (1), 1988, 86.

[264] Neil Evans, 'Immigrants and Minorities in Wales, 1840–1990: A Comparative Perspective' yn Charlotte Williams, Neil Evans a Paul O'Leary (goln), *A Tolerant Nation? Exploring Ethnic Diversity in Wales* (Cardiff: University of Wales Press, 2003), t. 18.

[265] Oliver Fairclough, Robert Hoozee a Caterina Verdickt (goln), *Art in Exile: Flanders, Wales and the First World War* (Museum of Fine Arts, Ghent; Hannema-de Stuers Foundation, Heino/Wijhe; National Museums & Galleries of Wales, Cardiff, 2002); Moira Vincentelli, 'The Davies Family and Belgian refugee Artists & Musicians in Wales', *Cylchgrawn Llyfrgell Genedlaethol Cymru*, 22, 1981–2, 226 a 230.

[266] Rhai o'r llefydd lle aethant oedd Llanbedr Pont Steffan, Treforys, Abergynolwyn a Llansteffan. Gweler Moira Vincentelli, 'The Davies Family and Belgian refugee Artists & Musicians in Wales', 227; J. R. Alban, 'The Activities of the Swansea Belgian Refugees Committee, 1914–16', *Gower: The Journal of the Gower Society*, 26, 1975, 80–4; Elwyn Roberts, 'Hen Atgofion' yn *Canmlwyddiant Ysgol Gynradd Abergynolwyn 1883–1983* (Adran Argraffu [Cyngor Sir Gwynedd], 1983), tt. 21–2; Eiluned Rees, 'Belgian Refugees at Plas Llanstephan', *The Carmarthenshire Antiquary*, 46, 2010, 109–13.

[267] Trefor Williams, 'Emile de Vynck' yn William Owen (gol.), *Yr un mor wen: Cyfrol dathlu hanner canmlwyddiant Clwb y Garreg Wen, Porthmadog* (Caernarfon: Gwasg Pantycelyn, 1992), t. 65.

[268] 'Tro i Geredigion', *Y Cymro*, 24 Tachwedd 1915, 7. 'Yr oedd yno deulu o Belgiaid, a Belgiad bach, August Van Goold yr hwn a siaradai Gymraeg yn llithrig. Sylwed plant Cymru ar hyn, oblegid nid ydyw August eto ond naw oed, ac nid yw yng Ngwalia ond er ys blwyddyn.' Motiff oedd hwn y gellid ei gymhwyso at fewnfudwyr a lleiafrifoedd ethnig yn fwy cyffredinol. Felly disgrifiodd *Y Ford Gron* yn 1934 lowyr duon fel rhai a oedd gan mwyaf 'yn dysgu'r Gymraeg yn hawdd'. Gweler Gwent ap Glasnant, 'Y mae'r "Cymry" Du wedi torri eu calon', *Y Ford Gron*, iv, 8, Mehefin 1934, 172. Y *trope* yw mai Saeson gwyn, nid Cymry du, yw'r gwir estroniaid.

[269] Canai Belgiaid mewn Cymraeg yn Llandegfan (Ynys Môn), Nantlle a Henllan, er enghraifft. Gweler 'Llandegfan', *Y Clorianydd*, 29 Rhagfyr 1915, 2; 'Nantlle a'r Cylch', *Yr Herald Cymraeg*, 21 Mawrth 1916, 3; 'Nodion o Faldwyn', *Y Cymro*, 7 Ebrill 1915, 14. Dewiswyd dau o wlad Belg i gyflwyno gwobrau mewn eisteddfod capel yn ardal Ffestiniog, ac fe'u cyfarchwyd yn ddwyieithog mewn Ffrangeg a Chymraeg. Gweler 'Ffestiniog a'r Cylch', *Yr Herald Cymraeg*, 23 Chwefror 1915, 5. Gweler Rhian Davies, 'Belgian Refugee Musicians in Mid Wales

during the First World War', *Trafodion Anrhydeddus Gymdeithas y Cymmrodorion*, 24, 2018, 104–12 am hanes rhai o'r cynghedddau a drefnwyd gan ffoaduriaid o wlad Belg.

270 Cynhaliwyd cyngerdd, er enghraifft, yn 1900 wrth groesawu gweithwyr o'r Eidal ym mwynglawdd plwm Fron-goch yng Ngheredigion, ac yn yr un cyfnod roedd cynghedddau a chorau'n ffordd bwysig o geisio cymathu Basgiaid yn Nowlais. Gweler Meic Birtwistle a Dafydd Llŷr James, 'When the Party was Over: Welsh and Italian leadminers in dispute, Cardiganshire 1900–01', *Llafur*, 12 (1), 2016, 13; Stephen Murray, 'Nativism, Racism and Job Protection: A Comparison of Late Nineteenth-Century Dowlais and Fall River, Massachusetts', *Llafur*, 12 (2), 2017, 35.

271 Yn Llangefni, cyflwynwyd i ddau 'Belgiad hoffus' a oedd wedi dysgu Cymraeg a Saesneg, a bod yn ffyddlon i'r Ysgol Sul hefyd, oriawr hardd. Gweler 'Basgedaid o'r wlad', *Y Brython*, 20 Gorffennaf 1916, 6.

272 Frank Large a Mike Stammers, 'When the Russians came to Tregarth', *Trafodion Cymdeithas Hanes Sir Gaernarfon*, 73, 2012, 89–91. Gweler hefyd am drafodaeth, Mike Stammers, 'War Exiles at Work: Finnish Seamen in Welsh Woodlands in the First World War, *Cymru a'r Môr*, 33, 2012, 73–83.

273 Huw Davies, *Atgofion Hanner Canrif* (Caernarfon: Llyfrfa'r Methodistiaid Calfinaidd, 1964), t. 20.

274 Huw Davies, *Atgofion Hanner Canrif*, t. 21.

275 Gweler Lyn Ebenezer, *Y Pair Dadeni: Hanes Gwersyll y Fron-goch* (Llanrwst: Gwasg Carreg Gwalch, 2005).

276 Robert H. Griffiths, *'The Enemy Within' German POW's and Civilians in North Wales during WWI* (Llanrwst: Gwasg Carreg Gwalch, 2017), tt. 162–9.

277 Heinrich Eckmann, *Gefangene in England: Geschichten von Soldaten und Bauern* (Leipzig, Hermann Eichblatt Verlag [1936]), t. 45.

278 Tom Puw Williams, 'Almaenwr yn ysgrifennu am Gymru', *Yr Efrydydd*, Y Drydedd Gyfres, v, 3, Mawrth 1940, 31.

279 Tom Puw Williams, 'Almaenwr yn ysgrifennu am Gymru', 33.

280 Gweler 'Heinrich Eckmann' yn Jürgen Hillesheim a Elisabeth Michael (goln), *Lexikon nationalsozialistischer Dichter: Biographien, Analysen, Bibliographien* (Würzburg: Königshausen a Neumann, 1993), tt. 141–9 am ei yrfa lenyddol.

281 Gweler, am fotiff y milwr Almaenig Cymraeg, 'A Hun who spoke Welsh', *North Wales Chronicle and Advertiser for the Principality*, 27 Ebrill 1917, 5. Adroddir yno am Almaenwr Cymraeg a gadwai siop yng Nghymru, a Chymro a oedd yn y ffos gyferbyn ag ef, yn bloeddio Cymraeg ar ei gilydd ar draws tir neb. Gweler hefyd 'Rhayader's

Nodiadau

Soldier Boys. A Welsh-Speaking German', *Brecon and Radnor Express*, 7 Medi 1916, 7 am Almaenwr Cymraeg a ddaliwyd ger Camlas Suez, yntau o Landudno gynt. Gwelwyd gyntaf ar gyfrifon twitter Martin Johnes, @martinjohnes, a Dylan Foster Evans, @diferionDFE. Agwedd arall ar y motiff yw Sais yn y ffosydd yn clywed Cymraeg, ac yn camgymryd mai Almaeneg ydyw. Gweler, er enghraifft, T. Rowland Hughes, *William Jones* (Llandysul: Gwasg Gomer, 1951 [1944]), t. 64.

[282] T. Hudson-Williams, *Atgofion am Gaernarfon* (Y Clwb Llyfrau Cymraeg, 1950), tt. 61–5. Gweler hefyd Angharad Price, *Ffarwél i Freiburg: Crwydriadau cynnar T. H. Parry-Williams* (Gwasg Gomer: Llandysul, 2013), tt. 20–1. Ymhlith yr ysgolheigion a fu yn y Rhyd-ddu yr oedd enwogion fel Hermann Osthoff a Rudolf Thurneysen o'r Almaen a'r Swistir, ac ieithyddion fel Eric Bjorkman o Sweden a Josef Baudiš o Brâg. Ymwelai ethnograffyddion a thafodieithegwyr adnabyddus â Chymru hefyd fel Rudolf Trebitsch a Wilhelm Doegen.

[283] Priodol yw talu teyrnged mewn cyfrol am seiliau amlethnig y gwareiddiad Cymraeg i arbenigwr ym maes llenyddiaeth Gymraeg a dalodd y pris eithaf am ei ran yn y frwydr yn erbyn Ffasgaeth a hiliaeth. Llofruddiwyd yr ysgolhaig Celtaidd o dras Iddewig, Theodor Chotzen, awdur y campwaith, *Recherches sur la Poésie de Dafydd ap Gwilym, barde Gallois du XIVe siècle* (1927), ac aelod o'r *Resistance*, mewn carchar Natsïaidd yn yr Iseldiroedd ar ôl cael ei arestio yn 1945. Gweler Rijcklof Hofman et al. (goln), *Welsh & Breton Studies in memory of Th. M. Th. Chotzen* (Utrecht: [Stichting Uitgeverij de Keltische Draak], 1995); J. Vendryes, 'Nécrologie: Th. M. Chotzen', *Études Celtiques*, v, 1950–1, 190–1.

[284] 'German Workmen at Swansea. Dissatisfaction of the Welshmen', *The Carmarthen Journal and South Wales Weekly Advertiser*, 20 Rhagfyr 1889, 3.

[285] 'Streic y Glowyr', *Y Werin*, 16 Medi 1893, 3; gweler hefyd 'Streic y Glowyr yn y Deheudir', *Baner ac Amserau Cymru*, 16 Medi 1893, 6; Noel Gibbard, 'The Tumble Strike, 1893', *The Carmarthenshire Antiquary*, xx, 1984, 77–85. Gweler hefyd Nia Campbell, 'The Scottish Experience in South Wales: Respectability and the Public Gaze, 1850–1930', *Llafur*, 11 (2), 2013, 9–26. Mae ei dehongliad o'r Albanwyr yn y de fel grŵp 'parchus' yn dra gwahanol i'r olwg arnynt gan Gymry mewn broydd Cymraeg gwledig.

[286] Tegwyn Jones, 'Erlid yn Aberystwyth 1914–1917: Achos Hermann Ethé', *Ceredigion*, 14 (1), 2001, 119–36.

[287] 'Hela Germaniaid yn Llanrwst', *Baner ac Amserau Cymru*, 31 Hydref 1914, 9.

[288] 'Arddangosiad Gwrth-Germanaidd yn Llanrwst. Helbul Goruch-wyliwr Gwesty', *Y Dinesydd Cymreig*, 28 Hydref 1914, 5. Cafwyd

gwrthdystiad tebyg yng Nghapel Curig yn erbyn perchennog Almaenig y Royal Hotel. Gweler Robert H. Griffiths, 'The Enemy Within', tt. 200–1.

[289] Gweler, er enghraifft, 'Bwrdd Undeb Pwllheli. Costau Cadw Gwraig. Porthi'r Gelyn', *Yr Herald Cymraeg*, 6 Chwefror 1917, 6; 'Diweddaraf. Gwraig Gymreig Germanwr', *Y Dinesydd Cymreig*, 6 Medi 1916, 8.

[290] W. C. Elvet Thomas, *Tyfu'n Gymro* (Llandysul: Gwasg Gomer, 1972), t. 57.

[291] Iorwerth C. Peate, *Rhwng Dau Fyd* (Dinbych: Gwasg Gee, 1976), t. 76; Elwyn Roberts, 'Hen Atgofion', tt. 23–4; Richard Walwyn, *A Little History of Borth-y-Gest* (Borth-y-Gest: Delfryn, 2011), tt. 38–9. Cyfeiria Peate at Velden fel Fielding. Gorfodwyd yr enw arno pan oedd yn ddisgybl yn Ysgol Borth-y-Gest (gwelir yma gysgod cenedlaetholdeb Prydeinig), ac fe'i cadwodd wedyn.

[292] 'Revision Courts. A German with a Welsh Name', *The North Wales Chronicle and Advertiser for the Principality*, 25 Medi 1914, 3; 'Y Germanwr a'r Bleidlais', *Y Genedl*, 29 Medi 1914, 5.

[293] 'Byrddau a Chynghorau. Bwrdd Gwarcheidwaid Ffestiniog', *Y Genedl*, 29 Rhagfyr 1914, 5. Gweler hefyd, 'Undeb Ffestiniog', *Yr Herald Cymraeg*, 29 Rhagfyr 1914, 2.

[294] D. Rhagfyr Jones, *I'r Aifft ac yn ol* (Gwrecsam: Hughes a'i Fab, 1904), t. 3.

[295] Simon Brooks, 'Tiger Bay a'r Diwylliant Cymraeg', *Trafodion Anrhydeddus Gymdeithas y Cymmrodorion 2008*, 15, 2009, yn enwedig 198–208.

[296] Owen John Thomas, 'Yr Iaith Gymraeg yng Nghaerdydd *c.*1800–1914', *Iaith Carreg fy Aelwyd*, t. 192. Am drafodaeth, gweler Simon Brooks, 'Tiger Bay a'r Diwylliant Cymraeg', 202–5.

[297] Mari A. Williams, 'Caerdydd (Sir Forgannwg)', *Miliwn o Gymry Cymraeg!*, t. 61.

[298] Mari A. Williams, 'Caerdydd (Sir Forgannwg)', t. 68.

[299] Neil Evans, 'The South Wales race riots of 1919', *Llafur*, 3 (1), 1980, 6 a 8.

[300] Neil Evans, 'The South Wales race riots of 1919', 5–29.

[301] Neil Evans, 'The South Wales race riots of 1919', 23–4.

[302] Neil M. C. Sinclair, *Endangered Tiger: A Community under Threat* (Cardiff: Butetown History & Arts Centre, 2003), t. 15.

[303] K. L. Little, *Negroes in Britain: A Study of Racial Relations in English Society* (London: Kegan Paul, Trench, Trubner & Co., Ltd, 1947), t. 46.

[304] Thomas Bowen, *Dinas Caerdydd a'i Methodistiaeth Galfinaidd* (Cardiff: Williams Lewis (Argraffwyr) Cyf., 1927), tt. 44–5.

[305] Paul Gilroy, *The Black Atlantic: Modernity and Double Consciousness* (Cambridge, Massachusetts: Harvard University Press, 1993), t. 12.

Nodiadau

[306] T. Rowland Hughes, *Chwalfa* (Llandysul: Gwasg Gomer, 1946), tt. 122 a 126.
[307] Simon Bartholomew Jones, 'Rownd yr Horn' yn *Harlech Rownd yr Horn a'r Holl Farddoniaeth yn Eisteddfod Wrecsam 1933* (Wrecsam: Hughes a'i Fab, 1933), t. 29.
[308] Robin Evans, 'Pysgota'r Morfil', *Cymru a'r Môr*, 18, 1996, 73–87.
[309] W. E. Williams, *Llyncu'r Angor* (Dinbych: Gwasg Gee, 1977), t. 28; Evan Jones, *Yn Hogyn ar Longau Hwyliau* (Penygroes: Gwasg y Tir, 1976), t. 110.
[310] David Jenkins, *Jenkins Brothers of Cardiff: A Ceredigion Family's Shipping Ventures* (Cardiff: National Museum of Wales, 1985), t. 61. Gweler hefyd Wyn Williams, 'A voyage remembered Part One', *Cymru a'r Môr*, 24, 2003, 105 am daith yn 1949 lle'r oedd 'one of the Aden Arabs' yn gwybod ychydig o Gymraeg.
[311] David Jenkins, *Jenkins Brothers of Cardiff*, t. 60.
[312] Aled Eames, *Llongau a Llongwyr Gwynedd* (Gwasanaeth Archifau Gwynedd, 1976), llun clawr, [t. 20].
[313] David Jenkins, *Jenkins Brothers of Cardiff*, t. 101.
[314] Wynne Lewis, 'Tiger Bay recalled by Wynne Lewis in North Wales', *The Voice of the Tiger: The Official Newsletter of the Butetown History and Arts Centre*, 8, haf 1996, 3.
[315] 'Cyffredinol', *Y Cymro*, 10 Medi 1896, 5.
[316] Neil M. C. Sinclair, *Endangered Tiger*, t. 50; Glenn Jordan, '"We Never Really Noticed you were Coloured": Postcolonialist Reflections on Immigrants and Minorities in Wales' yn Jane Aaron a Chris Williams (goln), *Postcolonial Wales* (Cardiff: University of Wales Press, 2005), tt. 65–73.
[317] Patricia Aithie, 'From the Roof of Arabia to the Coal Cellar: Yemeni Migration to South Wales', *Planet*, 105, 1994, 31; Patricia Aithie, *The Burning Ashes of Time: From Steamer Point to Tiger Bay* (Bridgend: Seren Books, 2005), tt. 190–1. Am grynodeb Cymraeg o hanes Iemeniaid yng Nghaerdydd, gweler Robin Evans, 'Cymru, Yr Yemen a'r Môr', *Cymru a'r Môr*, 17, 1995, 117–19.
[318] Gwent ap Glasnant, 'Y mae'r "Cymry" Du wedi torri eu calon', 172.
[319] Lyn Howell, 'Plant Bach Duon Cymru', *Trysorfa'r Plant*, 87, Ionawr 1948, 20–1.
[320] Uned Gwasanaeth Heddychol, *Creu Heddwch yn Bute Street* (Llundain: Gwasg Jason, 1946). Ceir adroddiad am ei gynnwys yn 'Nodion y Mis', *Y Dysgedydd*, Mai 1947, 127 (5), 116.
[321] Gwyn Alf Williams, *The Merthyr Rising* (Cardiff: University of Wales Press, 1988), tt. 36–7.

Nodiadau

[322] 'Cardiff Chinese Laundries', *The Cardiff Times*, 24 Medi 1910, 8. Gweler Joanna M. Cayford, 'In Search of "John Chinaman": Press Representations of the Chinese in Cardiff 1906–11', *Llafur*, 1991, 5 (4), 37–50 am agweddau at y gymuned Tsieineaidd yng Nghaerdydd.

[323] 'Chinese Laundryman', *Herald of Wales*, 23 Rhagfyr 1916, 8; 'Mountain Ash District Council', *Aberdare Leader*, 28 Gorffennaf 1917, 6; 'Mountain Ash District Council', *Aberdare Leader*, 1 Medi 1917, 2; 'Wrexham Borough Police Court. Miscellaneous', *The Llangollen Advertiser*, 14 Tachwedd 1919, 7.

[324] 'Chineaid yng Nghaergybi. Protest Undebwyr Llafur', *Y Dinesydd Cymreig*, 29 Ebrill 1914, 3. Dylid nodi y bu achos o gynnig cymorth i Tsieineaid yng Nghaergybi hefyd. Yn 1937, aeth llong i drafferthion ger glannau Môn ar gychwyn mordaith i Shanghai a chartrefwyd 75 o Tsieineaid yng Nghaergybi am fis. Gweler Ioan W. Gruffydd, *Draw draw yn China: Golwg ar Fywyd China Echdoe, ddoe a heddiw* (Abertawe: Tŷ John Penri, 1997), t. 15.

[325] 'Notes and News', *Cymro a'r Celt Llundain*, 8 Hydref 1910, 1.

[326] J. E. Wynn Jones, *Gwin yr Hen Ffiolau* (Caernarfon: Tŷ ar y Graig, 1983), t. 27.

[327] Islwyn Ffowc Elis, *Blas y Cynfyd* (Gwasg Aberystwyth, 1958), t. 142; Saunders Lewis, *Baner ac Amserau Cymru*, 15 Medi 1943 yn ddyfynedig yn T. Robin Chapman, *Un Bywyd o blith Nifer: Cofiant Saunders Lewis* (Llandysul: Gwasg Gomer, 2006), t. 262; Gwenallt Jones, 'Epigramau', *Gwreiddiau* (Llandysul: Gwasg Gomer, 1959), t. 31.

[328] Yr Arall ethnig yw un o arwyr *Dail Pren* (1956), sy'n cynnwys cerddi pleidiol i Saeson, Almaenwyr a'r Roma megis 'Cwmwl Haf', 'Almaenes' a 'Beth i'w wneud â Nhw'. Mae hefyd cerdd wrth-hiliol gyfriniol, 'Dan y Dyfroedd Claear', yn ogystal â marwnad apocalyptaidd, 'Y Plant Marw', sy'n sôn am y 'gwyn a du a melyn' yn hytrach na'r gwyn a'r du yn unig. Diddorol hefyd yw ei gerdd 'Y Gân ni Chanwyd' a geir yn Robert Rhys, *Chwilio am Nodau'r Gân*, t. 213 sy'n ceisio cymodi rhwng y Gorllewin a'r Dwyrain trwy'r ffigyrau Arthur a Shang. Yr unig fardd Cymraeg arall o bwys yn yr ugeinfed ganrif sy'n achub cam 'y melyn' yw T. E. Nicholas. Gweler T. E. Nicholas, 'Y Cariad Mawr', *'R wy'n gweld o bell* (Abertawe: Gwasg John Penry, [1963]), t. 30: 'Ni chaf anwesu'r plentyn melyn/ Na chyffwrdd â'r du ei law,'; 'Tros bum cyfandir mae tyrfa afrifed/ O ddu a melyn a gwyn,'; 'Mae lle yn fy nghalon i'r gwyn a'r melyn'.

[329] Dyfnallt Morgan, 'Rhwng Dau' yn Thomas Roberts (gol.), *Cyfansoddiadau a Beirniadaethau Eisteddfod Genedlaethol Cymru Sir Fôn 1957* (Llys yr Eisteddfod Genedlaethol, 1957), tt. 56–80.

Nodiadau

[330] J. E. Lloyd, 'Rhagair' yn Robert Griffith, *China Fu – China Fydd* (London: Gwasg Livingstone, [1935]), [tt. 13–14].

[331] Hywel Davies, *Fleeing Franco*. Am yr helyntion rhwng y ffoaduriaid a phobl leol ym Mrechfa, gweler tt. 69–85. Am rai o'r ffynonellau Cymraeg am ffoaduriaid o Wlad y Basg, gweler Cyril P. Cule, *Cymro ar Grwydr* (Llandysul: Gwasg Gomer, 1941), tt. 102–3 a 106; A. M. Thomas, 'Plant y Basc', *Trysorfa'r Plant*, 75, Hydref 1937, 306–7.

[332] Yn ei bennod 'Plant y Basgiaid yng Nghymru' yn *Cymro ar Grwydr*, tt. 101–15, cyfeira Cyril Cule yn gyson at Wlad y Basg fel 'Euzkadi', yn ogystal ag edliw na châi 'Pwyllgor Cenedlaethol *Cymreig*' benderfynu lle i gartrefu ffoaduriaid yng Nghymru (t. 103). Gweler hefyd Cyril P. Cule, 'Trychineb Euzkadi – a'r wers i Gymru', *Heddiw*, 3 (9), Ebrill 1938, tt. 249–52 am gymhariaeth uniongyrchol rhwng y ddwy wlad. O ran ei ymroddiad gydol oes i leiafrifoedd, gweler, er enghraifft, Cyril P. Cule, 'Iddewon Manceinion', *Y Genhinen*, 17 (2), gwanwyn 1967, 67–9 sydd yn ogystal ag ymdrin ag Iddewon y ddinas yn cyfeirio at gyfres o ysgrifau a gomisiynwyd ganddo am leiafrifoedd ethnig Manceinion ar gyfer *The Manchester Welshman*.

[333] Gomer M. Roberts, 'Plant y Basciaid', *Trysorfa'r Plant*, 76, Gorffennaf 1938, 206–7.

[334] Noder y cyfeiriadau yn y troednodiadau canlynol, ond o ran morwyr llynges yr Iseldiroedd a fwriodd gyfnod eu halltudiaeth yn ystod yr Ail Ryfel Byd yng Nghaergybi, gweler http://www.holyheadmaritimemuseum.co.uk/index.php/exhibits/dutch-navy-at-holyhead (cyrchwyd 1 Medi 2020); 'WWII heroes of our seas to be honoured at last', *Daily Post*, 9 Medi 2013, 18–19. Bu degau o briodasau â merched lleol.

[335] Ceir y motiff hefyd mewn nofelau llai adnabyddus fel Beti Hughes, *Dwy Chwaer* (Llandybie: Christopher Davies, 1964). Am ymdriniaeth ffuglennol ddiweddar â charcharorion Eidalaidd yng Nghymru wedi'i seilio ar atgofion teuluol, gweler Siân Melangell Dafydd, *Filò* (Llandysul: Gwasg Gomer, 2020).

[336] Peter Ellis Jones, 'The Grammar School in Rural Wales: A Study of the Boys' Grammar School, Bala, 1939–46', *Cylchgrawn Cymdeithas Hanes a Chofnodion Sir Feirionnydd*, xi, 1990–3, 328.

[337] Am hanesion ifaciwîs o Lerpwl yn dysgu Cymraeg yn y gogledd, gweler Jill Wallis, *A Welcome in the Hillsides? The Merseyside & North Wales Experience of Evacuation: 1939–1945* (Wirral: Avid Publications, 2000), tt. 153–9; Kathleen Jones, 'Ifaciwî yng Nghymru' yn Leigh Verrill-Rhys (gol.) *Iancs, Conshis a Spam: Atgofion Menywod o'r Ail Ryfel Byd* (Dinas Powys: Honno, 2002), tt. 55–6. Dysgodd un ifaciwî Gymraeg yn y Felinheli, ac yna fynychu capel Cymraeg yn Lerpwl ar ôl dychwelyd i'r ddinas.

Nodiadau

338 Rhys Tudur, '*Y Cymro*, Penyberth a'r Ail Ryfel Byd' yn Geraint H. Jenkins (gol.), *Cof Cenedl XVII* (Llandysul: Gwasg Gomer, 2002), tt. 135–63.

339 *Y Cymro*, 22 Hydref 1938, yn ddyfynedig yn Rhys Tudur, '*Y Cymro*, Penyberth a'r Ail Ryfel Byd', t. 155.

340 W. R. Evans, 'Yr "Evacuee"', *Hwyl a Sbri Bois y Frenni* (Llandysul: Gwasg Gomer, 1942), tt. 31–2.

341 W. R. Evans, 'Yr "Evacuee"', t. 32.

342 Freddie Grant oedd yr ifaciwî hwnnw, hogyn a drafodir eto yn y gyfrol hon. Dychwelodd i Lerpwl i fyw yn 1953, ond bu ei chwaer, Eva, yn byw yn ardal Pwllheli ar hyd ei hoes. Am hanes Eva Grant, gweler 'O Lerpwl i Eifionydd', *Y Ffynnon: Papur Bro Eifionydd*, 435, Medi 2015, 13.

343 R. Gerallt Jones, *Gwared y Gwirion* (Cwmni Cyhoeddiadau Modern Cymreig, 1966), t. 73.

344 R. Gerallt Jones, *Gwared y Gwirion*, t. 76.

345 'Teyrnged i Kazek', copi o'r deyrnged a draddodwyd gan Huw Jones, ei fab-yng-nghyfraith, yng nghynhebrwng Kazek Miarczynski fis Medi 2016 trwy garedigrwydd y teulu. Mae'n deyrnged ardderchog sy'n ymwneud â thalp o hanes Ewrop a Chymru yn yr ugeinfed ganrif, a dywedir ynddi: 'Roedd Cymraeg Kazek yn unigryw. Go brin fod yna unrhyw un arall yn y byd yn siarad Cymraeg yn union yr un ffordd â Kazek. Efallai fod yr acen yn drwm ond roedd yr ystyr, fel ei feddwl, bob amser yn glir.'

346 E. M. Mrowiec (Elizabeth M. Watkin Jones), *Teithio Pwyl* (Lerpwl: Gwasg y Brython, 1965), [t. v]. Am gyfeiriadau at blant Cymraeg o dras Bwylaidd, gweler Trystan Owain Hughes, *Winds of Change: The Roman Catholic Church and Society in Wales 1916–1962* (Cardiff: University of Wales Press, 1999), t. 193; *O Flaen dy Lygaid: Polska Cymru*, BBC ar gyfer S4C, 2006.

347 Jon Meirion Jones, *Y Llinyn Arian (Il Filo D'Argento)* (Cyhoeddiadau Barddas, 2007); Owain Llŷr, *La Casa di Dio* (bwcibo cyf.: DVD, 2009); D. Gwyn Evans, 'Eglwys y Carcharorion, (Henllan, Ceredigion)' yn T. Llew Jones (gol.), *Cerddi '79* (Llandysul: Gwasg Gomer, 1979), tt. 103–5.

348 Nid dyna unig gyfraniad carcharor, neu gyn-garcharor, Eidalaidd i bensaernïaeth eglwysig y Gymru Gymraeg. Pensaer eglwys Gatholigaidd fodernaidd odidog Amlwch, a godwyd ar ffurf cwch wyneb-i-waered yn y 1930au, oedd Giuseppe Rinvolucri a garcharwyd yn ystod y Rhyfel Mawr. Gweler John Langley, *Our Lady, Star of the Sea and Saint Winefride/ Ein Harglwyddes, Seren y Môr a Santes Wenfrewi/ Parish Church Amlwch, Benllech, Cemaes: A History of Our Church* (Amlwch: taflen eglwysig, 2011).

349 Jon Meirion Jones, *Y Llinyn Arian (Il Filo D'Argento)*, tt. 256 a 289.

Nodiadau

[350] Owain Llŷr, *La Casa di Dio*; Jon Meirion Jones, *Y Llinyn Arian (Il Filo D'Argento)*, tt. 216, 285–9 a 301–5.

[351] [John Emlyn Jones] (gol.), *Hanes Bro Cernyw* (Llanrwst: Gwasg Carreg Gwalch, 2001), t. 256.

[352] Gweler, er enghraifft, Gerhard Hirschfeld, *Exile in Great Britain: refugees from Hitler's Germany* (Leamington Spa: Berg for German Historical Institute, 1984); Marion Berghahn, *Continental Britons: German-Jewish Refugees from Nazi Germany* (New York & Oxford: Berghahn, 2007 [diwygiad o fersiwn 1984]). Yn wir, yn *Exile in Great Britain*, ceir pennod am 'German-Jewish Refugees in Scotland' a 'German Jews in England', ond dim oll am Gymru.

[353] Ymddengys i Iddewon eraill wneud yn gyffelyb. Meddai'r *Magazine of the Cardiff Association of Jewish Ex-Servicemen and Women* i Werner Bernfeld, o Leipzig yn enedigol, chwennych 'new roots'; dysgodd y Gymraeg a chystadlu mewn eisteddfodau. Gweler Cai Parry-Jones, *The Jews of Wales*, t. 125.

[354] Mae dwy nofel Kate Bosse-Griffiths, *Anesmwyth Hoen* (1941) ac *Mae'r Galon wrth y Llyw* (1957), ymhlith nofelau pwysica'r cyfnod; rhai o straeon byrion *Fy Chwaer Efa* (1944) yn drafodaeth arloesol ar rywioldeb benywaidd, a'r llyfrau ffeithiol, *Bwlch yn y Llen Haearn* (1951) a *Trem ar Rwsia a Berlin* (1962), yn ymdriniaethau anhepgor ag Ewrop ranedig.

[355] Kate Bosse-Griffiths, *Tywysennau o'r Aifft* (Llandybie: Llyfrau'r Dryw, 1970), 141–60.

[356] D. Densil Morgan, *Pennar Davies* (Caerdydd: Gwasg Prifysgol Cymru, 2003), tt. 54–5.

[357] Robyn Tomos, 'Josef Herman a'i Gyfoeswyr: chwilio am arwyddion arlunwyr canol Ewrop oddi ar 1940' yn Ivor Davies a Ceridwen Lloyd-Morgan (goln), *Darganfod Celf Cymru* (Caerdydd: Gwasg Prifysgol Cymru, 1999), tt. 140–65; Osi Rhys Osmond, *Carboniferous Collision: Josef Herman's Epiphany in Ystradgynlais* (Cardiff: Institute of Welsh Affairs, 2006); 'Planet Video: Celebrating Wales refugee artists – Paul Joyner in conversation with Karel Lek at The Welfare Ystradgynlais', https://www.planetmagazine.org.uk/planet-extra/celebrating-wales-refugee-artists, 5 Medi 2018 (cyrchwyd 1 Medi 2020); Chana Schütz a Hermann Simon, *Heinz Koppel: Ein Künstler zwischen Wales und Berlin* (Berlin: Verlag für Berlin-Brandenburg, 2009). Gweler hefyd ffilm ddwyieithog ei fab, Gideon Koppel, yn cofnodi bywyd Trefeurig, sef *Sleep Furiously* (New Wave 007, 2008).

[358] D. Gwenallt Jones, 'F. R. Könekamp', *Eples* (Llandysul: Gwasg Gomer, 1951), tt. 66–7. Am fanylion bywgraffyddol, gweler http://www.koenekamp-archiv.de/ (cyrchwyd 1 Medi 2020); hefyd Robyn Tomos, 'Josef Herman a'i Gyfoeswyr', tt. 161–3.

Nodiadau

[359] Saunders Lewis, 'Peintwyr Cymreig Heddiw' yn *Thirty Welsh Paintings of Today* [catalog arddangosfa, 1954], yn ddyfynedig yn Robyn Tomos, 'Josef Herman a'i Gyfoeswyr', t. 140.

[360] Saunders Lewis, 'Ffrainc cyn y Cwymp', *Ysgrifau Dydd Mercher* (Y Clwb Llyfrau Cymreig, 1945), t. 9.

[361] Wilfried Weinke, *Ich werde vielleicht später einmal Einfluß zu gewinnen suchen... Der Schriftsteller und Journalist Heinz Liepman (1905–1966) – Eine Biografische Rekonstruktion* (Göttingen: Universitätsverlag Osnabrück, 2017), t. 214. Mae Weinke yn diolch i Robert Rhys am yr wybodaeth hon a ddarganfu yng ngohebiaeth Liepmann at D. J. Williams.

[362] T. Rowland Hughes, *O Law i Law* (Llundain: Gwasg Gymraeg Foyle, 1943), t. 150.

[363] Dan Ellis, *Rhodio Lle Gynt y Rhedwn* (Gwasg Tŷ ar y Graig, 1974), t. 32.

[364] Dan Ellis, *Rhodio Lle Gynt y Rhedwn*, t. 61.

[365] Dan Ellis, *Rhodio Lle Gynt y Rhedwn*, t. 48.

[366] Gweler, er enghraifft, E. Tegla Davies, *Rhyfedd o Fyd* (Lerpwl: Gwasg y Brython, 1950), t. 18; Elena Puw Morgan, *Y Graith* (Y Clwb Llyfrau Cymreig, 1943), tt. 255–70. Gweler hefyd cyfeiriad T. Robin Chapman, *WJ Gruffydd* (Caerdydd: Gwasg Prifysgol Cymru, 1993), tt. 193–4 at ddarllediad radio gan Gruffydd yn 1948 lle dywed iddo gael ei blesio fod 'tref Caernarfon yn Gymreiciach' nag ydoedd hanner canrif ynghynt, ac mai 'ei unig ofidiau oedd fod nifer y capelwyr wedi gostwng a Saeson bellach yn berchnogion ar y ffermydd a'r tyddynnod cyfagos.' At hynny, noder sylw gan D. Tecwyn Lloyd yn 1968 a ddyfynnir yn Alan Llwyd, *Barddoniaeth y Chwedegau Astudiaeth Lenyddol-hanesyddol* (Barddas, 1986), tt. 15–16 fod hanner tai Llangwm yn eiddo Saeson a'r 'cwbl ond dau o dai y Parc ger y Bala', newid ar fyd oherwydd 'ym 1940 'roedd y mannau hyn yn gwbl Gymraeg'.

[367] Alun Llywelyn-Williams, *Crwydro Arfon* (Llandybïe: Llyfrau'r Dryw, 1959), t. 181.

[368] Alun Llywelyn-Williams, *Crwydro Arfon*, t. 185.

[369] Kate Roberts, *Gobaith a storïau eraill* (Dinbych: Gwasg Gee, 1972), t. 91.

[370] Gweler Isabel Emmett, *A North Wales Village: A Social Anthropological Study* (London: Routledge & Kegan Paul, 1964), sy'n astudiaeth o Lanfrothen; Elwyn Davies ac Alwyn D. Rees (goln), *Welsh Rural Communities* (Cardiff: University of Wales Press, 1960) sy'n trafod Aberporth, Tregaron, Aberdaron, Glanllyn a Llanddewi-Aberarth. Cafwyd astudiaethau hefyd o Benbryn, Llangrannog, Llanfihangel-yng-Ngwynfa, Glynceiriog a Llanfihangel Esgeifiog. Am orolwg hwylus, gweler Gareth J. Lewis, 'Welsh Rural Community Studies: Retrospect and Prospect', *Cambria: cylchgrawn daearyddol Cymreig*, 13 (1), 1986, 34.

Nodiadau

[371] John Osmond, 'A Million on the Move', *Planet*, 62, 1987, 114–18.
[372] John Aitchinson a Harold Carter, *Spreading the Word: The Welsh Language 2001* (Talybont: Y Lolfa, 2004), t. 126.
[373] Cofnodion cyfarfod Cyngor Cymuned Llanrug a Chwm y Glo, http://www.llanrug.cymru/cofnodion.html, 16 Mehefin 2015 (cyrchwyd 1 Medi 2020).
[374] Roedd yng Nghymru yn 2001 590,000 o bobl a aned yn Lloegr ac yn 2011 636,000. Gweler 'Cyfrifiad 2011: Ystadegau Allweddol ar gyfer Cymru, Mawrth 2011', 12. Nid 'Saeson' oeddynt i gyd, ond teg tybio fod gan y rhan fwyaf o ddigon ohonynt hunaniaeth Seisnig neu Seisnig-Brydeinig.
[375] Ceir yr hanes yn Zonia Bowen, *'Dy bobl di fydd fy mhobl i': Atgofion Saesnes yng Nghymru* (Talybont: Y Lolfa, 2015).
[376] Dennis O'Neill, *Y Trwbadŵr* (Llandysul: Gwasg Gomer, 2006); Paul Flynn, *Baglu 'Mlaen* (Caernarfon: Gwasg Gwynedd, 1998).
[377] John Rhys, 'Y Ddinas', *Cap and Gown*, xlv, 1, Rhagfyr 1947, 20.
[378] Gweler, er enghraifft, Gareth Maelor, 'O'r Punjab i Glwt-y-Bont', *Drws Agored: Canmlwyddiant Cartref Bontnewydd* (Caernarfon: Gwasg Pantycelyn, 2002), tt. 129–30 am ganfyddiad felly. 'Wedi croesi'r bont, ymhen rhyw bedwar can llath, mae Swyddfa Bost y pentref, sydd hefyd yn siop gwerthu papur newydd, bwydydd ac ati. Uwchben drws y siop, ceir enw'r perchennog – Mr. J. Haq. Cyfenw hollol estronol i ardal mor wledig.' Â'r awdur yn ei flaen i ganmol y perchennog hwnnw am ei ddiddordeb mewn hanes lleol a'i barch at yr iaith.
[379] Gweler 'Y Dieithr-Ddyn o fewn dy Byrth', *Y Cenhadwr*, xii, 4, Ebrill 1933, 72–3; David Jenkins, 'Bywyd yn ein Colegau', *Yr Efrydydd*, Y Drydedd Gyfres, iii, 4, Mehefin 1938, 22–3. Gweler hefyd Beti Rhys, *I'r India a thu hwnt* (Dinbych: Gwasg Gee, 1994), tt. 10–11 am gyfeiriad byr at amlethnigrwydd Aberystwyth.
[380] Sobin a'r Smaeliaid, 'Mardi-gras ym Mangor Ucha', *Sobin a'r Smaeliaid 1* (Sain SCD 9075, 1989).
[381] Jonathan Scourfield et al., *Muslim Childhood: Religious Nurture in a European Context* (Oxford: Oxford University Press, 2013), t. 196. Gweler hefyd Jonathan Scourfield et al., *Children, Place and Identity: Nation and locality in middle childhood* (London and New York: Routledge, 2006).
[382] Nickie Charles, Charlotte Aull Davies a Chris Harris, *Families in Transition: Social Change, Family Formation and Kin Relationships* (Bristol: Policy Press, 2008), t. 98.
[383] Gwelwyd map ar-lein wedi'i baratoi gan Hywel M. Jones o ardaloedd cyfrifo Cymru a oedd yn dangos y ganran o'r boblogaeth sy'n Fwslemiaid. Yn anffodus, cafodd y map ei ddileu am fod gwasanaeth Fusion Tables Google wedi dod i ben.

Nodiadau

[384] Motiff diddorol yw amlddiwylliannedd yn hanes Caernarfon. Bu mynd mawr ar glodfori gwreiddiau Seisnig y fwrdeistref, gan fod hyn yn tystio i gamp y Gymraeg yn adfeddiannu tref gaerog Edward I. Felly hefyd, tynnwyd sylw at ei natur gosmopolitan – bywiog ar brydiau, mursennaidd ar adegau eraill – ac yn wahanol felly i'r pentrefi chwarel mwy 'gonest eu buchedd' o'i chwmpas. Daw'r motiff i'r olwg yng ngwaith Kate Roberts; er enghraifft mae Iddew yng Nghaernarfon *Laura Jones* (1930) Kate Roberts sy'n gweithio yn neuadd y farchnad, 'llofft yr Hôl' (ni cheir Iddewon yn Rhosgadfan), ac mae byd *Traed mewn Cyffion* (1936) hefyd wedi'i rannu rhwng gwlad a thref.

[385] Angharad Price, *Caersaint* (Talybont: Y Lolfa, 2010), tt. 35–6.

[386] Angharad Price, *Caersaint*, t. 306.

[387] Lowri Cunnington Wynn, 'Allfudiaeth Pobl Ifanc o'r Broydd Cymraeg' (Prifysgol Bangor: traethawd PhD, 2014).

[388] Siôn T. Jobbins, 'Ali Yassine', *Tu Chwith*, 4, 1995/6, 77. Am fwy am Yassine, gweler 'Cymru, Butetown a'r Byd: Llais newydd Radio Cymru – Ali Yassine', *Golwg*, 13 Chwefror 1992; 'Somaliaid y Dociau: "Mae'n cymuned ni yma ers canrif a hanner": Ali Yassine' yn Ioan Roberts (gol.), *Beti a'i Phobol – 1* (Llanrwst: Gwasg Carreg Gwalch, 2002), tt. 182–99; Ali Yassine gydag Alun Gibbard, *Ali Yassine: Llais yr Adar Gleision* (Talybont: Y Lolfa, [2010]).

[389] Prin iawn yw'r ymchwil cymdeithasegol a wnaed i agweddau ymysg lleiafrifoedd Asiaidd a du at y Gymraeg, ond gweler Lucy Vazquez Morrow, 'Nationalism, Ethnicity and the Welsh Language: A Study of Minority Ethno-linguistic Identity in Cardiff' (Prifysgol Caerdydd: traethawd MPhil, 2011), sy'n dadansoddi agweddau wyth myfyriwr o gefndir ethnig lleiafrifol (Somalaidd, Swdanaidd, Bengalaidd a Phacistanaidd) mewn ysgol uwchradd gyfrwng Saesneg yng Nghaerdydd.

[390] Vaughan Robinson a Hannah Gardner, 'Place Matters: Exploring the distinctiveness of racism in rural Wales' yn Sarah Neal a Julian Agyeman (goln), *The New Countryside: Ethnicity, nation and exclusion in contemporary rural Britain* (Bristol: The Policy Press, 2006), tt. 59–60 a 63–4. Dadlennol yw cywair yr erthygl academaidd hon sydd ar brydiau'n trin rhagfarn wrth-Gymraeg fel pe bai'n safbwynt dilys.

[391] Hanif Bhamjee, 'Iaith a hiliaith', *Y Cymro*, 11 Hydref 1995, 1.

[392] Gwennan Higham, *Creu Dinasyddiaeth i Gymru: Mewnfudo Rhyngwladol a'r Gymraeg* (Caerdydd: Gwasg Prifysgol Cymru, 2020), t. 75.

[393] Anodd iawn cyfieithu 'people of colour' i'r Gymraeg. Mae 'pobl o liw' yn chwithig o ran teithi'r Gymraeg ond diau am y tro mai dyma'r cynnig gorau. Nid yw 'pobl liw' yn gwahaniaethu'n ddigonol rhwng 'of colour' a'r 'coloured' sydd â chynodiadau hiliol. Mae Carl Morris, sydd o'r gymuned 'o liw' ei hun, yn cynnig 'croenliw'. Gweler Carl

Morris, 'Meddwl am dermau Cymraeg am ethnigrwydd, hil, ac ati', *https://morris.cymru/en/2019/09/termau-ethnigrwydd-hil/*, 2 Medi 2019 (cyrchwyd 1 Medi 2020). O safbwynt naturioldeb yn y Gymraeg, dyna fyddai'n mynd â hi, ond nid yw'r gair 'skin' ynghlwm wrth y term, 'people of colour'. Gellid dadlau hefyd fod i ymadroddion fel 'croenddu' a 'chroenwyn' ymdeimlad anghynnes oherwydd y defnydd hanesyddol ohonynt. Mater i bobl o liw yw'r term a arddelir yn y Gymraeg ar eu cyfer, a gan nad oes consenws ar hyn o bryd, rwyf wedi ffafrio cyfieithiad uniongyrchol, os braidd yn drwsgwl, yn y gyfrol hon.

[394] Darlledwyd ar S4C yn 2009 gyfres 'Y Daith': dangosodd un rhaglen bererindod Jason Mohammad i Feca, a rhaglen arall daith Ashok Ahir a'i deulu i'r Deml Aur yn Amritsar.

[395] Yasmin yn siarad ar fideo a gyhoeddwyd ar gyfrif twitter @hanshs4c, 9 Mehefin 2020.

[396] Mali Ann Rees yn siarad ar fideo a gyhoeddwyd ar gyfrif twitter @hanshs4c, 3 Mehefin 2020.

[397] Toda Ogunbanwo yn siarad ar fideo a gyhoeddwyd ar gyfrif twitter @ybydyneile, 17 Mehefin 2020.

[398] Gweler Taylor Edmonds, 'Decolonising the Arts: Gentle/Radical 4', *http://www.walesartsreview.org/blog-gentle-radical-imagination-forum-4/*, 19 Hydref 2018 (cyrchwyd 1 Medi 2020) am drafodaeth mewn cyddestun Cymreig.

[399] Laura Jones a John Lever, *Migrant Workers in Rural Wales and the South Wales Valleys* (Wales Rural Observatory, 2014), t. 4.

[400] Laura Jones a John Lever, *Migrant Workers in Rural Wales and the South Wales Valleys*, t. 13.

[401] 'Pentre: Diwrnod rhyngwladol', BBC Cymru Newyddion, *http://news.bbc.co.uk/welsh/hi/newsid_7400000/newsid_7407800/7407867.stm*, 19 Mai 2008 (cyrchwyd 1 Medi 2020).

[402] Gweler, er enghraifft, adroddiad Pwyllgor Cyfle Cyfartal y Cynulliad Cenedlaethol o fis Tachwedd 2008, 'Materion sy'n effeithio ar weithwyr mudol yng Nghymru, eu teuluoedd a'r cymunedau y maent yn byw a gweithio ynddynt'. Mae'r adroddiad yn nodi dysgu Saesneg, a rôl y wladwriaeth yn hwyluso hynny, fel blaenoriaeth i Lywodraeth Cymru, ac yn gwneud argymhellion, ond nid yw'n crybwyll Cymraeg unwaith. Mewn polisïau diweddarach, megis un Llywodraeth Cynulliad Cymru, *Cymru'n Cyd-dynnu – Strategaeth Cydlyniant Cymunedol Cymru*, 2012, tt. 29–32, cydnabyddir y dylid annog newydd-ddyfodiaid i ddysgu Cymraeg, ond canolbwyntir ar y Saesneg fel iaith cynhwysiad cymdeithasol.

[403] Laura Jones a John Lever, *Migrant Workers in Rural Wales and the South Wales Valleys*, t. 33. Roedd 39 o'r sampl o wlad Pwyl. Gwnaed y

gwaith maes yng Ngwynedd, Môn, sir Gonwy ac yn ardal Llanybydder/ Llanbedr Pont Steffan. Ond am dystiolaeth sy'n awgrymu fel arall, gweler Karolina Rosiak, 'The Welsh language and social integration from the point of view of the new Polish emigration to Wales', *Zeszyty Łużyckie*, 50, 2016, 315–32. O blith 11 o fewnfudwyr yn y gogledd yr oedd wyth wedi mynychu dosbarthiadau Cymraeg, a rhai'n rhugl. Fodd bynnag, daethpwyd o hyd i'r mudwyr hyn trwy gyswllt â chanolfannau dysgu Cymraeg, ysgolion Cymraeg a chylchoedd cymdeithasol cysylltiedig, a cheir felly sampl hunan-ddewisol i raddau.

[404] Cyn hynny, daethai ffoaduriaid i Gymru o Uganda wedi i Idi Amin yrru'r boblogaeth Asiaidd o'r wlad yn 1972. Cedwid dros fil mewn gwersyll adleoli yn Nhonfanau ger Tywyn, un o dri gwersyll ar ddeg yng ngwledydd Prydain. O ran ffoaduriaid eraill yn y Gymru Gymraeg er 1945, noder, er enghraifft, y llond dwrn o Hwngariaid ifainc a fynychai Goleg Harlech ar gyfer tymor 1956–7, y ffoadur o Chile fu'n hyrwyddo canolfan dysgu Cymraeg yn yr Wyddgrug, a'r ffoadur o Wanwyn Prâg Tsiecoslofacia a aeth yn grochenydd yn Sarn Mellteyrn, ym mhellafoedd Llŷn. Am fanylion, gweler *Hansard*, 24 Hydref 1972; I. Dan Harry, 'O Goleg Harlech', *Lleufer*, 13 (1), gwanwyn 1957, 40; 'Ex-Chilean refugee joins in campaign to keep Welsh culture alive', *Daily Post*, 15 Rhagfyr 2008; Oldrich Asenbryl, 'A Potter in Wales', *Ceramics Monthly*, Chwefror 1989, 26–8.

[405] Llywodraeth Cymru, *Cymraeg 2050: Miliwn o Siaradwyr*, 2017; 'The New Speakers Network', http://www.nspk.org.uk/ (cyrchwyd 1 Medi 2020).

[406] Yn y diwylliant Sorbeg, cymuned ieithyddol fechan yn nwyrain yr Almaen, mae canran anarferol o uchel o garedigion yr iaith yn hanu o gefndir ethnig anSorbeg. Gweler Konstanze Glaser, *Minority Languages and Cultural Diversity in Europe: Gaelic and Sorbian Perspectives* (Clevedon: Multilingual Matters, 2007), t. 289. Ceid sefyllfa debyg yn yr Alban lle bu Saeson dŵad di-Aeleg mewn rhai ardaloedd traddodiadol Aeleg yn debycach na phobl leol ddi-Aeleg o gofrestru eu plant mewn addysg gyfrwng Gaeleg. Gweler Konstanze Glaser, 'Reimagining the Gaelic community: ethnicity, hybridity, politics and communication' yn Wilson McLeod (gol.), *Revitalising Gaelic in Scotland: Policy, Planning and Public Discourse* (Edinburgh: Dunedin Academic Press, 2006), t. 173.

[407] Terry Threadgold et al., *Constructing Community in South-East Wales* (Cardiff: Cardiff University with the Joseph Rowntree Foundation, 2007), tt. 35 a 124.

[408] Office for National Statistics, 'Nomis: Offical labour market statistics: DC2206WA – Welsh Language Skills by Country of Birth by sex by age', https://www.nomisweb.co.uk/census/2011/DC2206WA/view/2092957700?rows=c_cob&cols=c_welshpuk112 (cyrchwyd 1 Medi 2020).

[409] Office for National Statistics, 'Nomis: DC2203WA – Welsh Language Skills by National Identity by sex by age', https://www.nomisweb.co.uk/census/2011/DC2203WA/view/2092957700?rows=c_lanspwsni11&cols=natid_all (cyrchwyd 1 Medi 2020).

[410] Office for National Statistics, 'Nomis: Offical labour market statistics: DC2203WA – Welsh Language Skills by National Identity by sex by age'. Yn ychwanegol at y 3,122, roedd 1,683 o siaradwyr Cymraeg yn coleddu yn ogystal â hunaniaeth o'r tu allan i Brydain ac Iwerddon hunaniaeth Gymreig, Brydeinig neu Wyddelig.

[411] Office for National Statistics, 'CT0340 – Ability to speak Welsh by ethnic group by age', dogfen Microsoft Excel (cyrchwyd 1 Medi 2020). Ceir categori yn y ddogfen, 'Other Ethnic Group', nad yw'n perthyn i'r categori 'gwyn' ac sy'n ychwanegol at y categorïau ethnigrwydd cymysg, Asiaidd a du sy'n rhifo 10,179 o siaradwyr Cymraeg, a gellid tybio fod y mwyafrif llethol o'r 790 o siaradwyr Cymraeg yn y categori 'arall' hwn yn aelodau o leiafrifoedd ethnig gweladwy hefyd.

[412] 'CT0340 – Ability to speak Welsh by ethnic group by age'. Dengys ffurflenni cyfrifiad Casnewydd i rieni honni fod 464 o blant o gefndir Asiaidd mewn addysg statudol 5–15 oed yn medru Cymraeg. Mewn cymhariaeth, dim ond un oedolyn canol oed Asiaidd 45–64 oed trwy'r ddinas gyfan a ddywedodd ei fod yn medru'r iaith.

[413] Roedd 1,399 o'r oedolion Cymraeg hyn o gefndir 'cymysg' neu 'luosog', 675 o gefndir 'Asiaidd neu Asiaidd Prydeinig', 253 o gefndir 'Du/Affricanaidd/Caribïaidd/Du Prydeinig' a 199 o 'grŵp ethnig arall'.

Pennod 3

[1] Paul O'Leary, 'Brithwaith o Ddiwylliannau: Lleiafrifoedd Ethnig yn Hanes Cymru Fodern' yn Geraint Jenkins (gol.), *Cof Cenedl XXI* (Llandysul: Gwasg Gomer, 2006), tt. 123–7. 'Yr oedd mewnfudwyr o Loegr yn perthyn i grŵp a ystyrir yn "norm" ieithyddol mewn cyddestun Prydeinig, hynny yw, templed y gellid barnu eraill yn ei erbyn. Mewn termau ieithyddol, grŵp dominyddol ydoedd yn hytrach na "lleiafrif ethnig"' (t. 125).

[2] Neil Evans, 'Immigrants and Minorities in Wales, 1840–1990: A Comparative Perspective' yn Charlotte Williams, Neil Evans a Paul O'Leary (goln), *A Tolerant Nation? Exploring Ethnic Diversity in Wales* (Cardiff: University of Wales Press, 2003), t. 30.

[3] 'Born abroad: an immigration map of Britain', BBC, http://news.bbc.co.uk/1/shared/spl/hi/uk/05/born_abroad/html/overview.stm, 2009 (cyrchwyd 1 Medi 2020).

Nodiadau

4   'Born in England 2011 Census Wales', Wikimedia Commons, *https:// commons.wikimedia.org/wiki/File:Born_In_England_2011_Census_Wales. png*, 17 Awst 2014 (cyrchwyd 1 Medi 2020).

5   'Cyfrifiad 2011: Ystadegau Allweddol ar gyfer Cymru, Mawrth 2011', Swyddfa Ystadegau Gwladol, *http://www.ons.gov.uk/ons/ dcp171778_291480.pdf*, 12 (cyrchwyd 1 Medi 2020). O glicio ar y ddolen gyswllt 'gwybodaeth ar wledydd genedigol' ar dudalen 12, gellir mynd at dabl 'Cyfrifiad 2011: KS204EW Gwlad enedigol, awdurdodau unedol yng Nghymru' am ystadegau fesul sir.

6   Sara Louise Wheeler, '"Enwau Prydeinig gwyn?" Problematizing the idea of "White British" names and naming practices from a Welsh perspective', *AlterNative: An International Journal of Indigenous Peoples*, 14 (3), 2018, 251.

7   Richard Glyn Roberts, 'Cadw iaith a cholli gwareiddiad', *O'r Pedwar Gwynt*, 9, gwanwyn 2019, 7.

8   'Census results "defy tickbox row"', BBC News Wales, *http://news. bbc.co.uk/1/hi/wales/2288147.stm*, 20 Medi 2002 (cyrchwyd 1 Medi 2020).

9   Daniel Williams, 'On the @ShaziaAwan Question', *Nation Time/ Cymru Sydd*, *https://nationtimecymrusydd.wordpress.com/2016/12/13/ on-the-shaziaawan-question/*, 13 Rhagfyr 2016 (cyrchwyd 1 Medi 2020); Kizzy Crawford, 'I'm Welsh and a woman of colour. Why does the census tell me that's impossible?', *The Guardian*, *https:// www.theguardian.com/commentisfree/2019/dec/06/welsh-woman-of-colour-census-identity-whiteness*, 6 Rhagfyr 2019 (cyrchwyd 1 Medi 2020).

10   Gweler, er enghraifft, Rosemary Crawley, 'Diversity and the Marginalisation of Black Women's Issues', *Policy Futures in Education*, 4 (2), 2006, 172–84. Ceir adlais Gymreig o'r feirniadaeth hon yn Yasmin Begum, 'An Independent Wales must undo the darkness of white supremacy', *Planet Extra*, *https://www.planetmagazine.org.uk/planet-extra/ independent-wales-must-undo-darkness-white-supremacy*, 19 Rhagfyr 2018 (cyrchwyd 1 Medi 2020): At "whom" is the concept of diversity targeted in Wales?', ac awgryma fod 'amrywiaeth' yn perthyn fel allweddair i'r byd corfforaethol bellach, ac yn wrthbwynt yn aml i 'grassroots anti-racism'. Byddai'n ddiddorol theoreiddio'r tebygrwydd rhwng amrywiaeth a dwyieithrwydd yn y cyswllt hwn, ill dau'n gysyniadau sy'n perthyn i ddisgwrs rhyddfrydol y wladwriaeth yn bennaf oll ac yn disodli ieithwedd fwy radical; yn y cyd-destun Cymraeg, er enghraifft, unieithrwydd.

11   Boaventura de Sousa Santos, *Epistemologies of the South: Justice against Epistemicide* (London and New York: Routledge, 2014), t. 172.

Nodiadau

12 Kimberlé Crenshaw, 'Mapping the Margins: Intersectionality, Identity Politics, and Violence Against Women of Color', *Stanford Law Review*, 43 (6), Gorffennaf 1991, 1241–99 yw erthygl seminal y ddamcaniaeth.
13 Am ymdriniaeth Gymraeg graff sy'n gefnogol i groestoriadaeth, gweler Anarchwaethus, 'Beth yw "intersectionality" yn Gymraeg?', *Anarchwaethus / Gwefan Anarchaidd yn y Gymraeg*, https://anarchwaethus.wordpress.com/2016/12/08/beth-yw-intersectionality-yn-gymraeg/, 8 Rhagfyr 2016 (cyrchwyd 1 Medi 2020).
14 Ceir trafodaeth yn Torjer A. Olsen, 'This word is (not?) very exciting: considering intersectionality in indigenous studies', *Nordic Journal of Feminist and Gender Research*, 26 (3), 2018, 182–96.
15 L. Levac et al., *Learning across Indigenous and Western Knowledge Systems and Intersectionality: Reconciling Social Science Research Approaches* (Guelph: University of Guelph, Social Sciences and Humanities Research Council of Canada, 2018), t. viii.
16 Sarah Hunt, 'Dialogue on Intersectionality and Indigeneity: Summary of Themes [...]' [dogfen] (Institute for Intersectionality Research and Policy, 2012), 3–4.
17 Natalie Clark, 'Red Intersectionality and Violence-informed Witnessing Praxis with Indigenous Girls', *Girlhood Studies*, 9 (2), 2016, 51.
18 Gweler y drafodaeth yn y bennod, 'Beth sy'n bod ar amlddiwylliannedd Eingl-Americanaidd unigolyddol?'

Pennod 4

1 Angharad Naylor, '"Trafferth mewn Tafarn" a'r Gofod Hybrid' yn Tudur Hallam ac Angharad Price (goln), *Ysgrifau Beirniadol XXXI* ([Dinbych]: Gwasg Gee, 2012), t. 96.
2 Senka Božić-Vrbančić, *Tarara: Croats and Maori in New Zealand: Memory, Belonging, Identity* (Dunedin: Otaga University Press, 2008), t. 209.
3 Senka Božić-Vrbančić, *Tarara*, t. 212.
4 Gweler, er enghraifft, Elizabeth Rata a Roger Openshaw (goln), *Public Policy and Ethnicity: The Politics of Ethnic Boundary Making* (Basingstoke: Palgrave Macmillan, 2006), sy'n canolbwyntio'n bennaf ar y Maori, ac yn eu trin fel grŵp ethnoddiwylliannol caeëdig.
5 Senka Božić-Vrbančić, *Tarara*, tt. 102–5.
6 Senka Božić-Vrbančić, *Tarara*, tt. 85–8.
7 Senka Božić-Vrbančić, *Tarara*, tt. 119 a 122.
8 Senka Božić-Vrbančić, *Tarara*, tt. 86 a 218.
9 Senka Božić-Vrbančić, *Tarara*, t. 218.

Nodiadau

10   Michael Houlihan, 'Social History: Closed for Reconstruction', *Social History in Museums: Journal of the Social History Curators Group*, 30, 2005, 6. Ymosododd hefyd ar 'nationalism ... some frozen part of the nineteenth century', ac enwi Cymru, a dweud am Sain Ffagan fod ei gwreiddiau mewn 'geography' yn hytrach na 'social science' (7). Yn eironig, gadawodd Michael Houlihan Gymru yn 2010 er mwyn bod yn Brif Weithredwr *Te Papa Tongarewa*.

11   Michael Houlihan, 'Social History', 6. Am drafodaeth bellach, gan un o guradon Sain Ffagan, gweler Mared Wyn McAleavey, 'Renewal or Betrayal? An Experiment in Reflecting Welsh Identity at St Fagans: National History Museum', *Folk Life: Journal of Ethnological Studies*, 47, 2009, 58–65.

12   'Llais Llafar Gwlad', *Llafar Gwlad*, 94, hydref 2006, 3.

13   Am gyflwyniad ar-lein yr Amgueddfa i'r 'Wal Ieithoedd' ac amrywiaeth ieithyddol, gweler 'Ieithoedd eraill Cymru', https://amgueddfa.cymru/erthyglau/2010-02-01/Ieithoedd-eraill-Cymru/ (cyrchwyd 1 Medi 2020).

14   Sail y disgrifiadau hyn o'r 'Wal Ieithoedd' yw ymweliad gennyf â'r Oriel.

15   Gweler gwefan Grahame Davies, 'Noson farddoniaeth Wrdw a Chymraeg' http://www.grahamedavies.com/urdu1.shtml, 20 Ionawr 2008 [cyrchwyd 1 Medi 2020]; 'Bazm-E-Adab yn yr Eisteddfod/ Welsh and Urdu Poetry at the Eisteddfod' http://crewswansea.blogspot.com/2010/10/bazm-e-adab-yn-yr-eisteddfod-welsh-and.html, 13 Hydref 2010 [cyrchwyd 1 Medi 2020].

16   Helen Fulton, 'Negotiating Welshness: Multilingualism in Wales before and after 1066' yn Elizabeth M. Tyler (gol.), *Conceptualizing Multilingualism in Medieval England, c.800 – c.1250* (Turnhout, Belgium: Brepols, 2011), tt. 149 a 158–9; Patrick Sims-Williams, 'The Five Languages of Wales in the Pre-Norman Inscriptions', *Cambrian Medieval Celtic Studies*, 44, 2002, 1–36.

17   *Slater's Directory of South Wales, Monmouthshire, and the city of Bristol, with topographical notices of each city, town and village, Postal Information, Lists of Carriers, &c* (Manchester: Isaac Slater, 1880), t. 99; Herbert E. Roese, 'Cardiff's Norwegian Heritage. A Neglected Theme', *Cylchgrawn Hanes Cymru*, 18 (2), 1996, 255–71; Neil M. C. Sinclair, *Endangered Tiger: A Community under Threat* (Cardiff: Butetown History & Arts Centre, 2003), tt. 107–13.

18   Gweler Compendiwm Ystadegau Ysgolion, tabl 7.13, 'Iaith gyntaf y disgyblion 5 oed a throsodd mewn ysgolion cynradd, uwchradd ac arbennig, yn ôl iaith, 2011/12', Llywodraeth Cymru, 2012. Nid yw ar gael yn electronig mwyach. Mae copi caled o'r ddogfen yn fy meddiant.

Nodiadau

[19] Glenn Jordan, *Somali Elders: Portraits from Wales / Odeyada Soomaalida: Muuqaalo ka yimid Welishka* (Cardiff: Butetown History & Arts Centre, 2004). Cyhoeddwyd tair rhifyn *Ilays: Bilingual Newsletter* rhwng Tachwedd 2001 ac Ionawr 2002 (gwall sy'n gyfrifol mai Ionawr 2001 sy'n ymddangos ar y rhifyn olaf). Roedd ei ddeuparth mewn Somalieg.

[20] W. T. R. Pryce, 'The British Census and the Welsh Language', *Cambria: Cylchgrawn Daearyddol Cymreig*, 13 (1), 1986, 88.

[21] Frances Rock ac Amal Hallak, '"I heard lots of different languages": Layered Worlds of Separate and Flexible Bilingualism in Cardiff' yn Mercedes Durham a Jonathan Morris (goln), *Sociolinguistics in Wales* (London: Palgrave Macmillan, 2016), tt. 273–305.

[22] 'EAL pupils in schools', Naldic the National Subject Association for EAL [English as an Additional Languege], *http://www.naldic.org.uk/research-and-information/eal-statistics/eal-pupils/* (cyrchwyd 1 Medi 2020). Am ymchwil o ran dysgu Cymraeg fel iaith ychwanegol i blant o gefndir ethnig lleiafrifol, gweler Kathryn Jones ac Arvind Bhatt, *Cymraeg fel Iaith Ychwanegol: Ymchwil i lefel yr angen a'r cymorth presennol a roddir i ddisgyblion duon a lleiafrifoedd ethnig gydag anghenion cymorth yn y Gymraeg* (Llywodraeth Cymru, 2014).

[23] Steve Strand, Lars Malmberg a James Hall, *English as an Additional Language (EAL) and educational achievement in England: An Analysis of the National Pupil Database* (University of Oxford: Department of Education, 2015), t. 5.

[24] P. A. Singh Ghuman, 'A Study of Multicultural Education in Welsh Schools and PGCE Students' Attitudes to Multicultural Education', *Cylchgrawn Addysg Cymru*, 5 (1), hydref 1995, 93.

[25] T. Gwynn Jones, 'Ieithoedd', *Beirniadaeth a Myfyrdod gan T. Gwynn Jones* (Wrecsam: Hughes a'i Fab, 1935), tt. 107 a 109.

[26] G. Griffiths, *Agoriad i'r iaith gyd-genedlaethol Esperanto* (London: Internacia Propagandejo Esperantista, [1910]). Cyhoeddwyd fersiwn ddiwygiedig yn ddiweddarach yn y ganrif hefyd, sef G. Griffiths (wedi ei ddiwygio gan W. H. Harris), *Agoriad neu Allwedd i'r iaith gyd-genedlaethol Esperanto* (Liverpool: Hugh Evans & Sons, Ltd, [1956?]).

[27] David Ward, 'North Wales force may look for Polish PCs', *The Guardian*, 21 Tachwedd 2006, *http://www.guardian.co.uk/uk/2006/nov/21/wales* (cyrchwyd 1 Medi 2020).

[28] Gweler, er enghraifft, *Deddf Iaith Newydd i'r Ganrif Newydd* (Aberystwyth: Cymdeithas yr Iaith Gymraeg, 2000).

[29] *Dwyieithrwydd Gweithredol: Papur Gwaith 1: Y Gymraeg yng Nghynulliad Cenedlaethol Cymru* (Aberystwyth: Cymdeithas yr Iaith Gymraeg, 1998), t. 8.

[30] Senka Božić-Vrbančić, *Tarara*, t. 119; gweler hefyd t. 122.

Nodiadau

Pennod 5

1. Peter Ellis Jones, 'Migration and the slate belt of Caernarfonshire in the Nineteenth Century', *Cylchgrawn Hanes Cymru*, 14 (4), 1989, 610–29; Geraint Davies, 'Community and Social Structure in Bethesda', *Trafodion Cymdeithas Hanes Sir Gaernarfon*, 41, 1980, 107–27.
2. R. Merfyn Jones, *The North Wales Quarrymen 1874–1992* (Cardiff: University of Wales Press, 1982), tt. 15 a 23–4.
3. Geraint Jones a Dafydd Williams, *Trefor: Canmlwyddiant a hanner sefydlu pentref newydd wrth droed yr Eifl yn Arfon ar y 12fed o Ebrill, 1856, a hanes cychwyn y Gwaith Mawr* (Clynnog Fawr: Canolfan Hanes Uwchgwyrfai, 2006), tt. 25 a 31–3.
4. Gwilym Owen, *Pentref Trefor a Chwarel yr Eifl* (Penrhyndeudraeth: Gwilym Owen, 1972), t. 99; Geraint Jones, 'Sylfeini' yn *Dinas ar Fryn: Canmlwyddiant Eglwys Sant Siôr, Trefor, Bro yr Eifl (1879–1979)* (Trefor: Pwyllgor canmlwyddiant Eglwys St. Siôr, 1979), tt. 12–13.
5. Gwilym Owen, *Pentref Trefor a Chwarel yr Eifl*, tt. 23 a 114; Gwilym Owen, *Dan Gysgod yr Eifl* (Dinorwig: Gwasg Elidir, 1978), tt. 27 a 37.
6. Huw T. Edwards, *Tros y Tresi* (Dinbych: Gwasg Gee, 1958), tt. 16–17. Gweler hefyd Griffith R. Williams, *Cofio Canrif* (Caernarfon: Gwasg Gwynedd, 1990), tt. 42–3. Yn yr hunangofiant hwn gan gyn-chwarelwr 102 oed o Lithfaen, sonnir am Wyddelod Nant Gwrtheyrn yn cwffio yn y gwaith ac yn meddwi cyn cynhebryngau.
7. Sgwrs â hanesydd lleol Trefor, Geraint Jones.
8. Dot Jones, *Tystiolaeth Ystadegol yn ymwneud â'r Iaith Gymraeg 1801–1911* (Caerdydd: Gwasg Prifysgol Cymru, 1998), tt. 196–7, 227 a 320. Roedd y cwbl o chwareli ithfaen bro'r Eifl yn ardal gyfrifo Pwllheli, lle roedd 82.8% o'r boblogaeth yn Gymry uniaith yn 1891.
9. John Roberts Williams, Geoff Charles a Cynan, *Yr Etifeddiaeth* (Fideo Llyfrgell Genedlaethol Cymru, 1997). Dangoswyd gyntaf yn 1949.
10. Saunders Lewis, *Paham y Llosgasom yr Ysgol Fomio* (Caernarfon: Plaid Genedlaethol Cymru, [1936]), t. 5.
11. Maredudd ap Rheinallt, 'Cyfenwau Gogledd Orllewin Cymru yn 1841', *Trafodion Cymdeithas Hanes Sir Gaernarfon*, 64, 2003, 65.
12. Gruffudd Parry, *Crwydro Llŷn ac Eifionydd* (Llandybie: Llyfrau'r Dryw, 1960), tt. 41, 61, 63 a 139.
13. Gruffudd Parry, *Crwydro Llŷn ac Eifionydd*, t. 120.
14. Gruffudd Parry, *Yn ôl i Lŷn ac Eifionydd* (Pwllheli: Clwb y Bont, 1982), t. 8.
15. Gruffudd Parry, *Crwydro Llŷn ac Eifionydd*, t. 130.
16. J. G. Williams, *Pigau'r Sêr* (Dinbych: Gwasg Gee, 1969), t. 120.

Nodiadau

[17] Ceir cofnodion am Sipsiwn ar y penrhyn yn mynd yn ôl at y ddeunawfed ganrif. Gweler Glyn Parry, 'Erlynwyr a Throseddwyr yn sir Gaernarfon, 1730–1830', *Trafodion Cymdeithas Hanes Sir Gaernarfon*, 57, 1996, 52–3.
[18] Griffith Griffiths, *Blas Hir Hel* (Dinbych: Gwasg Gee, 1976), t. 136.
[19] Griffith Griffiths, *Blas Hir Hel*, t. 134.
[20] Gweler O. Roger Owen, *O ben Moel Derwin* (Penygroes: Cyhoeddiadau Mei, 1981), t. 62 am ddisgrifiad nodweddiadol o deithwraig 'Wyddelig' yn Eifionydd: 'Ei henw oedd Mrs Sweeney, ond ar lafar gwlad, "Yr Hen Wyddelas". Roedd golwg pur enbyd arni, ac roedd arnaf ei hofn drwy 'nghalon.'
[21] J. G. Williams, *Pigau'r Sêr*, tt. 149–50; Wil Sam, 'Petha Tebyg i Sipsiwn', *Llafar Gwlad*, 17, haf 1987, 4. Byddai 'Padi Côt Oel' yn cael ei adnabod fel 'Padi Gwallt Mawr' weithiau, a cheid yn y cylch yn ogystal 'Padi Lafindar', cymeriad hefyd gan Wil Sam. Diolch i Dafydd Glyn Jones am yr wybodaeth.
[22] Harri Parri, *Iaith y Brain ac Awen Brudd: Portreadau* (Caernarfon: Gwasg y Bwthyn, 2008), tt. 31–2. Fe'i gwnaed hefyd yn aelod o Orsedd y Beirdd. Gweler Cai Parry-Jones, *The Jews of Wales: A History* (Cardiff: University of Wales Press, 2017), t. 20.
[23] J. G. Williams, *Maes Mihangel* (Dinbych: Gwasg Gee, 1974), t. 181.
[24] Thomas Parry, 'Cyflwyniad' yn Griffith Griffiths, *Blas Hir Hel*, t. 7.
[25] Am honiad o'r fath gan bobl Llŷn, gweler sgwrs a recordiwyd yn 1980 ynglŷn â mwynglawdd manganîs y Rhiw, *http://www.rhiw.com/hanes_pages/manganese/mango_tapes/tape_one.htm* (cyrchwyd 1 Medi 2020). Roedd y dybiaeth fod cyswllt rhwng amrywiaeth ethnig y penrhyn a llongddrylliadau yn gyffredin. Dywedid ar lawr gwlad am dylwyth megis y Sortoniaid o Aberdaron mai 'broc môr' oeddynt er bod Eben Fardd yn honni iddynt fewnfudo o'r Alban, ac mae'r myth cyn bwysiced â'r gwirionedd, os nad yn fwy felly. Gweler Gwilym Jones, *Wedi'r Llanw: Ysgrifau ar Ben Llŷn* (Llanrwst: Gwasg Carreg Gwalch, 2005), t. 129.
[26] J. Glyn Davies, 'Portinllaen', *Cerddi Portinllaen* (London: Oxford University Press, 1936), t. 15.
[27] Roedd yn fwriad hefyd gan Madocks greu porthladd newydd ym Mhorthdinllaen er mwyn cysylltu Prydain ag Iwerddon. Gweler Mai Roberts, *Porthdinllaen: Cynllun Madocks* ([Abererch]: 2007).
[28] Henry Hughes, 'Ffordd Maughan', *Cymru*, xxxiv, 198, Ionawr 1908, 22; R. Williams Parry, 'Eifionydd', *Cerddi'r Gaeaf* (Dinbych: Gwasg Gee, 1952), t. 2.
[29] Huw Erith, *Huw Erith: Llanw Braich, Trai Bylan* (Talybont: Y Lolfa, 2014).

Nodiadau

30 Gweler Peter Borsay, 'Welsh Seaside Resorts: Historiography, Sources and Themes', *Cylchgrawn Hanes Cymru*, 24 (2), 2008, 92–119.
31 Robert M. Morris, *Lle i Enaid gael Llonydd...? Twf Twristiaeth yn Llŷn ac Eifionydd* (Darlith Flynyddol Clwb y Bont, Pwllheli, 2007), t. 3.
32 Gweler, er enghraifft, Dewi Jones, *Tywysyddion Eryri* (Capel Garmon: Gwasg Carreg Gwalch, 1993).
33 E. Wyn James, '"A'r byd i gyd yn bapur..." Rhan 4: Mewnfudwr Saesneg?', *Canu Gwerin*, 34, 2011, 56–7.
34 R. Merfyn Jones, 'The Mountaineering of Wales, 1880–1925', *Cylchgrawn Hanes Cymru*, 19 (1), 1998, 67.
35 Robert M. Morris, *Lle i Enaid gael Llonydd...?*, tt. 18–37.
36 Martin Davis, *Chwain y Mwngrel* (Talybont: Y Lolfa, 1986), clawr ôl.
37 Edgar Jones, *Newid Ddaeth (Darlith Flynyddol Llŷn 1988)* (Caernarfon: Gwasanaeth Llyfrgell Gwynedd, 1988), t. 23.
38 Clough Williams-Ellis, *Architect Errant: The autobiography of Clough Williams-Ellis* (Portmeirion: Portmeirion Limited, 1991 [1971]), t. 30.
39 Richard J. Evans, *Eric Hobsbawm: A Life in History* (London: Little, Brown, 2019), t. 416.
40 Richard J. Evans, *Eric Hobsbawm*, t. 416.
41 Clough Williams-Ellis, *Architect Errant*, t. 213.
42 Jonah Jones, *Clough Williams-Ellis: The Architect of Portmeirion* (Bridgend: Seren, 1996), t. 13; Jan Morris, 'A Neighbour', *Pleasures of a Tangled Life* (London: Barrie & Jenkins, 1989), t. 63.
43 Gwynfor Evans yn ddyfynedig yn Elis Gwyn Jones, *O Ynys Enlli i Ynys Cynhaearn: Arlunio dwy ganrif yn Llŷn ac Eifionydd* (Pwllheli: Clwb y Bont, 1986), t. 16.
44 John Griffith Williams, 'Rhagair' yn Colin Gresham, *Teulu'r Trefan: Darlith Flynyddol Eifionydd* (Gwasanaeth Llyfrgell Gwynedd, 1982), [t. viii]. Er dod yn rhugl yn y Gymraeg, ysgrifennodd Gresham yn Saesneg, a chyfieithwyd y ddarlith gan Guto Roberts.
45 Peter Jones, *Jonah Jones: An Artist's Life* (Bridgend: Seren, 2011), t. 62.
46 Peter Jones, *Jonah Jones*, t. 254.
47 Peter Jones, *Jonah Jones*, tt. 113–14, 126–7, 130 a 214.
48 Judith Maro, 'Hanes Teulu fy Nhad', *Taliesin*, 29, Rhagfyr 1974, 36–46; Meic Stephens, 'Judith Maro: Writer and Jewish Patriot who fought with Haganah in Palestine', *The Independent*, 5 Rhagfyr 2011.
49 Judith Maro, *Hen Wlad Newydd: Gwersi i Gymru* (Talybont: Y Lolfa, 1974), t. 20.
50 Am ystyron hanesyddol y gair 'Cymry', gweler Simon Brooks a Richard Glyn Roberts, 'Pwy yw'r *Cymry*? Hanes Enw' yn Simon Brooks a Richard Glyn Roberts (goln), *Pa beth yr aethoch allan i'w achub?* (Llanrwst: Gwasg Carreg Gwalch, 2013), tt. 23–39.

Nodiadau

51 Ysgrifenna E. Tegla Davies am 'Saeson' Wrecsam a Biwmares, mae D. J. Williams yn defnyddio'r un enw ar drigolion gwaelodion sir Benfro ('Saeson y "Down Belows"'), a Gwenallt yn ei gerdd eiconig, 'Rhydcymerau', yn collfarnu 'Saeson y De'. Gweler E. Tegla Davies, *Gyda'r Blynyddoedd* (Lerpwl: Gwasg y Brython, 1951), tt. 124 a 186; D. J. Williams, 'Gyda'r Cadfridog Charles de Gaulle', *Y Gaseg Ddu a Gweithiau Eraill* (Llandysul: Gwasg Gomer, 1970), t. 64; D. Gwenallt Jones, 'Rhydcymerau', *Eples* (Llandysul, Gwasg Gomer, 1951), t. 21.

52 Gweler am ddefnydd enghreifftiol o'r termau hyn, W. J. Gruffydd, 'Yr Iaith Gymraeg a'i Gelynion', *Y Llenor*, ii, 1, gwanwyn 1923, 17; D. J. Williams, 'Sir Gaerfyrddin – Ar Ddiwrnod Garw', *Heddiw*, 6 (12), Hydref-Tachwedd 1941, 347; D. J. Williams, *Hen Dŷ Ffarm* (Aberystwyth: Gwasg Aberystwyth, 1953), t. 85; Elena Puw Morgan, *Y Graith* (Y Clwb Llyfrau Cymreig, 1943), t. 41.

53 Mae W. J. Gruffydd, er enghraifft, yn defnyddio termau megis 'Cymry Cymreig' a 'Chymry Seisnig' hyd at oddeutu'r Ail Ryfel Byd pryd y'i disodlir yn araf deg gan 'Gymry Cymraeg' a 'Chymry di-Gymraeg'. Gweler W. J. Gruffydd, 'Yr Iaith Gymraeg a'i Gelynion', 17; W. J. Gruffydd, 'Storïau'r Tir Coch Gan D. J. Williams ...', *Y Llenor*, xxi, 4, gaeaf 1942, 153; W. J. Gruffydd, 'Nodiadau'r Golygydd', *Y Llenor*, xxvi, 1 a 2, gwanwyn-haf 1947, 2; W. J. Gruffydd, 'Nodiadau'r Golygydd', *Y Llenor*, xxix, 4, gaeaf 1950, 159.

54 Mafonwy, 'Y Sais Gymro. (Yn Solfach.)' yn J. N. Crowther, *Ar Lannau Ceri: Detholiad o Weithiau'r Diweddar J. N. Crowther ('Glanceri')* (Wrecsam: Hughes a'i Fab, 1930), tt. 11–12.

55 Chris Cope, *Cwrw am Ddim: A rhesymau eraill dros ddysgu'r iaith* (Llandysul: Gwasg Gomer, 2009), tt. 67–8.

56 Chris Cope, *Cwrw am Ddim*, t. 232.

57 Chris Cope, *Cwrw am Ddim*, tt. 75 a 232.

58 Chris Cope, *Cwrw am Ddim*, tt. 232 a 236.

59 Andy Misell, 'Dwi eisiau bod yn Sais', *Barn*, 474/475, Gorffennaf/Awst 2002, 47.

60 Cedric Maby, *Dail Melyn o Tseina* (Dinbych: Gwasg Gee, 1983), clawr ôl. Yn aelod o'r 'Huguenot Society of London', yr oedd wedi gwasanaethu fel diplomydd yn Beijing. Symudodd i fyw i Benrhyndeudraeth a dal swyddi uchel: yn 1976–7, ef oedd Uchel Siryf Gwynedd, ond nis rhwystrwyd gan hynny rhag bod yn aelod o Gymdeithas yr Iaith Gymraeg hefyd.

61 Cyfeirir ato fel 'Cernywr' ar glawr ôl ei gyfrol farddoniaeth, *Teithiau* (Talybont: Y Lolfa, 1977).

62 Tim Saunders, 'Glendid', *Teithiau*, t. 15.

Nodiadau

63 Aneirin Karadog, *O Annwn i Geltia* (Cyhoeddiadau Barddas, 2012), tt. 112–25.
64 Am fanylion bywgraffyddol, gweler Iestyn Daniel (gol.), *Cofio John Fitzgerald, O. Carm. (1927–2007): Rhifyn arbennig o Y Cylchgrawn Catholig*, 2010, ix–43. Am ei gyhoeddiadau, gweler Wyn Thomas, 'Llyfryddiaeth y Tad John Fitzgerald', *Cofio John Fitzgerald*, 109–17.
65 Meredydd Evans, 'Y Tad John ac Athroniaeth', *Cofio John Fitzgerald*, 39.
66 John Fitzgerald, [englyn di-deitl], *Cadwyn Cenedl* (Lerpwl a Phontypridd: Cyhoeddiadau Modern Cymreig, 1969), t. 13.
67 John Fitzgerald, 'Rhagair', *Cadwyn Cenedl*, t. 10.
68 Harri Pritchard Jones, 'John Fitzgerald, O. Carm.', *Cofio John Fitzgerald*, 4; Daniel Huws, 'I John', *Cofio John Fitzgerald*, 7.
69 Cerdd anghyhoeddedig. Fe'i ceir, ynghyd â sylwebaeth arni, yn Ifor Williams, 'Cariad Sais at Gymru a'r Gymraeg', *Y Traethodydd*, ci, Gorffennaf 1946, 140, 142 a 144.
70 Ifor Williams, 'Cariad Sais at Gymru a'r Gymraeg', 140: 'Nid yn unig deallai'n burion sut y teimlem at Gymru ac at y Gymraeg, ond teimlai'n gyffelyb ei hun.'
71 Helen Kalliope Smith, 'Twnnel' yn 'Hanner Groeges yng Nghaerdydd', *Barn*, 546/547, Gorffennaf/Awst 2008, 30–1. Cyhoeddwyd 'Twnnel' gyntaf yn *Y Genhinen*, ond ni ddywedir yn *Barn* pryd y bu hynny.
72 Tony Bianchi, *Cyffesion Geordie Oddi Cartref* (Llandysul: Gwasg Gomer, 2010), t. 115.
73 Diddorol yn y cyd-destun hwn yw'r stori 'Neges o Frynaich' lle y myfyria Tony Bianchi ar wreiddiau Cymraeg (ac Eingl-Sacsonaidd) ei gynefin yng ngogledd-ddwyrain Lloegr. Dyma diriogaeth maes brwydr y Gododdin, crud mytholegol y genedl Gymreig, a gan mai brodor o'r rhanbarth yw Bianchi, onid yw'n well Gymro na neb? Am ddadansoddiad, gweler Lisa Sheppard, *Y Gymru 'Ddu' a'r Ddalen 'Wen'* (Caerdydd: Gwasg Prifysgol Cymru, 2018), tt. 151–6.
74 Carmel Gahan, *Lodes Fach Neis* [(Talybont: Y Lolfa), 1980], t. 7.
75 Kate Bosse-Griffiths, 'Hadyn' yn 'Gedichte' [teipysgrif o gerddi Almaeneg ac un gerdd Gymraeg], meddiant y teulu, heb ei gyhoeddi, [17]. Lluniwyd y gerdd hon, 3 Ionawr 1971. Fe'i ceir hefyd yn Tom Cheeseman, Grahame Davies a Sylvie Hoffmann (goln), *Gŵyl y Blaidd / The Festival of the Wolf: Ysgrifennu Ffoaduriaid yng Nghymru / Writing Refugees in Wales* (Abertawe: Parthian, 2006), t. 134 ond yno mae'r iaith 'anghywir' wedi'i 'chywiro'. Ceir hefyd ryddiaith gan Kate Bosse-Griffiths sy'n crybwyll ing ffoaduriaid. Gweler Kate Bosse-Griffiths, 'Y Crwban', *Fy Chwaer Efa a Storïau Eraill* (Dinbych: Llyfrau Pawb, 1944), tt. 43–50, stori am ffoaduriaid ym Mhrifysgol Rhydychen, a'r

croeso a ymestynnir iddynt. Ffoadur yn y brifysgol honno a fuasai Kate Bosse-Griffiths ei hun.

[76] Am hanes Kate Bosse-Griffiths, gweler Heini Gruffudd, *Yr Erlid: Hanes Kate Bosse-Griffiths a'i theulu yn yr Almaen a Chymru adeg yr Ail Ryfel Byd* (Tal-y-bont: Y Lolfa, 2012); J. Gwyn Griffiths, 'Gyrfa a Gwaith' yn J. Gwyn Griffiths (gol.), *Teithiau'r Meddwl: ysgrifau llenyddol Kate Bosse-Griffiths* (Tal-y-bont: Y Lolfa, 2004), tt. 7–22; Marion Löffler, 'Kate Bosse-Griffiths (1910–1998)' yn Bernhard Maier a Stefan Zimmer (goln), *150 Jahre >> Mabinogion << Deutsch-walisische Kulturbeziehungen* (Tübingen: Max Niemeyer Verlag, 2001), tt. 167–83.

[77] Kate Bosse-Griffiths, 'Er ein Held' yn 'Gedichte', [20]. 'Dass ich nur Teil bin / Nur ein Blatt am Baum / das nicht die Wurzeln sieht / Ein Ziegel nur im Haus / der nichts vom Planen weiss / Eine Zelle im Bienenstock / Eine Sekunde in der Ewigkeit / Ein Tiefseefisch, / der keine Mutter kennt.'

[78] Gwennan Higham, 'Kate Bosse-Griffiths: "Dy bobl di fydd fy mhobl i" / "Thy people shall be my people"' (traethawd MA: Queen Mary, University of London, [2009]), 40 a 43. Ceir copi electronig ar https://www.academia.edu/2097937/Kate_Bosse-Griffiths_Dy_bobl_di_fydd_my_mhobl_i_-_Your_people_shall_be_my_people (cyrchwyd 1 Medi 2020). Am drafodaeth bellach, sy'n seiliedig ar yr MA, gweler Gwennan Higham, 'Kate Bosse-Griffiths: Dy bobl di fydd fy mhobl i / Thy people shall be my people', *Angermion: Yearbook for Anglo-German Literary Criticism, Intellectual History and Cultural Transfers Jahrbuch für britisch-deutsche Kulturbeziehungen*, 5, 2012, 161–90.

[79] J. R. Jones, *Ac Onide* (Llandybie: Llyfrau'r Dryw, 1970), t. 175.

[80] Brynley F. Roberts, 'Un o Lawysgrifau Hopcyn ap Tomas o Ynys Dawy', *The Bulletin of the Board of Celtic Studies*, xxii, 1968, 227–8.

[81] Jasmine Donahaye, *The Greatest Need: The creative life and troubled times of Lily Tobias, a Welsh Jew in Palestine* (Dinas Powys: Honno, 2015), tt. 27–8.

[82] Jasmine Donahaye, '"Hurrah for the Freedom of the Nations!" Lily Tobias's Early Zionism and Welsh Nationalism', *Planet*, 147, 2001, 28–36.

[83] Dafydd Elis-Thomas, 'Cyfrol o Gerddi: Beirniadaeth Dafydd Elis Thomas' yn T. M. Bassett (gol.), *Eisteddfod Genedlaethol Frenhinol Cymru: Caernarfon a'r Cylch 1979: Cyfansoddiadau a Beirniadaethau* (Llys yr Eisteddfod Genedlaethol, 1979), t. 109.

[84] Carmel Gahan, *Lodes Fach Neis*, t. 2.

[85] Gilles Deleuze a Félix Guattari, *Kafka, Pour Une Littérature Mineure* (Paris: Les Éditions de Minuit, 1975), t. 41: 'Ym mha ffordd mae

sefyllfa'r Almaeneg ym Mhrâg, geirfa wedi'i gwywo, cystrawen anghywir, yn ffafrio'r defnydd hwn?'

86 Carmel Gahan, *Lodes Fach Neis*, [t. 21].
87 Carmel Gahan, *Lodes Fach Neis*, t. 13.
88 Am gyflwyniad i dermau Deleuze, gweler Adrian Parr, 'Deterritorialisation/ Reterritorialisation' a Paul Patton, 'Deterritorialisation + Politics' yn Adrian Parr (gol.), *The Deleuze Dictionary: Revised Edition* (Edinburgh: Edinburgh University Press, 2010), tt. 69–74. Yn aml iawn, ysgrifenna Deleuze ar y cyd â Guattari.
89 J. R. Jones, 'Troedle', *Gwaedd yng Nghymru* (Lerpwl: Cyhoeddiadau Modern Cymreig Cyf., 1970), t. 63.
90 Gilles Deleuze a Félix Guattari, *Kafka*, t. 29: 'Nid eiddo iaith lai yw llenyddiaeth lai; ond yn hytrach eiddo lleiafrif a'i saernïodd mewn iaith fwyafrifol. Ond y nodwedd gyntaf yn ddieithriad yw dad-diriogaethu garw ar yr iaith.'
91 Gilles Deleuze a Félix Guattari, *Kafka*, t. 30: 'ac amhosibilrwydd ysgrifennu mewn Almaeneg, dyna ddad-diriogaethu'r boblogaeth Ellmynig ei hun, lleiafrif gorthrymus sy'n siarad iaith wedi ei thorri oddi wrth y lliaws, fel "iaith bapur" neu iaith wneud; ac yn fwy fyth felly yn achos yr Iddewon, sydd, ar yr un pryd, yn rhan o'r lleiafrif hwn ac wedi ei eithrio ohono, megis "Sipsiwn wedi dwyn y plentyn Ellmynig o'r crud".'
92 Gilles Deleuze a Félix Guattari, *Kafka*, t. 35.
93 Emrys Jones, 'Introduction' yn Emrys Jones (gol.), *The Welsh in London 1500–2000* (Cardiff: University of Wales Press on behalf of The Honourable Society of Cymmrodorion, 2001), t. 4.
94 Emrys Jones, 'Introduction', t. 4.
95 Emrys Jones, 'The Early Nineteenth Century' yn *The Welsh in London 1500–2000*, t. 90.
96 Sigmund Freud, *Das Unheimliche* (Bremen: Europäischer Literaturverlag, 2012 [1919]).
97 Emrys Jones, 'Introduction', t. 5.
98 Yn ogystal â datganiad eiconaidd Emrys Jones yn *The Welsh in London* am y Cymry fel 'the first ethnic minority in the city', gweler cyfeiriad Huw Edwards, *City Mission: The story of London's Welsh chapels* (Talybont: Y Lolfa, 2014), t. 344: 'No self-respecting ethnic community in London would tolerate such a grotesque failure [to maintain a place of worship].'
99 Gweler, er enghraifft, Bronwen Walter, *Outsiders Inside: Whiteness, Place and Irish Women* (London and New York: Routledge, 2001), tt. 24–6, 80, 110–11, 272 a 277. Mae peth tystiolaeth fod ei hysgolheictod wedi'i dylanwadu gan ei chefndir fel Cymraes yn Lloegr o'r drydedd genhedlaeth. Magwyd Bronwen Walter yn Poole, swydd

Dorset, ac roedd ei thad yn Gymro o'r ail genhedlaeth a defnyddid rhifolion ac ymadroddion Cymraeg ar yr aelwyd. Meddai: 'The notion of Britain as a diaspora space runs richly through my biography, which seemed at first so uncomplicatedly "English". My third-generation Welshness continues to be part of my identity.' (t. 32)

[100] Máirtín Mac an Ghaill, 'The Irish in Britain: the invisibility of ethnicity and anti-Irish racism', *Journal of Ethnic and Migration Studies*, 26 (1), 2000, 137–47. Gweler hefyd Máirtín Mac an Ghaill, 'British Critical Theorists: The Production of the Conceptual Invisibility of the Irish Diaspora', *Social Identities: Journal for the Study of Race, Nation and Culture*, 7 (2), 2001, 179–201.

[101] Máirtín Mac an Ghaill, 'The Irish in Britain', [abstract].

[102] Gráinne O'Keeffe, 'The 2001 Census to Tick or not to Tick: The Existence of an Irish Ethnic Identity in England', *Études irlandaises*, 31 (1), 2006, 170. Mae cwynion o'r fath ymysg lleiafrifoedd ethnig 'gwyn' yn gyffredin. Gweler, er enghraifft, Emily Webb, 'An invisible minority: Romany Gypsies and the question of Whiteness', *Romani Studies*, 29 (1), 2019, 1–25.

[103] Gweler Miranda Fricker, *Epistemic Injustice: Power and the Ethics of Knowing* (Oxford: Oxford University Press, 2007).

[104] 'Louise' yn ddyfynedig yn Jeremy Segrott, 'Identity and Migration: an Ethnography of the Welsh in London' (Prifysgol Abertawe: traethawd PhD, 2001), 272.

[105] Gweler Charles Taylor, 'The Politics of Recognition' yn Amy Gutmann (gol.), *Multiculturalism and 'The Politics of Recognition'* (Princeton: Princeton University Press, 1992), tt. 25–74 am drafodaeth ffurfiannol ar wleidyddiaeth cydnabyddiaeth.

[106] Miranda Fricker, *Epistemic Injustice*, t. 168.

[107] Miranda Fricker, *Epistemic Injustice*, t. 162.

[108] J. Glyn Davies, *Nationalism as a Social Phenomenon* (Liverpool: on behalf of Mrs Hettie Glyn Davies by Hugh Evans & Sons Ltd, 1965), tt. 27 a 41.

[109] John Edward Jones, *Antur a Menter Cymry Lerpwl: Hanes Eglwysi Presbyteraidd Cymraeg Webster Road, Heathfield Road a Bethel o 1887 hyd 1987* (Lerpwl: Cyhoeddiadau Modern Cymreig Cyf., 1987), t. 12. Fodd bynnag, nid oedd yr ail genhedlaeth wedi'i hymylu'n llwyr. Rhwng ei sefydlu yn 1867, a blwyddyn cyhoeddi ei hanes yn 1926, câi capel Cymraeg mawreddog Stanley Road yn Bootle 34 o flaenoriaid, ac o'u plith roedd wyth wedi'u geni yn Lerpwl, a chwech o'r rheini wedi'u magu yn yr eglwys ei hun. Gweler Hugh Evans, *Camau'r Cysegr sef Hanes Eglwys y Methodistiaid Calfinaidd Stanley Road Bootle* (Lerpwl: Hugh Evans a'i Feibion, 1926), t. 83.

Nodiadau

[110] Eleazar Roberts, 'Morysbeiliaid Trwyddedig Liverpool', *Y Traethodydd*, liii, Ionawr 1898, 27. Ysgrifennwyd yr erthygl mewn Cymraeg rhagorol.

[111] Eleazar Roberts, *Owen Rees: A Story of Welsh Life and Thought* (London: Elliot Stock [a] Liverpool: Isaac Foulkes, 1893), t. 192. Mae'r bennod lle trafodir hyn (tt. 186–200) wedi'i strwythuro o amgylch gwrthdaro rhwng y genhedlaeth gyntaf a'r ail, a fynegir trwy anghytundeb diwinyddol, gyda'r gyntaf yn glynu at ddehongliad uniongred o gredoau Calfinaidd a'r ail yn ymateb gyda diwinyddiaeth fwy rhyddfrydol, ac anghydfod ynghylch defnydd o'r Saesneg, gyda'r ail genhedlaeth yn pwyso am fwy o ddefnydd ohoni.

[112] J. Glyn Davies, *Nationalism as a Social Phenomenon*, t. 41.

[113] Huw Pryce, *J. E. Lloyd and the Creation of Welsh History: Renewing a Nation's Past* (Cardiff: University of Wales Press, 2011), tt. 13 a 25.

[114] D. Tecwyn Lloyd, *John Saunders Lewis: Y Gyfrol Gyntaf* (Dinbych: Gwasg Gee, 1988), tt. 25–94.

[115] 'Marw Mr. Thomas Roberts, Monfa, Harthill Road' yn 'Dau Tu'r Afon sef Afon Lerpwl', *Y Brython*, 3 Mai 1934, 8.

[116] Iorwerth Jones, *Dyddiau Lobsgows yn Lerpwl* (Abertawe: Tŷ John Penry, 1988), tt. 26 a 38.

[117] Iorwerth Jones, *Dyddiau Lobsgows yn Lerpwl*, tt. 17 a 25. Am hunangofiant arall sy'n cyfleu hyn yn dda, gweler Hywel Heulyn Roberts (gyda Ioan Roberts), *Tân yn fy Nghalon: Hunangofiant Hywel Heulyn Roberts* (Llandysul: Gwasg Gomer, 2007). Magwyd yr awdur, ffigwr pwysig mewn llywodraeth leol yng Nghymru wedyn, yn Lerpwl ac ni symudodd i Gymru nes ei fod yn ei ugeiniau hwyr. Mae ei atgofion am Lerpwl Gymraeg y 1920au a'r 1930au yn cynnwys nifer o fotiffau ail genhedlaeth: Seisnigrwydd yr ysgol, teyrngarwch i Gymru a hoffter o Loegr, trafferthion wrth ysgrifennu a darllen yn ei famiaith, Cymraeg Lloegraidd fel math penodol o Gymraeg, hunanymwybod ethnig cynyddol yn ei arddegau, ac yna'r penderfyniad terfynol i symud i Gymru.

[118] J. J. Roberts (Iolo Carnarvon), *Cofiant y Parchedig Owen Thomas, D.D., Liverpool* (Caernarfon: D. O'Brien Owen yn Llyfrfa y Cyfundeb, 1912), t. 191.

[119] T. Roberts a D. Roberts, *Cofiant y Parch. W. Rees, D.D. (Gwilym Hiraethog)* (Dolgellau: W. Hughes, 1893), t. 208.

[120] Magwyd ail genhedlaeth Gymraeg yn Ashton-in-Makerfield a gyfrannai yn ei thro at y weinidogaeth Gymraeg, a dywedwyd bod Cymraeg y plant yn St. Helens Junction yn 'ddi-lediaith'. Gweler John Hughes Morris, *Hanes Methodistiaeth Liverpool: Cyfrol II.* (Liverpool: Hugh Evans a'i Feibion, 1932), tt. 345 a 351.

Nodiadau

[121] William Williams, 'Atgofion am Gapel (M.C.), Widnes' yn D. Ben Rees (gol.), *Codi Angor yn Lerpwl a Phenbedw a Manceinion* (Lerpwl: Cyhoeddiadau Modern Cymreig, 2019), tt. 59–60; D. Ben Rees, *Alffa ac Omega: Tystiolaeth y Presbyteriaid Cymraeg yn Laird Street, Penbedw 1906–2006* (Lerpwl: Cyhoeddiadau Modern Cymreig Cyf., 2006), tt. 94–6.

[122] Gweler John Hughes Morris, *Hanes Methodistiaeth Liverpool: Cyfrol II*, t. 362 am drafodaeth fer ar hanes yr achos yn Witton Park, ac am gyfeiriad at fagwraeth grefyddol Thomas Witton Davies yno.

[123] R. Merfyn Jones, 'Cymry Lerpwl' yn D. Ben Rees (gol.), *Cymry Lerpwl a'u Crefydd: Dwy Ganrif o Fethodistiaeth Galfinaidd Gymraeg* (Lerpwl: Cyhoeddiadau Modern Cymreig Cyf., 1984), tt. 22–3.

[124] R. Merfyn Jones, 'Cymry Lerpwl', t. 21.

[125] Gweler 'Nodiadau Misol', *Llais Rhyddid*, iii, 5, Awst 1904, 118. Ceir yno dabl yn rhestru 57 o addoldai Cymraeg yn Lerpwl a'r rhan drefol o Gilgwri. *Llais Rhyddid* oedd cyfnodolyn Eglwys Rydd y Cymry. Am hanes yr enwad, gweler R. Tudur Jones, *Ffydd ac Argyfwng Cenedl: Cristionogaeth a diwylliant yng Nghymru 1890–1914: Cyfrol I: Prysurdeb a Phryder* (Abertawe: Tŷ John Penry, 1981), tt. 210–46.

[126] R. Merfyn Jones, 'Cymry Lerpwl', t. 35.

[127] Saunders Lewis, *Excelsior* (Abertawe: Gwasg Christopher Davies, 1980), t. 16.

[128] 'Cymraeg yn Ysgolion Lerpwl', *Gwalia*, 2 Gorffennaf 1907, 2; Huw Rhosfair, 'Cymraeg yn Ysgolion Lerpwl', *Y Brython*, 23 Ionawr 1908, 7.

[129] J. Glyn Davies, *Nationalism as a Social Phenomenon*, t. 24.

[130] Hugh Evans, *Camau'r Cysegr*, t. 65.

[131] Neil Evans, 'Immigrants and minorities in Wales 1840–1990: A comparative perspective', *Llafur*, 5 (4), 1991, 21. Eithriwyd yr honiad o'r fersiwn ddiwygiedig o'r erthygl a ymddangosodd yn *A Tolerant Nation?* yn 2003.

[132] Gweler Colin G. Pooley, 'The residential segregation of migrant communities in mid-Victorian Liverpool', *Transactions of the Institute of British Geographers*, 2 (3), 1977, 364–82 sydd yn disgrifio'r Cymry fel '[an] "ethnic community" ... highly segregated until towards the end of the nineteenth century' (379), ac yn lled ddidoledig ar seiliau daearyddol mewn tri chlwstwr, sef Everton, Toxteth Park a chanol y ddinas. Fodd bynnag, mae Pooley yn cael peth trafferth i esbonio pam fod cymaint o gronni ethnig ymysg y Cymry gan eu bod 'often held in high regard'. Yr ateb, efallai, yw nad canfyddiad y Saeson o'r Cymry oedd canfyddiad y Cymry ohonynt hwy eu hunain, a byddai manteision ieithyddol, crefyddol a chymunedol yn deillio o fyw yn agos at ei gilydd.

[133] Gweler John Hughes Morris, *Hanes Methodistiaeth Liverpool: Cyfrol II.*, t. 123.

Nodiadau

[134] Joseph Davies, *Bedyddwyr Birkenhead: Hanes Eglwys y Bedyddwyr Cymreig yn Birkenhead o'i sefydliad yn 1839 hyd y flwyddyn 1907, gyda byr hanes yr achos yn Seacombe*. (Llangollen: argraffwyd gan W. Williams, 1908), t. 176.

[135] F. Neal, 'The Birkenhead Garibaldi Riots of 1862', *Transactions of the Historic Society of Lancashire and Cheshire*, 131, 1981, 94.

[136] Ffenomen ryfeddol yw'r hysbysebion 'No Welsh need apply', a'r dystiolaeth gliriaf o hiliaeth yn erbyn Cymry yn Lloegr yn y cyfnod modern. Ceir dwsinau lawer ohonynt mewn papurau newydd yn ystod ail hanner y bedwaredd ganrif ar bymtheg, y rhan fwyaf o ddigon ar lannau Mersi. Yno, roeddynt yn dra arferol: yn y *Daily Post*, 13 Medi 1858, 3, er enghraifft, cyhoeddwyd tri hysbyseb yn gwahardd Cymry rhag ymgeisio. Ceir hefyd gnwd bychan yn Llundain yn yr ugeinfed ganrif, er enghraifft yn Ealing yn y 1930au. Mynegid y gwaharddiad yn unigol, 'No Welsh need apply', ond weithiau ceid gwaharddiad cyfun, 'No Irish or Welsh need apply'. Weithiau hefyd nodir dymuniad i gyflogi morwyn sy'n aelod o Eglwys Loegr sy'n waharddiad *de facto* ar lawer o Gymry a Gwyddelod. Ceir hefyd sylwadau dilornus am iaith, ac mewn un llythyr at y *Liverpool Mercury* yn 1854 ('Correspondence: Irish and Welsh Servants', 24 Tachwedd 1854, 10), cwynir am 'brogue' Gwyddelod a 'the almost equally awkward speech of Welsh servants'. Yn y gymuned Gymraeg yn Lerpwl, ystyrid yr hysbysebion hyn yn rhai cywilyddus: gweler, er enghraifft, J. H. Jones, *Gwin y Gorffennol* (Wrecsam: Hughes a'i Fab, 1938), t. 174. Am enghraifft nodweddiadol ohonynt, gweler 'House Servants Wanted' yn y *Daily Post*, 4 Awst 1862, 3: 'WANTED, a clean, active, respectable Girl as Servant-of-all-Work, with a good character. No Irish or Welsh need apply.' Diolch i Martin Johnes am dynnu fy sylw at y ffaith fod yr hysbysebion hyn mor gyffredin.

[137] Gweler John Davies, 'Political satire: Nineteenth-century comic histories of Liverpool', *Transactions of the Historic Society of Lancashire and Cheshire*, 157, 2008, 104–7.

[138] W. H. Parry, *Y Cymry yn Liverpool, eu Manteision a'u Hanfanteision* (Liverpool: argraffwyd gan T. Hughes, 1868), t. 11.

[139] Elena Puw Morgan, *Y Graith* (Y Clwb Llyfrau Cymreig, 1943), t. 114. Gweler hefyd tt. 121–2.

[140] Marion Eames, *I Hela Cnau* (Llandysul: Gwasg Gomer, 1978), t. 88. Nofel arall sy'n ymdrin â morynion Cymraeg yn Lerpwl yw *Cit* gan Fanny Edwards a ymddangosodd gyntaf yn *Cymru'r Plant* cyn ei chyhoeddi yn 1908.

[141] Eleazar Roberts, *Owen Rees*, tt. 1–2.

[142] Eleazar Roberts, *Owen Rees*, tt. 29, 40, 118–20, 126, 288 a 370.

Nodiadau

[143] Eleazar Roberts, *Owen Rees*, tt. 88–95.
[144] D. Ben Rees, *Hanes Rhyfeddol Cymry Lerpwl* (Tal-y-bont: Y Lolfa, 2019), tt. 113–14.
[145] J. A. Picton, 'History and curiosities of the Liverpool Directory', *Transactions of the Historic Society of Lancashire and Cheshire*, 29, 1876–7, 16.
[146] Saunders Lewis, *Ceiriog* (Gwasg Aberystwyth, 1929), tt. 12 a 16.
[147] Tony Ashcroft, *Images of England: Ashton-in-Makerfield and Golborne* (Stroud: Nonsuch Publishing Limited, 2005 [1997]), t. 31; J. R. Morris, *Atgofion Llyfrwerthwr* (Caernarfon: Llyfrfa'r Methodistiaid Calfinaidd, 1963), t. 94. Gweler hefyd am Gymreictod Ashton, tt. 39–40: 'Cymry glân gloyw oedd yn byw yno o bobtu i'r ffordd am tua hanner milltir ac yr oedd llawer o Gymry eraill mewn rhannau oddi amgylch.'
[148] 'Hugh Roberts, o Landegla' yn ddyfynedig yn John Price Roberts a Thomas Hughes, *Cofiant y Parch. John Evans Eglwysbach* (Bangor: Pwyllgor y Llyfrfa Wesleyaidd, 1903), t. 317.
[149] John Hughes Morris, *Hanes Methodistiaeth Liverpool: Cyfrol I.* (Liverpool: Hugh Evans a'i Feibion, 1929), t. 302.
[150] John Hughes Morris, *Hanes Methodistiaeth Liverpool: Cyfrol II.*, t. 409.
[151] D. Ben Rees, *Hanes Rhyfeddol Cymry Lerpwl*, t. 62.
[152] Parliamentary Papers, *Poor Inquiry.—(Ireland) Appendix G. Report on the State of the Irish Poor in Great Britain* (London: Majesty's Stationery Office, 1836), t. 15.
[153] Parliamentary Papers, *Report on the State of the Irish Poor in Great Britain*, tt. 26 a 31.
[154] Parliamentary Papers, *Report on the State of the Irish Poor in Great Britain*, tt. 25 a 26.
[155] John Hughes Morris, *Hanes Methodistiaeth Liverpool: Cyfrol I.*, t. 9.
[156] Parliamentary Papers, *Report on the State of the Irish Poor in Great Britain*, t. 27.
[157] Parliamentary Papers, *Report on the State of the Irish Poor in Great Britain*, t. 20: 'the Highland Scotch, and all the Welsh, do and would work for as low or even lower wages than the Irish'.
[158] *Liverpool Courier*, 23 Tachwedd [19]02 yn ddyfynedig yn 'A History of St. Paul's Church and Square, with Contemporary Cuttings', *Liverpool 1207*, https://liverpool1207blog.files.wordpress.com/2015/10/st-pauls_history_liverpool1207_v61.pdf (cyrchwyd 1 Medi 2020). Gweler hefyd John Hughes Morris, *Hanes Methodistiaeth Liverpool: Cyfrol I.*, tt. 11–12.
[159] John Hughes Morris, *Hanes Methodistiaeth Liverpool: Cyfrol I.*, t. 41.
[160] J. H. Jones, *Gwin y Gorffennol*, t. 58.
[161] Gweler, er enghraifft, John Hughes Morris, *Hanes Methodistiaeth Liverpool: Cyfrol I.*, t. 85 am hanes 'diwydrwydd gweddw dlawd', Grasi Williams, aelod yng nghapel Cymraeg Pall Mall ynghanol y rhan

dlodaidd o'r dref, a arferai 'gario llwythi ... o iard lo yn Old Hall Street, i'r tai, a derbyniai gydnabyddiaeth o geiniog am bob cant'. Dywedir i'w mab fynd yn farsiandwr llwyddiannus, ac iddi hithau o ganlyniad dreulio 'ei nawnddydd yng nghanol helaethrwydd o gysuron' (t. 86). Dyma foeswers y gwobrwyid y duwiol am eu llafur a'u ffyddlondeb. Buasai'r realiti i'r dosbarth gweithiol fel arall.

162 J. Glyn Davies, *Nationalism as a Social Phenomenon*, t. 27.
163 E. Tegla Davies, 'Pwy oedd y Doctor?', *Gyda'r Hwyr* (Lerpwl: Gwasg y Brython, 1957), t. 96.
164 Emrys Roberts, 'Arthur Wong', *Gwaed y Gwanwyn* (Caernarfon: Llyfrfa'r M.C., 1970), t. 52.
165 Saunders Lewis, *Ceiriog*, t. 14.
166 Saunders Lewis, *Ceiriog*, t. 14.
167 Saunders Lewis, *Excelsior*, t. 16. Am drafodaeth ar ymwybod Saunders Lewis ei fod yn ddieithryn (ymwybod ail genhedlaeth yn y bôn) ac effaith hyn ar themâu ei ddramâu, gweler Bruce Griffiths, *Y Dieithryn wrth y Drws: Thema allweddol yng ngwaith Saunders Lewis* (Cricieth: Cymdeithas Theatr Cymru, 1993).
168 Ceir ambell i hanesydd yn dadlau fel arall, megis Peter John, 'The Oxford Welsh in the 1930's: A Study in Class, Community and Political Influence', *Llafur*, 5 (4), 1991, 99–106 yn olrhain hanes mewnfudwyr o Gymru i Rydychen yn ystod dirwasgiad y 1930au.
169 Jeremy Segrott, 'Identity and Migration', t. 202.
170 Gwneir y pwynt yma gan Richard Lewis a David Ward yn 'Culture, Politics and Assimilation: The Welsh on Teeside, *c.*1850–1950', *Cylchgrawn Hanes Cymru*, 17 (4), 1995, 570.
171 Ifor ap Glyn, 'Haf yn Llundain (Saeson Brown)', *Holl Garthion Pen Cymro Ynghyd* (Talybont: Y Lolfa, 1991), t. 12.
172 Ifor ap Glyn, 'Haf yn Llundain (Saeson Brown)', t. 12.
173 Ifor ap Glyn, 'Map yr Underground', *Cerddi Map yr Underground* (Llanrwst: Gwasg Carreg Gwalch, 2001), t. 8.
174 Ifor ap Glyn, 'ysgol pentre llundain', *Cerddi Map yr Underground*, t. 14.
175 Huw Edwards, *City Mission*, tt. 19–20 a 343–4.
176 Ifor ap Glyn, 'Branwen (Pryddest i nifer o leisiau)', *Golchi Llestri mewn Bar Mitzvah* (Llanrwst: Gwasg Carreg Gwalch, 1998), t. 47.
177 Jeremy Segrott, 'Constructing communities away from home: Welsh identities in London' yn Charlotte Aull Davies a Stephanie Jones (goln), *Welsh Communities: New Ethnographic Perspectives* (Cardiff: University of Wales Press, 2003), tt. 176–202.
178 Ceir trafodaeth ar lenyddiaeth Gymraeg Lloegr yn Simon Brooks, 'Wynebu Diddymdra Ethnig: E. Tegla Davies a Llenyddiaeth Gymraeg Lloegr', *Y Traethodydd*, clxvi, Ionawr 2011, 5–17.

Nodiadau

[179] Ceir hefyd drydydd llyfr yn y gyfres sef *'Tydi Cariad yn Greulon!* (1990).
[180] Gwenno Hywyn, *Tydi Bywyd yn Boen!* (Caernarfon: Gwasg Gwynedd, 1987), tt. 43–4.
[181] Gwenno Hywyn, *Dydy Pethau'n Gwella Dim!* (Caernarfon: Gwasg Gwynedd, 1987), tt. 11–12, 45–46.
[182] Gwenno Hywyn, *Dydy Pethau'n Gwella Dim!*, t. 92.
[183] Ifor ap Glyn, *Tra Bo Dau* (Llanrwst: Gwasg Carreg Gwalch, 2016), t. 138.
[184] Ifor ap Glyn, *Tra Bo Dau*, tt. 144–5.
[185] Ifor ap Glyn, *Tra Bo Dau*, t. 143.
[186] Gweler, er enghraifft, Herta Müller, *Reisende auf einem Bein* (Berlin: Fischer, 2010 [1989]), nofel am fewnfudwraig o'r Rwmania Almaeneg yn cyrraedd yr Almaen.
[187] Sylwadau yn seiliedig ar fy ngwybodaeth o'r gymuned Gymraeg yn Llundain yn y 1980au.
[188] Gweler Dafydd Glyn Jones, 'Cyfrinach Ynys Brydain', *Agoriad yr Oes: erthyglau ar lên, hanes a gwleidyddiaeth Cymru* (Tal-y-bont: Y Lolfa, 2001), tt. 93–110. Mae cyfrol Bethan M. Jenkins, *Between Wales and England: Anglophone Welsh Writing of the Eighteenth Century* (Cardiff: University of Wales Press, 2017) hefyd yn ymdrin â'r thema honno.

Pennod 6

[1] Saunders Lewis, *Dwy Briodas Ann* (Llandybïe: Christopher Davies, 1975), t. 78.
[2] W. Rees [Gwilym Hiraethog], 'Llythur I.', *Llythurau 'Rhen Ffarmwr* (Liverpool, 1902 [1878]), t. 6, cyhoeddwyd gyntaf yn *Yr Amserau* yn 1846; John Roberts Williams, 'Ta-ta i'r Hen Wyddeles' yn Lyn Ebenezer (gol.), *Radio Cymru 21* (BBC Radio Cymru, 1998), tt. 142–3.
[3] Paul O'Leary, *Immigration and Integration: The Irish in Wales 1798–1922* (Cardiff: University of Wales Press, 2000), tt. 15–18; Paul O'Leary, '"Trais a thwyll a cherddi": y Gwyddelod yng Nghymru, 1798–1882' yn Geraint Jenkins (gol.) *Cof Cenedl IX* (Llandysul: Gwasg Gomer, 1994), tt. 133–4.
[4] Griffith Roberts (Gwrtheyrn) yn ddyfynedig yn J. H. Lloyd (Peryddon), 'Cân y Ffeiniaid', *Cylchgrawn Cymdeithas Hanes a Chofnodion Sir Feirionnydd*, vi, i, 1969, 105.
[5] Ceir trafodaeth am esblygiad y syniad gwleidyddol a diwylliannol hwn yn Linda Colley, *Britons: Forging the Nation 1707–1837* (New Haven and London: Yale University Press, 2009). O ran dechreuad y cysyniad yn y cyd-destun Cymraeg, gweler Marion Löffler, 'Dathlu

Nodiadau

Trichanmlwyddiant? Cyd-destun hanesyddol, geirfa a chysyniadau'r cyfieithiad *Pregeth a Bregethwyd yng Nghapel Ty-Ely yn Holbourn yn Llundein Ar Ddydd Merchur ym Mehefin y 7, 1716'* yn Angharad Price (gol.), *Ysgrifau Beirniadol XXXIV* ([Dinbych]: Gwasg Gee, 2016), tt. 113–34.

6   Paul O'Leary, '"Trais a thwyll a cherddi"', t. 137. Am enghraifft o'r ddadl economaidd yn y wasg Gymraeg, gweler 'Terfysg yn Ngweithiau Haiarn yn Farteg', *Y Gwyliedydd*, xi, 135, Mehefin 1834, 191.

7   Am drafodaeth, gweler Louise Miskell, 'Reassessing the Anti-Irish Riot: Popular Protest and the Irish in South Wales, *c*.1826–1882' yn Paul O'Leary (gol.), *Irish Migrants in Modern Wales* (Liverpool: Liverpool University Press, 2004), tt. 102 a 106–9.

8   Paul O'Leary, *Immigration and Integration*, tt. 140 a 144–6.

9   J. Geraint Jenkins, *Dre-Fach Felindre and the Woollen Industry* (Llandysul: Gomer, 1976), t. 25 yn ddyfynedig yn Paul O'Leary, *Immigration and Integration*, t. 147.

10 Dim ond yng ngwaith Paul O'Leary y ceir defnydd ystyrlon o ffynonellau Cymraeg mewn hanesyddiaeth am y Gwyddelod yn y bedwaredd ganrif ar bymtheg.

11 D. J. V. Jones, '"A Dead Loss to the Community": The Criminal Vagrant in Mid-Nineteenth-Century Wales', *Cylchgrawn Hanes Cymru*, 8 (3), 1977, 312–44.

12 W. H. Jones, 'Yr Hen Wyddel Annwyl', *Hogyn o Gwm Main* (Y Bala: Llyfrau'r Faner, 1985), tt. 36–7.

13 Gwentwyson, 'Chwareu Teg i'r Gwyddel', *Cronicl y Cymdeithasau Crefyddol*, xxi, 237, Ionawr 1863, 20.

14 Nansi Richards, *Cwpwrdd Nansi* (Llandysul: Gwasg Gomer, 1972), t. 113.

15 John Iorwerth Davies, *Pat O'Brien 1910–1953: Ysgolfeistr ac Arweinydd Eisteddfodau* (Cymrodoriaeth Talaith a Chadair Powys, 2003).

16 Gweler Anthropos [Robert David Rowland], *Y Pentre Gwyn. Ystori Bore Bywyd* (Gwrecsam: Hughes a'i Fab, 1909), t. 40.

17 'Miss Ann Jones, Brynmaethlu', *Y Drysorfa*, Medi 1864, 350.

18 Cyhoeddwyd *Y Tincer Tlawd*, yn Gymraeg, yn 1971, a dywedir ar y dudalen deitl i Haydn Morgan ei chyfieithu o'r Saesneg. Ond ni ymddangosodd fersiwn Saesneg am bedair blynedd eto fel *The White Lanes of Summer*. Ac er bod Cymraeg *Y Tincer Tlawd* yn idiosyncratig o gyfoethog, ac na ddarllenai fel cyfieithiad o gwbl, Saesneg di-fflach a di-liw sydd yn *The White Lanes of Summer* gyda blas clogyrnaidd arni. Yn y copi o *Y Tincer Tlawd* sydd yn fy meddiant, torrwyd y tu fewn i'r clawr blaen gyfarchiad gan yr awdur ar gyfer ffrindiau, a Chymraeg yw iaith hwnnw. Ni waeth sut y daeth i fodolaeth, haedda *Y Tincer Tlawd* ei lle'n sicr fel un o glasuron y Gymraeg.

Nodiadau

[19] Tom Macdonald, *Y Tincer Tlawd* (Cymdeithas Lyfrau Ceredigion, 1971), tt. 18 a 49.
[20] Tom Macdonald, *Y Tincer Tlawd*, t. 202.
[21] Tom Macdonald, *Y Tincer Tlawd*, t. 49.
[22] Tom Macdonald, *Y Tincer Tlawd*, t. 157.
[23] Tom Macdonald, *Y Tincer Tlawd*, t. 10.
[24] Tom Macdonald, *Y Tincer Tlawd*, t. 50.
[25] D. J. Williams, *Yn Chwech ar Hugain Oed* (Llandysul: Gwasg Gomer, 1959), t. 152: 'Ianci melynddu ei groen yn labro'r nos fel finnau yng Ngwaith Isa'r Betws, morwr a ddaethai i fyny o ddociau Abertawe, os cywir y cofiaf, i dreio ei lwc am gyfnod yng ngwaith glo y De.'
[26] Gwenallt, *Ffwrneisiau: Cronicl Blynyddoedd Mebyd* (Llandysul: Gwasg Gomer, 1982), t. 85. Enghraifft arall o'r ffenomen yw Sais a achubwyd ym Maes-teg yn ystod y Diwygiad: maes o law, daeth yn ddiacon ac ysgrifennydd un o eglwysi'r Annibynwyr Cymraeg. Gweler Alun Page, *Lle bo'r Gwreiddyn* (Abertawe: Gwasg John Penry, 1972), t. 33.
[27] Kate Roberts, *Y Lôn Wen: Darn o Hunangofiant* (Dinbych: Gwasg Gee, 1960), t. 148–9.
[28] M. Wynn Thomas, *In the Shadow of the Pulpit: Literature and Nonconformist Wales* (Cardiff: University of Wales Press, 2010), t. 42.
[29] R. Tudur Jones, *Ffydd ac Argyfwng Cenedl: Cristionogaeth a diwylliant yng Nghymru 1890–1914: Cyfrol II: Dryswch a Diwygiad* (Abertawe: Tŷ John Penry, 1982), tt. 206–7.
[30] Tom Macdonald, *Croesi'r Bryniau* (Aberystwyth: Cymdeithas Lyfrau Ceredigion, 1980). Cyhoeddwyd *Gareth the Ploughman* yn 1939 gan wasg Thornton Butterworth, ond yn anffodus nid oes copi yn y Llyfrgell Genedlaethol ac nid oedd modd ei weld.
[31] Tom Macdonald, *Y Tincer Tlawd*, t. 141.
[32] Tom Macdonald, *Y Tincer Tlawd*, t. 146.
[33] Tom Macdonald, *Y Tincer Tlawd*, t. 147.
[34] Tom Macdonald, *Gwanwyn Serch* (Aberystwyth: Cymdeithas Lyfrau Ceredigion, 1982), t. 19.
[35] Tom Macdonald, *Gwanwyn Serch*, t. 82.
[36] "G" [T. Gwynn Jones], *Lona* (Wrecsam: Hughes a'i Fab, 1923), t. 44.
[37] David Jenkins, *Thomas Gwynn Jones* (Dinbych: Gwasg Gee, 1973), t. 274. Gweler hefyd Tom Macdonald, *Gwanwyn Serch*, t. 103.
[38] Tom Macdonald, *Y Tincer Tlawd*, t. 223.
[39] Paul O' Leary, *Immigration and Integration*, t. 312.
[40] Paul O' Leary, *Immigration and Integration*, t. 297.
[41] Paul O' Leary, *Immigration and Integration*, t. 304.
[42] Daniel Owen, *Hunangofiant Rhys Lewis: Gweinidog Bethel* (Wrexham: Hughes and Son, 1885), t. 33.

Nodiadau

43 Daniel Owen, *Profedigaethau Enoc Huws* (Wrexham: Hughes & Son, 1891), t. 58.
44 Daniel Owen, *Gwen Tomos, Merch y Wernddu* (Wrexham: Hughes & Son, 1894), tt. 20 a 279–81.
45 Yn *Hunangofiant Rhys Lewis*, trafodir agweddau at Saeson hefyd. Cydymdeimlir â chymhellion terfysgoedd yr Wyddgrug yn 1869, gwrthryfel yn erbyn perchennog o Sais a orfodai'r Cymry i siarad Saesneg dan ddaear. Er hynny, condemnia'r nofel ddial y gweithwyr, sef gyrru'r rheolwr Seisnig o'r maes glo (fe'i rhoddwyd ar drên). Gweler Daniel Owen, *Hunangofiant Rhys Lewis*, tt. 110–22; Alun Burge, 'The Mold Riots of 1869', *Llafur*, 3 (3), 1982, 42–57.
46 Robert Rhys, *Daniel Owen* (Caerdydd: Gwasg Prifysgol Cymru, 2000), tt. 40–71 a 193.
47 W. Ambrose Bebb, *Dyddlyfr 1941* (Llandebie: Llyfrau'r Dryw, 1942), t. 60: derbyniodd Bebb lythyr di-enw ym mis Tachwedd y flwyddyn honno yn cyfeirio at Saunders Lewis fel 'y Quisling Babyddol'.
48 Gweler W. J. Gruffydd, 'Nodiadau'r Golygydd', *Y Llenor*, xix, 2, haf 1940, 58: 'Ni allaf i wahanu'r adwaith Catholig oddi wrth yr adwaith gwladol'; W. J. Gruffydd, 'Mae'r Gwylliaid ar y Ffordd', *Y Llenor*, xix, 3, hydref 1940, yn enwedig 122–5 lle cyhuddir yr Eglwys Gatholig o gynllwynio i reoli Swyddfeydd Tramor er ei lles ei hun, ac o beidio â chondemnio Ffasgaeth yn ddiamwys. Gweler hefyd Gwilym Davies, 'Cymru Gyfan a'r Blaid Genedlaethol Gymreig', *Y Traethodydd*, Gorffennaf 1942, xcvii, 424, 107 sy'n dilyn yr un thema wrth haeru am weledigaeth wleidyddol Saunders Lewis: 'Yn y Gymru annibynnol, dotalitaraidd, ffasgiaidd a phabyddol, ni fydd ond un blaid, un eglwys ac un iaith.' Am drafodaeth, gweler Richard Wyn Jones, *'Y Blaid Ffasgaidd yng Nghymru' Plaid Cymru a'r Cyhuddiad o Ffasgaeth* (Caerdydd: Gwasg Prifysgol Cymru, 2013), tt. 1–17.
49 W. Ambrose Bebb, *Calendr Coch* (Gwasg Aberystwyth, 1946), t. 69.
50 W. Ambrose Bebb, *Dyddlyfr 1941*, tt. 60–1. Ceir y sylwadau yn y llythyr di-enw y cyfeiriwyd ato eisoes.
51 W. J. Gruffydd, 'Nodiadau'r Golygydd', *Y Llenor*, vii, 2, haf 1928, 66. Noder serch hynny i'w frygawthan gwrth-Gatholigaidd ymdawelu wedi cwymp Ffasgaeth yn 1945, ac iddo ar brydiau wedyn amddiffyn hawliau Catholigion. Yn 1951, beirniadodd Gyngor yr Eglwysi Rhyddion yn groch am geisio rhwystro Catholigion sir y Fflint rhag codi ysgol Gatholig. Gweler W. J. Gruffydd, 'Nodiadau'r Golygydd', *Y Llenor*, xxx, 1, gwanwyn 1951, 1–2.
52 Paul O'Leary, 'When was Anti-Catholicism? The Case of Nineteenth- and Twentieth-Century Wales', *Journal of Ecclesiastical History*, 56 (2),

2005, 324; Trystan Owain Hughes, 'When was Anti-Catholicism? A Response', *Journal of Ecclesiastical History*, 56 (2), 2005, 331.

[53] Trystan Owain Hughes, 'Anti-Catholicism in Wales, 1900–1960', *Journal of Ecclesiastical History*, 53 (2), 2002, 315 a 324.

[54] Trystan Owain Hughes, 'Anti-Catholicism in Wales, 1900–1960', 318–19; Trystan Owain Hughes, *Winds of Change: The Roman Catholic Church and Society in Wales 1916–1962* (Cardiff: University of Wales Press, 1999), tt. 53, 56, 71, 77, 79–80, 136, 143 a 147.

[55] Islwyn Ffowc Elis, *Wythnos yng Nghymru Fydd* (Caerdydd: Plaid Cymru, 1957), t. 211. Cynhelid yn y 1950au cyfres o orymdeithiau Catholigaidd yn y Bala a fynychid gan hyd at 20,000 o bobl ar y tro, ac mae'n bosib mai dyma gyd-destun portread Islwyn Ffowc Elis o'r 'bygythiad' Catholigaidd yn y dref. Gweler Trystan Owain Hughes, *Winds of Change*, t. 15.

[56] T. Rowland Hughes, *William Jones* (Aberystwyth: Gwasg Aberystwyth, 1944), tt. 74 a 76. Am gyfeiriad cadarnhaol arall at Eidalwyr mewn llenyddiaeth Gymraeg, gweler rhigwm hyfryd Waldo Williams am gaffi Eidalaidd yn Seven Sisters, Cwm Nedd: 'Here's the shop for pop and pie/ Gorau Diawl Segradelli' yn ddyfynedig yn D. J. Williams, *Yn Chwech ar Hugain Oed*, t. 188.

[57] T. Rowland Hughes, *William Jones*, t. 89.

[58] Neil Evans, 'Immigrants and Minorities in Wales, 1840–1990: A Comparative Perspective' yn Charlotte Williams, Neil Evans a Paul O'Leary (goln), *A Tolerant Nation? Exploring Ethnic Diversity in Wales* (Cardiff: University of Wales Press, 2003), tt. 17–18.

[59] 'Tramorwyr mewn Glofeydd Cymreig', *Tarian y Gweithiwr*, 25 Hydref 1900, 4.

[60] Colin Hughes, *Lime, Lemon & Sarsaparilla: The Italian Community in South Wales 1881–1945* (Bridgend: Seren, 1991), tt. 116–17 a 131. Yn ôl Colin Hughes, cyflogwyd hyd at 200 o fwynwyr o'r Eidal, ond 'there are conflicting figures for the size of the Italian workforce, which may well have been somewhat lower'. Gweler hefyd David Bick, *Frongoch Lead and Zinc Mine* (Keighley: The Northern Mine Research Society, 1996), t. 36.

[61] Meic Birtwistle a Dafydd Llŷr James, 'When the Party was Over: Welsh and Italian leadminers in dispute, Cardiganshire 1900–01', *Llafur*, 12 (1), 2016, 18–20.

[62] Marc A. Rowlands, 'Mining Plans of Cardiganshire: The Human Dimension', *Ceredigion*, 13 (2), 1998, 5. Pwysleisir yn yr erthygl gyfraniad mewnfudwyr wrth fwyngloddio plwm yng Ngheredigion: mwynwyr o Gernyw, a pheirianwyr o'r gwledydd Ffrangeg ac Almaeneg eu hiaith.

Nodiadau

[63] Pwynt a wnaed gan Paul O'Leary mewn llythyr ataf.

[64] Glanmor Williams, 'Eira Ddoe: Cofio Dowlais', *Taliesin*, 69, Mawrth 1990, 15. Gweler hefyd Mary Wiliam yn 'Y Cymry a'r Gwyddelod', *Llafar Gwlad*, 65, haf 1999, 12; Mary Wiliam, *Blas ar iaith blaenau'r cymoedd* (Llanrwst: Gwasg Carreg Gwalch, 1990), t. 4 am enghreifftiau o gyfeiriadau at 'blant Mari'.

[65] Gwyn Alf Williams, *Fishers of Men: Stories towards an Autobiography* (Llandysul: Gwasg Gomer, 1996), t. 16.

[66] Mari A. Williams, 'Dowlais (Sir Forgannwg)' yn Gwenfair Parry a Mari A. Williams (goln), *Miliwn o Gymry Cymraeg! Yr Iaith Gymraeg a Chyfrifiad 1891* (Caerdydd: Gwasg Prifysgol Cymru, 1999), tt. 171–95 ac yn enwedig 177–9.

[67] Saunders Lewis, 'Beirniadaeth Saunders Lewis' yn D. M. Ellis (gol.), *Eisteddfod Genedlaethol y Rhyl 1953 Cyfansoddiadau a Beirniadaethau* (Cyngor yr Eisteddfod Genedlaethol, 1953), t. 73.

[68] Dyfnallt Morgan, *Y Llen* (Gwasg Aberystwyth, 1953), t. 10.

[69] Dyfnallt Morgan, *Y Llen*, t. 9.

[70] Mari A. Williams, 'Dowlais (Sir Forgannwg)', tt. 181–2; Heini Gruffudd, '"Y Llen", Dyfnallt Morgan: Diwedd Perfformans?' yn Hywel Teifi Edwards (gol.), *Cyfres y Cymoedd: Merthyr a Thaf* (Llandysul: Gwasg Gomer, 2001), t. 184.

[71] Mari A. Williams, 'Dowlais (Sir Forgannwg)', t. 181. Yn 1891, 'prin iawn yw'r dystiolaeth am unrhyw briodasau rhwng mewnfudwyr o Iwerddon na'u disgynyddion a Chymry brodorol'. Hyd yn oed pe bai'r sefyllfa wedi newid fymryn erbyn i *Y Llen* weld golau dydd yn 1953, go brin mai priodasau cymysg rhwng Cymry a Gwyddyl fuasai'n gyfrifol am shifft iaith.

[72] Am enghraifft arall o rethreg wrth-Wyddelig T. Rowland Hughes, gweler *William Jones*, t. 200: 'Mi ges i le i aros yn ... Bootle hefo rhyw Wyddelod, ac er 'i bod hi mor oer, 'roedd isio chwydd-wydr i weld y tân oedd yn y gegin. Lle sâl gynddeiriog oedd hwnnw – y dyn yn meddwi bob nos a'r wraig yn rhegi fel cath ac un o'r plant yn cael ffitia' a'r babi'n sgrechian drwy'r dydd a thrwy'r nos.' Am wrth-semitiaeth T. Rowland Hughes, gweler T. Rowland Hughes, *Yr Ogof* (Aberystwyth: Gwasg Aberystwyth, 1945), t. 187; T. Rowland Hughes, *O Law i Law* (Llundain: Gwasg Gymraeg Foyle, 1943), tt. 113–14 a T. Rowland Hughes, *Y Cychwyn* (Aberystwyth: Gwasg Aberystwyth, 1947), t. 76.

[73] T. Rowland Hughes, *Chwalfa* (Llandysul: Gwasg Gomer, 1946), t. 84.

[74] T. Rowland Hughes, *Chwalfa*, t. 140. Gweler Daniel Williams, 'Realaeth a Hunaniaeth: O T. Rowland Hughes i Owen Martell', *Taliesin*, 125,

haf 2005, tt. 12–27 am drafodaeth ar y portread hwn o Wyddelod *Chwalfa* fel anifeiliaid.

[75] Motiff grymus yn y cyfnod oedd tynged gwerinwyr o froydd 'dilychwin' y berfeddwlad Gymraeg mewn llefydd llawer mwy cymysg eu hethnigrwydd, iaith a buchedd. Gweler, er enghraifft, Dafydd Roberts, *Y Chwarelwyr a'r Sowth* (Darlith Flynyddol Llyfrgell Bethesda, 1982), t. 13. Dyfynnir o lythyr yn *Y Rhedegydd*, newyddiadur Ffestiniog, yn 1915 gan gyn-chwarelwr sy'n sôn am ei brofiadau yn y de, gan mai 'yr unig beth gwael yma, yn ol ein profiad byr o'r lle, yw ein bod yn gorfod edrych, a chymysgu, i raddau, a phob math o ddynion, yn neillduol y Gwyddelod diegwyddor, yn rhai di-drefn a di-chwaeth, ac fel navvies cyffredin yn leicio cwrw yn ddiod.'

[76] T. Rowland Hughes, *Chwalfa*, t. 146.

[77] Mynegir agwedd y Gymru Anghydffurfiol at Anglicaniaid ar ei chliriaf mewn rhigwm cyfarwydd sy'n dangos sut oedd iaith, statws, dosbarth cymdeithasol a chrefydd yn cyd-blethu gan eu creu fel 'Arall' yn y Gymru Gymraeg: 'Eglwys Loegar, uwch na neb/ Lediaith neis a phletio ceg;/ Person plwy a Sgwiar sgwat/ Gnewch y tro os tynnwch gap.' Dyfynnir yma o T. Gwynn Jones, *Brithgofion* (Llandebie: Llyfrau'r Dryw, 1944), t. 45.

[78] Gwyn Griffiths, *Henry Richard: Heddychwr a Gwladgarwr* (Caerdydd: Gwasg Prifysgol Cymru, 2013), t. 116.

[79] Am wrth-semitiaeth mewn diwinyddiaeth Gristnogol, gweler yn y Gymraeg, Gareth Lloyd Jones, *Lleisiau o'r Lludw: Her yr Holocost i'r Cristion* (Dinbych: Gwasg Gee, 1994).

[80] Markus Kneer, 'Rationalistischer Antijudaismus im 19. Jahrhundert: Das antijüdische Vorteil bei Hegel, Feuerbach, Bauer und Marx' yn Matthias Brosch et al. (goln), *Exclusive Solidarität: Linker Antisemitismus in Deutschland* (Berlin: Metropol, 2007), tt. 27–47.

[81] Mordechai Breuer, 'Orthodox Judaism in Eastern and Western Europe' yn Donal A. Kerr (gol.), *Religion, State and Ethnic Groups: Comparative Studies on Governments and Non-Dominant Ethnic Groups in Europe, 1850–1940: Volume II* (Dartmouth: Europe Science Foundation and New York University Press, 1992), tt. 85–91.

[82] Jean-Paul Sartre, *Réflexions sur la question Juive* (Paris: Gallimard, 1954 [1945]), t. 67. Nid yw'r dehongliad hwn yn gwbl wahanol i'r un a arddelai ynghylch lleiafrifoedd ieithyddol. Roedd teulu Sartre o Alsas, ac roedd yn dra ymwybodol o brosesau cymathiad diwylliannol. Cydymdeimlai â mudiadau ieithyddol rhanbarthol Ffrainc, a thrwy ei anogaeth ef y paratôdd Yves Person rifyn arbennig o *Les Temps Modernes* ar leiafrifoedd cenedlaethol Ffrainc yn 1973.

Nodiadau

83 Owen M. Edwards, *O'r Bala i Geneva* (Y Bala: Davies ac Evans, 1889), t. 81.
84 Gareth Miles, 'O'r Bala i Belsen', *Barn*, 383/384, Rhagfyr 1994/Ionawr 1995, 21–3.
85 Owen M. Edwards, *O'r Bala i Geneva*, t. 81.
86 Owen M. Edwards, *O'r Bala i Geneva*, t. 83.
87 Matthew Arnold, *On the Study of Celtic Literature* (London: Smith, Elder and Co., 1867), tt. 12–13; John Stuart Mill, *Considerations on Representative Government* (London: Parker, Son, and Bourn, West Strand, 1861), t. 293.
88 John Morris-Jones, 'Salm i Famon', *Caniadau* (Rhydychen: Fox Jones & Co, 1907), tt. 82–3.
89 John Morris-Jones, 'Salm i Famon', t. 83.
90 W. J. Gruffydd, 'Nodiadau'r Golygydd', *Y Llenor*, xix, 4, gaeaf 1940, 166. Awgryma'n gryf y byddai arweinwyr Plaid Genedlaethol Cymru yn 'frad-raglofiaid' dan Hitler pe bai'r Almaen Natsïaidd byth yn trechu Prydain.
91 W. J. Gruffydd, 'Nodiadau'r Golygydd', *Y Llenor*, xx, 1, gwanwyn 1941, 3.
92 T. Rowland Hughes, *O Law i Law*, tt. 113–14; T. Rowland Hughes, *Y Cychwyn*, t. 76.
93 Pennar Davies, *E. Tegla Davies* (Cardiff: University of Wales Press, 1983), t. 40.
94 Setlasai poblogaethau bychain o Wyddelod yng ngogledd-ddwyrain Cymru megis yn Wrecsam, y Fflint a'r Wyddgrug. Gweler Peter Jones, 'The Irish in north-east Wales, 1851 to 1881' (Prifysgol Lerpwl: traethawd PhD, 2002).
95 E. Tegla Davies, *Y Sanhedrin Adroddiad o'i Drafodaethau* (Clwb Llyfrau Cymraeg, 1945), t. 9. Gweler hefyd t. 94: 'Lle digon anwar, hen loches Gwyddelod a chrwydriaid, a dioddefasom y canlyniadau.'
96 E. Tegla Davies, *Y Sanhedrin*, t. 10.
97 E. Tegla Davies, *Gyda'r Blynyddoedd*, t. 71.
98 Alun Page, 'Pennar: "plentyn yr oes newydd"', *Y Faner*, 5 Mawrth 1982, 11 yn ddyfynedig yn Enid Jones, *Ffuglen: Y Ddelwedd o Gymru yn y Nofel Gymraeg o ddechrau'r Chwedegau hyd at 1990* (Caerdydd: Gwasg Prifysgol Cymru, 2008), t. 18.
99 T. J. Morgan, 'Adolygiad. *Hanes Llenyddiaeth Gymraeg hyd 1900.* Thomas Parry. Gwasg Prifysgol Cymru. 1944. 10/6', *Y Llenor*, xxiv, 3 a 4, hydref-gaeaf 1945, 100. Gweler hefyd Tudur Hallam, *Canon ein Llên: Saunders Lewis, R. M. Jones ac Alan Llwyd* (Caerdydd: Gwasg Prifysgol Cymru, 2007), tt. 82–3.

Nodiadau

[100] Alun Page, *Western Mail*, 24 Chwefror 1960, 4 yn ddyfynedig yn Trystan Owain Hughes, '"No Longer will we call ourselves Catholics in Wales but Welsh Catholics": Roman Catholicism, the Welsh language and Welsh National Identity', *Cylchgrawn Hanes Cymru*, 20, 2000/1, 354. Ond ceir cyfeiriadau mwy cadarnhaol at Saunders Lewis yn Alun Page, *Arwyddion ac Amserau: Cyfrol o sylwadaeth* (Llandysul: Gwasg Gomer, 1979), tt. 128–31.

[101] Chris Williams, 'The dilemmas of nation and class in Wales, 1914–45' yn Duncan Tanner et al. (goln), *Debating nationhood and governance in Britain, 1885–1945: Perspectives from the "four nations"* (Manchester: Manchester University Press, 2006), t. 156. Cyhudda ryddfrydwyr o wrth-Seisnigrwydd, ac o drin poblogaeth ddi-Gymraeg y cymoedd, yn enwedig, fel pe bai'n boblogaeth aliwn. Gweler tt. 157–60.

[102] Davies Aberpennar, 'Anti-Nationalism among the Anglo-Welsh', *The Welsh Nationalist*, Chwefror 1948, 8 yn ddyfynedig yn Tony Brown, '"The Memory of Lost Countries": Rhys Davies's Wales' yn Meic Stephens (gol.), *Rhys Davies: Decoding the Hare* (Cardiff: University of Wales Press, 2001), t. 84.

[103] Daniel G. Williams, *Wales Unchained: Literature, Politics and Identity in the American Century* (Cardiff: University of Wales Press, 2015), t. 155.

[104] Datblygid strategaeth mewn disgwrs cenedlaetholgar Cymreig, a hefyd ymhlith rhai lleiafrifoedd ethnig, a fyddai'n gwrthsefyll yr hiliaeth hon. Pe mynnai mewnfudwr o Sais fod mewnfudwr arall, 'tramorwr', yn 'mynd adref', rhoddid cyfle i Gymro gwlatgar edliw i'r Sais ei fod yn estron yng Nghymru hefyd. Gweler trafodaeth Jasmine Donahaye, *The Greatest Need: The creative life and troubled times of Lily Tobias, a Welsh Jew in Palestine* (Dinas Powys: Honno, 2015), tt. 52–3 ar stori yn *The Nationalists and Other Goluth Studies* (1921) gan yr Iddewes Gymraeg Lily Tobias sy'n defnyddio'r rhesymeg hon:

> An English boy, Bert Hanson, insults the only Jewish girl in the village of Trwyntwll, clearly Ystalyfera [cartref Lily Tobias], calling her a 'dirty little foreigner'. When the girl, Leah, protests that she was born there, he replies: "'I don't care ... Your father comes from Russia and he says 'dat' instead of 'that.' My dad says you ought to go back to Russia, to your own country. We don't want dirty foreigners in England.'" But a Welsh boy, Idris, comes to Leah's defence: "'Look here, Bert Hanson, you mind your own business or I'll be telling *you* to go back to *your* own country. This is Wales, not England, and it's you are the foreigner here.'"

[105] Marika Sherwood, 'Racism and Resistance: Cardiff in the 1930s and 1940s', *Llafur*, 5 (4), 1991, 54–6. Ymgyrchai AS Llafur De Caerdydd ac eraill yn erbyn morwyr Arabaidd, a rhybuddio rhag 'social menace'

y boblogaeth 'half-caste' yn y ddinas. Gweler Neil Evans, 'Regulating the Reserve Army: Arabs, Blacks and the Local State in Cardiff, 1919–45' yn Kenneth Lunn (gol.), *Race and Labour in Twentieth-Century Britain* (London: Frank Cass, 1985), t. 82.

[106] Daryl Leeworthy, *Labour Country: Political Radicalism and Social Democracy in South Wales 1831–1985* (Cardigan: Parthian, 2018), t. 198.

[107] 'Foreigners in the Anthracite District', *Llais Llafur*, 1 Awst 1914, 4.

[108] 'Ystradgynlais Council', *Brecon County Times*, 19 Mawrth 1914, 5.

[109] Hywel Francis a David Smith, *The Fed: A History of the South Wales Miners in the Twentieth Century* (London: Lawrence and Wishart, 1981), tt. 11–13.

[110] Daryl Leeworthy, 'Poles Apart? Post-War Migration to the Coalfields', papur heb ei gyhoeddi.

[111] Stephen Catterall a Keith Gildart, 'Outsiders: Trade Union Responses to Polish and Italian Coal Miners in Two British Coalfields, 1945–54' yn Stefan Berger, Andy Croll a Norman LaPorte (goln), *Towards a Comparative History of Coalfield Societies* (Aldershot: Ashgate, 2005), tt. 166–7 a 169.

[112] Stephen Catterall a Keith Gildart, 'Outsiders', t. 166. Yn 1945, roedd Horner wedi datgan yng Nghyngres Genedlaethol y Blaid Gomiwnyddol na fyddai'r blaid yn caniatáu 'the importation of foreign – Polish, Italian or even Irish labour [–] to stifle the demand of the British people to have decent conditions in British mines.' Gweler Arthur Horner, 'The Communist Party and the Coal Crisis' [araith Tachwedd 25, 1945], *Arthur Horner Archive: Marxists Internet Archive*, https://www.marxists.org/archive/horner/index.htm (cyrchwyd 1 Medi 2020).

[113] Neil Evans, 'Comparing Immigrant Histories: The Irish and Others in Modern Wales', *Irish Migrants in Modern Wales*, t. 171.

[114] Pathe Industrial Survey, "Mines need D.P. Labour", *http://www.britishpathe.com/video/pathe-industrial-survey-no-7-mines-need-d-p-labour/query/DISPLACED+PERSONS* (cyrchwyd 1 Medi 2020). Ceir ymdriniaeth yn Simon Brooks, 'On the Fear of Difference in the Coalfield', *Nation Time/Cymru Sydd*, *https://nationtimecymrusydd.wordpress.com/ 2018/03/07/on-the-fear-of-difference-in-the-coalfield/*, 7 Mawrth 2018 (cyrchwyd 1 Medi 2020).

[115] Dyn Dwad, 'Rhyng-Genedlaetholwyr', *Y Dysgedydd*, 131 (2), Chwefror 1951, 52.

[116] Islwyn Ffowc Elis, *Cysgod y Cryman*, (Aberystwyth: Gwasg Aberystwyth, 1953), tt. 127–36.

[117] Islwyn Ffowc Elis, *Yn ôl i Leifior* (Aberystwyth: Gwasg Aberystwyth, 1956), t. 62; Islwyn Ffowc Elis, *Cysgod y Cryman*, t. 134. Am drafodaeth, gweler Simon Brooks, 'Ystrydebau Ethnig Islwyn Ffowc Elis' yn

Gerwyn Wiliams (gol.), *Ysgrifau Beirniadol XXVIII* (Dinbych: Gwasg Gee, 2009), tt. 95–120. Mae'n bosib fod llai o ragfarn yn erbyn Almaenwyr ymhlith deallusion Cymraeg nag ymysg yr un grŵp arall yng ngwledydd Prydain ar ôl yr Ail Ryfel Byd. O ran portreadau cadarnhaol o Almaenwyr mewn llenyddiaeth Gymraeg yn y cyfnod, gweler D. Gwenallt Jones, 'Plant yr Almaen', *Eples* (Llandysul: Gwasg Gomer, 1951), t. 65; Waldo Williams, 'Almaenes', *Dail Pren* (Gwasg Aberystwyth, 1956), t. 75. Gweler hefyd Robert Rhys, '"Ni thraetha'r môr ei maint": Cerddi "Almaenig" Waldo Williams yn 1946', *Llên Cymru*, 34, 2011, 226–36.

[118] Gweler Simon Brooks, 'The Idioms of Race: the "Racist Nationalist" in Wales as Bogeyman' yn Robin Chapman (gol.), *The Idiom of Dissent: protest and propaganda in Wales* (Llandysul: Gwasg Gomer, 2006), tt. 139–65; Richard Wyn Jones, *'Y Blaid Ffasgaidd yng Nghymru'*.

[119] Bu peth anghytundeb a ellid ystyried *New Party* Oswald Mosley a dderbyniodd dros ddeng mil o bleidleisiau ym Merthyr Tudful yn etholiad cyffredinol 1931 yn blaid ffasgaidd, ond fel y noda Richard Wyn Jones yn '*Y Blaid Ffasgaidd yng Nghymru*', tt. 95–6, bu'r ymgeisydd, Sellick Davies, yn weithgar yn y *British Union of Fascists* a sefydlodd Mosley wedyn, a chafodd y blaid honno 'un o'u canlyniadau gorau y tu allan i Lundain yn etholiadau lleol 1937 ym Merthyr.'

[120] Gweler Daniel G. Williams, *Black Skin, Blue Books: African Americans and Wales, 1845–1945* (Cardiff: University of Wales Press, 2012), tt. 184–207 am drafodaeth ar hil yn y nofel Gymreig ddiwydiannol sy'n awgrymu peth tebygrwydd rhwng diwylliant poblogaidd 'American Wales', sef cymoedd y de, a'r America go-iawn.

[121] Beriah Gwynfa Evans, 'The Parting of the Ways', *South Wales Daily News*, 23 Awst 1923, 7 yn ddyfynedig yn D. Tecwyn Lloyd, *John Saunders Lewis: Y Gyfrol Gyntaf* (Dinbych: Gwasg Gee, 1988), t. 160.

[122] Dafydd Glyn Jones, 'His Politics' yn Alun R. Jones a Gwyn Thomas (goln), *Presenting Saunders Lewis* (Cardiff: University of Wales Press, 1983), t. 39; Richard Wyn Jones, *Rhoi Cymru'n Gyntaf: Syniadaeth Plaid Cymru: Cyfrol 1* (Caerdydd: Gwasg Prifysgol Cymru, 2007), tt. 58–63.

[123] Llŷr Gwyn Lewis, '"At last the Irish trouble has come": Ymatebion W. B. Yeats a T. Gwynn Jones i Wrthryfel y Pasg', *Llên Cymru*, 40, 2017, 95–115.

[124] T. Gwynn Jones, *Peth nas lleddir* (Aberdar: Swyddfa'r Darian, 1921), t. 2. Yn y gyfrol, ceir cyfieithiadau o waith gweriniaethwyr a garcharwyd megis Piaras Béaslaí ac 'An Seabhac', 'sydd yng ngharchar, y mae'n debyg, os yw eto'n fyw' (t. 19). Gweler hefyd T. Gwynn Jones, *Awen y Gwyddyl: Detholiad a Chyfieithiadau gan T. Gwynn Jones* (Caerdydd: Y Cwmni Cyhoeddi Addysgol, 1922), tt. 72–83.

Nodiadau

[125] T. Gwynn Jones, *Iwerddon* (Aberdar: Pugh a Rowlands, Swyddfa'r "Leader" a'r "Darian", 1919), t. 33.

[126] Llŷr Gwyn Lewis, 'Cyfieithiadau T. Gwynn Jones a Tadhg Ó Donnchadha o Farddoniaeth Gymraeg a Gwyddeleg' yn Tudur Hallam ac Angharad Price (goln), *Ysgrifau Beirniadol XXXIII* (Dinbych: Gwasg Gee, 2014), t. 12. Am drafodaeth arall ar eu gwaith, gweler Dewi Evans, '"Gweddu mae'r Cymro a'r Gwyddel": T. Gwynn Jones a Torna', *Llên Cymru*, 41, 2018, 89–117.

[127] Gweler David Jenkins, *Thomas Gwynn Jones*, t. 52 am gerdd a luniasai T. Gwynn Jones yn llanc ifanc o blaid cenedlaetholdeb Gwyddelig.

[128] Saunders Lewis, *Gwaed yr Uchelwyr* (Cardiff: The Educational Publishing Co. Ltd., 1922), t. 53.

[129] D. J. Williams, 'Y Tri Hyn', *Y Wawr*, iii, 3, haf 1916, 109–14.

[130] David Jenkins, *Thomas Gwynn Jones*, t. 229.

[131] David Jenkins, *Thomas Gwynn Jones*, t. 280. Dywedodd T. Gwynn Jones mewn llythyr at Saunders Lewis yn 1921: 'Gofynnais i un o'm cyfeillion ddoe a wyddai ef ei fod ar delerau da â dyn a elwir yn fradwr i'w wlad mewn cynadleddau o "Eglwyswyr Rhyddion" am ei fod yn ceisio cadw chwarae teg i Wyddyl yn erbyn gormes Ymherodraeth...'.

[132] T. Gwynn Jones, 'Bywyd', *Caniadau* (Wrecsam: Hughes a'i Fab, 1934), t. 208.

[133] D. J. Williams, *Yn Chwech ar Hugain Oed*, t. 183.

[134] Gweler Waldo Williams, 'Wedi'r Canrifoedd Mudan', *Dail Pren*, t. 90. Mae'n canmol merthyron Catholig Cymru am eu bod 'yn un â'r goleuni', ac ieuir Catholigiaeth wrth y genedl: 'Mawr ac ardderchog fyddai y rhain yn eich chwedl,/ Gymru, pe baech chwi'n genedl.' Ceir digon o gyfeiriadau cadarnhaol at Gatholigiaeth yng ngherddi Gwenallt hefyd. Efallai mai'r un mwyaf trawiadol yw'r soned 'Iwerddon', *Ysgubau'r Awen* (Llandysul: Gwasg Gomer, 1939), t. 74. Tâl Gwenallt deyrnged i'r Gwyddyl gwrthryfelgar a gafodd fuddugoliaeth dros y Saeson, a'u 'cadau ... gyda'u dur a'u tân' ac 'A'u ffydd a'u cred yn Nuw a Christ a Mair'.

[135] Saunders Lewis, *Siwan a Cherddi eraill* (Llandebie: Llyfrau'r Dryw, [1956]), t. 64.

[136] Saunders Lewis, *Siwan a Cherddi eraill*, t. 35.

[137] Saunders Lewis, *Siwan a Cherddi eraill*, t. 53.

[138] Saunders Lewis, *Siwan a Cherddi eraill*, t. 36.

[139] Ambrose Bebb, 'Achub Cymru – Achub y Gymraeg', *Y Geninen*, xlii, 1924, 169 yn ddyfynedig yn Heini Gruffudd, *Achub Cymru: Golwg ar gan mlynedd o ysgrifennu am Gymru* (Talybont: Y Lolfa, 1983), t. 48.

Nodiadau

[140] Saunders Lewis, 'Un Iaith i Gymru', *Canlyn Arthur: Ysgrifau Gwleidyddol* (Gwasg Aberystwyth, 1938), t. 59. Cyhoeddwyd gyntaf yn *Y Ddraig Goch*, Awst 1933.

[141] Saunders Lewis, *Egwyddorion Cenedlaetholdeb: Pamffledi'r Ysgol Haf, Machynlleth* (Machynlleth, [1926]), t. 6.

[142] Saunders Lewis, 'Cymreigio Cymru', *Baner ac Amserau Cymru*, 9 Ebrill 1925 yn ddyfynedig yn D. Tecwyn Lloyd, *John Saunders Lewis*, t. 243.

[143] Robin Humphreys (gol.), *Lloffion o Ddyddiaduron Ambrose Bebb 1920–1926* (Caerdydd: Gwasg Prifysgol Cymru, 1996), tt. 165, 167 a 192. Gweler hefyd T. Robin Chapman, *W Ambrose Bebb* (Caerdydd: Gwasg Prifysgol Cymru, 1997), t. 47.

[144] Ambrose Bebb, *Crwydro'r Cyfandir* (Wrecsam: Hughes a'i Fab, 1929), t. 195.

[145] Er hynny, ceir mewn cyfweliad rhwng Ambrose Bebb a Charles Le Goffic, bardd Llydaweg a oedd yn wrth-semitydd amlwg, sylwadau gwrth-semitaidd lu gan Le Goffic megis 'Nid yw corff gwraig yn ddim namyn tegan i'r Iddew' (232). Ceir tair tudalen o wrth-semitiaeth lem cyn i Bebb droi'r sgwrs i gyfeiriad arall. Gweler Ambrose Bebb, 'Awr gyda Charles Le Goffic', *Y Llenor*, iv, 4, gaeaf 1925, 229–32.

[146] Gareth Miles, 'W. Ambrose Bebb' yn Derec Llwyd Morgan (gol.), *Adnabod Deg: Portreadau o ddeg o arweinwyr cynnar y Blaid Genedlaethol* (Dinbych: Gwasg Gee, 1977), t. 82.

[147] Ambrose Bebb, *Crwydro'r Cyfandir*, t. 195.

[148] Dilys Cadwaladr, 'Yr Hen Oruchwyliaeth', *Storïau Dilys Cadwaladr* (Wrecsam: Hughes a'i Fab, 1936), tt. 119–30. Ceir cyfeiriad at Iddew hefyd yn 'Y Pagan', tt. 41–8, yn yr un gyfrol.

[149] Timothy Lewis, 'Pam y mae'r Almaen yn erbyn yr Iddew?', *Y Ford Gron*, v, 10, Awst 1935, 237 a 240.

[150] Timothy Lewis, 'Pam y mae'r Almaen yn erbyn yr Iddew?', 237 a 240.

[151] Gweler *Geiriadur Prifysgol Cymru*. Digwydd hefyd yn y ffurf 'tân eiddew'.

[152] T. Gwynn Jones, *Beirniadaeth a Myfyrdod* (Wrecsam: Hughes a'i Fab, 1935), t. 121.

[153] T. Gwynn Jones, *Beirniadaeth a Myfyrdod*, t. 123.

[154] Gareth Miles, 'D. Tecwyn Lloyd a Gwenallt – Beirniad Blaenllaw a Bardd yr Adwaith', *Barn*, 414–15, Gorffennaf/Awst 1997, 75. Gweler, am yr wrth-semitiaeth, D. Gwenallt Jones, *Plasau'r Brenin* (Gwasg Aberystwyth, 1934), tt. 12–14, 22, 24–5, 66, 69 a 93–5. Er enghraifft, dyma'r disgrifiad o farn y sosialydd gwlatgar, Myrddin Tomos, am Isador Kleinski: 'Wrth wylio'r Iddew yn ysgrifennu ei lithiau, edrychai Myrddin Tomos arno ef a'i genedl fel gelynion gwareiddiad Gorllewin

Nodiadau

Ewrob, y creaduriaid seimllyd a chwythai dân gwrthryfel yn y gwledydd, a hau hadau materoliaeth, gan gyrraedd eu hamcanion iselwael drwy eu cyfoeth cybyddlyd a'u dyfalbarhad. Dylid eu hysgubo, bob un, tua Seion, i lunio yn y byd yno a fynnent' (t. 22). Gellid dadlau mai cymeriad yw Myrddin Tomos yn dadlennu natur hiliol sosialaeth, ond mae'r naratif hefyd yn fframio'r nofel yn nhermau gwrthdaro rhwng Cristnogaeth ac Iddewiaeth: 'Yn y ffenestr gogyfer â'i eisteddle yr oedd yr Arglwydd Iesu Grist wedi Ei groeshoelio rhwng dau leidr Iddewig' (t. 66).

155 D. Tecwyn Lloyd, [adolygiad ar] *'Cnoi Cil'*, *Y Llenor*, xxii, 1 a 2, gwanwyn–haf 1943, 46.
156 G. O. Williams, 'Goleuni Newydd ar Ddafydd ap Gwilym', *Tir Newydd*, 9, Awst 1937, 14.
157 G. O. Williams, 'Karl Kratchan yn Eisteddfod Caerdydd', *Tir Newydd*, 13, Awst 1938, 9.
158 Gweler am drafodaeth, Grahame Davies, 'Rhagfur a rhagfarn: agweddau tuag at yr Iddewon yng ngwaith T. S. Eliot, Saunders Lewis a Simone Weil', *Taliesin*, 100, 1997, 61–77.
159 Simon Brooks, 'Arwyddocâd Ideolegol Dylanwad Sigmund Freud ar Saunders Lewis', *Llenyddiaeth mewn Theori*, 3, 2008, 29–49.
160 David Carroll, *French Literary Fascism: Nationalism, Anti-Semitism and the Ideology of Culture* (Princetown: Princetown University Press, 1995), t. 88.
161 D. Tecwyn Lloyd, *John Saunders Lewis: Y Gyfrol Gyntaf*, t. 263.
162 Saunders Lewis, 'Nodiadau'r Mis', *Y Ddraig Goch*, Rhagfyr 1926.
163 Saunders Lewis, 'Y Dilyw 1939', *Byd a Betws: Cerddi* (Gwasg Aberystwyth, 1941), t. 9.
164 Saunders Lewis, 'Y Dilyw 1939', t. 10.
165 Nesta Thomas, 'Adolygiad: Byd a Betws: Gan Saunders Lewis', *Cefn Gwlad*, tymor y gaeaf, 1942–3, 36–7. Un o olygyddion y cylchgrawn byrhoedlog hwn oedd D. Tecwyn Lloyd.
166 Saunders Lewis, *Monica* (Gwasg Aberystwyth, 1930), tt. 14 a 29; Saunders Lewis, 'Y Cyfalafwyr Bychain', *Canlyn Arthur*, t. 66. Cyhoeddwyd gyntaf yn *Y Ddraig Goch*, Awst 1934; Saunders Lewis, 'Golygfa mewn Caffe', *Byd a Betws*, t. 12. Ardal Iddewig o Lundain oedd Whitechapel.
167 Saunders Lewis, 'Thomas Masaryk', *Canlyn Arthur*, tt. 135–6. Cyhoeddwyd gyntaf yn *Y Ddraig Goch*, Ebrill–Mai 1930.
168 Saunders Lewis, *Brad* (Llandybie: Llyfrau'r Dryw, 1958), t. 37; Saunders Lewis, *1938* (Pen-y-groes: Gwasg Dwyfor, 1989), t. 52.
169 Iorwerth C. Peate, 'Anthropoleg a Phroblemau Cyfoes', *Y Llenor*, xx, 1, gwanwyn 1941, 19.

Nodiadau

[170] Iorwerth C. Peate, 'Anthropoleg a Phroblemau Cyfoes', 21.
[171] Ceir trafodaeth am y feirniadaeth ar fydolwg Cymraeg Peate yn y bennod, 'Hybridedd Lleiafrifol'.
[172] Iorwerth C. Peate, 'Anthropoleg a Phroblemau Cyfoes', 23.
[173] Gweler Iorwerth Peate, 'Llenyddiaeth Gymraeg mewn "Cymdeithas Ddwyieithog"'. Roedd Peate yn credu mewn cymdeithas uniaith Gymraeg. Gweler *Syniadau* (Llandysul: Gwasg Gomer, 1969), tt. 77–88.
[174] Iorwerth C. Peate, 'Rhai Sylwadau ar Hanes a Gwleidyddiaeth Plaid Cymru', *Taliesin*, 21, Rhagfyr 1970, 104.
[175] Saunders Lewis, 'Traddodiadau Catholig Cymru: Anerchiad i Gatholigion Caerdydd, 1934', *Catholiciaeth a Chymru: Crynhoad o Ysgrifau Pabyddol* (Llyfrau Sulien, 1954), tt. 10–11. Ailgyhoeddwyd yn Saunders Lewis, *Ati, Wŷr Ifainc* (Caerdydd: Gwasg Prifysgol Cymru, 1986), t. 8.
[176] Caed ymysg y Gwyddelod Cymraeg hyn y Tad Patrick Kane (a lysenwid yn 'Padrig Sant Cymru') o Limerick a ddaeth yn aelod o'r Orsedd; y Tad Daniel Mullins, a fuasai'n esgob Mynyw, yntau o swydd Limerick; y Tad John Ryan, ysgolhaig Cymraeg a gyfieithodd rai o emynau Ann Griffiths i'r Saesneg, a nifer fawr o offeiriaid eraill o Iwerddon. Hefyd, cofleidiai offeiriaid o dras Wyddelig y Gymraeg megis y Tad James O'Reilly yn y Bermo, a'r Tad MacGuire yng Nghyffordd Llandudno. Gweler Trystan Owain Hughes, 'Croesi Ffiniau Diwylliannol? Pabyddion Gwyddelig, mewnfudo a'r iaith Gymraeg yn yr ugeinfed ganrif' yn Geraint H. Jenkins (gol.), *Cof Cenedl XVIII* (Llandysul: Gwasg Gomer, 2003), tt. 161–89 am fwy o fanylion am y Catholigion Gwyddelig Cymraeg; hefyd, Trystan Owain Hughes, '"No Longer will we call ourselves Catholics in Wales but Welsh Catholics"', 345. Yr offeiriad a gyfrannai fwyaf i'r bywyd Cymraeg oedd y Tad John Fitzgerald, yntau o dras Wyddelig, y rhoddir sylw iddo yn y bennod 'Pwy yw'r Cymry?'.
[177] *Baner ac Amserau Cymru*, 15 Medi 1948, 8 yn ddyfynedig yn Trystan Owain Hughes, '"No Longer will we call ourselves Catholics in Wales but Welsh Catholics"', 347.
[178] Saunders Lewis, *Siwan a Cherddi eraill*, tt. 10–11.
[179] Trystan Owain Hughes, '"No Longer will we call ourselves Catholics in Wales but Welsh Catholics"', 346–7.
[180] Ar ddiwedd yr ugeinfed ganrif, parhâi cymuned Wyddelig Cymru i feithrin hybridedd lleiafrifol. Er enghraifft, yn y 1990au ar wahanol adegau, yn ogystal â chylchgrawn Saesneg, *The Green Dragon*, bodolai cyfnodolyn Gwyddeleg, *An Briathor Saor* ('Y Gair Rhydd'), a chylchgrawn Cymraeg, *Y Ddraig Werdd*.
[181] *Western Mail*, 27 Chwefror 1960, 6 yn ddyfynedig yn Trystan Owain Hughes, '"No Longer will we call ourselves Catholics in Wales but Welsh Catholics"', 347.

Nodiadau

[182] Carys Moseley, 'Lladin, Ffrangeg a Saesneg: rhai cwestiynau moesegol am ieithoedd rhyngwladol Cymru' yn E. Gwynn Matthews (gol.), *Hawliau Iaith: Cyfrol Deyrnged Merêd: Astudiaethau Athronyddol 4* (Talybont: Y Lolfa, 2015), tt. 82–3.

[183] *Liverpool Daily Post*, 22 Ionawr 1965 yn ddyfynedig yn Trystan Owain Hughes, '"No Longer will we call ourselves Catholics in Wales but Welsh Catholics"', 363.

[184] Trystan Owain Hughes, '"No Longer will we call ourselves Catholics in Wales but Welsh Catholics"', 363.

Pennod 7

[1] Alan Llwyd, *Cymru Ddu: Hanes Pobl Dduon Cymru* (Caerdydd: Hughes a'i Fab, 2005), t. 29.

[2] 'Marwolaethau', *Baner ac Amserau Cymru*, 23 Ionawr 1861, 69. Ceir adroddiad am farwolaeth 'Lowry Jones, Rhyra, ger Tremadog. Yr oedd yn ferch i'r diweddar Jack Black, yr hwn a ddygwyd i'r wlad hon o'r India'.

[3] Gweler Alltud Eifion [Robert Isaac Jones], *Y Gestiana, sef Hanes Tre'r Gest, yn cynwys cofnodion hynafiaethol Plwyfi Ynyscynhaiarn a Threflys, ...* (Tremadog: Robert Isaac Jones, 1892), t. 65; Alltud Eifion, *John Ystumllyn neu "Jack Black," Hanes ei Fywyd a Thraddodiadau am dano, o'r Amser y Dygwyd ef yn Wyllt o Affrica, hyd Adeg ei Farwolaeth; ei Hiliogaeth ...* (R. Isaac Jones: Tremadoc, 1888), [tt. 4 a 7–8]. Mae *John Ystumllyn*, yr adroddiad mwyaf cynhwysfawr o'r ddau, yn cynnig nifer o bosibiliadau o ran ei gefndir: iddo gael ei ddal yn Affrica, neu ei drosglwyddo o India'r Gorllewin, neu ei ganfod yn Llundain ar ôl cael ei lanio yno. Honna i John Ystumllyn ei hun haeru iddo gael ei ddal yn Affrica 'ar lan afon fechan mewn coed ... yn ceisio dal Iar ddwfr, pan ddaeth dynion gwynion yno a'i ddal gan ei gipio ymaith' a'i fam 'yn eu gweled, ac a redodd ar eu holau, gan wneyd oernadau dychrynllyd' [tt. 7–8]. Faint o goel y gellir ei rhoi ar adroddiad o'r fath 140 o flynyddoedd ar ôl ei ddyfodiad i Gymru yn fachgen yn y 1740au neu'r 1750au, mae'n anodd gwybod.

[4] Yasmin [Begum], @punkistani93, 17 Awst 2019.

[5] Alltud Eifion, *Y Gestiana*, t. 65.

[6] Atgynhyrchir y darlun o John Ystumllyn yn Alan Llwyd, *Cymru Ddu*, t. 27.

[7] Alltud Eifion, *John Ystumllyn*, [tt. 9–11].

[8] David Morris, 'Identifying the Black Presence in Eighteenth-Century Wales', *Llafur*, 10 (1), 2008, 20.

Nodiadau

9   H. Jones Davies, 'Ofergoelion a Defion Doe', *Y Traethodydd*, lxxx, Gorffennaf 1925, 161 a 166.
10 H. Jones Davies, 'Ofergoelion a Defion Doe', 166–7.
11 Diddorol yn y cyswllt hwn yw'r hanesyn a geir yn R. Gwylfa Roberts, 'Gwlad Du a Gwyn. XV. Lleoedd o Gwmpas Utica', *Llanelli Star*, 6 Mawrth 1915, 3. Sylwa Cymro sydd newydd fudo i'r Amerig ar ddyn du sy'n siarad Cymraeg, a dywed Cymro arall wrth y newyddian, o ran cellwair, os yw'n aros yn America y bydd yn mynd gyn dded ag ef. Ceir ei debyg mewn diwylliannau lleiafrifol eraill yn yr Unol Daleithiau, er enghraifft yn y diwylliannau Gaeleg ac Almaeneg. Gweler Werner Sollors, 'The Celtic Nations and the African Americas', *Comparative American Studies An International Journal*, 8 (4), 2010, 316; Michael Newton, '"Did you hear about the Gaelic-speaking African?": Scottish Gaelic Folklore about Identity in North America', *Comparative American Studies An International Journal*, 8 (4), 88–106. Motiff sydd yma, nid ffaith hanesyddol, ond dengys y gall iaith groesi ffiniau hil.
12 D. Hugh Matthews, 'Bedyddwyr Cymraeg a Chaethwasiaeth', *Y Traethodydd*, clix, Ebrill 2004, 84–91. Cymuned Gymraeg a sefydlwyd yn y 1730au oedd y Welsh Neck, ac arhosai'n Gymraeg am beth o leiaf o'r ddeunawfed ganrif. Cymraeg hefyd oedd iaith yr eglwys yn y Welsh Tract a sefydlwyd yn 1703.
13 Thomas Phillips, 'A JOURNAL of a VOYAGE Made in the HANNIBAL of *London*, Ann, 1693, 1694, ...' yn *A Collection of Voyages and Travels... Vol. VI* (London, 1732), tt. 173–239.
14 Charles Johnson [Daniel Defoe?], *A General History of the Pyrates, from their first Rise and Settlement in the Island of Providence, to the present Time* (London: T. Warner, 1724), t. 261.
15 Lewis Morris, 'Cywydd Marwnad Siôn Morris' [drafft] yn ddyfynedig yn Dafydd Wyn Wiliam, *Cofiant Siôn Morris (1713–1740)* (cyhoeddwyd gan yr awdur, 2003), tt. 52 a 83.
16 Tegwyn Jones, *Y Llew a'i Deulu* (Talybont: Y Lolfa, 1982), t. 116.
17 Lewis Lloyd, *Pwllheli: The Port and Mart of Llŷn* (Llanfair: cyhoeddwyd gan yr awdur, 1991), tt. 100–2: 'The *Mary* was built by a Mr. Courtnay and, according to *Lloyd's Register* for 1803, the ship *Mary* (437 tons) was owned by Forbes & Co. of Liverpool and her destined voyage was Africa' (t. 102).
18 Llythyr oddi wrth John [Siôn] Morris at Richard Morris, 4 Mawrth 1739 yn ddyfynedig yn John H. Davies (gol.), *The Letters of Lewis, Richard, William and John Morris of Anglesey, (Morrisiaid Mon), 1728–1765. Volume I* (Aberystwyth: cyhoeddwyd gan y golygydd, 1907), t. 21.
19 Gomer Williams, *History of the Liverpool Privateers and Letters of Marque with an account of the Liverpool Slave Trade* (London: William Heinemann/

Nodiadau

Liverpool: Edward Howell, 1897), t. 674. Yn yr 'Appendix to Slave Trade Section', sy'n nodi 'a List of the Company of Merchants trading to Africa ... belonging to Liverpool, June 24th, 1752', ceir enwau 'Owen Pritchard' (fe'i sillefir yn 'Owen Prichard' mewn lle arall yn y gyfrol) a 'Capt. John Hughes'. Gweler hefyd Dafydd Wyn Wiliam, *Cofiant Siôn Morris*, t. 56; D. Ben Rees, *Hanes Rhyfeddol Cymry Lerpwl* (Tal-y-bont: Y Lolfa, 2019), tt. 15–17.

[20] Llythyr oddi wrth John Elias at David Ellis, 8 a 9 Gorffennaf 1806. Archif Llyfrgell Genedlaethol Cymru, LlGC 12743D. Diolch i E. Wyn James am yr wybodaeth.

[21] Parliamentary Papers, *Poor Inquiry.–(Ireland) Appendix G. Report on the State of the Irish Poor in Great Britain* (London: Majesty's Stationery Office, 1836), t. 25; John Hughes Morris, *Hanes Methodistiaeth Liverpool: Cyfrol I.* (Liverpool: Hugh Evans a'i Feibion, 1929), t. 9; Stephen D. Behrendt, 'Human Capital in the British Slave Trade' yn David Richardson, Susanne Schwarz ac Anthony Tibbles (goln), *Liverpool and Transatlantic Slavery* (Liverpool: Liverpool University Press, 2007), t. 81. Mae'n debygol mai at y llu o ddociau a adeiladwyd yn Lerpwl yn y 1820au a'r 1830au y cyfeiria'r *Poor Inquiry*, ond nid oes rheswm i dybio y buasai cyfansoddiad ethnig gweithlu'r dociau yn wahanol ychydig ddegawdau ynghynt.

[22] Chris Evans, *Slave Wales: The Welsh and Atlantic Slavery 1660–1850* (Cardiff: University of Wales Press, 2010), tt. 31–41, 46–54.

[23] Chris Evans, *Slave Wales*, tt. 58–72.

[24] Trevor Burnard, 'From periphery to periphery: the Pennants' Jamaican plantations and industrialisation in North Wales, 1771–1812' yn H. V. Bowen (gol.), *Wales and the British overseas empire: Interactions and influences, 1650–1830* (Manchester: Manchester University Press, 2011), tt. 118–19.

[25] Trevor Burnard, 'From periphery to periphery', t. 136. Codwyd Castell Penrhyn ar ei wedd bresennol rhwng oddeutu 1820 a 1833.

[26] Trevor Burnard, 'From periphery to periphery', t. 136.

[27] Trevor Burnard, 'From periphery to periphery', t. 126.

[28] Alan Llwyd, *Gronwy Ddiafael, Gronwy Ddu: Cofiant Goronwy Owen 1723–1769* (Cyhoeddiadau Barddas, 1997), tt. 316–17.

[29] 'William Glynne Griffith (1775–1842)' yn University College London, *Legacies of British Slave-ownership*, https://www.ucl.ac.uk/lbs/. Gweler 'Jamaica Portland 229 A-D (Whitehall)' yn y bas data am fanylion am yr ystad. Priododd â Catherine White, merch David White o Fryste, perchennog stad Whitehall, yn Llanbeblig yn 1810. Diolch hefyd i Dilwyn John Williams am wybodaeth wedi'i seilio ar y gofrestr briodasau yn Archifdy Gwynedd (XPE/25/17).

Nodiadau

30 'Walter Price (????–1848)' yn *Legacies of British Slave-ownership*. Gwasanaethai ym Moroco fel Dirprwy Gonswl Prydain.
31 'Owen Putland Meyrick (1752 – 1825)' yn *Legacies of British Slave-ownership*.
32 'George Hay Dawkins Pennant (1764 – 1840)' yn *Legacies of British Slave-ownership*.
33 John Dilwyn Williams, 'Bodfel, Barbados and Slavery', *Trafodion Cymdeithas Hanes Sir Gaernarfon*, 68, 2007, 51–5; gohebiaeth e-bost oddi wrth Dilwyn John Williams.
34 Chris Evans, *Slave Wales*, t. 3.
35 Chris Evans, *Slave Wales*, t. 29.
36 E. Wyn James, '"Blessèd Jubil!": Slavery, Mission and the Millennial Dawn in the Work of William Williams of Pantycelyn' yn John Kirk et al. (goln), *Poetry and Song in the Age of Revolution: Cultures of Radicalism in Britain and Ireland: number 3* (London: Pickering & Chatto, 2013), t. 112.
37 W. Williams [Pantycelyn], *Pantheologia, neu hanes holl grefyddau'r byd* (Caerfyrddin, 1762), t. 39. Mae'r disgrifiad yn seiliedig ar ddarn cyfatebol o ffynhonnell Saesneg.
38 Ukawsaw Gronniosaw [cyfieithwyd gan William Williams, Pantycelyn], *Berr Hanes o'r Pethau mwyaf hynod ym Mywyd James Albert Ukawsaw Gronniosaw, Tywysog o Affrica: Fel yr adroddwyd ganddo ef ei hun* (Aberhonddu: argraphwyd dros y Parch. Mr. W. Williams gan E. Evans, 1779), t. 17. Gweler am drafodaeth, Ryan Hanley, 'Calvinism, Pro-slavery and James Albert Ukawsaw Gronniosaw', *Slavery and Abolition*, 36 (2), 2015, 360–81.
39 E. Wyn James, '"Blessèd Jubil!"', t. 99.
40 Andrew Porter, *Religion versus empire? British Protestant missionaries and overseas expansion, 1700–1914* (Manchester and New York: Manchester University Press, 2004), tt. 18–19, 26 a 31.
41 W. Williams [Pantycelyn], *Marwnad ar y Parchedig Mr. G. Whitffield, Chaplain i'r Wir Anrhydeddus Iarlles Huntington...* (Caerfyrddin, 1770), t. 7.
42 Gwyn Alf Williams, *The Search for Beulah Land: The Welsh and the Atlantic Revolution* (New York: Holmes & Meier, 1980), t. 113.
43 Gwyn Alf Williams, *The Search for Beulah Land*, tt. 81–8.
44 Am drafodaeth, gweler E. Wyn James, 'Morgan John Rhys a Chaeth-wasiaeth Americanaidd' yn Daniel G. Williams (gol.), *Canu Caeth: Y Cymry a'r Affro-Americaniaid* (Llandysul: Gwasg Gomer, 2010), tt. 2–25.
45 Morgan John Rhys, 'Ardderchog Ymgais Rheswm Naturiol Mewn GREENLANDER, *ymherthynas i'r* Bod o DDUW, &c.', *Y Cylch-grawn Cynmraeg*, ii, Mai 1793, 62–3.

Nodiadau

46 Gwyn Alf Williams, *The Search for Beulah Land*, t. 112.
47 Gwyn Alf Williams, *The Search for Beulah Land*, t. 112.
48 Geraint H. Jenkins, *Bard of Liberty: The Political Radicalism of Iolo Morganwg* (Cardiff: University of Wales Press, 2012), tt. 73, 105–6 a 123.
49 Geraint H. Jenkins, *Bard of Liberty*, t. 125.
50 Gweler Andrew Davies, '"Uncontanimated with Human Gore"? Iolo Morganwg, Slavery and the Jamaican Inheritance' yn Geraint H. Jenkins (gol.), *A Rattleskull Genius: The Many Faces of Iolo Morganwg* (Cardiff: University of Wales Press, 2009), tt. 293–313.
51 Gweler, er enghraifft, Samuel, *Brynmair* [Samuel Roberts, Llanbrynmair], 'Y Creulondeb o fflangellu Benywod', *Y Dysgedydd Crefyddol*, viiii, Mehefin 1829, 183–4 a 'Cwynion Yamba, Y Gaethes Ddu', *Y Dysgedydd Crefyddol*, ix, Ebrill 1830, 114–15. Gweler hefyd E. Wyn James, 'Welsh ballads and American Slavery', Prifysgol Caerdydd, *https://www.cardiff.ac.uk/special-collections/subject-guides/welsh-ballads/slavery*, 2007 (cyrchwyd 1 Medi 2020).
52 Y Cymro Bach [Benjamin Price], 'Can y Negro Bach', *Greal y Bedyddwyr*, iv, Rhagfyr 1830, 371.
53 Am drafodaeth ar hyn, gweler Daniel Williams, 'Hil, Iaith a Chaethwasanaeth; Samuel Roberts a "Chymysgiad Achau"', *Y Traethodydd*, clix, Ebrill 2004, 92–106.
54 Solomon Nutry, *Hanes, Cyffes, Achwyniad, Anerchiad, a Dymuniad y Negroes* (Caerdydd: argraffwyd gan J. a Ll. Jenkins, [1832–1834?]), t. 2.
55 Solomon Nutry, *Hanes, Cyffes, Achwyniad, Anerchiad, a Dymuniad y Negroes*, t. 2.
56 Gweler E. Wyn James, 'Welsh ballads and American Slavery', am drafodaeth. Bûm yn gohebu ag E. Wyn James yn sgil darllen yr erthygl hon, a daeth o hyd wedyn i dystiolaeth ychwanegol. Rwy'n hynod ddiolchgar iddo am ganiatáu i mi ei hatgynhyrchu yma.
57 Jerry Hunter, *I Ddeffro Ysbryd y Wlad: Robert Everett a'r Ymgyrch yn erbyn Caethwasanaeth Americanaidd* (Llanrwst: Gwasg Carreg Gwalch, 2007); Gareth Evans-Jones, '*Y Cenhadwr* and *Y Dyngarwr*: Two Welsh-American Abolitionist Journals?', *Proceedings of the Harvard Celtic Colloquium*, 35, 2015, 109–28.
58 Am drafodaeth ar y cyfieithiadau a'r addasiadau hyn, gweler Daniel G. Williams, *Black Skin, Blue Books: American Americans and Wales 1845–1945* (Caerdydd: Gwasg Prifysgol Cymru, 2012), tt. 48–53; Daniel G. Williams, 'Uncle Tom and Ewythr Robert: Anti-Slavery and Ethnic Reconstruction in Victorian Wales', *Slavery & Abolition: A Journal of Slave and Post-Slave Studies*, 33 (2), 2012, 275–86; David Willis,

'Cyfieithu iaith y caethweision yn *Uncle Tom's Cabin* a darluniadau o siaradwyr ail iaith mewn llenyddiaeth Gymraeg', *Llên Cymru*, 39, 2016, 56–72.

59 William Rees [Gwilym Hiraethog], *Aelwyd F'Ewythr Robert: neu, Hanes Caban F'Ewythr Tomos* (Dinbych: Thomas Gee, 1853), t. 5.
60 William Rees [Gwilym Hiraethog], *Aelwyd F'Ewythr Robert*, t. iii.
61 Morgrugyn Machno, 'At Chwarelwyr Cymru. Llythyr III', *Yr Amserau*, 26 Hydref 1853, 3.
62 'Helynt y Penrhyn', *Yr Herald Cymraeg*, 19 Chwefror 1901, 7.
63 Llaw Eraint, 'Caethweision Gwynion!!', *Y Werin*, 2 Hydref 1886, 4.
64 E. Pan Jones, *Oes a Gwaith y Prif Athraw y Parch. Michael Daniel Jones, Bala* (Bala: H. Evans, 1903), t. 171. Diolch i E. Wyn James am y cyfeiriad.
65 Robert Williams yn *Labour Leader*, 2 Gorffennaf 1898 yn ddyfynedig yn Martin Wright, *Wales and Socialism: Political Culture and National Identity before the Great War* (Cardiff: University of Wales Press, 2016), t. 113.
66 Hugh Hughes at Richard Morris [llythyr] yn Hugh Owen (gol.), 'Additional Letters of the Morrises of Anglesey (1735–1786)', *Y Cymmrodor*, xlix, ii, 1949, 685.
67 Saunders Lewis, 'Cwrs y Byd', *Baner ac Amserau Cymru*, 13 Ionawr 1943 yn ddyfynedig yn T. Robin Chapman, *Un Bywyd o blith Nifer: Cofiant Saunders Lewis* (Llandysul: Gwasg Gomer, 2006), t. 259. Yng ngweithiau Saunders Lewis, tynnir cymhariaeth hefyd rhwng caethweision duon Jamaica a Chatholigion Cymru, er mwyn dynodi gorthrwm. Gweler Saunders Lewis, *Dwy Briodas Ann* (Llandybie: Christopher Davies, 1975), t. 70: 'MRS. K.: Rhyddfreiniad y Pabyddion? Yn Jamaica?/ FICER: Nage, nid y caethion duon. Er eu bod nhw'n eithaf tebyg iddyn nhw.'
68 Homi K. Bhabha, 'Of mimicry and man: The ambivalence of colonial discourse', *The Location of Culture* (London and New York: Routledge, 1994), tt. 85–92.
69 James Horn, 'British diaspora: emigration from Britain, 1680–1815', yn P. J. Marshall (gol.), *The Oxford History of the British Empire: Volume II: The Eighteenth Century* (Oxford: Oxford University Press, 1998), tt. 38–9.
70 Trevor Burnard, 'From periphery to periphery', t. 115.
71 Gweler Andrew Mackillop, 'A "reticent" people? The Welsh in Asia, *c.*1700–1815' yn H. V. Bowen (gol.), *Wales and the British overseas empire*, tt. 143–67.
72 Theophilus Evans, *Drych y Prif Oesoedd yn ddwy Ran …* (Argraphwyd yn y Mwythig tros yr Awdur, 1740), t. 20.
73 Theophilus Evans, *Drych y Prif Oesoedd yn ddwy Ran …*, t. 20. Un enghraifft o farn yn tynnu'n groes i sentiment y diwylliant Cymraeg

Nodiadau

o blaid brodorion yw achwyniad Goronwy Owen yn Virginia'r 1760au iddo ymgartrefu yn 'Hell fro eddyl llofruddion – Indiaid, eres haid, arw son!'. Gweler Goronwy Owen, 'Marwnad Lewis Morris, Ysw.', *Gwaith y Parch. Goronwy Owen, M.A., ei Farddoniaeth a'i Ohebiaeth:...* (Llanrwst: J. Jones, 1860), t. 117.

74 Michael D. Jones, 'Y Rhyfel yn Affghanistan', *Y Celt*, 4 Hydref 1878, 8: 'Mae tri dosbarth o droseddwyr cymdeithasol a ddefnyddiant orfodaeth i gyrhaedd eu hamcanion, sef yspeilwyr pen heol, lladron dynion, a goresgynwyr.'

75 Hugh Hughes, *Llawlyfr y Wladychfa Gymreig yn cynnwys sylwadau ar yr angenrheidrwydd a'r posibilrwydd o'i sefydlu, hanes Patagonia,...* (Llynlleifiad: L. Jones & Co., 1862), t. 21 yn ddyfynedig yn Geraldine Lublin, 'Y Wladfa: gwladychu heb drefedigaethu?', *Gwerddon*, 4, Gorffennaf 2009, 13.

76 Gweler Gwyn Alf Williams, *The Search for Beulah Land*, t. 38 lle nodir fod cael hyd i Indiaid Cymraeg yn America'r 1790au a sefydlu gwladfa Gymreig fel pe baent yn ddwy ochr yr un geiniog.

77 Geraldine Lublin, *Memoir and Identity in Welsh Patagonia: Voices from a Settler Community in Argentina* (Cardiff: University of Wales Press, 2017), tt. 27–8.

78 Eluned [Morgan], *Plant yr Haul: Stori Incas Peru* (Caerdydd: Evans a Williams, Cyf., 1915), t. 7.

79 Marc Shell, 'Hyphens Between Deitsch and Americans' yn Werner Sollors (gol.), *Multilingual America: Transnationalism, Ethnicity, and the Languages of American Literature* (New York and London: New York University Press, 1998), tt. 258–71.

80 Eluned [Morgan], *Dringo'r Andes* (Y Fenni: Y Brodyr Owen, 1904), t. 49.

81 Eluned [Morgan], *Dringo'r Andes*, t. 49.

82 Eluned [Morgan], *Dringo'r Andes*, tt. 45–6.

83 Eluned [Morgan], *Dringo'r Andes*, tt. 49–50.

84 Am drafodaeth ehangach ddiddorol, gweler Lucy Taylor, 'Welsh-Indigenous Relationships in Nineteenth Century Patagonia: "Friendship" and the Coloniality of Power', *Journal of Latin American Studies*, 49 (1), Chwefror 2017, 143–68.

85 Fred Green, *Pethau Patagonia* (Penygroes: Cyhoeddiadau Mei, 1984), t. 31.

86 Fred Green, *Pethau Patagonia*, t. 32.

87 Eluned [Morgan], *Dringo'r Andes*, t. 46.

88 Eluned [Morgan], *Dringo'r Andes*, t. 47.

89 Gweler y bennod, 'Y Sipsiwn Cymreig', am ddefnydd o'r ansoddair 'melynddu' i ddisgrifio Sipsiwn. Mae'n hiliol yn ddieithriad.

Nodiadau

[90] Defnyddid 'melynddu' ymhob math o gyd-destunau trefedigaethol. Er enghraifft, cyfeirid at drigolion yr India fel rhai 'melynddu'. Gweler papur newydd Cymraeg America, *Y Drych*, 15 Awst 1878, 260; hefyd, 'Manceinion', *Y Dydd*, 28 Tachwedd 1890, 4. Felly hefyd defnyddid 'melynddu' i drafod Malayiaid, gweler Gwreichionen, 'Sibrwd o Fryniau yr Aur', *Y Dydd*, 19 Ebrill 1901, 3; Hindwiaid, gweler Cadvan, 'Cwyn Coll', *Gwyliedydd Newydd*, 31 Mai 1910, 1; brodorion bryniau Casia, gweler 'Appleton', *Y Cymro*, 12 Medi 1875, 14; Tsieiniaid, gweler 'Byrion', *Y Celt*, 18 Gorffennaf 1894, 5; '*mulatto*', gweler 'Dic Felyn-Ddu: neu, Talu Drwg am Ddrwg', *Baner ac Amserau Cymru*, 17 Gorffennaf 1875, 3.

[91] Eluned [Morgan], *Dringo'r Andes*, t. 47.

[92] Eluned [Morgan], *Dringo'r Andes*, t. 47.

[93] Bethan M. Jenkins, *Between Wales and England: Anglophone Welsh Writing of the Eighteenth Century* (Cardiff: University of Wales Press, 2017), t. 111.

[94] Gwyn Alf Williams, *Madoc: The Making of a Myth* (London: Eyre Methuen, 1979).

[95] Gwyn Alf Williams, *The Search for Beulah Land*, t. 34.

[96] Andrew Davies, '"Uncontanimated with Human Gore"?', t. 295.

[97] Waldo Williams, 'Sequoya (1760–1843.)', *Y Ford Gron*, Mehefin 1934, iv, 8, 186.

[98] Gweler Simon Brooks, 'The Indigenous Atlantic: Welsh-language Poetry and Indigenous Peoples in the Americas' in Michael Newton (gol.), *Celts in the Americas* (Sydney, Nova Scotia: Cape Breton University Press, 2013), tt. 305–16 am drafodaeth ar yr estheteg. Gofynnir yno, 'If there is a Black Atlantic, can there be a Celtic Atlantic? ... the Atlantic across which the Celtic-speaking peoples seek out subaltern groups in the Americas who they believe reflect their own historical experience in Europe' (t. 305).

[99] Am drafodaeth, gweler Hefin Wyn, *Be Bop a Lula'r Delyn Aur: Hanes Canu Poblogaidd Cymraeg* (Talybont: Y Lolfa, 2002), tt. 380–1.

[100] Jerry Hunter, *Llwybrau Cenhedloedd: Cyd-destunoli'r Genhadaeth Gymreig i'r Tsalagi* (Caerdydd: Gwasg Prifysgol Cymru, 2012), t. 41.

[101] Jerry Hunter, *Llwybrau Cenhedloedd*, tt. 141–2.

[102] Jerry Hunter, *Llwybrau Cenhedloedd*, t. 142.

[103] John Davies, *Hanes Mordaith y Parch. John Davies (Cenhadwr yn Ynys Tahiti,) i Ynysoedd Rapa, Raivavae, a Tupuai, yn Mor y Deau* (Llanfair-caer-einion: argraffwyd gan R. Jones, 1827), t. 16.

[104] Rhys Richards, 'The Earliest Foreign Visitors and Their Massive Depopulation of Rapa-iti from 1824 to 1830', *Journal de la Société des Océanistes*, 118, 2004, 4.

[105] John Davies, *Hanes Mordaith*, tt. 13 a 27.

Nodiadau

[106] John Davies, *Hanes Mordaith*, t. 18.
[107] John Davies, *Hanes Mordaith*, t. 21.
[108] C. W. Newbury (gol.), *The History of the Tahitian Mission 1799–1830 written by John Davies Missionary to the South Sea Islands* (Cambridge: Hakluyt Society, 1961), tt. xlvii–xlviii a 182–212.
[109] John Davies, *Hanes Mordaith*, [t. 3].
[110] John Davies, *Hanes Mordaith*, t. 15.
[111] John Davies, *Hanes Mordaith*, t. 17.
[112] Rhys Richards, 'The Earliest Foreign Visitors and Their Massive Depopulation of Rapa-iti from 1824 to 1830', 8.
[113] Andrew Porter, *Religion versus empire?*, t. 42.
[114] John Davies, *Hanes Mordaith*, tt. 27 a 49–51.
[115] John Davies, *Hanes Mordaith*, t. 39.
[116] Emyn xxiv ar wefan Ann Griffiths Prifysgol Caerdydd, *http://anngriffiths.cardiff.ac.uk/emynau.html* (cyrchwyd 1 Medi 2020).
[117] Gweler Brynley F. Roberts, 'Golygu Caneuon Ffydd', *Y Traethodydd*, clvi, Ebrill 2001, 77–8 am drafodaeth; hefyd F. M. Jones, 'Lliw Pechod', *Cristion*, Ionawr/Chwefror 1991, 9–10.
[118] W. J. Rees, *Dyn a'i Liw* (Cymdeithas Genhadol Llundain, [1946]), t. 1. Parai'r motiff am liw croen gryn embaras yn yr ugeinfed ganrif, fel yr awgryma emyn J. D. Davies, '"Gwr o Ethiopia"' [*sic*], *Yr Ymwelydd*, 54 (4), Ebrill 1931, 54–5: 'Ba hyd y'i gelwir yn Ethiop du?/ Ba waeth am liw ei groen;/ Os golchwyd ei ddeall â'r Geiriau cu,/ A'i galon â gwaed yr Oen?' Gweler hefyd T. E. Nicholas, 'Yr Helfa', *Dryllio'r Delwau* (Towyn: Gwasg yr Arad, [1947]), t. 17 sy'n condemnio goresgyniad Mussolini ar Ethiopia mewn adlais eironig o'r emynyddiaeth: 'Draw yn nhir Ethiopia/ Nid oedd y brodorion ond du'.
[119] W. Hopkyn Rees, *China, Chinaeg a Chineaid* (Llundain: Cymdeithas Genhadol Llundain, 1907), [t. 4].
[120] Nantlais, 'Iesu, Cofia'r Plant', *Emynau a Thonau'r Plant: Tonic-Solffa* (Caernarfon: Llyfrfa'r Methodistiaid Calfinaidd, 1947), t. 139.
[121] Am drafodaeth ar gymhellion y genhadaeth Gymreig, gweler Aled Jones, '"Meddylier am India": Tair Taith y Genhadaeth Gymreig yn Sylhet, 1887–1947', *Trafodion Anrhydeddus Gymdeithas y Cymmrodorion 1997*, 4, 1998, 84–110; Aled Jones, 'The Other Internationalism? Missionary Activity and Welsh Nonconformist Perceptions of the World in the Nineteenth and Twentieth Centuries' yn *A Tolerant Nation?*, yn enwedig tt. 55–8.
[122] Lisa Lewis, 'O'r ddrama gymdeithasol i'r pasiant: theatr yn y gyfnewidfa ddiwylliannol rhwng Cymru a gogledd-ddwyrain India', *Gwerddon*, 29, Hydref 2019, 30–1.
[123] 'Problem Lliw', *Y Cenhadwr*, v, 3, Mawrth 1926, 43.

Nodiadau

[124] Gweler, er enghraifft, 'Molly ac Ajit', *Y Cenhadwr*, ii, 7, Gorffennaf 1923, 111.
[125] I ryw raddau, gellid dadlau fod y Wladfa hefyd yn fenter genhadol, wrth gwrs.
[126] Andrew Porter, *Religion versus empire?*, tt. 139–46.
[127] Gwyn Campbell, *David Griffiths and the Missionary << History of Madagascar >>* (Leiden: Brill, 2012), t. xxi.
[128] Jacques Nicole, 'The First Missionary Text in a Polynesian Language', *The Journal of Pacific History*, 22 (2), 1987, 96.
[129] Jacques Nicole, 'The First Missionary Text in a Polynesian Language', 97.
[130] J. Meirion Lloyd, *Y Bannau Pell: Cenhadaeth Mizoram* (Caernarfon: Gwasg Pantycelyn, 1989), tt. 37–8, 97, 119–20, 171 a 235.
[131] Andrew T. Kaiser, *Encountering China: The Evolution of Timothy Richard's Missionary Thought (1870–1891)* (Eugene, Oregon: Pickwick, 2019), t. 31.
[132] Owen Thomas yn ddyfynedig yn Ednyfed Thomas, *Bryniau'r Glaw: Cenhadaeth Casia* (Caernarfon: Gwasg Pantycelyn, 1988), t. 29; Andrew J. May, *Welsh missionaries and British imperialism: The Empire of Clouds in north-east India* (Manchester: Manchester University Press, 2012), t. 24.
[133] Lisa Lewis, 'O'r ddrama gymdeithasol i'r pasiant', 32; Lisa Lewis ac Aparna Sharma, 'Welsh and Khasi Cultural Dialogues: Transactions and translations', *Performance Research*, 21 (5), 2016, 82; Ednyfed Thomas, *Bryniau'r Glaw*.
[134] Am y dogfennau hanfodol a thrafodaeth, gweler Lynn Zastoupil a Martin Moir, *The Great Indian Education Debate: Documents Relating to the Orientalist-Anglicist Controversy, 1781–1843* (London and New York: Routledge, 2013 [1999]).
[135] Andrew Porter, *Religion versus empire?*, t. 107.
[136] Andrew J. May, *Welsh missionaries and British imperialism*, t. 140.
[137] '[*Enghraifft o'r Hyfforddwr yn Iaith Cassia.*] LYNONG (PENNOD) I. SHAPHANG U BLEI.', *Y Drysorfa*, Tachwedd 1844, 349.
[138] O ran enghraifft o hiliaeth yn y genhadaeth Gymreig, gweler Andrew J. May, *Welsh missionaries and British imperialism*, tt. 242–3; o ran safiad Thomas Jones dros y Casiaid, t. 210.
[139] Trafodir hanes U Larsing yn Simon Brooks, *Pam na fu Cymru: Methiant Cenedlaetholdeb Cymraeg* (Caerdydd: Gwasg Prifysgol Cymru, 2015), tt. 58–9.
[140] Ffynhonnell anhysbys yn ddyfynedig yn John Hughes Morris, *Hanes Cenhadaeth Dramor y Methodistiaid Calfinaidd Cymreig, hyd ddiwedd y flwyddyn 1904* (Caernarfon: Llyfrfa y Cyfundeb, 1907), t. 208.

Nodiadau

[141] 'Un fu'n Gwrando', 'Y Parch. E. Bombay Edwards yn Aberdar', *Tarian y Gweithiwr*, 24 Rhagfyr 1880, 5.

[142] John Hughes, 'Campau y Cymro yn y Congo', *Y Casglwr*, 39, Nadolig 1989, 1; gweler 'Cyfarfod Cenadol – Bechgyn Duon y Congo', *Baner ac Amserau Cymru*, 16 Mehefin 1886 am adroddiad newyddiadurol nodweddiadol o'r daith. Gweler hefyd Ivor Wynne Jones, 'Hughes the Congo: The Rise and Fall of the Congo Institute' yn *A Tolerant Nation?*, tt. 77–92. Ceir hanes y sefydliad ar ei fwyaf hwylus, fodd bynnag, yn J. Spinther Davies, *Sefydliad Colwyn Bay wedi ei brofi trwy Dân* (Caerfyrddin: Argraffwyd yn Swyddfa "Seren Cymru", [1894]), tt. [i]–vii.

[143] 'Machynlleth', *Baner ac Amserau Cymru*, 9 Ionawr 1884; 'Roe wen ger Conwy', *Baner ac Amserau Cymru*, 19 Mai 1883.

[144] 'Llanbrynmair', *Baner ac Amserau Cymru*, 19 Mawrth 1884, 11.

[145] Gweler, er enghraifft, W. D. Griffith, *Cofiant y Parch. Wm. Griffith, Bethel, Mynachlogddu* (Caerfyrddin: W. Morgan Evans a'i Fab, 1908), tt. 53–4.

[146] D. J. Williams, *Yn Chwech ar Hugain Oed* (Gwasg Aberystwyth, 1959), t. 153. Cristion arall o Affro-Americanwr yng Nghwm Tawe oedd y Parchedig Edward Carroll, a fu yno yn ystod yr Ail Ryfel Byd. Gweler Daniel G. Williams, *Black Skin, Blue Books*, tt. 250 a 309–10. Mewn nodyn ataf, dywed Daniel G. Williams fod Carroll 'wedi dysgu tipyn o Gymraeg yn ôl y sôn'.

[147] Gweler 'Gwen Nolini Williams', *Y Cenhadwr*, xv, 6, Mehefin 1936, 129–30; Laura Evans, 'Nolini a Phlant Lerpwl', *Y Cenhadwr*, xv, 9, Medi 1936, 167–8.

[148] Ednyfed Thomas, *Bryniau'r Glaw*; J. Meirion Lloyd, *Y Bannau Pell*; D. G. Merfyn Jones, *Y Popty Poeth a'i Gyffiniau: Cenhadaeth Sylhet-Cachar* (Caernarfon: Gwasg Pantycelyn, 1990).

[149] Gweler http://www.welshkhasidialogues.co.uk (gwelwyd 1 Medi 2020).

[150] Gweler, er enghraifft, Margaret Rowland, 'Priodas Fahometanaidd', *Y Cenhadwr*, ix, 6, Mehefin 1930, 111–112; [di-enw], 'Gwyl Fahometanaidd', *Y Cenhadwr*, ix, 7, Gorffennaf 1930, 138–9; Mrs. J. W. Roberts, 'Gwyl Fahometanaidd', *Y Cenhadwr*, xi, 7, Gorffennaf 1932, 132–3.

[151] Gweler Y Trwynau Coch, *Rhedeg rhag y Torpidos* (Sain 1186M, 1980). Gweler Daniel G. Williams, 'Cyflwyniad' yn *Canu Caeth*, t. xv am gyfeiriad at bwysigrwydd y gân. Mae defnydd bandiau a llenorion Cymraeg o'r *N-word* yn codi cwestiwn moesegol, sef sut y dylid cyfeirio at y gair mewn testun ysgolheigaidd. Wedi trafodaeth â'r Wasg, penderfynwyd peidio â sillafu'r gair gan nad yw hynny'n angenrheidiol o safbwynt ysgolheigaidd. Mewn un troednodyn, ceir trafodaeth ar y sillafiad am fod hyn yn arwyddocaol o safbwynt deall natur Gymraeg yr hiliaeth dan sylw.

Nodiadau

[152] Gweler Steve Eaves a'i Driawd, *Sbectol Dywyll* (hunan-ryddhau, 1989).

[153] Charlotte Williams, '"Race" and Racism: Some Reflections on the Welsh Context', *Contemporary Wales*, 8, 1995, 113.

[154] Michael Hechter, *Internal Colonialism: The Celtic Fringe in British National Development 1536–1966* (London: Routledge & Kegan Paul, 1975), tt. xiii–xviii. Am drafodaeth ar *Internal Colonialism* yng nghyswllt traddodiadau syniadol Cymreig ac Affro-Americanaidd, gweler Daniel G. Williams, '"Assimilation through Self-Assertion": Aspects of African American and Welsh Thought in the Nineteenth Century', *Comparative American Studies*, 8 (2), 2010, 108–10.

[155] M. D. Jones, 'Satan yn ceryddu pechod', *Y Celt*, 19 Rhagfyr 1890, 6. Ceir llu o erthyglau gan Michael D. Jones yn dilyn y trywydd hwn. Gweler, er enghraifft, Michael D. Jones, 'Y Rhyfel yn Affghanistan', 8–9; M. D. Jones, 'Goresgyn Affrica', *Y Celt*, 30 Mai 1890, 1–2. Defnyddiodd Ieuan Gwynedd yr un metaffor: gweler Jane Aaron, 'Slaughter and Salvation: Welsh Missionary Activity and British Imperialism' yn Charlotte Williams, Neil Evans a Paul O'Leary (goln), *A Tolerant Nation? Exploring Ethnic Diversity in Wales* (Cardiff: University of Wales Press, 2003), t. 42.

[156] M. D. Jones, 'Toriaid Seneddol, a Thoriaid Eglwysig', *Y Celt*, 13 Mai 1887, 2.

[157] Dafydd Siôn, 'Boer a Phrydeiniwr', *The Cambrian*, 19 Ionawr 1900, 8.

[158] D. Gwenallt Jones, 'Gandhi', *Cnoi Cil: Cerddi a Sonedau* (Gwasg Aberystwyth, 1942), t. 23; T. E. Nicholas, 'Indiaid', *Llygad y Drws*, t. 76; T. E. Nicholas, 'Yr Indiaid', *Canu'r Carchar*, t. 27; Waldo Williams, 'Eneidfawr', *Dail Pren* (Gwasg Aberystwyth, 1956), t. 89; George M. Ll. Davies, *Gandhi a Chenedlaetholdeb India* [Undeb Heddychwyr Cymru, 1942]; Robin Gwyn, 'Cwrs y Byd – Dylanwad athroniaeth wleidyddol Saunders Lewis ar ei ysgrifau newyddiadurol, 1939–1950' (Bangor: traethawd MPhil, 1991), 117–20.

[159] D. J. Williams, 'Y Capten a'r Genhadaeth Dramor', *Storïau'r Tir Du* (Gwasg Aberystwyth, 1949 [1943]), t. 38.

[160] D. J. Williams, 'Y Capten a'r Genhadaeth Dramor', tt. 41–2.

[161] D. J. Williams, 'Y Capten a'r Genhadaeth Dramor', t. 40.

[162] Islwyn Ffowc Elis, *Tabyrddau'r Babongo* (Gwasg Aberystwyth, 1961), t. 189.

[163] Bobi Jones, 'Fy Nyledion', *Y Gân Gyntaf* (Gwasg Aberystwyth, 1957), t. 73; Bobi Jones, 'Fy Nghesail-Gyfrinach', *Y Gân Gyntaf*, t. 27. Gweler hefyd cerddi yn y gyfrol megis 'Eglwys mewn Tref', 'Hydref yn Nulyn', 'A all Prydferthwch Ddweud?' a 'Morgannwg'.

Nodiadau

[164] Bobi Jones, *Rhwng Taf a Thaf* (Llandybie: Llyfrau'r Dryw, 1960), tt. 9, 16 a 19. Y cerddi yw 'Eirlysiau', 'Portread o Wleidydd' a 'Pistyll Cain'.

[165] Bobi Jones, 'Rhag-lethrau'r Laurentides (Prif Fynyddoedd Quebec adeg Dadlaith)', *Man Gwyn: Caneuon Quebec* (Llandybie: Llyfrau'r Dryw, 1965), t. 42. Gweler Simon Brooks, 'The Indigenous Atlantic', tt. 313–15 am drafodaeth.

[166] Bobi Jones, 'Dawns y Du (Dyddiadur Mis)', *Yr Ŵyl Ifori: Cerddi Affrica* (Llandybie: Llyfrau'r Dryw, 1967), tt. 45–64.

[167] Bobi Jones, 'Adroddiad Answyddogol o'r Drefedigaeth Olaf (yn ystod 1967–69)', *Allor Wydn* (Llandybie: Llyfrau'r Dryw, 1971), t. 27.

[168] Bobi Jones, 'Cylchdaith yn Nhrefedigaethau'r Gorllewin', *Allor Wydn*, t. 94.

[169] Gwyn Thomas, 'Cymry', *Chwerwder yn y Ffynhonnau* (Gwasg Gee: Dinbych, 1962), t. 27.

[170] Gwyn Thomas, 'Sbaeneg Párk Sinema', *Wmgawa* (Dinbych: Gwasg Gee, 1984), t. 17.

[171] Gwenallt Jones, 'Jezebel ac Elïas', *Gwreiddiau* (Llandysul: Gwasg Gomer, 1959), tt. 67, 69 a 71.

[172] T. E. Nicholas, 'Yr Un Baich', *Canu'r Carchar*, t. 28.

[173] T. J. Davies, *Martin Luther King* (Abertawe: Gwasg John Penry, 1969), [t. 11].

[174] Robyn Lewis, 'O'r Iawn Ryw Hanes Siân a Siôn; neu, merched yn bennaf', *Barn*, Medi 1967, 287.

[175] J. R. Jones, *Gwaedd yng Nghymru* (Lerpwl a Phontypridd: Cyhoeddiadau Modern Cymreig Cyf., 1970), t. 67. Mae'r dyfyniad hwn yn fan cychwyn trafodaeth ddiddorol am agweddau'r Cymry ac Affro-Americaniaid at gymathu yn Daniel G. Williams, 'Sgrech yr isymwybod Cymraeg', *O'r Pedwar Gwynt*, 1, haf 2016, 11–13.

[176] Hefin Wyn, *Be Bop a Lula'r Delyn Aur*, tt. 223–4 a 310–11; Geraint Jarman, 'Geraint Jarman' yn Cris Jones (gol.), *Gwreiddiau Canu Roc Cymraeg* (Penygroes: Cyhoeddiadau Mei, 1981), t. 55; Simon Brooks, 'Tiger Bay a'r Diwylliant Cymraeg', *Trafodion Anrhydeddus Gymdeithas y Cymmrodorion 2008*, 15, 2009, 214–15.

[177] Am driniaeth academaidd, gweler Pwyll ap Siôn, '"...A Chlustiau Cymru Fach yn clywed reggae ar y radio": Y Gwrthleisiau yn *Fflamau'r Ddraig* Geraint Jarman', *Tu Chwith*, 4, 1996, 20–32.

[178] W. J. Gruffydd, *Angel heb Adenydd* (Llandysul: Gwasg Gomer, 1971), t. 148.

[179] Harri Pritchard Jones, *Bod yn Rhydd* (Llandysul: Gwasg Gomer, 1992), t. 75.

[180] Angharad Tomos, *Yma o Hyd* (Talybont: Y Lolfa, 1985), t. 57.

Nodiadau

[181] Gwyn Thomas, 'Cadwynau yn y Meddwl', *Cadwynau yn y Meddwl* (Dinbych: Gwasg Gee, 1976), tt. 7–26; Saunders Lewis, *Buchedd Garmon* (Gwasg Aberystwyth, 1937), t. 48. Gweler hefyd Bobi Jones, 'Anfon Cadair Freichiau'n Llatai at Martin Luther King cyn iddo gael ei lofruddio', *Allor Wydn*, t. 120 am ymateb i lofruddiaeth Martin Luther King.

[182] Bobi Jones, 'Gwlad Llun *(Comedi Ieuan ab Ieuan)*', *Gwlad Llun* (Abertawe: Christopher Davies, 1976), tt. 44–5.

[183] Ned Thomas, *The Welsh Extremist: A Culture in Crisis* (London: Victor Gollancz Ltd, 1971), t. 114.

[184] Michael Hechter, *Internal Colonialism*, t. 9. Gellid dadlau fod maes glo'r de yn ganolog i foderneiddiad ym Mhrydain, ac felly'n gwrth-brofi damcaniaeth trefedigaethu mewnol, ond, ys noda Richard Wyn Jones, cyflenwi 'defnyddiau crai i ardaloedd eraill oedd Cymru, yn hytrach na [bod yn ganolfan] datblygiad a thwf yn ei hawl ei hun'. Gweler Richard Wyn Jones, *Rhoi Cymru'n Gyntaf: Syniadaeth Plaid Cymru: Cyfrol 1* (Caerdydd: Gwasg Prifysgol Cymru, 2007), t. 49.

[185] Michael Hechter, *Internal Colonialism*, t. xvi.

[186] Michael Hechter, *Internal Colonialism*, t. xvi.

[187] Michael Hechter, *Internal Colonialism*, t. 348: 'The Amerindians are an internal colony within a peripheral part of the world system. The Celts, on the other hand, are an internal colony within the very core of this world system. To paraphrase Orwell, all internal colonies are equal, but some are more equal than others.'

[188] Glyn Williams a Delyth Morris, *Language Planning and Language Use: Welsh in a Global Age* (Cardiff: University of Wales Press, 2000), t. 33.

[189] Delyth Morris, 'Datblygiad Economaiddd Anwastad a'r Rhaniad Diwylliannol o Lafur' yn Simon Brooks a Richard Glyn Roberts (goln), *Pa beth yr aethoch allan i'w achub?* (Llanrwst: Gwasg Carreg Gwalch, 2013), t. 83.

[190] Delyth Morris, 'Datblygiad Economaiddd Anwastad a'r Rhaniad Diwylliannol o Lafur', tt. 83 a 94.

[191] Delyth Morris, 'Datblygiad Economaiddd Anwastad a'r Rhaniad Diwylliannol o Lafur', t. 86.

[192] 'Nifer a % yn gallu siarad Cymraeg, yn ôl dosbarth economaidd-gymdeithasol (NS-SEC). Pobl 16 oed a throsodd.', http://statiaith.com/cymraeg/cyfrifiad2011/dc2613_NSSEC_ALl/index.html (cyrchwyd 1 Medi 2020).

[193] Gweler Martin Johnes, *Wales: England's Colony? The Conquest, Assimilation and Re-Creation of Wales* (Cardigan: Parthian, 2019).

[194] Gweler Michel Foucault, *'Il Faut Défendre La Société': Cours au Collège de France (1975–1976)* (Seuil/Gallimard, 1997); yn enwedig, efallai, tt. 37–55.

[195] W. C. Elvet Thomas, *Tyfu'n Gymro* (Llandysul: Gwasg Gomer, 1972), t. 111.
[196] W. C. Elvet Thomas, *Tyfu'n Gymro*, t. 100.
[197] W. C. Elvet Thomas, *Tyfu'n Gymro*, t. 106.
[198] W. C. Elvet Thomas, *Tyfu'n Gymro*, t. 87.
[199] T. E. Nicholas, 'Yr Estron', *Llygad y Drws*, t. 109.
[200] T. E. Nicholas, '"Alien"', *Llygad y Drws*, t. 59.
[201] T. E. Nicholas, '"Du ydwyf, ond Prydferth"', *Canu'r Carchar*, t. 34.
[202] Gweler y bennod, 'Mae 'na Wyddel ac Iddew yn y dre', am drafodaeth.
[203] Gweler, er enghraifft, T. Rowland Hughes, *William Jones*, tt. 71 a 191; D. J. Williams, *Yn Chwech ar Hugain Oed*, t. 96. Noder hefyd fod T. Rowland Hughes yn cyflwyno *William Jones*, 'I Shoni yn deyrnged fach oddi wrth Northman a gafodd y fraint o'i adnabod.'
[204] Tyst di-enw, o Gorris yn enedigol ond yn byw ym maes glo'r de, yn ddyfynedig yn Dafydd Roberts, *Y Chwarelwyr a'r Sowth* (Gwasanaeth Llyfrgell Gwynedd, 1982), tt. 14–15. 'Go anaml y byddai y gair De yn cael ei arfer, a Blydi Northman oedd Gogleddwr. Ni ellid dweud fod yr Hwntw a'r Northman yn or hoff o'u gilydd. Y Northman wedi arfer byw ar gyflogau bach iawn, ac yn gorfod bod yn ofalus iawn o'r geiniog, tra 'roedd cyflog y De tipyn yn well. ... Un peth arall oedd yn cadw'r Northman ar wahan i'r Sowthman – gan mai lodjo yr oeddynt, nid oedd rhyw groeso mawr iddynt aros yn y tŷ fin nos, felly byddent yn griwiau ar hyd y ffordd yng nghwmni eu gilydd, tra byddai y Sowthmyn yn eu cartrefi.' Dywed hefyd fod y 'Northmyn yn fwy am y capel (rhywle i fynd, efallai) na'r Sowthmyn'.
[205] D. J. Williams, 'Bywyd y Wlad – Tynnu Hufen', *Yr Efrydydd*, 8 (6), Mawrth 1932, 151.
[206] Gwenallt, *Ffwrneisiau: Cronicl Blynyddoedd Mebyd* (Llandysul: Gwasg Gomer, 1982), t. 114.
[207] Rhydwen Williams, 'Y Ffynhonnau', *Y Ffynhonnau a Cherddi eraill* (Llandybie: Llyfrau'r Dryw, 1970), t. 17.
[208] K. L. Little, *Negroes in Britain: A Study of Racial Relations in English Society* (London: Kegan Paul, Trench, Trubner & Co., Ltd, 1947), t. 267.
[209] James Baldwin, 'If Black English Isn't a language, Then Tell Me, What is?', *The New York Times*, Rhan E, 29 Gorffennaf 1979, 19: Gweler yn ogystal Daniel G. Williams, *Black Skin, Blue Books*, tt. 16 a 239.
[210] Siôn T. Jobbins, 'Ali Yassine', *Tu Chwith*, 4, 1995/6, 78.
[211] Charlotte Williams a Cherry Short, *'Gweithio gyda Gwahaniaeth': Adnodd i Bobl sy'n Gweithio i Hybu Gwrth-hiliaeth mewn Gwaith Cymdeithasol a Gofal Cymdeithasol yng Nghymru* (Cyngor Canolog Addysg a Hyfforddiant mewn Gwaith Cymdeithasol, [1997]), t. 23.

Nodiadau

[212] Charlotte Williams a Cherry Short, *'Gweithio gyda Gwahaniaeth'*, t. 21.
[213] Islwyn Ffowc Elis, *Cysgod y Cryman* (Aberystwyth: Gwasg Aberystwyth, 1953), t. 160.
[214] Am drafodaeth, gweler Simon Brooks, 'Ystrydebau Ethnig Islwyn Ffowc Elis' yn Gerwyn Wiliams (gol.), *Ysgrifau Beirniadol XXVIII* (Dinbych: Gwasg Gee, 2009), tt. 95–120.
[215] Bobi Jones, 'Eglwys mewn Tref', *Y Gân Gyntaf* (Llandysul: Gwasg Gomer, 1957), t. 52; D. Gwenallt Jones, 'Y Sant', *Y Mynach a'r Sant: Dwy Awdl* (Gwasg Aberystwyth, 1928), t. 38.
[216] Gweler Simon Brooks, 'Ystrydebau Ethnig Islwyn Ffowc Elis', tt. 111–16.
[217] Saunders Lewis, *The Eve of Saint John* (Newtown: The "Welsh Outlook" Press, 1921), tt. 7 a 10; Saunders Lewis, *Monica* (Gwasg Aberystwyth, 1930), t. 65.
[218] Saunders Lewis, *Monica*, t. 62.
[219] Saunders Lewis, 'Y Cymry a'r Coroni', *Baner ac Amserau Cymru*, 17 Mehefin 1953, 5.
[220] Daniel Owen, *Profedigaethau Enoc Huws* (Wrexham: Hughes & Son, 1891), t. 56.
[221] O. H. Fynes-Clinton, *The Welsh Vocabulary of the Bangor District* (Oxford: Oxford University Press, 1913), t. 178. Gan Fynes-Clinton, a hefyd yn enghraifft Gwenallt y cyfeirir ati yn nhroednodyn 222, mae'r *N-word* wedi'i Gymreigio. Arwyddocâd hyn yw iddo ddangos fod y gair wedi mynd yn rhan o Gymraeg llafar.
[222] Kate Roberts, *Laura Jones* (Gwasg Aberystwyth, 1930), t. 36; D. J. Williams, *Yn Chwech ar Hugain Oed*, t. 101; Gwenallt, *Ffwrneisiau*, t. 44; Meg Elis, *I'r Gad* (Tal-y-bont: Y Lolfa, 1975), t. 38.
[223] John Roberts Williams, sgript sgwrs radio, 23 Medi 1949, BBC Bangor yn ddyfynedig yn Gwenno Ffrancon, 'Affro-Americaniaid a'r Cymry ar y Sgrîn Fawr', t. 127.
[224] Ambrose Bebb, *Calendr Coch* (Gwasg Aberystwyth, 1946), t. 15.
[225] Gwyn Thomas, 'Du Gwyn (1946)', *Wmgawa* (Dinbych: Gwasg Gee, 1984), t. 37. Am drafodaeth, gweler Simon Brooks, '"Caradog Wyn" Gwyn Thomas: Cymro Cymraeg "Du Gwyn" ym Mlaenau Ffestiniog' yn *Canu Caeth*, tt. 134–52.
[226] Hazel Charles Evans, *Eluned Caer Madog* (Llandysul: Gwasg Gomer, 1976), t. 220.
[227] Mali Ann Rees, *Bratiaith* [drama glywedol], Theatr y Sherman, *https://www.heartofcardiff.co.uk*, 2020.
[228] Nia Morais, *Crafangau* [drama glywedol], Theatr y Sherman, *https://www.heartofcardiff.co.uk*, 2020.
[229] Charlotte Williams, '"Race" and Racism: Some Reflections on the Welsh Context', *Contemporary Wales*, 8, 1995, 124.

Nodiadau

[230] Charlotte Williams, '"Race" and Racism', 128.
[231] Am gyflwyniad Saesneg i'w syniadau o safbwynt amddiffyn grwpiau iaith lleiafrifol, gweler Stephen May, *Language and Minority Rights: Ethnicity, Nationalism and the Politics of Language* (Harlow: Longman, 2001), tt. 153–6.
[232] Gweler Pierre Bourdieu, 'La production et la reproduction de la langue légitime', *Ce que parler vent dire: L'économie des échanges linguistiques* (Paris: Fayard, 1982), tt. 23–58.
[233] Emyr Llywelyn, *Y Chwyldro a'r Gymru Newydd* (Abertawe: Gwasg John Penry, 1971), t. 11.
[234] J. R. Jones, *A Raid i'r Iaith ein Gwahanu?* (Undeb Cymru Fydd, 1967), t. 6.
[235] Robin DiAngelo, *White Fragility: Why it's so hard for White People to talk about racism* (UK: Allen Lane, 2019).

Pennod 8

[1] Hafina Clwyd, *Pobol sy'n Cyfri: Cipolwg ar drigolion bro'r Bedol rhwng 1881 ac 1891* (Llanrwst: Gwasg Carreg Gwalch, 2001), t. 205.
[2] Dot Jones, *Tystiolaeth Ystadegol yn ymwneud â'r Iaith Gymraeg 1801–1911* (Caerdydd: Gwasg Prifysgol Cymru, 1998), t. 225.
[3] Ffurflenni cyfrifiad 1891: RG 12/4635, 10. Gweler hefyd, Hafina Clwyd, *Pobol sy'n Cyfri*, t. 205; Hywel V. Evans, 'Woodiaid Betws Gwerful Goch', *Llafar Gwlad*, rhifyn arbennig y Sipsiwn, 18, gaeaf 1987–8, 15.
[4] John Sampson, *The Dialect of the Gypsies of Wales being the Older Form of British Romani preserved in the Speech of the Clan of Abram Wood* (Oxford: Oxford University Press, 1926), tt. 137–8. 'Kālē' yw sillafiad Sampson, ond mae'n well gan brif ieithydd Romani ym Mhrydain, 'Kååle'. Gweler Yaron Matras, *Romani in Britain: The Afterlife of a Language* (Edinburgh: Edinburgh University Press, 2010), tt. 9–10 a 61. Ceir 'Kaale' yn y Ffindir hefyd, a chytras yw'r 'Caló' a geir yn Sbaen a Phortiwgal. Yn y gyfrol hon, defnyddir y termau Kååle a Kālē i ddynodi'r grŵp iaith a arferai siarad y Romani Cymreig yng Nghymru. Cyfeiria Roma, Romani a Rom at y grŵp ethnig sy'n gysylltiedig yn hanesyddol â'r Romani, gan gynnwys y sawl nad ydynt bellach yn ei siarad yn sgil shifft iaith. Ni ddefnyddid 'Roma' gan y Kååle eu hunain, ond mae'n derm rhyngwladol cydnabyddedig. Term yw 'Sipsiwn' a ddefnyddid gan mwyaf wrth drafod y Roma, fel arfer fel *exonym*. Cydnabyddir bob tro hawl y grŵp dan sylw i ddethol y gair a ddefnyddir i'w ddiffinio ei hun.

Nodiadau

5. 'Y Shipswnt', *Seren Gomer*, vi, 89, Chwefror 1823, 45.
6. Gweler, er enghraifft, John Sampson, 'II. The Wood Family (2) Abram Wood and the Teulu Alabaina', *Journal of the Gypsy Lore Society*, Third Series, xi, 2, 1932, 42–5; John Sampson, 'II. The Wood Family (3) The descendants of Valentine Wood', *Journal of the Gypsy Lore Society*, Third Series, xii, 1, 1933, 33–46; John Sampson, 'IV. The Wood Family (3) The descendants of Valentine Wood', *Journal of the Gypsy Lore Society*, Third Series, xii, 4, 1933, 198; John Sampson, *The Dialect of the Gypsies of Wales*, t. ix.
7. Tim Coughlan, *Now Shoon the Romano Gillie: Traditional Verse in the High and Low Speech of the Gypsies of Britain* (Cardiff: University of Wales Press, 2001), tt. 40 a 139–43.
8. Llythyr oddi wrth John Sampson at Charles Leland, 18 Ebrill 1899. Yn ddyfynedig yn Elizabeth Robins Pennell, *Charles Godfre Leland: A Biography, Volume II* (Boston and New York: Houghton, Mifflin and Company, 1906), t. 180.
9. J. Glyn Davies, 'Edward Wood a'r Dadgeiniaid', *Lleufer*, viii, 2, haf 1952, 58.
10. E. Ernest Roberts, *John Roberts: Telynor Cymru* (Dinbych: Gwasg Gee, 1978). Er i'r gyfrol gael ei llunio yn Saesneg, fe'i cyhoeddwyd yn y Gymraeg yn gyntaf, ac ni ymddangosodd y fersiwn Saesneg, *With Harp, Fiddle and Folktale*, tan dair blynedd yn ddiweddarach.
11. Gweler, er enghraifft, Neil Evans, 'Immigrants and Minorities in Wales, 1840–1990: A Comparative Perspective' yn Charlotte Williams, Neil Evans a Paul O'Leary (goln), *A Tolerant Nation? Exploring Ethnic Diversity in Wales* (Cardiff: University of Wales Press, 2003), t. 18. Cyfyngir y drafodaeth am y Sipsiwn i bedair brawddeg. Y cyfiawnhad ar gyfer hyn yw mai 'visible ethnic minorities' yw pwnc y gyfrol, a'r 'notion of the "racialized" other and on the *processes* that produce that positioning of inferiority' (t. 3). Eto, fel y bydd y bennod hon yn dadlau, gellid yn rhwydd honni mai lleiafrif gweladwy, yn y dychymyg Cymraeg o leiaf, fu'r Sipsiwn a'u bod yn wrthrych prosesau o'r fath.
12. Gweler, er enghraifft, 'Outside the Box!' yn 'Roma Gypsy Romany Gypsy Romani – Pesha's Blog', 23 Ionawr 2010, *http://peshasgypsyblog.blogspot.com/* (cyrchwyd 10 Chwefror 2010) sy'n cwyno am fethiant i ddarparu categori ethnig ar gyfer Roma ar ffurflenni monitro amrywiaeth. Yn anffodus, nid yw'r blog yn bodoli bellach. Trist yw colli blogiau o'r fath gan ddileu o'r archif leisiau lleiafrifol pwysig.
13. John Sampson, *The Dialect of the Gypsies of Wales*, t. 419.
14. John Sampson, *The Dialect of the Gypsies of Wales*, t. 306.
15. David Mayall, *Gypsy Identities 1500–2000: From Egipcyans and Moonmen to the Ethnic Romany* (London: Routledge, 2004), t. 176.

[16] Yn 2000, er enghraifft, dewiswyd telynegion Sipsïaidd Eifion Wyn a Chrwys ymhlith can cerdd Gymraeg fwyaf poblogaidd yr ugeinfed ganrif. Gweler *Hoff Gerddi Cymru* (Llandysul: Gwasg Gomer, 2000).

[17] Crwys [William Williams], 'Y Sipsi', *Cerddi Newydd Crwys* (Wrecsam: Hughes a'i Fab, 1924), t. 25.

[18] 'Llais Llafar Gwlad', *Llafar Gwlad*, rhifyn arbennig y Sipsiwn, 18, 3.

[19] Eldra Jarman, 'Y miwsig sy'n crwydro fel y mynn: Eldra Jarman: Sipsi' yn Ioan Roberts (gol.), *Beti a'i Phobol – 1* (Llanrwst: Gwasg Carreg Gwalch, 2002), t. 56; Trefor Wood, 'Y Sipsiwn Heddiw', *Llafar Gwlad*, rhifyn arbennig y Sipsiwn, 18, 6–7. Gweler hefyd y ffilm Gymraeg, *Eldra* (Teliesyn, 2001), sy'n seiliedig ar fagwraeth Eldra Jarman ym Methesda.

[20] John Sampson, *The Dialect of the Gypsies of Wales*, t. 98.

[21] Ellis Wynne, *Gweledigaetheu y Bardd Cwsc* (Caerdydd: Gwasg Prifysgol Cymru, 1976 [1703]), tt. 6 a 122.

[22] Eurgain Callestr, 'Y Crwydriaid Melynddu, neu y Sipsiwn', *Y Gwyliedydd; sef, Cylchgrawn Cymreig*, Ebrill 1824, 113; Owain Gwynedd, 'Congl y mis: Ofergoelion', *Seren Gomer*, xxxv, 442, Gorffennaf 1852, 315. Gweler hefyd am chwedl hiliol sy'n codi düwch honedig y Sipsiwn yn air mwys, Eurgain Callestr, 'Hanes Bessy Ddu', *Y Gwyliedydd*, 6, Gorffennaf-Rhagfyr 1828, 208–10, 242–5, 304–9, 335–9 a 364–7.

[23] 'Ffrainc a Jipsiyddiaeth', *Y Gwladgarwr*, 27 Ebrill 1872, 5. Ceir pethau tebyg mewn newyddiaduron eraill yn y 1870au. Gweler, er enghraifft, 'Newyddion Cymreig: Llanfihangel-ar-Arth', *Y Dydd*, 31 Gorffennaf 1874, 6.

[24] 'Dyfyniadau Llenyddol: Y Sipsiwn', *Baner ac Amserau Cymru*, 16 Tachwedd 1859, 103.

[25] 'Y Shipswnt', 45.

[26] J. H. Davies (gol.), *The Life and Opinions of Robert Roberts A Wandering Scholar as told by Himself* (Cardiff: William Lewis (Printers) Limited, 1923), t. 51.

[27] Daniel Owen, *Gwen Tomos, Merch y Wernddu* (Wrexham: Hughes & Son, 1894), t. 20.

[28] Daniel Owen, *Gwen Tomos*, t. 20.

[29] Daniel Owen, *Gwen Tomos*, tt. 128, 139 a 279–81.

[30] Daniel Owen, *Gwen Tomos*, tt. 128, 139 a 259–60.

[31] Megan Dwyfor, 'Gwersyll y Sipsiwn', *Trysorfa y Plant*, 61, Chwefror 1922, 33.

[32] Defynnog [David James], *Mwyar Duon* (Merthyr Tydfil: Cwmni Cyhoeddiadau Addysgol, 1906), t. 39; William Llawrcwrt, 'Mabel y Sipsi Fach', *Trysorfa'r Plant*, 173, 1934, 12.

Nodiadau

[33] Gweler 'Deheudir Cymru', *Baner ac Amserau Cymru*, 15 Gorffennaf 1891, 4 am ymdrech i symud Sipsiwn yn eu blaenau yn Hendy-gwyn ar Daf. Gweler R. W. Jones (Erfyl Fychan), 'Gypsies in Wales', *Journal of the Gypsy Lore Society*, Third Series, ix, 2, 1930, 89 am hanes heddlu Meirionnydd yn rhwystro tua chant o Sipsiwn Hwngaraidd, a oedd wedi dod i Brydain gan fwriadu allfudo maes o law i America, rhag croesi'r ffin sirol.

[34] Am fân-droseddau, gweler 'Rhyl', *Baner ac Amserau Cymru*, 2 Mehefin 1886, 11; 'Llangefni. Llys yr Ynadon', *Baner ac Amserau Cymru*, 28 Tachwedd 1891, 6; 'Pwllheli. Yr Heddlys Bwrdeisiol', *Y Genedl Gymreig*, 14 Mehefin 1898, [8]; 'Byr a Chwta: pysgota'n ddi-drwydded', *Y Brython*, 19 Awst 1909, 8; 'Porthmadog. Yr Heddlys', *Y Genedl Gymreig*, 12 Gorffennaf 1898, [8]; 'Y Bala: Ynadlys', *Yr Wythnos a'r Eryr*, 24 Mehefin 1903, 6; 'Llangefni: Sipsiwn Tyrfus', *Y Clorianydd*, 25 Awst 1910, 4. Ceir rhai degau o adroddiadau tebyg mewn papurau newyddion Cymraeg.

[35] 'Llanddulas', *Baner ac Amserau Cymru*, 8 Gorffennaf 1899, 8.

[36] 'Esgyrn Bwch Gafr Oeddynt', *Papur Pawb*, 15 Ebrill 1893, 11.

[37] 'Pellebyr o Ffestiniog', *Gwalia*, 25 Gorffennaf 1905, 1.

[38] J. H. Jones, *Gwin y Gorffennol* (Wrecsam: Hughes a'i Fab, 1938), t. 26.

[39] Kate Davies, *Hafau fy Mhlentyndod* (Llandysul: Gwasg Gomer, 1970), t. 73.

[40] Huw Williams, *Fy Milltir Sgwâr: Atgofion Huw Williams Hafod Elwy* (Y Bala: Llyfrau'r Faner, 1988), t. 58.

[41] Cynan, *"Ffarwel Weledig": Rhamant am Facedonia* (Lerpwl: Gwasg y Brython, 1946), t. 40.

[42] Gweler, er enghraifft, T. E. Nicholas, 'Dewines', *Llygad y Drws: Sonedau'r Carchar* (Gwasg Aberystwyth, 1940), t. 113; Saunders Lewis, *Merch Gwern Hywel* (Llandybïe: Llyfrau'r Dryw, 1964), t. 49.

[43] Kate Roberts, *Tywyll Heno* (Dinbych: Gwasg Gee, 1962), t. 40.

[44] T. Rowland Hughes, *O Law i Law* (Llundain: Gwasg Gymraeg Foyle, 1943), tt. 111 a 109.

[45] Tom Nefyn-Williams, *Yr Ymchwil* (Dinbych: Gwasg Gee, 1949), tt. 80–81.

[46] Gweler, er enghraifft, 'Coleg Diwinyddol y Bala', *Y Goleuad*, 5 Rhagfyr 1902, 14; 'Llythyr o'r Gogledd: Cymdeithas Cymry Caer', *Y Celt Newydd*, 26 Chwefror 1904, 2.

[47] 'Y "Glorian"', *The Cambrian*, 8 Mawrth 1901, 6.

[48] 'Bywyd Sipsiwn', *Yr Herald Cymraeg*, 13 Tachwedd 1906, 8.

[49] 'Cwrs y Byd: Y Telynor Carcharedig', *Y Cymro*, 8 Ebrill 1897, 5.

[50] Buddug Medi, 'Rhamant yr hen Sipsiwn Cymreig', *Llafar Gwlad*, 44, Awst 1991, [20].

Nodiadau

51 Eldra Jarman, 'Y miwsig sy'n crwydro fel y mynn', t. 56. Mynegwyd yr un teimladau am faip yn John Sampson, *The Dialect of the Gypsies of Wales*, t. 160: '*Na kamáva mē kek te kerā būtī trušal ō krafnīā: kindē tā šilalē ši-lē.* I do not like working among turnips: they are wet and chilly.'

52 Robin Gwyndaf, 'Y Sipsiwn yn Uwchaled', *Llafar Gwlad*, rhifyn arbennig y Sipsiwn, 18, 8.

53 Am drafodaeth ar estheteg Rhamantiaeth Gymraeg, gweler Alun Llywelyn-Williams, *Y Nos, y Niwl, a'r Ynys: Agweddau ar y Proflad Rhamantaidd 1890–1914* (Caerdydd: Gwasg Prifysgol Cymru, 1960); Robin Chapman, *Meibion Afradlon a Chymeriadau Eraill: Golwg ar y Dymer Delynegol, 1891–1940* (Caerdydd: Gwasg Prifysgol Cymru, 2004).

54 Eifion Wyn, *Caniadau'r Allt* (Llundain: Foyle's Welsh Depot, 1927), t. 27.

55 I. D. Hooson, 'Y Fflam', *Cerddi a Baledi* (Dinbych: Gwasg Gee, 1936), t. 13.

56 "G" [T. Gwynn Jones], *Lona* (Wrecsam: Hughes a'i Fab, 1923), t. 34.

57 "G" [T. Gwynn Jones], *Lona*, t. 39.

58 "G" [T. Gwynn Jones], *Lona*, tt. 39–40.

59 "G" [T. Gwynn Jones], *Lona*, t. 87.

60 "G" [T. Gwynn Jones], *Lona*, t. 31.

61 Gweler Tom Macdonald, *Y Tincer Tlawd* (Cymdeithas Lyfrau Ceredigion, 1971) am 'bryder' yn y gymdeithas Gymraeg ynghylch hyn. Tincer oedd tad Tom Macdonald a'i fam yn Wyddeles. Mynnodd ei fam fod y teulu yn symud i fyw i dŷ gan 'ma' peth ofnadw o'dd 'i fod e' [ei dad] a'r plant yn byw fel anifeilied y maes' (t. 151). Ail briodas oedd hon, ac roedd gan ei dad bedwar o blant o'i briodas gyntaf â'r Sipsi, Ada Lovell, plant yr edliwid eu cefndir ethnig iddynt pan fo helynt. Pan roes un o'r plant hynny lechwedd eithin yn Llandre ar dân, bu siarad mawr ymhlith y cymdogion: 'plant sipsiwn y Johnnie Tins yna sydd ar fai, yr anwariaid yna, wedi eu magu ar hyd y lonydd, a dyna lle y dylen' 'nhw fod.' (t. 12) Yn y man, dechreuai Tom Macdonald fewnoli'r hiliaeth hon ei hun, nes iddo deimlo 'cywilydd' pan fyddai'r Sipsiwn, 'pobl dywyll eu crwyn a phlant budron', yn galw heibio (t. 122).

62 Cynan, *"Ffarwel Weledig"*, t. 45: 'gwallt gwlyb yn disgyn yn rhaeadr rhydd tros ei bronnau'; Rhydwen Williams, *Dyddiau Dyn* (Llandybie: Christopher Davies Cyf, 1973), t. 119 yn ddyfynedig yn Enid Jones, *Ffuglen: Y Ddelwedd o Gymru yn y Nofel Gymraeg o ddechrau'r Chwedegau hyd at 1990* (Caerdydd: Gwasg Prifysgol Cymru, 2008), t. 206: 'Gwisgai [y sipsi] flows wen ysgafn a gallwn weld ei bronnau'n llenwi'r gwddf isel fel pe na bai digon o le iddynt a'r ddwy deth goch yn gwenu'n dawel fel blodau tu ôl i gyrten.'

Nodiadau

63 Marion Eames, *Seren Gaeth* (Llandysul: Gwasg Gomer, 1985), t. 48.
64 Marion Eames, *Seren Gaeth*, t. 56.
65 Marion Eames, *Seren Gaeth*, t. 59.
66 Richard Roberts, 'Y Sipsiwn Cymreig', *Cymru*, xix, 111, 15 Hydref 1900, 154.
67 Fel arfer, cyfieithir 'Orientalism' i'r Gymraeg fel 'Dwyreinioldeb', ond nid yw hwnnw'n cyfleu holl ystyron 'Orientalism' sydd yn awgrymu dull trefedigaethol o synio am ddiwylliant dieithr gan sylwebwyr o ddiwylliant mwy grymus, ac am y rheswm hwnnw, rwy'n ffafrio 'Orientaliaeth'. Diolch i Richard Glyn Roberts am yr awgrym.
68 Gwenallt, 'Y Sipsi', *Eples* (Llandysul: Gwasg Gomer, 1951), t. 36.
69 Gweler Deborah Epstein Nord, *Gypsies and the British Imagination, 1807–1930* (New York: Columbia University Press, 2006), tt. 60–69.
70 Daniel G. Williams, *Ethnicity and Cultural Authority: From Arnold to Du Bois* (Edinburgh: Edinburgh University Press, 2006), t. 42.
71 John Sampson, *The Dialect of the Gypsies of Wales*, t. vii.
72 John Sampson, 'II. The Wood Family (3) The descendants of Valentine Wood', 41–2.
73 'Yr Hen Idris', 'Abergynolwyn', *Baner ac Amserau Cymru*, 18 Mawrth 1896, 5.
74 Edward W. Said, *Orientalism: Western Concepts of the Orient* (London: Penguin Books, 1978), t. 21.
75 David Mayall, *Gypsy Identities 1500–2000*, t. 40.
76 David Mayall, *Gypsy Identities 1500–2000*, t. 168.
77 J. Glyn Davies, 'Welsh Gypsy Jottings', *Journal of the Gypsy Lore Society*, xiii, 1, 1934, 55: 'Suddenly Sampson seemed to be overcome by an immense emotion: he stopped dead and bawled out, almost "flebili sermone": "Oh, Davies! did you hear him use the ablative – how perfectly beautiful!" I see Sampson now, face lit up, with his bad hat and with his shirt hanging out of his trousers, like a blown-out topgallant not sheeted home. It was then I realized what a passion linguistics could arouse; something more than working out little equations in the algebra of "Lautvers".'
78 David Mayall, *Gypsy Identities 1500–2000*, t. 176. Sail yr honiad yw dehongliad o un llythyr gan un o gystadleuwyr Sampson.
79 Gweler Homi K. Bhabha, 'Sly Civility', *The Location of Culture* (London and New York: Routledge, 1994), tt. 93–101.
80 Judith Okely, *The Traveller-Gypsies* (Cambridge: Cambridge University Press, 1983), t. 32.
81 David Mayall, *Gypsy Identities 1500–2000*, t. 238. Gweler hefyd tt. 232–3.

Nodiadau

[82] Judith Okely, *The Traveller-Gypsies*, tt. 8–9 a 12–13. Mae'r ddadl hefyd yn anwybyddu'r ffaith mai canlyniad shifft iaith o Romani i Saesneg yw'r 'Angloromani' a siaredir yng ngwledydd Prydain heddiw.

[83] Judith Okely, *The Traveller-Gypsies*, tt. 13–15.

[84] Judith Okely, *The Traveller-Gypsies*, t. 15.

[85] Gweler, er enghraifft David Mayall, *Gypsy Identities 1500–2000*, t. 243 am feirniadaeth o'r fath.

[86] David Mayall, *Gypsy Identities 1500–2000*, t. 124.

[87] Wim Willems, *In Search of the True Gypsy: From Enlightenment to Final Solution* (London: Routledge, 1997), t. 307 yn ddyfynedig yn Yaron Matras, 'The Role of Language in Mystifying and Demystifying Gypsy Identity', yn Nicholas Saul a Susan Tebbutt (goln), *The Role of the Romanies: Images and Counter-images of 'Gypsies'/Romanies in European Cultures* (Liverpool: Liverpool University Press, 2004), t. 68.

[88] Thomas Acton, 'Modernity, Culture and "Gypsies": Is there a Meta-Scientific Method for Understanding the Representation of "Gypsies"? And do the Dutch really exist?' yn *The Role of the Romanies*, t. 98.

[89] J. Glyn Davies, 'Edward Wood a'r Dadgeiniaid', 57. Gwall cysodi yw'r cyfeiriad at Edward Wood fel 'Edward Owen' yn y dyfyniad neilltuol hwn.

[90] John Sampson, 'II. The Wood Family (3) The descendants of Valentine Wood', 41.

[91] Elena Puw Morgan, *Y Wisg Sidan* (Y Clwb Llyfrau Cymreig, 1939), t. 62.

[92] T. Llew Jones, *Fy Mhobol i* (Llandysul: Gwasg Gomer, 2002), t. 20; T. Llew Jones, *Tân ar y Comin* (Llandysul: Gwasg Gomer, 1975), tt. 21 a 120.

[93] Eldra Jarman, [cerdd ddi-enw] yn Eldra Jarman ac A. O. H. Jarman, *Y Sipsiwn Cymreig* (Caerdydd: Gwasg Prifysgol Cymru, 1979), [t. xv].

[94] Elena Puw-Davies [Elena Puw Morgan], *Nansi Lovell: Hunangofiant Hen Sipsi* (Gwasg Aberystwyth, 1933), t. 53: 'wedi ymladd i gadw gwaed y llwyth yn bur'; T. Llew Jones, *Fy Mhobol i*, t. 21: 'yn bobl o waed purach – gwaed y Romani'; Eldra Jarman ac A. O. H. Jarman, *Y Sipsiwn Cymreig*, t. 28: 'Sipsiwn pur eu gwaed'.

[95] [di-enw], 'Review: Report of the Departmental Committee on Tinkers in Scotland', *Journal of the Gypsy Lore Society*, New Series, ix, 1, 1915–16, 56.

[96] Francis Hindes Groome, *Gypsy Folk-Tales* (London: Hurst & Blackett, 1899), t. lv yn ddyfynedig yn Eldra Jarman ac A. O. H. Jarman, *Y Sipsiwn Cymreig*, t. 137.

[97] Eldra Jarman ac A. O. H. Jarman, *Y Sipsiwn Cymreig*, tt. 137 a 145. Ceir cyfieithiad Cymraeg o olygiad Dora Yates o rai o lythyrau Saesneg

a Romani Cymreig John Roberts yn E. Ernest Roberts, *John Roberts: Telynor Cymru*, tt. 103–18. Ychydig iawn o ddeunydd ysgrifenedig mewn Romani Cymreig a adawyd gan y Kååle eu hunain. Ceir corff bychan iawn o waith llenyddol yn yr iaith, gan gynnwys chwedlau gwerin a dyrnaid o gerddi byrion. Llythyrau Harry 'Turpin' Wood o Gorwen, un o feibion Mathew Wood, o gyfnod yr Ail Ryfel Byd yw'r cyfraniad olaf. Gweler Tim Coughlan, *Now Shoon the Romano Gillie*; John Sampson, *The Dialect of the Gypsies of Wales*, tt. 29, 52 a 127; Harry Wood yn ddyfynedig yn Ferdinand Gerard Huth, 'Letters from a Welsh Gypsy to a Tarno Rai', *Journal of the Gypsy Lore Society*, xx, 1 a 3–4, 1941, 1–15 a 150–62.

[98] John Sampson, 'III. The Wood Family (4) The descendants of William and Solomon Wood', *Journal of the Gypsy Lore Society*, Third Series, xiii, 4, 1934, 195.

[99] John Sampson, 'III. The Wood Family (4)', 196. Oherwydd benthyciadau o'r Saesneg, nid oedd Sampson o'r farn fod Romani John Roberts mor 'deep' â Romani 'teulu Abram Wood', ond ni phriodolai'r diffyg 'purdeb' hwn i'w gefndir hiliol.

[100] Francis Hindes Groome, *In Gipsy Tents* (EP Publishing: Wakefield, 1973 [1880]), tt. 252–3.

[101] Nia Gwyn Evans (gol.), *Nansi Richards Telynores Maldwyn* (Caernarfon: Gwasg Gwynedd, 1996), t. 55. Ceir y disgrifiad o dan lun gan Geoff Charles sy'n dangos Hywel Wood yn ymyl Llwyd o'r Bryn yng Ngŵyl Bedair Sir Urdd Gobaith Cymru yn 1955.

[102] J. Glyn Davies, 'Alabaina Wood', *Journal of the Gypsy Lore Society*, Third Series, viii, 3, 1929, 143–4 yn ddyfynedig yn Eldra Jarman ac A. O. H. Jarman, *The Welsh Gypsies* (Cardiff: University of Wales Press, 1991), tt. 71–2.

[103] J. Glyn Davies, 'Welsh Sources of Gypsy History', *Journal of the Gypsy Lore Society*, Third Series, ix, 2, 1930, 85. Dyfynna ychydig o'r Gymraeg Romani hon: 'Ac iw glywed, welwch chi, yr un fath yn inion, a phe buasai'r band yn dwad o'r pellder draw ar hyd y ffordd at ffrynt y ty. Ac o'r diwedd yn dwad at y drws ac i mewn i'r porth; ac ar hyd y fynedfa heibio i ddau ddrws y rwm yroeddan i ynddi hi, ac allan i'r cefn; ac yna darfod yn raddol yn y pellder draw. Yr ydw'i yn hen, ac wedi clywed llawer o chwareu telyn, ond dim byd erioed, welwch chi, yn debyg i'r tro hwnw.'

[104] Eldra Jarman ac A. O. H. Jarman, *Y Sipsiwn Cymreig*, t. 89.

[105] T. Gwynn Jones, 'Sipsiwn Cymru', *Y Ford Gron*, ii, 3, Ionawr 1932, 58.

[106] Brian Belton, *Questioning Gypsy Identity: Ethnic Narratives in Britain and America* (Walnut Creek: AltaMira Press, 2005), t. 29.

Nodiadau

[107] Eldra Jarman ac A. O. H. Jarman, *Y Sipsiwn Cymreig*, [t. xi].
[108] Manfri Frederick Wood, 'Introduction', *In the Life of a Romany Gypsy* (London: Routledge & Kegan Paul, 1973), dim rhif tudalen.
[109] John Sampson, *The Dialect of the Gypsies of Wales*, t. 319.
[110] Anthony Sampson, 'John Sampson and Romani Studies in Liverpool' yn *The Role of the Romanies*, t. 15; John Sampson, 'IV. – An Englishman in Wales', *Journal of the Gypsy Lore Society*, Third Series, li, 3–4, 1972, 82.
[111] Alan Fletcher, 'John Sampson – Librarian Extraordinaire', *Trafodion Cymdeithas Hanes Sir Ddinbych*, 48, 1999, 75; gweler hefyd John Sampson, 'The Welsh Gypsies', *Transactions of the Liverpool Welsh National Society*, 16, 1900–1, 64.
[112] John Sampson, 'The Welsh Gypsies', 49.
[113] R. A. Stewart Macalister, *The Secret Languages of Ireland with special reference to the Origin and Nature of the Shelta Language partly based upon Collections and Manuscripts of the late John Sampson* (Cambridge: Cambridge University Press, 1937), t. ix; Andreas [R. A. Scott Macfie], 'John Sampson, 1862–1931', *Journal of the Gypsy Lore Society*, Third Series, xi, 1, 1932, 9.
[114] J. Glyn Davies, 'Edward Wood a'r Dadgeiniaid', 57.
[115] J. Glyn Davies, 'Edward Wood a'r Dadgeiniaid', 61.
[116] Anthony Sampson, *The Scholar Gypsy: The Quest for a Family Secret* (London: John Murray, 1997), t. 53; Hettie Glyn Davies, *Hanes Bywyd John Glyn Davies (1870–1953)* (Lerpwl: Gwasg y Brython, 1965), t. 68.
[117] John Sampson, 'The Welsh Gypsies', 64–72; J. Glyn Davies (cyf.), 'The Gypsy (from the Welsh of Eifion Wyn)', *Journal of the Gypsy Lore Society*, Third Series, vii, 3–4, 1928, 199; J. Glyn Davies, 'Welsh Sources of Gypsy History', 64–86.
[118] Anthony Sampson, *The Scholar Gypsy*, t. 96; Nia Gwyn Evans (gol.), *Nansi Richards Telynores Maldwyn*, t. 22.
[119] O. M. Edwards yn ddyfynedig yn yr *Aberdare Leader*, 20 Rhagfyr 1919, 6. Gweler Bernhard Maier, *Kuno Meyer and Wales: Letters to John Glyn Davies, 1892–1919* (Würzburg: Ergon Verlag, 2017), t. 72.
[120] David Jenkins, *Thomas Gwynn Jones* (Dinbych: Gwasg Gee, 1973), tt. 192–3, 195–6 a 256; Hettie Glyn Davies, *Hanes Bywyd John Glyn Davies*, t. 45.
[121] Llythyr oddi wrth J. Glyn Davies at T. Gwynn Jones, dim dyddiad [1908?]. Archif Llyfrgell Genedlaethol Cymru, Papurau Thomas Gwynn Jones G695. Diolch i Llŷr Gwyn Lewis am yr wybodaeth.
[122] T. Gwynn Jones, 'Sipsiwn Cymru', 58.
[123] Marian Tomos, 'Bywyd a gwaith Elena Puw Morgan 1900–1973', (Prifysgol Cymru [Bangor]: traethawd MA, 1980), 12 a 18.

Nodiadau

[124] John Sampson, *The Dialect of the Gypsies of Wales*, t. ix.
[125] O. H. Fynes-Clinton, *The Welsh Vocabulary of the Bangor District* (Oxford: Oxford University Press, 1913), t. iv.
[126] J. Glyn Davies, 'Lleyn', *Cerddi Edern a Cherddi ereill* (Lerpwl: Gwasg y Brython, 1955), t. 107; T. Gwynn Jones, 'Broseliawnd', 'Anatiomaros', 'Argoed', *Caniadau* (Wrecsam: Hughes a'i Fab, 1934), tt. 75–8, 79–86 a 105–13.
[127] T. Gwynn Jones, 'Ieithoedd', *Beirniadaeth a Myfyrdod* (Wrecsam: Hughes a'i Fab, 1935), tt. 101–10.
[128] John Sampson, *The Dialect of the Gypsies of Wales*, t. 305.
[129] Kate Roberts, *Y Lôn Wen: Darn o Hunangofiant* (Dinbych: Gwasg Gee, 1960), t. 106. 'Edrychai'n debyg i Hwngariad' yw disgrifiad Kate Roberts o 'Lisa Blac', ieithwedd 'ffisiolegol' sy'n awgrymu iddi dybio mai Sipsi oedd y grwydren hon.
[130] John Sampson, *The Dialect of the Gypsies of Wales*, t. 400.
[131] J. H. Davies (gol.), *The Life and Opinions of Robert Roberts*, tt. 32, 37 a 42–3.
[132] John Thomas, *Cofiant y Parch. T. Rees, D. D. Abertawy* (Dolgellau: argraffwyd yn William Hughes, Swyddfa'r Dysgedydd, 1888), t. 17.
[133] Eldra Jarman ac A. O. H. Jarman, *Y Sipsiwn Cymreig*, t. 109.
[134] Eldra Jarman, 'Y miwsig sy'n crwydro fel y mynn', t. 59; Tom Nefyn-Williams, *Yr Ymchwil*, tt. 80–1. Mewn Saesneg y nodir atebion y Sipsiwn i ymholiadau Tom Nefyn, ac mae ffurfioldeb y Gymraeg lafar a briodolir i Tom Nefyn yn yr ymgom yn awgrymu ei fod yntau'n siarad Saesneg hefyd.
[135] Ffurflenni cyfrifiad 1891: RG 12/4641, 7 a RG 12/4636, 33.
[136] Ceir llun o feddfaen Lowyddan Wood yn *Llafar Gwlad*, rhifyn arbennig y Sipsiwn, 18, 15.
[137] Nansi Richards, *Cwpwrdd Nansi* (Llandysul: Gwasg Gomer, 1972), t. 42; Eldra Jarman, 'Y miwsig sy'n crwydro fel y mynn', t. 63.
[138] Gweler, er enghraifft, E. R. Griffith, 'Carfan o Deulu'r Woodiaid', *Lleufer*, ix, 1, gwanwyn 1953, 32. Hefyd Megan Dwyfor, 'Gwersyll y Sipsiwn', 32.
[139] Elena Puw Morgan, *Y Wisg Sidan*, t. 49.
[140] Elena Puw-Davies, *Nansi Lovell*, t. 24.
[141] Elena Puw-Davies, *Nansi Lovell*, t. 39.
[142] Elena Puw-Davies, *Nansi Lovell*, t. 68.
[143] Elena Puw-Davies, *Nansi Lovell*, t. 92.
[144] Deborah Epstein Nord, *Gypsies and the British Imagination, 1807–1930*, t. 4. Fel sawl ysgolhaig, mae'r awdur yn camddefnyddio'r gair Prydain. Lloegr a olygir ganddi.

Nodiadau

[145] T. Gwynn Jones, *Brithgofion* (Llandebie: Llyfrau'r Dryw, 1944), t. 21. Gweler hefyd T. Gwynn Jones, 'Sipsiwn Cymru', 74.
[146] T. Gwynn Jones, *Brithgofion*, t. 66.
[147] Eldra Jarman ac A. O. H. Jarman, *Y Sipsiwn Cymreig*, tt. 66, 68 a 76. Bedyddiwyd gor-wyres i Abram Wood yn y pentref yn 1819, a chladdwyd eraill o'r tylwyth yno yn 1825.
[148] Thomas Darlington, 'Llanwddyn cyn y Diluw', *Cymru*, v, Awst 15 1893, 86.
[149] Thomas Darlington, 'Llanwddyn cyn y Diluw', 86.
[150] Thomas Darlington, 'Llanwddyn cyn y Diluw', 87.
[151] Thomas Darlington, 'Llanwddyn cyn y Diluw', 88.
[152] Thomas Darlington, 'Llanwddyn cyn y Diluw', 88.
[153] H. Hughes Roberts, 'Rhamant am Fywyd Sipsi a Chyfrol o Gerddi', *Y Ford Gron*, iv, 2, Rhagfyr 1933, 45.
[154] Richard Roberts, 'Y Sipsiwn Cymreig', 153.
[155] Richard Roberts, 'Y Sipsiwn Cymreig', 153.
[156] John Sampson, *The Dialect of the Gypsies of Wales*, t. 53.
[157] John Sampson, *The Dialect of the Gypsies of Wales*, t. 319.
[158] Gweler John Sampson, *The Dialect of the Gypsies of Wales*, t. x: 'listening to their stories in the barns, where by ancient use and wont they are allowed to lodge at night'. Gweler hefyd Elena Puw-Davies, *Nansi Lovell*, t. 52: 'Cadwai sŵn wrthyf beunydd am garafan yr un fath â'r sipsiwn Seisnig. Gwell oedd gennyf i ein dull ni yng Nghymru o gario'n clud ar gefn ceffylau a mulod, a phabellu'r nos...'.
[159] Gweler, er enghraifft, Wyn Thomas, 'John Roberts: "Telynor Cymru" 1816–1894', *Hanes Cerddoriaeth Cymru*, 1, 1996, 164; Loïs Blake, *Traditional Dance and Customs in Wales* (Llangollen: The Gwynn Publishing Co., 1972), t. 16.
[160] J. Glyn Davies, 'Edward Wood a'r Dadgeiniaid', 57.
[161] Nansi Richards, *Cwpwrdd Nansi*, tt. 39–40. Maent yn ddifyr hefyd am fod Dyffryn Tanat yn croesi'r ffin â Lloegr ac yn cynnwys o'i fewn bentrefi Cymraeg yn swydd Amwythig. Yn un ohonynt, yn Llanyblodwel, y bu farw ei thaid mewn neithior wrth ddawnsio yn ei gwsg i gyfeiliant cerddoriaeth y Sipsiwn:

> ... Un noson roedd neithior yn Nhŷ Isaf, Llanyblodwel, a chafodd fy nhaid ei wahodd yno i ddawnsio am iddo iacháu y briodferch o'r clefyd gwyn, neu'r darfodedigaeth...
> Roedd mwy na digon o gwrw yn Nhŷ Isaf y noson honno, ac mewn canlyniad i rialtwch y neithior danfonwyd fy nhaid i'w wely. Ond rywbryd yn y nos fe glywodd bibgorn y sispiwn yn y gegin oddi tano, neidiodd

yn sydyn o'i wely rhwng cwsg ac effro gan ddechre stepio. Cwympodd i lawr y grisie, a bu farw yn y fan a'r lle. Efallai iddo dybied mai gartre'r oedd yn y siambar yn yr Hafod. Y noson honno collodd y sipsiwn eu noddwr a chollodd yr ardal gymwynaswr a chymeriad anghyffredin iawn yn drigain a dwy oed.

Stori ryfeddol, a dim sylw o gwbl fod Llanyblodwel yn Lloegr. Mae'r diwylliant Cymraeg a diwylliant y Sipsi yn rhedeg ar hyd y dyffryn ac ni waeth fod Llanrhaeadr-ym-Mochnant a Llangedwyn yng Nghymru (pentrefi eraill y mae Nansi Richards yn sôn amdanynt), a Llanyblodwel dros y ffin. Mae Llanyblodwel yn bentref Cymraeg, a gan ei fod yn bentref Cymraeg mae'n rhan o fyd y Sipsiwn hefyd.

162 J. Glyn Davies, 'Edward Wood a'r Dadgeiniaid', 58.
163 Lou Charnon-Deutsch, *The Spanish Gypsy: The History of a European Obsession* (Pennsylvania: Pennsylvania State University Press, 2004), tt. 202–10. Buasai gan Sipsiwn rôl bwysig yn cadw diwylliant cerddorol rhai o wledydd diwladwriaeth dwyrain Ewrop hefyd.
164 Timothy Neat, *The Summer Walkers: Travelling People and Pearl-Fishers in the Highlands of Scotland* (Edinburgh: Birlinn, 2002), tt. 6, 53, 67 a 71.
165 Timothy Neat, *The Summer Walkers*, t. 224. Nid oedd gan fewnfudwyr di-Aeleg fawr o ddiddordeb mewn 'Tinker goods and [they] had no interest in Traveller chat. The Gaelic language, that the Travellers had helped keep alive, was disappearing across all of mainland Scotland'.
166 J. Glyn Davies, 'Alabaina Wood', 144.
167 Mae'n ddiddorol, er enghraifft, fod y *Journal of the Gypsy Lore Society* yn trin Sipsiwn Catalwnia a Gwlad y Basg ar wahân i Sipsiwn gweddill Sbaen. Gweler Frederick George Ackerley, 'The Romani Speech of Catalonia', *Journal of the Gypsy Lore Society*, New Series, viii, 2, 1914–15, 100; Frederick George Ackerley, 'Basque Romani', *Journal of the Gypsy Lore Society*, Third Series, viii, 1929, 50–2.
168 D. Moelwyn Williams, 'Y Sipsi yng Nghymru', *Yr Haul a'r Gangell*, 13, gaeaf 1955–6, 7–8.
169 Waldo Williams, *Dail Pren* (Gwasg Aberystwyth, 1956), t. 103. Dychenir agwedd Llywodraeth Lafur 1945–50 at y Roma: 'Caiff Aneurin Befan dynnu plan/ I wneud dau Villa o un Caravan... / Peg Pren i San Ffagan er cof am y cwbl./ Gallwn rannu Un peg rhwng y baich cyffredinol.'
170 Yaron Matras, *Romani in Britain*, t. 168.
171 Mewn sgwrs â mi yng nghynhadledd y *Gypsy Lore Society* yn Istanbul yn 2012, mynegodd Matras ei farn y gallai patrymau priodi, yn hytrach na dwyieithedd y gymdeithas, fod wedi arafu shifft iaith yng nghefn

gwlad Cymru. Am y ddadl arall, gweler F. H. Groome, *In Gipsy Tents*, t. 251.
[172] Yaron Matras, *Romani in Britain*, tt. 95, 142 a 176.
[173] Gweler, er enghraifft, J. R. Jones, 'Cofio'r Sipsiwn', *Llafar Gwlad*, rhifyn arbennig y Sipsiwn, 18, 11.
[174] 'Tipyn o stâd', BBC North West Wales, 3 Mehefin 2008. Er nad yw'r ddolen yn gweithio bellach, mae'r stori wedi ei harchifo a gellid ei gwglo.
[175] Llywodraeth Cymru, *'Teithio i Ddyfodol Gwell': Sipsiwn a Theithwyr – Fframwaith Gweithredu a Chynllun Cyflawni ar gyfer Sipsiwn a Theithwyr*, 2011, yn enwedig tt. 10–11.
[176] Gweler John Sampson, *The Dialect of the Gypsies of Wales*, t. 103 am yr enwau Romani hyn a rhai eraill.
[177] Gweler Compendiwm Ystadegau Ysgolion, tabl 7.13, 'Iaith gyntaf y disgyblion 5 oed a throsodd mewn ysgolion cynradd, uwchradd ac arbennig, yn ôl iaith, 2011/12', 2012. Nid yw ar gael yn electronig mwyach. Mae copi caled o'r ddogfen yn fy meddiant.

Diweddglo

[1] Dafydd Glyn Jones, 'Gwlad y Brutiau', *Agoriad yr Oes: erthyglau ar lên, hanes a gwleidyddiaeth Cymru* (Talybont, Y Lolfa, 2001), tt. 73–4.
[2] Morgan Llwyd yn ddyfynedig yn J. R. Jones, *Gwaedd yng Nghymru*, (Lerpwl a Phontypridd: Cyhoeddiadau Modern Cymreig Cyf, 1970), [t. 2].
[3] Saunders Lewis, *Buchedd Garmon* (Gwasg Aberystwyth, 1937), t. 27.
[4] J. R. Jones, *Prydeindod* (Llandybie: Llyfrau'r Dryw, 1966), t. 13.

Llyfryddiaeth Ddethol

Ceir degau o filoedd o gyhoeddiadau am leiafrifoedd ethnig, grwpiau ethnig a'r berthynas rhyngddynt, a theorïau am hil ac ethnigrwydd hefyd, ac oni chânt eu crybwyll yn y gyfrol hon yn benodol, nid oes diben eu rhestru yma. Nodir yma yn unig lyfryddiaeth ddethol o weithiau a ddefnyddir ar gyfer y llyfr hwn. Oherwydd hyd y gyfrol, nid wyf wedi nodi pob ffynhonnell y cyfeirir ati, ac ni chynhwysir rhai eitemau y ceir trafodaeth arnynt mewn troednodyn yn unig yn hytrach nac yn y prif destun.

Aitchinson, John a Carter, Harold, *Spreading the Word: The Welsh Language 2001* (Talybont: Y Lolfa, 2004).

Aithie, Patricia, 'From the Roof of Arabia to the Coal Cellar: Yemeni Migration to South Wales', *Planet*, 105, 1994, 25–36.

Aithie, Patricia, *The Burning Ashes of Time: From Steamer Point to Tiger Bay* (Bridgend: Seren, 2005).

Alderman, Geoffrey, 'The Anti-Jewish Riots of August 1911 in South Wales', *Cylchgrawn Hanes Cymru*, 6 (2), 1972, 190–200.

Alderman, Geoffrey, '[adolygiad o] *The Jews of South Wales. Historical Studies* by Ursula R. Q. Henriques', *The English Historical Review*, 111 (440), Chwefror 1996, 239–40.

Anarchwaethus, 'Beth yw "intersectionality" yn Gymraeg?', *Anarchwaethus/ Gwefan Anarchaidd yn y Gymraeg, https://anarchwaethus.wordpress.com/ 2016/12/08/beth-yw-intersectionality-yn-gymraeg/*, 8 Rhagfyr 2016.

Anderson, Benedict, *Imagined Communities: Reflections on the Origins and Spread of Nationalism* (London: Verso, 1991 [1983]).

Anthropos [Robert David Rowland], *Y Pentre Gwyn. Ystori Bore Bywyd* (Gwrecsam: Hughes a'i Fab, 1909).

Apolloni, Dafydd, *Roma – Hen Wlad fy Nhad* (Llanrwst: Gwasg Carreg Gwalch, 2004).

Llyfryddiaeth Ddethol

Arnold, Matthew, *On the Study of Celtic Literature* (London: Smith, Elder and Co., 1867).

Ashcroft, Tony, *Images of England: Ashton-in-Makerfield and Golborne* (Stroud: Nonsuch Publishing Limited, 2005 [1997]).

Aubel, Felix, *Fy Ffordd fy Hunan: Hunangofiant Felix Aubel* (Llanrwst: Gwasg Carreg Gwalch, 2010).

Baldwin, James, 'If Black English Isn't a language, Then Tell Me, What is?', *The New York Times*, Rhan E, 29 Gorffennaf 1979, 19.

Bassett, T. M. (gol.), *Eisteddfod Genedlaethol Frenhinol Cymru: Caernarfon a'r Cylch 1979: Cyfansoddiadau a Beirniadaethau* (Llys yr Eisteddfod Genedlaethol, 1979).

Bebb, [W.] Ambrose, *Crwydro'r Cyfandir* (Wrecsam: Hughes a'i Fab, 1929).

Bebb, W. Ambrose, *Llydaw* (Llundain: Depôt Cymraeg Foyle, 1929).

Bebb, W. Ambrose, *Pererindodau* (Y Clwb Llyfrau Cymreig, 1941).

Bebb, W. Ambrose, *Dyddlyfr 1941* (Llandebie: Llyfrau'r Dryw, 1942).

Bebb, W. Ambrose, *Calendr Coch* (Gwasg Aberystwyth, 1946).

Beddoe, John, *The Races of Britain: A Contribution to the Anthropology of Western Europe* (Bristol and London: J. W. Arrowsmith and Trübner & Co., 1885).

Begum, Yasmin, 'An Independent Wales must undo the darkness of white supremacy', *Planet Extra, https://www.planetmagazine.org.uk/planet-extra/independent-wales-must-undo-darkness-white-supremacy*, 19 Rhagfyr 2018.

Belton, Brian, *Questioning Gypsy Identity: Ethnic Narratives in Britain and America* (Walnut Creek: AltaMira Press, 2005).

Benjamin, E. Alwyn, 'Melindwr, Cardiganshire: a study of the censuses 1841–71', *Ceredigion*, 9 (4), 1983, 322–35.

Berger, Stefan, Croll, Andy a LaPorte, Norman (goln), *Towards a Comparative History of Coalfield Societies* (Aldershot: Ashgate, 2005).

Bhabha, Homi K., *The Location of Culture* (London and New York: Routledge, 1994).

Bianchi, Tony, *Cyffesion Geordie Oddi Cartref* (Llandysul: Gwasg Gomer, 2010).

Birtwistle, Meic a James, Dafydd Llŷr, 'When the Party was Over: Welsh and Italian leadminers in dispute, Cardiganshire 1900–01', *Llafur*, 12 (1), 2016, 9–24.

Blackledge, Adrian, 'Being English, speaking English: Extension to English language testing legislation and the future of multicultural Britain' yn Gabrielle Hogan-Brun, Clare Mar-Molinero a Patrick Stevenson (goln), *Discourses on Language and Integration* (Amsterdam: John Benjamins, 2009), tt. 83–107.

Blake, Loïs, *Traditional Dance and Customs in Wales* (Llangollen: The Gwynn Publishing Co., 1972).

Llyfryddiaeth Ddethol

Bohata, Kirsti, *Postcolonialism Revisited: Writing Wales in English* (Cardiff: University of Wales Press, 2004).

Borsay, Peter, 'Welsh Seaside Resorts: Historiography, Sources and Themes', *Cylchgrawn Hanes Cymru*, 24 (2), 2008, 92–119.

Bosse-Griffiths, Kate, *Anesmwyth Hoen* (Llandebie: Llyfrau'r Dryw, 1941).

Bosse-Griffiths, Kate, *Fy Chwaer Efa a Storïau Eraill* (Dinbych: Llyfrau Pawb, 1944).

Bosse-Griffiths, Kate, *Mae'r Galon wrth y Llyw* (Gwasg Aberystwyth, 1957).

Bosse-Griffiths, Kate, *Tywysennau o'r Aifft* (Llandybie: Llyfrau'r Dryw, 1970).

Bosse-Griffiths, Kate, 'Gedichte' [teipysgrif o gerddi Almaeneg ac un gerdd Gymraeg], meddiant y teulu, heb eu cyhoeddi.

Bourdieu, Pierre, 'La production et la reproduction de la langue légitime', *Ce que parler vent dire: L'économie des échanges linguistiques* (Paris: Fayard, 1982).

Bowen, H. V. (gol.), *Wales and the British overseas empire: Interactions and influences, 1650–1830* (Manchester: Manchester University Press, 2011).

Bowen, Thomas, *Dinas Caerdydd a'i Methodistiaeth Galfinaidd* (Cardiff: Williams Lewis (Argraffwyr) Cyf., 1927).

Bowen, Zonia, *'Dy bobl di fydd fy mhobl i': Atgofion Saesnes yng Nghymru* (Talybont: Y Lolfa, 2015).

Božić-Vrbančić, Senka, *Tarara: Croats and Maori in New Zealand: Memory, Belonging, Identity* (Dunedin: Otaga University Press, 2008).

Bradbury, Jonathan, 'An inclusive identity? Ethnic minorities and Welshness', *Planet*, 168, 2004/5, 70–4.

Brooks, Simon, 'The Idioms of Race: the "Racist Nationalist" in Wales as Bogeyman' yn Robin Chapman (gol.), *The Idiom of Dissent: protest and propaganda in Wales* (Llandysul: Gwasg Gomer, 2006), tt. 139–65.

Brooks, Simon, 'Arwyddocâd Ideolegol Dylanwad Sigmund Freud ar Saunders Lewis', *Llenyddiaeth mewn Theori*, 3, 2008, 29–49.

Brooks, Simon, 'The Rhetoric of Civic "Inclusivity" and the Welsh Language', *Contemporary Wales*, 22, 2009, 1–15.

Brooks, Simon, 'Ystrydebau Ethnig Islwyn Ffowc Elis' yn Gerwyn Wiliams (gol.), *Ysgrifau Beirniadol XXVIII* (Dinbych: Gwasg Gee, 2009), tt. 95–120.

Brooks, Simon, 'Tiger Bay a'r Diwylliant Cymraeg', *Trafodion Anrhydeddus Gymdeithas y Cymmrodorion 2008*, 15, 2009, 198–216.

Brooks, Simon, 'Wynebu Diddymdra Ethnig: E. Tegla Davies a Llenyddiaeth Gymraeg Lloegr', *Y Traethodydd*, clxvi, Ionawr 2011, 5–17.

Brooks, Simon, 'The Indigenous Atlantic: Welsh-language Poetry and Indigenous Peoples in the Americas' yn Michael Newton (gol.), *Celts in the Americas* (Sydney, Nova Scotia: Cape Breton University Press, 2013), tt. 305–16.

Brooks, Simon, *Pam na fu Cymru: Methiant Cenedlaetholdeb Cymraeg* (Caerdydd: Gwasg Prifysgol Cymru, 2015).
Brooks, Simon, 'Hil, iaith a'r gwrth-ffasgaidd yng ngwaith J. R. Jones' yn E. Gwynn Matthews (gol.), *Argyfwng Hunaniaeth a Chred: Ysgrifau ar athroniaeth J. R. Jones: Astudiaethau Athronyddol 6* (Talybont: Y Lolfa, 2017), tt. 119–31.
Brooks, Simon a Roberts, Richard Glyn (goln), *Pa beth yr aethoch allan i'w achub?* (Llanrwst: Gwasg Carreg Gwalch, 2013).
Brosch, Matthias et al. (goln), *Exclusive Solidarität: Linker Antisemitismus in Deutschland* (Berlin: Metropol, 2007).
Cadwaladr, Dilys, *Storïau Dilys Cadwaladr* (Wrecsam: Hughes a'i Fab, 1936).
Campbell, Gwyn, *David Griffiths and the Missionary << History of Madagascar >>* (Leiden: Brill, 2012).
Carroll, David, *French Literary Fascism: Nationalism, Anti-Semitism and the Ideology of Culture* (Princetown: Princetown University Press, 1995).
Chapman, T. Robin, *WJ Gruffydd* (Caerdydd: Gwasg Prifysgol Cymru, 1993).
Chapman, T. Robin, *W Ambrose Bebb* (Caerdydd: Gwasg Prifysgol Cymru, 1997).
Chapman, T. Robin, *Un Bywyd o blith Nifer: Cofiant Saunders Lewis* (Llandysul: Gwasg Gomer, 2006).
Charles, Nickie, Davies, Charlotte Aull a Harris, Chris, *Families in Transition: Social Change, Family Formation and Kin Relationships* (Bristol: Policy Press, 2008).
Charles-Edwards, T. M., *Wales and the Britons: 350–1064* (Oxford: Oxford University Press, 2014).
Charnon-Deutsch, Lou, *The Spanish Gypsy: The History of a European Obsession* (Pennsylvania: Pennsylvania State University Press, 2004).
Cheeseman, Tom, Davies, Grahame a Hoffmann, Sylvie (goln), *Gŵyl y Blaidd / The Festival of the Wolf: Ysgrifennu Ffoaduriaid yng Nghymru / Writing Refugees in Wales* (Abertawe: Parthian, 2006).
Clark, Natalie, 'Red Intersectionality and Violence-informed Witnessing Praxis with Indigenous Girls', *Girlhood Studies*, 9 (2), 2016, 46–64.
Clwyd, Hafina, *Pobol sy'n Cyfri: Cipolwg ar drigolion bro'r Bedol rhwng 1881 ac 1891* (Llanrwst: Gwasg Carreg Gwalch, 2001).
Colley, Linda, *Britons: Forging the Nation 1707–1837* (New Haven and London: Yale University Press, 2009).
Colyer, R. J., 'Nanteos: A Landed Estate in Decline 1800–1930', *Ceredigion*, 9 (1), 1980, 58–77.
Coombes, B. L., *These Poor Hands: The Autobiography of a Miner working in South Wales* (Cardiff: University of Wales Press, 2002 [1939]).

Cope, Chris, *Cwrw am Ddim: A rhesymau eraill dros ddysgu'r iaith* (Llandysul: Gwasg Gomer, 2009).

Coplestone-Crow, Bruce, 'The Dual Nature of the Irish Colonization of Dyfed in the Dark Ages', *Studia Celtica*, xvi/xvii, 1981/2, 1–24.

Coughlan, Tim, *Now Shoon the Romano Gillie: Traditional Verse in the High and Low Speech of the Gypsies of Britain* (Cardiff: University of Wales Press, 2001).

Crawford, Kizzy, 'I'm Welsh and a woman of colour. Why does the census tell me that's impossible?', *The Guardian*, https://www.theguardian.com/commentisfree/2019/dec/06/welsh-woman-of-colour-census-identity-whiteness, 6 Rhagfyr 2019.

Crenshaw, Kimberlé, 'Mapping the Margins: Intersectionality, Identity Politics, and Violence Against Women of Color', *Stanford Law Review*, 43 (6), Gorffennaf 1991, 1241–99.

Crenshaw, Kimberlé et al. (goln), *Critical Race Theory: The Key Writings that Formed the Movement* (New York: The New Press, 1995).

Crowther, J. N., *Ar Lannau Ceri: Detholiad o Weithiau'r Diweddar J. N. Crowther ('Glanceri')* (Wrecsam: Hughes a'i Fab, 1930).

Crwys [William Williams], *Cerddi Crwys yn cynnwys "Gwerin Cymru" a Chaniadau Eraill* (Llanelli: James Davies a'i Gwmni, 1920).

Crwys [William Williams], *Cerddi Newydd Crwys* (Wrecsam: Hughes a'i Fab, 1924).

Crwys [William Williams], *Mynd a Dod* (Llandysul: Y Clwb Llyfrau Cymreig, 1941).

Cule, Cyril P., *Cymro ar Grwydr* (Llandysul: Gwasg Gomer, 1941).

Cunnington Wynn, Lowri, 'Allfudiaeth Pobl Ifanc o'r Broydd Cymraeg' (Prifysgol Bangor: traethawd PhD, 2014).

Cymdeithas yr Iaith Gymraeg, *Dwyieithrwydd Gweithredol: Papur Gwaith 1: Y Gymraeg yng Nghynulliad Cenedlaethol Cymru* (Aberystwyth, 1998).

Cymdeithas yr Iaith Gymraeg, *Deddf Iaith Newydd i'r Ganrif Newydd* (Aberystwyth, 2000).

Cynan, *"Ffarwel Weledig": Rhamant am Facedonia* (Lerpwl: Gwasg y Brython, 1946).

Daniel, Iestyn (gol.), *Cofio John Fitzgerald, O. Carm. (1927–2007): Rhifyn arbennig o Y Cylchgrawn Catholig*, 2010.

Davies, Andrew, '"Uncontanimated with Human Gore"? Iolo Morganwg, Slavery and the Jamaican Inheritance' yn Geraint H. Jenkins (gol.), *A Rattleskull Genius: The Many Faces of Iolo Morganwg* (Cardiff: University of Wales Press, 2009), tt. 293–313.

Davies, Charlotte Aull a Jones, Stephanie (goln), *Welsh Communities: New Ethnographic Perspectives* (Cardiff: University of Wales Press, 2003).

Llyfryddiaeth Ddethol

Davies [Dafis], Cynog, *Mewnlifiad, Iaith a Chymdeithas* ([Aberystwyth]): Cymdeithas yr Iaith Gymraeg, 1979).
Davies, E. Tegla, *Rhyfedd o Fyd* (Lerpwl: Gwasg y Brython, 1950).
Davies, E. Tegla, *Y Foel Faen* (Lerpwl: Gwasg y Brython, 1951).
Davies, E. Tegla, *Gyda'r Blynyddoedd* (Lerpwl: Gwasg y Brython, 1952).
Davies, E. Tegla, *Gyda'r Hwyr* (Lerpwl: Gwasg y Brython, 1957).
Davies, Edward, *Hanes Porthmadog: Ei Chrefydd a'i Henwogion* (Caernarfon: Cwmni y Cyhoeddwyr Cymreig (Cyf), 1913).
Davies, Elwyn a Rees, Alwyn D. (goln), *Welsh Rural Communities* (Cardiff: University of Wales Press, 1960).
Davies, George M. Ll., *Gandhi a Chenedlaetholdeb India* [Undeb Heddychwyr Cymru, 1942].
Davies, Grahame (gol.), *The Chosen People: Wales and the Jews* (Bridgend: Seren, 2002).
Davies, Grahame, *The Dragon and the Crescent: Nine Centuries of Welsh Contact with Islam* (Bridgend: Seren, 2011).
Davies, Grahame, 'Rhagfur a rhagfarn: agweddau tuag at yr Iddewon yng ngwaith T. S. Eliot, Saunders Lewis a Simone Weil', *Taliesin*, 100, 1997, 61–77.
Davies, H. Jones, 'Ofergoelion a Defion Doe', *Y Traethodydd*, lxxx, Gorffennaf 1925, 161–73.
Davies, Hettie Glyn, *Hanes Bywyd John Glyn Davies (1870–1953)* (Lerpwl: Gwasg y Brython, 1965).
Davies, Huw, *Atgofion Hanner Canrif* (Caernarfon: Llyfrfa'r Methodistiaid Calfinaidd, 1964).
Davies, Hywel, *Fleeing Franco: How Wales gave shelter to refugee children from the Basque Country during the Spanish Civil War* (Cardiff: University of Wales Press, 2011).
Davies, J. Glyn, 'Welsh Sources of Gypsy History', *Journal of the Gypsy Lore Society*, Third Series, ix, 2, 1930, 64–86.
Davies, J. Glyn, 'Welsh Gypsy Jottings', *Journal of the Gypsy Lore Society*, xiii, 1, 1934, 53–5.
Davies, J. Glyn, *Cerddi Portinllaen* (London: Oxford University Press, 1936).
Davies, J. Glyn, 'Edward Wood a'r Dadgeiniaid', *Lleufer*, viii, 2, haf 1952, 57–65.
Davies, J. Glyn, *Cerddi Edern a Cherddi ereill* (Lerpwl: Gwasg y Brython, 1955).
Davies, J. Glyn, *Nationalism as a Social Phenomenon* (Liverpool: on behalf of Mrs Hettie Glyn Davies by Hugh Evans & Sons Ltd, 1965).
Davies, J. H. (gol.), *The Life and Opinions of Robert Roberts A Wandering Scholar as told by Himself* (Cardiff: William Lewis (Printers) Limited, 1923).

Llyfryddiaeth Ddethol

Davies, J. Spinther, *Sefydliad Colwyn Bay wedi ei brofi trwy Dân* (Caerfyrddin: Argraffwyd yn Swyddfa "Seren Cymru", [1894]).

Davies, John, *Hanes Mordaith y Parch. John Davies (Cenhadwr yn Ynys Tahiti,) i Ynysoedd Rapa, Raivavae, a Tupuai, yn Mor y Deau* (Llanfair-caereinion: argraffwyd gan R. Jones, 1827).

Davies, John, *Cardiff and the Marquesses of Bute* (Cardiff: University of Wales Press, 1981).

Davies, John, 'Political satire: Nineteenth-century comic histories of Liverpool', *Transactions of the Historic Society of Lancashire and Cheshire*, 157, 2008, 93–112.

Davies, John H. (gol.), *The Letters of Lewis, Richard, William and John Morris of Anglesey, (Morrisiaid Mon), 1728–1765. Volume I* (Aberystwyth: cyhoeddwyd gan y golygydd, 1907).

Davies, John Iorwerth, *Pat O'Brien 1910–1953: Ysgolfeistr ac Arweinydd Eisteddfodau* (Cymrodoriaeth Talaith a Chadair Powys, 2003).

Davies, Joseph, *Bedyddwyr Birkenhead: Hanes Eglwys y Bedyddwyr Cymreig yn Birkenhead o'i sefydliad yn 1839 hyd y flwyddyn 1907, gyda byr hanes yr achos yn Seacombe*. (Llangollen: argraffwyd gan W. Williams, 1908).

Davies, Kate, *Hafau fy Mhlentyndod* (Llandysul: Gwasg Gomer, 1970).

Davies, R. R., 'Race Relations in Post-Conquest Wales: Confrontation and Compromise', *The Transactions of the Honourable Society of the Cymmrodorion, Sessions 1974 and 1975*, 1975, 32–56.

Davies, R. R., *Lordship and Society in the March of Wales 1282–1400* (Oxford: Clarendon Press, 1978).

Davies, R. R., *The Age of Conquest: Wales 1063–1415* (Oxford: Oxford University Press, 1987).

Davies, R. R., *Domination and Conquest: The Experience of Ireland, Scotland and Wales 1100–1300* (Cambridge: Cambridge University Press, 1990).

Davies, T. J., *Martin Luther King* (Abertawe: Gwasg John Penry, 1969).

Davies, W. J., *Hanes Plwyf Llandyssul* (Llandyssul: J. D. Lewis, 1896).

Davis, Martin, *Chwain y Mwngrel* (Talybont: Y Lolfa, 1986).

Defynnog [David James], *Mwyar Duon* (Merthyr Tydfil: Cwmni Cyhoeddiadau Addysgol, 1906).

Deleuze, Gilles a Guattari, Félix, *Kafka, Pour Une Littérature Mineure* (Paris: Les Éditions de Minuit, 1975).

DiAngelo, Robin, *White Fragility: Why it's so hard for White People to talk about racism* (UK: Allen Lane, 2019).

'Dicky Sam', *Liverpool and Slavery: An Historical Account of the Liverpool-African Slave Trade* (Liverpool: A. Bowker & Son, 1884).

di-enw, 'Review: Report of the Departmental Committee on Tinkers in Scotland', *Journal of the Gypsy Lore Society*, New Series, ix, 1, 1915–16, 54–64.

Llyfryddiaeth Ddethol

Dillon, Myles, 'The Irish Settlements in Wales', *Celtica*, 1977, 1–11.

Dodd, A. H., *The Industrial Revolution in North Wales* (Cardiff: University of Wales Press, 1933).

Dodd, A. H., 'Welsh and English in East Denbighshire: A Historical Retrospect', *The Transactions of the Honourable Society of Cymmrodorion: Session 1940*, 1941, 34–65.

Dodd, A. H., *Studies in Stuart Wales* (Cardiff: University of Wales Press, 1971 [1952]).

Donahaye, Jasmine, '"Hurrah for the Freedom of the Nations!" Lily Tobias's Early Zionism and Welsh Nationalism', *Planet*, 147, 2001, 28–36.

Donahaye, Jasmine, *Whose People? Wales, Israel, Palestine* (Cardiff: University of Wales Press, 2012).

Donahaye, Jasmine, *The Greatest Need: The creative life and troubled times of Lily Tobias, a Welsh Jew in Palestine* (Dinas Powys: Honno, 2015).

Drakakis-Smith, Angela, *Home Game: The English Experience of living in North West Wales* (Newcastle-under-Lyme: Poolfield Press, 2010).

Durham, Mercedes a Morris, Jonathan (goln), *Sociolinguistics in Wales* (London: Palgrave Macmillan, 2016).

Eames, Aled, *Llongau a Llongwyr Gwynedd* (Gwasanaeth Archifau Gwynedd, 1976).

Eames, Marion, *I Hela Cnau* (Llandysul: Gwasg Gomer, 1978).

Eames, Marion, *Seren Gaeth* (Llandysul: Gwasg Gomer, 1985).

Ebenezer, Lyn, *Y Pair Dadeni: Hanes Gwersyll y Fron-goch* (Llanrwst: Gwasg Carreg Gwalch, 2005).

Eckmann, Heinrich, *Eira und der Gefangene* (Braunschweig: Georg Westermann Verlag, 1935).

Eckmann, Heinrich, *Gefangene in England: Geschichten von Soldaten und Bauern* (Leipzig: Hermann Eichblatt Verlag, [1936]).

Edwards, Catrin Wyn, 'Language policy, in-migration and discursive debates in Wales', *Language Policy*, 16 (2), 2017, 165–88.

Edwards, Charles, *Y Ffydd Ddi-ffuant, sef Hanes y Ffydd Gristianogol a'i Rhinwedd* (Caerdydd: Gwasg Prifysgol Cymru, 1936 [argraffiad 1677]).

Edwards, Huw, *City Mission: The story of London's Welsh chapels* (Talybont: Y Lolfa, 2014).

Edwards, Huw T., *Tros y Tresi* (Dinbych: Gwasg Gee, 1958).

Edwards, Hywel Teifi (gol.), *Cyfres y Cymoedd: Merthyr a Thaf* (Llandysul: Gwasg Gomer, 2001).

Edwards, Owen M., *Tro yn Llydaw* (Dolgellau: E. W. Evans, 1888).

Edwards, Owen M., *O'r Bala i Geneva* (Y Bala: Davies ac Evans, 1889).

Eglwys Bresbyteraidd Cymru, *Emynau a Thonau'r Plant: Tonic-Solffa* (Caernarfon: Llyfrfa'r Methodistiaid Calfinaidd, 1947).

Eifion, Alltud [Robert Isaac Jones], *John Ystumllyn neu "Jack Black," Hanes ei Fywyd a Thraddodiadau am dano, o'r Amser y Dygwyd ef yn Wyllt o Affrica, hyd Adeg ei Farwolaeth; ei Hiliogaeth* ... (R. Isaac Jones: Tremadoc, 1888).

Eifion, Alltud [Robert Isaac Jones], *Y Gestiana, sef Hanes Tre'r Gest, yn cynwys cofnodion hynafiaethol Plwyfi Ynyscynhaiarn a Threflys*, ... (Tremadog: Robert Isaac Jones, 1892).

Elis, Islwyn Ffowc, *Cysgod y Cryman* (Aberystwyth: Gwasg Aberystwyth, 1953).

Elis, Islwyn Ffowc, *Yn ôl i Leifior* (Aberystwyth: Gwasg Aberystwyth, 1956).

Elis, Islwyn Ffowc, *Wythnos yng Nghymru Fydd* (Caerdydd: Plaid Cymru, 1957).

Elis, Islwyn Ffowc, *Blas y Cynfyd* (Gwasg Aberystwyth, 1958).

Elis, Islwyn Ffowc, *Tabyrddau'r Babongo* (Gwasg Aberystwyth, 1961).

Elis, Meg, *I'r Gad* (Tal-y-bont: Y Lolfa, 1975).

Ellis, Dan, *Rhodio Lle Gynt y Rhedwn* (Gwasg Tŷ ar y Graig, 1974).

Ellis, T. I., *John Humphreys Davies (1871–1926)* (Lerpwl: Gwasg y Brython, 1963).

Ellis Jones, Peter, 'Migration and the slate belt of Caernarfonshire in the Nineteenth Century', *Cylchgrawn Hanes Cymru*, 14 (4), 1989, 610–29.

Emmett, Isabel, *A North Wales Village: A Social Anthropological Study* (London: Routledge & Kegan Paul, 1964).

Erith, Huw, *Huw Erith: Llanw Braich, Trai Bylan* (Talybont: Y Lolfa, 2014).

Evans, Albert Owen, *A Chapter in the History of the Welsh Book of Common Prayer: Volume 3* (Bangor: Jarvis & Foster, 1922).

Evans, Chris, *Slave Wales: The Welsh and Atlantic Slavery 1660–1850* (Cardiff: University of Wales Press, 2010).

Evans, D. Gwyn, 'Eglwys y Carcharorion, (Henllan, Ceredigion)' yn T. Llew Jones (gol.), *Cerddi '79* (Llandysul: Gwasg Gomer, 1979), tt. 103–5.

Evans, D. Simon (gol.), *Historia Gruffud Vab Kenan* (Caerdydd: Gwasg Prifysgol Cymru, 1977).

Evans, Hazel Charles, *Eluned Caer Madog* (Llandysul: Gwasg Gomer, 1976).

Evans, Hugh, *Camau'r Cysegr sef Hanes Eglwys y Methodistiaid Calfinaidd Stanley Road Bootle* (Lerpwl: Hugh Evans a'i Feibion, 1926).

Evans, Nia Gwyn (gol.), *Nansi Richards Telynores Maldwyn* (Caernarfon: Gwasg Gwynedd, 1996).

Evans, Richard J., *Eric Hobsbawm: A Life in History* (London: Little, Brown, 2019).

Llyfryddiaeth Ddethol

Evans, Robin, *Mewnfudwyr yng Nghymru yn ystod yr Ugeinfed Ganrif* (Aberystwyth: Canolfan Astudiaethau Addysg, Prifysgol Cymru Aberystwyth, 2006).

Evans, Robin (gol.), *Pysgotwyr Cymru a'r Môr* (Llanrwst: Gwasg Carreg Gwalch, 2011).

Evans, Theophilus, *Drych y Prif Oesoedd yn ddwy Ran ...* (Argraphwyd yn y Mwythig tros yr Awdur, 1740).

Evans, W. R., *Hwyl a Sbri Bois y Frenni* (Llandysul: Gwasg Gomer, 1942).

Evans-Jones, Gareth, '*Y Cenhadwr* and *Y Dyngarwr*: Two Welsh-American Abolitionist Journals?', *Proceedings of the Harvard Celtic Colloquium*, 35, 2015, 109–28.

Fairclough, Oliver, Hoozee, Robert a Verdickt, Caterina (goln), *Art in Exile: Flanders, Wales and the First World War* (Museum of Fine Arts, Ghent; Hannema-de Stuers Foundation, Heino/Wijhe; National Museums & Galleries of Wales, Cardiff, 2002).

Falileyev, Alexander, 'Why Jews? Why *Caer Seon*? Towards Interpretations of *Ymddiddan Taliesin ac Ugnach*', *Cambrian Medieval Celtic Studies*, 64, 2012, 85–118.

Fitzgerald, John, *Cadwyn Cenedl* (Lerpwl a Phontypridd: Cyhoeddiadau Modern Cymreig, 1969).

Fitzgerald, John, *Grawn Gwirionedd* (Cyhoeddiadau Barddas, 2006).

Fletcher, Alan, 'John Sampson – Librarian Extraordinaire', *Trafodion Cymdeithas Hanes Sir Ddinbych*, 48, 1999, 74–89.

Fleure, H. J. a James, T. C., *Geographical Distribution of Anthropological Types in Wales* (London: Royal Anthropological Institute of Great Britain and Ireland, 1916).

Flynn, Paul, *Baglu 'Mlaen* (Caernarfon: Gwasg Gwynedd, 1998).

Foster Evans, Dylan, 'On the Lips of Strangers: The Welsh Language, the Middle Ages and Ethnic Diversity' yn Morgan Thomas Davies (gol.), *CSANA Yearbook 10: Proceedings of the Celtic Studies Association of North America Annual Meeting 2008* (Hamilton, New York: Colgate University Press, 2011), tt. 16–38.

Foucault, Michel, *'Il Faut Défendre La Société': Cours au College de France (1975–1976)* (Seuil/Gallimard, 1997).

Foucault, Michel, 'Nietzsche, la généalogie, l'histoire', *Michel Foucault: Dits et écrits I. 1954–1975* (Paris: Gallimard, 2001), tt. 1004–24.

Francis, Hywel a Smith, David, *The Fed: A History of the South Wales Miners in the Twentieth Century* (London: Lawrence and Wishart, 1981).

Freud, Sigmund, *Das Unheimliche* (Bremen: Europäischer Literaturverlag, 2012 [1919]).

Fricker, Miranda, *Epistemic Injustice: Power and the Ethics of Knowing* (Oxford: Oxford University Press, 2007).

Llyfryddiaeth Ddethol

Fulton, Helen, 'Negotiating Welshness: Multilingualism in Wales before and after 1066' yn Elizabeth M. Tyler (gol.), *Conceptualizing Multilingualism in Medieval England, c.800–c.1250* (Turnhout, Belgium: Brepols, 2011), tt. 145–70.

Fynes-Clinton, O. H., *The Welsh Vocabulary of the Bangor District* (London: Humphrey Milford Oxford University Press, 1913).

Gahan, Carmel, *Lodes Fach Neis* [(Talybont: Y Lolfa, 1980)].

Garbett, Ann James, *Llestri Pren a Llechi* (Gwasg Tŷ ar y Graig, 1978).

George, Angharad Wynne, '"Mwtlai wyd di"? Ôl-drefedigaethedd, Cymru'r Oesoedd Canol a Dafydd ap Gwilym' (Prifysgol Caerdydd: traethawd PhD, 2010).

Ghuman, P. A. Singh, 'A Study of Multicultural Education in Welsh Schools and PGCE Students' Attitudes to Multicultural Education', *Cylchgrawn Addysg Cymru*, 5 (1), hydref 1995, 82–95.

Gibbard, Noel, 'The Tumble Strike, 1893', *The Carmarthenshire Antiquary*, xx, 1984, 77–85.

Gilroy, Paul, *The Black Atlantic: Modernity and Double Consciousness* (Cambridge, Massachusetts: Harvard University Press, 1993).

Glaser, Konstanze, *Minority Languages and Cultural Diversity in Europe: Gaelic and Sorbian Perspectives* (Clevedon: Multilingual Matters, 2007).

Green, Fred, *Pethau Patagonia* (Penygroes: Cyhoeddiadau Mei, 1984).

Green, Miranda (gol.), *The Celtic World* (London and New York: Routledge, 1995).

Griffith, E. R., 'Carfan o Deulu'r Woodiaid', *Lleufer*, ix, 1, gwanwyn 1953, 31–2.

Griffith, W. D., *Cofiant y Parch. Wm. Griffith, Bethel, Mynachlogddu* (Caerfyrddin: W. Morgan Evans a'i Fab, 1908).

Griffiths, G., *Agoriad i'r iaith gyd-genedlaethol Esperanto* (London: Internacia Propagandejo Esperantista, [1910]).

Griffiths, Griffith, *Blas Hir Hel* (Dinbych: Gwasg Gee, 1976).

Griffiths, Gwyn, *Y Shonis Olaf* (Llandysul: Gwasg Gomer, 1981).

Griffiths, Gwyn, *Sioni Winwns* (Llanrwst: Gwasg Carreg Gwalch, 2002).

Griffiths, Gwyn, *Henry Richard: Heddychwr a Gwladgarwr* (Caerdydd: Gwasg Prifysgol Cymru, 2013).

Griffiths, J. Gwyn (gol.), *Teithiau'r Meddwl: ysgrifau llenyddol Kate Bosse-Griffiths* (Tal-y-bont: Y Lolfa, 2004).

Griffiths, Ralph, 'The Rise of the Stradlings of St. Donats', *Morgannwg*, vii, 1963, 15–47.

Griffiths, R. A. [Ralph], *Boroughs of Mediaeval Wales* (Cardiff: University of Wales Press, 1978).

Griffiths, Robert H., *'The Enemy Within' German POW's and Civilians in North Wales during WWI* (Llanrwst: Gwasg Carreg Gwalch, 2017).

Llyfryddiaeth Ddethol

Gronniosaw, Ukawsaw [cyfieithwyd gan William Williams, Pantycelyn], *Berr Hanes o'r Pethau mwyaf hynod ym Mywyd James Albert Ukawsaw Gronniosaw, Tywysog o Affrica: Fel yr adroddwyd ganddo ef ei hun* (Aberhonddu: argraphwyd dros y Parch. Mr. W. Williams gan E. Evans, 1779).

Groome, Francis Hindes, *In Gipsy Tents* (EP Publishing: Wakefield, 1973 [1880]).

Gruffudd, Heini, *Yr Erlid: Hanes Kate Bosse-Griffiths a'i theulu yn yr Almaen a Chymru adeg yr Ail Ryfel Byd* (Tal-y-bont: Y Lolfa, 2012).

Gruffydd, R. Geraint, 'From Gododdin to Gwynedd: reflections on the story of Cunedda', *Studia Celtica*, xxiv/xxv, 1989/90, 1–14.

Gruffydd, W. J., *Beddau'r Proffwydi: Drama mewn Pedair Act* (Cardiff: The Educational Publishing Co., Ltd., 1913).

Gruffydd, W. J., *Angel heb Adenydd* (Llandysul: Gwasg Gomer, 1971).

Gwyn, Robin, 'Cwrs y Byd – Dylanwad athroniaeth wleidyddol Saunders Lewis ar ei ysgrifau newyddiadurol, 1939–1950' (Bangor: traethawd MPhil, 1991).

Habib, Imtiaz, *Black Lives in the English Archives, 1500–1677: Imprints of the Invisible* (Aldershot: Ashgate, 2008).

Hanley, Ryan, 'Calvinism, Proslavery and James Albert Ukawsaw Gronniosaw', *Slavery and Abolition*, 36 (2), 2015, 360–81.

Harper, Peter S. a Sunderland, Eric (goln), *Genetic and Population Studies in Wales* (Cardiff: University of Wales Press, 1986).

Hechter, Michael, *Internal Colonialism: The Celtic Fringe in British National Development 1536–1966* (London: Routledge & Kegan Paul, 1975).

Henriques, Ursula R. Q. (gol.), *The Jews of South Wales: Historical Studies* (Cardiff: University of Wales Press, 1993).

Higham, Gwennan, 'Kate Bosse-Griffiths: "Dy bobl di fydd fy mhobl i" / "Thy people shall be my people"' (traethawd MA: Queen Mary, University of London, [2009]).

Higham, Gwennan, 'Kate Bosse-Griffiths: Dy bobl di fydd fy mhobl i/ Thy people shall be my people', *Angermion: Yearbook for Anglo-German Literary Criticism, Intellectual History and Cultural Transfers Jahrbuch für britisch-deutsche Kulturbeziehungen*, 5, 2012, 161–90.

Higham, Gwennan, 'Rhyngddiwylliannedd', *Yr Esboniadur Beirniadaeth a Theori*, https://wici.porth.ac.uk/index.php/Rhyngddiwylliannedd, Coleg Cymraeg Cenedlaethol, 2016.

Higham, Gwennan, *Creu Dinasyddiaeth i Gymru: Mewnfudo Rhyngwladol a'r Gymraeg* (Caerdydd: Gwasg Prifysgol Cymru, 2020).

Hillesheim, Jürgen a Michael, Elisabeth (goln), 'Heinrich Eckmann' yn *Lexikon nationalsozialistischer Dichter: Biographien, Analysen, Bibliographien* (Würzburg: Königshausen a Neumann, 1993), tt. 141–9.

Llyfryddiaeth Ddethol

Hobsbawm, Eric, *Nations and Nationalism since 1780: Programme, Myth, Reality* (Cambridge: Cambridge University Press, 1990).

Hofman, Rijcklof et al. (goln), *Welsh & Breton Studies in memory of Th. M. Th. Chotzen* (Utrecht: [Stichting Uitgeverij de Keltische Draak], 1995).

Hooson, I. D., *Cerddi a Baledi* (Dinbych: Gwasg Gee, 1936).

Houlihan, Michael, 'Social History: Closed for Reconstruction', *Social History in Museums: Journal of the Social History Curators Group*, 30, 2005, 5–8.

Hudson-Williams, T., *Atgofion am Gaernarfon* (Y Clwb Llyfrau Cymraeg, 1950).

Hughes, Beti, *Dwy Chwaer* (Llandybie: Christopher Davies, 1964).

Hughes, Colin, *Lime, Lemon and Sarsaparilla: The Italian Community in South Wales 1881–1945* (Bridgend: Seren, 1991).

Hughes, Emrys ac Eames, Aled, *Porthmadog Ships* (Llanrwst: Gwasg Carreg Gwalch, 2009).

Hughes, Hugh, *Llawlyfr y Wladychfa Gymreig yn cynnwys sylwadau ar yr angenrheidrwydd a'r posibilrwydd o'i sefydlu, hanes Patagonia,...* (Llynlleifiad: L. Jones & Co., 1862).

Hughes, J. Elwyn, *Arloeswr Dwyieithedd: Dan Isaac Davies 1839–1887* (Caerdydd: Gwasg Prifysgol Cymru, 1984).

Hughes, T. Rowland, *O Law i Law* (Llundain: Gwasg Gymraeg Foyle, 1943).

Hughes, T. Rowland, *William Jones* (Llandysul: Gwasg Gomer, 1951 [1944]).

Hughes, T. Rowland, *Yr Ogof* (Aberystwyth: Gwasg Aberystwyth, 1945).

Hughes, T. Rowland, *Chwalfa* (Llandysul: Gwasg Gomer, 1946).

Hughes, T. Rowland, *Y Cychwyn* (Aberystwyth: Gwasg Aberystwyth, 1947).

Hughes, Trystan Owain, *Winds of Change: The Roman Catholic Church and Society in Wales 1916–1962* (Cardiff: University of Wales Press, 1999).

Hughes, Trystan Owain, '"No longer will we call ourselves Catholics in Wales but Welsh Catholics": Roman Catholicism, the Welsh Language and Welsh National Identity in the Twentieth Century', *Cylchgrawn Hanes Cymru*, 20 (2), 2000, 336–65.

Hughes, Trystan Owain, 'Anti-Catholicism in Wales, 1900–1960', *Journal of Ecclesiastical History*, 53 (2), 2002, 312–25.

Hughes, Trystan Owain, 'Croesi Ffiniau Diwylliannol? Pabyddion Gwyddelig, mewnfudo a'r iaith Gymraeg yn yr ugeinfed ganrif' yn Geraint H. Jenkins (gol.), *Cof Cenedl XVIII* (Llandysul: Gwasg Gomer, 2003), tt. 161–89.

Hughes, Trystan Owain, 'When was Anti-Catholicism? A Response', *Journal of Ecclesiastical History*, 56 (2), 2005, 326–33.

Humphreys, Robin (gol.), *Lloffion o Ddyddiaduron Ambrose Bebb 1920–1926* (Caerdydd: Gwasg Prifysgol Cymru, 1996).
Hunt, Sarah, 'Dialogue on Intersectionality and Indigeneity: Summary of Themes […]' [dogfen] (Institute for Intersectionality Research and Policy, 2012).
Hunter, Jerry, *I Ddeffro Ysbryd y Wlad: Robert Everett a'r Ymgyrch yn erbyn Caethwasanaeth Americanaidd* (Llanrwst: Gwasg Carreg Gwalch, 2007).
Hunter, Jerry, *Llwybrau Cenhedloedd: Cyd-destunoli'r Genhadaeth Gymreig i'r Tsalagi* (Caerdydd: Gwasg Prifysgol Cymru, 2012).
Hunter, Jerry, *Ebargofiant* (Talybont: Y Lolfa, 2014).
Hywyn, Gwenno, *Tydi Bywyd yn Boen!* (Caernarfon: Gwasg Gwynedd, 1987).
Hywyn, Gwenno, *Dydy Pethau'n Gwella Dim!* (Caernarfon: Gwasg Gwynedd, 1987).
Ifans, Rhiannon, *Yn Dyrfa Weddus: Carolau ar gyfer y Plygain* (Aberystwyth: Cymdeithas Lyfrau Ceredigion, 2003).
Ifor ap Glyn, *Holl Garthion Pen Cymro Ynghyd* (Talybont: Y Lolfa, 1991).
Ifor ap Glyn, *Golchi Llestri mewn Bar Mitzvah* (Llanrwst: Gwasg Carreg Gwalch, 1998).
Ifor ap Glyn, *Cerddi Map yr Underground* (Llanrwst: Gwasg Carreg Gwalch, 2001).
Ifor ap Glyn, *Tra Bo Dau* (Llanrwst, Gwasg Carreg Gwalch, 2016).
Ignatiev, Noel, *How the Irish Became White* (Routledge: Abingdon, 2009).
Iwan, Dafydd, 'Yma o Hyd' yn Hefin Elis (gol.), *Holl Ganeuon Dafydd Iwan* (Talybont: Y Lolfa, 1992), tt. 181–4.
Iwan, Llion (gol.), *Dafydd Iwan: Bywyd mewn lluniau: A life in pictures* (Llandysul: Gomer, 2005).
James, Ann Evelyn, *Atgofion am Borthmadog a'r Cylch* (Dinbych: Gwasg Gee, 1982).
James, E. Wyn, 'Caethwasanaeth a'r Beirdd, 1790–1840', *Taliesin*, 119, haf 2003, 37–60.
James, E. Wyn, '"A'r byd i gyd yn bapur..." Rhan 3: Dylanwadau rhyng-wladol – Sansgrit a Hebraeg', *Canu Gwerin*, 27, 2004, 34–47.
James, E. Wyn, 'Welsh ballads and American Slavery', Prifysgol Caerdydd, *https://www.cardiff.ac.uk/special-collections/subject-guides/welsh-ballads/slavery*, 2007.
James, E. Wyn, '"A'r byd i gyd yn bapur..."' Rhan 4: Mewnfudwr Saesneg?', *Canu Gwerin*, 34, 2011, 54–75.
James, E. Wyn, '"Blessèd Jubil!": Slavery, Mission and the Millennial Dawn in the Work of William Williams of Pantycelyn' yn John Kirk et al. (goln), *Poetry and Song in the Age of Revolution: Cultures of Radicalism in Britain and Ireland: number 3* (London: Pickering & Chatto, 2013), tt. 95–112.

Jankulak, Karen a Wooding, Jonathan M. (goln), *Ireland and Wales in the Middle Ages* (Dublin: Four Courts Press, 2007).
Jarman, Eldra a Jarman, A. O. H., *Y Sipsiwn Cymreig* (Caerdydd: Gwasg Prifysgol Cymru, 1979).
Jarman, Eldra a Jarman, A. O. H., *The Welsh Gypsies: Children of Abram Wood* (Cardiff: University of Wales Press, 1991).
Jarman, Geraint, 'Geraint Jarman' yn Cris Jones (gol.), *Gwreiddiau Canu Roc Cymraeg* (Penygroes: Cyhoeddiadau Mei, 1981), tt. 49–58.
Jenkins, Bethan M., *Between Wales and England: Anglophone Welsh Writing of the Eighteenth Century* (Cardiff: University of Wales Press, 2017).
Jenkins, Dafydd, *Cyfraith Hywel* (Llandysul: Gwasg Gomer, 1976).
Jenkins, David, *Thomas Gwynn Jones* (Dinbych: Gwasg Gee, 1973).
Jenkins, David, *Jenkins Brothers of Cardiff: A Ceredigion Family's Shipping Ventures* (Cardiff: National Museum of Wales, 1985).
Jenkins, Fiona, *Images of West Bank* (Widnes: West Bank Heritage Project, 2005).
Jenkins, Geraint H. (gol.), *Y Gymraeg yn ei Disgleirdeb: Yr Iaith Gymraeg cyn y Chwyldro Diwydiannol* (Caerdydd: Gwasg Prifysgol Cymru, 1997).
Jenkins, Geraint H. (gol.), *Iaith Carreg Fy Aelwyd: Iaith a Chymuned yn y Bedwaredd Ganrif ar Bymtheg* (Caerdydd: Gwasg Prifysgol Cymru, 1998).
Jenkins, Geraint H., *Bard of Liberty: The Political Radicalism of Iolo Morganwg* (Cardiff: University of Wales Press, 2012).
Johnes, Martin, *Wales: England's Colony? The Conquest, Assimilation and Re-Creation of Wales* (Cardigan: Parthian, 2019).
Johnson, Charles [Daniel Defoe?], *A General History of the Pyrates, from their first Rise and Settlement in the Island of Providence, to the present Time* (London: T. Warner, 1724).
Johnston, Dafydd (gol.), *Gwaith Iolo Goch* (Caerdydd: Gwasg Prifysgol Cymru, 1988).
Johnston, Dafydd (gol.), *Canu Maswedd yr Oesoedd Canol* (Pen-y-bont ar Ogwr: Seren, 1991).
Jones, Aled, '"Meddylier am India": Tair Taith y Genhadaeth Gymreig yn Sylhet, 1887–1947', *Trafodion Anrhydeddus Gymdeithas y Cymmrodorion 1997*, 4, 1998, 84–110.
Jones, Ann Pierce, *Fflamio* (Llandysul: Gwasg Gomer, 1999).
Jones, Bill a Williams, Chris, *B. L. Coombes* (Cardiff: University of Wales Press, 1999).
Jones, Bobi, *Y Gân Gyntaf* (Gwasg Aberystwyth, 1957).
Jones, Bobi, *Rhwng Taf a Thaf* (Llandybie: Llyfrau'r Dryw, 1960).
Jones, Bobi, *Man Gwyn: Caneuon Quebec* (Llandybie: Llyfrau'r Dryw, 1965).
Jones, Bobi, *Yr Ŵyl Ifori: Cerddi Affrica* (Llandybie: Llyfrau'r Dryw, 1967).

Jones, Bobi, *Allor Wydn* (Llandybie: Llyfrau'r Dryw, 1971).
Jones, D. Gwenallt, *Y Mynach a'r Sant: Dwy Awdl* (Gwasg Aberystwyth, 1928).
Jones, D. Gwenallt, *Plasau'r Brenin* (Gwasg Aberystwyth, 1934).
Jones, D. Gwenallt, *Cnoi Cil: Cerddi a Sonedau* (Gwasg Aberystwyth, 1942).
Jones, D. Gwenallt, *Eples* (Llandysul: Gwasg Gomer, 1951).
Jones, D. Gwenallt, *Gwreiddiau* (Llandysul: Gwasg Gomer, 1959).
Jones, D. Gwenallt, *Ffwrneisiau: Cronicl Blynyddoedd Mebyd* (Llandysul: Gwasg Gomer, 1982).
Jones, D. J. V., '"A Dead Loss to the Community": The Criminal Vagrant in Mid-Nineteenth-Century Wales', *Cylchgrawn Hanes Cymru*, 8 (3), 1977, 312–44.
Jones, D. Rhagfyr, *I'r Aifft ac yn ol* (Gwrecsam: Hughes a'i Fab, 1904).
Jones, Dafydd Glyn, 'His Politics' yn Alun R. Jones a Gwyn Thomas (goln), *Presenting Saunders Lewis* (Cardiff: University of Wales Press, 1983), tt. 23–78.
Jones, Dafydd Glyn, *Agoriad yr Oes: erthyglau ar lên, hanes a gwleidyddiaeth Cymru* (Tal-y-bont: Y Lolfa, 2001).
Jones, David, *In Parenthesis: seinnyessit e gledyf ym penn mameu* (London: Faber & Faber ltd, 1937).
Jones, David, *The Anathemata: fragments of an attempted writing* (London: Faber & Faber, 1952).
Jones, Dewi, *Tywysyddion Eryri* (Capel Garmon: Gwasg Carreg Gwalch, 1993).
Jones, Dot, *Tystiolaeth Ystadegol yn ymwneud â'r Iaith Gymraeg 1801–1911* (Caerdydd: Gwasg Prifysgol Cymru, 1998).
Jones, E. Pan, *Oes a Gwaith y Prif Athraw y Parch. Michael Daniel Jones, Bala* (Bala: H. Evans, 1903).
Jones, Edgar, *Newid Ddaeth (Darlith Flynyddol Llŷn 1988)* (Caernarfon: Gwasanaeth Llyfrgell Gwynedd, 1988).
Jones, Elis Gwyn, *O Ynys Enlli i Ynys Cynhaearn: Arlunio dwy ganrif yn Llŷn ac Eifionydd* (Pwllheli: Clwb y Bont, 1986).
Jones, Emrys (gol.), *The Welsh in London 1500–2000* (Cardiff: University of Wales Press on behalf of The Honourable Society of Cymmrodorion, 2001).
Jones, Enid, *Ffuglen: Y Ddelwedd o Gymru yn y Nofel Gymraeg o ddechrau'r Chwedegau hyd at 1990* (Caerdydd: Gwasg Prifysgol Cymru, 2008).
Jones, Eric a Gwyn, David, *Dolgarrog: An Industrial History* (Caernarfon: Gwynedd Archives and Museums Service, 1989).
Jones, Evan, *Yn Hogyn ar Longau Hwyliau* (Penygroes: Gwasg y Tir, 1976).

Jones, Gareth Lloyd, *Lleisiau o'r Lludw: Her yr Holocost i'r Cristion* (Dinbych: Gwasg Gee, 1994).
Jones, Geraint, *Dinas ar Fryn: Canmlwyddiant Eglwys Sant Siôr, Trefor, Bro yr Eifl (1879–1979)* (Trefor: Pwyllgor canmlwyddiant Eglwys St. Siôr, 1979).
Jones, Geraint, *Cym y Diafol: Golwg ar Hanes Cynnar Bandiau Pres Chwarelwyr Gwynedd* (Caernarfon: Gwasg Gwynedd, 2004).
Jones, Geraint a Williams, Dafydd, *Trefor: Canmlwyddiant a hanner sefydlu pentref newydd wrth droed yr Eifl yn Arfon ar y 12fed o Ebrill, 1856, a hanes cychwyn y Gwaith Mawr* (Clynnog Fawr: Canolfan Hanes Uwchgwyrfai, 2006).
Jones, Glyn, 'Glyn Jones' yn Alun Oldfield-Davies (gol.), *Y Llwybrau Gynt 1* (Llandysul: Gwasg Gomer, 1971), tt. 61–94.
Jones, Harri Pritchard, *Bod yn Rhydd* (Llandysul: Gwasg Gomer, 1992).
Jones, Iorwerth, *Dyddiau Lobsgows yn Lerpwl* (Abertawe: Tŷ John Penry, 1988).
Jones, Ivor Wynne, *Llandudno: Queen of the Welsh Resorts* (Ashbourne: Landmark Publishing, 2008).
Jones, J. E. Wynn, *Gwin yr Hen Ffiolau* (Caernarfon: Tŷ ar y Graig, 1983).
Jones, J. Gwynfor, *The Wynn Family of Gwydir: Origins, Growth and Development c.1490–1674* (Aberystwyth: The Centre for Educational Studies, University of Wales, Aberystwyth, 1995).
Jones, J. Gwynfor, *The Welsh Gentry 1536–1640: Images of Status, Honour and Authority* (Cardiff: University of Wales Press, 1998).
Jones, J. H., *Gwin y Gorffennol* (Wrecsam: Hughes a'i Fab, 1938).
Jones, J. R., *Prydeindod* (Llandybie: Llyfrau'r Dryw, 1966).
Jones, J. R., *A Raid i'r Iaith ein Gwahanu?* (Undeb Cymru Fydd, 1967).
Jones, J. R., *Yr Ewyllys i Barhau: Anerchiad a draddodwyd i Gymdeithas yr Iaith yn Eisteddfod y Barri, 1968* (dim man cyhoeddi: dim cyhoeddwr, [dim dyddiad cyhoeddi]).
Jones, J. R., *Gwaedd yng Nghymru* (Lerpwl a Phontypridd: Cyhoeddiadau Modern Cymreig Cyf, 1970).
Jones, J. R., *Ac Onide* (Llandybie: Llyfrau'r Dryw, 1970).
Jones, John Edward, *Antur a Menter Cymry Lerpwl: Hanes Eglwysi Presbyteraidd Cymraeg Webster Road, Heathfield Road a Bethel o 1887 hyd 1987* (Lerpwl: Cyhoeddiadau Modern Cymreig Cyf., 1987).
[Jones, John Emlyn] (gol.), *Hanes Bro Cernyw* (Llanrwst: Gwasg Carreg Gwalch, 2001).
Jones, Jon Meirion, *Y Llinyn Arian (Il Filo D'Argento)* (Cyhoeddiadau Barddas, 2007).
Jones, Jonah, *Clough Williams-Ellis: The Architect of Portmeirion* (Bridgend: Seren, 1996).

Jones, Kathryn a Bhatt, Arvind, *Cymraeg fel Iaith Ychwanegol: Ymchwil i lefel yr angen a'r cymorth presennol a roddir i ddisgyblion duon a lleiafrifoedd ethnig gydag anghenion cymorth yn y Gymraeg* (Llywodraeth Cymru, 2014).

Jones, Laura a Lever, John, *Migrant Workers in Rural Wales and the South Wales Valleys* (Wales Rural Observatory, 2014).

Jones, Peter, 'The Irish in north-east Wales, 1851 to 1881' (Prifysgol Lerpwl: traethawd PhD, 2002).

Jones, Peter, *Jonah Jones: An Artist's Life* (Bridgend: Seren, 2011).

Jones, Phillip N., 'Population Migration into Glamorgan 1861–1911: a reassessment' yn Prys Morgan (gol.) *Glamorgan County History Volume VI: Glamorgan Society 1780–1980* (Glamorgan History Trust Limited, 1988), tt. 173–202.

Jones, R. Brinley, *William Salesbury* (Cardiff: University of Wales Press, 1994).

Jones, R. Gerallt, *Gwared y Gwirion* (Cwmni Cyhoeddiadau Modern Cymreig, 1966).

Jones, R. Merfyn, *The North Wales Quarrymen 1874–1992* (Cardiff: University of Wales Press, 1982).

Jones, R. Merfyn, 'Cymry Lerpwl' yn D. Ben Rees (gol.), *Cymry Lerpwl a'u Crefydd: Dwy Ganrif o Fethodistiaeth Galfinaidd Gymraeg* (Lerpwl: Cyhoeddiadau Modern Cymreig Cyf., 1984), tt. 19–42.

Jones, R. Merfyn, 'The Mountaineering of Wales, 1880–1925', *Cylchgrawn Hanes Cymru*, 19 (1), 1998, 44–67.

Jones, R. Tudur, *Ffydd ac Argyfwng Cenedl: Cristionogaeth a diwylliant yng Nghymru 1890–1914: Cyfrol I: Prysurdeb a Phryder* (Abertawe: Tŷ John Penry, 1981).

Jones, R. Tudur, *Ffydd ac Argyfwng Cenedl: Cristionogaeth a diwylliant yng Nghymru 1890–1914: Cyfrol II: Dryswch a Diwygiad* (Abertawe: Tŷ John Penry, 1982).

Jones, R. Tudur, 'Haul trwy'r Gwydr Du' yn H. Desmond Healy (gol.), *Y Rhyl a'r Cyffiniau* (Llandybïe: Llyfrau'r Dryw, 1985), tt. 130–41.

Jones, Richard Wyn, *Rhoi Cymru'n Gyntaf: Syniadaeth Plaid Cymru: Cyfrol 1* (Caerdydd: Gwasg Prifysgol Cymru, 2007).

Jones, Richard Wyn, *'Y Blaid Ffasgaidd yng Nghymru' Plaid Cymru a'r Cyhuddiad o Ffasgaeth* (Caerdydd: Gwasg Prifysgol Cymru, 2013).

Jones, Rhys Dafydd, 'Mwslemiaid yn y Gymru wledig: datgysylltiad, ffydd a pherthyn', *Gwerddon*, 19, Ebrill 2015, 9–27.

Jones, Simon Bartholomew, 'Rownd yr Horn' yn *Harlech Rownd yr Horn a'r Holl Farddoniaeth yn Eisteddfod Wrecsam 1933* (Wrecsam: Hughes a'i Fab, 1933), tt. 23–40.

Jones, T. Gwynn, *Emrys ap Iwan. Dysgawdr, Llenor, Cenedlgarwr.* (Caernarfon: Cwmni'r Cyhoeddwyr Cymreig, 1912).

Jones, T. Gwynn, *Iwerddon* (Aberdar: Pugh a Rowlands, Swyddfa'r "Leader" a'r "Darian", 1919).
Jones, T. Gwynn, *Peth nas lleddir* (Aberdar: Swyddfa'r Darian, 1921).
[Jones, T. Gwynn] "G", *Lona* (Wrecsam: Hughes a'i Fab, 1923).
Jones, T. Gwynn, *Welsh Folklore and Folk-Custom* (London: Methuen & Co, 1930).
Jones, T. Gwynn, *Caniadau* (Wrecsam: Hughes a'i Fab, 1934).
Jones, T. Gwynn, *Beirniadaeth a Myfyrdod gan T. Gwynn Jones* (Wrecsam: Hughes a'i Fab, 1935).
Jones, T. Gwynn, *Dyddgwaith* (Wrecsam: Hughes a'i Fab, 1937).
Jones, T. Gwynn, *Brithgofion* (Llandebie: Llyfrau'r Dryw, 1944).
Jones, T. Llew, *Tân ar y Comin* (Llandysul: Gwasg Gomer, 1975).
Jones, T. Llew, *Fy Mhobol i* (Llandysul: Gwasg Gomer, 2002).
Jones, Tegwyn, *Tribannau Morgannwg* (Llandysul: Gwasg Gomer, 1976).
Jones, Tegwyn, *Y Llew a'i Deulu* (Talybont: Y Lolfa, 1982).
Jones, Tegwyn, 'Erlid yn Aberystwyth 1914–1917: Achos Hermann Ethé', *Ceredigion*, 14 (1), 2001, 119–36.
Jones, Thomas, *Newydd oddiwrth y Seêr: neu Almanac am y flwyddyn 1684* (Llundain: Thomas Jones, 1684).
Jones, Thomas, *Gerallt Gymro: Hanes y Daith trwy Gymru: Disgrifiad o Gymru* (Caerdydd: Gwasg Prifysgol Cymru, 1938).
Jones, Thomas, *Brut y Tywysogyon or The Chronicle of the Princes Red Book of Hergest Version* (Cardiff: University of Wales Press, 1955).
Jones, W. H., *Hogyn o Gwm Main* (Y Bala: Llyfrau'r Faner, 1985).
Jones, W. R., *Bywyd a Gwaith I. D. Hooson* (Cyngor yr Eisteddfod Genedlaethol, 1964).
Jordan, Glenn, *Somali Elders: Portraits from Wales / Odeyada Soomaalida: Muuqaalo ka yimid Welishka* (Cardiff: Butetown History & Arts Centre, 2004).
Kaiser, Andrew T., *Encountering China: The Evolution of Timothy Richard's Missionary Thought (1870–1891)* (Eugene, Oregon: Pickwick, 2019).
Karadog, Aneirin, *O Annwn i Geltia* (Cyhoeddiadau Barddas, 2012).
Kedourie, Elie, *Nationalism* (London: Hutchinson, 1966 [1960]).
Kerr, Donal A. (gol.), *Religion, State and Ethnic Groups: Comparative Studies on Governments and Non-Dominant Ethnic Groups in Europe, 1850–1940: Volume II* (Dartmouth: Europe Science Foundation and New York University Press, 1992).
Koch, John T., 'Some thoughts on ethnic identity, cultural pluralism, and the future of Celtic Studies' yn Máire Herbert a Kevin Murray (goln), *Retrospect and Prospect in Celtic Studies* (Dublin: Four Courts Press, 2003), tt. 75–92.

Korngiebel, Diane M., 'English Colonial Ethnic Discrimination in the Lordship of Dyffryn Clwyd: Segregation and Integration, 1282 – *c*.1340', *Cylchgrawn Hanes Cymru*, 23 (2), 2006, 1–24.

Kymlicka, Will, *Multicultural Citizenship: A Liberal Theory of Minority Rights* (Oxford: Clarendon Press, 1995).

Kymlicka, Will, *Politics in the Vernacular: Nationalism, Multiculturalism, and Citizenship* (Oxford: Oxford University Press, 2001).

Large, Frank a Stammers, Mike, 'When the Russians came to Tregarth', *Trafodion Cymdeithas Hanes Sir Gaernarfon*, 73, 2012, 82–93.

Leeworthy, Daryl, *Labour Country: Political Radicalism and Social Democracy in South Wales 1831–1985* (Cardigan: Parthian, 2018).

Levac, L. et al., *Learning across Indigenous and Western Knowledge Systems and Intersectionality: Reconciling Social Science Research Approaches* (Guelph: University of Guelph, Social Sciences and Humanities Research Council of Canada, 2018).

Lewis, Ceri W., 'Syr Edward Stradling (1529–1609), y "Marchog Disgleirlathr" o Sain Dunwyd' yn J. E. Caerwyn Williams (gol.), *Ysgrifau Beirniadol XIX* (Dinbych: Gwasg Gee, 1993), 139–207.

Lewis, Lisa, 'O'r ddrama gymdeithasol i'r pasiant: theatr yn y gyfnewidfa ddiwylliannol rhwng Cymru a gogledd-ddwyrain India', *Gwerddon*, 29, Hydref 2019, 28–58.

Lewis, Lisa a Sharma, Aparna, 'Welsh and Khasi Cultural Dialogues: Transactions and translations', *Performance Research*, 21 (5), 2016, 82–5.

Lewis, Llŷr Gwyn, 'Cyfieithiadau T. Gwynn Jones a Tadhg Ó Donnchadha o Farddoniaeth Gymraeg a Gwyddeleg' yn Tudur Hallam ac Angharad Price (goln), *Ysgrifau Beirniadol XXXIII* (Dinbych: Gwasg Gee, 2014), tt. 11–46.

Lewis, Llŷr Gwyn, '"At last the Irish trouble has come": Ymatebion W. B. Yeats a T. Gwynn Jones i Wrthryfel y Pasg', *Llên Cymru*, 40, 2017, 95–115.

Lewis, Richard a Ward, David, 'Culture, Politics and Assimilation: The Welsh on Teeside, *c*.1850–1950', *Cylchgrawn Hanes Cymru*, 17 (4), 1995, 550–70.

Lewis, Saunders, *The Eve of Saint John* (Newtown: The "Welsh Outlook" Press, 1921).

Lewis, Saunders, *Gwaed yr Uchelwyr* (Cardiff: The Educational Publishing Co., Ltd., 1922).

Lewis, Saunders, *Egwyddorion Cenedlaetholdeb: Pamffledi'r Ysgol Haf, Machynlleth* (Machynlleth, [1926]).

Lewis, Saunders, *Ceiriog* (Gwasg Aberystwyth, 1929).

Lewis, Saunders, *Monica* (Gwasg Aberystwyth, 1930).

Llyfryddiaeth Ddethol

Lewis, Saunders, *Paham y Llosgasom yr Ysgol Fomio* (Caernarfon: Plaid Genedlaethol Cymru, [1936]).
Lewis, Saunders, *Buchedd Garmon* (Gwasg Aberystwyth, 1937).
Lewis, Saunders, *Canlyn Arthur: Ysgrifau Gwleidyddol* (Gwasg Aberystwyth, 1938).
Lewis, Saunders, *Byd a Betws: Cerddi* (Gwasg Aberystwyth, 1941).
Lewis, Saunders, *Ysgrifau Dydd Mercher* (Y Clwb Llyfrau Cymreig, 1945).
Lewis, Saunders, *Blodeuwedd* (Dinbych: Gwasg Gee, 1948).
Lewis, Saunders, 'Beirniadaeth Saunders Lewis' yn D. H. Ellis (gol.), *Eisteddfod Genedlaethol y Rhyl 1953 Cyfansoddiadau a Beirniadaethau* (Cyngor yr Eisteddfod Genedlaethol, 1953), t. 73.
Lewis, Saunders, 'Traddodiadau Catholig Cymru: Anerchiad i Gatholigion Caerdydd, 1934', *Catholiciaeth a Chymru: Crynhoad o Ysgrifau Pabyddol* (Llyfrau Sulien, 1954), tt. 10–21.
Lewis, Saunders, *Siwan a Cherddi eraill* (Llandebie: Llyfrau'r Dryw, [1956]).
Lewis, Saunders, *Merch Gwern Hywel* (Llandybïe: Llyfrau'r Dryw, 1964).
Lewis, Saunders, *Dwy Briodas Ann* (Llandybïe: Christopher Davies, 1975).
Lewis, Saunders, 'Dafydd ab Edmwnd' yn J. E. Caerwyn Williams (gol.), *Ysgrifau Beirniadol X* (Dinbych: Gwasg Gee, 1977), tt. 221–9.
Lewis, Saunders, *Excelsior* (Abertawe: Gwasg Christopher Davies, 1980).
Lewis, Saunders, 'Giuseppe Ungaretti' yn Gwynn ap Gwilym (gol.), *Meistri a'u Crefft: Ysgrifau Llenyddol gan Saunders Lewis* (Caerdydd: Gwasg Prifysgol Cymru, 1981), tt. 230–41.
Lewis, T. H., 'A Carmarthenshire Huguenot Family (The Du Buissons of Glynhir, Llandebie)', *The Carmarthen Antiquary*, 2 (1 a 2), 1945–6, 10–24.
Lewis, W. J., *Lead Mining in Wales* (Cardiff: University of Wales Press, 1967).
Lhuyd, Edward, *Archaeologia Britannica* (Oxford: Printed at the Theater for the Author, 1707).
Little, K. L., *Negroes in Britain: A Study of Racial Relations in English Society* (London: Kegan Paul, Trench, Trubner & Co., Ltd, 1947).
Lloyd, D. Tecwyn, *John Saunders Lewis: Y Gyfrol Gyntaf* (Dinbych: Gwasg Gee, 1988).
Lloyd, J. E., 'Rhagair' yn Robert Griffith, *China Fu – China Fydd* (London: Gwasg Livingstone, [1935]), [tt. 13–14].
Lloyd, J. H. (Peryddon), 'Cân y Ffeiniaid', *Cylchgrawn Cymdeithas Hanes a Chofnodion Sir Feirionnydd*, vi, i, 1969, 105.
Lloyd, J. Meirion, *Y Bannau Pell: Cenhadaeth Mizoram* (Caernarfon: Gwasg Pantycelyn, 1989).
Lloyd, Lewis, *The Amity of Aberdyfi (NLW Deposit 289B): Cylchgrawn Llyfrgell Genedlaethol Cymru Atodiad Cyfres XXIII, Rhif 1*, 1983.

Lloyd, Lewis, *Pwllheli: The Port and Mart of Llŷn* (Llanfair: cyhoeddwyd gan yr awdur, 1991).
Lloyd Hughes, D. G., *Hanes Tref Pwllheli* (Llandysul: Gwasg Gomer, 1986).
Löffler, Marion, 'Kate Bosse-Griffiths (1910–1998)' yn Bernhard Maier a Stefan Zimmer (goln), *150 Jahre >> Mabinogion << Deutsch-walisische Kulturbeziehungen* (Tübingen: Max Niemeyer Verlag, 2001), tt. 167–83.
Löffler, Marion, 'Dathlu Trichanmlwyddiant? Cyd-destun hanesyddol, geirfa a chysyniadau'r cyfieithiad *Pregeth a Bregethwyd yng Nghapel Ty-Ely yn Holbourn yn Llundein Ar Ddydd Merchur ym Mehefin y 7, 1716*' yn Angharad Price (gol.), *Ysgrifau Beirniadol XXXIV* ([Dinbych]: Gwasg Gee, 2016), tt. 113–34.
Löffler, Marion, 'Bunsen, Müller a Meyer: Tri Almaenwr, y Gymraeg, y Frenhines a'r Ymerodraeth', *Y Traethodydd*, clxxiii, 2018, 19–32.
Löffler, Marion, 'Olion Llenyddol Ymwelwyr â Llanofer', *Llên Cymru*, 41, 2018, 53–88.
Lublin, Geraldine, 'Y Wladfa: gwladychu heb drefedigaethu?', *Gwerddon*, 4, Gorffennaf 2009, 8–23.
Lublin, Geraldine, *Memoir and Identity in Welsh Patagonia: Voices from a Settler Community in Argentina* (Cardiff: University of Wales Press, 2017).
Lydon, James, 'The Middle Nation' yn James Lydon (gol.), *The English in Medieval Ireland* (Dublin: Royal Irish Academy, 1984), tt. 1–26.
Llwyd, Alan, *Barddoniaeth y Chwedegau Astudiaeth Lenyddol-hanesyddol* (Barddas, 1986).
Llwyd, Alan, *Gronwy Ddiafael, Gronwy Ddu: Cofiant Goronwy Owen 1723–1769* (Cyhoeddiadau Barddas, 1997).
Llwyd, Alan, *Cymru Ddu: Hanes Pobl Dduon Cymru* (Caerdydd: Hughes a'i Fab, 2005).
Llwyd, Morgan, *Dirgelwch i rai i'w Ddeall ac i eraill i'w watwar, sef Tri aderyn yn ymddiddan yr Eryr, a'r Golomen a'r Gigfran* (Printiedig yn Llundain, 1653].
Llywelyn, Emyr, *Y Chwyldro a'r Gymru Newydd* (Abertawe: Gwasg John Penry, 1971).
Llywelyn-Williams, Alun, *Crwydro Arfon* (Llandybïe: Llyfrau'r Dryw, 1959).
Llywodraeth Cymru, *'Teithio i Ddyfodol Gwell': Sipsiwn a Theithwyr – Fframwaith Gweithredu a Chynllun Cyflawni ar gyfer Sipsiwn a Theithwyr*, 2011.
Llywodraeth Cymru, *Cymru'n Cyd-dynnu – Strategaeth Cydlyniant Cymunedol Cymru*, 2012.
Llywodraeth Cymru, *Cymraeg 2050: Miliwn o Siaradwyr*, 2017.
Maby, Cedric, *Dail Melyn o Tseina* (Dinbych: Gwasg Gee, 1983).

Llyfryddiaeth Ddethol

Maby, Cedric, *Y Cocatŵ Coch: blodeugerdd o gerddi byrion o'r Tseinaeg* (Caerdydd: Gwasg Prifysgol Cymru ar ran yr Academi Gymreig, 1987).

Mac an Ghaill, Máirtín, 'The Irish in Britain: the invisibility of ethnicity and anti-Irish racism', *Journal of Ethnic and Migration Studies*, 26 (1), Ionawr 2000, 137–47.

Mac an Ghaill, Máirtín, 'British Critical Theorists: The Production of the Conceptual Invisibility of the Irish Diaspora', *Social Identities: Journal for the Study of Race, Nation and Culture*, 7 (2), 2001, 179–201.

Mac Cana, Proinsias, 'Y Trefedigaethau Gwyddelig ym Mhrydain' yn Geraint Bowen (gol.), *Y Gwareiddiad Celtaidd* (Llandysul: Gwasg Gomer, 1987), tt. 153–81.

Macalister, R. A. Stewart, *The Secret Languages of Ireland with special reference to the Origin and Nature of the Shelta Language partly based upon Collections and Manuscripts of the late John Sampson* (Cambridge: Cambridge University Press, 1937).

Macdonald, Tom, *Y Tincer Tlawd* (Cymdeithas Lyfrau Ceredigion, 1971).

Macdonald, Tom, *The White Lanes of Summer* (London and Basingstoke: Macmillan, 1975).

Macdonald, Tom, *Croesi'r Bryniau* (Aberystwyth: Cymdeithas Lyfrau Ceredigion, 1980).

Macdonald, Tom, *Gwanwyn Serch* (Aberystwyth: Cymdeithas Lyfrau Ceredigion, 1982).

Maelor, Gareth, 'O'r Punjab i Glwt-y-Bont', *Drws Agored: Canmlwyddiant Cartref Bontnewydd* (Caernarfon: Gwasg Pantycelyn, 2002), tt. 129–30.

Maier, Bernhard, *Kuno Meyer and Wales: Letters to John Glyn Davies, 1892–1919* (Würzburg: Ergon Verlag, 2017).

Malone, Patricia, '"What saist mon?" Dialogism and Disdain in Tudur Penllyn's "Conversation between a Welshman and an Englishwoman"', *Studia Celtica*, xlvi, 2012, 123–36.

Maredudd ap Rheinallt, 'Cyfenwau Gogledd Orllewin Cymru yn 1841', *Trafodion Cymdeithas Hanes Sir Gaernarfon*, 64, 2003, 50–65.

Maro, Judith, 'Hanes Teulu fy Nhad', *Taliesin*, 29, Rhagfyr 1974, 36–46.

Maro, Judith, *Atgofion Haganah* (Lerpwl: Gwasg y Brython, 1972).

Maro, Judith, *Hen Wlad Newydd: Gwersi i Gymru* (Talybont: Y Lolfa, 1974).

Maro, Judith, *Y Porth nid â'n angof* (Lerpwl: Gwasg y Brython, [1975]).

Maro, Judith, *Y Carlwm* (Talybont: Y Lolfa, 1986).

Marshall, P. J. (gol.), *The Oxford History of the British Empire: Volume II: The Eighteenth Century* (Oxford: Oxford University Press, 1998).

Matras, Yaron, *Romani in Britain: The Afterlife of a Language* (Edinburgh: Edinburgh University Press, 2010).

Matthews, D. Hugh, 'Bedyddwyr Cymraeg a Chaethwasiaeth', *Y Traethodydd*, clix, Ebrill 2004, 84–91.

Matthews, John Hobson, 'Editorial Preface', *Cardiff Records: Volume 4* (Cardiff: Cardiff Record Committee, 1903), tt. ix–xii.

May, Andrew J., *Welsh missionaries and British imperialism: The Empire of Clouds in north-east India* (Manchester: Manchester University Press, 2012).

May, Stephen, *Language and Minority Rights: Ethnicity, Nationalism and the Politics of Language* (Harlow: Longman, 2001).

May, Stephen, 'Accommodating Multiculturalism and Biculturalism: Implications for language policy' yn Paul Spoonley, Cluny Macpherson a David Pearson (goln), *Tangata Tangata: The Changing Ethnic Contours of New Zealand* (Victoria: Thomson, 2004), tt. 247–64.

May, Stephen, Modood, Tariq a Squires, Judith (goln), *Ethnicity, Nationalism and Minority Rights* (Cambridge: Cambridge University Press, 2004).

Mayall, David, *Gypsy Identities 1500–2000: From Egipcyans and Moon-men to the Ethnic Romany* (London: Routledge, 2004).

McAleavey, Mared Wyn, 'Renewal or Betrayal? An Experiment in Reflecting Welsh Identity at St Fagans: National History Museum', *Folk Life: Journal of Ethnological Studies*, 47, 2009, 58–65.

McGuinness, Patrick, '"Racism" in Welsh Politics', *Planet*, 159, 2003, 7–12.

Meredith, J. E., *Thomas Levi* (Caernarfon: Llyfrfa'r M.C., 1962).

Miles, Gareth, 'W. Ambrose Bebb' yn Derec Llwyd Morgan (gol.), *Adnabod Deg: Portreadau o ddeg o arweinwyr cynnar y Blaid Genedlaethol* (Dinbych: Gwasg Gee, 1977), tt. 77–95.

Mill, John Stuart, *Considerations on Representative Government* (London: Parker, Son, and Bourn, West Strand, 1861).

Miller, M., 'Date-guessing and Dyfed', *Studia Celtica*, xii/xiii, 1977/88, 33–61.

Millett, Martin, Revell, Louise a Moore, Alison (goln), *The Oxford Handbook of Roman Britain* (Oxford: Oxford University Press, 2016).

Morais, Nia, *Crafangau* [drama glywedol], Theatr y Sherman, https://www.heartofcardiff.co.uk, 2020.

Morgan, D. Densil, *Pennar Davies* (Caerdydd: Gwasg Prifysgol Cymru, 2003).

Morgan, Derec Llwyd, *'Canys Bechan Yw': Y Genedl Etholedig yn ein Llenyddiaeth* (Aberystwyth: Prifysgol Cymru Aberystwyth, 1994).

Morgan, Derec Llwyd, 'Morgan Llwyd a'r Iddewon' yn J. E. Caerwyn Williams (gol.), *Ysgrifau Beirniadol XXI* (Dinbych: Gwasg Gee, 1996), tt. 81–96.

Morgan, Dyfnallt, *Y Llen* (Gwasg Aberystwyth, 1953).

Llyfryddiaeth Ddethol

Morgan, Dyfnallt, 'Rhwng Dau' yn Thomas Roberts (gol.), *Cyfansoddiadau a Beirniadaethau Eisteddfod Genedlaethol Cymru Sir Fôn 1957* (Llys yr Eisteddfod Genedlaethol, 1957), tt. 56–80.
Morgan, Elena Puw, *Y Wisg Sidan* (Y Clwb Llyfrau Cymreig, 1939).
Morgan, Elena Puw, *Y Graith* (Y Clwb Llyfrau Cymreig, 1943).
[Morgan], Eluned, *Dringo'r Andes* (Y Fenni: Y Brodyr Owen, 1904).
[Morgan], Eluned, *Plant yr Haul: Stori Incas Peru* (Caerdydd: Evans a Williams, Cyf., 1915).
Morgan, T., *Cofiant y Parch. Nathaniel Thomas, Caerdydd* (Llangollen: W. Williams, swyddfa y "Greal" a'r "Athraw.", 1900).
Morgan-Guy, John, 'The Margam Concordantiae: Mystical Theology and a twelfth-century Cistercian Community in Wales', *Morgannwg*, 49, 2005, 9–33.
Morris, Carl, 'Meddwl am dermau Cymraeg am ethnigrwydd, hil, ac ati', *https://morris.cymru/en/2019/09/termau-ethnigrwydd-hil/*, 2 Medi 2019.
Morris, David, 'Identifying the Black Presence in Eighteenth-Century Wales', *Llafur*, 10 (1), 2008, 11–19.
Morris, David, 'Poor Jews in South Wales during the 1900s', *Llafur*, 11 (3), 2014, 36–46.
Morris, J. R., *Atgofion Llyfrwerthwr* (Caernarfon: Llyfrfa'r Methodistiaid Calfinaidd, 1963).
Morris, Jan, *Pleasures of a Tangled Life* (London: Barrie & Jenkins, 1989).
Morris, John Hughes, *Hanes Cenhadaeth Dramor y Methodistiaid Calfinaidd Cymreig, hyd ddiwedd y flwyddyn 1904* (Caernarfon: Llyfrfa y Cyfundeb, 1907).
Morris, John Hughes, *Hanes Methodistiaeth Liverpool: Cyfrol I.* (Liverpool: Hugh Evans a'i Feibion, 1929).
Morris, John Hughes, *Hanes Methodistiaeth Liverpool: Cyfrol II.* (Liverpool: Hugh Evans a'i Feibion, 1932).
Morris, Robert M., *Lle i Enaid gael Llonydd...? Twf Twristiaeth yn Llŷn ac Eifionydd* (Darlith Flynyddol Clwb y Bont, Pwllheli, 2007).
Morris-Jones, John, *Caniadau* (Rhydychen: Fox Jones & Co, 1907).
Morris-Jones, John, *A Welsh Grammar: Historical and Comparative* (Oxford: Oxford University Press, 1913).
Morrow, Lucy Vazquez, 'Nationalism, Ethnicity and the Welsh Language: A Study of Minority Ethno-linguistic Identity in Cardiff' (Prifysgol Caerdydd: traethawd MPhil, 2011).
Moseley, Carys, 'Lladin, Ffrangeg a Saesneg: rhai cwestiynau moesegol am ieithoedd rhyngwladol Cymru' yn E. Gwynn Matthews (gol.), *Hawliau Iaith: Cyfrol Deyrnged Merêd: Astudiaethau Athronyddol 4* (Talybont: Y Lolfa, 2015), tt. 82–102.

Mrowiec, E. M. (Elizabeth M. Watkin Jones), *Teithio Pwyl* (Lerpwl: Gwasg y Brython, 1965).

Müller, Herta, *Reisende auf einem Bein* (Berlin: Fischer, 2010 [1989]).

Murray, Stephen, 'Nativism, Racism and Job Protection: A Comparison of Late Nineteenth-Century Dowlais and Fall River, Massachusetts', *Llafur*, 12 (2), 2017, 20–37.

Myers, A. R. (gol.), 'A lease to a German mining prospector in the lordship of Newport, 1459' yn *English Historical Documents 1327–1485, Volume 4* (London: Eyre & Spottiswoode, 1969), tt. 1013–14.

Naylor, Angharad, '"Trafferth mewn Tafarn" a'r Gofod Hybrid' yn Tudur Hallam ac Angharad Price (goln), *Ysgrifau Beirniadol XXXI* ([Dinbych]: Gwasg Gee, 2012), tt. 93–118.

Neal, F., 'The Birkenhead Garibaldi Riots of 1862', *Transactions of the Historic Society of Lancashire and Cheshire*, 131, 1981, 87–111.

Neat, Timothy, *The Summer Walkers: Travelling People and Pearl-Fishers in the Highlands of Scotland* (Edinburgh: Birlinn, 2002).

Nefyn-Williams, Tom, *Yr Ymchwil* (Dinbych: Gwasg Gee, 1949).

Newbury, C. W. (gol.), *The History of the Tahitian Mission 1799–1830 written by John Davies Missionary to the South Sea Islands* (Cambridge: Hakluyt Society, 1961).

Nicholas, T. E., *Llygad y Drws: Sonedau'r Carchar* (Gwasg Aberystwyth, 1940).

Nicholas, T. E., *Canu'r Carchar* (Llandysul: Gwasg Gomer, 1942).

Nicole, Jacques, 'The First Missionary Text in a Polynesian Language', *The Journal of Pacific History*, 22 (2), 1987, 94–101.

Nord, Deborah Epstein, *Gypsies and the British Imagination, 1807–1930* (New York: Columbia University Press, 2006).

Nutry, Solomon, *Hanes, Cyffes, Achwyniad, Anerchiad, a Dymuniad y Negroes* (Caerdydd: argraffwyd gan J. a Ll. Jenkins, [1832–1834?]).

O'Keeffe, Gráinne, 'The 2001 Census to Tick or not to Tick: The Existence of an Irish Ethnic Identity in England', *Études irlandaises*, 31 (1), 2006, 169–81.

O'Leary, Paul, 'Anti-Irish Riots in Wales', *Llafur*, 5 (4), 1991, 27–35.

O'Leary, Paul, '"Trais a thwyll a cherddi": y Gwyddelod yng Nghymru, 1798–1882' yn Geraint Jenkins (gol.), *Cof Cenedl IX* (Llandysul: Gwasg Gomer, 1994), tt. 129–62.

O'Leary, Paul, adolygiad o Ursula R. Q. Henriques (gol.), *The Jews of South Wales: Historical Studies* yn *Cylchgrawn Hanes Cymru*, 17 (2), 1994, 274–5.

O'Leary, Paul, *Immigration and Integration: The Irish in Wales, 1798–1922* (Cardiff: University of Wales Press, 2000).

O'Leary, Paul, 'Offeiriaid Llydewig a'r Ymgais i Efengylu'r Cymry', *Y Cylchgrawn Catholig*, xiv, 2002, 39–44.

O'Leary, Paul (gol.), *Irish Migrants in Modern Wales* (Liverpool: Liverpool University Press, 2004).
O'Leary, Paul, 'When was Anti-Catholicism? The Case of Nineteenth- and Twentieth-Century Wales', *Journal of Ecclesiastical History*, 56 (2), 2005, 308–25.
O'Leary, Paul, 'Brithwaith o Ddiwylliannau: Lleiafrifoedd Ethnig yn Hanes Cymru Fodern' yn Geraint Jenkins (gol.), *Cof Cenedl XXI* (Llandysul: Gwasg Gomer, 2006), tt. 95–128.
O'Leary, Paul, 'Film, History and Anti-Semitism: *Solomon & Gaenor* (1999) and Representations of the Past', *North American Journal of Welsh Studies*, 7, 2012, 38–52.
O'Neill, Dennis, *Y Trwbadŵr* (Llandysul: Gwasg Gomer, 2006).
Okely, Judith, *The Traveller-Gypsies* (Cambridge: Cambridge University Press, 1983).
Okey, Robin, 'Plausible Perspectives: The New Welsh Historiography', *Planet*, 73, 1989, 31–8.
Olsen, Torjer A., 'This word is (not?) very exciting: considering inter- sectionality in indigenous studies', *Nordic Journal of Feminist and Gender Research*, 26 (3), 2018, 182–96.
Osmond, Osi Rhys, *Carboniferous Collision: Josef Herman's Epiphany in Ystradgynlais* (Cardiff: Institute of Welsh Affairs, 2006).
Owen, Daniel, *Hunangofiant Rhys Lewis: Gweinidog Bethel* (Wrexham: Hughes and Son, 1885).
Owen, Daniel, *Profedigaethau Enoc Huws* (Wrexham: Hughes & Son, 1891).
Owen, Daniel, *Gwen Tomos, Merch y Wernddu* (Wrexham: Hughes & Son, 1894).
Owen, Gwilym, *Pentref Trefor a Chwarel yr Eifl* (Penrhyndeudraeth: Gwilym Owen, 1972).
Owen, Gwilym, *Dan Gysgod yr Eifl* (Dinorwig: Gwasg Elidir, 1978).
Owen, Hugh (gol.), 'Additional Letters of the Morrises of Anglesey (1735–1786)', *Y Cymmrodor*, xlix, i ac ii, 1949, 1–853.
Owen, Isambard, 'Race and Nationality', *Y Cymmrodor*, viii, 1887, 1–24.
Owen, O. Roger, *O ben Moel Derwin* (Penygroes: Cyhoeddiadau Mei, 1981).
Palmer, Patricia, *Language and Conquest in Early Modern Ireland: English Renaissance Literature and Elizabethan Imperial Expansion* (Cambridge: Cambridge University Press, 2001).
Panayi, Panikos (gol.), *Germans in Britain since 1500* (London: The Hamble- don Press, 1996).
Parliamentary Papers, *Poor Inquiry.–(Ireland) Appendix G. Report on the State of the Irish Poor in Great Britain* (London: Majesty's Stationery Office, 1836).

Parr, Adrian, *The Deleuze Dictionary: Revised Edition* (Edinburgh: Edinburgh University Press, 2010).

Parri, Harri, *Iaith y Brain ac Awen Brudd: Portreadau* (Caernarfon: Gwasg y Bwthyn, 2008).

Parry, Gruffudd, *Crwydro Llŷn ac Eifionydd* (Llandybie: Llyfrau'r Dryw, 1960).

Parry, Gruffudd, *Yn ôl i Lŷn ac Eifionydd* (Pwllheli: Clwb y Bont, 1982).

Parry, Gwenfair, '"Queen of the Welsh Resorts": Tourism and the Welsh Language in Llandudno in the Nineteenth Century', *Cylchgrawn Hanes Cymru*, 21 (1), 2002, 118–48.

Parry, Gwenfair a Williams, Mari A. (goln), *Miliwn o Gymry Cymraeg! Yr Iaith Gymraeg a Chyfrifiad 1891* (Caerdydd: Gwasg Prifysgol Cymru, 1999).

Parry, W. H., *Y Cymry yn Liverpool, eu Manteision a'u Hanfanteision* (Liverpool: argraffwyd gan T. Hughes, 1868).

Parry-Jones, Cai, *The Jews of Wales: A History* (Cardiff: University of Wales Press, 2017).

Peate, Iorwerth, *Syniadau* (Llandysul: Gwasg Gomer, 1969).

Peate, Iorwerth C., 'Rhai Sylwadau ar Hanes a Gwleidyddiaeth Plaid Cymru', *Taliesin*, 21, Rhagfyr 1970, 96–104.

Pennell, Elizabeth Robins, *Charles Godfre Leland: A Biography, Volume II* (Boston and New York: Houghton, Mifflin and Company, 1906).

Phillips, Dylan, *Trwy Ddulliau Chwyldro...? Hanes Cymdeithas yr Iaith Gymraeg 1962–1992* (Llandysul: Gwasg Gomer, 1998).

Phillips, Thomas, 'A JOURNAL of a VOYAGE Made in the HANNIBAL of London, Ann, 1693, 1694, ...' yn *A Collection of Voyages and Travels... Vol. VI* (London, 1732), tt. 173–239.

Picton, J. A., 'History and curiosities of the Liverpool Directory', *Transactions of the Historic Society of Lancashire and Cheshire*, 29, 1876–7, 9–32.

Pooley, Colin G., 'The residential segregation of migrant communities in mid-Victorian Liverpool', *Transactions of the Institute of British Geographers*, 2 (3), 1977, 364–82.

Poppe, Erich, 'John Davies and the Study of Grammar: *Antiquae Linguae Britannicae ... Rudimenta* (1621)' yn Ceri Davies (gol.), *Dr John Davies of Mallwyd: Welsh Renaissance Scholar* (Cardiff: University of Wales Press, 2004), tt. 121–45.

Porter, Andrew, *Religion versus empire? British Protestant missionaries and overseas expansion, 1700–1914* (Manchester and New York: Manchester University Press, 2004).

Price, Angharad, *O! tyn y gorchudd* (Llandysul: Gwasg Gomer, 2002).

Price, Angharad, *Caersaint* (Talybont: Y Lolfa, 2010).

Pryce, Huw, *Hynafiaid: Hil, Cenedl a Gwreiddiau'r Cymry: Darlith Goffa Syr Thomas Parry-Williams 2004* [sic] (Aberystwyth: Canolfan Uwchefrydiau Cymreig a Cheltaidd Prifysgol Cymru, 2007).

Pryce, Huw, *J. E. Lloyd and the Creation of Welsh History: Renewing a Nation's Past* (Cardiff: University of Wales Press, 2011).

Pryce, Huw, 'Writing a Small Nation's Past: States, Race and Historical Culture' yn Huw Pryce a Neil Evans (goln), *Writing a Small Nation's Past: Wales in Comparative Perspective* (Farnham: Ashgate, 2013), tt. 3–30.

Pryce, W. T. R., 'Industrialism, urbanization and the maintenance of culture areas: North-East Wales in the Mid-Nineteenth Century', *Cylchgrawn Hanes Cymru*, 7 (3), 1975, 307–40.

Pryce, W. T. R., 'The British Census and the Welsh Language', *Cambria: cylchgrawn daearyddol Cymreig*, 13 (1), 1986, 79–100.

Pwyll ap Siôn, '"…A Chlustiau Cymru Fach yn clywed reggae ar y radio": Y Gwrthleisiau yn *Fflamau'r Ddraig* Geraint Jarman', *Tu Chwith*, 4, 1996, 20–32.

Pwyllgor Cyfle Cyfartal y Cynulliad Cenedlaethol, 'Materion sy'n effeithio ar weithwyr mudol yng Nghymru, eu teuluoedd a'r cymunedau y maent yn byw a gweithio ynddynt', 2008.

Rata, Elizabeth ac Openshaw, Roger (goln), *Public Policy and Ethnicity: The Politics of Ethnic Boundary Making* (Basingstoke: Palgrave Macmillan, 2006).

Rees, D. Ben, *Alffa ac Omega: Tystiolaeth y Presbyteriaid Cymraeg yn Laird Street, Penbedw 1906–2006* (Lerpwl: Cyhoeddiadau Modern Cymreig Cyf., 2006).

Rees, D. Ben (gol.), *Codi Angor yn Lerpwl a Phenbedw a Manceinion* (Lerpwl: Cyhoeddiadau Modern Cymreig, 2019).

Rees, D. Ben, *Hanes Rhyfeddol Cymry Lerpwl* (Tal-y-bont: Y Lolfa, 2019).

Rees, Mali Ann, *Bratiaith* [drama glywedol], Theatr y Sherman, https://www.heartofcardiff.co.uk, 2020.

Rees, W. Hopkyn, *China, Chinaeg a Chineaid* (Llundain: Cymdeithas Genhadol Llundain, 1907).

Rees, William [Gwilym Hiraethog], *Aelwyd F'Ewythr Robert: neu, Hanes Caban F'Ewythr Tomos* (Dinbych: Thomas Gee, 1853).

Rees, William [Gwilym Hiraethog], *Helyntion Bywyd Hen Deiliwr* (Liverpool: I. Foulkes, 1877).

Rees, W [Gwilym Hiraethog], *Llythurau 'Rhen Ffarmwr* (Liverpool, 1902 [1878]).

Rees, W. J., *Dyn a'i Liw* (Cymdeithas Genhadol Llundain, [1946]).

Richards, Nansi, *Cwpwrdd Nansi* (Llandysul: Gwasg Gomer, 1972).

Llyfryddiaeth Ddethol

Richards, Rhys, 'The Earliest Foreign Visitors and Their Massive Depopulation of Rapa-iti from 1824 to 1830', *Journal de la Société des Océanistes*, 118, 2004, 3–10.

Richardson, David, Schwarz, Suzanne a Tibbles, Anthony (goln), *Liverpool and Transatlantic Slavery* (Liverpool: Liverpool University Press, 2007).

Roberts, Brynley F., 'Un o Lawysgrifau Hopcyn ap Tomas o Ynys Dawy', *The Bulletin of the Board of Celtic Studies*, xxii, 1968, 223–8.

Roberts, Brynley F., *Gerald of Wales* (Cardiff: University of Wales Press, 1982).

Roberts, Brynley F., 'Golygu Caneuon Ffydd', *Y Traethodydd*, clvi, Ebrill 2001, 70–82.

Roberts, Brynley F. (gol.), *Breudwyt Maxen Wledic* (Dublin: Dublin Institute for Advanced Studies, 2005).

Roberts, Dafydd, *Y Chwarelwyr a'r Sowth* (Darlith Flynyddol Llyfrgell Bethesda, 1982).

Roberts, E. Ernest, *John Roberts: Telynor Cymru* (Dinbych: Gwasg Gee, 1978).

Roberts, Eleazar, *Owen Rees: A Story of Welsh Life and Thought* (London: Elliot Stock [a] Liverpool: Isaac Foulkes, 1893).

Roberts, Elfed, *Hafn, Bwlch a Dyffryn (Darlith Flynyddol Llyfrgell Penygroes 1992)* (Caernarfon: Cyngor Sir Gwynedd, 1993).

Roberts, Emrys, *Gwaed y Gwanwyn* (Caernarfon: Llyfrfa'r M.C., 1970).

Roberts, Hywel Heulyn gyda Ioan Roberts, *Tân yn fy Nghalon: Hunangofiant Hywel Heulyn* (Llandysul: Gwasg Gomer, 2007).

Roberts, Ioan (gol.), *Beti a'i Phobol – 1* (Llanrwst: Gwasg Carreg Gwalch, 2002).

Roberts, J. J. (Iolo Carnarvon), *Cofiant y Parchedig Owen Thomas, D.D., Liverpool* (Caernarfon: D. O'Brien Owen yn Llyfrfa y Cyfundeb, 1912).

Roberts, John Price a Hughes, Thomas, *Cofiant y Parch. John Evans Eglwysbach* (Bangor: Pwyllgor y Llyfrfa Wesleyaidd, 1903).

Roberts, Kate, *Deian a Loli: Stori am Blant* (Wrecsam: Hughes a'i Fab Cyhoeddwyr, 1927).

Roberts, Kate, *Laura Jones* (Gwasg Aberystwyth, 1930).

Roberts, Kate, *Y Lôn Wen: Darn o Hunangofiant* (Dinbych: Gwasg Gee, 1960).

Roberts, Kate, *Tywyll Heno* (Dinbych: Gwasg Gee, 1962).

Roberts, Kate, *Gobaith a storïau eraill* (Dinbych: Gwasg Gee, 1972).

Roberts, Mai, *Porthdinllaen: Cynllun Madocks* ([Abererch]: 2007).

Roberts, Owen, 'Migrating into the Mainstream of Welsh History: The Irish and Others in Modern Wales', *Llafur*, 9 (1), 2004, 107–15.

Roberts, Richard Glyn, 'Cadarnleoedd yn y dychymyg: diffinio achub iaith', *O'r Pedwar Gwynt*, 3, Pasg 2017, 3–4.

Roberts, Richard Glyn, 'Cadw iaith a cholli gwareiddiad', *O'r Pedwar Gwynt*, 9, gwanwyn 2019, 6–7.

Roberts, T. a Roberts, D., *Cofiant y Parch. W. Rees, D.D. (Gwilym Hiraethog)* (Dolgellau: W. Hughes, 1893).

Robinson, Vaughan a Gardner, Hannah, 'Place matters: Exploring the Distinctiveness of Racism in rural Wales' yn Sarah Neal a Julian Agyeman (goln), *The New Countryside: Ethnicity, nation and exclusion in contemporary rural Britain* (Bristol: The Policy Press, 2006), tt. 47–72.

Roderick, A. J., 'Marriage and Politics in Wales, 1066–1282', *Cylchgrawn Hanes Cymru*, 4 (1), 1968, 1–20.

Roese, Herbert E., 'Cardiff's Norwegian Heritage. A Neglected Theme', *Cylchgrawn Hanes Cymru*, 18 (2), 1996, 255–71.

Roper, Moses, *Hanes Bywyd a Ffoedigaeth Moses Roper o Gaethiwed American- aidd* (Llanelli: argraffwyd gan Rees a Thomas, 1841).

Rosiak, Karolina, 'The Welsh language and social integration from the point of view of the new Polish emigration to Wales', *Zeszyty Łużyckie*, 50, 2016, 315–32.

Rowlands, John a Rowlands, Sheila (goln), *Second Stages in Researching Welsh Ancestry* (The Federation of Family History Societies, 1999).

Rowlands, Marc A., 'Mining Plans of Cardiganshire: The Human Dimension', *Ceredigion*, 13 (2), 1998, 1–10.

Rubinstein, W. D., 'The Anti-Jewish Riots of 1911 in South Wales: A Re-examination', *Cylchgrawn Hanes Cymru*, 18 (4), 1997, 667– 99.

Rhys, Morgan John, 'Ardderchog Ymgais Rheswm Naturiol Mewn GREENLANDER, *ymherthynas i'r* Bod o DDUW, &c.', *Y Cylch-grawn Cynmraeg*, ii, Mai 1793, 62–3.

Rhys, Robert, *Chwilio am Nodau'r Gân* (Llandysul: Gwasg Gomer, 1992).

Rhys, Robert, *Daniel Owen* (Caerdydd: Gwasg Prifysgol Cymru, 2000).

Said, Edward W., *Orientalism: Western Concepts of the Orient* (London: Penguin Books, 1978).

Salapatas, Anastasios D., Ο Ελληνισμός στη Νότια Οναλία (Caerdydd: Diaspora Books, 1993).

Sampson, Anthony, *The Scholar Gypsy: The Quest for a Family Secret* (London: John Murray, 1997).

Sampson, John, 'The Welsh Gypsies', *Transactions of the Liverpool Welsh National Society*, 16, 1900–1, 49–72.

Sampson, John, *The Dialect of the Gypsies of Wales being the Older Form of British Romani preserved in the Speech of the Clan of Abram Wood* (Oxford: Oxford University Press, 1926).

Sampson, John, 'IV. – An Englishman in Wales', *Journal of the Gypsy Lore Society*, Third Series, li, 3–4, 1972, 82–91.

Sartre, Jean-Paul, *Réflexions sur la question Juive* (Paris: Gallimard, 1954).

Saul, Nicholas a Tebbutt, Susan (goln), *The Role of the Romanies: Images and Counter-images of 'Gypsies'/Romanies in European Cultures* (Liverpool: Liverpool University Press, 2004).

Saunders, Tim, *Teithiau* (Talybont: Y Lolfa, 1977).

Saunders, Tim, *Cliff Preis: Gohebydd Arbennig* (Talybont: Y Lolfa, 1985).

Schaible, Karl Heinrich, *Geschichte der Deutschen in England von den Ersten Germanischen Ansiedlungen in Britannien bis zum Ende des 18. Jahrhunderts* (Strassburg: Karl J. Trübner, 1885).

Schütz, Chana a Simon, Hermann, *Heinz Koppel: Ein Künstler zwischen Wales und Berlin* (Berlin: Verlag für Berlin-Brandenburg, 2009).

Scourfield, Jonathan a Davies, Andrew, 'Children's accounts of Wales as racialized and inclusive', *Ethnicities*, 5 (1), Mawrth 2005, 83–107.

Scourfield, Jonathan et al., *Muslim Childhood: Religious Nurture in a European Context* (Oxford: Oxford University Press, 2013).

Segrott, Jeremy, 'Identity and Migration: an Ethnography of the Welsh in London' (Prifysgol Abertawe: traethawd PhD, 2001).

Shell, Marc a Sollors, Werner (goln), *The Multilingual Anthology of American Literature* (New York: New York University Press, 2000).

Sheppard, Lisa, *Y Gymru 'Ddu' a'r Ddalen 'Wen'* (Caerdydd: Gwasg Prifysgol Cymru, 2018).

Sherrington, Emlyn, *Right-Wing Nationalism in Wales 1870–1935* [dim man cyhoeddi: dim cyhoeddwr, 2015].

Sherwood, Marika, 'Racism and Resistance: Cardiff in the 1930s and 1940s', *Llafur*, 5 (4), 1991, 51–70.

Sims-Williams, Patrick, 'Historical Need and Literary Narrative: A Caveat from Ninth-Century Wales', *Cylchgrawn Hanes Cymru*, 17 (1), 1994, 1–40.

Sims-Williams, Patrick, 'The Five Languages of Wales in the Pre-Norman Inscriptions', *Cambrian Medieval Celtic Studies*, 44, 2002, 1–36.

Sims-Williams, Patrick, 'Celtic Civilization: Continuity or Coincidence?', *Cambrian Medieval Celtic Studies*, 64, 2012, 1–45.

Sinclair, Neil M. C., *Endangered Tiger: A Community under Threat* (Cardiff: Butetown History & Arts Centre, 2003).

Skinner, Patricia (gol.), *Jews in Medieval Britain: Historical, Literary and Archaeological Perspectives* (Woodbridge: Boydell Press, 2003).

Slater's Directory of South Wales, Monmouthshire, and the city of Bristol, with topographical notices of each city, town and village, Postal Information, Lists of Carriers, &c (Manchester: Isaac Slater, 1880).

Smith, Anthony D., *The Antiquity of Nations* (Cambridge: Polity, 2004).

Sollors, Werner (gol.), *Multilingual America: Transnationalism, Ethnicity and the Languages of American Literature* (New York and London: New York University Press, 1998).

Sousa Santos, Boaventura de, *Epistemologies of the South: Justice against Epistemicide* (London and New York: Routledge, 2014).
Southall, J. E., *The Welsh Language Census of 1891* (Newport: John E. Southall, 1895).
Stephens, Meic (gol.), *Rhys Davies: Decoding the Hare* (Cardiff: University of Wales Press, 2001).
Stephenson, David, 'Jewish presence in, and absence from, Wales in the twelfth and thirteenth centuries', *Jewish Historical Studies*, 43, 2011, 7–20.
Strand, Steve, Malmberg, Lars a Hall, James, *English as an Additional Language (EAL) and educational achievement in England: An Analysis of the National Pupil Database* (University of Oxford: Department of Education, 2015).
Taylor, Charles, 'The Politics of Recognition' yn Amy Gutmann (gol.), *Multiculturalism and 'The Politics of Recognition'* (Princeton: Princeton University Press, 1992), tt. 25–74.
Taylor, Lucy, 'Rethinking Welsh Patagonia', *Planet*, 218, haf 2015, 27–32.
Taylor, Lucy, 'Welsh-Indigenous Relationships in Nineteenth Century Patagonia: "Friendship" and the Coloniality of Power', *Journal of Latin American Studies*, 49 (1), Chwefror 2017, 143–68.
Thomas, David, *Hen Longau Sir Gaernarfon* (Llanrwst: Gwasg Carreg Gwalch, 2007 [1952]).
Thomas, Ednyfed, *Bryniau'r Glaw: Cenhadaeth Casia* (Caernarfon: Gwasg Pantycelyn, 1988).
Thomas, Gwyn, *Chwerwder yn y Ffynhonnau* (Gwasg Gee: Dinbych, 1962).
Thomas, Gwyn, *Cadwynau yn y Meddwl* (Dinbych: Gwasg Gee, 1976).
Thomas, Gwyn, *Wmgawa* (Dinbych: Gwasg Gee, 1984).
Thomas, Jennie, *Dyddiau Hyfryd Capel M. C. Woodchurch Road Birkenhead 1906–1972 Atgofion Jennie Thomas* (Liverpool: Hugh Evans a'i Feibion, [1972]).
Thomas, John, *Cofiant y Parch. T. Rees, D. D. Abertawy* (Dolgellau: argraffwyd yn William Hughes, Swyddfa'r Dysgedydd, 1888).
Thomas, M. Wynn, *In the Shadow of the Pulpit: Literature and Nonconformist Wales* (Cardiff: University of Wales Press, 2010).
Thomas, Mair Elvet, *Afiaith yng Ngwent: Hanes Cymdeithas Cymreigyddion y Fenni 1833–1854* (Caerdydd: Gwasg Prifysgol Cymru, 1978).
Thomas, Ned, *The Welsh Extremist: A Culture in Crisis* (London: Victor Gollancz Ltd, 1971).
Thomas, Ned, 'Parallels and Paradigms' yn M. Wynn Thomas (gol.), *A Guide to Welsh Literature: Volume VII: Welsh Writing in English* (Cardiff: University of Wales Press, 2003), tt. 310–26.

Thomas, Owen (gol.), *Llenyddiaeth mewn Theori* (Caerdydd: Gwasg Prifysgol Cymru, 2006).
Thomas, W. C. Elvet, *Tyfu'n Gymro* (Llandysul: Gwasg Gomer, 1972).
Thomas, Wyn, 'John Roberts: "Telynor Cymru" 1816–1894', *Hanes Cerddoriaeth Cymru*, 1, 1996, 164–71.
Threadgold, Terry et al., *Constructing Community in South-East Wales* (Cardiff: Cardiff University with the Joseph Rowntree Foundation, 2007).
Tobias, Lily, *The Nationalists and Other Goluth Studies* (London: C. W. Daniel, 1921).
Tomos, Angharad, *Yma o Hyd* (Talybont: Y Lolfa, 1985).
Tomos, Marian, 'Bywyd a gwaith Elena Puw Morgan 1900–1973', (Prifysgol Cymru [Bangor]: traethawd MA, 1980).
Tomos, Robyn, 'Josef Herman a'i Gyfoeswyr: chwilio am arwyddion arlunwyr canol Ewrop yng Nghymru oddi ar 1940' yn Ivor Davies a Ceridwen Lloyd-Morgan (goln), *Darganfod Celf Cymru* (Caerdydd: Gwasg Prifysgol Cymru, 1999), tt. 140–65.
Tudur, Rhys, '*Y Cymro*, Penyberth a'r Ail Ryfel Byd' yn Geraint H. Jenkins (gol.), *Cof Cenedl XVII* (Llandysul: Gwasg Gomer, 2002), tt. 135–63.
Turnbull, Jacquie, 'Educating for Citizenship in Wales: Challenges and Opportunities', *Cylchgrawn Addysg Cymru*, 12 (2), 2004, 65–82.
Vasil, Raj, *Biculturalism: Reconciling Aotearoa with New Zealand* (Wellington: Victoria University Press, 1988).
Verrill-Rhys, Leigh (gol.), *Iancs, Conshis a Spam: Atgofion Menywod o'r Ail Ryfel Byd* (Dinas Powys: Honno, 2002).
Wallis, Jill, *A Welcome in the Hillsides? The Merseyside & North Wales Experience of Evacuation: 1939–1945* (Wirral: Avid Publications, 2000).
Walter, Bronwen, 'Challenging the black/white binary: the need for an Irish category in the 2001 census', *Patterns of Prejudice*, 32 (2), 1998, 73–86.
Walter, Bronwen, *Outsiders Inside: Whiteness, Place and Irish Women* (London and New York: Routledge, 2001).
Watkin, I. Morgan, 'The Welsh Element in the South Wales Coalfield', *The Journal of the Royal Anthropological Institute*, 95 (1), 1965, 104–14.
Watkins, Susan, 'Which Feminisms?', *New Left Review*, 109, Ionawr–Chwefror 2018, 5–76
Watts-Dunton, Theodore, *Aylwin* (London: Hurst and Blackett, 1899).
[Webb, Tim], *Mewnfudo, Ie Gwladychu, Na! Gwladychiaeth a Gwrthwladychiaeth yn y Bröydd Cymraeg* (Aberystwyth: Cyhoeddiadau Cymuned, 2003).

Llyfryddiaeth Ddethol

Weinke, Wilfried, *Ich werde vielleicht später einmal Einfluß zu gewinnen suchen... Der Schriftsteller und Journalist Heinz Liepman (1905–1966) – Eine Biografische Rekonstruktion* (Göttingen: Universitätsverlag Osnabrück, 2017).

Wheeler, Sara Louise, '"Enwau Prydeinig gwyn?" Problematizing the idea of "White British" names and naming practices from a Welsh perspective', *AlterNative: An International Journal of Indigenous Peoples*, 14 (3), 2018, 251–9.

Wiliam, Dafydd Wyn, *Cofiant Siôn Morris (1713–1740)* (cyhoeddwyd gan yr awdur, 2003).

Williams, Allan M., 'Migration and residential patterns in mid-nineteenth century Cardiff', *Cambria: cylchgrawn daearyddol Cymreig*, 6 (2), 1979, 1–27.

Williams, Charlotte, '"Race" and Racism: Some Reflections on the Welsh Context', *Contemporary Wales*, 8, 1995, 113–31.

Williams, Charlotte, '"Race" and Racism: What's special about Wales?' yn David Dunkerley ac Andrew Thompson (goln), *Wales Today* (Cardiff: University of Wales Press, 1999), tt. 269–84.

Williams, Charlotte, 'The Dilemmas of Civil Society: Black and Ethnic Minority Associations in Wales' yn Graham Day, David Dunkerley ac Andrew Thompson (goln), *Civil Society in Wales: Policy, Politics and People* (Cardiff: University of Wales Press, 2006), tt. 183–205.

Williams, Charlotte, Evans, Neil ac O'Leary, Paul (goln), *A Tolerant Nation? Exploring Ethnic Diversity in Wales* (Cardiff: University of Wales Press, 2003).

Williams, Charlotte, Evans, Neil ac O'Leary, Paul (goln), *A Tolerant Nation? Revisiting Ethnic Diversity in a Devolved Wales* (Cardiff: University of Wales Press, 2015).

Williams, Charlotte a Short, Cherry, *'Gweithio gyda Gwahaniaeth': Adnodd i Bobl sy'n Gweithio i Hybu Gwrth-hiliaeth mewn Gwaith Cymdeithasol a Gofal Cymdeithasol yng Nghymru* (Cyngor Canolog Addysg a Hyfforddiant mewn Gwaith Cymdeithasol, [1997]).

Williams, Chris, 'The dilemmas of nation and class in Wales, 1914–45' yn Duncan Tanner et al. (goln), *Debating nationhood and governance in Britain, 1885–1945: Perspectives from the "four nations"* (Manchester: Manchester University Press, 2006), tt. 146–68.

Williams, Cyril G., *Crefyddau'r Dwyrain* (Caerdydd: Gwasg Prifysgol Cymru, 1968).

Williams, Daniel, 'Hil, Iaith a Chaethwasanaeth; Samuel Roberts a "Chymysgiad Achau"', *Y Traethodydd*, clix, Ebrill 2004, 92–106.

Williams, Daniel, 'Realaeth a Hunaniaeth: O T. Rowland Hughes i Owen Martell', *Taliesin*, 125, haf 2005, 12–27.

Williams, Daniel G., *Ethnicity and Cultural Authority: From Arnold to Du Bois* (Edinburgh: Edinburgh University Press, 2006).

Llyfryddiaeth Ddethol

Williams, Daniel G., 'Another lost cause? Pan-Celticism, race and language', *Irish Studies Review*, 17 (1), Chwefror 2009, 89–101.

Williams, Daniel G. (gol.), *Canu Caeth: Y Cymry a'r Affro-Americaniaid* (Llandysul: Gwasg Gomer, 2010).

Williams, Daniel G., '"Assimilation through Self-Assertion": Aspects of African American and Welsh Thought in the Nineteenth Century', *Comparative American Studies*, 8 (2), 2010, 107–25.

Williams, Daniel G., *Black Skins, Blue Books: African Americans and Wales 1845–1945* (Cardiff: University of Wales Press, 2012).

Williams, Daniel G., 'Uncle Tom and Ewythr Robert: Anti-Slavery and Ethnic Reconstruction in Victorian Wales', *Slavery & Abolition: A Journal of Slave and Post-Slave Studies*, 33 (2), 2012, 275–86.

Williams, Daniel G., 'Single nation, double logic: Ed Miliband and the problem with British multiculturalism', *Our Kingdom: Power & Liberty in Britain*, http://www.opendemocracy.net/ourkingdom/daniel-g-williams/single-nation-double-logic-ed-miliband-and-problem-with-british-multicu/, 2012.

Williams, Daniel G., *Wales Unchained: Literature, Politics and Identity in the American Century* (Cardiff: University of Wales Press, 2015).

Williams, D. J., *Storïau'r Tir Du* (Gwasg Aberystwyth, 1949).

Williams, D. J., *Hen Dŷ Ffarm* (Aberystwyth: Gwasg Aberystwyth, 1953).

Williams, D. J., *Yn Chwech ar Hugain Oed* (Llandysul: Gwasg Gomer, 1959).

Williams, G. J., *Traddodiad Llenyddol Morgannwg* (Caerdydd: Gwasg Prifysgol Cymru, 1948).

Williams, Glanmor, 'Eira Ddoe: Cofio Dowlais', *Taliesin*, 69, Mawrth 1990, 12–19.

Williams, Glyn, 'Discourses on "Nation" and "Race": A Response to Denney et al.', *Contemporary Wales*, 6, 1994, 87–103.

Williams, Glyn, 'Blaming the Victim', *Contemporary Wales*, 17, 2004, 214–32.

Williams, Glyn a Morris, Delyth, *Language Planning and Language Use: Welsh in a Global Age* (Cardiff: University of Wales Press, 2000).

Williams, Gomer, *History of the Liverpool Privateers and Letters of Marque with an account of the Liverpool Slave Trade* (London: William Heinemann/ Liverpool: Edward Howell, 1897).

Williams, Gwyn Alf, *Madoc: The Making of a Myth* (London: Eyre Methuen, 1979).

Williams, Gwyn Alf, *The Search for Beulah Land: The Welsh and the Atlantic Revolution* (New York: Holmes & Meier, 1980).

Williams, Gwyn Alf, *When was Wales?* (Harmondsworth: Penguin, 1985).

Williams, Gwyn Alf, *The Merthyr Rising* (Cardiff: University of Wales Press, 1988).

Williams, Gwyn Alf, *Fishers of Men: Stories towards an Autobiography* (Llandysul: Gwasg Gomer, 1996).
Williams, Huw, *Fy Milltir Sgwâr: Atgofion Huw Williams Hafod Elwy* (Y Bala: Llyfrau'r Faner, 1988).
Williams, Huw, 'Merthyr Tydfil and its Scottish Connections', *Merthyr Historian*, 10, 1999, 269–82.
Williams, Huw, 'Socrates ar y stryd', *O'r Pedwar Gwynt*, 6, gwanwyn 2018, 39–40.
Williams, Ifor, 'Cariad Sais at Gymru a'r Gymraeg', *Y Traethodydd*, ci, Gorffennaf 1946, 140–4.
Williams, Ifor (gol.), *Armes Prydein o Lyfr Taliesin* (Caerdydd: Gwasg Prifysgol Cymru, 1955).
Williams, J. G., *Pigau'r Sêr* (Dinbych: Gwasg Gee, 1969).
Williams, J. G., *Maes Mihangel* (Dinbych: Gwasg Gee, 1974).
Williams, John Dilwyn, 'Bodfel, Barbados and Slavery', *Trafodion Cymdeithas Hanes Sir Gaernarfon*, 68, 2007, 51–5.
Williams, John Griffith, 'Rhagair' yn Colin Gresham, *Teulu'r Trefan: Darlith Flynyddol Eifionydd* (Gwasanaeth Llyfrgell Gwynedd, 1982), tt. vii–ix.
Williams, John Roberts, 'Ta-ta i'r Hen Wyddeles' yn Lyn Ebenezer (gol.), *Radio Cymru 21* (BBC Radio Cymru, 1998), tt. 142–3.
Williams, Richard ('Gwydderig'), *Gwydderig: Pigion Allan o'i Weithiau wedi'u dethol ynghŷd â rhagymadrodd gan J. Lloyd Thomas* (Llandybie: Llyfrau'r Dryw, 1959).
Williams, Robert, *Lexicon Cornu-Britannicum* (Llandovery: Roderic a London: Trubner & Co., 1865).
Williams, Rhydwen, *Y Ffynhonnau a Cherddi eraill* (Llandybie: Llyfrau'r Dryw, 1970).
Williams, Rhydwen, *Dyddiau Dyn* (Llandybie: Christopher Davies Cyf, 1973).
Williams, Siân Rhiannon, *Oes y Byd i'r Iaith Gymraeg: Y Gymraeg yn ardal ddiwydiannol Sir Fynwy yn y bedwaredd ganrif ar bymtheg* (Caerdydd: Gwasg Prifysgol Cymru, 1992).
Williams, Siân Rhiannon, 'The Languages of Monmouthshire' yn Chris Williams a Siân Rhiannon Williams (goln), *The Gwent County History: Volume 4: Industrial Monmouthshire, 1780–1914* (Cardiff: University of Wales Press, 2011), tt. 147–64.
Williams, Tom Puw, 'Almaenwr yn ysgrifennu am Gymru', *Yr Efrydydd*, Y Drydedd Gyfres, v, 3, Mawrth 1940, 31–5.
Williams, Trefor, 'Emile de Vynck' yn William Owen (gol.), *Yr un môr wen: Cyfrol dathlu hanner canmlwyddiant Clwb y Garreg Wen, Porthmadog* (Caernarfon: Gwasg Pantycelyn, 1992), tt. 64–5.

Williams, W. [Pantycelyn], *Pantheologia, neu hanes holl grefyddau'r byd* (Caerfyrddin, 1762–79).
Williams, W. [Pantycelyn], *Marwnad ar y Parchedig Mr. G. Whitffield, Chaplain i'r Wir Anrhydeddus Iarlles Huntington...* (Caerfyrddin, 1770).
Williams, W. E., *Llyncu'r Angor* (Dinbych: Gwasg Gee, 1977).
Williams, W. Llewelyn, *'S Lawer Dydd* (Llanelli: James Davies a'i Gwmni, 1918).
Williams, Waldo, *Dail Pren* (Gwasg Aberystwyth, 1956).
Williams-Ellis, Clough, *Architect errant: The autobiography of Clough Williams-Ellis* (Portmeirion: Portmeirion Limited, 1991 [1971]).
Willis, David, 'Cyfieithu iaith y caethweision yn *Uncle Tom's Cabin* a darluniadau o siaradwyr ail iaith mewn llenyddiaeth Gymraeg', *Llên Cymru*, 39, 2016, 56–72.
Willis, Rosalind, 'The fragility of "white Irish" as a minority ethnic identity in England', *Ethnic and Racial Studies*, 40 (10), 2017, 1681–99.
Wood, Manfri Frederick, *In the Life of a Romany Gypsy* (London: Routledge & Kegan Paul, 1973).
Woolf, Alex, 'Romancing the Celts: A segmentary approach to acculturation' yn Ray Lawrence a Joanne Berry (goln), *Cultural Identity in the Roman Empire* (London and New York: Routledge, 1998), tt. 111–24.
Wright, Martin, *Wales and Socialism: Political Culture and National Identity before the Great War* (Cardiff: University of Wales Press, 2016).
Wyn, Eifion, *Caniadau'r Allt* (Llundain: Foyle's Welsh Depot, 1927).
Wyn, Hefin, *Be Bop a Lula'r Delyn Aur: Hanes Canu Poblogaidd Cymraeg* (Talybont: Y Lolfa, 2002).
Wynne, Ellis, *Gweledigaetheu y Bardd Cwsc* (Caerdydd: Gwasg Prifysgol Cymru, 1976 [1703]).
Yassine, Ali gyda Gibbard, Alun, *Ali Yassine: Llais yr Adar Gleision* (Talybont: Y Lolfa, [2010]).
Zastoupil, Lynn a Moir, Martin, *The Great Indian Education Debate: Documents Relating to the Orientalist-Anglicist Controversy, 1781–1843* (London and New York: Routledge, 2013 [1999]).
Žižek, Slavoj, 'Multiculturalism, or, the Cultural Logic of Multinational Capitalism', *New Left Review*, I/225, Hydref–Tachwedd 1997, 28–51.

Deunydd fel arall o'r papurau newydd a'r cylchgronau canlynol

Aberdare Leader
Yr Amserau

Llyfryddiaeth Ddethol

An Briathor Saor
Yr Australydd
Baner ac Amserau Cymru
Barn
Belfast Telegraph
Brecon and Radnor Express
Brecon County Times
Breizh/Llydaw
Y Brython
Cambria: cylchgrawn daearyddol Cymreig
The Cambrian
The Cambrian News and Merionethshire Standard
Cap and Gown
The Cardiff Times and South Wales Weekly News
The Carmarthen Journal and South Wales Weekly Advertiser
The Carmarthenshire Antiquary
Y Casglwr
Cefn Gwlad
Y Celt
Y Celt Newydd
Y Cenhadwr
Cennad Llydewig Llanrwst
Ceramics Monthly
Y Clorianydd
Comparative American Studies
Contemporary Wales
Cristion
Cronicl y Cymdeithasau Crefyddol
Cyfrwng
Cylchgrawn Cymdeithas Hanes a Chofnodion Sir Feirionnydd
Cylch-grawn Cynmraeg
Cylchgrawn Hanes Cymru
Cylchgrawn Llyfrgell Genedlaethol Cymru
Y Cymmrodor
Y Cymro
Cymro a'r Celt Llundain
Cymru

Llyfryddiaeth Ddethol

Cymru a'r Môr
Cymru'r Plant
Daily Post
Denbighshire Free Press
Y Dinesydd Cymreig
Diwinyddiaeth
Y Drysorfa
Y Dydd
Y Dysgedydd
Y Dysgedydd Crefyddol
Y Ddraig Goch
Y Ddraig Werdd
Yr Efengylydd
Efrydiau Catholig
Yr Efrydydd
Études Celtiques
Evening Express
Y Faner
Y Ford Gron
Y Ffynnon: Papur Bro Eifionydd
Y Genedl
Y Genedl Gymreig
Y Genhinen
Glo
Y Goleuad
Golwg
Gower: The Journal of the Gower Society
Greal y Bedyddwyr
The Green Dragon
The Guardian
Gwalia
Y Gwladgarwr
Y Gwyliedydd
Gwyliedydd Newydd
Yr Haul
Yr Haul a'r Gangell
Heddiw

Llyfryddiaeth Ddethol

Yr Herald Cymraeg
Herald of Wales
Ilays: Bilingual Newsletter
The Independent
Journal of the Gypsy Lore Society
Liverpool Daily Post
The Liverpool Mercury
Llafar Gwlad
Llafur
Llais Llafur
Llais Rhyddid
Llanelli Star
The Llangollen Advertiser
Llên Cymru
Y Llenor
Lleuad yr Oes
Lleufer
North Wales Chronicle and Advertiser for the Principality
O'r Pedwar Gwynt
Papur Pawb
Planet
The Rhondda Leader
Seren Cymru
Seren Gomer
South Wales Daily Post
The South Wales Jewish Review
Taliesin
Tarian y Gweithiwr
Tir Newydd
Y Traethodydd
Trafodion Anrhydeddus Gymdeithas y Cymmrodorion
Trafodion Cymdeithas Hanes Sir Gaernarfon
Transactions and Miscellanies (Jewish Historical Society of England)
Trysorfa y Plant (*Trysorfa'r Plant* wedyn)
Tu Chwith
The Voice of the Tiger: The Official Newsletter of the Butetown History and Arts Centre

Y Wawr
The Weekly Mail
Welsh Mirror
Y Werin
Western Mail
Yr Wythnos a'r Eryr
Yr Ymwelydd

Bas data
University College London, *Legacies of British Slave-ownership*, https://www.ucl.ac.uk/lbs/

Cerddoriaeth
Geraint Jarman a'r Cynganeddwyr, *Tacsi i'r Tywyllwch* (Sain 1096M, 1977)
Geraint Jarman a'r Cynganeddwyr, *Fflamau'r Ddraig* (Sain 1182M, 1980)
Gwenno, *Le Kov* (Heavenly Recordings, 2008)
Sobin a'r Smaeliaid, *Sobin a'r Smaeliaid 1* (Sain SCD 9075, 1989)
Steve Eaves a'i Driawd, *Sbectol Dywyll* (hunan-ryddhau, 1989)
Y Trwynau Coch, *Rhedeg rhag y Torpidos* (Sain 1186M, 1980)

Ffilmiau
Eldra (Teliesyn, 2001)
Yr Etifeddiaeth (Fideo Llyfrgell Genedlaethol Cymru, 1997 [1949])
La Casa di Dio (bwcibo cyf., 2009)
The Last Days of Dolwyn (StudioCanal, 1949)
Sleep Furiously (New Wave 007, 2008)
Solomon a Gaenor (S4C, 2001 [1999])

Gwefannau
http://crewswansea.blogspot.com
http://cyngortrefpwllheli.org
http://news.bbc.co.uk
http://peshasgypsyblog.blogspot.com
http://statiaith.com
http://www.anngriffiths.cardiff.ac.uk
http://www.dafyddapgwilym.net
http://www.grahamedavies.com

http://www.holyheadmaritimemuseum.co.uk
http://www.koenekamp-archiv.de
http://www.llanrug.cymru
http://www.naldic.org.uk
http://www.nspk.org.uk
http://www.rhiw.com
http://www.walesartsreview.org
http://www.welshkhasidialogues.co.uk
https://amgueddfa.cymru
https://commons.wikimedia.org
https://cy.wikipedia.org
https://liverpool1207blog.wordpress.com
https://nationtimecymrusydd.wordpress.com
https://www.marxists.org
https://www.urdd.cymru

Fideo

Pathe Industrial Survey, "Mines need D.P. Labour", *http://www.britishpathe.com/video/pathe-industrial-survey-no-7-mines-need-d-p-labour/query/DISPLACED+PERSONS*

'Planet Video: Celebrating Wales refugee artists – Paul Joyner in conversation with Karel Lek at The Welfare Ystradgynlais', *https://www.planetmagazine.org.uk/planet-extra/celebrating-wales-refugee-artists*

Cyfrifon Twitter

@CymryTseiniaidd
@diferionDFE
@hanshs4c
@martinjohnes
@punkistani93
@ybydyneile

Ffynonellau eraill

Amgueddfa Werin Cymru, trawsysgrifiad o dapiau 6446 a 6447
Archifdy Gwynedd, cofrestr briodasau, XPE/25/17
BBC

Llyfryddiaeth Ddethol

Compendiwm Ystadegau Ysgolion
Ffurflenni cyfrifiad 1891, RG 12/4635, RG 12/4636 a RG 12/4641
Geiriadur Prifysgol Cymru
Geiriadur yr Academi
Hansard
Llyfrgell Genedlaethol Cymru, llythyr gan John Elias at David Ellis, LlGC 12743D
Llyfrgell Genedlaethol Cymru, Papurau Thomas Gwynn Jones G695
S4C
Swyddfa Ystadegau Gwladol
Teyrnged Huw Jones yng nghynhebrwng Kazek Miarczynski
Y Bywgraffiadur Cymreig hyd 1940

Mynegai

Abercraf 79, 212–13, 361
Abercynffig 83
Aberdâr 65, 83, 259
Aberdaron 149–50, 376
Aberdyfi 364
Abergele 82, 208, 298
Abergwaun 94, 192
Abergynolwyn 94, 292, 307, 367
Aberporth 97, 102, 376
Abersoch 147
Abertawe 16, 56, 67, 109, 121, 232, 234, 257, 274, 343, 355, 364, 401; Glandŵr 93; Treforys 367
Aberteifi 48
Aberystwyth 70, 85, 109, 111, 197, 278, 292, 306, 359, 377; Coleg Prifysgol 93–4, 141, 216, 221; Coleg y Santes Fair 158
Aboriginiaid: Awstralia 185; brodorion yn gyffredinol 257
Abrams, Nathan 107, 354
acen 101, 133, 153, 159, 170, 177, 196, 210, 259, 280, 285, 374
Action Française 220
Acton, Thomas 309
achyddiaeth 48, 53, 250, 335
ad-diriogaethu 166
Adfer (mudiad) 285
Adgofion am Llandudno 81
addysg 26, 35, 77, 79, 82, 84–5, 90, 108, 110–12, 114–15, 120, 122, 136, 139–40, 142–3, 170, 173, 176, 182, 186, 194, 197, 205, 247, 249, 251, 253, 256–8, 274, 317, 320, 330, 370, 378, 380–1, 394, 402
Affrica 41, 168, 188, 231–4, 238, 265, 267–8, 279, 414–16
Affricaniaid neu'r grŵp Affricanaidd 41, 81, 96, 231, 238, 259, 264, 310, 362, 381
Affro-Americaniaid 6, 13, 29, 99–100, 240, 244, 260, 263, 267, 278–9, 282, 286, 326, 424–6
Affro-Caribïaid 108
Anghydffurfiaeth 56, 65–6, 73, 84, 95, 175, 181, 194–207, 209–12, 216–18, 223, 227, 238, 253, 255, 260–1, 328, 334, 405; *gweler hefyd* capeli
'anghyfiawnder epistemaidd' (cysyniad athronyddol) 10, 121, 169, 171; camddisgrifio (cysyniad) 14, 171
Anglicaniaid 41, 58–9, 71, 103, 201, 205–6, 232, 304, 328, 396, 405
Angloffon 1–17 *passim*, 22, 25, 28–39 *passim*, 44, 51, 79, 88, 117–35 *passim*, 143, 150, 154–5, 157, 169–70, 176, 181–2, 205, 237, 240, 252, 258, 261, 271, 273–4, 277, 283, 285–8, 302, 309, 314, 333–6; gwyn

Mynegai

125, 277, 287–8; *gweler hefyd* goruchafiaeth yr Angloffon *a* Saesneg
Anglo-Romani 306, 329
Anglosffêr 139
Ahir, Ashok 111, 379
Ail Ddyfodiad 66, 354
ail genhedlaeth 48, 67; Gymreig yn Lloegr 169–76, 178, 181, 183–9, 393–5; Wyddelig yn Lloegr 158, 170
ail iaith 111, 114–16, 209, 282, 329
Ail Leng (Augusta) 41
Ail Ryfel Byd 19, 26, 43, 73, 89, 99, 102–4, 108, 140, 146, 213, 221, 274–5, 282, 318, 373, 389, 409, 424, 437
Ailidh Dall 327
Alban, Yr 57, 72, 236, 258, 267, 279, 307, 327, 362, 380, 387, 441; Ucheldiroedd 72, 327; *gweler hefyd* Gàidhealtachd
Albanwyr neu'r grŵp Albanaidd 60, 71–2, 80–3, 85–6, 93, 146, 180–1, 220, 245, 258, 357–8, 369; *gweler hefyd* Gael
Alderman, Geoffrey 62
Alexander, J. (Saint Vincent a Lerpwl) 63
Almaen, Yr 20, 58, 83, 90, 92–3, 103, 187, 221, 263, 361, 369, 380, 406; 'Bafaria' 84; Berlin 103, 221; 'Hambro' (Hamburg) 83–4; Wittenberg 103
Almaeneg 240, 352; yng Nghymru 55, 139, 162; 'iaith lai' ym Mhrâg 166, 392; yn Rwmania 187; *Minderheitendeutsch* 187
Almaenwyr neu'r grŵp Almaenaidd 73–4, 81–3, 92–4, 97, 100, 103, 141, 202, 213–14, 216, 226, 316, 350, 364, 370, 372, 392, 403, 409; *Aussiedler* 187–8, 399; Cymraeg yn y fyddin Almaenig 368–9; yn America 248, 415; yn nwyrain Ewrop 52, 59, 187
Almanac am y flwyddyn 1684 52
Altneuland (Theodor Herzl) 152
allfudiad 43, 103, 236
alltud 48, 102–3, 175, 197, 373
alltudiaeth: symbolaidd yng Nghymru 163
America *gweler* Yr Unol Daleithiau *pan gyfeirir at y wlad honno*
America Ladin 127, 266
'American Wales' 57, 409
Amerig, Yr (cyfandir) 107, 154, 168, 188, 233, 238, 246, 248, 250, 287, 415
Amgueddfa: Genedlaethol y Glannau 364; Seland Newydd 135–6, 384; Werin Cymru *gweler* Sain Ffagan
amlddiwylliannedd 3, 6–7, 8–9, 16, 29, 43–4, 79, 85, 95, 102, 109, 114, 170, 179, 189, 221, 245, 278, 291, 346, 378; Angloffon 17, 22, 31, 37, 135; Almaenig 22; Canada a Québec 37; cosmopolitan 38; Cymraeg 117–32 *passim*, 137–43 *passim*, 146, 150, 158, 255, 318, 325; 'Eingl-Americanaidd unigolyddol' 19–39 *passim*, 118–20, 124–5, 133–4, 138, 141, 150, 158, 229, 293, 309; Ffrainc 22; Seland Newydd 37–8, 134–6
'amlddiwylliannedd Cymraeg' (cysyniad) 15, 17, 22, 39, 52, 109, 117–32, 137–43, 158, 255, 318
amlethnigrwydd (fel motiff) 50, 76–88 *passim*, 100
amlhiliol 8–9, 13–15, 24, 37, 81–2, 95, 97, 119, 171, 185, 272, 284, 334
amlieithedd 43, 46, 67, 96, 136, 139–43, 228, 259, 294, 320, 324–5, 329

Mynegai

Amlwch 112, 373
'amser' (cysyniad) 328
Amserau, Yr 61, 174, 191
anabledd 5, 122–3, 127, 131
Anathemata, The (David Jones) 188
'Ancient Britons' 237, 240
Andalusia 327
Anderson, Benedict 20
'anfantais' (cysyniad) 7, 9, 24, 31, 34, 127–8, 131–3, 169–71, 177, 270, 286–7
anfodolaeth (cysyniad) 124, 127
Antiquae Linguae Britannicae ... Rudimenta (John Davies o Fallwyd) 65
Antiquité de la nation et de la language des Celtes (Paul-Yves Pezron) 344
anthropoleg 72, 87–8, 226, 248, 255, 278, 292, 302, 308, 318, 320; lleoliad astudiaethau yng Nghymru 376
'Anwar', yr 247, 255, 434
Anwyl, Edward 141
Anwyl, J. Bodvan 141
Anwyl, James 59
apartheid 50, 96, 280; mudiad gwrth-apartheid 111
Arabeg 108, 139–40
Arabiaid 95, 97, 221, 371, 407
'Arall' (cysyniad athronyddol) 3, 20, 28, 49, 67, 120, 132–3, 142, 168, 183, 244, 255, 325, 331, 372, 405; 'Arall go-iawn' 28, 131; 'Arall gormesol' 125, 278; arallrwydd 130–1, 156, 164, 214, 259, 279
archaeoleg 12
archif – 5, 14, 53, 244, 257, 298, 431; – cysyniad: Angloffon 336; pobl ddu 336; pobloedd frodorol 336
'archif Gymraeg' (cysyniad) 10–12, 15, 44, 74, 237, 241, 246, 262, 266, 331–2, 335–6
Ardalyddion Biwt 59; John Chrichton-Stuart 59

Ardudwy 232
arferion gwerin 327
Arfon 70, 105, 112, 145, 186, 196, 232, 234–5, 365
Arglwydd Rhys 48
Arglwyddes Llanofer (Augusta Hall) 57
Ariad (categori hiliol) 222
Ariannin, Yr 136, 248; *Conquista del desierto* 249
Armes Prydein 46
Arnold, Matthew 207, 306; *On the Study of Celtic Literature* 306; 'The Scholar Gypsy' 306
Aronson, John a Solomon 354
Arthur, Mary 193
'Arthur Wong' gweler *Gwaed y Gwanwyn*
Arwyddiaith Brydeinig 143
Asiaid neu'r grŵp Asiaidd 11, 29, 64, 95, 109–10, 115, 118–19, 124, 137, 139, 184, 272, 362, 378, 380–1; ieithoedd Asiaidd (yn gyffredinol) 140; *gweler hefyd* 'BAME'
Astudiaethau Celtaidd 45, 81, 93, 107, 172, 221, 302, 306, 308, 310, 315–18, 344, 369; *gweler hefyd* Celtigrwydd
Astudiaethau Sipsïaidd 61, 302, 306, 308–9, 311–12, 315–18, 328
atal cenhedlu 200
Atgofion am Gaernarfon (T. Hudson-Williams) 93
Aubel, Felix (brodor o Slofenia) 90
Australydd, Yr 245
avant-garde 223, 228
Awan, Shazia 124
Awstralia 73, 168, 185, 188, 245, 248
Awstraliaid 366
Awstriaid 94
Aylwin (Theodore Watts-Dunton) 307

Mynegai

Bae Colwyn 208, 259
Bangladesh 109, 138, 260; Sylhet 260
Bangor 67, 109, 159, 217, 225, 354; Coleg Prifysgol 174
Bajan-Gymreig 111
Bala, Y 65, 91, 100, 192, 201, 207, 257, 292, 301, 306–7, 310, 316, 327, 330, 403
Baldwin, James 278, 280; 'If Black English Isn't a Language' 278
Balibar, Étienne 20
'BAME' 111, 115–16, 119, 339
Baner ac Amserau Cymru 63, 68, 71, 75, 77, 201, 219, 228, 296, 298, 324
Barbados 233, 236
barbariaid 42, 53, 219, 247, 255, 266, 296
Barrès, Maurice 220
Basgeg 138, 279, 373
Basgiaid 79, 100, 368, 373; *gweler hefyd* Gwlad y Basg
Bazm-e-Adab (cylch llenyddol) 139
BBC 111, 121, 156
Bebb, Ambrose 73, 76, 200, 215, 218–21, 282, 360, 402, 411
Bebbington, William 195
Bedyddwyr 55, 66, 68, 176, 200, 233, 241, 252, 259
Bedyddwyr Birkenhead 176
Beddau, Y 77
Beddgelert 150
Begum, Yasmin 232, 382
Bengal 58; Saeson y 259; *gweler hefyd* Bangladesh
Bengaleg 26, 38, 140
Bengaliaid neu'r grŵp Bengalaidd 378
Belgiaid 90–1, 94, 367–8; *gweler hefyd* Gwlad Belg
Berber 111
Bernfeld, Werner 375
Betws Gwerful Goch 16, 292, 301–2, 316–17
Betws-yn-Rhos 82

Bethesda 85, 155, 183, 204, 255, 432
Bhabha, Homi K. 50
Bhamjee, Hanif 111
Bianchi, Tony 160; *Cyffesion Geordie Oddi Cartref* 160–1; 'Neges o Frynaich' 390
bioleg (dynol): fel categori dynol annilys 13, 19, 194; fel categori sy'n anwybyddu iaith 87; hiliaeth 221
Biwmares 49, 389
'Black Atlantic' 233, 421
Black Lives Matter 111
Black, Montague 67, 355
'blacs' 99, 264; 'blacs gwyn' 264; 'gweithio fel blac' (ymadrodd hiliol) 281
Blaenau Ffestiniog 70, 73, 111, 145, 190, 266, 282; *gweler hefyd* Ffestiniog
Blair, Tony 32
Blake, Lois 107
Blas Hir Hel (Griffith Griffiths) 148–9
Bod yn Rhydd (Harri Pritchard Jones) 23, 268
Bodegroes (stad yn Llŷn) 236
Bodorgan (stad ym Môn) 236
Bodvel (teulu a stad yn Llŷn) 236
Bohemia *gweler* Gwlad Tsiec
Bont-faen, Y 83, 232
Borrow, George 60, 306; *Lavengro* 306; *Romany Rye* 306; *Wild Wales* 306
Borth-y-Gest 370
Bosse, Käthe *gweler* Kate Bosse-Griffiths
Bosse-Griffiths, Kate 103, 108, 162, 163; cerddi Almaeneg anghyhoeddedig 162; 'Y Crwban' 390–1; gweithiau cyhoeddedig 375; 'Hadyn' 162; *Tywysennau o'r Aifft* 103
Boswell, Silvester 312
Bourdieu, Pierre 285

Mynegai

Bow Street 194; Capel y Garn 195
Bowen, Zonia 107
braint (cysyniad theoretig) 11, 28, 44; Angloffon 14; ethnig 239; gwyn 112, 122, 237, 286; 'Prydeinig gwyn' 122
bratiaith 164
Brechfa 99, 373
'bregusrwydd y gwyn' (cysyniad theoretig) 112, 287
Breizh/Llydaw (cyfnodolyn) 139
Brennen (Y Tad) 228
Breudwyt Maxen Wledic 42
Brew, Aled 111
Brew, Nathan 111
Brexit 25, 28, 107, 118, 215
Briathor Saor, An 139, 413
Brint, Barbara 54
Britannia (talaith Rufeinig) 41
British Union of Fascists 214, 409
Bro Dysynni 292; Cadair Idris 307; Tal-y-llyn 310
Bro Morgannwg 54
'broc môr' (ymfudo yn sgil llong-ddrylliad) 387
brodor (cysyniad) 11, 15, 129–32, 250–1, 260–2, 272–3, 285, 287–8, 339
brodor (i olygu *native*) 46, 49, 62, 64, 75, 79–80, 85, 89, 91, 93–4, 97, 104–6, 114, 151–2, 154–5, 169, 172, 178, 183, 193, 208, 210, 229, 235, 291, 317, 360, 390, 404
brodorion: Cymry fel brodorion gwladychedig 9–10, 50–1, 88, 163, 237, 260–1; Cymry fel brodorion Ynys Prydain 39, 43, 168, 184, 240, 243–4, 246, 248, 252, 261–2, 266, 272–3, 287–8, 331–6 *passim*; Cymry fel grŵp iaith brodorol 9, 12, 15, 25, 30, 38, 117, 123, 125, 128, 130, 132, 135, 148, 240, 272–3, 277, 285, 287–8, 329, 333–5; cynfrodorion 12, 185, 333; lleiafrif brodorol 22, 26–7, 32, 113, 134, 137, 292–330 *passim*; pobloedd frodorol (heblaw y Cymry a'r Roma) 11, 37, 127, 129–30, 134–6, 239–41, 246–61 *passim*, 265, 326, 334–6, 420–2, 427; Roma fel grŵp brodorol 292–330 *passim*; wedi eu dad-diriogaethu 165–7
brodorol 8, 58, 87, 151, 268; diffinio Prydeinwyr fel y brodorol 212; gwybodaeth frodorol 88, 130–1, 334; iaith frodorol 7, 15, 36, 95, 249, 257–9, 271, 293–4; ymfrodori 155, 248
Brown, Amos 195, 260
Brut y Brenhinedd 331
Brut y Tywysogyon 49, 331
Brutus 42, 363
Brycheiniog 45, 50, 79–80, 232
Brynaman 67, 111
Bryncroes 148
Bryniau Casia 256, 258–9, 264; *gweler hefyd* Casi *a* Casiaid
Bryn-mawr 80
Brytaniaeth 44, 52, 189; Brytaniaid 241–2, 273, 332
Brython 43, 45–6, 73, 75, 332–3, 363; Brythoneg 41–2, 46, 74, 332; Brythoneg-Rufeinaidd 41; Brythonig 42, 45–6, 332; hunaniaeth yng nghymuned Gymreig Lloegr 173, 177, 188
Brython, Y (Lerpwl) 173
Bucheddau'r Saint 45
Bunsen, Christian 58
Bwcle 57, 175
Bwdiaid 6
Bwlch Gwyn 209
Bwlchtocyn 75; 'Cornish Row' 75
Bwlchtrebanau (sir Gaerfyrddin) 236

Mynegai

Cadwaladr, Dilys 221
Caerdroea 42
Caerdydd 16, 25, 53–4, 66, 78, 82, 84–6, 95–8, 108–14, 120–1, 139–40, 157–8, 160, 183, 204, 212, 232, 268, 271, 273–4, 277, 330, 365; Bae 139; (Coleg) Prifysgol Caerdydd 107–8, 155; de 272, 407; dociau 212, 280; gogledd 272; Radyr 54; Treganna 273; Trelái 111; *gweler hefyd* Trebiwt
Caerfyrddin 48, 55
Caergybi 71, 98, 100, 161, 191–2, 242, 372–3
Caerllion 41, 48, 100, 218
Caernarfon 49–50, 63, 70, 95, 109–10, 144–5, 208, 348, 360, 365, 376, 378; Sgubor Goch 330
Caer-went 41
caethwasiaeth 12, 63, 91, 231–44 *passim*, 261, 281; caethlong 233, 236, 238; cysylltiadau economaidd Cymru 234–7; diddymu 241–3; diddymwr 238; masnach 53, 231–4, 238, 241; 'Middle Passage' 238
caethweision 231–44 *passim*; cymhariaeth â Chatholigion 419; cymhariaeth â Cheltiaid 265; cymhariaeth â Chymry 241, 249, 277, 332; cymhariaeth â Gwyddelod 193; 'gwynion' 243; hawl i glywed Efengyl Crist 238–9; perchnogion Cymreig 233, 236; safbwyntiau gwrthgaethwasiol 238–44
caffi: Eidalaidd 69, 201, 403; Cairo Cafe 97
'Caffir' 81
Caló 430
Camau'r Cysegr sef Hanes Eglwys y Methodistiaid Calfinaidd Stanley Road Bootle 176
Cambete, Dimitri 86

Cambria Triumphans (Percy Enderbie) 350
Cambrian, The 263
Cambro-brytannicae Cymraecaeve Linguae Institutiones et Rudimenta (Siôn Dafydd Rhys) 54
Cambro-Normanaidd 47
camwahaniaethu 4, 8, 14, 122, 128, 171, 177, 213–14, 270, 272, 284, 287
'Cân y Ffeiniaid' (Griffith Roberts) 192
'Cân y Negro Bach' (Benjamin Price) 241
Canada 2, 37, 64, 73, 130; New Brunswick 64
canolbarth Cymru 16, 25, 45, 90, 350
canolfannau trochi iaith 110
Capel Celyn 16; Pwyllgor Amddiffyn 102
Capel Curig 370
capeli (Anghydffurfiol) 17, 60, 71, 98, 140, 146, 172, 174–6, 178–9, 181–2, 185–6, 195–6, 201–2, 204, 211–12, 233, 249, 253, 255, 259, 297, 334, 352, 367, 373, 376, 393, 397, 428; *gweler hefyd* eglwys ac eglwysi Cymraeg Glannau Mersi
carchar 94, 148–9, 275, 277, 300, 369; Carchar Abertawe 274; carcharor 30, 64, 67, 94, 268, 274, 298, 300, 409; carcharor rhyfel 91–2, 100, 102, 373–4; llenyddiaeth 222, 267–8, 274–5; Wormwood Scrubs 103; *gweler hefyd* gwersyll-garchar
Cardi (ymfudwyr yn y de) 276
Cardiff Records 86
Caribî *gweler* India'r Gorllewin
Carroll, Edward 424
Cas-gwent 48
Casi (iaith) 256, 258
Casiaid (pobl) 258–9, 421
Casnewydd 107, 121, 350, 381

Mynegai

Castell Nedd 65
Castell Newydd Emlyn 360
Catholigiaeth 5, 56, 61, 73, 80, 83, 85, 158, 176, 181, 191–206 *passim*, 210, 216–18, 221, 225, 227–9, 304, 374, 402–3, 410, 413, 419; Ail Gyngor y Fatican 228; capel 102; gwrth-Gatholigiaeth 197, 200–2, 205, 402; litwrgi 228
Cave, Margaret 54
cefn gwlad 1, 16, 19, 43, 49, 71–2, 75, 90–1, 99–101, 103–6, 109, 121, 147, 176, 193–4, 232, 292, 301, 307, 314, 320–1, 328
ceidwadaeth 8, 157, 167
ceidwadwyr (gwlatgarol Cymreig) 59, 200, 206, 282
Celtiaid neu'r grŵp 'Celtaidd' 42, 58, 72, 75, 87–8, 193, 263, 265–6, 270, 343, 421, 427; 'Celtic Noble Savage' 251
'Celtic Atlantic' 421
Celtigrwydd 11, 58, 61, 139, 216, 302, 317–18; Celtaidd 42–3, 153, 191, 222, 263, 267, 270, 302, 310, 315–17, 326, 344; pan-Geltaidd 75, 216; *gweler hefyd* Astudiaethau Celtaidd
Cendl (sir Fynwy) 60
cenedl (cysyniad): 'cenedl Anghydffurfiol' 218; 'cenedl etholedig' 65
cenedlaetholdeb 4, 10, 20, 51, 58, 152, 186, 222, 266, 295, 366; Celtaidd 267; Cymraeg 251, 268; Cymreig 41–2, 85–6, 123, 147, 152, 188, 198–9, 210–11, 214, 219–29 *passim*, 267–8, 321, 326, 332; diwylliannol 81, 85, 226; du 266, 268; ethnig 34; Ffrengig 223; Gwyddelig 192, 198, 215, 410; hil 4, 92; iaith 4, 59, 86–7, 220; India 264;

Prydeinig 370; Rhamantaidd 60, 92; sifig 5, 34, 87, 153, 155, 157, 186, 188, 333
cenedligrwydd 11, 20, 35, 59, 88, 94, 124, 126, 188, 194, 211, 213, 226, 239, 257, 319, 326, 334, 366
cenhadaeth 66, 73, 98, 180, 228, 237, 251–62, 264, 300, 359; Cenhadaeth Drefol Gymreig Liverpool 180; Cymdeithas Genhadol Llundain 253–4, 258
Cenhadwr, Y 256, 354
Cenhadwr Americanaidd, Y 243
Cennad Llydewig Llanrwst 73
Ceredigion 44, 56, 74, 76, 90, 95, 97, 110, 121, 194–5, 202, 368, 403
Cernyw 73–5, 77, 403
Cernyweg 74, 158, 330, 359
Cernywiaid neu'r grŵp Cernywaidd 73–5, 82, 85, 158, 315–16, 359; 'Cernywddyn' 359; 'Cernywr' 158; 'Cornish Row' 75
Césaire, Aimé 285
Chagnon, Frank 97
Chapman, Robin 107
Charles, David (Caerfyrddin) 56
Charles, Geoff viii, 101, 437
Charles, Sarah 56
Charles, Thomas (o'r Bala) 257
Cheung, Iolo 111
'China' (Merthyr Tudful) 98
China, Chinaeg a Chineaid (W. Hopkyn Rees) 256
Chotzen, Theodor 369
Chung, Doris 144
Chung, Nan 99
Cilgwri 174, 178, 395; Penbedw 175–6, 178, 298; Wallasey 173
Cit (Fanny Edwards) 396
Clark, Natalie 131
Cludwyseg 46, 346
Cofrestr o'r Holl Lyfrau Printjedig 55

Mynegai

Cohen, Simeon 353
coloneiddio *gweler* trefedigaethedd
Comisiwn Brenhinol ar Addysg (1886–7) 82
Comisiwn Cydraddoldeb Hiliol 45
comiwnyddiaeth 99, 213, 222, 274, 408
Concwest (ar y Cymry): Cymru 9, 14, 47–50, 271, 288, 333; Ynys Prydain 333
'Congo Institute' 259
Conwy 50
Coombes, B. L. 89; *These Poor Hands* 89, 366
Cope, Chris 155–7, 159, 163; *Cwrw am Ddim* 155; 'Dwi Eisiau Bod Yn Gymro' 156
Copeland, William 57
Corwen 317, 319, 437
cosmopolitan 38–9, 108, 110, 150, 378
Crafangau (Nia Morais) 112, 284
Crawford, Kizzy 111, 124
crefydd 4–6, 11, 20–3, 26, 28, 48, 56, 92, 103, 120, 122, 140–1, 145, 161, 175, 177, 194–6, 202–5, 207, 209, 216–19, 225, 227–9, 243, 245, 252, 255, 257, 260, 264, 334, 395, 405
Crefyddau'r Dwyrain (Cyril G. Williams) 6
Creu Heddwch yn Bute Street 98
Cricieth 49, 90, 97, 152, 231
Cristnogaeth 5–6, 21, 49, 53, 55–6, 65–7, 97–8, 206–7, 223–5, 238–41, 251–60 *passim*, 264, 412, 424; *gweler hefyd* eglwysi ac enwadau penodol
Cristnogaeth a Chrefyddau Eraill (D. Miall Edwards) 6
Croatiaid 134, 136, 143
crochan tawdd 79, 211, 215
Croesor 151
croestoriadaeth 122, 177; 'goch' (cysyniad) 131; 'werdd' (cysyniad) 127–32

Cromwell, Oliver 56, 66, 68
Cronicl, Y 193
Crowther, John 85, 155; *Ar Lannau Ceri* 85, 155
crwydriaid (heblaw Roma, Teithwyr a Sipsiwn) 71, 75–6, 148, 193, 327, 406
Crwydro Arfon (Alun Llywelyn-Williams) 105
Crynwyr 233
Cule, Cyril 100, 373
Cunedda 45
Cwm Cynon 62, 65, 89
Cwm Gwendraeth 93
Cwm Nedd 64, 89, 403
Cwm Ogwr 77
Cwm Rhondda 63–5, 69–70, 77, 103, 201–2, 205, 213, 276, 353, 361
Cwm Tawe 79, 195, 212, 221–2, 260, 281, 424
Cwmdâr 62
cwr (term economaidd) 235, 427
cyfanfydedd 14, 28, 89, 123, 128, 141–2, 206, 211, 214, 228–9, 240, 254, 262, 286–7, 318, 335; *gweler hefyd* y cyffredinol
'cyfanfydedd Cymraeg' (cysyniad) 283
cyfieithu 6, 10, 47, 54–5, 58, 62, 85, 158, 216, 238, 240, 243, 254, 257–8, 295, 312, 316, 320, 344, 378–9, 400, 409, 413, 435–6
'cyfnod modern' 3, 12, 42–3, 59, 74, 332, 396
cyfnod modern cynnar 51–7, 74, 139, 168, 294, 332
cyfreitheg 14, 48, 50
cyfrifiad 77, 84: – blynyddoedd: 1841–71 74; 1871 357; 1891 78, 82–3, 95, 140, 270, 291, 319, 357, 364; 1901 82; 1911 79; 1981 270–1; 2001 124, 271; 2011 44, 115, 121, 124,

271, 381; 2021 124; – categorïau: 'Asiaidd Cymreig' 124; 'BAME' 119; 'Du Cymreig' 124; 'Du Prydeinig' 124; 'Gwyn Cymreig' 124; 'Gwyn Prydeinig' 124
cyfryngau cymdeithasol 225, 336
cyffredinol, y (cysyniad athronyddol) 142, 259; *gweler hefyd* cyfanfydedd
Cynghrair Du 268
Cylchgrawn Catholig, Y 158
Cymanwlad (Brydeinig) 108, 168
cymathiad 14, 22–4, 39, 48, 51–2, 54, 56, 60–1, 75, 77–8, 89, 93, 120, 131, 141, 146–7, 153–4, 156, 163, 170, 184, 195, 205–7, 211–12, 214, 223, 262, 273, 327, 329, 345, 357, 361, 368, 405, 426; *gweler hefyd* integreiddio
Cymdeithas y Cymmrodorion 251
Cymdeithas yr Iaith Gymraeg 1, 30, 108, 111, 143, 267–8, 330, 389; *Deddf Iaith Newydd i'r Ganrif Newydd* 143; *Dwyieithrwydd Gweithredol* 143; *Mewnlifiad, Iaith a Chymdeithas* 1, 4
cymdeithaseg 7, 12–14, 16, 22, 35, 83, 105, 109–10, 120, 154, 175, 270, 276, 285, 308, 326, 378
cymdeithasegol *gweler* cymdeithaseg
cymoedd y de *gweler* maes glo
Cymraeg Canol 49
'Cymraeg cerrig calch' 57
Cymrodorion: Caerdydd 82, 85; Prestatyn 71
'Cymro du' (cenhadwr) 259
'Cymro famtad' (term cyfreithiol) 48
Cymro, Y (papur newydd) 101, 201
Cymru (cylchgrawn) 323
Cymru Fydd (mudiad) 81, 85, 215

Cymry (termau a chysyniadau): 'Cymry Caerdydd' 274; 'Cymry du' 98, 129, 231, 273, 277–9, 284, 287, 367; 'Cymry gwyn' 11, 63, 66, 97, 108, 204, 262, 266, 272–3, 277, 279, 287–8; 'Cymry "gwyn du"' 269, 273, 277; diffinio'r term yn ôl hil yng nghyfrifiad 2001 a 2011 124; diffiniad cyfeiliornus ar sail hil 86–8; diffiniad mewn syniadaeth Gymreig 331–6; diffiniad o'r gair a'i hanes 19, 153–4, 188–9, 389; dychmygu Cernywiaid a Llydawyr fel Cymry 72–6; dychmygu'r Cymry fel cenedl ddu 262–88 *passim*; 'pobl Anghydffurfiol' 56; term ieithyddol ôl-ethnig 153–67; *gweler* brodorion *ac ar gyfer* Cymry o gefndiroedd ethnig penodol, gweler y grwpiau hynny
'Cymry-brodorion-caethion' (cysyniad) 241, 249, 277, 332
'Cymry Cymraeg': diffiniad o'r term a'i hanes 19, 154, 389
'Cymry Cymreig' 219, 389
Cymry di-Gymraeg 95, 125, 154, 203, 333; 'Cymro Seisnig' 154, 389; 'Cymro wedi'i fagu'n Sais' 154; 'Saeson o ran iaith' 154; hanes y term 151, 389
Cymry Lerpwl 129, 172–83, 234, 308, 315–16; ail genhedlaeth 172–83 *passim*; fel lleiafrif ethnig 172–83 *passim*
Cymry Lloegr 154, 168–9, 171, 183, 188–9, 396; a'u Cymraeg 'lleiafrifol' 187; a'u Cymraeg 'Lloegraidd' 172, 394; 'dychweledigion' yng Nghymru 187; motiff y rhiant absennol 186

Mynegai

Cymry Llundain 168–71, 183–9, 196, 305; ail genhedlaeth 168–71, 183–9; fel lleiafrif ethnig 169–71, 184–7
Cymry Manceinion 179, 183, 189, 373
Cymry Patagonia 248; *gweler hefyd* Patagonia
'Cymry Tseiniaidd dros Annibyniaeth i Gymru' 111
Cymry uniaith 52, 59, 62, 67, 78, 95, 104, 146, 175, 275–6, 280, 386
Cymry yn Lerpwl, Y (W. H. Parry) 177
'cymunedau dychmygedig' 309
cymunedol (cysyniad) 22, 25–7, 130–1, 340
cymunedolaidd 34, 129
'cymysg' (categori ethnig) 45, 47, 80, 82, 109, 115, 146, 160, 203, 218, 246, 284, 309, 312–14, 321, 381, 404–5
Cynan (John Albert Williams): *Yr Etifeddiaeth* 101, 282; *"Ffarwel Weledig"* 299, 304
cynefin (ieithyddol) 2, 328–9
cyn-fodern 16, 45, 148
cynwysoldeb 5, 28–9, 34–5, 52, 86, 109, 119, 129, 154–5, 188, 211, 226, 229, 283, 287, 379
'Cywydd i Rys Wyn ap Llywelyn ap Tudur o Fon rhag priodi Saesnes' (Dafydd ab Edmwnd) 51

chwareli 67, 378; Chwarel y Penrhyn 234–6, 243; yr Eifl 145–6, 149, 386; ithfaen 104, 145–6, 386; llechi 145, 234
Chwith, y 22–3, 123, 151, 200, 215, 222
Chwyldro a'r Gymru Newydd, Y (Emyr Llywelyn) 285
chwyldro diwydiannol 43, 55, 57, 139, 191, 234, 364
Chwyldro Ffrengig 241

dad-diriogaethu 166–7, 268, 274, 277, 392
Dadeni Dysg 331
dadgoloneiddio 33, 112, 262
Dafis, Cynog 1–2, 4; *Mewnlifiad, Iaith a Chymdeithas* 1, 4
Dafydd ab Owain Gwynedd 49
Dafydd ap Gwilym 49–50, 222; 'Awdl i Iesu Grist' 49, 'Iddewon, lladron rhy dwyllodrus' 49; 'Trafferth mewn Tafarn' 50
Dafydd ap Llywelyn 49
Danwyr 58, 84; 'gwyr Denmark' 47
Darlington, Thomas 84–5, 328, 365; 'Llanwddyn cyn y Diluw' 323–5
datganoli (yng Nghymru) 6, 33–4, 110, 123, 271
Datta, Krishnalal 64
dawns y glocsen 314
Davies, Dan Isaac 82
Davies, David (Aelod Seneddol) 197
Davies, E. Tegla 64, 181–2, 209, 389; *Gyda'r Hwyr* 181; *Y Sanhedrin* 209
Davies, George M. Ll. 264
Davies, Grahame 6
Davies, Gwilym 200, 402
Davies, J. Glyn 149, 172, 179, 181, 292, 308, 310, 314, 316–17, 327–8; *Cerddi Portinllaen* 149; 'Fflat Huw Puw' 317; *Nationalism as a Social Phenomenon* 172; 'Welsh Sources of Gypsy History' 316
Davies, John (Lerpwl) 179
Davies, John (Tahiti) 252–4, 257; *Hanes Mordaith y Parch. John Davies* 253–4
Davies, Pennar 209–10
Davies R. R. 9, 47, 50; 'Race Relations in Post-Conquest Wales' 9; *The Revolt of Owain Glyn Dŵr* 9
Davies, Thomas Witton 174, 395

Mynegai

Davis, Martin 388
Dawkins, George Hay 235
de (Cymru) 7, 16, 43, 57–65 *passim*, 77, 69–70, 78–9, 88–90, 93, 95, 98, 106, 109–10, 121, 176, 192–3, 201–5 *passim*, 213–14, 219, 227, 232, 245, 276, 293, 334, 354, 358, 369, 389, 401, 405, 409, 428
De Affrica 168, 188, 279; Rhyfel y Boer 263
De Excidio Britanniae (Gildas) 331
de Saedeleer, Valerius 90
de Vynck, Emile 90
Deddf Addysg (1870) 77
Deddfau Uno 244, 271
'Deialogau Diwylliannol Cymreig a Chasi' (Lisa Lewis) 260
Deleuze, Gilles 166–7, 392
Democratic Unionist Party 38
deuddiwylliannedd 37, 45, 72, 134–5, 163
deuethnigrwydd 44, 50, 120, 158
Dewi Sant 45
Deyrnas Gyfunol, y 23, 32, 79, 112, 118, 270–1
Dialect of the Gypsies of Wales, The (John Sampson) 292, 295, 306–8, 315, 317–18, 326
Dinas Caerdydd a'i Methodistiaeth Galfinaidd 96
dinasyddiaeth 11, 22–3, 33, 100, 112, 205; ail genhedlaeth Gymreig Lloegr 170–1, 183; Brydeinig 6, 32, 183, 236, 341; gorfodaeth i ddysgu Saesneg 32; Gymreig 6, 119, 137, 209, 211, 217–23 *passim*, 227–9; o'r grŵp Cymraeg 4, 123, 146, 191–229; Seisnig yng Nghymru 126, 271, Sipsïaidd 313
Dinbych 47, 49–50, 228, 232, 242, 301, 321–2
Dinefwr: Maenor Deilo 48
Dinesydd Cymreig, Y 98

'Dinistr Jerusalem' 354
Dinwoodie, John 357
Diwygiad 73; 1904–5 195–6, 401; Methodistaidd 232, 237
Dodd, A. H. 47
Dolgarrog 72
Donahaye, Jasmine 6, 107
Dowlais 58, 68, 72, 83, 103, 202–3, 205, 352, 360–1, 368, 404
Drefach Felindre 192
Driscol, Bridget 78
Driscoll, Jim 204
Drych y Prif Oesoedd (Theophilus Evans) 65, 246
Drysorfa, Y 194, 258
Du Buisson, William 56
Duff, Alexander (Calcutta) 258
düwch 12–14, 264–5, 279, 282, 284, 432; gwrth-dduwch 280, 286; symbolaidd 270
Dwyfor 145–6; *gweler hefyd* Llŷn ac Eifionydd
dwyieithrwydd 28–9, 39, 78, 89, 135, 139–40, 142–3, 320, 329, 382, 441; anghyfartal 89; di-Saesneg 62, 79
Dwyrain Pell: ieithoedd yng Nghymru 118
Dyddiau Hyfryd Capel M. C. Woodchurch Road Birkenhead (Jennie Thomas) 175
Dyddiau Lobsgows yn Lerpwl (Iorwerth Jones) 173
Dyfed 16, 45, 94, 264
Dyffryn Clwyd 49, 71, 92
Dyffryn Conwy 72
Dyffryn Dyfi 92
Dyffryn Iâl 232
Dyffryn Nantlle 63, 105, 145
Dyffryn Ogwen 75, 91, 204, 234, 295, 319
Dyffryn Tanat 292, 327, 440–1
Dyffryn Teifi 102, 108, 192
Dyn a'i Liw (W. J. Rees) 255

Mynegai

Dyngarwr, Y 243
dynwared (cysyniad ôl-drefedigaethol) 245
Dyserth 55, 60
Dysgedydd, Y 213
dysgwyr 114, 157, 164, 209

Dde, y 113–14, 200, 215, 220; *alt-right* 1
Ddraig Werdd, Y 413

Ealdgyth (gwraig Gruffudd ap Llywelyn) 46
Eames, Marion 178, 251, 305; *I Hela Cnau* 178; *Seren Gaeth* 305
East India Company 245
Eben Fardd 73, 387
Eckmann, Heinrich 92; *Eira und der Gefangene* 92; *Gefangene in England* 92
ecosystem (ieithyddol) 328
Écriture féminine 163
Edeirnion 194, 292
Edward I 48–9, 333, 378
Edwards, E. 'Bombay' 259
Edwards, Huw (hanesydd Cymry Llundain) 185
Edwards, Huw T. (undebwr) 146
Edwards, O. M. 73, 94, 200, 206–7, 221, 316; gwrth-semitiaeth 206–7, 221; *O'r Bala i Geneva* 207
Edwards, Owen (ŵyr O. M. Edwards) 56
Edwards-Behi, Nia 111
Efrydydd, Yr 92
eglwys: Almaeneg 139–40; Annibynwyr Cymraeg 401; Brotestannaidd 176; Esgobol 80; Forafaidd 150; Gatholigaidd 80, 201–2; Gymraeg 175; Gymreig 80; Norwyaidd 139; pobl ddu 240; Roegaidd 139–40; Welsh Neck 233; Welsh Tract 233, 415; *gweler hefyd* capeli

Eglwys Anglicanaidd, Yr *gweler* Anglicaniaid
Eglwys: Amlwch 374; Bangor 217; Cynhaearn 231, Fair (Caernarfon) 365
Eglwys Loegr *gweler* Anglicaniaid
Eglwys Rufain *gweler* Catholigiaeth
Eglwys Rydd y Cymry (Lerpwl) 175, 395
Eglwys yng Nghymru, Yr *gweler* Anglicaniaid
Eglwys yr Alban 258
eglwysi Cymraeg Glannau Mersi: Bedyddwyr Cymraeg Penbedw 176; Pall Mall 181, 397; Princes Road 176–80; Stanley Road Bootle 176, 393; Woodchurch Road Birkenhead 175; Ysgol Sul Methodistiaid Cymraeg Bootle 176
Eglwysi Rhyddion *gweler* Protestaniaid
Eidal, yr 100, 102; Napoli 280
Eidalwyr neu'r grŵp Eidalaidd 7, 13, 31, 63, 69–70, 81–2, 86, 100, 102, 107–8, 119, 137, 157, 160, 176, 201–2, 213–14, 357, 362, 368, 373–4, 403, 408
Eifion, Alltud 232; *Y Gestiana* 232; *John Ystumllyn neu 'Jack Black'* 232
Eifionydd 91, 101, 146, 149, 151–3, 232, 282, 387; Lôn Goed 149; *gweler hefyd* Llŷn ac Eifionydd
Eifftiaid neu'r grŵp Eifftaidd 110
Eingl (grŵp ethnig) 362
Eingl: Eingl-Albanaidd 59; Eingl-Almaenig 58; Eingl-Americanaidd 9, 13, 19–39 *passim*, 117–32 *passim*, 134, 138–9, 141, 150–1, 158, 169, 229, 262, 293, 309, 336; Eingl-Brydeinig 228; Eingl-ganolog 12; Eingl-Geltaidd

316; Eingl-Gymry 149, 151, 153; Eingl-Iddew 157; Eingl-Normaniaid *gweler* Normaniaid; Eingl-Sacsoniaid 43, 46–7, 82, 390; Eingl-Wyddelod 50

Eisteddfod: ac Iddewon 375; a'r Roma 314; arweinydd 194; Capel y Garn (Bow Street) 195; capel yn Ffestiniog 367; y Fenni 58; Genedlaethol 28, 71, 87, 97, 111–12, 139, 179, 196–7, 223; Llanrwst 251; yn *O Law i Law* 299; y Plant yn Llundain 187; y Wladfa 249

Eleanor de Montfort 49

Elias, John 191, 234, 253, 255

Eliot, T. S. 223

Elis, Islwyn Ffowc 99–100, 201, 214, 264, 280, 292, 403; *Blas y Cynfyd* 99; *Cysgod y Cryman* 100; *Tabyrddau'r Babongo* 264–5, 280; *Wythnos yng Nghymru Fydd* 201, 292

Ellis, Dan 105

Ellis, T. I. 56

Ellis, Tom (Thomas Edward Ellis) 81

Eluned Caer Madog (Hazel Charles Evans) 283–4

Ellmyn *gweler* Almaenwyr

Emma o Anjou 49

Emrys ap Iwan 81–2, 263, 363

English for Speakers of Other Languages 32

epistemeg 10, 14, 118, 121–2, 170–1, 255, 272, 334–5; hil 261; 'multi-epistemic' 130; 'problem epistemegol' 118; *gweler hefyd* 'anghyfiawnder epistemaidd'

Epistemic Injustice (Miranda Fricker) 171

Erith, Huw 149

'Erlid yn Aberystwyth 1914–17' (Tegwyn Jones) 94

Eryri 75, 150, 192, 307; Aberglaslyn 75; Cwm Dyli 192; Drws y Coed 75; yr Wyddfa 75

Esperanto 141–2, 222, 318; *Agoriad i'r iaith gyd-genedlaethol Esperanto* 142

estron 31, 42, 48, 51, 54, 57, 59–60, 66, 68–70, 75, 87, 90–2, 94, 100, 104–5, 108, 146–7, 160, 165, 183, 195–6, 200, 202, 210, 212, 214, 217–19, 222, 274–6, 278, 296, 320, 367, 407

Ethé, Hermann 93–4

Etifeddiaeth, Yr 101, 146, 149, 230, 282

Ethiopiad 53, 255; Ethiop 255, 422

ethnie 237

ethnogrefyddol 48, 56, 203, 218, 229

ethnoieithyddol 19, 66, 153, 156, 276, 309

'"Evacuee", Yr' (Bois y Frenni) 101

Evans, Beriah Gwynfe 215–16

Evans, D. Simon 45

Evans, Dylan Foster 48, 86, 346

Evans, Gruff (Barwn Evans o Claughton) 174

Evans, Gwynfor 151

Evans, Meredydd 158

Evans, Neil 33, 120

Everett, Robert 243

Faner, Y gweler *Baner ac Amserau Cymru*

Fanon, Frantz 285

Farhat, Leena Sarah 111

Farren, W. (Caernarfon) 365

Felinheli, Y 109, 373

Felinwynt (Ceredigion) 102

Ferndale 64–5, 77–8, 276

Ferrarinni, Luigi 102

Fine, Tobias 354

Fitzgerald, Gregory 228

Fitzgerald, John 158–9, 228, 413; *Cadwyn Cenedl* 158; ei gyhoeddiadau eraill 158
Flamenco 327
Flynn, Paul 107
Ford, Billy 77
Ford Gron, Y 98, 221, 317, 367
'foreign labour' 213–14
Foucault, Michel 9–10, 44, 136, 271
Freud, Sigmund 168, 223; Freudiaeth 280; greddf Oedipws 166
Fro Gymraeg, Y 106, 145, 267–8, 291, 293
Fron-goch (Ceredigion) 202, 368
Fron-goch, Y (Meirionnydd) 91
Fu Manchu 99
Fynes-Clinton, Osbert Henry 159–60, 281, 293, 317; 'Gymro, clyw ymbil Sais' 159–60; *The Welsh Vocabulary of the Bangor District* 160, 191, 281, 293, 317

Ffasgaeth 4, 100–1, 200, 207–8, 213–14, 222, 273, 282, 402, 409; gwrth-ffasgaeth 213, 369
Ffederasiwn Glowyr De Cymru 90, 212
ffeminyddiaeth 10, 103, 129–30, 177, 340
fferm 16–17, 70, 76, 92, 100, 106, 136, 209, 376; ffermwyr 67, 102, 191, 301, 321, 355; gwas fferm 100, 196, 214, 301
Ffestiniog 145, 295, 298, 367, 405; *gweler hefyd* Blaenau Ffestiniog
ffidl 148, 295
Ffijïeg 254
Ffilipineg 140
ffilo-semitiaeth 65
Ffindir, Y: Ynysoedd Åland 91
Ffiniaid 91
ffisioleg 88, 310–11, 439
Fflamio (Ann Pierce Jones) 185
Fflandrys 90, 228, 363

Fflemiaid 47, 82, 363
Fflemineg 139, 227–8
Fflint, Y 406
ffoaduriaid (yng Nghymru): – a gwersi Cymraeg 342; – wedi dod o: Affganistan 113; Chile 380; Eritrea 113; Ewrop (Huguenotiaid) 56; Ewrop (Iddewon) 102–3, 162, 390–1; Ewrop (rhag Stalin) 213; Fietnam 113; Gwlad Belg 90; Gwlad y Basg 99, 373; Hwngari 380; Irac 113; Iran 113; Iwgoslafia 113; Lloegr 101; Pacistan 113; Palesteina 113; Simbabwe 113; Somalia 113; Swdan 113; Syria 113; Tsiecoslofacia 380; Tsieina 113; Uganda 380; Yr Almaen 102–3, 162
Ffrainc 20, 22, 56, 74, 210, 218, 220–1, 223, 405; cenedlaetholdeb 223
Ffrancwyr neu'r grŵp Ffrengig 48–50, 71, 79, 81–2, 128, 141, 192, 202, 213, 217–21, 224, 348, 363–4, 366, 403; 'y Ffrainc' 217
Ffrangeg: yn America 29, yn Ffrainc 221; yng Nghymru 47, 49–50, 218, 367; yn Québec 37
Ffrengigrwydd (yng Nghymru) 218, 363
Ffydd Ddi-ffuant, Y (Charles Edwards) 65

Gael 26, 150, 181, 312, 328, 397
Gaeleg yr Alban 46, 72, 114, 311–12, 327, 341, 380, 415, 441
Gahan, Carmel 161, 163, 165; *Lodes Fach Neis* 161
Gàidhealtachd 72
Gambia 265
Gandhi, Mahatma 264
Garndolbenmaen 200
Gee, Thomas 71

Mynegai

Geiriadur Duwinyddol 6
Geiriadur Prifysgol Cymru 49
Geiriadur yr Academi 191, 352
geneteg 12, 82, 87, 226, 273, 288, 314
Geographical Distribution of Anthropological Types in Wales 88
Geoseph, Lupi 70
Gerald de Barry (Gerallt Gymro) 47
Gerald de Windsor 47
Germaniaid 45
Germans *gweler* Almaenwyr
Geschichte der Deutschen in England (Karl Schaible) 55
geto 96, 226, 269
Gipprich, Emyl 94
Glannau Mersi 102, 174–5, 178, 396; *gweler hefyd* Cilgwri *a* Lerpwl
Glasgow-Ibrahim, Blodwen 97
'Global North' 262
'Global South' 262
Glynllifon (stad yn Arfon) 232
Gnagbo, Joseff Oscar 111
Gododdin, y 45, 390
goddefgarwch (cysyniad) 21, 24, 27–8, 39, 43, 91, 163, 215, 278, 282, 320
gogledd (Cymru) 15–16, 25, 43, 46, 54, 59, 62, 65, 67, 71, 80, 90, 95, 98, 174, 204, 207–9, 213, 219, 232, 271, 275, 306–7, 351, 354, 380, 406
Goleuad, Y 65
Goleuad Cymru 252
Goleuedigaeth 6, 12, 14, 35, 123, 130, 132, 206, 210–11, 250, 258, 272, 287, 334–5; Angloffon 240, 334; Fethodistaidd 240; Gymraeg 240; Jacobinaidd 240; y lleiafrifoedd 240
Gomer (ffigwr siwdo-hanesyddol) 334
górgio 313

gorllewin (Cymru) 16, 25, 45, 90, 95, 106, 121, 271
Gorllewin, y (rhan o'r byd) 11, 26, 42, 56, 112, 265, 286, 307, 328, 334, 372
gorllewinol (cymdeithas neu feddylfryd) 7, 9, 20, 22, 37, 128, 130–1, 223–4, 258, 262, 304–5
Gorsedd Beirdd Ynys Prydain 93, 188, 251, 387, 413
gorthrwm (cysyniad) 7, 14–15, 25, 43, 123, 154, 180, 184, 208, 242, 419; cymharu gorthrwm o ran hil ac iaith 262–88; ethnig 39, 240, 250
goruchafiaeth 28, 44, 109, 123, 135–6, 143, 211
goruchafiaeth y gwyn 12, 119, 182, 212, 245–6, 250, 256, 286–7
goruchafiaeth yr Angloffon 14–15, 22, 26, 31, 51, 81, 119, 125, 132, 140–2, 182, 270, 273–4, 277, 286, 288, 334; yr Angloffon gwyn 125, 277, 287–8
Grant, Eva 374
Grant, Freddie 146, 230, 282, 374
Gray, Teleri 329
Green, Andrew 107
Green Dragon, The 413
'Greenlander' 240
Gresham, Colin 152, 388; *Eifionydd* 152
Griffith, William Glynne 236
Griffiths, Ann 253, 255, 413
Griffiths, David (Madagascar) 257; *Hanes Madagascar* 257
gringo 266
Groeg (iaith) 108, 140, 219
Groegiaid neu'r grŵp Groegaidd 53, 71, 86, 140, 160, 219; 'Greek-Irish' 86
Gruffudd ap Cynan 46
Gruffudd ap Llywelyn 46
Gruffudd, Heini 108

Mynegai

Gruffudd, Robat 108
Gruffydd, Margaret 232
Gruffydd, W. J. (Elerydd) 268; *Angel heb Adenydd* 268
Gruffydd, W. J. (golygydd *Y Llenor*) 19, 200, 203, 376, 389; *Beddau'r Proffwydi* 71; gwrth-Gatholigiaeth 200, 203, 402; gwrth-semitiaeth 206–8, 221; ysgrifau yn *Y Llenor* 19, 200, 208
'grŵp iaith' 3, 7, 9, 12, 17, 25, 30, 39, 78, 89, 104, 117, 125–6, 128, 130, 137, 143, 151, 153–4, 166, 188, 240, 270, 272–3, 277, 285, 288, 308, 318, 331–4, 340, 344, 430
Guardian, The 142, 286
Guattari, Félix 166–7, 392
Guernésiais 72
Guernsey 72
Guest, Charlotte 58
Guiana Prydeinig 236
Guto'r Glyn 51
gwaed 4, 20, 42, 50, 54–5, 71, 73, 81–2, 84, 87, 186–7, 216, 220, 223, 226, 251, 269, 305, 311, 313, 331, 363, 366; cymysg 47, 82; purdeb 311–12, 436
Gwaed y Gwanwyn (Emrys Roberts) 182
Gwared y Gwirion (R. Gerallt Jones) 101
'gwareiddiad Cymraeg' (cysyniad) 3, 6, 11–12, 16–17, 25, 39, 49, 118, 120, 125, 132, 151, 174–5, 189, 199, 203, 206, 223, 254–5, 262, 268, 280–1, 305, 335–6, 369
Gwaun-cae-gurwen 67
Gweledigaetheu y Bardd Cwsc (Ellis Wynne) 53, 295
Gwenallt (David James Jones) 73, 103, 195, 215, 217, 222, 264, 306, 389, 410; *Ffwrneisiau* 276, 281; *Gwreiddiau* 99, 266; 'Yr Iddewon' 222; 'Jezebel ac Elïas' 266–7; *Plasau'r Brenin* 222, 275, 411–12; 'Y Sant' 280
Gwent 41, 46–8, 60, 68, 151, 157, 192, 201, 350
gwersyll-garchar 92
Gwilym Brewys (William de Braose) 217
Gwilym Hiraethog 71, 174, 191, 243; *Aelwyd F'Ewythr Robert* 243; *Helyntion Bywyd Hen Deiliwr* 71; 'Llythurau 'Rhen Ffarmwr' 191
Gwir Iforiaid Caer Collwyn 59
Gwlad Belg 90–1, 227, 277, 368; Antwerp 103
Gwlad Tsiec 225, 380; Prâg 166, 369, 380
Gwlad y Basg 99–100, 279, 373, 441
'Gwlad y Rasta Gwyn' (Sobin a'r Smaeliaid) 279
gwladfa (Gymreig) 240, 243, 246–50; *gweler hefyd* Y Wladfa
Gwladgarwr, Y 296
gwladychu 4, 31, 43, 45, 47, 49, 52, 130, 134–6, 163, 165–6, 168, 187, 232, 237, 245, 247–8, 261, 294, 333; *gweler hefyd* gwladfa
gwleidyddiaeth hunaniaeth 9, 14, 20, 23, 25–6, 123, 340
gwrth-gof 44, 345
gwrth-hiliaeth 7, 11, 99, 130, 155, 169, 226, 255, 280–1, 283–4, 304, 335, 372, 382
gwrth-hybridedd *gweler* hybridedd lleiafrifol
Gwrthryfel y Pasg 91, 215–16, 315
gwrth-Seisnigrwydd 51, 68, 101, 106, 348, 407
gwrth-semitiaeth 11, 48–9, 55, 65–9, 103, 204–8, 215, 220–6, 229, 280, 355, 357, 404–5, 411; 'Tân Iddew' 221–2
gwrth-Sipsïaeth 199

gwybodaeth (fel cysyniad):
Angloffon 10–12, 122, 128, 169–71; categoreiddio 128; cyffredinoli 128; ddarostyngedig 130, 136; Eingl-Americanaidd 336; frodorol 88, 130–1, 334; Gymraeg 10–12, 117–18, 128, 331–6 *passim*, 366; orllewinol 130
Gwyddeleg 38, 45, 51, 62, 139, 194, 216, 218, 315, 345, 363, 413
Gwyddeligrwydd 363
Gwyddelod neu'r grŵp Gwyddelig 5, 11, 13, 43, 45, 47, 50–1, 59, 61–2, 68, 77, 80–3, 86–7, 91, 95, 107, 115–16, 119, 129, 145–6, 158–60, 192–205 *passim*, 209, 215–17, 222, 227–8, 245, 268, 270, 276, 281, 304, 345, 360, 363–4, 381, 386–7, 400, 404–6, 408, 410, 413, 434; 'Greek-Irish' 86; yn Lerpwl 174, 176–7, 180–1, 316, 396; yn Lloegr 168–70; *gweler hefyd* Teithwyr Gwyddelig
Gwyddelod Unedig (cymdeithas) 192
Gwyliedydd, Y 64, 296
gwynder 12–14, 112, 247–50, 262–88 *passim*; 'anniddigrwydd gwyn' 215; a'r iaith Gymraeg 8, 14, 34–5, 109, 137; diffinio cymunedau Cymraeg fel cymunedau gwyn 25, 122–4; 'gwynion Prydeinig' 122, 170; 'white men' 123; yn cymathu lleiafrifoedd ethnig gwyn 13–14, 169–70, 261; a *passim*; *gweler hefyd* goruchafiaeth y gwyn, braint y gwyn *a* bregusrwydd y gwyn
Gwynedd 16, 44–6, 48–9, 70, 78, 97, 102, 106, 109–11, 114–15, 121, 145, 150, 153, 185–6, 218, 234, 246, 263, 271, 330, 332–3, 347, 380
Gwytherin 102
Gymru 'Ddu' a'r Ddalen 'Wen', Y (Lisa Sheppard) 6
Gypsiologists *gweler* Astudiaethau Sipsïaidd

habitus 285
Hanes Bywyd a Ffoedigaeth Moses Roper 243
Hanes Cenhadaeth Dramor Eglwys Bresbyteraidd Cymru 260
Hanes, Cyffes, Achwyniad, Anerchiad, a Dymuniad y Negroes (Ellen Jones a Solomon Nutry?) 241–2
Hanes Methodistiaeth Liverpool (John Hughes Morris) 176, 181
Hanes Plwyf Llandyssul 56
Hanes Porthmadog: Ei Chrefydd a'i Henwogion 84, 364
hanesyddiaeth 16, 41, 43, 49, 57, 79, 168–9, 174, 179, 183, 193, 213, 293, 332, 400; Angloffon 11, 95; Brydeinig 72; Gymraeg 43, 260, 329; Gymreig 5, 42, 59, 119, 150, 354; orthrymus 44
hanfodaeth 2, 8, 16, 133, 159, 161, 166, 209–10, 229, 308–9, 311, 313–14
Hannibal (llong) 233
Hanson, Samuel 236
Haq, J (o'r Punjab) 377
Harlech 49, 59
Hart, Edwina 38
Haul a'r Gangell, Yr 328
hawl (cysyniad gwleidyddol) 2, 19, 22, 37, 112, 134, 183, 188, 212, 237, 240, 256, 259, 267–8, 282, 309, 325, 402; cymunedol 26–7, 132; 'hawliau dynol' 240–1; iaith 23–5, 82, 85, 111, 122, 143, 340; unigolyddol 23–7, 205, 207, 217, 261, 340

Hayden, Henry 55
Hebraeg 65, 67, 174; tebygrwydd honedig i'r Gymraeg 65
Heddlu Gogledd Cymru 142
Hen Ogledd, yr 45–6, 72
'Hen Wyddelas' (teithwraig yn Eifionydd) 387
'Hen Wyddeles' (ymadrodd) 191, 281
Henllan (Ceredigion) 102, 367
'Henri McDonnell' (marwnad) 197
Herman, Josef 103
Higham, Gwennan 6, 111, 162; *Creu Dinasyddiaeth i Gymru* 111
'Highland Scotch' *gweler* Gael
hil (fel cysyniad) 4–5, 13, 20, 35, 46–7, 52, 58, 75, 81–2, 86–8, 104, 118–25 *passim*, 139, 155, 169–71, 182, 210–11, 213, 220, 226, 250, 255–6, 265, 282–8 *passim*, 296, 302–14 *passim*, 328, 332–5, 365–6, 409
hileiddio 13, 20; Cymry (gwyn) 87–8, 272; Cymry yn Lloegr 169, 171, 176, 180; iaith 35, 285; lleiafrifoedd 210; lleiafrifoedd gwyn 13, 169; pobl ddu 127, 255, 280–1, 431; Sipsiwn 309
Hiley, Francis 55
hilgymysgu 246, 312
hiliaeth 1, 12–13, 21, 35, 69, 81, 87, 215, 220, 250, 256, 285, 313, 369, 407; 'Angloffon' 11; fel enw ar gamwahaniaethu ieithyddol 14, 20, 30; fiolegol 221; 'Gymraeg' 11, 20, 68, 81, 112, 210, 283, 286–7; honedig y sawl nad ydynt yn Angloffon 2, 15, 32, 34–5, 111; Plaid Genedlaethol Cymru a chenedlaetholwyr 221–6, 229; rhyddfrydiaeth 194–211 *passim*; Sipsïaeth 307, 309,

sosialaeth 87, 211–15, 276, 412; strwythurol 112; wrth-Geltaidd 87, 265, 270; yn erbyn Almaenwyr 93–4; yn erbyn Catholigion 200–4; yn erbyn Cymry 50, 110, 285; yn erbyn Cymry Lloegr 176–8, 182, 306; yn erbyn Gwyddelod 11, 169, 180, 191–3, 198–204 *passim*, 215, 270; yn erbyn lleiafrifoedd gwyn 119; yn erbyn pobl ddu a phobl o liw 12–13, 62–3, 97, 111–12, 127, 129, 212, 232–88 *passim*; yn erbyn Roma 11, 61, 63, 291, 294–302 *passim*, 420, 432, 434; yn erbyn Tinceriaid 194–8; yn erbyn Tsieineaid 99, 182; *gweler hefyd* gwrth-hiliaeth *a* gwrth-semitiaeth
Hindi 21, 291
Hindwiaid 6, 58, 108, 421; iaith 259
Hindwstan 296
Hindwstanaeg 291
Hiraethog 102, 299
Hispaeneiddio 249
Hispaenwr 248
Historia Brittonum (Nennius) 331
Historia regum Brittaniae (Sieffre o Fynwy) 46
History of Greenland, The 240
History of the Liverpool Privateers 234
Hitler, Adolf 221, 225, 406
Hobsbawm, Eric 58, 151
Hogyn o Gwm Main (W. H. Jones) 193
Hong Kong 99, 108
Holocost 102–3, 108, 208
hollti (cysyniad theoretig) 50, 181, 186
Home Game (Angela Drakakis-Smith) 7
Hooson, I. D. 74, 303; 'Y Fflam' 303
Horner, Arthur 213, 408

Mynegai

'Hotentots' 255
Houlihan, Michael 136, 384
How the Irish Became White (Noel Ignatiev) 13
Hughes, Dafydd 111
Hughes, Hugh 244
Hughes, John (Pontrobert) 66, 354
Hughes, T. Rowland 428; *Y Cychwyn* 204, 208; *Chwalfa* 96, 201, 204; gwrth-semitiaeth 208, 221; hiliaeth wrth-Wyddelig 204, 404; hiliaeth yn gyffredinol 204; *Yr Ogof* 204; *O Law i Law* 104, 204, 208, 299; *William Jones* 201, 204, 404, 428
Hughes, Vivienne 144
Hughes, William 259
Huguenotiaid 56, 82, 157, 169
'hunan': ail genhedlaeth Gymraeg Lloegr 171, 186; y mewnfudwr 162
Hunt, Sarah 130
Hunter, Jerry 107; *Ebargofiant* 165; *Llwybrau Cenhedloedd* 251
Huntingdon, Iarlles 239
Hwngariaid 328, 380, 433, 439
hybridedd 11–12, 39, 43, 50, 52, 81, 83–4, 96, 106, 126–7, 133–43 *passim*, 150–1, 157, 161, 163, 168–9, 249, 313, 319; *gweler hefyd* 'hybridedd lleiafrifol'
'hybridedd lleiafrifol' (cysyniad) 15, 133–43, 146, 148–9, 157–8, 216, 228, 248–9, 254, 258, 314, 413
Hywel Dafi 50
Hywyn, Gwenno 185; *Dydy Pethau'n Gwella Dim!* 185; *Tydi Bywyd yn Boen!* 185

iaith (o safbwynt cysyniadol): amlethnig 21, 31, 81, 137, 363, a *passim*; ddarostyngedig 7, 11, 125, 333; ddifrodedig 167; er mwyn ymgymhwyso ar gyfer dinasyddiaeth 6, 32, 341–2; ethnig 34, 36–7, 143, 162, 218–19, 229; fewnfudol 27, 36, 38, 62; frodorol 7, 9, 12, 30, 36, 38, 117, 125, 130–2, 240, 259, 271–2, 277, 285, 287–8, 293–4, 329–30, 333–4; gyfanfydol 142, 228; gyffredin 21, 31–2, 78, 82, 89, 141–2; gyffredinol 141–2; gymunedol 24, 131; hegemonaidd 29; leiafrifedig 23, 269; leiafrifol 2–3, 12, 22, 25, 29, 34, 37, 78, 95–6, 114, 166, 258, 293, 317, 328–9, 430; sifig 32, 34, 37, 106, 110, 219; symbolaidd 319, 327
'iaith lai' (cysyniad) 89, 392
iaith-fyddardod 283
Ianci 195, 248, 401
Iberiaid 363
Iddewiaeth 6, 56, 107, 206–7, 226, 412; *gweler hefyd* Iddewon
Iddewon 3, 6–7, 11, 16, 21, 48–9, 53, 55–6, 62, 65–9, 80, 82, 85–6, 101–3, 107, 119, 148, 152–3, 157, 163, 166, 168, 174, 183, 206–8, 220–5, 229, 254, 347, 353–6, 361, 369, 373, 375, 378, 392, 407, 411–12; Beiblaidd 66; cenedl etholedig 65; 'crwydrol' 67; ffoaduriaid o'r Almaen 102–3, 162; gwyn 13; symbolaidd 66; teithiol 355; terfysg Tredegar 68–9; Uniongred 207, 274; *gweler hefyd* gwrth-semitiaeth *a* ffilo-semitiaeth
ieitheg 254, 302, 315, 328
Iemeniaid 95, 97, 371
'Iesu, Cofia'r Plant' (Nantlais) 256
Ieuan Gwynedd 263, 425
ifaciwî 100–2, 146, 282, 373–4
Ifan, Tecwyn 251

Mynegai

Ifor ap Glyn 184–7; *Cerddi Map yr Underground* 185; *Golchi Llestri mewn Bar Mitzvah* 184; *Holl Garthion Pen Cymro Ynghyd* 184; *Tra Bo Dau* 186; *Treiglad Pherffaith* 184
In Gipsy Tents (Francis Groome) 312
In Parenthesis (David Jones) 188
'Index of Nigrescence' 87
India (is-gyfandir) 53, 58, 64, 98, 138, 140, 245, 257–60, 264, 291, 296, 421; Mizoram 257; Mumbai 64
Indiaid (yr Amerig) *gweler* brodorion: pobloedd frodorol
'Indiaid Cymraeg' 246, 310, 316
India'r Gorllewin 63–4, 97, 108, 231–7, 241, 245, 414
Indo-Ewropeaidd 58
Inglis Côs 254
integreiddio 3–4, 6, 32, 39, 50, 53, 102, 113, 117, 141, 184, 198–9, 318; *gweler hefyd* cymathu
Internal Colonialism (Michael Hechter) 263, 270
Iolo Goch 49
Iolo Morganwg 188, 241, 251
IRA 91
I'r Aifft ac yn ol (D. Rhagfyr Jones) 95
I'r Gad (Meg Elis) 281
Isabella de Braose 49
Iseldirwyr neu grŵp Iseldiraidd 94, 100, 309, 369, 373
Islam 6, 49, 97–8, 103, 266; *gweler hefyd* Mwslemiaid
Islamoffobia 28, 118, 202
Islam, Sirajul 138
isymwybodol 168, 280–1
Iwan, Dafydd: hunangofiannau 28, 'Yma o Hyd' 41–3
Iwerddon 13, 45, 51, 115, 145, 161, 165, 191, 203, 214–17, 227, 236, 315, 381, 387, 404, 410, 413; Cork 78; Dulyn 46; Gogledd 38; swydd Limerick 413

'Jack Black' *gweler* John Ystumllyn
Jacobiniaeth 239–41
Jamaica 64, 234–7, 240–1, 245, 416, 419
Jarman, A. O. H. 5, 53, 293
Jarman, Eldra 5, 293, 295, 301, 310–11, 315, 319, 330, 432
Jarman, Geraint 268; 'Ethiopia Newydd' 268; *Fflamau'r Ddraig* 268; *Tacsi i'r Tywyllwch* 268
Jayasangha, Don Juan 64
Jenkins, Dafydd 48
Jenkins, David 198
Jèrriais 72
Jersey 72
Jews of South Wales, The (Ursula R. Q. Henriques) 7
jingoistiaeth 211–12
John, Augustus 316
John, Griffith 257
John Roberts: Telynor Cymru (E. Ernest Roberts) 293, 431
'Johnnie Tins' 194
Johnston, Dafydd 107
Jones, Bobi 251, 265, 269, 280; 'Adroddiad Answyddogol o'r Drefedigaeth Olaf' 265; *Allor Wydn* 265; 'Cylchdaith yn Nhrefedigaethau'r Gorllewin' 265; *Y Gân Gyntaf* 265; 'Gwlad Llun' 269; *Man Gwyn* 265; *Rhwng Taf a Thaf* 265; *Yr Ŵyl Ifori* 265
Jones, Dafydd Glyn 81, 332
Jones, David (Cymro Llundain) 188
Jones, David (Llan-gan) 56
Jones, David (Madagascar) 257
Jones, Edward (ficer Llandysul) 56
Jones, Edward (gweithiwr haearn) 62
Jones, Ellen 242
Jones, Evan (cenhadwr) 251
Jones, Geraint 30–1

Mynegai

Jones, Glyn 80
Jones, J. H. ('Je Aitsh') 298, 322
Jones, J. R. 4, 30–1, 163, 166–7, 286, 332; *A Raid i'r Iaith ein Gwahanu?* 125; *Gwaedd yng Nghymru* 267
Jones, John Edward 172
Jones, Jonah 151–2
Jones, Michael D. 243, 246, 263, 420
Jones, R. Tudur 80, 206; *Ffydd ac Argyfwng Cenedl* 206
Jones, Seren 111
Jones, T. Gwynn 82, 141, 197–8, 215–16, 221–2, 304, 314, 317–18, 321–2, 328, 363, 410; 'Anatiomaros' 317; 'Argoed' 317; *Brithgofion* 321–2; 'Broseliawnd' 317; *Caniadau* 216; *Iwerddon* 216; *Lona* 197, 304; *Peth nas lleddir* 216, 409
Jones, T. Llew 310–11; *Barti Ddu o Gasnewy' Bach* 233; *Tân ar y Comin* 294, 310, 321
Jones, Thomas (cenhadwr) 258–9
Jones, Thomas (ysgolhaig) 47
Jones, Wil Sam 75, 148, 387
Jones, William (Llangadfan) 251
Journal of the Gypsy Lore Society 292, 307, 311, 316

Kååle 291, 294–5, 308, 310, 312, 318–19, 321, 324, 326–7, 329, 430, 437; *gweler hefyd* Sipsiwn Cymreig *a* Roma
Kafka, Pour une littérature mineure (Gilles Deleuze a Félix Guattari) 166
Kane, Patrick (Y Tad) 413
Karadog, Aneirin 158; *O Annwn i Geltia* 158
Knight, William 58–9
Koch, John T. 45, 107
Könekamp, Friedrich 103
Koppel, Gideon 375
Koppel, Heinz 103

Kratchan, Karl (cymeriad ffug) 222
Kwagu'l 130
Kyffin, Morris 53
Kymlicka, Will 2–5, 38; *Multicultural Citizenship* 4

La Roche, Albert 71
Language Planning and Language Use (Glyn Williams a Delyth Morris) 270
Last Days of Dolwyn, The 314
Latinos 287
le Brun, Cornelius 56
Le Goffic, Charles 411
Leeworthy, Daryl 212
Legacies of British Slave-ownership 236, 416
Lek, Karel 103
Lerpwl 63, 96, 101, 104, 146, 172–84, 195, 210, 230, 234, 236, 242, 254, 258–60, 273, 277, 315–17, 323, 334, 373–4, 393–8, 416; Bootle 176, 179, 393, 404; canol y ddinas 176, 395; dociau 178, 180, 416; Everton 176, 395; Kirkdale 173; Old Hall Street 398; Pall Mall 181, 397; Prifysgol Lerpwl 316; Sandhills 176; Sefton Park 172; Toxteth 176, 180, 395; 'Welsh Town' 181; *gweler hefyd* eglwysi Cymraeg Glannau Mersi
Lerpwl, papurau Saesneg: *Liverpool Daily Post* 177; *Liverpool Directory* 177, 179; *Liverpool Mercury* 177; *Liverpool Review* 177; *Porcupine* 177
Les Temps Modernes 405
Levi, Thomas 56
Lewis, Robyn 267
Lewis, Saunders 42, 51, 99, 108, 147, 152, 158, 179, 191, 200, 203, 206, 208, 229, 264, 268, 332, 402, 407, 410; agwedd at ifaciwîs 100; agwedd at

Mynegai

Wyddelod 216, 227–8; 'Awdl i'w Ras, Archesgob Caerdydd' 228; *Blodeuwedd* 183, 217; *Brad* 183, 225; *Branwen* 183; *Buchedd Garmon* 183, 268, 332; *Ceiriog* 183; 'Cymreigio Cymru' 219; *Cymru Fydd* 183; diffinio dinasyddiaeth Gymreig 211, 215, 217–20; 'Y Dilyw 1939' 224; *Dwy Briodas Ann* 191; *Egwyddorion Cenedlaetholdeb* 219; *Esther* 183, 225; *The Eve of Saint John* 280; *Excelsior* 175, 183; fel aelod o leiafrif ethnig ei hun 171, 173, 175, 183, 186, 210, 398; 'Golygfa mewn Caffe' 225; *Gwaed yr Uchelwyr* 71, 87, 216; gwrth-ddüwch 280; gwrth-semitiaeth 220, 223–5; gwrth-Sipsïaeth 280; gwrthwynebiad i wrth-semitiaeth 103, 225; *Gymerwch Chi Sigaret?* 183; *1938* 225; *Monica* 225, 280; *Siwan* 183, 217–18; uniaethu â phobl ddu 244, 280, 419; yn trafod Eidalwyr 69–70
Lewis, Timothy 221
Lewis Morgannwg 54
Lexicon Cornu-Britannicum (Robert Williams) 74
Lhuyd, Edward 43, 74; *Archaeologia Britannica* 74, 344; 'Geirlyer Kyrnwèig' 74
'Liberal-Cambrianists' 210–11, 218
Liepmann, Heinz 103, 376
Life and Opinions of Robert Roberts, The (Robert Roberts) 296, 319
Lime, Lemon and Sarsaparilla (Colin Hughes) 7
lingua franca 31, 50, 136, 329
'Lisa Blac' (crwydryn) 318, 439
Little, K. L. 96, 278; *Negroes in Britain* 277
Liverpool and Slavery 63

Liverpool Welsh National Society 316
Lovell, Ada 434
Lovells (teulu) 330
Luft, Diana 107
Lyons, Esther 66, 68

Lladin 42, 45–6, 54–5, 139, 142, 147, 224, 228–9, 320, 345
Llafar Gwlad 137, 295
Llais Llafur 212
Llanarmon-yn-Iâl 232
Llanbedr Dyffryn Clwyd 92
Llanbedr Pont Steffan 367, 380
Llanbedrog 104
Llanberis 75
Llandegla 209
Llandeilo 319
Llandudno 80–2, 208, 369; Cyffordd Llandudno 413
Llandwrog 232
Llandybïe 56
Llandysul 56, 113, 299
Llanddulas 298
Llaneilian-yn-Rhos 322
Llanelli 62, 65, 69–70, 76, 113, 360
Llanfihangel Genau'r Glyn 292
Llanfihangel-ar-arth 113
Llanfihangel-yng-Ngwynfa 253, 376
Llanfrothen 54, 376
Llanfyllin 57
Llangaffo 92
Llangefni 70, 113, 368
Llangelynnin 292
Llangernyw 292, 296, 319, 357
Llangwm (Meirionnydd) 107, 317, 363, 376
Llangybi (Eifionydd) 97, 282
Llannerch-y-medd 292
Llanrwst 73, 94, 104, 251, 292, 300
Llanrhaeadr-ym-Mochnant 64, 194, 441
Llansannan 92
Llansteffan 367

Mynegai

Llantrisant 62
Llanuwchllyn 102, 152, 292
Llanwddyn 193, 314, 323–5
Llanybydder 113, 380
Llanycil 300
Llanymddyfri 236, 355
Llanystumdwy 151–2
Llawlyfr y Wladychfa Gymreig 247
Llawrbetws 319
llediaith 101, 304, 405; di-llediaith 54, 394
lleiafrifoedd: anghydnabyddedig 168–71; brodorol *gweler* brodorion; cenedlaethol 3, 125, 263, 405; clywadwy 284–6; crefyddol 6, 202; diwladwriaeth 139; dominyddol 120; 'gweladwy' 53, 98, 108, 119, 124, 169, 284–6, 381, 431; gwyn 13, 112, 124; ieithyddol 2, 7, 9, 25, 122–3, 260–1, 285; lleiafrifedig 2, 23, 25, 35, 129, 163, 269; normadol 120; a *passim*
'Llen, Y' (Dyfnallt Morgan) 203
Llenor, Y 19, 200, 208, 210, 226, 268
Lleuad yr Oes 73
lliw (croen) 13, 63, 101, 111, 220, 241, 255–6, 266, 270, 278, 285, 296–7, 310–11, 378–9, 422
lliw-ddallineb 281–4
lliw-ymwybyddiaeth 278
Lloegr 9, 19–20, 22, 25–6, 29–32, 39, 44, 51–3, 55, 71, 74, 78, 80, 100, 102, 104, 106–8, 112–13, 117, 120–2, 125–7, 138–42, 148, 150, 154, 157–9, 168–89, 193, 201, 208, 223, 226, 235–7, 242, 245, 247, 262, 270–3, 278–9, 281–2, 292, 294, 296, 306–8, 320–1, 326, 329, 333, 362, 375, 377, 381, 392, 394, 396, 407, 439; Ashton-in-Makerfield 174, 179, 394, 397; Bryste 234; Dyfnaint 57, 59, 77, 360; Efrog 41; Fforest y Ddena 366; gogledd 93; gogledd-ddwyrain 390; gogledd-orllewin 71, 174, 245, 271; Gwlad yr Haf 54, 57, 353; *Images of England: Ashton-in-Makerfield and Golborne* 179; *Images of West Bank* (Widnes) 179; Leeds 182; Llanyblodwel 440–1; Manceinion 104, 179, 183, 189, 373; sir Gaer 174–5; sir Gaerhirfryn 174–5; St. Helens 174, 394; swydd Amwythig 440; swydd Durham 174, 366; swydd Efrog 366; Widnes 174, 179; Wigan 174, 183; Witton Park (swydd Durham) 174, 395; ar gyfer Glannau Mersi *a* Llundain *gweler y cyfeiriadau hynny*
Lloegrwys 60
llongau 15, 83–4, 96–8, 101, 108, 252–3, 264, 364, 372; caethweision 233–4, 236, 238; glo 95; llongwyr 83–4, 91, 95–8, 149, 212, 234, 264, 274, 364, 373, 401, 407
Llongau a Llongwyr Gwynedd 97
Lloyd, D. Tecwyn 30, 223, 376; adolygiad ar 'Yr Iddewon' 222; *John Saunders Lewis* 173
Lloyd, J. E. 81, 99, 172
Lloyd George, David 90–1, 215
Llundain (dinas yn Lloegr) 52, 56, 67, 72, 103, 106, 120, 140, 157, 196, 241, 278, 366, 409, 412, 414
Llundain (ei chymuned Gymraeg) 184–9, 251, 305, 399; Clwb Cymry Llundain 186–7; dwyrain 187; Ealing 396; Euston 187; gorllewin 187; Pinner 184; Wembley 184; Ysgol Gymraeg Llundain 170; *gweler hefyd* Cymry Llundain

Llwyd, Alan 231, 376; *Cymru Ddu* 6
Llwyd, Iwan 251
Llwyd, Morgan 66, 332
Llychlynwyr 46–7, 363; *gweler hefyd* Norsmyn
Llydaw 73, 76, 254, 317
Llydaweg 138–9, 158
Llydawyr neu'r grŵp Llydewig 31, 47, 58, 62, 72–3, 75–6, 158, 200, 338, 351, 360, 364, 411; *gweler hefyd* Sioni Winwns
Llyfr Gweddi Cyffredin 59
Llyfr Iorwerth 48
Llyfrau Gleision 60, 258, 305
Llŷn 71, 100–1, 104–5, 145–53 *passim*, 317, 334; Pen Llŷn 101, 109, 149; *gweler hefyd* Llŷn ac Eifionydd
Llŷn ac Eifionydd 16, 145–53 *passim*; *gweler hefyd* Dwyfor
Llyncu'r Angor (W. E. Williams) 97
llys (barn) 57, 61–4, 66, 94, 193, 236, 298, 300, 305, 327
Llywelyn ab Iorwerth 49
Llywelyn ap Gruffudd 49
Llywelyn, Robin 153

Mabon (William Abraham) 202
Maby, Cedric 157, 389; *Y Cocatŵ Coch* 157; *Dail Melyn o Tseina* 157
Mac Giolla Chríost, Diarmait 107
macaronig 51
Macdonald, Henry 197
Macdonald, Tom 8, 194–8, 434; *Croesi'r Bryniau* 196; *Gareth the Ploughman* 196, 401; *Gwanwyn Serch* 194, 197; *Y Tincer Tlawd* 8, 194–5, 197, 400, 434; *The White Lanes of Summer* 8, 400
MacGuire (Y Tad) 413
Machynlleth 92
Madagascar 257
Madocks, William 149, 387
Madog ab Owain Gwynedd 246

Madogwys 246, 251
Madryn (Llŷn) 232
maes glo 43, 88, 105, 212–15; de Cymru 16, 59, 64, 68, 77–8, 89, 97, 212–14, 275–7, 366, 427–8; gogledd Cymru 213, 402; Lewis Merthyr (pwll) 202; sir Gaerhirfryn 174; swydd Durham 174; *gweler hefyd* pwll glo.
Maes-teg 83, 209, 401
Magazine of the Cardiff Association of Jewish Ex-Servicemen and Women 375
Magnus Maximus (Macsen Wledig) (ymerawdwr) 42
Mahometaniaid *gweler* Mwslemiaid
Makuna, Dr (Treherbert) 64
Malagasi 257
Malayalam 140
Malayiaid 421
Malethan, Heinz 102
'Maltese English' 86
Manaweg 72
Manawiaid 72
Maori: Maori-Croat 136, 143; mātauranga Māori 334; yng Nghymru 16; yn Seland Newydd 37, 134–6, 143, 248, 250, 335, 383
marchnad ieithyddol (cysyniad) 32
'Mardi-gras ym Mangor Ucha'' (Sobin a'r Smaeliaid) 109
Marie de France 218
Markman, Henry (Germanwr) 94
Maro, Judith 152; *Atgofion Haganah* 152; *Y Carlwm* 152; *Hen Wlad Newydd* 153; *Y Porth nid â'n angof* 152
Marrubi (Eidalwr) 357
Martin Luther King (T. J. Davies) 267
Masaryk, Thomas 225
Matthews, J. Hobson 85–6; *Emynau Catholig* 85; *Ffordd y Groes* 85
Maurras, Charles 220, 223
May, Stephen 38

Mynegai

Mayall, David 308–9
McGrath, Michael 228
'meddwl Cymraeg' 4, 15, 39, 130, 237, 244, 247–8, 251, 255, 262, 282, 330–1, 333–4
meicro-hanes 193
Meirionnydd 145, 152–3, 234, 243, 266, 291–2, 298, 305, 312, 322–3, 364
Melindwr 74
melyn (categori o ran 'hil') 95, 99, 264, 296, 372; 'blacs melyn' 264; 'croen-felyn' 256; 'melynion' 256
'melynddu' (categori o ran 'hil') 195, 249–50, 259, 295–7, 310, 401, 420–1
Merfyn Frych 46
Mérour (Y Tad) 73
Merthyr Tudful 61–2, 65, 72, 80, 83, 98, 111, 202, 352, 360, 409
Methodistiaeth 56, 100, 176, 207, 232, 240, 299, 327
Methodistiaeth Galfinaidd 56, 65, 71, 84, 96, 176, 181, 199–201, 234, 257–8, 260
Mewnfudo, Ie Gwladychu, Na! (Tim Webb) 4
mewnfudwyr 1–3, 6, 9–10, 12, 20, 22, 26–7, 29, 31–3, 37, 39, 45, 48, 55, 57, 60–2, 65, 68, 78–9, 81–2, 89–90, 95, 104, 106–14 *passim*, 120–1, 135–6, 138, 141–2, 146–7, 153–67 *passim*, 177, 183, 187, 196, 213, 217–19, 228, 245, 274–5, 320, 339, 341, 348, 354–5, 361–2, 367, 379–81, 398–9, 403–4, 407, 441; 'mewnfudwr da' 91
mewnlifiad 1–4, 6, 26, 30–3, 36–8, 43, 62, 68, 78–9, 89–90, 104–21 *passim*, 134–5, 140, 145–8, 152, 163, 192, 198, 203, 213–14, 234, 275–6, 293, 322, 330, 387

'mewnlifiad, y' (fel term i ddynodi symudiad Saeson i'r Gymru Gymraeg) 43, 104–7, 118, 147
Meyer, Kuno 316–17
Meyrick, Owen Putland 236
Miarczynski, Kazek 102, 374
'middle nation' 47
Miles, Gareth 207, 220, 222; 'O'r Bala i Belsen' 207
Miles, Thomas 62
Mill, John Stuart 23, 207; *Considerations on Representative Government* 23
'Minute upon Indian Education' (Thomas Babington Macaulay) 258
Misell, Andy 157
Moelfre 72, 97
Mohammad, Jason 111, 379
Mond, Syr Alfred 221, 223–4
monoddiwylliannol 35–6, 127, 134
monoethnig 14, 31, 42, 46, 113, 118, 154
Morfa Bychan 150, 357
Morgan, Elena Puw 311, 317, 320; *Y Graith* 178; *Nansi Lovell* 294, 320–1; *Y Wisg Sidan* 310, 319
Morgan, Eluned 247–50; *Dringo'r Andes* 247–9; *Plant yr Haul* 248
Morgannwg 47, 54, 78–9, 89, 192, 201, 234, 355
Morris, Carl 111, 378–9
Morris, Jan 151–3
Morrisiaid Môn 233–4: Lewis Morris 233; Pryse Morris 233; Siôn Morris 233–4
Morris-Jones, John 59, 207, 221; 'Salm i Famon' 207; *A Welsh Grammar* 293
morwyr *gweler* llongwyr
Morys, Twm 153
mosg 108
Mosley, Oswald 409
Mrowiec, Elisabeth M. 102; *Teithio Pwyl* 102

mulatto 421
Müller, Herta 187
Mullins, Daniel (Y Tad) 413
Mutton, Peter 55
Mwslemiaid 6, 16, 21, 32, 49, 53, 95, 98, 108–11, 113, 260, 377
mwyafrif (ethnig neu ieithyddol) 7, 24–5, 59, 79, 81, 89, 309, 321; amlddiwylliannedd Eingl-Americanaidd yn ei hybu 17, 27–8, 30, 32, 39, 113, 133–4, 169; ansicrwydd seicolegol 168, 272; cymathol 2, 22, 149, 154, 167, 169; grym 2, 23, 30, 149, 270, 333; gwyn 25, 125; gwyn dychmygedig sy'n cymathu lleiafrifoedd gwyn 119, 122–3, 169, 261, 293; rhyddfrydiaeth yn ei hybu 205; sosialaeth yn ei hybu 214; y Sifig yn ei hybu 26–8, 34, 157, 333
Mwyar Duon (David James) 297
mwynglawdd 17, 74–5, 90, 202, 212, 232, 350; manganîs 149, 387; mwyngloddwyr 55; plwm 350, 368, 403; *gweler hefyd* pwll glo
Mynytho 104–5

nafi 193, 324
Nant Gwrtheyrn 146, 386
Nant Peris 75
Nasareth (Arfon) 105
National Front 282
National Union of Mineworkers 213
National Union of Seamen 212
Nationalism (Elie Kedourie) 20
Nationality, Immigration and Assylum Act (2002) 341
Nationalsozialistische Deutsche Arbeiterpartei (NSDAP) 92
Navaho 250
Naylor, Angharad 50, 133
Nebo 105
Nefyn 48

Nefyn, Tom 300, 319, 439
Negro 63, 193, 232, 238–9, 241–2, 244, 256, 259, 267, 275, 277, 280–1, 285, 310; fel term ar gyfer Gwyddelod 13, 193; 'white negroes' 13
neilltuoldeb (cysyniad athronyddol) 28, 39, 141–2, 195, 205–6, 259–60, 276, 282, 286, 314, 326, 328, 335
neo-ryddfrydiaeth 24, 30, 150, 154, 215, 340
Nest ferch Rhys 47
New Party 214, 409
newydd-ddyfodiaid *gweler* mewnfudwyr
Nicholas, T. E. (Niclas y Glais) 264, 267, 372, 422; '"Alien"' 274; *Canu'r Carchar* 267; 'Yr Estron' 274
9/11 28
'No Welsh need apply' 177, 396
'nodweddion gwarchodedig' 122–3
'non-Welsh-born' 271
Normaneg 72, 139
Normaniaid 41, 43, 47–52, 82, 325, 348–9, 363
Norseg 139
Norsmyn 46, 82; *gweler hefyd* Llychlynwyr
Northmyn (Cymry o'r gogledd) 204, 275–6, 428
Norwyaid 97
Norwyeg 84, 139–40
Nutry, Solomon 242
Nuttar, Francis 232
N-word: defnydd gan Gymry gwyn wrth gyfeirio at y Cymry Cymraeg 262, 268; defnydd hiliol gan Gymry Cymraeg 112, 281

Ο Ελληνισμός στη Νότια Οναλία 140
O'Brien, James 193
O'Brien, Pat 194
Oes Fictoria 66, 77, 244, 327

Mynegai

Oesoedd Canol 9, 42, 44–52 *passim*, 54, 139, 294; Oesoedd Canol Cynnar 45, 273
Ogunbanwo, Toda 112
Okely, Judith 308
Okey, Robin 10
ôl-drefedigaethol 10, 39, 50–1, 130, 133, 160, 235, 245, 260, 266, 280, 285, 308
O'Leary, Paul 6, 21, 28, 198, 400, 404; *Immigration and Integration* 6, 198
ôl-genedlaetholgar 210
O'Neill, Dennis 107
ontoleg 14, 130, 248, 262, 335
O'Reilly, James (Y Tad) 413
Orientaliaeth 11, 305, 317, 321, 435
Orientalism (Edward Said) 305
Owen, Daniel 199, 209, 281; *Gwen Tomos* 199, 297; *Hunangofiant Rhys Lewis* 199, 402; *Profedigaethau Enoc Huws* 199
Owen, Goronwy 236, 419–20
Owen, John Matthews 97

Pa beth yr aethoch allan i'w achub? (Simon Brooks a Richard Glyn Roberts) 17
Pabyddiaeth *gweler* Catholigiaeth
Pacistaniaid neu o'r grŵp Pacistanaidd 109, 189, 378
'Padi' 148, 203
Padi Côt Oel 148
Padi Lafindar 387
Page, Alun 209–10
Pakeha 37, 134–6
Palmer, Alfred 85, 365
Pam na fu Cymru (Simon Brooks) 17
Pantycelyn (William Williams) 238–9, 255; *Berr Hanes...ym Mywyd...Gronniosaw, Tywysog o Affrica* 238; *Pantheologia* 6, 238
Parc, Y (Meirionnydd) 107, 292, 301, 376

Parry, Gruffudd 147–8; *Crwydro Llŷn ac Eifionydd* 145–7; *Yn ôl i Llŷn ac Eifionydd* 147
Parry-Jones, Cai 16; *The Jews of Wales* 6
Patagonia 73, 136, 154, 246–50, 256, 258, 423
Payne, Ffransis 107; *Yr Aradr Gymreig* 107; *Crwydro Sir Faesyfed* 107
Peate, Iorwerth 94, 226, 370, 413
Pedr Fardd (Peter Jones) 181
pedwaredd genhedlaeth: Gymreig yn Lloegr 174
Penarth 86, 138
Penfro (ardal) 47, 51, 103, 121, 232, 264, 294, 355, 363, 389
Penllyn 292
Pennant, Giffordd 235
Pennant, Richard 234
Penrhiwceibr 65
Penrhyndeudraeth 94, 151, 157, 389
Pentre, Y (Cwm Rhondda) 63
Pentre Gwyn, Y (Anthropos) 194
Pentreclwydau 64, 353
Pentre-cwrt 310
Pentrefelin 91, 231
Penyberth: cartref y Pwyliaid 31, 100, 102, 139; Ysgol Fomio 147
Pen-y-bont-fawr 292, 319
Pen-y-groes 112
Petts, John 152
Phillips, Thomas 233; 'A Journal of a Voyage' 233
Phillips, Trevor 45
Plaid: Cymru 32, 107, 111, 156, Geidwadol 38, 41; Genedlaethol Cymru 147, 200, 210, 217, 219, 226, 229, 315, 406; Gomiwnyddol 213, 408; Lafur 38, 98, 343; Lafur Annibynnol 64, 243
'Plant Mari' 202
Pleser a Gofid (Twm o'r Nant) 53

Mynegai

'Pobl' (cysyniad athronyddol) 1, 4, 37, 167, 250, 291, 332–3; 'Pobl Gymraeg' 4, 166, 332–3
pobl ddu 8, 11–13, 24, 42, 53, 62–6, 95–8, 100–1, 108–12, 118–19, 124, 126–7, 129, 146, 174, 177, 212, 231–88 *passim*, 353, 364, 366–7, 372, 378, 381, 415, 419; 'croenddu' 101, 112, 157, 379
pobl o liw 111, 126, 241, 287, 378–9
pobl wyn 11, 13, 63, 66, 93, 96–7, 102, 108, 112, 115, 120, 123–5, 139, 169, 212, 239, 248, 253, 256, 262–88 *passim*, 372; 'croenwyn' 379; *gweler hefyd* gwynder
Pollecoff, Jack 148
polyethnigrwydd 50
Polynesia 252, 254, 257
Pontarddulais 107
Pontypridd 66, 77
Pont-y-pŵl 60
Portiwgaleg 38, 139–40
Portmeirion 151, 153
Porth, Y 65, 360
Porthaethwy 90
porthladd 17, 48, 71, 83–4, 95, 161, 192, 233–4, 364, 387; *gweler hefyd* dociau (*o dan* Caerdydd *a* Lerpwl)
Porthmadog 40, 71, 83–4, 94, 149, 152, 232, 360, 364
Postcolonial Wales (Jane Aaron a Chris Williams) 8
Potiphar, Joseph 53
Pound, Ezra 223
Powell, Enoch 282
Pratt, William 62
Pren-gwyn 299
Price, Angharad: *Caersaint* 109–10; *O! tyn y gorchudd* 100
Price, Thomas (Carnhuanawc) 58
Price, Walter 236
Prichard, Owen 233, 416

Pride, Eic 360
Protestaniaid 56, 93, 176, 181, 192, 201, 206, 221, 227–8, 402, 410; *gweler hefyd gwahanol enwadau*
Prwsia 94, 102, 354; llysgennad 58
Pryce, Huw 172
Prydeindod 26, 66, 156, 194, 205, 210–11, 216, 245, 260, 263; Prydeineiddio 118
Pura Wallia 47–8
pwll glo 77, 90, 93, 202, 211, 322, 408
Pwllheli 62, 72–3, 147–8, 150, 156, 172, 233, 236, 292, 308, 330, 374, 386
Pwnjabeg 140
Pwyl 38, 102, 112, 274, 354, 379; Warsaw 103
Pwyleg 35, 38, 139–40, 142–3
Pwyliaid neu'r grŵp Pwylaidd 31, 100, 102, 113, 213, 379–80, 408

Québec 37

Races of Britain, The (John Beddoe) 87
Ralli, Michael 71
Ralli, P (Tremeirchion) 71
Rapaaeg 254
Rapa-iti 252–4
Rastaffariaeth 268, 279
Rees, D. Ben 174
Rees, Mali Ann 112; *Bratiaith* 112, 284
Rees, Thomas 39
Report on the State of the Irish Poor in Great Britain 180–1
Resolfen 64, 89, 353
respublica civitatis Silurum 41
Reynhardt, George 94
Richard, Henry 206
Richard, Timothy 257
Richards, Nansi 292, 316, 319, 327, 441; *Cwpwrdd Nansi* 319, 440–1

Richer, Nora Glasgow 97
Rinvolucri, Giuseppe 374
Rio, François 58
Rivière, Jules 80
Rizzi, Carlo 107
Robert de Parys 348
Roberts, Bartholomew 233
Roberts, Eleazar 172; *Owen Rees* 178–9, 394
Roberts, Gomer M. 100
Roberts, John (Almaenwr) 94
Roberts, John (Telynor Cymru) 293, 312–14, 319, 329, 437
Roberts, Kate 57, 62, 105, 195, 215, 281, 378; *Deian a Loli* 70; *Laura Jones* 281, 378; *Y Lôn Wen* 318, 439; 'Y Taliad Olaf' 105; *Traed mewn Cyffion* 378; *Tywyll Heno* 299
Roberts, Richard (Llundain) 305, 326
Roberts, Richard Glyn 15, 17, 48, 124, 435
Roberts, Samuel (Llanbryn-mair) 241
Roberts, Thomas 251
Roma 5, 11, 53, 55, 60–1, 63, 66, 72, 75, 82, 119, 129, 148, 194–5, 201, 247, 250, 280, 291–330 *passim*, 364, 372, 387, 392, 420, 430–42 *passim*; Hwngaraidd yng Nghymru 433; *gweler hefyd* Sipsiwn Cymreig *a* Kååle
Roma – Hen Wlad fy Nhadau (Dafydd Apolloni) 102
Romani (nid Romani Cymreig yn benodol) 66, 139, 295, 309, 312–13, 319–20, 323–4, 326, 329, 330, 430, 436; *gweler hefyd* Anglo-Romani
Romani Cymreig 75, 292–4, 300–2, 307–8, 312, 314–19, 322–3, 326, 329–30, 430, 437
Romanichel 312
'Rownd yr Horn' (Simon B. Jones) 96

Russell, Bertrand 151
Rwsia 91, 99, 187
Rwsiaid neu'r grŵp Rwsiaidd 81, 86; Iddewon o Rwsia yng Nghymru 67, 354, 361, 407
Ryan, John (Y Tad) 413

Rhamantiaeth (cysyniad diwylliannol) 5, 11, 58, 60, 149–50, 194, 296, 299, 301–2, 306–7, 310, 316–17; Gymraeg 73, 92, 149, 294–5, 302, 304–5, 316–17, 325, 328–9
Rhedegydd, Y 405
Rhiw, Y 75, 149, 387
Rhodd Mam (John Parry) 258
Rhondda Leader, The 64
Rhos Botwnnog 148
Rhosgadfan 62, 195–6, 318, 378
Rhosllannerchrugog 74, 99
Rhosygwaliau 100
Rhufeinig 41–3
Rhuthun 49–50
Rhydaman 62
Rhyd-ddu, Y 93, 369
Rhydlewis 85, 155
Rhydderch Hael 358
rhyddfrydiaeth (theori wleidyddol) 2, 4, 22–4, 26, 31, 39, 79, 198–211 *passim*, 215, 229, 261, 287
Rhyfel Byd Cyntaf 29, 43, 64, 71, 78, 90–4, 99, 140, 195, 211–13, 291, 358
rhyng-briodi 98, 312, 329
rhyngddiwylliannedd 16, 37, 157–8
rhyngwladoldeb 81, 84, 211–13
Rhyl, Y 80, 82, 362
Rhymni 60–1, 83, 354
Rhys, Morgan John 239–41; *Achwynion Dynion Duon* 240; *Y Cylch-grawn Cynmraeg* 240; *Dioddefiadau Miloedd Lawer o Ddynion Duon* 240
Rhŷs, Syr John 81

Mynegai

rhyw (categori) 122–3, 127, 129, 131
rhywedd 5, 122–3, 127, 131
rhywioldeb 5, 100, 122–3, 127, 129, 131, 265, 303, 375

Saesneg 1–2, 6–10, 14–16, 25–39, 41, 44, 46, 50–1, 55, 57, 60, 62–3, 66–7, 72–3, 75, 77–80, 82–3, 86–7, 89, 95, 99, 104, 106–7, 109, 111, 113, 115, 117, 121, 123, 126, 130–43 *passim*, 146–7, 151–3, 159, 163–6, 173, 175, 177–8, 181, 183, 186, 193, 196, 198–9, 204–5, 210, 213, 219, 226–9, 232, 252–3, 258–61, 264, 268, 271, 274, 276–7, 280, 283, 285, 292–4, 303, 307, 312, 317–25 *passim*, 329, 344, 346, 348, 350, 360–1, 363, 366, 368, 378–9, 388, 394, 400, 402, 413, 417, 431, 436–7, 439; cymell mewnfudwyr di-Saesneg i'w dysgu 31–2, 341–2; ei grym hegemonaidd 14, 29, 117; fel iaith gyfanfydol 34, 66, 89, 142, 229; fel iaith y Sifig 10, 16, 22–4, 27, 32, 34–8, 129, 132, 229, 335; mewnfudwyr 1–2, 30, 40, 68, 103–6, 118, 141, 147, 165; pobl ddu 278–80; Romani *gweler* Anglo-Romani; *gweler hefyd* Angloffon
Saeson neu'r grŵp Seisnig 9, 26, 42–3, 45–8, 50–5, 57–60, 67–8, 71, 74, 77–81, 84–7, 89, 91, 93, 95, 100–1, 103–8, 110, 113–16, 126, 136, 141, 145–57 *passim*, 160–1, 163, 165, 168, 170, 173, 176–8, 180–1, 184, 186, 188–9, 193, 195–6, 203, 205, 208, 212–14, 216, 220, 222, 226, 234–6, 239, 244–8, 250–1, 257–8, 260, 263–4, 266, 271, 274–6, 278, 294–5, 302, 305–6, 308, 322–6, 345, 348, 351, 353, 360, 367, 369, 372, 376–8, 380, 393, 395, 401–2, 407, 410; y Bengal 259; 'Brynaich' 348; Cymraeg 54, 58–60, 77, 82–5, 107, 115, 126, 317, 323–5, 350, 360, 363–5; Cymreig 84, 126, 129, 189, 365; 'Cymro wedi'i fagu'n Sais' 154; Cymry o dras Seisnig 54; defnydd eironig o'r term gan siaradwyr Cymraeg o gefndir Seisnig 157, 159–61; 'Deifr' 348; du 100–1; fel term ar gyfer Albanwyr 72; fel term i ddilorni Cymry Lloegr 186, 188–9; fel term yn golygu siaradwyr Saesneg 1, 51–2, 54, 74, 78, 97, 104, 153–5, 165, 172–4, 274, 389; fel yr 'Arall' 120; gwyn 102; 'gwyr y Nordd' 348; 'hanner Sais' 172; 'Hengist a Horsa' 263; 'plant Alis' 348; 'plant Alis Rhonwen' 244; 'plant Rhonwen 348; 'Saeson o ran iaith' 154; 'Sais Cymreig' 84, 365; 'Sais cynhwynol' 55; 'Sais uniaith' 195; 'Sais-Gymry' 84; 'Seisnig Saesnes' 51; Sipsiwn Seisnig 292, 313, 326, 440
'Saff yn y Fro' (Endaf Emlyn) 251
Sain Dunwyd 54
Sain Ffagan 136–8, 226, 355, 384; Oriel Un 137
Saint Vincent 63
'Sais Gymro, Y' (Mafonwy) 155
'Sais-Gymry' *gweler* Saeson Cymraeg eu hiaith
Salaman, Olive 97
Sámi 130

Mynegai

Sampson, John 292, 294, 302, 306–8, 310, 312, 315–17, 326, 328, 430, 435, 437; *The Dialect of the Gypsies of Wales* 292, 295, 306–8, 315, 317–18, 326, 434, 440
Sansgrit 291
Sarn Mellteyrn 102, 109, 380
Sartre, Jean-Paul 206, 405
Saunders, Ani 158
Saunders, Gwenno 158; *Le Kov* 158
Saunders, Tim 158; *Cliff Preis* 158; *Teithiau* 158
Saville Roberts, Liz 107
Sbaen 79, 430, 441; Rhyfel Cartref 99, 213
Sbaeneg 79, 139, 156, 247, 249, 361
Sbaenwyr neu'r grŵp Sbaenaidd 72, 79–80, 100, 212–13, 250, 274
Schiavone, Toni 108
Schuchardt, Hugo 93
'Scotch' *gweler* Albanwyr
Seioniaeth (yng Nghymru) 85, 152, 163
Seisnigo 30–1, 68, 75–83 *passim*, 104, 142, 149, 151, 175, 196, 203, 275, 305, 323, 327, 334; *gweler hefyd* shifft iaith
Seisnigrwydd 51, 81, 149–50, 171, 394
Seland Newydd 16, 168, 188; amlddiwylliannedd 37–8; hybridedd lleiafrifol 134–6
senoffobia 33, 98, 106, 202, 204, 212, 214–15
Septimius Severus (ymerawdwr) 41
Seren Cymru 68
Seren Gomer 296
Seven Sisters 403
'sffêr cyhoeddus' (Cymraeg) 114, 118
Sgotmyn *gweler* Albanwyr
Shelta 316
Sherrington, Emlyn 81
shifft iaith 25, 57, 78, 80, 89, 106–7, 148, 153, 167, 229, 286, 329, 404, 430, 436, 441; *gweler hefyd* Seisnigo
Shonis Olaf, Y (Gwyn Griffiths) 75
Short, Cherry 279
'siaradwyr Cymraeg' (ystyron y term) 89, 114, 153–4, 270, 287, 332–3
'siaradwyr newydd' (term) 114; *gweler hefyd* dysgwyr
Siciaid 6, 108
Sierra Leone 62
Sifig, y (cysyniad athronyddol): a rhyddfrydiaeth 205–6; Anghydffurfiaeth fel y proto-sifig 334; Angloffon 10, 14, 29, 34–5, 124, 128–9, 132, 143, 157, 287; a'r diaspora Cymreig yn Lloegr 171, 182, 186, 188–9; a'r ethnig 21–39 *passim*; a'r Roma 311; Brydeinig 124, 132, 209, 271; Gymraeg 5, 39, 106, 110, 132, 219, 229; Gymreig 87, 125, 132, 143, 205; Gymreig ddatganoledig 33–9, 123, 274; yn ffurf ar fwyafrifaeth 26–9, 87, 366; Saesneg yn tanseilio'r Gymraeg 5, 10, 27, 29, 33–6, 127, 153, 188, 229; yn cyfnerthu hil fel cysyniad 86–7, 366
Simbabwe 7, 113
Sinn Féin 216, 363
Siôn Tudur 53
Sioni Winwns 40, 72, 75–6, 119, 358, 364; *gweler hefyd* Llydawyr
Sioni Winwns (Gwyn Griffiths) 75
Sipsïaeth *gweler* Astudiaethau Sipsïaidd
Sipsiwn *gweler* Roma
'Sipsiwn, Y' (Eifion Wyn) 294, 302, 316
Sipsiwn Cymreig 53, 291–330 *passim*; *gweler hefyd* Roma a Kååle
Sipsiwn Cymreig, Y (A. O. H. ac Eldra Jarman) 5, 8, 293, 310

Mynegai

siroedd: Aberteifi *gweler* Ceredigion; Brycheiniog *gweler* Brycheiniog; Caerfyrddin 71, 99, 113, 159, 257, 310, 355, 358; Caernarfon 145, 192, 200, 298; Dinbych 47, 232, 242, 321; y Fflint 57, 75, 402; Meirionnydd *gweler* Meirionnydd; Morgannwg *gweler* Morgannwg; Mynwy *gweler* Gwent; Penfro *gweler* Penfro; Trefaldwyn 57, 193, 197, 234, 292, 323
Siwan (tywysoges) 49
Slave Wales (Chris Evans) 237
Slofeniaid 90
'sly civility' 308
Sollors, Werner 20
Solomon a Gaenor 65
Somali Elders/Odeyada Soomaalida (Glenn Jordan) 140
Somaliaid neu'r grŵp Somalaidd 95, 110, 113, 137, 140
Somalieg 138, 140, 385
Sorbeg 114, 380
sosialaeth 59, 80, 89, 229, 243; hiliaeth 69, 87, 206, 211–15 *passim*, 276, 411–12; ryngwladol 100; Seionaidd 163
Sousa Santos, Boaventura de 10, 127; *Epistemologies of the South* 10
South Wales Echo 82
South Wales Jewish Review 85
South Wales Miners' Federation (SWMF) 90
Southall, John 82, 84, 365
Sowthmyn 275, 428
S4C 28, 56, 379
Sri Lanka 64
St. Kitts 236
Stalin, Joseph 102, 213
Steinthal, Helen 152
Stradling, Edward 54
subaltern 3, 118, 150, 286, 421
Sugarman, Jacob 67
Swdan 113, 263

Swdaniaid neu'r grŵp Swdanaidd 113, 378
Swedeg 91
synagog 65, 80, 354

Tagore, Dwarkanath 58
Tahiti 252–4, 257
Tahitïeg 254, 257
Talaith Ddu (yn America) 267
Talgarth 232
Talsarnau 298
Tarara: Croats and Maori in New Zealand (Senka Božić-Vrbančić) 134–6, 143
Tarw Scotch 192
Taylor, Kenzie a Jane 300
Teheulche 249–50
Teithwyr 327, 441
Teithwyr Gwyddelig 148, 316
telyn: a'r Sipsiwn 301, 314, 316–17, 319, 327, 437; telynorion 292–3, 301, 307, 312, 316–17, 319, 329
terfysg (hil) 119, 176, 214; Caerdydd (1919) 96; Garibaldi 176; Lerpwl (1919) 96; Tredegar 68–9; yn erbyn Albanwyr 93; yn erbyn Gwyddelod 62, 192, 198; yn erbyn Sipsiwn 298; Yr Wyddgrug 402
'teulu Abram Wood' 53, 298, 316, 323, 329, 437; *gweler hefyd* Sipsiwn Cymreig
Thatcher, Margaret 1, 192
Thomas, D. Lleufer 85
Thomas, Edward (Cochfarf) 85
Thomas, Gwyn: 'Cadwynau yn y Meddwl' 268, 348; *Chwerwder yn y Ffynhonnau* 266; 'Du Gwyn (1946)' 282–4; 'Sbaeneg Párk Sinema' 266
Thomas, Ned 27, 37, 270
Thomas, Owen (y Parchedig) 183
Thomas, W. C. Elvet 52, 273–4; *Tyfu'n Gymro* 273, 349
Thompson, Edward 151

Mynegai

Tiger Bay *gweler* Tre-biwt
Tinceriaid: 'blin fel tincar' (ymadrodd hiliol) 194, 281; Ucheldiroedd yr Alban 311, 327–8
Tinceriaid Gwyddelig 194–8, 434
Tir Newydd 222
Tiwtoniaid 81, 88, 265
Tobias, Lily 163, 407; *The Nationalists and Other Goluth Studies* 163, 407
Tolerant Nation? Exploring Ethnic Diversity in Wales, A (Charlotte Williams, Neil Evans a Paul O'Leary) 8, 278
Tolerant Nation? Revisiting Ethnic Diversity in a Devolved Wales, A (Charlotte Williams, Neil Evans a Paul O'Leary) 8
'Tommy Tins' *gweler* Tom Macdonald
Tonypandy 65
traddodiad syniadol Cymraeg 4, 7–8, 12, 15, 21, 39, 51, 130, 151, 161–3, 166, 199, 207, 219, 246, 250, 261, 283, 287, 328, 331–6 *passim*, 425
Traethodydd, Y 232, 286
trais symbolaidd 14, 285
tramorwyr 58, 84, 95, 97, 99–100, 212–13, 273–4, 407; *gweler hefyd* estron
Treasure, John 60
Trébaol, G. M. 73
Tre-biwt 95–8; Cairo Cafe 97; Loudoun Place 95; Sgwâr Loudoun 95–8; Tiger Bay 95–8
Tredegar 63, 68–9
Trefeca (Coleg) 239
trefedigaeth 46, 183, 262; trefedigaeth fewnol 269–71, 275, 427
trefedigaethedig 9, 33, 133, 193, 216, 232–65 *passim*, 302, 315, 335

trefedigaethedd 3–4, 11–12, 29, 31, 39, 48, 98, 165–6, 191, 231–62 *passim*, 264, 271, 305, 331
'trefedigaethedd Cymraeg' (cysyniad) 244–62 *passim*
'trefedigaethu gwladychol' 247–8
trefedigaethwyr 9, 88, 232–64 *passim*
Trefeurig 103, 375
Trefor (Dwyfor) 145–7, 149
Trefriw 94
Treffynnon 235
Tregaron 56, 78, 220, 376
Tregarth 75, 91
Tregelles, Samuel 73, 75
Tremadog 148, 152, 232, 414
Tremeirchion 71
Treorci 65
troedle (cysyniad athronyddol) 1, 2, 4, 104, 166, 267, 302
trothwyol (cysyniad) 168
Trow, A. H. 85
trydedd genhedlaeth 48; Gymreig yn Lloegr 174, 182–3, 392
Trydydd Byd 260
Trydydd Gofod 50
Trysorfa y Plant 56, 98, 297
Trystan ac Esyllt 218
Tsalagi (cenedl) 251–2
Tsalagi (iaith) 251–2
Tsalagi Atsinvsidv 252
Tsiec (iaith) 140
Tsieciaid 226; *gweler hefyd* Gwlad Tsiec
Tsieina 98–9, 113, 157, 256–7, 264; Beijing 256, 389
Tsieineaid neu'r grŵp Tsieineaidd 11, 31, 95, 98–9, 108–9, 111, 124, 182, 256, 264, 276, 372, 421
Tsieinëeg 19, 38, 99, 139, 157, 160, 257
Tsvsgwanuwodv (awdur) 252
Tuckett, William 64
Tudur, Gwilym 356

Tuduriaid 52–3, 57, 168, 332
Turnbull, Jacquie 34
Twm o'r Nant 53, 316
'Twnnel' (Helen Kalliope Smith) 160
Twrceg 140
twristiaeth 17, 80, 147, 150, 327
Tymbl, Y 93
Tywyn 364, 380

Theori Hil Feirniadol 286–8

U Larsing 259
Uncle Tom's Cabin 62, 243
unheimlich 168
unieithrwydd Cymraeg (cysyniad) 28–9, 78, 89, 382
Unol Daleithiau, Yr 21, 103, 112, 157, 236, 243, 252, 279, 415, 420; Boston 62; De Carolina 233, 239; Georgia 239; Ohio 239; Texas 156; Virginia 420; Welsh Neck (De Carolina) 233, 415; Welsh Tract (Pennsylvania a Delaware) 233, 415
Urdd Gobaith Cymru: Glanllyn 102; Neges Heddwch ac Ewyllys Da 139
Uwchaled 224

Valla, Guiseppe 70
Van Goold, August 367
Vanfleteren, Eugeen 90
Velden, Leandert Vander 94
Völkerwanderung 43

Walter, Bronwen 392–3
Wartski, Morris 354
Watkin Jones, Elisabeth *gweler* Elisabeth M. Mrowiec
Waun, Y (ger Wrecsam) 213
Waun-fawr, Y (Arfon) 63
Wawr, Y 216
Webb, Solomon 62
'Welsh Element in the South Wales Coalfield, The' 88

Welsh Extremist, The (Ned Thomas) 270
Welsh Gypsies, The (A. O. H. ac Eldra Jarman) 8
Welsh in London, The (Emrys Jones) 168, 392
Welsh Language Census of 1891, The 82
Welsh Mary (llong) 233
'Welsh Town' *gweler* Lerpwl
Welshries 50
Werin, Y 93
Wheeler, Sara Louise 122
'white British' *gweler* 'gwynion Prydeinig'
White Fragility (Robin DiAngelo) 287
Whitefield, George 239–40
'Wil Blac' (Llanllyfni) 63
Williams, Charlotte 8, 279, 284–5
Williams, Chris 210
Williams, D. J. 52, 71, 77, 215–17, 260, 264, 276, 281, 349, 358, 376; 'Y Capten a'r Genhadaeth Dramor' 264; 'Y Tri Hyn' 216; *Yn Chwech ar Hugain Oed* 52, 71, 281
Williams, Daniel G. 6, 35, 210, 424–6
Williams, Eliseus 282
Williams, G. O. 222
Williams, Glanmor 202
Williams, Grasi 397
Williams, Gwen Nolini 260
Williams, Gwyn Alf 202, 240, 262, 362
Williams, Huw (athronydd) 15
Williams, Huw (Hiraethog) 299
Williams, J. G. 148; *Maes Mihangel* 148–9; *Pigau'r Sêr* 148
Williams, John Roberts 101, 146, 191, 282
Williams, Richard (Gwydderig) 67, 355
Williams, Robert (sosialydd) 243

Mynegai

Williams, Rhydwen 276, 305; *Dyddiau Dyn* 304; 'Y Ffynhonnau' 276
Williams, Waldo 99, 217, 251, 264, 409; 'Beth i'w wneud â Nhw' 328, 372; *Dail Pren* 251, 372, 410, 441; 'Dychweledigion' 363; 'Y Gân ni Chanwyd' 372; rhigwm am gaffi Eidalaidd 403; 'Sequoya (1760–1843)' 251
Williams, William (blaenor yn Widnes) 174
Williams, William (Crwys) 67, 80, 363; 'Doli Pen Traeth' 359; 'Y Sipsi' 294
Williams-Ellis, Clough 151–3
Windrush, The (llong) 108
Wladfa, Y *gweler* Patagonia
Wolff, Rosemarie 103
Wood, Abraham 292, 312–13, 440
Wood, Edward 292, 301, 306, 310, 316, 319, 327
Wood, Harry 'Turpin' 437
Wood, Hywel 290, 292, 301, 313–15, 437
Wood, Lowyddan 319
Wood, Manfri 307, 315
Wood, Mathew 307–8, 310, 319, 437
Wood, Trefor 295
Woodiaid (tylwyth) 295, 301, 319, 329; *gweler hefyd* 'teulu Abram Wood'
Wotton, William 55
Wrdw 26, 35, 139–40, 293
Wrecsam 83, 97–8, 209, 213, 359, 389, 406; Cyngor Wrecsam 38
Wyddgrug, Yr 199, 351, 380, 402, 406; terfysgoedd 402
Wynn, Syr John (o Wedir) 54

Yasmin (unigolyn o Ynys Môn) 111
Yassine, Ali 110, 279
Yates, Dora 436
Yideg 62, 66–7, 139, 163, 352; 'iaith yr Iddewon' 80
Yma o Hyd (Angharad Tomos) 268
'Ymddiddan rhwng Cymro a Saesnes' (Tudur Penllyn) 51
'Ymddiddan Taliesin ac Ugnach' 49
ymerodraeth 12, 47, 220, 257; Rufain 42–3; Seisnig 51–2
Ymerodraeth Brydeinig, yr 26, 43, 108, 136, 142, 193, 211, 235–6, 241–2, 245, 254, 257, 259, 263–4, 267
'Ymerodraeth Gymraeg' (cysyniad) 259
Ymneilltuaeth *gweler* Anghydffurfiaeth
Ynys Heledd 150
Ynys Manaw 46, 358
Ynys Môn 44, 46, 51, 70, 72, 97, 106, 113, 121, 145, 191, 234, 236, 372, 380
Ynys Prydain (Prydain Gymraeg) 12, 16, 39, 43, 46, 129, 185, 188–9, 243–52 *passim*, 261–3, 266, 272–3, 331–6 *passim*, 345; cyfrinach Ynys Prydain 334
ynysoedd y Pasiffig 136, 252–4; *gweler hefyd* Polynesia
Ysbyty Gwynedd 109
ysgolheictod 16, 29, 58, 74, 93, 141, 312, 331, 369; Affro-Americanaidd 278; Angloffon 5; brodorol 130–1; Celtaidd *gweler* Astudiaethau Celtaidd; Cymraeg 75, 88, 107, 160; Prydeinig 87; Sipsïaidd *gweler* Astudiaethau Sipsïaidd; trefedigaethol 315
ysgolion *gweler* addysg
Ystalyfera 163, 407
Ystrad Glud 46
Ystradgynlais 56, 79, 103, 212–13
Ystumllyn, John 231–2, 414

Zimmer, Heinrich 93
Žižek, Slavoj 27–8, 131